수제비 2025

수험생 입장에서 제대로 쓴 비법서

#가독성
#기출복원
#커뮤니티

제7판

빅데이터 분석기사 필기 Vol. 2

IT 수험서 Best Seller 1

2021년~2024년 기출문제 복원

첫째, 비전공자를 위한 최고의 비법서!
두음쌤, 잠깐! 알고 가기, 학습 Point 등 다양한 장치 마련

둘째, 최강 커뮤니티를 통한 실시간 피드백!
예상 족보, 데일리 문제, FAQ 자료 등 제공

윤영빈 · 조수연 · 이호형 · 박인상 · 김학배 · 서용욱 공저

도서출판 건기원

학습지원센터 가기
cafe.naver.com/soojebi

이 책의 목차

2권

Ⅲ 빅데이터 모델링

Chapter 01 분석 모형 설계

1. 분석 절차 수립 ······················ 3-2
   - ❶ 분석 모형 선정 ··················· 3-2
   - ❷ 분석 모형 정의 및 구축 ············ 3-11
   - ❸ 분석 환경 구축 ··················· 3-15
   - • 지피지기 기출문제 ················· 3-16
   - • 천기누설 예상문제 ················· 3-20

Chapter 02 분석 기법 적용

1. 분석 기법 ···························· 3-29
   - ❶ 회귀 분석 ······················· 3-23
   - ❷ 로지스틱 회귀 분석 ················ 3-33
   - ❸ 의사결정나무 ···················· 3-36
   - ❹ 인공신경망 ······················ 3-43
   - ❺ 서포트 벡터 머신 ·················· 3-53
   - ❻ 연관성 분석 ····················· 3-58
   - ❼ 군집 분석 ······················· 3-62
   - ❽ 비계층적 군집 분석 ················ 3-69
   - • 지피지기 기출문제 ················· 3-74
   - • 천기누설 예상문제 ················· 3-90
2. 고급 분석 기법 ······················ 3-105
   - ❶ 범주형 자료 분석 ·················· 3-105
   - ❷ 다변량 분석 ····················· 3-113
   - ❸ 주성분 분석 ····················· 3-119
   - ❹ 시계열 분석 ····················· 3-122
   - ❺ 딥러닝 분석 ····················· 3-128
   - ❻ 비정형 데이터 분석 ················ 3-139
   - ❼ 앙상블 분석 ····················· 3-145
   - ❽ K-NN ························· 3-151
   - • 지피지기 기출문제 ················· 3-154
   - • 천기누설 예상문제 ················· 3-168

✦ 선견지명 단원종합문제 ················· 3-176

Ⅳ 빅데이터 결과 해석

Chapter 01 분석 모형 평가 및 개선

1. 분석 모형 평가 ······················· 4-2
   - ❶ 평가지표 ······················· 4-2
   - ❷ 교차 검증 ······················ 4-8
   - ❸ 모수 유의성 검정 ·················· 4-12
   - ❹ 적합도 검정 ····················· 4-15
   - • 지피지기 기출문제 ················· 4-17
   - • 천기누설 예상문제 ················· 4-29

2. 분석 모형 개선 ······················ 4-33
   - ❶ 과대 적합 방지 ··················· 4-33
   - ❷ 매개변수 최적화 ·················· 4-37
   - ❸ 최종 모형 선정 ··················· 4-44
   - • 지피지기 기출문제 ················· 4-46
   - • 천기누설 예상문제 ················· 4-49

Chapter 02 분석 결과 해석 및 활용

1. 분석 결과 해석 ······················ 4-51
   - ❶ 분석 모형 해석 ··················· 4-51
   - • 지피지기 기출문제 ················· 4-53
   - • 천기누설 예상문제 ················· 4-54
2. 분석 결과 시각화 ···················· 4-55
   - ❶ 시공간 시각화 ··················· 4-55
   - ❷ 분포 시각화 ····················· 4-60
   - ❸ 관계 시각화 ····················· 4-62
   - ❹ 비교 시각화 ····················· 4-64
   - ❺ 인포그래픽 ····················· 4-67
   - • 지피지기 기출문제 ················· 4-68
   - • 천기누설 예상문제 ················· 4-75
3. 분석 결과 활용 ······················ 4-78
   - ❶ 분석 결과 활용 시나리오 개발 ········ 4-78
   - ❷ 분석 모형 리모델링 ················ 4-78
   - • 지피지기 기출문제 ················· 4-82

✦ 선견지명 단원종합문제 ················· 4-83

부록 백전백승 기출문제

- 기출문제 2021년 1회 ················· 5-2
- 기출문제 2021년 2회 ················· 5-14
- 기출문제 2022년 3회 ················· 5-26
- 기출문제 2022년 4회 ················· 5-38
- 기출문제 2023년 5회 ················· 5-52
- 기출문제 2023년 6회 ················· 5-65

부록 정답 및 해설

- 정답 및 해설 2021년 1회 ·············· 5-80
- 정답 및 해설 2021년 2회 ·············· 5-88
- 정답 및 해설 2022년 3회 ·············· 5-94
- 정답 및 해설 2022년 4회 ·············· 5-101
- 정답 및 해설 2023년 5회 ·············· 5-108
- 정답 및 해설 2023년 6회 ·············· 5-114

- 찾아보기 ··························· 5-122

접근 전략

빅데이터 모델링 단원은 빅데이터 분석기사의 존재의 이유이자 핵심입니다. 회귀 분석, 군집 분석, 연관성 분석, 다변량 분석 등 핵심적인 분석 이론을 다루고 있습니다. 복잡한 수식과 통계이론이 나와서 크게 어려움을 느끼실 수 있습니다. 다만 나올 수 있는 문제는 한정적이기 때문에 선택과 집중이 필요하며 최대한 점수를 획득하겠다는 마음가짐으로 학습에 임하시길 바랍니다!

미리 알아두기

◯ 회귀 분석(Regression Analysis)
회귀 분석은 하나 이상의 독립변수들이 종속변수에 미치는 영향을 추정할 수 있는 통계기법입니다.

◯ 군집 분석(Cluster Analysis)
군집 분석은 각 개체에 대해 관측된 여러 개의 변숫값에서 유사한 성격을 갖는 몇 개의 군집으로 집단화하여 군집들 사이의 관계를 분석하는 다변량 분석 기법입니다.

◯ 앙상블(Ensemble)
앙상블은 여러 가지 동일한 종류 또는 서로 상이한 모형들의 예측/분류 결과를 종합하여 최종적인 의사결정에 활용하는 기법입니다.

◯ 비모수 통계
비모수 통계는 평균이나 분산 같은 모집단의 분포에 대한 모수성을 가정하지 않고 분석하는 통계적 방법입니다.

◯ 데이터 마이닝(Data Mining)
데이터 마이닝은 대용량 데이터 내에 존재하는 패턴을 탐색하고 통계적 기법들을 활용하여 유용한 정보, 지식 등을 추출하는 과정입니다.

핵심 키워드   베스트 일레븐(Best Eleven)

로지스틱 회귀 분석, 의사결정나무, 인공신경망, 서포트 벡터 머신, 연관성 분석, 다변량 분석, 시계열 분석, 베이지안 기법, 딥러닝 분석, 앙상블 분석, 비모수 통계

빅데이터 모델링

01 분석 모형 설계
02 분석 기법 적용

분석 모형 설계

1 분석 절차 수립

1 분석 모형 선정 ★★★

- 분석 목적에 부합하고 수집된 데이터의 변수들을 고려하여 적합한 빅데이터 분석 모형을 선정한다.
- 현상에서 패턴을 발견하는 것은 탐색적 데이터 분석(EDA)이며, 현상에서 인과적인 결론을 도출하는 것은 통계적 추론, 현상을 예측하는 것은 기계학습(머신러닝)이다.
- 통계, 데이터 마이닝, 머신러닝 기반 분석 모델 기법을 고려하여 적합한 빅데이터 분석 모델을 선정한다.

(1) 통계기반 분석 모형 선정 기출

- 불확실한 상황에서 객관적인 의사결정을 수행하기 위해 데이터를 수집하고, 처리, 분류, 분석 및 해석하는 일련의 체계를 통계분석이라고 한다.
- 어떤 현상을 추정하고 예측을 검정하는 확률·통계적 기법으로는 기술 통계, 상관 분석, 회귀 분석, 분산 분석, 주성분 분석, 판별 분석 등이 있다.

▼ 통계기반 분석 모형

구분	설명
기술 통계 (Descriptive Statistics)	• 데이터 분석의 목적으로 수집된 데이터를 확률·통계적으로 정리·요약하는 기초적인 통계 • 평균, 분산, 표준편차, 왜도와 첨도, 빈도 등 데이터에 대한 대략적인 통계적 수치를 계산하고 도출 • 막대그래프, 파이 그래프 등 그래프를 활용하여 데이터 파악 • 분석 초기 단계에서 데이터 분포의 특징 파악
	• 두 개 이상의 변수 간에 존재하는 상호 연관성의 정도를 측정하여 분석하는 방법 • 변수의 개수 및 데이터 속성에 따라서 세부 모델들로 분류

모형(Model; 모델)
객체, 시스템, 또는 개념에 대한 구조나 작업을 보여주기 위한 패턴, 계획, 설명이다.

구분	설명	
상관 분석 (Correlation Analysis)	단순상관 분석	두 변수 사이의 연관 관계 분석
	다중상관 분석	셋 또는 그 이상의 변수들 사이의 연관 정도를 분석
	변수 간의 상관 분석	데이터의 속성에 따라서 수치적, 명목적, 순서적 데이터 등을 가지는 변수 간의 분석
회귀 분석 (Regression Analysis)	• 하나 이상의 독립변수들이 종속변수에 미치는 영향을 추정할 수 있는 통계 기법 • 독립변수와 종속변수의 개수 및 특성에 따라 단순선형 회귀, 다중선형 회귀, 다항 회귀, 곡선 회귀, 로지스틱 회귀, 비선형 회귀로 분류	
	단순선형 회귀	• 독립변수가 1개이며, 종속변수와의 관계가 직선
	다중선형 회귀	• 독립변수가 K개이며, 종속변수와의 관계가 선형(1차 함수)
	다항 회귀	• 독립변수와 종속변수와의 관계가 1차 함수 이상인 관계(단, 독립변수가 1개일 경우에는 2차 함수 이상)
	곡선 회귀	• 독립변수가 1개이며 종속변수와의 관계가 곡선
	로지스틱 회귀	• 종속변수가 범주형(2진 변수)인 경우 적용 • 단순 로지스틱 회귀 및 다중, 다항 로지스틱 회귀로 확장 가능
	비선형 회귀	• 회귀식의 모양이 선형관계로 이뤄져 있지 않은 모형
분산 분석 (Analysis of Variance; ANOVA)	• 두 개 이상의 집단 간 비교를 수행하고자 할 때 집단 내의 분산(총 평균과 각 집단의 평균 차이에 의해 생긴 분산)의 비교로 얻은 분포를 이용하여 가설검정을 수행하는 방법 • 복수의 집단을 비교할 때 분산을 계산함으로써 집단 간에 통계적인 차이를 판정하는 분석 방법 • 독립변수와 종속변수의 수에 따라서 일원분산 분석, 이원분산 분석, 다변량 분산 분석으로 분류	

▲ 분산 분석

잠깐! 알고가기

분산(Variance)
확률변수가 기댓값으로부터 얼마나 떨어진 곳에 분포하는지를 가늠하는 숫자이다.

통계기반 분석 모형은 문제로 출제되기 좋습니다. 각 분석 모형의 설명을 잘 보고 넘어가시면 좋겠습니다.

구분	설명
주성분 분석 (Principal Component Analysis; PCA)	• 많은 변수의 분산 방식(분산·공분산)의 패턴을 간결하게 표현하는 주성분 변수를 원래 변수의 선형 결합으로 추출하는 통계기법 • PCA는 일부 주성분에 의해 원래 변수의 변동이 충분히 설명되는지 알아보는 분석 방법 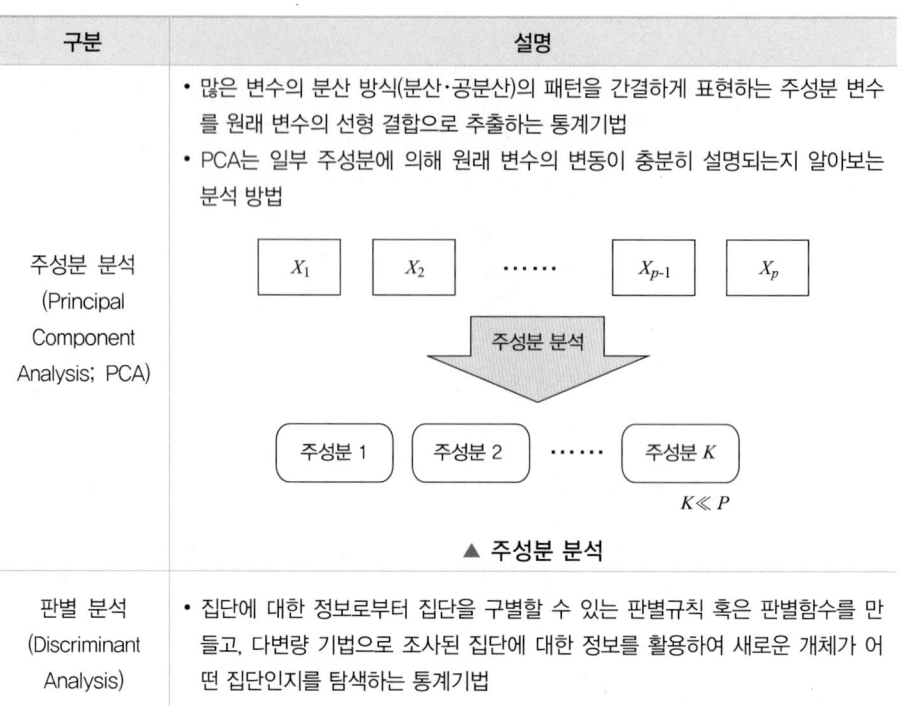 ▲ 주성분 분석
판별 분석 (Discriminant Analysis)	• 집단에 대한 정보로부터 집단을 구별할 수 있는 판별규칙 혹은 판별함수를 만들고, 다변량 기법으로 조사된 집단에 대한 정보를 활용하여 새로운 개체가 어떤 집단인지를 탐색하는 통계기법

(2) 데이터 마이닝 기반 분석 모형 선정

① 데이터 마이닝(Data Mining) 개념

- 데이터 마이닝은 대용량 데이터로부터 데이터 내에 존재하는 패턴, 관계 혹은 규칙 등을 탐색하고 통계적인 기법들을 활용하여 모델화하며 이를 통해 데이터 분석 및 더 나아가 유용한 정보, 지식 등을 추출하는 과정이다.
- 데이터 마이닝 기능 중 하나인 기술(Description)은 사람, 상품에 관한 이해를 증가시키기 위해 데이터가 가지고 있는 특징을 나타내고 설명에 대한 답을 제공할 수 있다.

② 데이터 마이닝 기반 분석 모델 분류 〔기출〕

데이터 마이닝 기반 분석 모형은 분류(Classification), 예측(Prediction), 군집화(Clustering), 연관규칙(Association Rule) 모델이 있다.

데이터 마이닝 기반 분석 모델
「분예군연」
분류 모델 / 예측 모델 / 군집화 모델 / 연관규칙 모델
→ 분하다! 아직 예비군 1년 차라

㉮ 분류 모델(Classification Model) 〔기출〕

- 분류 모델은 범주형 변수 혹은 이산형 변수 등의 범주를 예측하는 것으로, 다수의 속성 혹은 변수를 가지는 객체들을 사전에 정해진 그룹이나 범주 중의 하나로 분류하는 모델이다.
- 분류 모델로는 통계적 기법, 트리 기반 기법, 최적화 기법, 기계학습 모델이 있다.

㉯ 예측 모델(Prediction Model)
- 예측 모델은 범주형 및 수치형 등의 과거 데이터로부터 특성을 분석하여 다른 데이터의 결괏값을 예측하는 기법이다.
- 예측 모델 기법으로는 회귀 분석, 의사결정나무, 인공신경망 모델, 시계열 분석 등이 있다.

◈ 예측 모델 기법

기법	설명
회귀 분석 (Regression Analysis)	• 관찰된 연속형 변수들에 대해 두 변수 사이의 모형을 구한 뒤 적합도를 측정해 내는 분석 방법
의사결정나무 (Decision Tree)	• 의사결정 규칙(Rule)을 트리구조로 도표화하여 분류(Classification)와 예측(Prediction)을 수행하는 분석 방법 • 판별 분석, 회귀 분석 등과 같은 변수(Parameter) 모형을 분석하기 위해 사전에 이상값(Outlier)을 검색할 때도 사용 가능 • 의사결정나무 자체를 분류 또는 예측 모형으로 사용
시계열 분석 (Time Series Analysis)	• 연도별, 분기별, 월별 등 시계열로 관측되는 자료를 분석하여 미래를 예측하기 위한 분석 기법
인공신경망 (Artificial Neural Network; ANN)	• 사람 두뇌의 신경세포인 뉴런이 전기신호를 전달하는 모습을 모방한 예측 모델

㉰ 군집화 모델(Clustering Model)
- 군집화 모델은 이질적인 집단을 몇 개의 동질적인 소집단으로 세분화하는 모델이다.
- 각 개체에 대해 관측된 여러 개의 변숫값에서 유사한 성격을 갖는 몇 개의 군집으로 집단화하여 군집들 사이의 관계를 분석하는 다변량 분석 기법이다.
- 군집방법은 크게 계층적 방법과 비 계층적 방법으로 구분한다.

◈ 군집방법

방법		설명
계층적 방법		• 사전에 군집 수를 정하지 않고 단계적으로 단계별 군집결과를 산출하는 방법 • 계층적 방법의 기법으로 병합적 방법(Bottom-up)과 분할적 방법(Top-down)이 있음
	응집분석법 (Agglomerative)	각 객체를 하나의 소집단으로 간주하고 단계적으로 유사한 소집단들을 합쳐 새로운 소집단을 구성하는 방법
	분할분석법 (Division)	전체 집단으로부터 시작하여 유사성이 떨어지는 객체들을 분리하는 방법

잠깐! 알고가기

예측(Prediction)
- 일반적으로 데이터 분석에서 말하는 예측이라는 용어는 시간상으로 미래의 의미를 포함하지는 않는다.
- 시계열 분석에서는 시간상으로 미래의 데이터를 예측하며 미래예측(Forecasting)이라는 용어를 사용하기도 한다.

학습 POINT

군집화는 사전에 정의된 집단과 이들의 구분을 위한 사전정보가 존재하지 않는다는 점에서 분류와 구분됩니다.

방법	설명
비 계층적 방법	• 군집을 위한 소집단의 개수를 정해놓고 각 객체 중 하나의 소집단으로 배정하는 방법 • 비 계층적 방법의 기법으로 k-평균 군집 등이 있음 • k-평균 군집은 K개 소집단의 중심좌표를 이용하여 각 객체와 중심좌표 간의 거리를 산출하고, 가장 근접한 소집단에 배정한 후 해당 소집단의 중심좌표를 업데이트하는 방식으로 군집하는 방식  ▲ k-평균 군집(K=2일 때와 K=4일 때)

㉔ 연관규칙 모델(Association Rule Model)
- 연관규칙은 데이터에 숨어 있으면서 동시에 발생하는 사건 혹은 항목 간의 규칙을 수치화하는 기법이다.
- 연관규칙 모델을 사용하는 연관 분석은 장바구니 분석이라고도 불리며 주로 마케팅에서 활용된다.
- 연관 분석은 고객의 구매데이터를 분석하여 '어떠한 상품이 또 다른 어떠한 상품과 함께 판매될 확률이 높은가?'와 같은 연관된 규칙을 도출하는 기법이다.

연관 분석은 연관규칙 분석, 연관성 분석, 연관규칙 학습 등 다양한 용어로도 불립니다.

개념 박살내기

★ 데이터 마이닝 기반 분석 모델 분류 사례

1. 분류 모델(Classification Model) 사례
    - 신용평점자들에 대해서 저신용, 중간, 고신용 등과 같이 분류할 수 있고, 개별 고객의 재무 배경 및 구매 내역에 대한 데이터를 평가하는 경우 이를 "낮음", "중간" 또는 "높음" 신용 위험으로 분류할 수 있다.
    - 학습한 내용을 활용해서 숫자 이미지를 분류할 수 있다.

2. 예측 모델(Prediction Model) 사례
    - 소비자의 신용 기록 및 과거 구매를 검토하여 향후 신용 위험이 될지 여부를 예측할 수 있다.

- 또한, 현시점 후 6개월 동안 고객의 이탈이나 추가적인 서비스를 신청할 수 있는 고객들을 예측할 수 있다.

3. 군집화 모델(Clustering Model) 사례
   - 가처분 소득이 얼마인지 또는 상점에서 얼마나 자주 쇼핑하는지에 따라 청중의 여러 인구 통계를 다른 그룹으로 묶을 수 있다.
   - 학생들 교복의 표준 치수를 정하기 위해 학생들의 팔길이, 키, 가슴둘레를 기준으로 묶을 수 있다.

4. 연관규칙 모델(Association Rule Model) 사례
   - 고객이 특정 품목을 구매할 때 종종 두 번째 관련 품목도 구매한다는 것을 알 수 있다. 일반적으로 온·오프라인상에서 '구매 한 사람' 섹션을 채우는 데 사용된다.

(3) 머신러닝 기반 분석 모형 선정

- 머신러닝 기반의 데이터 분석 기법은 일반적으로 지도 학습, 비지도 학습, 강화 학습, 준지도 학습으로 구분한다.
- 머신러닝 일련의 처리 과정은 표현(Representation), 평가(Evaluation), 최적화(Optimization), 일반화(Generalization) 단계를 거친다.

① 지도 학습

㉮ 지도 학습(Supervised Learning) 개념
- 지도 학습은 정답인 레이블(Label)이 포함되어 있는 학습 데이터를 통해 컴퓨터를 학습시키는 방법이다.
- 지도 학습은 설명변수와 목적변수 간의 관계성을 표현해내거나 미래 관측을 예측해내는 것에 초점이 있으며 주로 인식, 분류, 진단, 예측 등의 문제 해결에 적합하다.
- 지도 학습은 분석하고자 하는 목적변수(혹은 반응변수, 종속변수)의 형태가 수치형(양적 변수)인가 범주형(질적 변수)인가에 따라 분류와 수치예측 방법으로 다시 나눌 수 있다.

㉯ 지도 학습 기법

지도 학습 기법에는 로지스틱 회귀, 인공신경망 분석(ANN), 의사결정나무, 서포트 벡터 머신(SVM), 랜덤 포레스트, 감성 분석 등이 있다.

학습 POINT ★
- 머신러닝은 정말 중요한 개념입니다. 지도 학습, 비지도 학습의 개념과 유형을 잘 보고 넘어가시길 권장합니다!
- 머신러닝의 처리과정은 표현→평가→최적화 단계를 통해 충분히 학습된 예측 모형은 일반화되어 새로운 데이터로부터 결과를 예측하는 데 활용될 수 있습니다.

머신러닝 기반의 데이터 분석 기법
「지비강준」
지도 학습 / 비지도 학습 / 강화학습 / 준지도 학습
→ 지드래곤, 비, 서강준

학습 POINT ★

지도 학습에서 주로 인식, 분류, 진단 예측 등의 문제 해결에 활용된다는 것을 눈여겨보시기 바랍니다.

⊻ 지도 학습 기법

기법	설명
로지스틱 회귀 (Logistic Regression)	종속변수가 범주형인 경우 적용되는 회귀 분석 모형
인공신경망 분석 (ANN; Artificial Neural Network)	인간의 뉴런 구조를 모방하여 만든 기계학습 모델
의사결정나무 (Decision Tree)	데이터들이 가진 속성들로부터 분할 기준 속성을 판별하고, 분할 기준 속성에 따라 트리 형태로 모델링하는 분류 및 예측 모델
서포트 벡터 머신 (SVM; Support Vector Machine)	데이터를 분리하는 초평면(Hyperplane) 중에서 데이터들과 거리가 가장 먼 초평면을 선택하여 분리하는 지도 학습 기반의 이진 선형 분류 모델
랜덤 포레스트 (Random Forest)	의사결정나무의 특징인 분산이 크다는 점을 고려하여 배깅과 부스팅보다 더 많은 무작위성을 주어 약한 학습기들을 생성한 후 이를 선형 결합하여 최종 학습기를 만드는 방법
감성 분석 (Sentiment Analysis)	어떤 주제에 대한 주관적인 인상, 감정, 태도, 개인의 의견들을 텍스트로부터 뽑아내는 분석

② **비지도 학습**

㉮ 비지도 학습(Unsupervised Learning; 자율학습) 개념
- 비지도 학습은 입력 데이터에 대한 정답인 레이블(Label)이 없는 상태에서 학습용 데이터를 통해 학습시키는 방법이다.
- 비지도 학습은 목적변수(혹은 반응변수, 종속변수, 목표변수, 출력값)에 대한 정보 없이 학습이 이루어지는 방법이다.

비지도 학습은 지도 학습과 다르게 예측의 문제보다는 주로 현상의 설명, 특징·패턴 도출, 분류 등의 문제 해결에 활용한다는 것을 기억해두시기 바랍니다.

㉯ 비지도 학습 특징
- 예측의 문제보다는 주로 현상의 설명(Description)이나 특징 도출, 패턴 도출 등의 문제에 많이 활용된다.
- 일반적으로 명확하고 목적이 있는 지도 학습 기법과 비교하면 비지도 학습 기법은 사전정보가 없는 상태에서 유용한 정보나 패턴을 탐색적으로 발견하고자 하는 데이터 마이닝의 성격이 더 강하다.
- 자율학습 혹은 비지도 학습에 속하는 대표적인 기법은 군집화(Clustering), 차원 축소 기법, 연관 관계분석(장바구니 분석), 자율학습 인공신경망(자기 조직화 지도 등)의 기법이 있으며, 최근 관심이 높아지고 있는 딥러닝(Deep Learning) 기법에서도 입력 특성들의 차원을 축소하는 단계에서 비지도 학습 기법이 적용된다.

자기 조직화 지도
(SOM; Self-Organizing Map) 차원축소와 군집화를 동시에 수행하며, 고차원으로 표현된 데이터를 저차원으로 변환하여 보는 비지도 학습 기반 클러스터링 기법이다.

- **비지도 학습 알고리즘 사례**
  - 비지도 학습은 주어진 데이터를 알려지지 않은 일정 특성들로 나누는 데 활용되기도 한다.
  - 구글 포토나 애플 포토와 같은 이미지 처리 앱에서도 비지도 학습을 활용하여 사진 분류 기능을 구현한다.
  - 군집화 알고리즘을 사용하여 인물별로 앨범을 만들어주는 기능이다.
  - 앨범을 만들어 주는 기능은 얼굴 하나하나를 인식하고 알아보는 것이 아니라, 비슷한 얼굴을 가진 사진을 모아주는 알고리즘으로 구현된다.
  - 누군가가 나온 사진을 선택해서 그 사람이 나온 사진들을 모아주는 기능을 통해 인물별 앨범 만들기 기능이 구현된 것이다.

③ 강화 학습

㉮ 강화 학습(Reinforcement Learning) 개념
- 강화 학습은 선택 가능한 행동 중 보상을 최대화하는 행동 혹은 행동 순서를 선택하는 학습 방법이다.

㉯ 강화 학습 특징
- 컴퓨터가 선택한 행동(Action)에 대한 반응에 따라 보상(Reward)이 주어진다.
- 행동의 결과로 나타나는 보상을 통하여 학습을 진행한다.
- 보상을 최대한 많이 얻도록 하는 행동을 유도하도록 학습을 진행한다.

④ 준지도 학습

㉮ 준지도 학습(Semi-Supervised Learning) 개념
- 준지도 학습은 정답인 레이블(Label)이 포함되어 있는 학습용 데이터와 레이블(Label)이 없는 학습용 데이터를 모두 학습에 사용하는 학습 방법이다.

㉯ 준지도 학습 특징
- 레이블이 일부만 있어도 데이터를 다룰 수 있다.
- 일반적으로 정답인 레이블이 포함된 학습용 데이터가 적고 정답인 레이블이 없는 학습용 데이터를 많이 갖고 있다.

⑤ 전이학습(Transfer Learning)
- 전이학습은 학습된 모형을 기반으로 최종 출력층을 바꾸어 재학습하는 알고리즘이다.
- 전이학습은 한 분야에서 학습한 결과를 학습한 적 없는 분야에 적용해서 학습하는 방법이다.

잠깐! 알고가기

데이터 마이닝(Data Mining)
데이터 마이닝은 대규모로 저장된 데이터 안에서 체계적이고 자동적으로 통계적 규칙이나 데이터 간의 관계, 패턴, 추세를 발견하고, 이를 의미 있는 정보로 변환하여 기업 의사결정에 활용하는 기술이다.

(4) 독립변수와 종속변수의 유형에 따른 분석 기법 선정 [기출]

- 독립변수와 종속변수가 주어져 있는 경우에는 이들을 이용하여 주어진 독립변수에 대한 종속변수의 값을 예측, 분류하는 분석 모델을 개발한다.
- 독립변수와 종속변수의 데이터 유형(연속형, 범주형)에 따라서 다양한 통계적 혹은 데이터 마이닝 기반 분석 기법들의 분류가 가능하다.

		종속변수(Y)	
		연속형 변수	이산형/범주형 변수
독립변수 (X)	연속형 변수	• 회귀 분석 • 인공신경망 모델 • K-최근접 이웃기법 • 의사결정나무(회귀 나무)	• 로지스틱 회귀 분석 • 판별 분석 • K-최근접 이웃기법 • 의사결정나무(분류 나무)
	이산형/범주형 변수	• 회귀 분석 • 인공신경망 모델 • 의사결정나무(회귀 나무)	• 인공신경망 모델 • 의사결정나무(분류 나무) • 로지스틱 회귀 분석

▲ 독립변수와 종속변수가 주어진 경우 분석 기법

독립변수(X)	
연속형 변수	이산형/범주형 변수
• 주성분 분석 • 군집 분석	• 연관성 규칙 • 판별 분석
상관 분석	

▲ 독립변수만 주어진 경우 분석 기법

(5) 분석 모형 활용 사례 [기출]

분석 모형 기법 및 활용 사례

기법	기법 설명	활용 사례
연관규칙학습	변인 간에 주목할 만한 상관관계가 있는지를 찾아내는 방법	• 커피를 구매하는 사람이 탄산음료를 더 많이 사는가? • 치킨을 먹는 사람은 어떤 종류의 음료를 많이 마실까?
분류 분석	문서를 분류하거나 조직을 그룹으로 나눌 때, 또는 온라인 수강생들을 특성에 따라 분류할 때 사용	• 이 사용자는 어떤 특성을 가진 집단에 속하는가?
유전자 알고리즘	최적화가 필요한 문제의 해결책을 자연 선택, 돌연변이 등과 같은 메커니즘을 통해 점진적으로 진화시켜 나가는 방법	• 응급실에서 응급 처치 프로세스를 어떻게 배치하는 것이 가장 효율적인가?
기계학습	알려진 특성을 활용하여 훈련 데이터를 학습시키고 예측하는 기법	• 기존의 시청 기록을 바탕으로 시청자가 현재 보유한 영화 중에서 어떤 것을 가장 보고 싶어 할까?

학습 POINT ★

앙상블 기법은 3과목 2장의 고급 분석 기법에 있고, 앙상블 기법의 하나인 분석 모형 융합은 4과목 1장의 분석 모형 개선에도 있으니 참고해 주세요.

기법	기법 설명	활용 사례
회귀 분석	독립변수의 조작에 따른 종속변수의 변화를 확인하여 두 변수 간의 관계를 파악할 때 사용	• 구매자의 나이가 구매 차량의 유형에 어떤 영향을 미치는가?
감성 분석	특정 주제에 대해 말하거나 글을 쓴 사람의 감정을 분석	• 새로운 환불 정책에 대한 고객의 평가는 어떤가?
소셜 네트워크 분석	특정인과 다른 사람이 몇 촌 정도의 관계인가를 파악할 때 사용하고, 영향력 있는 사람을 찾아낼 때 사용	• 고객들 간 관계망은 어떻게 구성되어 있나?

② 분석 모형 정의 및 구축 ★★★

(1) 분석 모형 정의 개념 〔기출〕

- 분석 모형 정의는 분석 모형을 선정하고 모형(Model)에 적합한 변수를 선택하여 모형의 사양(Specification)을 작성하는 기법이다.
- 선택한 모델에 가장 적합한 변수를 선택하기 위해 매개변수(Parameter)와 초매개변수(Hyper Parameter)를 선정한다.

매개변수와 초매개변수 개념

구분	설명
매개변수 (Parameter)	• 모델 내부에서 확인이 가능한 변수로 데이터를 통해서 산출이 가능한 값 • 예측을 수행할 때, 모델에 의해 요구되어지는 값들 • 매개변수가 모델의 성능을 결정 • 매개변수는 측정되거나 데이터로부터 학습 • 사람에 의해 수작업으로 측정되지 않음 • 종종 학습된 모델의 일부로 저장 ⑩ 인공신경망에서의 가중치, 서포트 벡터 머신에서의 서포트 벡터, 선형 회귀나 로지스틱 회귀 분석에서의 결정계수
초매개변수 (Hyper Parameter)	• 모델에서 외적인 요소로 데이터 분석을 통해 얻어지는 값이 아니라 사용자가 직접 설정해주는 값 • 모델의 매개변수값을 측정하기 위해 알고리즘 구현 과정에서 사용 • 초매개변수는 주로 알고리즘 사용자에 의해 결정 • 경험에 의해 결정 가능한 값 • 예측 알고리즘 모델링의 성능 등의 문제를 위해 조절 ⑩ 학습률(Learning Rate), 의사결정나무의 깊이(Depth), 신경망에서 은닉층(Hidden Layer)의 개수, 서포트 벡터 머신에서의 코스트값인 C, KNN에서의 K의 개수

학습 POINT ★

매개변수와 초매개변수는 혼동되는 만큼 문제로 내기 좋습니다. 각 개념별 설명을 유심히 봐주시길 당부드립니다.

(2) 분석 모형 정의 고려사항 [기출]

- 분석 대상인 데이터에 비해 모델이 너무 간단하면 과소 적합이 발생하고, 모델을 너무 복잡하게 선택하면 과대 적합이 발생하므로 적절한 모델을 사용한다.

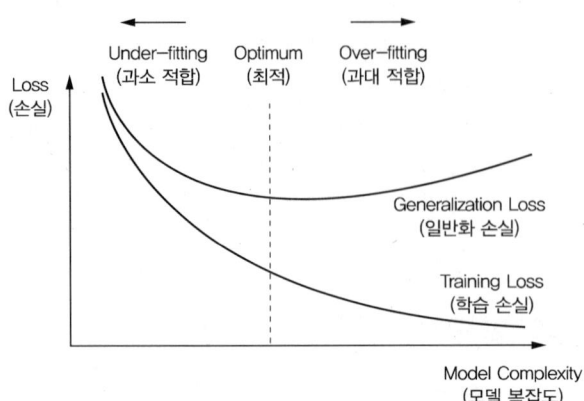

▲ 과소 적합과 과대 적합

> **과소 적합(Under-fitting)**
> - 적정 수준의 학습이 부족하여 실제 성능이 떨어지는 현상이다.
> - 데이터 수집 시 단편화된 방법으로 인한 학습 부족 현상이다.
>
> **과대 적합(Over-fitting)**
> - 학습용 데이터에 대한 성능은 좋지만, 실제 데이터에 성능이 떨어지는 현상이다.
> - 지나친 차수 증가로 인한 활용성의 부족 현상이다.

- 모형에 적합하지 않은 오류 및 편향이 발생하지 않도록 주의한다.

부적합 모형 현상

현상	설명
모형 선택 오류	• 적합하지 않은 함수 모형 생성
변수 누락	• 종속변수와 하나 또는 둘 이상의 독립변수 사이에 관계가 있지만 모델을 생성할 때 누락되는 경우
부적합 변수 생성	• 관련이 없는 변수가 모델에 포함된 경우 • 편향(Bias)을 발생시키지는 않으나 과대 적합을 발생시켜 예측 성능을 저하시킴
동시 편향	• 종속변수가 연립 방정식의 일부인 경우 동시 편향 발생

(3) 분석 모형 구축 절차 [기출]

분석 모형 구축은 요건 정의, 모델링, 검증 및 테스트, 적용 단계로 진행한다.

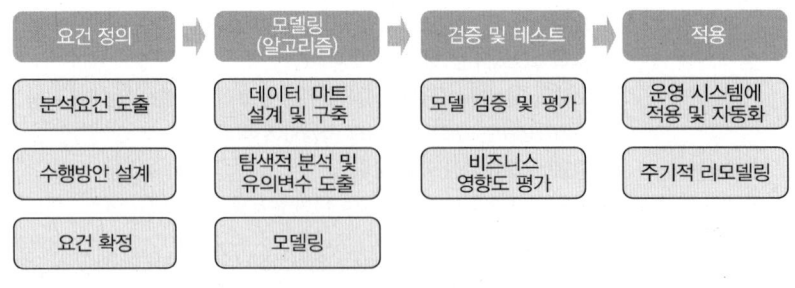

▲ 분석 모형 구축 절차

> **연립 방정식 (Simultaneous Equations)**
> 방정식의 일종으로, 2개 이상의 미지수를 포함하는 방정식이다.
>
> 예) $3x+4y=24$, $4x+3y=22$는 x, y 2개의 미지수를 포함하는 방정식 2개의 집합

> **분석 모형 구축 절차**
> 「요모검적」
> 요건 정의 / 모델링 / 검증 및 테스트 / 적용
> → 요모조모 따지니 검은 적막이 흐르네

기계학습 기반 분석 절차는 비즈니스 이해 및 문제 정의 → 데이터 수집 → 데이터 전처리와 탐색 → 데이터에 대한 모델훈련 → 모델 성능 평가 → 모델 성능 향상 및 현업 적용 순으로 진행된다.

① 요건 정의

- 요건 정의 단계는 기획단계의 분석과제 정의를 통해 도출된 내용을 요건 정의로 구체화하는 과정이다.
- 분석 요건 도출, 수행방안 설계, 요건 확정 단계로 수행한다.
- 분석 과정을 설계하고, 구체적인 내용을 실무담당자와 협의한다.

분석 모형 구축 절차는 중요도가 높은 부분은 아닙니다. 두음쌤의 도움을 받아 핵심만 짚고 넘어가세요!

▽ 요건 정의 단계 상세 절차

절차	상세 설명
분석요건 도출	• 기획단계보다 상세하게 분석요건을 추출, 분석, 명세화하고 종합적으로 적합성을 검토 • 데이터 분석 업무의 배경, 주요 이슈, 기대효과, 제약 사항을 사전에 정의하고 이해관계자들과 협의하여 확정 • 기존 분석 자료와 정보를 기반으로 분석요건과 개인정보 보호, 접근 통제 등 정보 보안 정책을 누락 없이 식별
수행방안 설계	• 간단한 탐색적 분석을 수행하여 가설을 수립해 분석 가능성을 검토 • 권한 및 계정을 확보하여 데이터베이스 접근 환경을 구축하고, 분석 대상 데이터의 존재 여부를 확인하는 등 간단한 기초분석을 수행 • 수행방안 설계의 최종 산출물은 분석계획서와 WBS가 있음 | 분석계획서 | • 핵심 분석항목과 구체적인 범위 지정 | |---|---| | WBS | • 항목 간의 선·후행 관계를 검토하고 납기가 지연되지 않도록 일정을 조율 • 데이터 오류 또는 분석 수행 오류 등으로 인한 재작업 시간도 분석 일정에 반영 | • 필수와 선택 분석항목을 사전에 구분하여 우선순위를 부여하고 우선순위가 높은 필수 분석항목이 작업 대상에서 누락되지 않도록 확인
요건 확정	• 요건도출과 분석계획으로 수립된 기획안을 이해관계자와 공유하여 최종 요건을 확정 • 확정된 요건을 종료 이후에 변경하는 일이 없도록 주의

WBS
(Work Breakdown Structure) 프로젝트 작업을 할 때, 해야 할 업무를 카테고리로 구분하고 각각의 카테고리는 세부적인 작업으로 나누어서, 일정 및 진행사항을 체크하는 기법이다.

② 모델링

- 모델링 단계는 요건 정의에 따라 상세 분석 기법을 적용해 모델을 개발하는 과정이다.
- 모델링 단계는 모델링 마트 설계 및 구축, 탐색적 분석과 유의 변수 도출, 모델링, 모델링 성능 평가 단계로 수행된다.

모델링 절차

「마탐모성」

모델링 **마**트 설계 및 구축 / **탐**색적 분석과 유의 변수 도출 / **모**델링 / 모델링 **성**능평가
→ 마블 탐색하여 모두 성공하기

◉ 모델링 단계 상세 절차

절차	상세 설명
모델링 마트 설계 및 구축	• 다양한 원천 데이터로부터 분석 대상 데이터를 획득 • 분석 대상 데이터를 탐색, 정제, 요약 등의 전처리를 통해 변수들을 식별 • 분석 대상 데이터를 구조화하여 모델 마트를 설계 • 전처리한 분석 대상 데이터를 적재해 모델 마트를 구축
탐색적 분석과 유의 변수 도출	• 유의미한 변수를 파악하기 위해 목푯값별로 해당 변수의 분포된 값을 보고 해당 변수의 구간에서 차이가 큰지를 파악 • 시뮬레이션을 통해 사전에 수립된 분석 모형의 타당성과 적합성을 판단해 반복적으로 보정 • 최적화를 위해 분석 모형 및 데이터의 유의성을 반복적으로 보정 • 최소한의 시간에 탐색적 분석을 완료하여 단위 분석에 대한 예상 소요 시간을 추정 • 탐색적 분석과 유의변수 도출 과정에서 정보가 부족하면 신속하게 추가 변수를 개발
모델링	• 다양한 모델링 기법 중에서 업무 특성에 적합한 기법을 선택하거나 여러 모델링 기법을 결합해 적용 • 프로세스 및 자원에 대한 제약이 있고 입력값이 확률분포이면 시뮬레이션 기법을, 프로세스 및 자원에 대한 제약이 있고 상숫값을 가질 때는 최적화 기법을 사용 • 경우에 따라 시뮬레이션과 최적화를 결합해 적용 • 데이터 마이닝 모델링은 통계적 모델링이 아니므로 지나치게 통계적 가설이나 유의성을 적용하지 않음
모델링 성능 평가	• 데이터 마이닝에서는 정확도, 정밀도, 재현율, 향상도 등의 값으로 판단 • 시뮬레이션에서는 처리량, 평균대기시간 등의 지표 활용 • 최적화에서는 최적화 이전의 객체 함숫값(Object Function Value)과 최적화 이후의 값의 차이를 구하여 평가 • 분석 모형이 적합한지 판단 기준을 수립, 분석 모형별 훈련 데이터 집합을 구축 • 구축된 훈련 데이터로 분석 모형을 조정 • 훈련 데이터로 조정한 분석 모형에 검증 데이터를 적용하여, 훈련 데이터 기반 결과와 검증 데이터 기반 결과를 비교 분석

③ **검증 및 평가**

- 검증 및 평가 단계는 분석 데이터를 훈련과 평가 데이터로 분리한 다음, 분석 데이터를 이용해 자체 검증 후 실제 평가에서는 신규 데이터 모델을 적용해 결과를 도출하는 단계이다.
- 모든 모델링에서는 반드시 검증 및 평가를 거친다.
- 평가 데이터는 일반적으로 분석 데이터 세트의 20~40% 정도를 이용한다.

④ **적용**

- 적용 단계는 분석결과를 업무 프로세스에 완전히 통합해 실제 일, 주, 월 단위로 운영하는 단계이다.

정확도(Accuracy)
실제 분류 범주를 정확하게 예측한 비율이다.

정밀도(Precision)
'참'으로 예측한 비율 중에서 실제로 '참'인 비율이다.

재현율(Recall)
실제 참을 참으로 분류한 비율이다.

향상도(Lift)
항목 집합 X가 주어지지 않았을 때의 항목 집합 Y의 확률 대비 항목 집합 X가 주어졌을 때 항목 집합 Y의 확률 증가 비율이다.

3 분석 환경 구축

(1) 데이터 분할 개념

- 데이터 분할은 데이터를 학습용 데이터, 검증용 데이터, 평가용 데이터로 분할하는 작업이다.

(2) 데이터 분할 요소 기출

```
        Original Set
┌──────────────────────┬──────────┐
│      Training        │  Testing │
├───────────────┬──────┼──────────┤
│   Training    │Valid.│  Testing │
└───────────────┴──────┴──────────┘
```

▲ 데이터 분할

◈ 데이터 분할 요소

요소	설명
학습용 데이터 (Training Data)	• 알고리즘의 학습을 위한 데이터
검증용 데이터 (Validation Data)	• 트레이닝 세트로 학습된 모델의 예측/분류 정확도를 계산하기 위한 검증 데이터 • 사용하여 모형의 학습 과정에서 모형이 제대로 학습되었는지 중간에 검증을 실시하고, 과대 적합과 과소 적합의 발생 여부 등을 확인하여 모형의 튜닝에도 사용
평가용 데이터 (Testing Data)	• 학습된 모델의 성능이 어느 정도 만족스러운지 평가하기 위한 실제 데이터 • 학습이 완료된 모형에 대하여 한 번도 사용하지 않은 데이터를 통하여 모형을 평가하며, 이때 사용된 결과가 모형의 평가 지표가 됨

(3) 데이터 분할 시 고려사항 기출

- 학습용 데이터와 검증용 데이터는 학습 과정에서 사용하며 평가용 데이터는 학습 과정에 사용되지 않고 오로지 모형의 평가를 위한 과정에만 사용된다.
- 데이터를 일반적으로 학습용 데이터와 검증용 데이터를 60~80% 사용하고, 평가용 데이터를 20~40%로 분할하지만 절대적인 기준은 아니다.
- 학습용 데이터를 한 번 더 분할하여 학습용 데이터와 검증용 데이터로 나누어서 사용한다.
- 학습 조기 종료 방법을 사용할 수 있다.
- 데이터가 충분하지 않을 경우 훈련 데이터와 평가 데이터로만 분할하여 사용하기도 한다.

잠깐! 알고가기

학습 조기 종료 방법
(Early Stopping)
훈련이 진행되는 동안 모델의 성능을 지속적으로 평가하고, 성능이 특정 기준을 넘지 않을 경우 훈련을 조기에 중단시키는 방식이다.

지피지기 기출문제

01 학생들의 교복의 표준 치수를 정하기 위해 학생들의 팔길이, 키, 가슴둘레를 기준으로 할 때 어떤 방법이 가장 적절한 기법인가?

① 이상치 ② 군집
③ 분류 ④ 연관성

해설

군집	각 개체에 대해 관측된 여러 개의 변숫값에서 유사한 성격을 갖는 몇 개의 군집으로 집단화하여 군집들 사이의 관계를 분석하는 다변량 분석 기법
분류	범주형 변수 혹은 이산형 변수 등의 범주를 예측하는 것으로, 다수의 속성 혹은 변수를 가지는 객체들을 사전에 정해진 그룹이나 범주 중의 하나로 분류하는 모델
연관성	데이터에 숨어있으면서 동시에 발생하는 사건 혹은 항목 간의 규칙을 수치화하는 것

02 다음 중 Label을 통해서만 학습하는 기법으로 옳은 것은?

① 지도 학습 ② 비지도 학습
③ 강화 학습 ④ 준지도 학습

해설 레이블을 통해서만 학습하는 기법은 지도 학습이다.

지도 학습	정답인 레이블(Label)이 포함되어 있는 학습용 데이터를 통해 학습시키는 방법
비지도 학습	입력 데이터에 대한 정답인 레이블(Label)이 없는 상태에서 학습용 데이터를 통해 학습시키는 방법
강화 학습	선택 가능한 행동들 중 보상을 최대화하는 행동 혹은 행동 순서를 선택하는 학습 방법
준지도 학습	정답인 레이블(Label)이 포함되어 있는 학습용 데이터와 레이블(Label)이 없는 학습용 데이터를 모두 학습에 사용하는 학습 방법

03 다음 중 비지도 학습 알고리즘의 사례로 옳은 것은?

① 과거 데이터를 기준으로 날씨 예측
② 제품의 특성, 가격 등으로 판매량 예측
③ 페이스북 사진으로 사람을 분류
④ 부동산으로 지역별 집값을 예측

해설 페이스북 사진으로 사람을 분류하기 위해 비지도 학습을 활용한다.

항목	비지도 학습	지도 학습
설명	• 레이블이 없는 학습용 데이터를 사용하여 시스템이 스스로 학습하는 방법	• 정답인 레이블이 포함되어 있는 학습용 데이터를 통해 컴퓨터를 학습시키는 방법
특징	• 예측의 문제보다는 주로 현상의 설명, 특징·패턴 도출, 분류 등의 문제 해결에 활용	• 주로 인식, 분류, 진단 예측 등의 문제 해결에 활용

04 독립변수가 연속형이고 종속변수가 이산형일 때 사용하는 분석 모형은?

① 주성분 분석 ② 로지스틱 회귀 분석
③ 회귀 분석 ④ 군집 분석

해설 독립변수와 종속변수가 주어진 경우 분석 기법은 다음과 같다.

		종속변수(Y)	
		연속형 변수	이산형/범주형 변수
독립변수(X)	연속형 변수	• 회귀 분석 • 인공신경망 모델 • K-최근접 이웃기법 • 의사결정나무(회귀 나무)	• 로지스틱 회귀 분석 • 판별 분석 • K-최근접 이웃 기법 • 의사결정나무(분류 나무)
	이산형/범주형 변수	• 회귀 분석 • 인공신경망 모델 • 의사결정나무(회귀 나무)	• 인공신경망 모델 • 의사결정나무(분류 나무) • 로지스틱 회귀 분석

05 다음 중 초매개변수(Hyper Parameter)로 설정 가능한 것은?

① 편향(Bias)
② 기울기(Slope)
③ 서포트 벡터(Support Vector)
④ 은닉층(Hidden Layer) 수

해설 초매개변수로 설정 가능한 예시로는 학습률(Learning Rate), 의사결정나무의 깊이(Depth), 신경망에서 은닉층(Hidden Layer)의 개수 등이 있다.

06 다음 중 매개변수(Parameter), 초매개변수(Hyper Parameter)에 대한 것으로 적절하지 않은 것은?

① 매개변수는 사람에 의해 수작업으로 설정한다.
② 매개변수는 측정되거나 데이터로부터 학습된다.
③ 초매개변수는 학습을 위해 임의로 설정하는 값이다.
④ 초매개변수의 종류에는 은닉층의 수, 학습률 등이 있다.

해설 사람에 의해 수작업으로 설정하는 것은 매개변수가 아닌 초매개변수이다.

07 다음 중 매개변수(Parameter)와 초매개변수(Hyper Parameter)에 대한 설명으로 옳지 않은 것은?

① 매개변수는 종종 학습된 모델의 일부로 저장된다.
② 초매개변수는 모델의 알고리즘 구현 과정에서 사용한다.
③ 매개변수는 사람에 의해 수작업으로 측정되지 않는다.
④ 초매개변수는 주어진 데이터로부터 학습을 통해 모델 내부에서 결정되는 변수이다.

해설 초매개변수는 데이터로부터 학습을 통해 얻어지는 것이 아닌 사용자가 직접 설정해주는 값이다.

08 다음 중 기계학습 기반 분석 절차로 가장 알맞은 것은 무엇인가?

① 비즈니스 이해 및 문제 정의 → 데이터 수집 → 데이터 전처리와 탐색 → 데이터에 대한 모델훈련 → 모델 성능 평가 → 모델 성능 향상 및 현업 적용
② 비즈니스 이해 및 문제 정의 → 데이터 전처리와 탐색 → 데이터 수집 → 데이터에 대한 모델훈련 → 모델 성능 평가 → 모델 성능 향상 및 현업 적용
③ 데이터 전처리와 탐색 → 비즈니스 이해 및 문제 정의 → 데이터 수집 → 데이터에 대한 모델훈련 → 모델 성능 평가 → 모델 성능 향상 및 현업 적용
④ 데이터 전처리와 탐색 → 데이터 수집 → 비즈니스 이해 및 문제 정의 → 데이터에 대한 모델훈련 → 모델 성능 평가 → 모델 성능 향상 및 현업 적용

해설 기계학습 기반 분석 절차는 비즈니스 이해 및 문제 정의 → 데이터 수집 → 데이터 전처리와 탐색 → 데이터에 대한 모델훈련 → 모델 성능 평가 → 모델 성능 향상 및 현업 적용 순으로 진행된다.

지피지기 기출문제

09 다음 중 분석 모형에 대한 고려사항으로 가장 알맞지 않은 것은?

① 모형에 적합하지 않은 오류가 발생하지 않도록 주의한다.
② 복잡한 모형이 항상 일반화가 잘 된다.
③ 데이터에 비해 모형이 너무 간단하면 과소 적합이 발생할 수 있다.
④ 관련이 없는 변수가 모형에 포함될 경우 예측 성능을 저하시킬 수 있다.

해설 모형이 너무 복잡하면 과대 적합이 발생한다.

10 다음 중 학습된 모형을 기반으로 최종 출력층을 바꾸어 재학습하는 알고리즘으로 가장 알맞은 것은?

① 전이학습(Transfer Learning)
② 딥러닝(Deep Learning)
③ 강화학습(Reinforcement Learning)
④ 비지도 학습(Unsupervised Learning)

해설 학습된 모형을 기반으로 최종 출력층을 바꾸어 재학습하는 알고리즘은 전이학습(Transfer Learning)이다.

11 비지도 학습으로 가장 알맞지 않은 것은?

① 군집 분석　　② 연관
③ 선형회귀　　④ 신경망

해설 선형회귀는 지도 학습에 사용된다.

12 다음 빈칸에 들어갈 내용으로 가장 알맞은 것은?

> 비지도 학습은 레이블(Label)이 (　　　) 데이터를 학습하고, 주요 기법에는 (　　　)이 있다.

① 알려진, 선형 회귀 분석
② 알려지지 않은, 군집 분석
③ 알려진, 로지스틱 회귀 분석
④ 알려지지 않은, 선형 회귀 분석

해설

지도 학습	레이블(Label)이 알려진 학습 예) 선형 회귀 분석, 로지스틱 회귀 분석 등
비지도 학습	레이블(Label)이 알려지지 않은 학습 예) 군집 분석 등

13 다음은 머신러닝에 대한 일련의 처리 과정이다. 빈칸 (　) 에 들어갈 용어는 무엇인가?

> 표현 – 평가 – (　　) – 일반화

① 정규화　　② 최적화
③ 합리화　　④ 시각화

해설
- 머신러닝 일련의 처리 과정은 표현(Representation), 평가(Evaluation), 최적화(Optimization), 일반화(Generalization) 단계를 거친다.
- 표현(Representation)은 예측 모형으로 입력한 일련의 데이터를 처리하는 방법을 결정한다.
- 결정된 모형은 평가단계를 통해 목표한 과업이 정확히 수행되었는지를 판단한다. 그리고 평가기준에서 가장 만족도가 높은 조건을 찾아 최적화한다.
- 표현 → 평가 → 최적화 단계를 통해 충분히 학습되어진 예측 모형은 일반화되어 새로운 데이터로부터 결과를 예측하는 데 활용될 수 있다.

14 다음 중 분류 분석 기법으로 가장 적합한 것은?

① 학습 방식에 따른 학생 시험 성적 간의 관계
② 빵집에서 날씨에 따른 고객 수 예상
③ 배우 인지도에 따른 매출 예측
④ 신용 카드를 사용하는 고객의 신용등급 유형 분석

해설 ①, ②, ③은 회귀 분석의 사례이고, ④번은 분류 분석의 사례이다.

회귀 분석	독립변수의 조작에 따른 종속변수의 변화를 확인하여 두 변수 간의 관계를 파악할 때 사용
분류 분석	문서를 분류하거나 조직을 그룹으로 나눌 때, 또는 온라인 수강생들을 특성에 따라 분류할 때 사용

15 다음 중 분석 모형 모델링 단계에서 수행하는 것으로 가장 적합한 것은?

① 분석 요건을 추출, 분석, 명세화한다.
② 요건 정의에 따라 상세 분석 기법을 적용해 모델을 개발한다.
③ 분석 결과를 일, 주, 월 단위로 운영한다.
④ 분석 데이터를 훈련과 평가 데이터로 분리한다.

해설
- 분석 요건의 추출, 분석, 명세화는 요건 정의 단계에서 수행한다.
- 분석 결과를 운영하는 단계는 적용 단계이다.
- 분석 데이터를 훈련과 평가 데이터로 분리하는 단계는 검증 및 평가 단계이다.

16 다음 중 데이터 분할에 대한 설명으로 가장 올바르지 않은 것은 무엇인가?

① 데이터는 학습용, 검증용, 평가용 데이터로 구분한다.
② 학습용 데이터를 한 번 더 분할하여 훈련용 데이터와 검증용 데이터로 나누어서 사용한다.
③ Early Stopping을 사용할 수 있다.
④ 평가용 데이터는 학습에 사용할 수 있다.

해설 데이터 분할 과정에서 평가용 데이터는 학습 과정에 사용되지 않고 오로지 모형의 평가를 위한 과정에만 사용된다.

17 다음 중 데이터 분할에 대한 설명으로 가장 올바르지 않은 것은?

① 학습용 데이터(Training Data)로 만든 모델이 잘 예측하는지 성능을 평가하기 위하여 검증용 데이터(Validation Data)를 사용한다.
② 평가용 데이터(Test Data)를 분할하여 검증용 데이터(Validation Data)와 평가용 데이터(Test Data)로 나누어서 사용한다.
③ 검증용 데이터(Validation Data)로 초매개변수를 조정한다.
④ 평가용 데이터(Test Data)는 최종 모형의 성능을 평가할 때 사용한다.

해설 학습용 데이터를 분할하여 학습용 데이터와 검증용 데이터로 나누어서 사용한다.

정답 01 ② 02 ① 03 ③ 04 ② 05 ④ 06 ① 07 ④ 08 ① 09 ② 10 ① 11 ③ 12 ② 13 ② 14 ④ 15 ② 16 ④ 17 ②

천기누설 예상문제

01 다음 모형 중 최근 인공지능 기술의 발전과 함께 주목받고 있는 딥러닝 기법에 기반을 두고 있는 모형은?

① 유전자 알고리즘(Genetic algorithm)
② 신경망(Artificial Neural Networks) 모델
③ 의사결정나무(Decision Tree) 모델
④ 규칙기반(Rule-Based) 모델

해설
- 유전자 알고리즘은 최적화가 필요한 문제의 해결책을 자연선택, 돌연변이 등과 같은 메커니즘을 통해 점진적으로 진화시켜 나가는 방법이다.
- 의사결정나무는 각 데이터들이 가진 속성들로부터 분할 기준 속성을 판별하고, 분할 기준 속성에 따라 트리 형태로 모델링하는 분류 예측 모델이다.
- 규칙기반 모델은 규칙(조건 설정)을 사용해 조건 분기 프로그램 등을 실행하는 모델이다.
- 딥러닝 기법에 기반을 두고 있는 모형은 신경망 모델이다.

02 머신러닝 알고리즘은 크게 지도 학습(Supervised Learning)과 비지도 학습(Unsupervised Learning)으로 나눌 수 있다. 이러한 측면에서 보기 중 나머지와 성격이 다른 것은?

① 군집 분석　　② 분류 분석
③ 감성 분석　　④ 회귀 분석

해설 군집 분석은 비지도 학습에 해당하며, 나머지는 지도 학습에 해당한다.

03 다음 중 비지도 학습 기법은 무엇인가?

① SOM　　② 인공신경망
③ SVM　　④ 랜덤 포레스트

해설

지도 학습	랜덤 포레스트, 인공신경망, SVM
비지도 학습	SOM

04 다음에서 설명하는 데이터 분석 기법으로 가장 적절한 것은?

> 은행에서 대출 심사를 할 때, 소득, 카드 사용액, 나이 등 해당 고객의 개인적인 정보를 바탕으로 그 고객이 대출 상환을 잘하는 집단에 속할지 그렇지 않은 집단에 속할지를 예측할 수 있다.

① 유전자 알고리즘　　② 분류 분석
③ 소셜 네트워크 분석　　④ 연관규칙 학습

해설 분류 분석은 문서를 분류하거나 조직을 그룹으로 나눌 때 또는 온라인 수강생들을 특성에 따라 분류할 때 사용하는 데이터 마이닝 기법이다.

05 다음은 빅데이터 활용 기법 중 하나이다. 가장 올바른 것은?

> - 생명의 진화를 모방하여 최적해(Optimal Solution)를 구하는 알고리즘으로 존 홀랜드(John Holland)가 1975년에 개발
> - 어떤 미지의 함수 $y = f(x)$를 최적화하는 해를 찾기 위해 진화를 모방한 탐색알고리즘

① 인공신경망(Artificial Neural Networks)
② 합성곱 신경망(Convolutional Neural Networks)
③ 유전자 알고리즘(Genetic Aalgorithm)
④ 딥러닝(Deep Learning)

해설
- 인공신경망은 기계학습과 인지과학에서 생물학의 신경망에서 영감을 얻은 통계적 학습 알고리즘이다.
- 합성곱 신경망은 시각적 이미지를 분석하는 데 사용되는 인공신경망이다.
- 딥러닝은 여러 비선형 변환 기법의 조합을 통해 높은 수준의 추상화를 시도하는 기계 학습 알고리즘의 집합이다.
- 어떤 미지의 함수 $y = f(x)$를 최적화하는 해를 찾기 위해, 진화를 모방한 탐색 알고리즘은 유전자 알고리즘이다.

06 사람, 상품에 관한 이해를 증가시키기 위해 데이터가 가지고 있는 특징을 나타내고 설명에 대한 답을 제공할 수 있는 데이터 마이닝의 기능으로 가장 적합한 것은 무엇인가?

① 기술(Description)   ② 연관(Association)
③ 예측(Prediction)   ④ 군집(Clustering)

해설 데이터 마이닝 기능 중 하나인 기술(Description)은 사람, 상품에 관한 이해를 증가시키기 위해 데이터가 가지고 있는 특징을 나타내고 설명에 대한 답을 제공할 수 있다.

07 소매점에서 물건을 배열하거나 카탈로그 및 교차판매 등에 적용하기 적합한 데이터 마이닝 기법으로 가장 알맞은 것은 무엇인가?

① 연관 분석   ② 군집
③ 분류   ④ 예측

해설
- 연관 분석은 데이터 간의 관계에서 조건과 반응을 연결하는 분석으로 장바구니 분석(Market Basket Analysis)이라고도 한다.
- 소매점에서 물건을 배열하거나 카탈로그 및 교차판매 등에 적용하기 적합한 데이터 마이닝 기법은 연관 분석이다.
- 연관 분석은 연관규칙 분석, 연관성 분석, 연관규칙 학습 등 다양한 용어로 활용된다.

08 데이터 마이닝 기법 중 항목들 간의 '조건-결과' 식으로 표현되는 유용한 패턴을 발견해내는 방법을 무엇이라 하는가?

① 인공신경망   ② 의사결정나무
③ 연관성 분석   ④ 자기 조직화 지도(SOM)

해설
- 연관성 분석은 기업의 데이터베이스에서 상품의 구매, 서비스 등 일련의 거래 또는 사건들 간의 규칙을 발견하기 위해 적용하며 장바구니 분석 또는 서열 분석이라고 불린다.
- 데이터 마이닝 기법 중 항목들 간의 '조건-결과' 식으로 표현되는 유용한 패턴을 발견해내는 방법은 연관성 분석이다.

09 범주형 변수 혹은 이산형 변수 등의 범주를 예측하는 것으로, 다수의 속성 혹은 변수를 가지는 객체들을 사전에 정해진 그룹이나 범주 중의 하나로 나누는 것은 무엇인가?

① 분류   ② 군집
③ 연관규칙   ④ 예측

해설

분류 모델	범주형 변수 혹은 이산형 변수 등의 범주를 예측하는 것으로, 다수의 속성 혹은 변수를 가지는 객체들을 사전에 정해진 그룹이나 범주 중의 하나로 분류하는 모델
예측 모델	범주형 및 수치형 등의 과거 데이터로부터 특성을 분석하여 다른 데이터의 결괏값을 예측하는 기법
군집화 모델	이질적인 집단을 몇 개의 동질적인 소집단으로 세분화하는 작업
연관규칙 모델	데이터에 숨어 있으면서 동시에 발생하는 사건 혹은 항목 간의 규칙을 수치화하는 모델

10 다음 중 비즈니스 모델에서 빅데이터 분석 방법과 사례를 연결한 것으로 부적절한 것은 무엇인가?

① 연관규칙 학습: 맥주를 사는 사람은 콜라도 같이 구매하는 경우가 많은가?
② 분류 분석: 택배 차량을 어떻게 배치하는 것이 가장 비용 효율적인가?
③ 소셜 네트워크 분석: 친분 관계가 승진에 어떤 영향을 미치는가?
④ 회귀 분석: 고객의 만족도가 충성도에 어떤 영향을 미치는가?

해설 분류 분석은 문서를 분류하거나 조직을 그룹으로 나눌 때 또는 온라인 수강생들을 특성에 따라 분류할 때 사용하는 기법으로 사용자가 어떤 특성을 가진 집단에 속하는지 알아볼 때 사용한다.

천기누설 예상문제

11 다음은 분석 모형을 정의할 때 설정하는 것이다. 이를 설명한 것으로 가장 적절한 것은 무엇인가?

- 모델 내부에서 확인이 가능한 변수로 데이터를 통해서 산출이 가능한 값이다.
- 예측을 수행할 때, 모델에 의해 요구되는 값들이다.
- 주로 예측자에 의해 수작업으로 측정되지 않는다.

① 신경망 학습에서의 학습률(Learning Rate)
② 매개변수(Parameter)
③ 신경망 학습의 배치 사이즈
④ 정규화 매개변수(Regularization Parameter)

해설 매개변수는 모델 내부에서 확인이 가능한 변수로 데이터를 통해서 산출이 가능한 값이다.

12 다음 중 초매개변수 사례로 가장 부적절한 것은 무엇인가?

① 신경망 학습에서 학습률(Learning Rate)
② 서포트 벡터 머신에서의 코스트값인 C
③ KNN에서의 K의 개수
④ 선형 회귀나 로지스틱 회귀 분석에서의 결정계수

해설 선형 회귀나 로지스틱 회귀 분석에서의 결정계수는 매개변수이다.

13 다음 중 분석 모형을 정의할 때 고려사항으로 가장 부적절한 것은 무엇인가?

① 분석 대상인 데이터에 비해 모델이 너무 간단하면 과소 적합(Under-fitting)이 발생하므로 적합한 모델을 선정한다.
② 종속변수와 하나 또는 둘 이상의 독립변수 사이에 관계가 있는 것은 모델에서 누락시키지 않는다.
③ 관련 있는 변수만을 설정한다.
④ 모델 복잡도와 상관없이 관련 있는 모델을 모두 선택한다.

해설 적합하지 않은 모형을 선택하면 오류가 발생한다. 모델 복잡도를 고려하여 적합한 모델을 선택한다.

14 다음 중 분석 모형의 구축 절차로 올바른 것은?

① 요건 정의 → 모델링 → 검증 및 테스트 → 적용
② 모델링 → 적용 → 요건 정의 → 검증 및 테스트
③ 요건 정의 → 적용 → 모델링 → 검증 및 테스트
④ 모델링 → 요건 정의 → 검증 및 테스트 → 적용

해설 분석 모형 구축은 요건 정의 → 모델링 → 검증 및 테스트 → 적용 단계로 실행된다.

분석 모형 구축 절차	
요모검적	요건 정의 / 모델링 / 검증 및 테스트 / 적용

정답 01 ② 02 ① 03 ① 04 ② 05 ③ 06 ① 07 ① 08 ③ 09 ① 10 ② 11 ② 12 ④ 13 ④ 14 ①

CHAPTER 02 분석 기법 적용

1 분석 기법

1 회귀 분석 ★★★

(1) 회귀 분석(Regression Analysis) 개념
- 회귀 분석은 독립변수와 종속변수 간에 선형적인 관계를 도출해서 하나 이상의 독립변수들이 종속변수에 미치는 영향을 분석하고, 독립변수를 통해 종속변수를 예측하는 분석 기법이다.
- 변수들 사이의 인과관계를 밝히고 모형을 적합(Fit)하여 관심 있는 변수를 예측하거나 추론하기 위한 분석 방법이다.

> **학습 POINT ★**
> 회귀 분석은 매우 중요합니다. 기본 개념과 주요 내용은 두음쌤의 도움을 받아 숙지하시고 집중해서 학습해 주세요!

개념 박살내기

○ 회귀 분석 사례

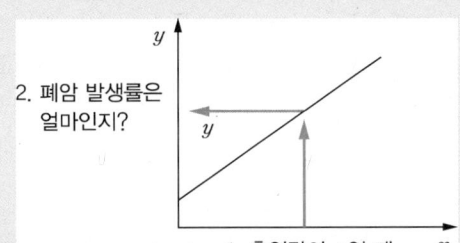

▲ 흡연량과 폐암 발생률 관계 회귀 분석

- 그림에서 흡연량 x는 독립변수이고, 폐암 발생률은 y로 종속변수이다.
- 사전에 측정된 환자의 흡연량(독립변수)과 폐암 발생률(종속변수) 데이터를 통해 인과관계가 있는 회귀식을 추정하면 새로운 환자의 흡연량으로 폐암 발생률을 예측할 수 있다.

① 회귀 분석 변수

회귀 분석에서 사용되는 변수는 결과에 영향을 주는 변수인 독립변수와 독립변수에 의해 영향을 받는 종속변수로 구분을 할 수가 있으며 다양한 다른 이름으로 명명된다.

⊗ 회귀 분석 변수

변수 구분	변수명
영향을 주는 변수(x)	독립변수(Independent Variable), 설명변수(Explanatory Variable), 예측변수(Predictor Variable)라고 명명될 수 있음
영향을 받는 변수(y)	종속변수(Dependent Variable), 반응변수(Response Variable), 결과변수(Outcome Variable)라고 명명될 수 있음

② 회귀 모형의 가정 기출

- 회귀 분석은 선형성, 독립성, 등분산성, 비상관성, 정상성의 5가지 가정을 만족시켜야 한다.
- 5가지 기본 가정을 만족하지 않으면 제대로 된 회귀 모델을 생성할 수 없다.

⊗ 회귀 모형의 가정

가정	설명
선형성	• 독립변수와 종속변수가 선형적이어야 한다는 특성 • 독립변수의 변화에 따라 종속변수도 일정 크기로 변화
독립성	• 단순선형 회귀 분석에서는 잔차와 독립변수의 값이 서로 독립적이어야 한다는 특성 • 다중선형 회귀 분석에서는 독립변수 간 상관성이 없이 독립적이어야 함 • 통계량으로는 더빈-왓슨 검정을 통해 확인 가능
등분산성	• 잔차의 분산이 독립변수와 무관하게 일정해야 한다는 특성 • 잔차가 고르게 분포되어야 함
비상관성	• 관측치와 잔차는 서로 상관이 없어야 한다는 특성 • 잔차끼리 서로 독립이면 비상관성이 있다고 판단
정상성 (정규성)	• 잔차항이 정규분포의 형태를 이뤄야 한다는 특성 • Q-Q Plot에서는 잔차가 대각 방향의 직선의 형태를 띠면 잔차는 정규분포를 따른다고 할 수 있음 • 통계량으로는 샤피로-윌크 검정, 콜모고로프-스미르노프 검정 등을 통해 확인 가능

③ 회귀 모형 검증 기출

적합한 모형을 선택한 후에는 모형이 적절한지 확인한다.

회귀 모형 가정
「선독등비정」
선형성 / 독립성 / 등분산성 /
비상관성 / 정상성
→ 선영이는 독서실에서 등비수열을 정석으로 배웠다.

잠깐! 알고가기

더빈-왓슨 검정
(Durbin-Watson Test)
회귀 모형 오차항이 자기 상관이 있는지에 대한 검정이다.

Q-Q Plot
그래프를 그려서 정규성 가정이 만족되는지 시각적으로 확인하는 방법이다.

샤피로-윌크 검정
(Shapiro-Wilk Test)
오차항이 정규분포를 따르는지 알아보는 검정으로, 회귀 분석에서 모든 독립변수에 대해서 종속변수가 정규분포를 따르는지 알아보는 방법이다.

콜모고로프-스미르노프 검정
(Kolmogorov-Smirnov Test)
데이터가 어떤 특정한 분포를 따르는가를 비교하는 검정 기법이다. 비교 기준이 되는 데이터를 정규분포를 가진 데이터로 두어서 정규성 검정을 실시할 수 있다.

회귀 모형의 체크리스트

체크리스트	설명
회귀 모형이 통계적으로 유의미한가?	• F-통계량을 통해 확인 • 유의수준 5% 하에서 F-통계량의 p-값이 0.05보다 작으면 추정된 회귀식은 통계적으로 유의하다고 볼 수 있음
회귀계수들이 유의미한가?	• t-통계량을 통해 각 독립변수가 종속변수에 미치는 영향을 파악 • 해당 계수의 t-통계량과 p-값 또는 이들의 신뢰구간 확인
회귀 모형이 얼마나 설명력을 갖는가?	• 회귀식 자체의 유의성을 확인 • 모형의 설명력은 결정계수(R^2)로 판단 • 결정계수(R^2)는 전체 변동 중 회귀 모형에 의해 설명되는 변동의 비율로 표본에 의해 추정된 회귀식이 주어진 자료를 얼마나 잘 설명하는가를 보여주는 값 • 결정계수는 0~1값을 가지며, 높은 값을 가질수록 추정된 회귀식의 설명력이 높음
회귀 모형이 데이터를 잘 적합하고 있는가?	• 잔차를 그래프로 그리고 회귀진단을 함
데이터가 가정을 만족시키는가?	• 선형성, 독립성, 등분산성, 비상관성, 정상성 가정을 만족시켜야 함

개념 박살내기

○ 회귀 모형의 잔차 분석

- 다음 그림은 회귀 모형의 잔차와 예측값을 나타낸 잔차산점도(Residual Plot)이다.

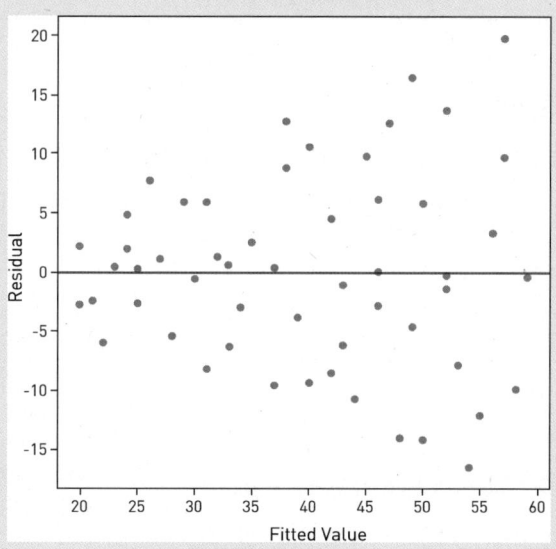

- 회귀 모형에서는 잔차항에 대한 정규성, 등분산성, 독립성에 대한 가정이 성립해야 회귀 분석 결과가 타당한 것이 된다.

학습 POINT ★

회귀모형의 잔차를 분석하는 문제가 출제되었습니다.
모집단의 실젯값과 회귀선과의 차이인 오차를 알 수 없기 때문에 표본에서 나온 관측값과 회귀선의 차이인 잔차(Residual)를 이용합니다.
개념 박살내기의 내용을 잘 보고 이해하시길 권장합니다!

> **잠깐! 알고가기**
>
> **가중최소 자승법**
> (WLS; Weighted Least Square)
> 가중최소 자승법은 가중 오차 제곱합을 최소화시키는 회귀 모형을 찾는 방법으로 이분산성의 문제를 해결할 수 있다.

- 이 중에서 등분산성을 만족시키기 위해 회귀 모형을 통해 예측된 값이 크든 작든 모든 값들에 대하여 잔차의 분산이 동일하다는 가정이 전제되어야 한다.
- 그림은 오차의 분산이 설명변수의 영향을 받아 관측치에 따라 나팔 혹은 깔때기 모양으로 달라진 것으로 등분산성 가정에 맞지 않는다.
- 이때, 가중최소 자승법(WLS; Weighted Least Squre)을 사용하거나, 종속변수 변환을 수행하여 문제를 해결한다.
- 가중최소 자승법은 오차의 등분산성 가정이 의심스럽거나, 이상치(Outlier)의 영향을 덜 받는 회귀 모형을 만들고자 할 경우 사용한다.
- 종속변수 변환은 종속변수를 로그로 변환하여 수행하는 것이 일반적으로 사용하는 형태이다.

④ 회귀 모형 분석 절차 [기출]

◈ 회귀 모형 분석 절차

절차	내용
독립변수, 종속변수 선정	• 분석하고자 하는 문제에 따라 어떤 변수가 종속변수이고 어떤 변수가 독립변수인지를 결정
회귀 계수 추정	• 선택한 독립변수와 종속변수 간의 관계를 나타내는 회귀 모델을 적합
회귀 계수의 유의성 검정	• 독립변수별로 해당 계수가 통계적으로 유의미한지를 검정 • 어떤 변수가 종속변수를 예측하는 데 중요한 역할을 하는지를 확인
회귀 모델 유의성 검정	• 전체 회귀 모델이 통계적으로 유의미한지를 검정 • 종속변수를 예측하는 데 전반적으로 사용한 독립변수들이 유의미한 영향을 미치는지를 판단

(2) 회귀 분석 유형 [기출]

회귀 분석은 독립변수 및 종속변수의 개수 및 특성에 따라 단순선형 회귀, 다중선형 회귀, 다항 회귀, 곡선 회귀, 로지스틱 회귀, 비선형 회귀와 같이 분류한다.

> **회귀 분석 유형**
> 「단다 항곡 로비」
> **단**순선형 / **다**중선형 / **다**항 / **곡**선 / **로**지스틱 / **비**선형 회귀
> → 단독으로 다니며 항(한) 곡으로 로비

◈ 회귀 분석 유형

종류	수식	모형
단순선형 회귀	$Y = \beta_0 + \beta_1 X + \epsilon$	• 독립변수가 1개이며, 종속변수와의 관계가 직선
다중선형 회귀	$Y = \beta_0 + \beta_1 X_1 + \beta_2 X_2 + ... + \beta_k X_k + \epsilon$	• 독립변수가 K개이며 종속변수와의 관계가 선형(1차 함수)
다항 회귀	독립변수가 2개(k=2)이고 2차 함수인 경우 $Y = \beta_0 + \beta_1 X_1 + \beta_2 X_2 + \beta_{11} X_1^2 +$ $... + \beta_{22} X_2^2 + \beta_{12} X_1 X_2 + \epsilon$	• 독립변수와 종속변수와의 관계가 1차 함수 이상인 관계(단, 독립변수가 1개일 경우에는 2차 함수 이상)

종류	수식	모형
곡선 회귀	2차 곡선인 경우 $Y = \beta_0 + \beta_1 X + \beta_2 X^2 + \epsilon$ 3차 곡선인 경우 $Y = \beta_0 + \beta_1 X + \beta_2 X^2 + \beta_3 X^3 + \epsilon$	• 독립변수가 1개이며, 종속변수와의 관계가 곡선
로지스틱 회귀	$Y = \dfrac{e^X}{1+e^X} = \dfrac{1}{1+e^{-X}}$ $= \dfrac{\exp(\beta_0 + \beta_1 X_1 + \cdots + \beta_k X_k)}{1 + \exp(\beta_0 + \beta_1 X_1 + \cdots + \beta_k X_k)}$	• 종속변수가 범주형(2진 변수)인 경우 적용 • 단순 로지스틱 회귀 및 다중, 다항 로지스틱 회귀로 확장 가능
비선형 회귀	$Y = \alpha e^{-\beta X} + \epsilon$	• 회귀식의 모양이 미지의 모수들의 선형관계로 이뤄져 있지 않은 모형

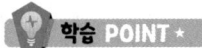

e^x를 $\exp(x)$로도 표기합니다.

① **단순선형 회귀 분석(Simple Linear Regression Analysis)**

㉮ 단순선형 회귀식

- 단순선형 회귀 모형은 회귀 모형 중에서 가장 단순한 모형이다.
- 독립변수와 종속변수가 각각 한 개이며 오차항이 있는 선형관계로 이뤄져 있다.

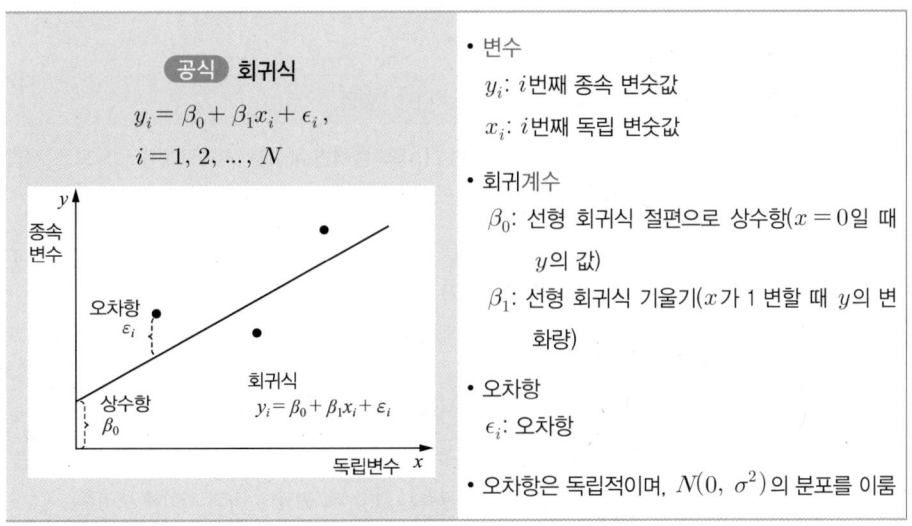

공식 **회귀식**

$$y_i = \beta_0 + \beta_1 x_i + \epsilon_i,$$
$$i = 1, 2, \ldots, N$$

- 변수
  - y_i: i번째 종속 변숫값
  - x_i: i번째 독립 변숫값
- 회귀계수
  - β_0: 선형 회귀식 절편으로 상수항($x=0$일 때 y의 값)
  - β_1: 선형 회귀식 기울기(x가 1 변할 때 y의 변화량)
- 오차항
  - ϵ_i: 오차항
- 오차항은 독립적이며, $N(0, \sigma^2)$의 분포를 이룸

잠깐! 알고가기

변수(Variable)
수학에서 쓰이는 수식에 따라서 변하는 값이다.

계수(Coefficient)
'인자'의 뜻으로 쓰이며 보통 식 앞에 곱해지는 상수이다.

단순 선형 회귀 분석에서 잔차의 자유도는 표본의 개수에서 2를 뺀 값인 n - 2가 됩니다.

$N(0, \sigma^2)$은 평균은 0이고, 분산은 σ^2이라는 뜻입니다.

잠깐! 알고가기

최소제곱법
(Least Square Method; 최소자승법; 최소제곱근사법; 최소자승근사법)
최소제곱법은 어떤 계의 해방정식을 근사적으로 구하는 방법으로, 근사적으로 구하려는 해와 실제 해의 오차의 제곱의 합이 최소가 되는 해를 구하는 방법이다.

㉯ 회귀계수의 추정

- 회귀계수는 최소제곱법을 사용하여 추정한다.
- 오차의 제곱 합이 최소가 되는 추세선이 가장 합리적인 추세선이고, 이를 통해 회귀 분석을 실행한다.

학습 POINT ★

편차(Deviation), 오차(Error), 잔차(Residual)는 의미가 비슷하기 때문에 확인해두고 가면 좋을 것 같습니다.

편차	관측치가 평균으로부터 떨어져 있는 정도(평균과의 차이)
오차	모집단에서 실젯값이 회귀선과 비교해 볼 때 나타나는 차이
잔차	표본에서 나온 관측값이 회귀선과 비교해볼 때 나타나는 차이

⊙ 회귀 분석 추정식

순서	공식	설명
1	$y_i - (\beta_0 + \beta_1 x_i) = \epsilon_i$	오차항 ϵ_i을 구함
2	$(\epsilon_i)^2 = (y_i - (\beta_0 + \beta_1 x_i))^2$	오차항의 제곱을 구함
3	$\sum_{i=1}^{N}(\epsilon_i)^2 = \sum_{i=1}^{N}(y_i - (\beta_0 + \beta_1 x_i))^2$	주어진 값 $i=1$부터 N까지의 합($\sum$)을 구함
4	$\sum_{i=1}^{N}(y_i - (\beta_0 + \beta_1 x_i))^2$	가장 최소가 되는 회귀계수 β_0, β_1값을 찾음 (가장 최솟값을 찾는 것을 추정한다고 함)
5	추정한 회귀식 $\hat{y} = \hat{\beta_0} + \hat{\beta_1} x_i$	$\hat{y}$: y의 예측값 $\hat{\beta_0}$: β_0의 추정치 $\hat{\beta_1}$: β_1의 추정치

- 최소제곱법에 의해 추정된 회귀식은 x, y의 평균점을 지난다.

㉰ 회귀 분석의 검정 [기출]

회귀 분석 결과가 적합한지 아래와 같이 검증한다.

⊙ 회귀 분석 검정

구분	설명
회귀계수 검정	• 회귀계수 β_1이 0이면 입력변수(x)와 출력변수(y)는 인과관계가 없으므로 적합된 추정식은 의미가 없음
결정계수 (R^2)	• 결정계수(R^2)는 전체 데이터를 회귀 모형이 얼마나 잘 설명하고 있는지를 보여주는 지표로 회귀선의 정확도를 평가 • 결정계수(R^2)는 전체 제곱합에서 회귀 제곱합의 비율 $$R^2 = \frac{회귀\ 제곱합}{전체\ 제곱합} = \frac{SSR}{SST} = \frac{SSR}{SSR+SSE},\ 0 \leq R^2 \leq 1$$

결정계수 (R^2)	전체 제곱합(SST; Total Sum of Squares)	관측된 값(y_i)과 평균($\bar{y}$)과의 차이를 보여주는 값 $\sum_{i=1}^{n}(y_i - \bar{y})^2$
	회귀 제곱합(SSR; Regression Sum of Squares)	회귀선에 의해서 설명되는 변동 값 $\sum_{i=1}^{n}(\hat{y_i} - \bar{y})^2$
	오차 제곱합(SSE; Error Sum of Squares)	회귀선에 의해서 설명되지 않는 변동 값 $\sum_{i=1}^{n}(\hat{y_i} - \hat{y_i})^2$

구분	설명
	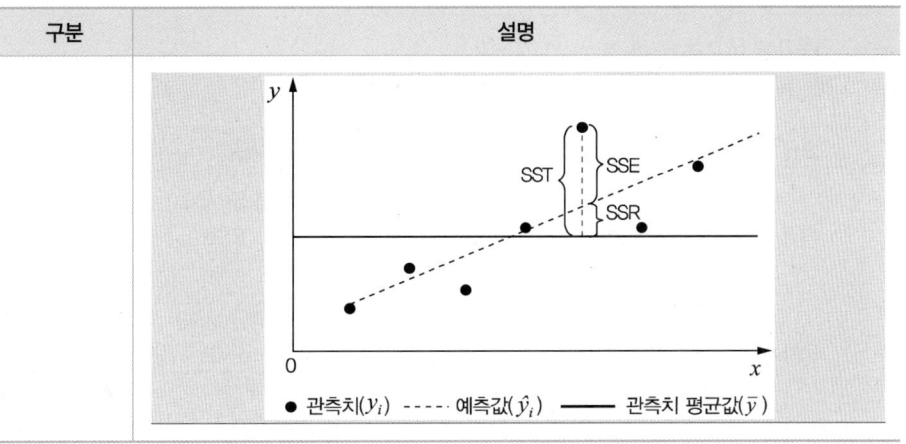

② **다중선형 회귀 분석(Multi Linear Regression Analysis)** 기출

㉮ 다중선형 회귀 분석 회귀식

- 독립변수와 종속변수는 선형 관계이다.

공식 다중선형 회귀 분석 회귀식		
$$Y = \beta_0 + \beta_1 X_1 + \beta_2 X_2 + ... + \beta_k X_k + \epsilon$$		
변수	• Y: 종속변수 • $X_1, X_2, \cdots, X_k$: 독립변수	
회귀계수	• β_0: 회귀식 절편으로 상수항 • $\beta_1, \beta_2, \cdots, \beta_k$: 회귀식 기울기	
오차항	• ϵ: 오차항	

오차항 ϵ_i는 독립적이며 $N(0, \sigma^2)$의 분포를 이룸

㉯ 모형의 통계적 유의성 기출

- 모형의 통계적 유의성은 F-통계량으로 확인한다.
- 유의수준 5% 하에서 F-통계량의 p-값이 0.05보다 작으면 추정된 회귀식은 통계적으로 유의하다고 볼 수 있다.
- n은 표본의 개수, k는 변수의 개수일 때 F-통계량은 아래와 같이 구할 수 있다.

학습 POINT ★

다중 선형 회귀 분석에서 잔차의 자유도는 n-k-1이 됩니다.

잠깐! 알고가기

통계적 유의성
- 모집단에 대한 가설이 가지는 통계적 의미이다.
- 어떤 실험 결과 자료를 두고 '통계적으로 유의하다.'라고 하는 것은 확률적으로 봐서 의미가 있다는 뜻이다.

귀무가설(H_0): $\beta_1 = \beta_2 = \cdots = \beta_k = 0$

대립가설(H_1): $\beta_1 \sim \beta_k$ 중에서 적어도 하나는 0이 아니다.

요인	제곱합	자유도	제곱평균	F-통계량
회귀	회귀 제곱합(SSR)	k	회귀 제곱평균(MSR) $\text{MSR} = \dfrac{\text{SSR}}{k}$	$F = \dfrac{\text{MSR}}{\text{MSE}}$
오차	오차 제곱합(SSE)	$n-k-1$	잔차 제곱평균(MSE) $\text{MSE} = \dfrac{\text{SSE}}{n-k-1}$	
계	전체 제곱합(SST)	$n-1$	총 제곱평균(MST) $\text{MST} = \dfrac{\text{SST}}{n-1}$	

- F-통계량이 크면 p-값이 0.05보다 작아지고 이렇게 되면 귀무가설을 기각하므로 모형이 유의하다고 결론지을 수 있다.

ⓒ 다중선형 회귀 분석의 검정 기출

◈ 다중선형 회귀 분석 검정

구분	설명
회귀계수의 유의성	• t-통계량을 통해 회귀계수의 유의성 확인 • 모든 회귀계수의 유의성이 통계적으로 검증되어야 선택된 변수들의 조합으로 모형을 활용할 수 있음
결정계수 (R^2)	• 전체 데이터를 회귀 모형이 얼마나 잘 설명하고 있는지를 보여주는 지표 • 회귀선의 정확도를 평가 • 독립변수의 유의성과 관계없이 독립변수가 많아질수록 증가하는 성질이 있음
수정된 결정계수 (Adjusted R^2; R_{adj}^2)	• 독립변수가 많아질수록 값이 증가하는 성질이 있는 결정계수 단점을 보완하기 위해서 다중선형 회귀 분석에서는 수정된 결정계수를 사용 $$\begin{aligned}R_{adj}^2 &= 1 - \frac{(n-1)(1-R^2)}{n-p-1} \\ &= 1 - \frac{(n-1)\left(\dfrac{\text{SSE}}{\text{SST}}\right)}{n-p-1} \\ &= 1 - (n-1)\frac{\text{MSE}}{\text{SST}}\end{aligned}$$ • n: 표본의 개수　• p: 독립변수의 개수　• MSE: 잔차제곱합 • 수정된 결정계수는 보통 결정계수보다 작게 계산되는 특징이 있음 • 수정된 결정계수는 설명력이 떨어지는 독립변수가 추가될 때는 감소하는 성질을 가지고 있으므로 모형 선택의 관점에서 이용됨

구분	설명
모형의 적합성	• 모형이 적합한지 잔차와 종속변수의 산점도로 확인
다중공선성 (Multicollinearity)	• 회귀 분석에서 독립변수 간에 강한 상관관계가 나타나는 문제 • 다중 회귀 분석에서 독립변수들 사이에 선형 관계가 존재하면 회귀계수의 정확한 추정이 난해함 • 다중공선성 검사 방법으로는 분산팽창 요인, 상태지수가 있음 **분산팽창 요인 (VIF)**: 4보다 크면 다중공선성이 존재, 10보다 크면 심각한 문제가 있는 것으로 해석 **상태지수**: 10 이상이면 문제가 있고, 30보다 크면 심각한 문제가 있다고 해석 • 다중선형 회귀 분석에서 다중공선성의 문제가 발생하면 문제가 있는 변수를 제거하거나 주성분 회귀, 능형 회귀 모형을 적용하여 문제를 해결

VIF(Variation Inflation Factor)
다중 회귀 모델에서 독립변수 간 상관관계가 있는지 측정하는 척도이다.

주성분 회귀(PCR; Principal Component Regression)
독립변수들의 주성분들을 추출한 후 이 주성분들을 이용해서 회귀 모델을 만드는 기법이다.

능형 회귀(Ridge Regression)
선형 회귀 분석에서는 최소제곱합을 최소로 하는 회귀계수를 추정한다. 능형 회귀 분석에서는 최소제곱합에 패널티 항을 추가하여 추정한다. 이는 축소 방법(Shrinkage Method) 중 하나로, 모형에 분산을 줄여주는 효과가 있다.

회귀 분석 결과에 대한 모형 적합성 검정

① 회귀 모형의 통계적 유의성 검증
- F-통계량을 통해 회귀 모형의 통계적 유의성을 확인할 수 있다.
- F-통계량은 MSR/MSE로 계산되며, F-통계량이 크다는 것은 회귀 모형에 의해 설명되는 변동이 많다는 것을 의미하므로 F-통계량이 클수록 회귀 모형은 통계적으로 유의하다.
- F-통계량이 커질수록 p-값이 작아지고, 유의수준 0.05(5%)에서 F-통계량에 의해 계산된 p-값이 0.05보다 작으면 모형이 통계적으로 유의하다고 볼 수 있다.

② 회귀계수의 유의성 검증
- 각 독립변수가 종속변수에 미치는 영향은 t-통계량을 통해서 파악할 수 있다.
- t-통계량(t value)은 회귀계수/표준오차(Estimate/Std.Error)로 계산된다.

	Estimate	Std.Error	t value	Pr(>|t|)
(Intercept)	-17.5791	6.7584	-2.601	0.0123
X1	3.9324	0.4155	9.464	1.49e-12

- 위의 표에서 X1의 회귀계수는 3.9324이고 표준오차는 0.4155다.
- 이를 통해 t-통계량을 계산하면 3.9324/0.4155=9.4642599280이 된다.
- 표준오차가 작을 때 t-통계량이 크기 때문에 t-통계량이 클수록 회귀계수는 유의하다.
- t-통계량이 커질수록 p-값이 작아지고, 유의수준 0.05(5%)에서 t-통계량에 의해 계산된 p-값이 0.05보다 작으면 모형이 통계적으로 유의하다고 볼 수 있다.

③ 모형의 설명력
- 모형의 설명력은 결정계수 R^2로 확인할 수 있다.
- 결정계수는 전체 변동 중 회귀 모형에 의해 설명되는 변동의 비율로 표본에 의해 추정된 회귀식이 주어진 자료를 얼마나 잘 설명하는지를 보여주는 값이다.

$e+x$는 10^x 값을 말하고, $e-x$는 10^{-x}를 말합니다.

$$1.62e-14 = 1.62 \times 10^{-14}$$
$$1.62e+14 = 1.62 \times 10^{14}$$

- 결정계수는 SSR/SST, SST=SSE+SSR로 계산된다.
- 결정계수는 0과 1 사이의 값으로 나타나는데, 결정계수가 1에 가까울수록 회귀 모형이 주어진 자료를 잘 설명한다고 할 수 있다.

Df	R^2	F value	Pr(>|F|)
48	0.6511	89.57	1.49e-12

- 모형과 관측 데이터를 통해 R에서 SSR, SSE를 구하면 SSR은 21185, SSE는 113530이다. SST는 SSR과 SSE의 합인 325380이므로 결정계수는 21185/32538=0.65110 된다.

(3) 최적 회귀방정식의 선택

모든 가능한 독립변수들의 조합에 대한 회귀 모형을 생성한 뒤 가장 적합한 회귀 모형을 선택한다.

▼ 변수선택 방법

유형	설명
전진 선택법 (Forward Selection)	절편만 있는 상수 모형부터 시작해 중요하다고 생각되는 독립변수를 차례로 모형에 추가하는 방식
후진 소거법 (Backward Elimination)	독립변수 후보 모두를 포함한 모형에서 출발해 제곱합의 기준으로 가장 적은 영향을 주는 변수부터 하나씩 제거하면서 더 이상 유의하지 않은 변수가 없을 때까지 독립변수들을 제거하고 이때의 모형을 선택하는 방법
단계적 방법 (Stepwise Method)	변수를 추가하면서 새롭게 추가된 변수에 기인해 기존 변수가 그 중요도가 약화되면 해당 변수를 제거하는 단계별 추가 또는 제거되는 변수의 여부를 검토해 더 이상 없을 때 중단하는 방법

(4) 벌점화된 선택기준

- 모형의 복잡도에 벌점(Penalty)을 주는 방법으로 AIC 방법과 BIC 방법을 사용한다.
- 모든 후보 모형들에 대해서 AIC, BIC를 계산하고 그 값이 최소가 되는 모형을 선택한다.

① AIC(Akaike Information Criterion)

- AIC는 실제 데이터의 분포와 모형이 예측하는 분포 사이의 차이를 나타낸 지표이다.

학습 POINT ★

변수선택 방법은 2과목 1장 데이터 전처리의 분석 변수 처리에도 있으니 참고해 주세요.

두음쌤 한마디

변수선택 방법
「전후단」
전진 선택법 / 후진 소거법 / 단계적 방법
→ 전선 후(뒤에 있는) 제단

학습 POINT ★

특정 기준에 따라 회귀계수에 벌점을 부여하여 모형의 복잡도를 낮추는 회귀분석 기법인 벌점화 회귀(Penalized Regression)가 출제되었습니다. 용어를 알아두고 넘어가세요!

공식 AIC	$AIC = -2\ln(L) + 2p$
	• $\ln(L)$: 모형의 적합도
	• L: 우도 함수(Likelihood Function)
	• p: 매개변수 개수

> **잠깐! 알고가기**
> 모형의 적합도
> 실제 자료와 연구자의 연구 모형이 얼마나 부합하는지 평가하는 것

- AIC 값이 낮을수록 모형의 적합도가 높다.
- 어떤 모형이 $2\ln(L)$인 적합도를 높이기 위해서 여러 불필요한 매개변수를 사용할 수도 있다.
- 실제 모형 비교 시 독립변수가 많은 모형이 적합도 면에서 유리하게 되는데, 이는 독립변수에 따라서 모형의 적합도에 차이가 난다는 의미이다.

② BIC(Bayesian Information Criterion)
- BIC는 표본이 커질수록 부정확해지는 AIC 단점을 보완한 지표이다.

공식 BIC	$BIC = -2\ln(L) + p\ln n$
	• $\ln(L)$: 모형의 적합도
	• L: 우도 함수(Likelihood Function)
	• p: 매개변수 개수
	• n: 데이터 개수

- AIC는 벌점을 모형의 추정된 매개변수의 개수에 곱하기 2로, BIC는 모형의 추정된 매개변수의 개수에 곱하기 $\ln(n)$으로 되어 있다.
- AIC의 벌점은 표본 크기에 상관없이 일정($2p$)하지만, BIC의 벌점은 표본 크기가 커질수록 $p\ln n$ 함께 커진다.
- BIC는 표본의 크기가 커질수록 복잡한 모형을 더 강하게 처벌한다.

② 로지스틱 회귀 분석 ★★★

(1) 로지스틱 회귀 분석(Logistic Regression Analysis) 개념 [기출]
- 로지스틱 회귀 분석은 독립변수가 수치형이고 종속변수가 범주형(이항형)인 경우 적용되는 회귀 분석 모형이다.
- 새로운 독립변수의 값이 주어질 때 반응변수의 각 범주에 속할 확률이 얼마인지를 추정하여 추정 확률을 기준치에 따라 분류하는 목적으로 사용된다.

> **학습 POINT ★**
>
> 로지스틱 회귀 분석은 반응변수(종속변수)가 이산형이라는 문제와 범주형(이항형)이라는 문제가 모두 출제되었습니다. 이산형 또는 범주형(이항형)이라는 두 가지 표현으로 나올 수 있으니 알아두세요.

> **학습 POINT ★**
>
> 범위를 표시할 때, [a, b]는 a≤범위≤b이고, (a, b)는 a<범위<b 입니다.

공식	로지스틱 회귀 분석
	$Y = \dfrac{e^X}{1+e^X} = \dfrac{1}{1+e^{-X}} = \dfrac{\exp(\beta_0 + \beta_1 X_1 + \cdots + \beta_k X_k)}{1+\exp(\beta_0 + \beta_1 X_1 + \cdots + \beta_k X_k)}$
변수	• Y: 종속변수 • X: 독립변수 • $X_1, X_2, \cdots, X_k$: 독립변수
회귀계수	• β_0: 회귀식 절편(상수항) • $\beta_1, \beta_2, \cdots, \beta_k$: 회귀식 기울기

(2) 로지스틱 회귀 분석 필요성

- 로지스틱 회귀 분석은 대상이 되는 데이터의 종속변수(y)의 결과는 0과 1 두 개의 경우만 존재하는 데 반해, 단순 선형 회귀를 적용하면 범위[0, 1]를 벗어나는 결과가 나오기 때문에 예측의 정확도가 떨어진다. (종속변수가 범주형(이항형)의 경우 로지스틱 회귀 분석을 사용해야 한다.)

(3) 로지스틱 회귀 분석의 원리

- 로지스틱 모형 식은 독립변수가 ($-\infty$, $+\infty$)의 어느 숫자이든 상관없이 종속변수 또는 결괏값이 로짓(Logit) 변환을 수행함으로써 항상 범위 [0, 1] 사이에 있도록 한다.
- 분석 대상이 되는 이항 변수인 0, 1은 로짓을 이용해서 연속변수인 것처럼 바꿔준다.

① 오즈(Odds; 승산)

- 오즈는 특정 사건이 발생할 확률과 그 사건이 발생하지 않을 확률의 비다.

공식 오즈(Odds)	$\text{Odds}(p) = \dfrac{p}{1-p}$ • p: 특정 사건(예를 들어 우승)의 발생 확률

> **예)** 한국이 축구에서 브라질에 승리할 확률이 20%라고 할 때 Odds는 $\dfrac{\text{이길 확률}}{1-\text{이길 확률}} = \dfrac{0.2}{0.8} = \dfrac{1}{4}$ 이므로 승산은 0.25이다. (질 확률이 4배가 높다.)

② 로짓(Logit) 변환 기출
- 로짓 변환은 오즈에 로그를 취한 함수로서 입력값의 범위가 [0, 1]일 때 출력값의 범위를 (−∞, +∞)로 조정하는 기법이다.

공식 로짓 변환	$\text{Logit}(p) = \log \dfrac{p}{1-p} = \log \text{odds}(p)$

- p: 특정 사건(예를 들어 우승)의 발생 확률

- 오즈의 범위를 (−∞, +∞)로 변환함으로써 다음과 같은 그래프 모양을 갖는다.

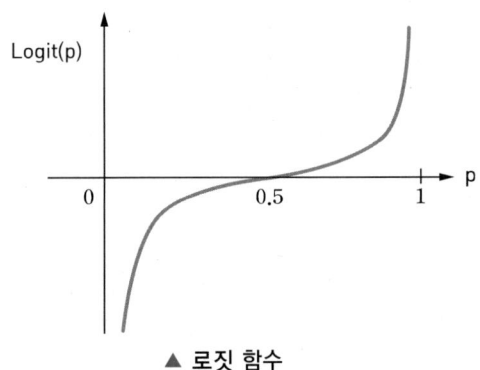

▲ 로짓 함수

- 하지만 로짓 변환도 [0, 1]에 대한 확률값으로 (−∞, +∞)의 값을 갖는다는 한계점이 있다.
- 이러한 한계를 극복하기 위해 로짓 함수의 식을 조작하여 최종적으로 시그모이드 함수를 사용하여 로지스틱 회귀 분석을 구현한다.

③ 시그모이드 함수
- 시그모이드 함수는 S자형 곡선(시그모이드 곡선)을 갖는 수학 함수이다.
- 로짓 함수는 x의 값이 [0, 1]일 때, y는 (−∞, +∞)인 함수이다.
- 로짓 함수에 역함수를 취하면 시그모이드 함수가 된다.

공식 시그모이드 함수	$\text{sigmoid}(x) = \dfrac{1}{1+e^{-x}}$

- x의 값이 (−∞, +∞)일 때, y값은 [0, 1]의 값을 가짐

- 시그모이드 함수의 그래프는 아래와 같다.

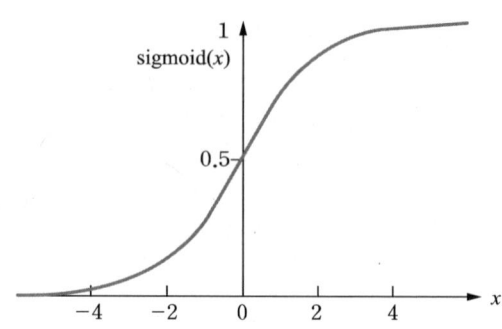

- 시그모이드 함수에서 x값이 ∞에 가까울수록 1에 가깝고, x값이 $-\infty$에 가까울수록 0에 가깝다.

3 의사결정나무 ★★★

(1) 의사결정나무(Decision Tree) 개념 기출

- 의사결정나무는 의사결정 규칙을 나무(Tree) 구조로 나타내어 전체 자료를 몇 개의 소집단으로 분류하거나 예측하는 분석 방법이다.

	수중	지느러미	물고기
1	Yes	Yes	Yes
2	Yes	No	No
3	No	Yes	No
4	No	No	No

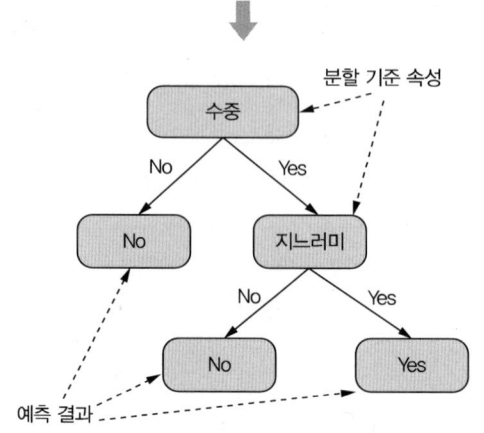

▲ 의사결정나무 분류 예

> **학습 POINT ★**
> 의사결정나무는 자주 출제되는 영역 중 하나입니다. 개념과 구성요소 등을 집중해서 학습하시길 권장합니다.

- 의사결정나무 기법은 분석의 대상을 분류함수를 활용하여 의사결정 규칙으로 이루어진 나무 모양으로 그리는 기법이다.
- 의사결정나무 구조는 연속적으로 발생하는 의사결정 문제를 시각화해서 의사결정이 이루어지는 시점과 성과 파악을 쉽게 해준다.

(2) 의사결정나무의 구성요소 기출

- 의사결정나무는 뿌리 마디, 자식 마디, 부모 마디, 끝마디, 중간 마디, 가지, 깊이 등의 요소로 구성되어 있다.
- 가지분할(Split)은 나무의 가지를 생성하는 과정이며, 가지치기(Pruning)는 생성된 가지를 잘라내어 모형을 단순화하는 과정이다.

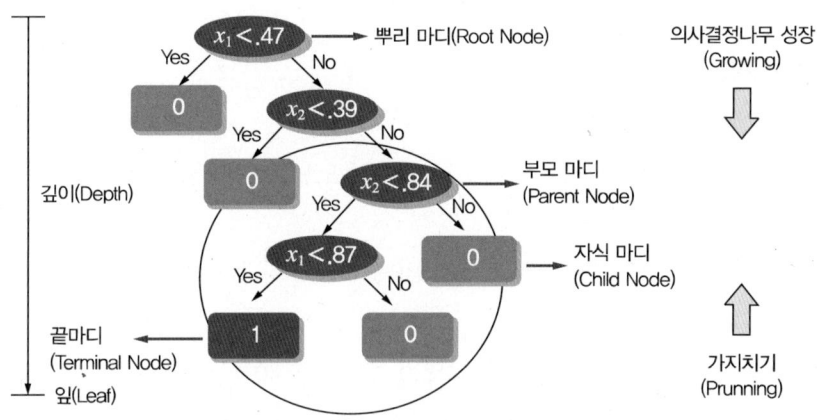

▲ 의사결정나무 개념도

> **잠깐! 알고가기**
>
> 분류함수
> (Classification Function)
> 분류함수는 어느 모집단에서 추출된 것인지를 모르는 새로운 표본이 관측되었을 때 이 표본을 여러 모집단 중에서 어느 하나의 모집단으로 분류(Classification)해 주기 위해 분류의 기준을 사용되는 함수이다.

의사결정나무의 구성요소

구성요소	설명
부모 노드(Parent Node)	• 주어진 노드의 상위에 있는 노드
자식 노드(Child Node)	• 하나의 노드로부터 분리된 2개 이상의 노드들
뿌리 노드(Root Node)	• 가장 상위에 위치한 노드
단말 노드(Terminal Node)	• 자식 노드가 없는 노드 • 잎 노드(Leaf Node)라고도 불림
중간 노드(Internal Node)	• 부모 노드와 자식 노드가 모두 있는 노드
깊이(Depth)	• 루트 노드에서 특정 노드에 도달하기 위한 간선의 수

(3) 의사결정나무의 분석 [기출]

① 의사결정나무의 분석 과정

⊻ 의사결정나무의 분석 과정

순서	단계	수행 내용
1	설명 변수 선택	목표변수(종속변수)와 관계가 있는 설명 변수(독립변수)들의 선택
2	의사결정나무 생성	분석의 목적과 자료구조에 따라서 적절한 분리 기준과 정지 규칙을 정하여 의사결정나무 생성
3	가지치기	부적절한 나뭇가지는 가지치기로 제거
4	모형 평가	이익(Gain), 위험(Risk), 비용(Cost) 등을 고려하여 모형을 평가
5	분류 및 예측	데이터의 분류(Classification) 및 예측(Prediction)에 활용

② 분리 기준(Splitting Criterion)

㉮ 분리 기준 개념

- 분리 기준은 하나의 부모 노드로부터 자식 노드들을 생성할 때, 노드를 분할하는 기준이다.
- 자식 노드들의 순수도가 부모 노드의 순수도보다 높아지도록 자식 노드를 생성한다.
- 의사결정나무는 종속변수가 이산형인 경우에는 분류나무(Classification Tree), 연속형인 경우에는 회귀나무(Regression Tree)로 구분되며, 이에 따라 다른 분리 기준을 사용한다.

㉯ 이산형 종속변수에 사용되는 분리 기준

⊻ 이산형 종속변수에 사용되는 분리 기준

기준값	분리 기준
카이제곱 통계량의 p-값	p-값이 가장 작은 예측변수와 그 당시의 최적 분리를 통해서 자식 마디 형성
지니 지수 (Gini Index)	불순도를 측정하는 하나의 지수로서 지니 지수를 가장 감소시켜주는 예측변수와 그 당시의 최적 분리를 통해서 자식 마디 선택
엔트로피 지수 (Entropy Index)	엔트로피 지수가 가장 작은 예측변수와 그 당시의 최적 분리를 통해서 자식 마디를 형성

이산형 목표변수에 사용되는 분리 기준
「카지엔」
카이제곱 통계량의 p-값 / **지**니 지수 / **엔**트로피 지수

㉠ 연속형 목표변수에 사용되는 분리 기준

▼ 연속형 종속변수에 사용되는 분리 기준

기준값	분리 기준
분산 분석에서 F-통계량	p-값이 가장 작은 예측변수와 그 당시의 최적 분리를 통해서 자식 마디 형성
분산의 감소량	예측 오차를 최소화하는 것과 같은 기준으로 분산의 감소량을 최대화하는 기준의 최적 분리를 통해서 자식 마디 형성

③ **정지 규칙(Stopping Rule)** 기출

㉮ 정지 규칙 개념
- 정지 규칙은 더 이상 분리가 일어나지 않고 현재의 노드가 단말 노드가 되도록 하는 규칙이다.

㉯ 정지 규칙 종류
- 정지 규칙의 종류로 최대 깊이 설정, 노드의 최소 샘플 수 설정, 리프 노드의 최소 샘플 수 설정 등이 있다.

종류	내용
최대 깊이 (Max Depth)	트리의 최대 깊이를 제한하는 초매개변수
노드의 최소 샘플 수 (Min Samples Split)	노드를 분할하기 위한 최소 샘플 수를 지정하는 초매개변수
단말 노드의 최소 샘플 수 (Min Samples Leaf)	단말 노드에 필요한 최소한의 샘플 수를 지정하는 매개변수
최대 특성 수 (Max Features)	각 노드에서 분할에 사용되는 최대 특성 수를 지정하는 초매개변수

④ **가지치기(Pruning)**
- 가지치기는 분류 오류(Classification Error)를 크게 할 위험이 크거나 부적절한 추론 규칙을 가지고 있는 가지(Branch)를 제거하는 과정이다.
- 가지치기는 트리의 크기를 줄이고 과대 적합을 방지하는 데 사용한다.

보통 가지치기를 할 때 각 가지에 대한 성능을 기반으로 가지치기를 하는데, 이때 성능은 검증 데이터를 사용하여 평가합니다.

(4) 불순도의 여러 가지 척도 〔기출〕

목표변수가 이산형 변수인 의사결정나무의 분류 규칙을 선택하기 위해서는 카이제곱 통계량, 지니 지수, 엔트로피 지수를 활용한다.

◉ 불순도의 여러 가지 척도

구분	공식	설명
카이제곱 통계량	$\chi^2 = \sum_{i=1}^{k} \frac{(O_i - E_i)^2}{E_i}$ (k: 범주의 수, O_i: 실제도수, E_i: 기대도수)	• 데이터의 분포와 사용자가 선택한 기대 또는 가정된 분포 사이의 차이를 나타내는 측정값 • (기대도수)=(열의 합계)×(행의 합계) / (전체 합계)
지니 지수 (지니 인덱스)	$Gini(T) = 1 - \sum_{l=1}^{k} P_l^2$	• 노드의 불순도를 나타내는 값 • 지니 지수의 값이 클수록 이질적(Diversity)이며 순수도(Purity)가 낮다고 볼 수 있음
엔트로피 지수	$Entropy(T) = -\left(\sum_{l=1}^{k} P_l \log_2 P_l\right)$	• 열역학에서 쓰는 개념으로 무질서 정도에 대한 측도 • 엔트로피 지수의 값이 클수록 순수도(Purity)가 낮다고 볼 수 있음 • 엔트로피 지수가 가장 작은 예측변수와 이때의 최적 분리규칙에 따라 자식 마디를 형성함

엔트로피(Entropy)
• 어떤 계의 '무질서한 정도', 혹은 '규칙적이지 않은 정도'이다.
• 자연 물질이 변형되어, 원래의 상태로 돌아갈 수 없는 현상이다.

학습 POINT ★

카이제곱 통계량, 지니 지수, 엔트로피 지수는 중요합니다. 각 공식과 설명을 잘 봐두셔야 합니다. 자세한 내용은 개념 박살내기를 참조해 주세요!

개념 박살내기

◉ **카이제곱 통계량 구하기**
다음과 같은 데이터가 있는 경우 카이제곱 통계량을 구하려고 한다.

	좋음	나쁨	합계
왼쪽	32	48	80
오른쪽	178	42	220
합계	210	90	300

① 기대도수 구하기

	좋음	나쁨
왼쪽	80×210 / 300=56	80×90 / 300=24
오른쪽	220×210 / 300=154	220×90 / 300=66

② 카이제곱 통계량 구하기

$$\chi^2 = \sum_{i=1}^{4} \frac{(O_i - E_i)^2}{E_i}$$
$$= \frac{(32-56)^2}{56} + \frac{(48-24)^2}{24} + \frac{(178-154)^2}{154} + \frac{(42-66)^2}{66}$$
$$= 46.75$$

○ 지니 지수 구하기

① 다음 그림을 보고 지니 지수를 구하기

$$\text{Gini(T)} = \left(1 - \sum_{l=1}^{k} P_l^2\right) = 1 - \left(\frac{3}{8}\right)^2 - \left(\frac{3}{8}\right)^2 - \left(\frac{1}{8}\right)^2 - \left(\frac{1}{8}\right)^2 = 0.69$$

$$\text{Gini(T)} = \left(1 - \sum_{l=1}^{k} P_l^2\right) = 1 - \left(\frac{6}{7}\right)^2 - \left(\frac{1}{7}\right)^2 = 0.24$$

② 아래와 같은 데이터가 있는 경우, 지니 지수 구하기

	좋음	나쁨	합계
왼쪽	32	48	80
오른쪽	178	42	220
합계	210	90	300

$$\text{Gini(T)} = \left(1 - \left(\frac{32}{80}\right)^2 - \left(\frac{48}{80}\right)^2\right) \times \frac{80}{300} + \left(1 - \left(\frac{178}{220}\right)^2 - \left(\frac{42}{220}\right)^2\right) \times \frac{220}{300} = 0.35$$

○ 엔트로피 지수 구하기

① 위의 그림을 보고 엔트로피를 구하기

$$\text{Entropy(T)} = -\left(\sum_{l=1}^{k} P_l \log_2 P_l\right) = -\left(\frac{3}{8} \times \log_2 \frac{3}{8}\right) \times 2 - \left(\frac{1}{8} \times \log_2 \frac{1}{8}\right) \times 2 = 1.81$$

② 아래와 같은 데이터가 있는 경우, 엔트로피 지수 구하기

	좋음	나쁨	합계
왼쪽	32	48	80
오른쪽	178	42	220
합계	210	90	300

- 엔트로피=엔트로피(Left)P(Left) + 엔트로피(Right)P(Right)
- $Entropy(T) = -\left(\frac{32}{80}\log_2\frac{32}{80} + \frac{48}{80}\log_2\frac{48}{80}\right)\frac{80}{300} - \left(\frac{178}{220}\log_2\frac{178}{220} + \frac{42}{220}\log_2\frac{42}{220}\right)\frac{220}{300}$
  $= 0.77$

(5) 의사결정나무 알고리즘 기출

❖ 의사결정나무 알고리즘

구분	설명	분리 기준
CART(이진분할; Classification And Regression Tree)	• 각 독립변수를 이분화하는 과정을 반복하여 이진트리 형태를 형성함으로써 분류를 수행하는 알고리즘 • 가장 널리 사용되는 의사결정나무 알고리즘 • 독립변수는 범주형/연속형, 종속변수는 범주형/연속형 • 분리 방법은 이지 분리(Binary Split)	• 지니 지수 • 분산의 감소량
C4.5와 C5.0	• 가지치기를 사용할 때 학습자료를 사용하는 알고리즘 • 독립변수는 범주형/연속형, 종속변수는 범주형 • 분리 방법은 다지 분리(Multiple Split)	• 엔트로피 지수
CHAID(다지분할; Chi-squared Automatic Interaction Detection)	• 가지치기하지 않고 나무를 적당한 크기일 때 성장을 중지하는 알고리즘 • 독립변수는 범주형, 종속변수는 범주형/연속형 • 분리 방법은 다지 분리(Multiple Split)	• 카이제곱 통계량 • F-검정
QUEST	• 변수의 선택에서 범주의 개수가 많은 범주형 변수로의 편향이 심각한 CART의 문제점을 개선한 알고리즘 • 변수 선택 편향(Bias)이 거의 없음 • 독립변수는 범주형/연속형, 종속변수는 범주형 • 분리 방법은 이지 분리(Binary Split)	• 카이제곱 통계량 • F-검정

◉ 알고리즘, 목표변수별 분류 기준

알고리즘	이산형 목표변수	연속형 목표변수
CHAID(다지분리) QUEST(이진분리)	카이제곱 통계량	분산 분석(ANOVA)에서 F-통계량
CART(이진분리)	지니지수	분산의 감소량
C4.5/C5.0(다지분리)	엔트로피 지수	-

4 인공신경망 ★★★

(1) 인공신경망(ANN; Artificial Neural Network)의 개념 [기출]

- 인공신경망은 사람 두뇌의 신경세포인 뉴런이 전기신호를 전달하는 모습을 모방한 기계학습 모델이다.
- 인공신경망은 입력값을 받아서 출력값을 만들기 위해 활성화 함수를 사용한다.
- 인공신경망은 가중치를 알아내는 것이 목적이다.

(2) 인공신경망의 역사

인공신경망은 1세대, 2세대, 3세대로 구분할 수 있다.

◉ 인공신경망의 역사

구분	주요 내용
1세대(1943~1986년)	• 인공신경망이라는 개념이 최초로 제안됨 • 퍼셉트론이라는 선형 분류가 가능한 순방향 신경망을 제안 • XOR 선형 분리 불가 문제 발생
2세대(1986~2006년)	• 다층 퍼셉트론과 역전파 알고리즘 등장 • 은닉층을 통해 XOR 문제를 해결 • 과대 적합 문제, 기울기 소실 문제 발생
3세대(2006년~현재)	• 알파고와 이세돌 바둑 대결로 인공지능 부각 • 딥러닝(CNN, RNN 등) 활용 • 과대 적합 문제 및 기울기 소실 문제 해결

학습 POINT ★

퍼셉트론은 인공신경망의 가장 기본입니다. 난이도가 높지 않으니 하나하나 읽어 가시길 권장합니다.

잠깐! 알고가기

순방향 신경망(Feed Forward Neural Network)
입력데이터가 입력층 → 은닉층 → 출력층의 순서로 전파되어 판별함수 값으로 변환되는 신경망이다.

XOR 선형 분리 불가 문제
퍼셉트론은 XOR을 선형 분리할 수 없는 문제로 다층 퍼셉트론을 통해 XOR를 선형 분리가 가능해졌다.

다층 퍼셉트론(Multi-Layer Perceptrons; MLP)
입력층과 출력층 사이에 하나 이상의 은닉층을 두어 비선형적으로 분리되는 데이터에 대해 학습이 가능한 퍼셉트론이다.

역전파(Back Propagation) 알고리즘
역방향으로 가중치 갱신을 통해 오차를 최소화시키도록 학습시키는 알고리즘이다.

은닉층(Hidden Layer)
인공신경망에서 입력층과 출력층 사이에 위치하여 내부적으로 동작하는 계층이다

기울기 소실 문제 (Gradient Vanishing Problem)
- 오차역전파에서 계산 결과와 정답과의 오차를 통해 가중치를 수정하는데, 입력층으로 갈수록 기울기가 작아져 가중치들이 업데이트되지 않아 최적의 모델을 찾을 수 없는 문제이다.
- 계층(Layer)을 이동할 때마다 노드의 활성화 함수의 미분 값을 곱하게 되는데, 시그모이드 함수는 미분 값이 0~0.25로 입력층으로 갈수록 0에 가까워져 기울기가 사라져 가중치가 적용되지 않는다.

(3) 인공신경망의 구조

① 퍼셉트론

㉮ 퍼셉트론(Perceptron)의 개념

퍼셉트론은 인간의 신경망에 있는 뉴런의 모델을 모방하여 입력층, 출력층으로 구성한 인공신경망 모델이다.

㉯ 퍼셉트론 구성요소

퍼셉트론의 구조는 입력값, 가중치, 순 입력함수, 활성화 함수, 예측값(출력값)으로 되어 있다.

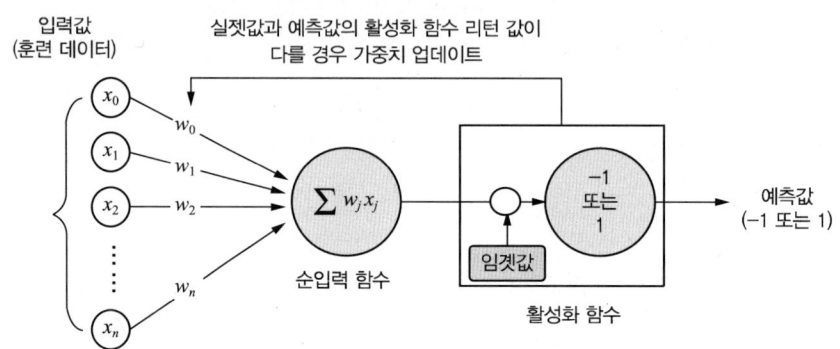

▲ 퍼셉트론 구조도

활성화 함수
(Activation Function)
- 인공신경망 모델에서 입력 신호의 총합을 출력 신호로 변환하는 함수로, 입력 받은 신호를 얼마나 출력할지 결정하고, 다음 단계에서 출력된 신호의 활성화 여부를 결정하는 함수이다.
- 활성화 함수의 유형에는 Step Function, Sign Function, Sigmoid Function, Softmax, ReLU 등이 있다.

㉰ 퍼셉트론의 학습 과정

- 입력값($x_0, x_1, \cdots, x_n$)과 가중치($w_0, w_1, \cdots, w_n$)를 순 입력함수에서 각각 곱하고 모두 더한다.
- 순 입력함수 값을 활성화 함수의 임곗값과 비교하여 예측값 1 또는 -1을 출력한다.
- 활성화 함수의 예측값이 실제 결과와 다를 경우 가중치를 업데이트하며, 위 과정을 반복하여 학습한다.

㉱ 퍼셉트론의 XOR 선형 분리 문제점 [기출]

- 퍼셉트론은 AND, OR 연산은 선형 분리가 가능했지만, XOR는 선형 분리를 할 수 없는 문제점이 있다.
- 퍼셉트론의 XOR 선형 분리 문제점은 다층 퍼셉트론으로 해결하였다.

퍼셉트론의 경우 XOR 연산이 불가능하기 때문에 이를 극복하기 위해 다층 퍼셉트론(Multi-Layer Perceptron; MLP)이 등장했습니다.

▼ 퍼셉트론의 AND, OR, XOR 연산

구분	선형 분리	그래프
AND 연산	AND 연산은 입력값(X, Y)이 모두 1인 경우에만 출력값(F)이 1이 됨 | X | Y | F | |---|---|---| | 0 | 0 | 0 | | 0 | 1 | 0 | | 1 | 0 | 0 | | 1 | 1 | 1 |	AND 연산은 선형 분리가 가능함
OR 연산	OR 연산은 입력값(X, Y)이 모두 0인 경우에만 출력값(F)이 0이 됨 | X | Y | F | |---|---|---| | 0 | 0 | 0 | | 0 | 1 | 1 | | 1 | 0 | 1 | | 1 | 1 | 1 |	OR 연산도 선형 분리가 가능함
XOR 연산	XOR 연산은 입력값(X, Y)이 서로 같은 경우에는 출력값(F)이 0, 입력값(X, Y)이 서로 다른 경우에는 출력값(F)이 1이 됨 | X | Y | F | |---|---|---| | 0 | 0 | 0 | | 0 | 1 | 1 | | 1 | 0 | 1 | | 1 | 1 | 0 |	XOR 연산은 선형 분리가 불가능함

② 다층 퍼셉트론 기출

㉮ 다층 퍼셉트론(MLP; Multi-Layer Perceptrons)의 개념

다층 퍼셉트론은 입력층과 출력층 사이에 하나 이상의 은닉층을 두어 비선형적으로 분리되는 데이터에 대해 학습이 가능한 퍼셉트론이다.

㉯ 다층 퍼셉트론 구조
- 입력층, 은닉층, 출력층으로 구성하고 역전파 알고리즘을 통해 다층으로 만들어진 퍼셉트론의 학습이 가능하다.
- 다층 퍼셉트론에서는 활성화 함수로 시그모이드 함수를 사용하였다.

> **잠깐! 알고가기**
>
> 시그모이드 함수
> (Sigmoid Function)
> 시그모이드 함수는 인공 뉴런의 활성화 함수로 실함수로써 유한한 영역을 가지는 집합이고 미분 가능하며, 모든 점에서 음이 아닌 미분 값을 가지고 단 하나의 변곡점을 가지는 함수이다.

```
입력층        은닉층        출력층
 x₀            ○
                            ○
 x₁           ○
                            ○  → 결괏값
 x₂           ○
                            ○
  ⋮           ⋮
 xₙ           ○
```

▲ 다층 퍼셉트론 구조

ⓒ 다층 퍼셉트론의 문제점

다층 퍼셉트론의 문제점으로 과대 적합, 기울기 소실이 있다.

문제점	내용
과대 적합 (Over-fitting)	• 훈련 데이터가 부족하여 훈련 데이터에는 잘 동작하지만, 실제 데이터에는 예측을 못하는 문제점이 존재함 • 훈련 데이터 부족으로 인한 과대 적합은 빅데이터 시대가 열리면서 데이터 확보가 용이해져 해결이 됨
기울기 소실 (Gradient Vanishing)	• 역전파 알고리즘은 학습하는 과정에서 출력층 → 은닉층 → 입력층 방향으로 편미분을 진행함 • 다층 퍼셉트론의 활성화 함수인 시그모이드 함수는 편미분을 진행할수록 0으로 근접해져 경사(기울기)가 소실되는 문제점이 발생 • 기울기 소실은 시그모이드 함수 대신 ReLU 함수를 사용하여 문제를 해결함

> **잠깐! 알고가기**
> 편미분(Partial Derivative)
> 다변수 함수의 특정 변수를 제외한 나머지 변수를 상수로 생각하여 미분하는 방식이다.

(4) 뉴런의 활성화 함수

① 활성화 함수(Activation Function)의 개념

활성화 함수는 순 입력함수로부터 전달받은 값을 출력값으로 변환해 주는 함수이다.

② 활성화 함수의 종류

- 활성화 함수에는 계단함수, 부호함수, 선형함수, 시그모이드 함수, tanh 함수, ReLU 함수 등이 있다.
- 시그모이드 함수는 기울기 소실의 원인이었으며, ReLU 함수를 통해 기울기 소실의 문제를 해결하였다.

> **학습 POINT ★**
> 활성화 함수는 필기 형태로 나오기 좋습니다. 각 그래프를 보고 어떤 활성화 함수인지 맞출 수 있게 준비합시다!

활성화 함수

활성화 함수	그래프	설명
계단함수 (Step Function)	$Y = \begin{cases} 0, \text{ if } X < 0 \\ 1, \text{ if } X \geq 0 \end{cases}$	• 임곗값을 기준으로 활성화(Y값이 1) 또는 비활성화(Y값이 0)가 되는 함수 예) x축의 0을 기준으로 활성화/비활성화됨
부호함수 (Sign Function)	$Y = \begin{cases} -1, \text{ if } X < 0 \\ 1, \quad \text{ if } X \geq 0 \end{cases}$	• 임곗값을 기준으로 양의 부호(Y값이 +1) 또는 음의 부호(Y값이 -1)를 출력하는 함수
시그모이드 함수 (Sigmoid Function)	$Y = \dfrac{1}{1 + e^{-X}}$, $(0 \leq Y \leq 1)$	• 인공 뉴런의 활성화 함수인 실함수로서 유한한 영역을 가지는 집합이고 미분 가능하며, 모든 점에서 음이 아닌 미분 값을 가지고 단 하나의 변곡점을 가지는 함수 • 활성화 함수를 시그모이드 함수로 사용하면 로지스틱 회귀 모형과 작동원리가 유사해짐(로지스틱함수라고도 하며 미분이 가능한 함수임) • 기울기 소실의 원인
tanh 함수 (tanh Function)	$Y = \dfrac{e^X - e^{-X}}{e^X + e^{-X}}$	• 시그모이드 함수와 유사한 활성화 함수
ReLU(Rectified Linear Unit) 함수	$Y = \begin{cases} 0, \text{ if } X \leq 0 \\ X, \text{ if } X > 0 \end{cases}$	• X값이 0보다 큰 경우 Y값도 지속적으로 증가하는 경우 • 시그모이드의 기울기 소실 문제를 해결함 • $X \leq 0$인 경우 기울기가 0이기 때문에 뉴런이 죽을 수 있는 단점이 존재함

잠깐! 알고가기

Dying ReLU
ReLU 함수에서 음의 값을 가지면 전부 0을 출력하여 일부 가중치들이 업데이트되지 않는 문제이다.

활성화 함수	그래프	설명
Leaky ReLU 함수	$Y = \begin{cases} 0.01X, & \text{if } X < 0 \\ X, & \text{if } X \geq 0 \end{cases}$	• ReLU 함수의 뉴런이 죽는 현상(Dying ReLU)을 해결하도록 0보다 작은 경우 Y 값도 0이 아닌 값을 갖는 함수
소프트맥스 (Softmax) 함수	$y_k = \dfrac{e^{a_k}}{\sum_{i=1}^{n} e^{a_i}}$ n : 출력층의 뉴런 수 (총 클래스의 수) k : k번째 클래스	• 출력층에서 다중 클래스 분류 모델을 만들기 위해 사용하는 함수 • 출력은 0~1의 실수로 출력을 확률로 해석할 수 있음 • 출력의 총합은 1 • 지수함수가 단조증가 함수이기 때문에 원소의 대소 관계는 변하지 않음 • 'k번일 확률 / 전체 확률'을 계산

(5) 인공신경망의 학습 기출

① 순전파(Feed Forward Propagation)

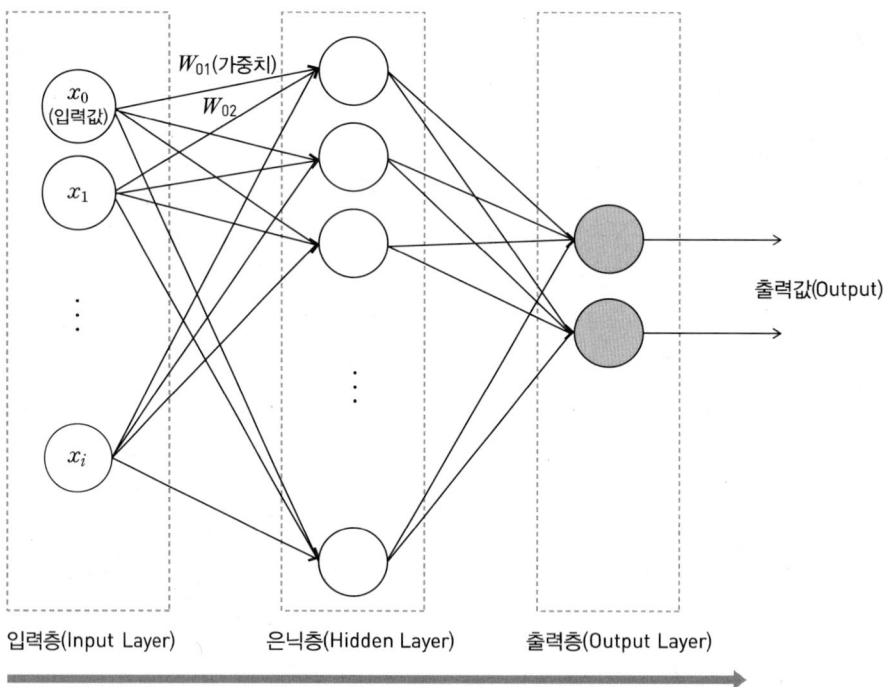

▲ 순전파(Feed Forward Propagation)

- 순전파는 입력층(Input Layer)에서 출력층(Output Layer)까지 정보가 전달되는 과정이다.
- 입력층(Input Layer)에서 은닉층(Hidden Layer) 방향으로 이동하면서 각 입력값의 가중치(w)를 곱한다.
- 은닉층(Hidden Layer)에서는 가중치가 반영된 입력값의 합계를 활성화 함수로 계산하고 결괏값을 출력층(Output Layer)으로 전달한다.

> **잠깐! 알고가기**
>
> **가중치(Weight)**
> 인공신경망에서, 노드에 입력되는 각 신호가 결과 출력에 미치는 중요도를 조절하는 매개변수(Parameter)이다.

개념 박살내기

출력층의 가중합 계산 기출

- 다음과 같은 조건이 주어졌을 때 출력층의 가중합을 계산하려고 한다.
    - 은닉층의 노드가 2개, 출력층의 노드가 1개이다.
    - 마지막 은닉층의 값은 (0.2, −0.3)이다.
    - 마지막 은닉층의 가중치는 (0.3, 0.1)이다.
    - 편향은 0.1이다.
- 조건을 인공신경망으로 나타내면 다음과 같다.

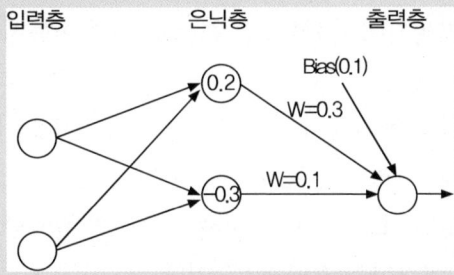

- 계산하면, (0.2 * 0.3) + (−0.3 * 0.1) + 0.1 = 0.06 −0.03 + 0.1 = 0.13이 된다.

㉮ 손실 함수(Loss Function)
- 손실 함수는 실젯값과 예측값의 차이(오차)를 비교하는 지표이다.
- 손실 함수는 값이 낮을수록 학습이 잘 된 것이라고 볼 수 있고, 정답과 알고리즘 출력을 비교할 때 사용한다.
- 인공신경망 학습에서는 최적의 매개변수(가중치와 편향)를 탐색할 때 손실 함수의 값을 가능한 한 작게 하는 매개변수 값을 찾는다.

손실 함수	설명
평균 제곱 오류 (MSE; Mean Squared Error)	• 출력결과와 데이터 차이 제곱의 평균으로 정답과 오답의 모든 확률을 고려한 손실 함수 **공식) 평균 제곱 오류** $$E = \frac{1}{n}\sum_{i=1}^{n}(y_i - \hat{y_i})^2$$ • y_i: 훈련 데이터 정답 • $\hat{y_i}$: 훈련 데이터 입력으로 추정한 출력
교차 엔트로피 오차 (CEE; Cross Entropy Error)	• 실제 정답의 확률만을 고려한 손실 함수 • y는 정답만 1이고 나머지는 0 **공식) 교차 엔트로피 오차** $$E = -\sum_{i=1}^{n} t_i \log y_i$$ • t_i: 훈련 데이터 정답(0 또는 1) • y_i: 훈련 데이터 정답 확률(0~1)

잠깐! 알고가기

매개변수(Parameter)
모델 내부에서 확인이 가능한 변수(Parameter)로 데이터를 통해서 산출이 가능한 값이다.
㉠ 인공신경망의 가중치 매개변수는 훈련 데이터와 학습 알고리즘에 의해서 자동으로 획득한다.

초매개변수(Hyper Parameter)
모델 외적인 요소로 데이터 분석을 통해 얻어지는 값이 아니라 사용자가 직접 설정해 주는 값이다.
㉠ 인공신경망의 학습률 초매개변수는 사람이 직접 설정한다.

④ 경사 하강법(Gradient Descent Method)

- 경사 하강법은 기울기(경사)를 낮은 쪽으로 계속 이동시켜서 최적의 매개변수를 찾는 기법이다.
- 경사 하강법은 함수의 기울기를 구하고 경사의 절댓값이 낮은 쪽으로 계속 이동시켜 극값에 이를 때까지 반복시키는 기법이다.
- 학습률(η; Learning Rate)은 갱신하는 양(한 번 학습할 때 학습해야 하는 양)으로 사람이 직접 설정하는 초매개변수이다.

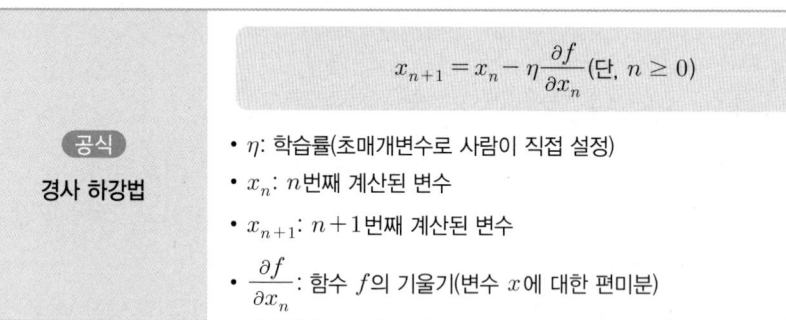

공식
경사 하강법

$$x_{n+1} = x_n - \eta \frac{\partial f}{\partial x_n} \text{(단, } n \geq 0\text{)}$$

- η: 학습률(초매개변수로 사람이 직접 설정)
- x_n: n번째 계산된 변수
- x_{n+1}: $n+1$번째 계산된 변수
- $\frac{\partial f}{\partial x_n}$: 함수 f의 기울기(변수 x에 대한 편미분)

 개념 박살내기

○ 경사 하강법

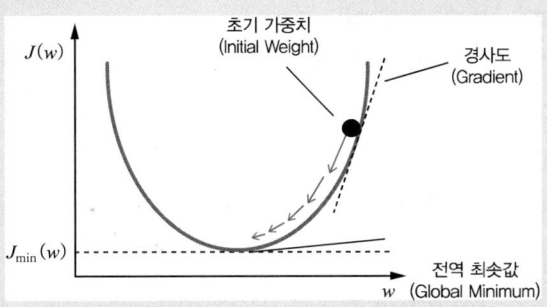

- 어떻게 하면 오류가 작아지는 방향으로 기울기(w) 값을 보정할 수 있는가에 대한 물음이 경사하강법의 핵심이다.
- 속도와 같은 포물선 형태의 2차 함수의 최저점은 해당 2차 함수의 미분 값인 1차 함수의 기울기가 가장 최소일 때이다.
- 경사 하강법은 최초 기울기에서부터 미분을 적용한 뒤 이 미분 값이 계속 감소하는 방향으로 순차적으로 기울기를 업데이트한다.
- 더 이상 미분된 1차 함수의 기울기가 감소하지 않는 지점을 비용 함수가 최소인 지점으로 간주하고 그때의 기울기를 반환한다.

㉰ 경사 하강법(Gradient Descent Method)의 한계
- 경사 하강법은 랜덤하게 선택한 가중치를 미분하여 최적값을 찾는 방법이다.
- 전체 데이터를 모두 사용해서 기울기를 계산(Batch Gradient Descent)하기 때문에 학습하는 데 많은 시간이 필요하며, 랜덤하게 선택된 가중치의 위치가 지역 최소점에 근접해 있으면 전역 최솟값(Global Minimum)이 아닌 지역 최솟값(Local Minimum)에 수렴할 수 있다.

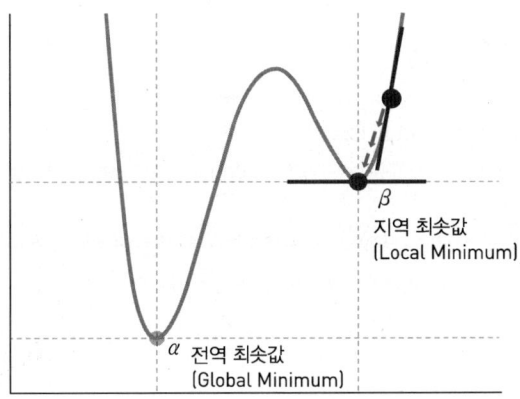

▲ 지역 최솟값(Local Minimum), 전역 최솟값(Global Minimum)

확률적 경사 하강법, 모멘텀 등의 매개변수 최적화 기법은 4과목 1장 2절의 매개변수 최적화 과정에서 자세하게 학습해주세요.

오차역전파는 '오차를 역(반대 방향)으로 전파하는 방법(Backward Propagation of Errors)'이라는 의미이며 '오차역전파법' 또는 '역전파(법)'라고도 한다.

- 경사 하강법의 단점을 극복하기 위해 확률적 경사 하강법, 모멘텀 등의 매개변수 최적화 기법을 사용한다.

② **오차역전파(Back Propagation)**
- 오차역전파는 계산 결과와 정답의 오차를 구하고 오차와 관련된 값들의 가중치를 수정하여 오차가 작아지는 방향으로 일정 횟수를 반복해서 수정하는 방법이다.
- 가중치 매개변수의 기울기는 수치 미분으로 구할 수 있다. (수치 미분은 단순하고 구현하기 쉽지만, 계산 시간이 오래 걸려서 오차역전파를 사용하여 효율적으로 기울기를 구함)
- 수치 미분과 오차역전파의 결과를 비교하여 두 방식으로 구한 기울기의 차이가 거의 없는지를 확인하는 작업을 기울기 확인(Gradient Check)이라고 한다.

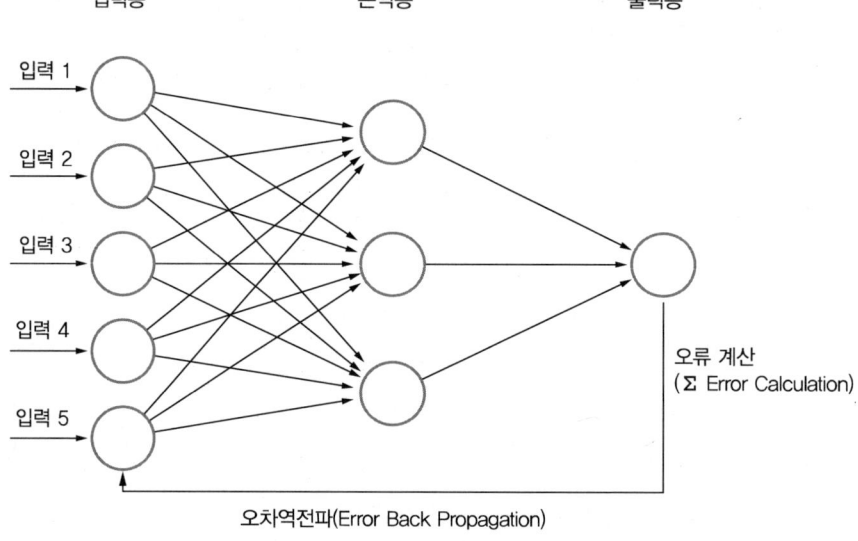

▲ 오차역전파

개념 박살내기

🔗 **계산 그래프(Computational Graph)**
- 계산 그래프는 복수의 노드(Node)와 에지(Edge; 노드 사이의 직선)로 표현되는 그래프 자료구조이다.
- 계산 그래프에서 계산을 왼쪽에서 오른쪽으로 진행하는 단계를 순전파(Forward Propagation), 오른쪽에서 왼쪽으로 진행하면 역전파(Back Propagation)라고 한다.

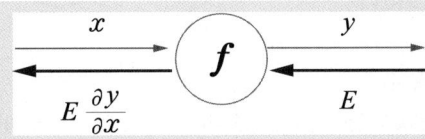

- 순전파: 입력값 x는 노드(f)로 함수변환을 적용하여 y로 출력값 전달
- 역전파: 신호 E에 노드(f)의 편미분(국소적 계산인 x값에 대한 미분)을 곱한 후 엣지(Edge)를 통해 다음 노드로 전달

▲ 계산 그래프

- 계산 그래프는 복잡한 계산을 단순한 국소적 계산으로 분할한다.
- 분할한 각 단계의 계산 결과를 다음 노드로 전달하여 복잡한 계산을 단순화할 수 있다.

5 서포트 벡터 머신 ★★★

(1) 서포트 벡터 머신(SVM; Support Vector Machine) 개념

- 서포트 벡터 머신은 벡터 공간에서 훈련 데이터가 속한 2개의 그룹을 분류하는 선형 분리자를 찾는 기하학적 모델이다.
- 서포트 벡터 머신은 데이터를 분리하는 초평면(Hyperplane) 중에서 데이터들과 거리가 가장 먼 초평면을 선택하여 분리하는 지도 학습 기반의 이진 선형 분류 모델이다.
- 최대 마진(Margin; 여유 공간)을 가지는 비확률적 선형 판별 분석에 기초한 이진 분류기이다.

(2) 서포트 벡터 머신의 특징 및 장단점

① 서포트 벡터 머신의 특징

- 공간상에서 최적의 분리 초평면(Hyperplane)을 찾아서 분류 및 회귀를 수행한다.
- 서포트 벡터가 여러 개일 수 있다.
- 변수 속성 간의 의존성은 고려하지 않으며 모든 속성을 활용하는 기법이다.
- 기계학습의 한 분야로 사물 인식, 패턴 인식, 손글씨 숫자 인식 등 다양한 분야에서 활용되고 있는 지도 학습 모델이다.

학습 POINT ★

서포트 벡터 머신은 핵심개념입니다. 모든 내용에 대해 집중 학습을 권장합니다!

잠깐! 알고가기

선형 판별 분석
모든 그룹의 공분산 행렬은 같다고 가정 하에 관측치로부터 그룹 중심(평균)까지의 거리 제곱이 최소일 경우 해당 관측치는 해당 그룹으로 분류하는 분석이다.

② 서포트 벡터 머신의 장단점

장점	단점
• 서포트 벡터만을 이용해서 결정 경계를 생성하므로 데이터가 적을 때 효과적 • 새로운 데이터가 입력되면 전체 데이터 포인트와의 거리를 계산하지 않고 서포트 벡터와의 거리만 계산하면 되기 때문에 연산량 최소화 • 정확성이 뛰어나며, 커널 트릭을 활용하여 비선형 모델 분류 가능 • 다른 모형보다 과대 적합의 가능성이 낮고, 노이즈의 영향이 적음	• 데이터 전처리 과정이 중요 • 데이터가 많아질수록 최적화를 위한 평가 과정이 많아져서 속도가 느림

(3) 서포트 벡터 머신의 구성요소

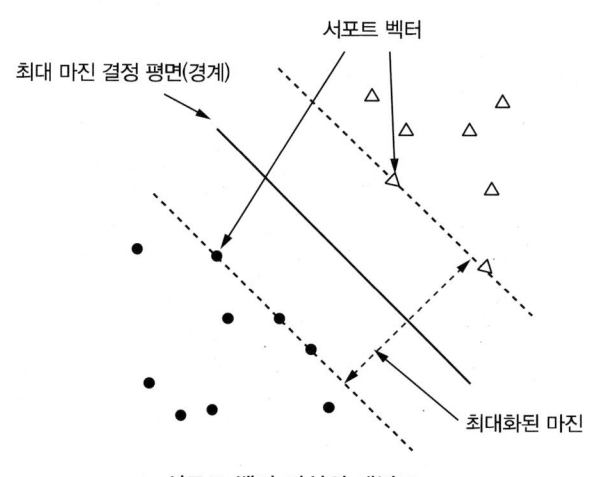

▲ 서포트 벡터 머신의 개념도

◉ 서포트 벡터 머신의 구성요소

구성요소	설명
결정 경계 (Decision Boundary)	• 데이터 분류의 기준이 되는 경계
초평면 (Hyperplane)	• n 차원의 공간의 $(n-1)$ 차원 평면
마진 (Margin)	• 결정 경계에서 서포트 벡터까지의 거리(즉, 여유 공간) • 최적의 결정 경계는 마진을 최대화(Maximize)
서포트 벡터 (Support Vector)	• 훈련 데이터 중에서 결정 경계와 가장 가까이에 있는 데이터들의 집합
슬랙 변수 (Slack Variables 또는 여유변수)	• 완벽한 분리가 불가능할 때 선형적으로 분류를 위해 허용된 오차를 위한 변수 • Soft Margin SVM에서 사용

서포트 벡터 머신의 구성요소
「결초마서슬」
결정 경계 / **초**평면 / **마**진 / **서**포트 벡터 / **슬**랙 변수

⊕ 서포트 벡터 머신 구성요소

① 초평면(Hyperplane)
- 데이터 분류를 위해서는 2개를 분리하는 결정영역이 있어야 하고, 이 결정영역을 결정짓기 위해서는 초평면 선택이 필요하다.
- 초평면은 데이터 임베딩 공간에서 한 차원 낮은 부분 공간(Subspace)이다.
- 데이터가 n 차원이라면 초평면은 $(n-1)$ 차원을 가진다.

  예) 3차원 공간의 초평면은 2차원 평면이고, 2차원 공간의 초평면은 1차원 평면

- 최적의 초평면이 되기 위한 조건은 초평면과 결정영역 근처의 데이터와의 거리가 최대가 되어야 한다.

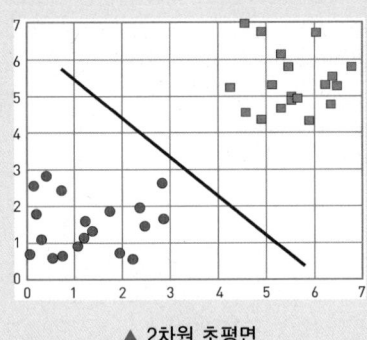

▲ 2차원 초평면   ▲ 3차원 초평면

② 마진(Margin)
- 마진(Margin)은 결정 경계와 서포트 벡터 사이의 거리를 의미한다.
- 아래 그림에서 가운데 실선은 '결정 경계'이고, 그 실선으로부터 동그라미 3개, 세모 2개까지의 점선이 '마진(Margin)'이다.

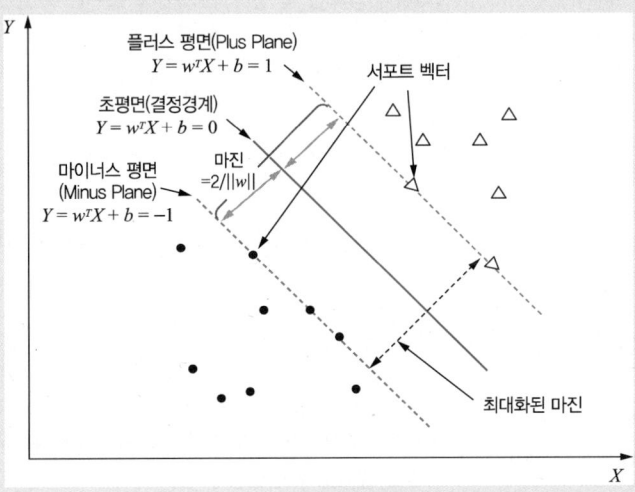

- w: 초평면의 법선 벡터
- $\|w\|$: w 벡터의 크기
- w^T: 초평면의 법선 벡터의 전차 행렬
- b: 원점과의 거리

▲ 마진

학습 POINT ★

마진을 기억하기 위해서 다음처럼 풀면 좋습니다. (기억하기 쉽도록 한 방법입니다.)
플러스 평면의 X를 X^+, 마이너스 평면의 X를 X^-라고 할 때, 플러스 평면의 X^+와 마이너스 평면의 X^- 차이가 마진이라고 할 수 있습니다.

$$\begin{aligned} & w^T X^+ + b = 1 \\ -\;& w^T X^- + b = -1 \\ \hline & w^T(X^+ - X^-) = 2 \end{aligned}$$

인데, w^T의 크기는 $\|w\|$이므로, 마진인 $(X^+ - X^-)$는 $\dfrac{2}{\|w\|}$가 됩니다.

잠깐! 알고가기

법선 벡터(Normal Vector)
한 평면이나 직선에 대해 수직인 벡터이다.

전차 행렬(Transposed Matrix)
행과 열을 교환하는 행렬이다.

- 초평면은 $Y = w^T X + b = 0$으로 나타낼 수 있다.
- 초평면은 전체 공간을 두 개의 영역으로 분할하는데, 그림에서 $w^T X + b \geq 1$인 경우(플러스 평면보다 큰 경우) 세모로 분류하고, $w^T X + b \leq -1$인 경우(마이너스 평면보다 작은 경우) 동그라미로 분류한다.
- 마진의 크기는 플러스 평면과 마이너스 평면의 거리를 나타내고, $\frac{2}{\|w\|}$이다.

③ 최대화된 마진(Margin)
- 최적의 결정 경계를 구하기 위해서는 결정영역의 초평면을 둘러싸고 있는 마진(Margin)을 최대화시켜야 한다.
- 마진은 $\frac{2}{\|w\|}$이므로 마진을 최대화한다는 것은 $\|w\|$의 값이 최소가 되도록 하는 것이고, 이 과정이 서포트 벡터 머신의 최적화 과정이다.
- 여기서 서포트 벡터 머신의 장점을 도출할 수 있는데, 서포트 벡터 머신은 서포트 벡터들만 이용하여 클래스의 결정 함수를 나타낼 수 있다는 점이다.
- 모델 매개변수의 개수를 크게 줄여도 대상을 잘 분류할 수 있다는 장점이 있다.

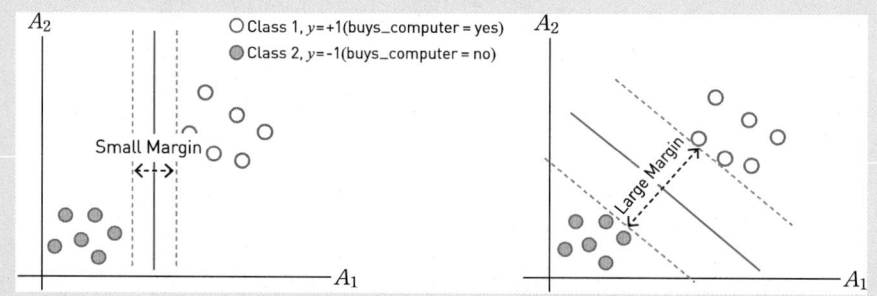

▲ 마진 비교

- 두 그림 모두 데이터를 분리하고 있지만, 마진의 거리가 멀면 멀수록 미래의 데이터를 분류하는 데 있어서 더 정확하게 분류할 수 있다. (최대화된 마진을 통해 데이터의 분류 성능을 최적화할 수 있다.)

(4) 서포트 벡터 머신 종류

SVM에는 하드 마진 SVM과 소프트 마진 SVM으로 나눌 수 있다.

⊙ 서포트 벡터 머신 종류

종류	설명
하드 마진 SVM (Hard Margin SVM)	• 오분류를 허용하지 않는 SVM • 노이즈로 인하여 최적 결정 경계를 잘못 구할 수도 있고, 못 찾을 경우도 발생할 수가 있음
소프트 마진 SVM (Soft Margin SVM)	• 오분류를 허용하는 SVM • 하드 마진 SVM은 적용하기가 어려우므로 어느 정도의 오류를 허용하는 소프트 마진 SVM을 주로 이용

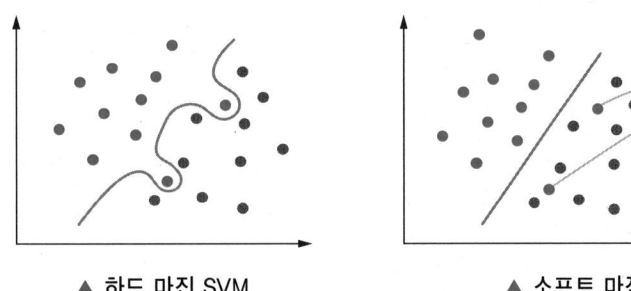

▲ 하드 마진 SVM　　　　　▲ 소프트 마진 SVM

(5) 서포트 벡터 머신 적용 기준
선형으로 분리가 가능한지 불가능한지에 따라 적용하는 방식이 다르다.

⊗ 서포트 벡터 머신 적용 기준

기준	설명
선형 SVM	• 최적의 결정 경계(또는 초평면)를 기준으로 1과 −1로 구분하여 분류 모형으로 사용
비선형 SVM	• 저차원 공간을 고차원 공간으로 매핑할 경우에 발생하는 연산의 복잡성은 커널 트릭을 통하여 해결이 가능 • 커널 트릭은 커널 함수(저차원에서 함수의 계산만으로 원하는 풀이가 가능한 함수)를 이용하여 고차원 공간으로 매핑 할 경우에 증가하는 연산량의 문제를 해결하는 기법

> **학습 POINT ★**
> 서포트 벡터 머신에서 적용기준 부분은 가볍게 읽고 넘어가셔도 좋습니다!

> **잠깐! 알고가기**
> 커널 트릭(Kernel Trick)
> 저차원에서 함수의 계산만으로 원하는 풀이가 가능한 커널 함수를 이용하여 고차원 공간으로 매핑할 경우에 증가하는 연산량의 문제를 해결하는 기법이다.

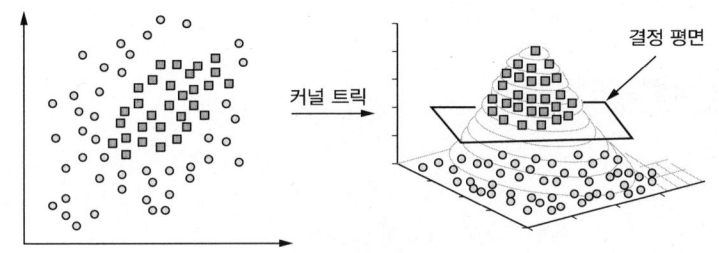

▲ 커널 트릭을 이용한 분류 예

(6) 서포트 벡터 머신 커널 함수 기출
- 서포트 벡터 머신에서 자주 사용되는 커널 함수는 다음과 같다.

⊗ 서포트 벡터 머신 커널 함수

종류	설명
선형 커널(Linear Kernel)	• 입력 데이터를 그대로 내적하여 사용하는 커널
다항 커널(Polynomial Kernel)	• 입력 데이터를 다항식으로 매핑하여 고차원 공간으로 변환하는 커널
가우시안 커널 (Gaussian Kernel = RBF 커널)	• 데이터를 무한한 차원으로 매핑하는 커널
시그모이드 커널(Sigmoid Kernel)	• 시그모이드 함수를 사용하여 데이터를 매핑하는 커널

6 연관성 분석 ★★★

(1) 연관성 분석(Association Analysis)의 개념

- 연관성 분석은 데이터 내부에 존재하는 항목 간의 상호 관계 혹은 종속 관계를 찾아내는 분석 기법이다.
- 쇼핑 시 고객들이 물건을 살 때 선택하는 물건의 규칙성을 발견하여 상품 진열 시 연관해서 물건을 보여줄 수 있도록 판매 전략을 수립하는 데 사용된다.
- 연관성 분석은 데이터 간의 관계에서 조건과 반응을 연결하는 분석으로 장바구니 분석, 서열 분석이라고도 한다.

장바구니 분석(Market Basket Analysis)
장바구니 안에 무엇이 같이 들어 있는지에 대한 분석 기법이다.

서열 분석 (Sequence Analysis)
A를 구입한 다음에 B를 구입한다는 것을 분석하는 기법이다.

(2) 연관성 분석 특징

- 목적변수가 없어 분석 방향이나 목적이 없어도 적용이 가능하다.
- 조건 반응(if-then)으로 표현되어 결과를 이해하기 쉽다.
- 매우 간단하게 분석을 위한 계산이 가능하다.
- 적절한 세분화로 인한 품목 결정이 장점이지만 너무 세분화된 품목은 의미 없는 결과를 도출한다.
- 연관성 분석은 교차 판매, 묶음 판매, 상품 진열, 거래 후 쿠폰 제공, 온라인 쇼핑의 상품 추천 등에 활용된다.

학습 POINT
연관성 분석에서는 지지도, 신뢰도, 향상도가 핵심입니다. 잘 알아두고 넘어가시길 권장합니다!

개념 박살내기

○ 조건 반응(if-then)
- (Item set A) → (Item set B)
  if A then B: 만일 A가 일어나면 B가 일어난다.

  예) 맥주 → 땅콩
  → 맥주를 구매하는 고객은 땅콩을 구매한다.

(3) 연관성 분석 측정지표 [기출]

연관성 분석의 측정지표로는 지지도, 신뢰도, 향상도가 있다.

▽ 연관성 분석 측정지표

측정지표	설명 및 수식
지지도 (Support)	전체 거래 중 항목 A와 B를 동시에 포함하는 거래의 비율 $P(A \cap B) = \dfrac{A와\ B가\ 동시에\ 포함된\ 거래\ 수}{전체\ 거래\ 수}$

연관성 분석 측정지표
「지신향」
지지도 / **신**뢰도 / **향**상도
→ 지신(땅의 신)을 위해 향을 피우다.

측정지표	설명 및 수식
신뢰도 (Confidence)	A 상품을 샀을 때 B 상품을 살 조건부 확률에 대한 척도 $\dfrac{P(A \cap B)}{P(A)} = \dfrac{A와 B가 \ 동시에 \ 포함된 \ 거래 \ 수}{A를 \ 포함하는 \ 거래 \ 수}$
향상도 (Lift)	규칙이 우연에 의해 발생한 것인지를 판단하기 위해 연관성의 정도를 측정하는 척도 $\dfrac{P(B \mid A)}{P(B)} = \dfrac{(A와 B가 \ 동시에 \ 포함된 \ 거래 \ 수) \div (A를 \ 포함하는 \ 거래 \ 수)}{(B를 \ 포함하는 \ 거래 \ 수) \div (전체 \ 거래 \ 수)}$ $= \dfrac{(A와 B가 \ 동시에 \ 포함된 \ 거래 \ 수) \times (전체 \ 거래 \ 수)}{(A를 \ 포함하는 \ 거래 \ 수) \times (B를 \ 포함하는 \ 거래 \ 수)}$ $= \dfrac{신뢰도}{P(B)} = \dfrac{P(A \cap B)}{P(A) \times P(B)}$

향상도	설명	예시
향상도=1	서로 독립적 관계	과자와 후추
향상도>1	양(+)의 상관관계	빵과 버터
향상도<1	음(-)의 상관관계	설사약과 변비약

개념 박살내기

수제비-정보처리기사와 빅데이터 분석기사를 구매한 수험생을 기준으로 지지도, 신뢰도, 향상도를 각각 계산한다.

▼ 수제비 정보처리기사와 수제비 빅데이터 분석기사 구매 지표분석

판매품목	구매 인원
수제비-정보처리기사만 구매	4,000명
수제비-빅데이터분석기사만 구매	2,000명
동시 구매	1,000명
기타	3,000명
전체 거래량	10,000명

지지도 계산	전체 거래 중 두 책을 모두 구매한 사람의 비율 $\dfrac{정보처리기사 \cap 빅데이터분석기사}{전체 \ 거래 \ 수} = \dfrac{1000}{10000} = 10\%$
신뢰도 계산	정보처리기사를 구매한 수험생 중 빅데이터 분석기사를 구매한 수험생의 비율 $\dfrac{정보처리기사 \cap 빅데이터분석기사}{정보처리기사를 \ 포함한 \ 거래 \ 수} = \dfrac{1000}{5000} = 20\%$

향상도 계산	정보처리기사를 구매한 빅데이터 분석기사도 같이 구매하는 경우의 비율 $$\frac{\text{지지도}}{\text{정보처리기사 구매확률} \times \text{빅데이터분석기사 구매확률}} = \frac{0.1}{0.5 \times 0.3} = 0.67$$ 향상도가 1보다 작으므로 수제비 정보처리기사와 빅데이터 분석기사는 품목 간에 서로 음(-)의 상관관계에 있다고 판단

(4) 연관성 분석 알고리즘 기출

① 아프리오리(Apriori) 알고리즘

㉮ 아프리오리 알고리즘 개념
- 아프리오리 알고리즘은 가능한 모든 경우의 수를 탐색하는 방식을 개선하기 위하여 데이터들의 발생빈도가 높은 것(빈발항목)을 찾는 알고리즘이다.
- 분석 대상이 되는 항목의 대상을 최소화하여 연관성 도출을 효율화한 연관분석 알고리즘으로 최소 지지도보다 큰 지지도 값을 갖는 빈발항목 집합에 대해서만 연관규칙을 계산하는 알고리즘이다.
- 연관성 분석 시 항목이 많아질수록 조합할 수 있는 연관성 규칙은 기하급수적으로 늘어나기 때문에 항목을 줄여주는 것이 필요하고, 아프리오리 알고리즘을 통해 줄여줄 수 있다.

> ㉔ 만약 {수제비}에 대한 지지도가 0.3이라면 {수제비, 칼국수}, {수제비, 만두}에 대한 지지도는 0.3을 넘지 못함. 따라서 {A, B}의 지지도가 사용자가 정한 최소 지지도 요건을 충족시키지 못했을 경우 {A, B}를 포함해서 {A, B, C}, {A, B, D} 등이 포함되어 있는 경우의 수를 계산에서 제외

㉯ 아프리오리 알고리즘 계산 방법
- 우선적으로 최소 지지도 경곗값을 정하고, 데이터베이스에서 후보항목 집합을 생성한다.
- 그 이후에 후보 항목 집합에서 최소 지지도 경곗값을 넘는 빈발항목 집합을 찾아낸다.

- 아프리오리 알고리즘 계산을 위해서는 2가지 규칙을 지켜야 한다.

구분	설명
규칙 1	• 한 항목 집합이 빈발하면, 이 항목 집합의 모든 부분집합은 빈발항목 집합 ◉ 모든 항목 집합 {a, b, c, d}, 빈발항목 집합 {b, c, d}라면, 이 집합의 부분집합 {b, c}, {b, d}, {c, d}, {b}, {c}, {d}는 빈발항목 집합
규칙 2	• 한 항목 집합이 빈발하지 않다면, 이 항목 집합을 포함하는 모든 집합은 비 빈발항목 집합 ◉ 모든 항목 집합 {a, b, c, d}, 비 빈발항목 집합 {a, b}라면, 이 집합을 포함하는 {a, b, c}, {a, b, d}, {a, b, c, d}는 비 빈발항목 집합

주어진 트랜잭션을 보고, 빈발항목 집합과 비 빈발항목 집합을 찾기 위해서, 최소 지지도 경곗값을 50%로 기준점으로 삼을 때 빈발항목을 찾는 과정은 다음과 같다.

트랜잭션 ID	아이템
1	기저귀, 버터, 맥주
2	기저귀, 맥주
3	기저귀, 빵
4	떡, 사이다

① item들의 선택 횟수를 계산한다.

아이템	횟수
기저귀	3
버터	1
맥주	2
빵	1
떡	1
사이다	1

② 아이템들의 지지도를 구한다.

아이템	지지도
기저귀	3/4
버터	1/4
맥주	2/4
빵	1/4
떡	1/4
사이다	1/4

③ 최소 지지도 경곗값(50%)을 넘는 빈발항목 집합을 구한다.
- 기저귀, 맥주를 빈발항목 집합으로 구한다.

② FP-Growth 알고리즘

㉮ FP-Growth 알고리즘 개념
- FP-Growth 알고리즘은 아프리오리 알고리즘을 개선한 알고리즘으로 FP-Tree라는 구조를 통해 최소 지지도를 만족하는 빈발 아이템 집합을 추출하는 알고리즘이다.
- 데이터 세트가 큰 경우 모든 후보 아이템 세트들에 대하여 반복적으로 계산하는 단점이 있는 아프리오리 알고리즘을 개선한 알고리즘이다.

㉯ FP-Growth 알고리즘 계산 방법
- FP-Growth 알고리즘은 Tree 구조를 활용하여 계산한다.

절차	설명
1단계	모든 거래를 확인해 각 아이템마다의 지지도를 계산하고 최소 지지도 이상의 아이템만 선택
2단계	모든 거래에서 빈도가 높은 아이템 순서대로 정렬
3단계	부모 노드를 중심으로 거래를 자식 노드로 추가해 주면서 트리를 생성
4단계	새로운 아이템이 나올 경우에는 부모 노드부터 시작하고, 그렇지 않으면 기존의 노드에서 확장
5단계	위의 과정을 모든 거래에 대해 반복하여 FP-Tree를 만들고 최소 지지도 이상의 패턴만 추출

7 군집 분석 ★★★

군집 분석 역시 중요 개념입니다. 그림과 수식을 잘 봐가면서 학습에 임하시길 바랍니다.

(1) 군집 분석(Cluster Analysis)의 개념
- 군집 분석은 관측된 여러 개의 변숫값들로부터 유사성(Similarity)에만 기초하여 n개의 군집으로 집단화하여 집단의 특성을 분석하는 다변량 분석 기법이다.
- 군집 분석의 목적은 레이블이 없는 데이터 세트의 요약 정보를 추출하고, 요약 정보를 통해 전체 데이터 세트가 가지고 있는 특징을 발견하는 것이다.

(2) 군집 분석의 가정
- 군집 내에 속한 개체들의 특성은 동질적이고 서로 다른 군집에 속한 개체들 간의 특성은 이질적이다.
- 군집 내의 응집도(Cohesion)는 최대화하고, 군집 간의 분리도(Separation) 또한 최대화한다.
- 군집의 개수 또는 구조와 관계없이 개체 간 거리를 기준으로 분류한다.

- 개별 군집의 특성은 군집에 속한 개체들의 평균값으로 나타낸다.

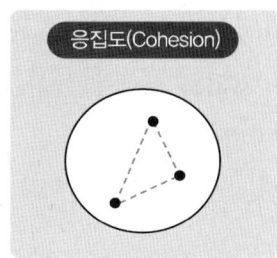
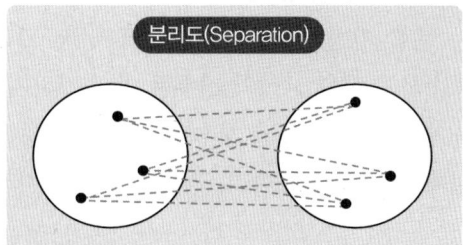

▲ 응집도와 분리도

(3) 분류와 군집 비교

군집 분석(Clustering)은 데이터에 분류의 기준이 없는 비지도 학습 방법이며, 분류 분석(Classification)은 데이터에 분류 변수가 포함된 지도 학습 방법이다.

❥ 분류와 군집의 차이

구분	분류(Classification)	군집(Clustering)
설명	• 사전 정의된 범주가 있는(Labeled) 데이터로부터 예측 모델을 학습하는 문제 • 입력 데이터와 각 데이터의 클래스 라벨이 함께 제공됨 $(x_i, y(x_i))$	• 사전 정의된 범주가 없는(Unlabeled) 데이터에서 최적의 그룹을 찾아가는 문제 • 클래스에 대한 정보 없이 단순히 입력값만 제공됨 (x_i)
학습 유형	• 지도 학습(사전에 라벨 제공) ▲ 분류	• 비지도 학습(사전 정의된 범주 없음) ▲ 군집
적용 사례	• 숫자 인식, 얼굴 인식	• 영상 분리, 고객 세분화
기법	• K-최근접 이웃, 의사결정나무, 베이지안 정리, 인공신경망(ANN), 서포트 벡터 머신(SVM)	• 계층적 군집, k-평균 군집, 자기 조직화 지도(SOM)

(4) 군집 분석의 유형 기출

- 군집 분석의 유형에는 계층 기반, 비계층 기반 군집 분석이 있고, 비계층 기반에는 분할 기반, 분포 기반, 밀도 기반, 그래프 기반 등의 분석 기법이 있다.
- 계층적 군집은 군집의 개수를 미리 정하지 않고 유사한 개체를 묶어 나가는 과정을 반복하여 원하는 개수의 군집을 형성하는 방법이다.
- 비계층적 군집은 미리 군집의 개수를 지정한다.

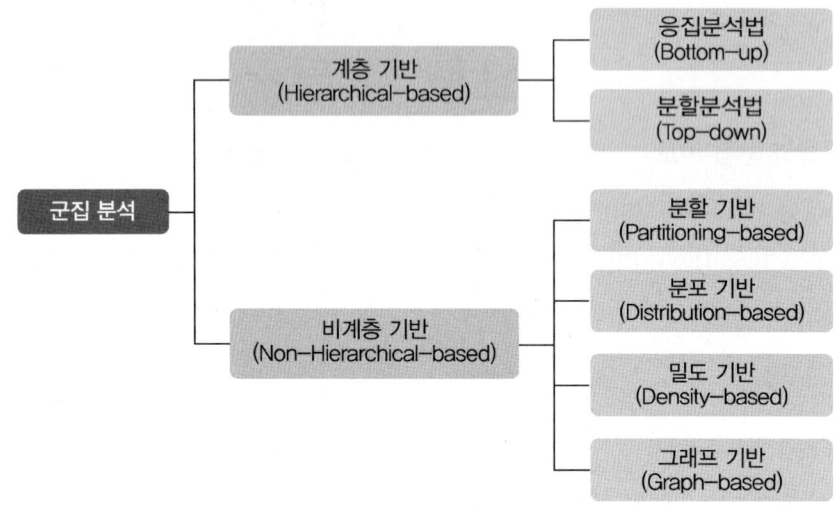

▲ 군집 분석 유형

(5) 군집 간의 거리 계산

- 여러 개의 변숫값 간의 유사성을 알기 위해 변수 간의 거리를 측정한다.
- 거리는 값이 작을수록 관측치가 유사함을 의미한다.

① 연속형 변수 거리 기출

- 연속형 변수 거리로는 유클리드 거리, 맨하탄 거리, 민코프스키 거리, 표준화 거리, 마할라노비스 거리 등이 있다.

▽ 연속형 변수 거리

구분	종류	공식	설명
수학적 거리	유클리드 거리 (Euclidean Distance)	$d(i,j) = \sqrt{\sum_{f=1}^{p}(x_{if} - x_{jf})^2}$ • p: 차원 • x_{if}: 시작점 • x_{jf}: 끝점	• 두 점 간 차를 제곱하여 모두 더한 값의 양의 제곱근

학습 POINT ★

연속형 변수 거리는 필기 문제로 출제되기 좋습니다. 주요 공식과 설명을 알아두고 넘어가시기 바랍니다.

구분	종류	공식	설명
	맨하탄 거리 (Manhattan Distance)	$d(i,j) = \sum_{f=1}^{p} \|x_{if} - x_{jf}\|$ • p: 차원 • x_{if}: 시작점 • x_{jf}: 끝점	• 시가(City-block) 거리라고도 불림 • 두 점 간 차의 절댓값을 합한 값
	민코프스키 거리 (Minkowskii Distance)	$d(i,j) = \left(\sum_{f=1}^{p} \|x_{if} - x_{jf}\|^m \right)^{1/m}$ • p: 차원 • x_{if}: 시작점 • x_{jf}: 끝점	• m차원 민코프스키 공간에서의 거리 • $m=1$일 때 맨하탄 거리와 같음 • $m=2$일 때 유클리드 거리와 같음
통계적 거리	표준화 거리 (Standardized Distance)	$d(i,j) = \sqrt{(X_i - X_j)^T D^{-1} (X_i - X_j)}$ • X_i: 시작점 행렬 • X_j: 끝점 행렬 • D: 표본 분산 (대각) 행렬	• 변수의 측정단위를 표준화한 거리
	마할라노비스 거리 (Mahalanobis Distance)	$d(i,j) = \sqrt{(X_i - X_j)^T S^{-1} (X_i - X_j)}$ • X_i: 시작점 행렬 • X_j: 끝점 행렬 • S: 표본 공분산 행렬	• 변수의 표준화와 함께 변수 간의 상관성(분포형태)을 동시에 고려한 통계적 거리

- 유클리드 거리는 두 점을 잇는 가장 짧은 직선거리이며, 맨하탄 거리는 좌표에 표시된 두 점 간 절댓값의 차이(직교 좌표계의 좌표축 선분 길이의 합)로 측정하는 거리이다.

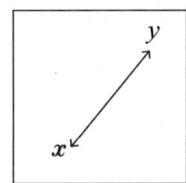
유클리드(Euclidean) 거리

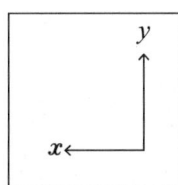
맨하탄(Manhattan) 거리

▲ 유클리드 거리와 맨하탄 거리 비교

두음 쌤 한마디

연속형 변수 거리 - 수학적 거리
「수유맨민」
수학적 거리(유클리드 거리 / 맨하탄 거리 / 민코프스키 거리)
→ 수유역에 맨날 민원 들어옴

두음 쌤 한마디

연속형 변수 거리 - 통계적 거리
「통표마」
통계적 거리(표준화 거리 / 마할라노비스 거리)
→ 통조림 표고버섯 마늘

학습 POINT ★

거리는 p차원에서 i점과 j점 사이의 거리를 의미합니다.

개념 박살내기

- 유클리드 거리는 두 점을 잇는 가장 짧은 직선거리로 피타고라스의 정리로 구할 수 있다.

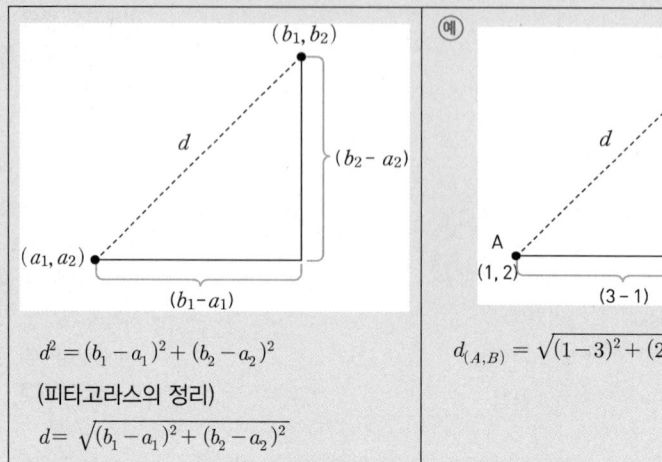

$$d^2 = (b_1 - a_1)^2 + (b_2 - a_2)^2$$
(피타고라스의 정리)
$$d = \sqrt{(b_1 - a_1)^2 + (b_2 - a_2)^2}$$

$$d_{(A,B)} = \sqrt{(1-3)^2 + (2-4)^2} = \sqrt{8}$$

- 맨하탄 거리는 두 점 사이의 거리(절댓값)의 차이로 구할 수 있다.

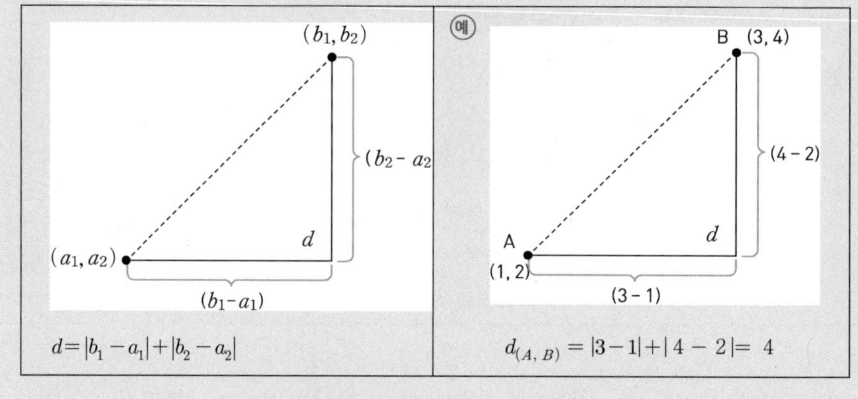

$$d = |b_1 - a_1| + |b_2 - a_2|$$

$$d_{(A,B)} = |3-1| + |4-2| = 4$$

② 명목형 변수 거리

모든 변수가 명목형인 경우에는 개체 i와 j 간 거리의 정의이다.

$d(i, j)$ = (개체 i와 j에서 다른 값을 가지는 변수의 수) / (총 변수의 수)

명목형 변수 거리

거리	공식	설명
단순 일치 계수 (Simple Matching Coefficient)	$\dfrac{\text{매칭된 속성의 개수}}{\text{속성의 개수}}$	• 전체 속성 중에서 일치하는 속성의 비율
자카드 계수 (Jaccard Coefficient)	$J(A,\ B) = \dfrac{|A \cap B|}{|A \cup B|}$	• 두 집합 사이의 유사도를 측정하는 방법 • 0과 1 사이의 값을 가지며 두 집합이 동일하면 1의 값, 공통의 원소가 하나도 없으면 0의 값을 가짐
코사인 유사도 (Cosine Similarity)	$\dfrac{\vec{A} \cdot \vec{B}}{\|\vec{A}\| \cdot \|\vec{B}\|}$	• 두 개체 간의 거리 측도 중에서 두 벡터 사이의 각도를 이용하여 개체 간의 유사도를 측정하는 측도 • 두 벡터의 내적을 구한 뒤 두 벡터의 크기를 각각 구해서 서로 곱한 것으로 나눔

> **명목형 변수 거리**
> 「명단자코」
> **명**목형 변수 거리 / **단**순 일치 계수 / **자**카드 계수 / **코**사인 유사도

(6) 계층적 군집 분석

① 계층적 군집(Hierarchical Clustering) 개념

계층적 군집은 유사한 개체를 군집화하는 과정을 반복하여 군집을 형성하는 방법이다.

② 계층적 군집을 형성하는 방법

계층적 군집을 형성하는 방법에는 응집분석법과 분할분석법이 있다.

계층적 군집을 형성하는 방법

형성 방법	설명
응집분석법 (Agglomerative)	• 작은 군집으로부터 시작하여 군집을 병합하는 방법 • 거리가 가까우면 유사성이 높음
분할분석법 (Divisive)	• 큰 군집으로부터 출발하여 군집을 분리해 나가는 방법

③ 계통도

- 군집의 결과는 계통도 또는 덴드로그램의 형태로 결과가 주어지며 각 개체는 하나의 군집에만 속하게 된다.
- 항목 간의 거리, 군집 간의 거리를 알 수 있고, 군집 내 항목 간 유사 정도를 파악함으로써 군집의 견고성을 해석할 수 있다.

> **덴드로그램(Dendrogram)**
> 군집의 개체들이 결합되는 순서를 나타내는 트리 형태의 구조이다.

개념 박살내기

🔗 **덴드로그램 그룹 개수**
- y가 4일 경우 만나는 직선의 수로 그룹의 개수를 정한다.
- 2개의 직선을 만나므로 그룹의 개수는 2개이다.

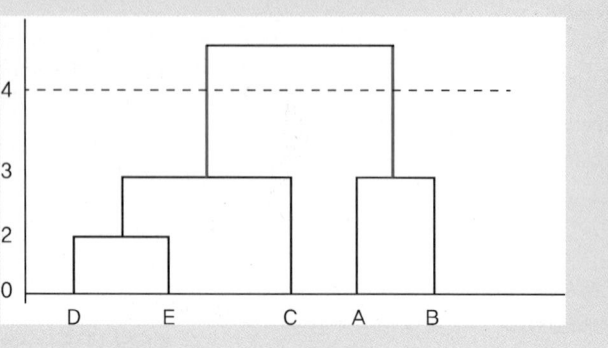

④ **군집 간의 연결법**
- 개체 간의 유사성(또는 거리)에 대한 다양한 정의가 가능하다.
- 군집 간의 연결법에는 최단연결법, 최장연결법, 평균 연결법, 중심연결법, 와드 연결법이 있다.
- 군집 간의 연결법에 따라 군집의 결과가 달라질 수 있다.

학습 POINT ★

연결법은 그림과 설명을 보고 어떤 연결법을 사용하는지 맞출 수 있을 정도로 학습하시길 권장합니다.

두음 쌤 한마디

군집 간의 연결법
「단장중평와」
최단연결법 / **최장**연결법 / **중**심연결법 / **평균**연결법 / **와드**연결법
→ 단장(당장) 중평으로 와!

⌄ **군집 간의 연결법**

연결법	그림	설명
최단연결법 (Single Linkage Method)		• 두 군집 사이의 거리를 각 군집에서 하나씩 관측값을 뽑았을 때 나타날 수 있는 거리의 최솟값으로 측정해서 가장 유사성이 큰 군집으로 병합해 나가는 방법 • 대부분의 관측치가 멀리 떨어져 있어도 하나의 관측치만 다른 군집과 가까이 있으면 병합 가능하므로 길게 늘어진 사슬 형태의 군집이 형성됨 • 단일연결법(Single Linkage Method)이라고도 함
최장연결법 (Complete Linkage Method)		• 두 군집 사이의 거리를 각 군집에서 하나씩 관측값을 뽑았을 때 나타날 수 있는 거리의 최댓값으로 측정하여 가장 유사성이 큰 군집으로 병합해 나가는 방법 • 내부 응집성에 중점을 둔 방법으로 둥근 형태의 군집이 형성 • 완전연결법(Complete Linkage Method)이라고도 함

연결법	그림	설명
중심연결법 (Centroid Linkage Method)		• 두 군집의 중심 간의 거리를 측정하여 가장 유사성이 큰 군집으로 병합해 나가는 방법 • 두 군집이 결합될 때 새로운 군집의 평균은 가중 평균을 통해 구함 • 군집 내 편차들의 제곱합을 고려하여 군집 간 정보의 손실을 최소화하는 방향으로 군집을 형성 • 평균연결법보다 계산량이 적고, 모든 관측치 사이의 거리를 측정할 필요 없이 중심 사이의 거리를 한 번만 계산
평균연결법 (Average Linkage Method)		• 모든 항목에 대한 거리 평균을 구하면서 가장 유사성이 큰 군집을 병합해 나가는 방법 • 계산량이 불필요하게 많아질 수 있음 • 최단연결법과 최장연결법보다 이상값에 덜 민감
와드연결법 (Ward Linkage Method)		• 군집 간의 거리에 기반하는 다른 연결법과는 다른 군집 내의 오차제곱합에 기초하여 군집을 수행하는 방법 • 군집의 병합으로 인한 오차제곱합의 증가량이 최소가 되는 방향으로 군집을 형성 • 군집 내 분산을 최소로 하기 때문에 좀 더 조밀한 군집 생성 가능

8 비계층적 군집 분석 ★★★

(1) 분할 기반 군집

① k-평균 군집(k-Means Clustering) 개념 기출

k-평균 군집은 주어진 데이터를 k개의 군집으로 묶는 알고리즘으로 k개만큼 군집 수를 초깃값으로 지정하고, 각 개체를 가까운 초깃값에 할당하여 군집을 형성하고 각 군집의 평균을 재계산하여 초깃값을 갱신하는 과정을 반복하여 k개의 최종군집을 형성하는 방법이다.

② k-평균 군집의 절차(알고리즘)
- k-평균 군집에서 군집의 수(k)는 초매개변수로서 미리 정해 주어야 한다.
- k개의 초기 중심 값은 임의로 선택할 수 있으며 자료 중에서 임의로 선택도 가능하다.

◉ k-평균 군집의 절차

단계	알고리즘	설명
1	k개 객체 선택	초기 군집 중심으로 k개의 객체를 임의로 선택함
2	할당(Assignment)	자료를 가장 가까운 군집 중심에 할당
3	중심 갱신(New Centroids)	각 군집 내의 자료들의 평균을 계산하여 군집의 중심을 갱신
4	반복	군집 중심의 변화가 거의 없을 때(또는 최대 반복수)까지 단계 2와 단계 3을 반복

- k-평균 군집은 이상값에 민감하게 반응하는 단점이 존재한다.
- 단점을 보완하는 방법으로는 k-중앙값 군집을 사용하거나 이상값을 미리 제거할 수도 있다.

k-중앙값(Medoids) 군집
군집을 형성하는 단계마다 평균값 대신 중앙값을 사용하여 군집을 형성한다.

③ k-평균 군집 k 값 선정 기법 〔기출〕

k-평균 군집 알고리즘에서 k 값을 구하는 기법으로 엘보우 기법, 실루엣 기법, 덴드로그램을 사용한다.

k-평균 군집은 군집화 기법으로 비지도 학습입니다. 비지도 학습이기 때문에 종속변수에 해당하는 Label이 따로 존재하지 않는 데이터로 학습합니다.

알고리즘	설명
엘보우(Elbow) 기법	• x축에 군집의 개수(k 값)를 y축에 SSE($=\sum_{i=1}^{n}(y_i-\hat{y_i})^2$) 값을 두었을 때 기울기가 완만한 부분(팔꿈치 부분)에 해당하는 군집의 개수를 선택하는 기법
실루엣(Silhouette) 기법	• 각 군집 간의 거리가 얼마나 분리되어 있는지를 나타내는 기법 • 실루엣 계수는 1에 가까울수록 군집 간 거리가 멀어서 최적화가 잘 되어 있다고 할 수 있고, 0에 가까울수록 군집 간 거리가 가까워서 최적화가 잘 안 되어 있다고 할 수 있음
덴드로그램(Dendrogram)	• 군집의 개체들이 결합되는 순서를 나타내는 트리 형태의 구조를 통해 군집의 개수를 결정하는 기법

(2) 분포 기반 군집

① 혼합 분포 군집(Mixture Distribution Clustering)

- 혼합 분포 군집은 데이터가 k개의 모수적 모형의 가중합으로 표현되는 모집단 모형으로부터 나왔다는 가정하에서 자료로부터 모수와 가중치를 추정하는 방법이다.
- k개의 각 모형은 군집을 의미하며, 각 데이터는 추정된 k개의 모형 중 어느 모형으로부터 나왔을 확률이 높은지에 따라 군집의 분류가 이루어진다.

- 혼합 모형의 모수를 추정하는 경우 단일 모형과는 달리 표현식이 복잡하여 미분을 통한 이론적 전개가 어렵기 때문에 최대가능도 추정을 위해 EM 알고리즘 등을 이용한다.

② **가우시안 혼합 모델(GMM; Gaussian Mixture Model)**
- 가우시안 혼합 모델은 전체 데이터의 확률분포가 k개의 가우시안 분포(Gaussian Distribution; 정규분포)의 선형 결합(Mixture Model)으로 이뤄졌음을 가정하고 각 분포에 속할 확률이 높은 데이터 간의 군집을 형성하는 방법이다.
- GMM에서는 주어진 데이터 $X = \{x_1, x_2, \cdots, x_N\}$에 대하여 적절한 k개 가우시안 분포의 가중치, 평균, 공분산을 추정한다.
- 데이터들이 k개의 가우시안 분포 중에서 어디에 속하는 것이 최적인지 추정(최대가능도 추정)하기 위해 EM 알고리즘을 이용할 수 있다.

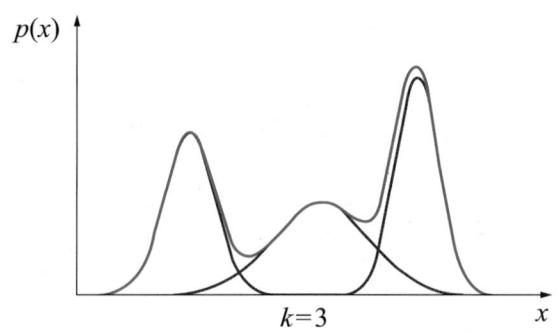

군집화된 모델의 개수(k)=3

▲ **가우시안 혼합 모델(GMM)**

(3) 밀도 기반 군집

① **DBSCAN의 개념**
- DBSCAN은 개체들의 밀도(Density) 계산을 기반으로 밀접하게 분포된 개체들끼리 그룹핑하는 알고리즘이다.
- DBSCAN에서 반경(epsilon), 최소 데이터 개수(minPts)는 초매개변수이다.

② **DBSCAN 구성요소**
구성요소는 중심점, 경계점, 잡음점, 이웃점이 있다.

> **학습 POINT ★**
> EM 알고리즘의 개념과 진행 과정을 가볍게 알고 넘어가세요!

⊻ DBSCAN 구성요소

구성요소	설명
중심점 (Core Point)	• 주변 반경 내에 최소 데이터 개수 이상의 다른 데이터를 가지고 있는 데이터 • 반경 내에 존재해야 하는 최소 데이터 개수는 일종의 초매개변수로 설정해주어야 함
경계점 (Border Point)	• 중심점은 아니지만, 중심점이 주변 반경 내에 존재하는 데이터 • 중심점을 중심으로 하는 군집에는 포함되며, 주로 군집의 외곽을 이룸
잡음점 (Noise Point)	• 중심점도 아니고 경계점 조건도 만족하지 못하는 이웃점 • 이상값이라고도 함
이웃점 (Neighbor Point)	• 특정 데이터 주변 반경 내에 존재하는 다른 데이터

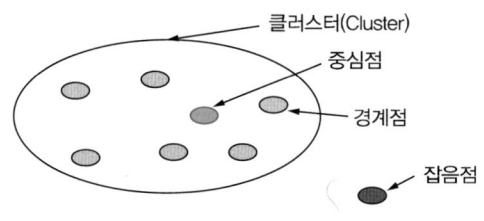

▲ DBSCAN 구성요소

③ DBSCAN의 장점 및 단점

장점	단점
• k-평균 군집과 같이 군집의 수를 정하지 않아도 됨 • 군집의 밀도에 따라서 군집을 연결하기 때문에 기하학적인 모양을 갖는 군집도 잘 찾을 수 있음	• 초매개변수를 결정하기 어렵고, 매개변수의 선택에 민감 • 군집들이 다양한 밀도를 가지거나, 차원이 크면 계산에 어려움이 있음

(4) 그래프 기반 군집

① SOM(Self-Organizing Maps; 자기 조직화 지도) 개념

- SOM은 대뇌피질과 시각피질의 학습 과정을 기반으로 모델화한 인공신경망으로 자율 학습 방법에 의한 군집화 방법을 적용한 알고리즘이다.
- 고차원의 데이터를 이해하기 쉬운 저차원의 뉴런으로 정렬하여 지도의 형태로 형상화한 비지도 신경망이다.
- 형상화는 입력변수의 위치 관계를 그대로 보존한다는 특징이 있다.
- 실제 공간의 입력변수가 가까이 있으면 지도상에는 가까운 위치에 있게 된다.

> **학습 POINT ★**
> SOM은 코호넨에 의해 제시, 개발되었으며 코호넨 맵(Kohonen Maps)으로 알려져 있습니다.

② SOM 구성

SOM은 입력층과 경쟁층으로 구성된다.

◈ SOM 구성

구성	내용
입력층 (Input Layer)	• 입력 벡터를 받는 층으로 입력변수의 개수와 동일하게 뉴런 수가 존재함 • 입력층의 자료는 학습을 통하여 경쟁층에 정렬되는데 이를 지도(Map)라고 부름 • 입력층에 있는 각각의 뉴런은 경쟁층에 있는 각각의 뉴런들과 연결되어 있으며 이때 완전 연결되어 있음
경쟁층 (Competitive Layer)	• 2차원 격자(Grid)로 구성된 층으로 입력 벡터의 특성에 따라 벡터의 한 점으로 군집화되는 층 • SOM은 경쟁 학습으로 각각의 뉴런이 입력 벡터와 얼마나 가까운가를 계산하여 연결 강도를 반복적으로 재조정하여 학습하며, 이 과정을 거치면서 연결 강도는 입력 패턴과 가장 유사한 경쟁층 뉴런이 승자가 됨 • 승자 독식 구조로 인해 경쟁층에는 승자 뉴런만이 나타나며, 승자와 유사한 연결 강도를 갖는 입력 패턴이 동일한 경쟁 뉴런으로 배열됨

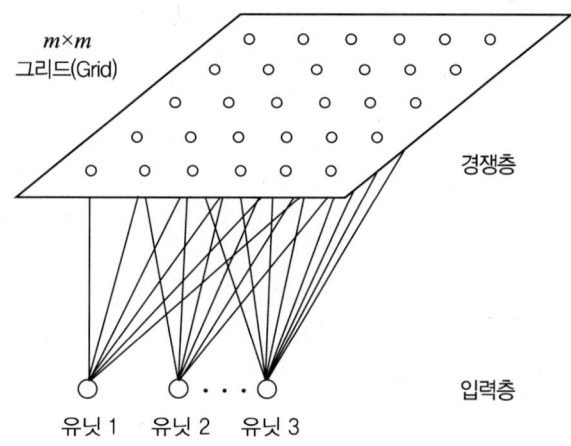

▲ 코호넨 네트워크

지피지기 기출문제

01 가장 적은 영향을 주는 변수부터 하나씩 제거하면서 더 이상 유의하지 않은 변수가 없을 때까지 설명변수들을 제거하고 이때의 모형을 선택하는 방법은 무엇인가?

① 중위 선택법 ② 전진 선택법
③ 후진 소거법 ④ 단계적 방법

해설
- 가장 적은 영향을 주는 변수부터 하나씩 제거하면서 더 이상 유의하지 않은 변수가 없을 때까지 설명변수들을 제거하고 이때의 모형을 선택하는 방법은 후진 소거법이다.
- 중위 선택법은 존재하지 않는 방법이다.

전진 선택법 (Forward Selection)	절편만 있는 상수 모형부터 시작해 중요하다고 생각되는 설명변수를 차례로 모형에 추가하는 방식
후진 소거법 (Backward Elimination)	독립변수 후보 모두를 포함한 모형에서 출발해 제곱합의 기준으로 가장 적은 영향을 주는 변수부터 하나씩 제거하면서 더이상 유의하지 않은 변수가 없을 때까지 설명변수들을 제거하고 이때의 모형을 선택하는 방법
단계적 방법 (Stepwise Method)	변수를 추가하면서 새롭게 추가된 변수에 기인해 기존 변수가 그 중요도가 약화되면 해당 변수를 제거하는 단계별 추가 또는 제거되는 변수의 여부를 검토해 더 이상 없을 때 중단하는 방법

02 선형 회귀 모형의 가정에서 잔차항과 관련 없는 것은?

① 선형성 ② 독립성
③ 등분산성 ④ 정상성

해설 선형 회귀 모형의 가정은 선형성, 독립성, 등분산성, 비상관성, 정상성이다. 잔차와 관련 없는 것은 선형성이다.

선형성	• 독립변수와 종속변수가 선형적이어야 함 • 독립변수의 변화에 따라 종속변수도 일정 크기로 변화
독립성	• 단순선형 회귀 분석에서는 잔차와 독립변수의 값이 서로 독립적이어야 함 • 다중선형 회귀 분석에서는 독립변수 간 상관성이 없이 독립적이어야 함
등분산성	• 잔차의 분산이 독립변수와 무관하게 일정해야 함 • 잔차가 고르게 분포되어야 함
비상관성	• 관측치의 잔차끼리 상관이 없어야 함 • 잔차끼리 서로 독립이면 비상관성이 있다고 판단
정상성 (정규성)	• 잔차항이 정규분포의 형태를 이뤄야 함 • Q-Q plot에서는 잔차가 대각 방향의 직선의 형태를 띠면 잔차는 정규분포를 따른다고 할 수 있음

03 다음 회귀 모형 결과를 해석한 것으로 옳은 것을 〈보기〉에서 모두 고른 것은?

〈보기〉

	Estimate	Std.Error	t value	Pr(>|t|)
(Intercept)	41.107678	2.842426	14.462	1.62e-14
X1	0.007473	0.011845	0.631	0.00651
X2	-3.635677	1.040138	-3.495	0.00160
X3	-4.784944	0.607110	-2.940	0.53322

가. 유의수준 0.05에서 X1, X2는 유의하다고 할 수 있다.
나. X2의 계수는 41.107678이다.
다. 변수 X3는 회귀 모형에서 제거 가능하다.

① 가 ② 나
③ 가, 다 ④ 가, 나, 다

해설
- X1, X2는 Pr(>|t|) 값이 0.05보다 작으므로 통계적으로 유의하다고 할 수 있다.
- X2의 계수는 -3.635677이다.
- X3는 Pr(>|t|) 값이 0.05보다 커서 통계적으로 유의하지 않으므로 삭제가 가능하다.

04 회귀 모형의 잔차를 분석한 결과가 아래와 같이 나타날 때, 이에 대한 설명으로 옳은 것은?

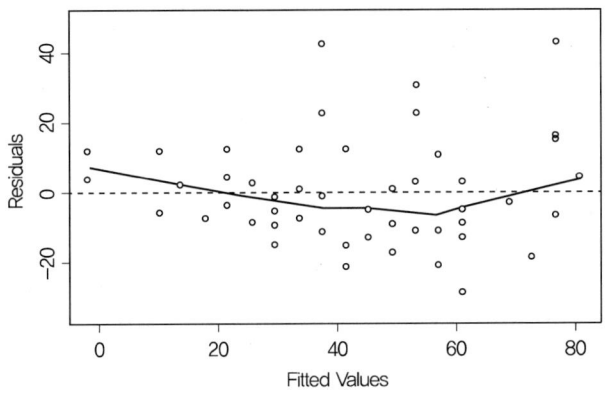

① 잔차가 등분산 가정을 만족한다.
② 종속변수를 log로 변환하여 문제를 해결한다.
③ 독립변수 중 하나를 제곱하여 문제를 해결한다.
④ 잔차가 정규분포를 따른다.

> **해설** 잔차가 등분산 가정을 만족하지 않을 경우에는 종속변수를 log로 변환하거나 WLS(Weighted Least Square)를 사용한다.

05 다음 중 로지스틱 회귀분석에 대한 설명으로 가장 알맞지 않은 것은 무엇인가?

① 독립변수가 범주형이다.
② 종속변수는 0과 1이다.
③ 로짓 변환을 사용한다.
④ 시그모이드 함수를 이용한다.

> **해설**
> • 로지스틱 회귀 분석은 독립변수가 수치형이고 반응변수가 범주형인 경우 적용되는 회귀 분석 모형이다.
> • 새로운 독립변수의 값이 주어질 때 반응변수의 각 범주에 속할 확률이 얼마인지를 추정하여 추정 확률을 기준치에 따라 분류하는 목적으로 사용된다.

06 다음 중 선형회귀와 로지스틱 회귀에 대한 설명으로 가장 알맞지 않은 것은 무엇인가?

① 선형회귀에서 잔차는 정규분포를 따른다.
② 선형회귀는 독립변수를 사용해 종속변수의 움직임을 예측한다.
③ 로지스틱 회귀는 종속변수가 이진이며 분류에 사용한다.
④ 선형회귀에서 로짓 변환을 사용한다.

> **해설** 로짓 변환은 로지스틱 회귀에서 사용한다.

07 종속변수가 범주형이고 독립변수가 수치형 변수 여러 개로 이루어진 변수 간의 관계를 분석하기 위해 적용할 수 있는 알고리즘으로 올바른 것은?

① 로지스틱 회귀 분석
② k-평균 군집
③ 주성분 분석
④ DBSCAN

> **해설**
>
> | | |
> |---|---|
> | 로지스틱 회귀 분석 | 독립변수가 수치형이고 반응변수(종속변수)가 범주형(이항형)인 경우 적용되는 회귀 분석 모형 |
> | k-평균 군집 (k-means clustering) | K개 소집단의 중심좌표를 이용하여 각 객체와 중심좌표 간의 거리를 산출하고, 가장 근접한 소집단에 배정한 후 해당 소집단의 중심좌표를 업데이트하는 방식의 군집화 알고리즘 |
> | 주성분 분석 | 데이터 분포를 잘 설명함과 동시에 정보의 손실을 최소화하도록 고차원의 데이터를 저차원의 데이터로 변환하는 차원축소 분석 기법 |
> | DBSCAN | 개체들의 밀도(Density) 계산을 기반으로 밀접하게 분포된 개체끼리 그룹핑하는 군집 분석 알고리즘 |

지피지기 기출문제

08 인공신경망은 어떤 값을 알아내는 게 목적인가?
① 커널값 ② 뉴런
③ 가중치 ④ 오차

> **해설**
> - 인공신경망의 목적은 출력 층에서 계산된 출력과 실제 출력의 값 차이를 최소화시키는 가중치를 알아내는 것이다.
> - 인공신경망에서 가중치의 변화에 따른 오차의 변화를 계산한다.
> - 인공신경망에서 뉴런(노드)은 인공신경망의 가장 기본적인 단위이다.
> - CNN에서 필터를 커널 이라고도 한다.

09 서포트 벡터 머신에 대한 설명으로 옳지 않은 것은?
① 데이터 세트의 크기가 클 경우 최적화를 위한 평가 과정이 줄어들어 속도가 빠르다.
② 다른 모형보다 과대적합에 강하다.
③ 비선형으로 분류되는 모형에 사용할 수 있다.
④ 서포트 벡터가 여러 개일 수 있다.

> **해설** 서포트 벡터 머신은 데이터가 많아질수록 최적화된 테스트를 위한 테스트 과정이 많아져서 다른 모형에 비해 속도가 느리다.
>
> | 장점 | 단점 |
> |---|---|
> | • 서포트 벡터만을 이용해서 결정 경계를 생성하므로 데이터가 적을 때 효과적
• 새로운 데이터가 입력되면 전체 데이터 포인트와의 거리를 계산하지 않고 서포트 벡터와의 거리만 계산하면 되기 때문에 연산량 최소화
• 정확성이 뛰어나며, 커널 트릭을 활용하여 비선형 모델 분류 가능
• 다른 모형보다 과대 적합의 가능성이 낮고, 노이즈의 영향이 적음 | • 데이터 전처리 과정이 중요
• 데이터가 많아질수록 최적화를 위한 평가 과정이 많아져서 속도가 느림 |

10 다음 중 k-평균 군집 알고리즘을 통해 k 값을 구하는 기법은 무엇인가?
① k-Centroid 기법 ② 최장 연결법
③ 엘보우 기법 ④ 역전파 알고리즘

> **해설** k-평균 군집 알고리즘에서 k 값을 구하는 기법으로 엘보우 기법, 실루엣 기법, 덴드로그램을 사용한다.
>
> | | |
> |---|---|
> | 엘보우
(Elbow)
기법 | • x축에 클러스터의 개수(k 값)를 y축에 SSE($=\sum_{i=1}^{n}(y_i-\hat{y_i})^2$) 값을 두었을 때 기울기가 완만한 부분(팔꿈치 부분)에 해당하는 클러스터를 선택하는 기법 |
> | 실루엣
(Silhouette)
기법 | • 각 군집 간의 거리가 얼마나 분리되어 있는지를 나타내는 기법
• 실루엣 계수는 1에 가까울수록 군집 간 거리가 멀어서 최적화가 잘 되어 있다고 할 수 있고, 0에 가까울수록 군집 간 거리가 가까워서 최적화가 잘 안 되어 있다고 할 수 있음 |
> | 덴드로그램
(Dendrogram) | • 군집의 개체들이 결합되는 순서를 나타내는 트리 형태의 구조를 통해 군집의 개수를 결정하는 기법 |

11 다음 중 다중공선성을 제거하는 방법으로 가장 올바르지 않은 것은 무엇인가?
① Box-Cox ② 릿지
③ PCA ④ 변수 제거

> **해설**
> - 다중공선성은 회귀 분석에서 독립변수들 간에 강한 상관관계가 나타나는 문제를 의미한다.
> - 다중공선성은 PCA, 릿지, 변수 제거등을 통해 제거할 수 있다.
> - Box-Cox는 선형회귀모형에서 정규성 가정이 성립한다고 보기 어려울 경우에 종속변수를 정규분포에 가깝게 변환시키기 위하여 사용하는 기법이다.

12 다음 중 의사결정나무의 분류나무(이산형 목표변수)에서 사용되는 분리 기준이 아닌 것은 무엇인가?

① 지니지수   ② 엔트로피 지수
③ 카이제곱분포   ④ 분산 분석에서 F-통계량

해설 분산 분석에서 F-통계량은 회귀나무(연속형 목표변수)에서 사용되는 분리 기준이다.

분류나무(이산형 목표변수)에서 사용되는 분리 기준	카이제곱 통계량의 p-값, 지니 지수, 엔트로피 지수
회귀나무(연속형 목표변수)에서 사용되는 분리 기준	분산 분석에서 F-통계량, 분산의 감소량

13 다음 중 SVM 가우시안 커널(Gaussian Kernel)에 대한 설명으로 가장 옳지 않은 것은 무엇인가?

① 비선형 데이터가 있는 경우에 일반적으로 활용된다.
② 2차원의 점을 1차원의 점으로 변환한다.
③ 가장 많이 사용되는 커널이다.
④ 데이터에 대한 사전 지식이 없는 경우 적절하게 분리할 때 활용된다.

해설 2차원의 점을 무한한 차원의 점으로 변환한다.

14 아래와 같은 거래 데이터 세트(Data Set)가 주어졌을 때 연관규칙 '오렌지, 사과 → 자몽'의 지지도와 신뢰도는 각각 얼마인가?

{오렌지, 사과, 자몽},
{수박, 레몬},
{오렌지, 사과, 레몬, 자몽},
{딸기, 수박, 사과, 레몬},
{딸기, 수박, 레몬, 자몽},
{오렌지, 사과}

① 지지도 : 50%   신뢰도 : 66%
② 지지도 : 50%   신뢰도 : 50%
③ 지지도 : 33%   신뢰도 : 66%
④ 지지도 : 33%   신뢰도 : 50%

해설 지지도와 신뢰도는 다음과 같이 계산된다.

지지도	$P(A \cap B) = \dfrac{A와 B가 동시에 포함된 거래 수}{전체 거래 수}$
신뢰도	$\dfrac{P(A \cap B)}{P(A)} = \dfrac{A와 B가 동시에 포함된 거래 수}{A를 포함하는 거래 수}$

오렌지, 사과→자몽의 지지도는 $\dfrac{2}{6} = \dfrac{1}{3} = 33\%$이며, 신뢰도는 $\dfrac{2}{3} = 66\%$이다.

15 소프트맥스 함수에 대한 설명으로 가장 올바르지 않은 것은?

① 출력값은 0에서 1 사이의 실수이다.
② 분산 1이 된다.
③ 출력값을 확률로 해석할 수 있다.
④ 출력값의 총합이 1이 된다.

해설
• 소프트맥스 함수는 출력값이 여러 개로 주어지고 목표치가 다범주인 경우 각 범주에 속할 사후 확률을 제공하는 함수이다.
• 출력값은 0과 1 사이의 실수로 확률로 해석할 수 있고, 출력값의 총합은 1이 된다.

지피지기 기출문제

16 다음 중 활성화 함수에 대한 설명으로 가장 알맞지 않은 것은 무엇인가?

① 하이퍼볼릭 탄젠트는 -1에서 1의 값을 가진다.
② 부호 함수는 임곗값을 기준으로 활성화 또는 비활성화가 된다.
③ ReLU 함수는 시그모이드의 기울기 소실 문제를 해결하였다.
④ 시그모이드 함수 입력값이 0일 때, 미분값은 0.25이다.

해설 부호함수는 임곗값을 기준으로 양의 부호 또는 음의 부호를 출력한다.

계단 함수	• 임곗값을 기준으로 활성화(y축 1) 또는 비활성화(y축 0)가 되는 함수
시그모이드 함수	• 인공 뉴런의 활성화 함수인 실수로서 유한한 영역을 가지는 집합이고 미분 가능하며, 모든 점에서 음이 아닌 미분 값을 가지고 단 하나의 변곡점을 가지는 함수 • 입력값이 0일 때, 미분값은 0.25
tanh 함수	• 하이퍼볼릭 탄젠트 함수로 -1에서 1의 값을 가지는 함수
ReLU 함수	• x값이 0보다 큰 경우 y값도 지속적으로 증가하고, x값이 0보다 작거나 같은 경우 기울기가 0이기 때문에 뉴런이 죽을 수 있는 단점이 존재하는 함수 • 시그모이드의 기울기 소실 문제를 해결

17 다음은 성별 차이에 따른 우울증 빈도에 대한 결과이다. 카이제곱을 통한 계산식은 무엇인가? (O_i: 관측빈도, E_i: 기대 빈도)

	우울증 있음	우울증 없음	계
여자	400	250	650
남자	200	150	350
계	600	400	1000

① $\chi^2 = \sum_{i=1}^{k} \left| \frac{(O_i - E_i)}{E_i} \right|$

② $\chi^2 = \sum_{i=1}^{k} \frac{(O_i - \widehat{E_i})^2}{E_i}$

③ $\chi^2 = \sum_{i=1}^{k} \frac{(O_i - E_i)^2}{O_i}$

④ $\chi^2 = \sum_{i=1}^{k} \frac{(O_i - E_i)^2}{E_i}$

해설 카이제곱은 데이터의 분포와 사용자가 선택한 기대 또는 가정된 분포 사이의 차이를 나타내는 측정값으로, 계산식은 다음과 같다.

$$\chi^2 = \sum_{i=1}^{k} \frac{(O_i - E_i)^2}{E_i}$$

18 다음에 이미지를 판별하기 위한 가장 적절한 분석 방법은 무엇인가?

① 군집
② 예측
③ 분류
④ 연관성

> **해설**
>
> | | |
> |---|---|
> | 군집 | 각 개체에 대해 관측된 여러 개의 변숫값에서 유사한 성격을 갖는 몇 개의 군집으로 집단화하여 군집들 사이의 관계를 분석하는 다변량 분석 기법 |
> | 예측 | 범주형 및 수치형 등의 과거 데이터로부터 특성을 분석하여 다른 데이터의 결괏값을 예측하는 기법 |
> | 분류 | 범주형 변수 혹은 이산형 변수 등의 범주를 예측하는 것으로, 다수의 속성 혹은 변수를 가지는 객체들을 사전에 정해진 그룹이나 범주 중의 하나로 분류하는 모델 |
> | 연관성 | 데이터에 숨어있으면서 동시에 발생하는 사건 혹은 항목 간의 규칙을 수치화하는 것 |

19 다음 중 회귀 모형의 가정으로 가장 옳지 않은 것은 무엇인가?

① 등분산성 ② 독립성
③ 선형성 ④ 일관성

> **해설** 회귀 모형은 데이터가 선형성, 독립성, 등분산성, 비상관성, 정상성의 가정을 만족시킬 수 있어야 한다.

20 맨하탄 거리를 이용해 거리를 계산한다고 했을 때 $dist_k(o)$는 o로부터 k번째 떨어진 점을 의미한다. $dist_2(0)$에 해당하는 점은 무엇인가?

| A (1, 1) | B (1, 2) | C (2, 2) | D (4, 1) |

① A ② B
③ C ④ D

> **해설**
> - 0은 원점을 의미하고, 0으로부터 거리를 계산한다.
> - 맨하탄 거리 공식은 다음과 같다.
>
> $$d(i, j) = \sum_{f=1}^{p} |x_{if} - x_{jf}|$$
>
> p: 차원
> x_{if}는 시작점, x_{jf}는 끝점
>
> - 2차원이므로 $p=2$이고, f가 1일 때 x값, 2일 때 y값이라고 하면 x_{if}, x_{jf}는 다음과 같다.
> - 시작점은 원점인 (0, 0)이므로 $x_{i1} = 0, x_{i2} = 0$이다.
>
> | A (1, 1) | $|1-0|+|1-0|=2$ |
> | B (1, 2) | $|1-0|+|2-0|=3$ |
> | C (2, 2) | $|2-0|+|2-0|=4$ |
> | D (4, 1) | $|4-0|+|1-0|=5$ |
>
> - 원점으로부터 2번째 가까운 점은 B이다.

21 실루엣 계수가 아래와 같을 때, 최적의 군집 개수는?

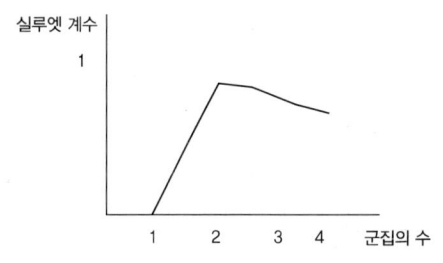

① 1 ② 2
③ 3 ④ 4

> **해설** 군집의 수가 2개 일 때, 실루엣 계수가 가장 큰 값을 가지므로 최적의 군집의 개수는 2개이다.

지피지기 기출문제

22 다음 중 오차항의 분산이 독립변수와 무관하게 일정해야 한다는 특성은 무엇인가?

① 선형성　　② 등분산성
③ 비상관성　　④ 정상성

> **해설**
> - 회귀 분석은 선형성, 독립성, 등분산성, 비상관성, 정상성의 5가지 가정을 만족시켜야 한다.
> - 오차항의 분산이 독립변수와 무관하게 일정해야 한다는 특성은 등분산성이다.

23 선형 회귀 모형 $y = \beta_0 + \beta_1 x_i + \epsilon_i$일 때, 일반적인 가정이 아닌 것은?

① 오차항 ϵ_i는 독립성이다.
② 오차항 ϵ_i는 등분산성이다.
③ 오차항 ϵ_i는 비상관성이다.
④ 오차항 ϵ_i는 카이제곱분포이다.

> **해설** 오차항 ϵ_i의 일반적인 가정은 정규분포가 아닌 정상성(정규성)이다.

24 범주형 데이터를 분류할 수 없는 것은?

① 인공신경망
② 의사결정나무
③ 선형 회귀 분석
④ SVM

> **해설** 선형 회귀 분석은 범주형이 아닌 연속형 데이터의 회귀 분석에 사용된다.

25 의사결정나무의 분석 과정으로 가장 알맞지 않은 것은?

① 데이터의 분류 및 예측에 활용한다.
② 부적절한 나뭇가지는 가지치기로 제거한다.
③ 분석의 목적과 자료 구조에 따라서 적절한 분리 기준으로 마지막 끝 마디까지 생성한다.
④ 이익, 위험, 비용 등을 고려하여 모형을 평가한다.

> **해설** 분석의 목적과 자료 구조에 따라서 적절한 분리 기준과 정지 규칙을 정하여 의사결정나무를 생성한다.

26 특정 기준에 따라 회귀계수에 벌점을 부여하여 모형의 복잡도를 낮추는 분석 기법은 무엇인가?

① 의사결정나무　　② 다항선형회귀
③ 신경망　　④ 벌점화 회귀

> **해설** 벌점화 회귀(Penalized Regression)는 기준에 따라 회귀계수에 벌점을 부여하여 모형의 복잡도를 낮추는 회귀 분석 기법이다.

27 의사결정나무에 대한 설명으로 올바르지 않은 것은?

① 의사결정나무는 전체 자료를 몇 개의 소집단으로 분류하거나 예측하는 분석 방법이다.
② 가지분할(Split)은 나무의 가지를 생성하는 과정이다.
③ 연속적으로 발생하는 의사결정 문제를 시각화해서 의사결정이 이루어지는 시점과 성과 파악을 쉽게 해준다.
④ 의사결정나무의 해석이 어려운 이유는 계산 결과가 의사결정나무에 직접적으로 나타나지 않기 때문이다.

> **해설** 의사결정나무의 해석은 용이하며, 계산 결과가 의사결정나무에 직접적으로 나타나기 때문이다.

28 다음 중 A 상품을 샀을 때 B 상품을 살 지표로 가장 알맞은 것은?

① 지지도
② 신뢰도
③ 향상도
④ 조건부 확률

해설

지지도	전체 거래 중 항목 A와 B를 동시에 포함하는 거래의 비율
신뢰도	A 상품을 샀을 때 B 상품을 살 조건부 확률에 대한 척도
향상도	규칙이 우연에 의해 발생한 것인지를 판단하기 위해 연관성의 정도를 측정하는 척도

29 다음 덴드로그램에서 $y=4$에 대한 그룹의 개수는?

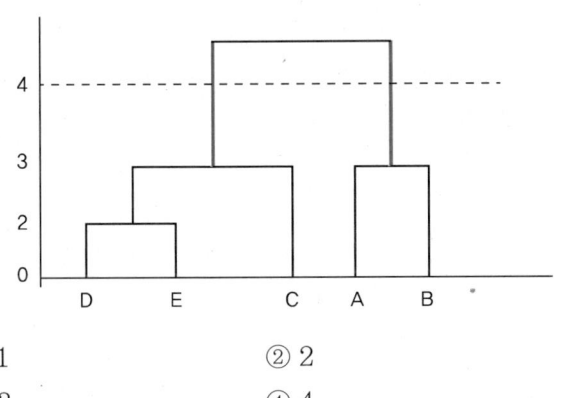

① 1
② 2
③ 3
④ 4

해설 덴드로그램에서 $y=4$일 경우에 만나는 직선의 수로 그룹의 개수를 정한다.

30 다음 중 로지스틱 회귀 분석에 대한 설명으로 가장 알맞은 것은?

① 반응변수를 1과 0으로 이진 분류하는 경우에 사용한다.
② 반응 변수가 수치형일 경우에 사용하는 분석 방법이다.
③ 반응 변수를 로짓으로 변환할 때 오즈(Odds)는 사용되지 않는다.
④ 로짓 변환 후에 반응 변수는 0과 1 사이의 값을 가진다.

해설
- 로지스틱 회귀 분석은 반응 변수가 범주형일 경우에 사용하는 분석 방법이다.
- 반응 변수를 로짓으로 변환할 때 오즈(Odds)가 사용된다.
- 로짓 변환 후에 반응 변수는 $-\infty$와 $+\infty$의 값을 가진다.

31 다음 중 회귀 분석에 대한 설명으로 가장 알맞은 것은?

① 1개의 종속변수와 2차원인 1개의 종속변수를 가질 경우 단순 선형 회귀 모형이다.
② 독립변수와 종속변수와의 관계가 1차 함수 이상인 관계(단, 독립변수가 1개일 경우에는 2차 함수 이상)는 다항 회귀 모형이다.
③ 종속변수가 2개이고 독립변수가 1개일 경우 곡선 회귀 모형이다.
④ 종속변수가 1개이고 1차원인 1개의 독립변수를 가질 경우 비선형 회귀 모형이다.

지피지기 기출문제

해설

단순선형 회귀	독립변수가 1개이며, 종속변수와의 관계가 직선
다중선형 회귀	독립변수가 K개이며, 종속변수와의 관계가 선형(1차 함수)
다항 회귀	독립변수와 종속변수와의 관계가 1차 함수 이상인 관계(단, 독립변수가 1개일 경우에는 2차 함수 이상)
곡선 회귀	독립변수가 1개이며 종속변수와의 관계가 곡선
비선형 회귀	회귀식의 모양이 선형관계로 이뤄져 있지 않은 모형

32 인공신경망에 대한 설명으로 가장 알맞지 않은 것은?

① 인공신경망에서 역전파는 입력층(Input Layer)에서 출력층(Output Layer)까지 정보가 전달되는 과정이다.
② 인공신경망은 입력값을 받아서 출력값을 만들기 위해 활성화 함수를 사용한다.
③ 인공신경망은 사람 두뇌의 신경세포인 뉴런이 전기신호를 전달하는 모습을 모방한 기계학습 모델이다.
④ 활성화 함수는 순 입력함수로부터 전달받은 값을 출력값으로 변환해 주는 함수이다.

해설 인공신경망에서 순전파는 입력층(Input Layer)에서 출력층(Output Layer)까지 정보가 전달되는 과정이다.

33 활성화 함수 중 단층 신경망에서 해결할 수 없는 것은?

① AND　　② OR
③ NOR　　④ XOR

해설 XOR는 단층 신경망으로 해결할 수 없기 때문에 다층신경망(MPL)을 이용한다.

34 연관 알고리즘으로 가장 알맞은 것은?

① C5.0
② 아프리오리(Apriori)
③ CART
④ QUEST

해설
- C5.0, CART, QUEST는 의사결정나무 알고리즘이다.
- 아프리오리 알고리즘은 가능한 모든 경우의 수를 탐색하는 방식을 개선하기 위하여 데이터들의 발생빈도가 높은 것(빈발항목)을 찾는 알고리즘이다.

35 모형의 복잡도에 벌점(Penalty)을 주는 방법에 대한 설명으로 가장 알맞지 않은 것은?

① AIC(Akaike Information Criterion)는 실제 데이터의 분포와 모형이 예측하는 분포 사이의 차이를 나타낸 지표이다.
② AIC 값이 낮을수록 모형의 적합도가 낮다.
③ AIC의 단점은 표본이 커질수록 부정확해진다는 점인데, 이를 보완한 지표가 BIC(Bayesian Information Criterion)이다.
④ BIC는 표본의 크기가 커질수록 복잡한 모형을 더 강하게 처벌한다.

해설
- AIC 값이 낮을수록 모형의 적합도가 높다.

36 다음 중 다변량 분석에 대한 설명으로 옳지 않은 것은?

① 곡선 회귀 분석은 독립변수가 1개이며, 종속변수와의 관계가 곡선이다.
② 회귀 분석은 종속변수의 개수가 2개 이상이다.
③ 분산 분석은 3개 이상의 집단에 대해 비교할 수 있다.
④ 비선형 회귀 분석은 회귀식의 모양이 미지의 모수들의 선형관계로 이뤄져 있지 않은 모형이다.

해설 회귀 분석에서 종속변수의 개수는 1개이다.

단순선형 회귀	독립변수가 1개이며, 종속변수와의 관계가 직선
다중선형 회귀	독립변수가 K개이며, 종속변수와의 관계가 선형
다항 회귀	독립변수와 종속변수와의 관계가 1차 함수 이상인 관계
곡선 회귀	독립변수가 1개이며 종속변수와의 관계가 곡선
로지스틱 회귀	종속변수가 범주형(2진 변수)인 경우 적용
비선형 회귀	회귀식의 모양이 선형관계로 이뤄져 있지 않은 모형

37 다음 중 변수 선택법으로 가장 알맞지 않은 것은?

① 전진 선택법
② 후진 소거법
③ 단계별 선택법
④ 차수 선택법

해설 변수 선택법에는 전진 선택법, 후진 소거법, 단계별 선택법이 있다.

38 다음 중 통계학과 기계학습에 대한 설명으로 가장 옳지 않은 것은?

① 통계학의 분석 대상은 정형 데이터이다.
② 기계학습의 분석 대상은 정형, 비정형, 반정형의 모든 유형의 데이터이다.
③ 기계학습은 지도 학습과 비지도 학습으로 구분할 수 있다.
④ 통계학의 결과는 수학적 공식으로 설명이 가능하나 기계학습은 불가능하다.

해설
• 모든 기계학습의 결과가 수학적 공식으로 설명이 불가능한 것은 아니다.
• 선형 회귀 분석, SVM 등은 수학적 공식으로 설명이 가능하다.

39 다중선형회귀분석에 대한 설명으로 가장 옳지 않은 것은?

① 도메인 지식을 통해 파생 변수를 생성하고, 파생 변수를 분석에 활용한다.
② 탐색적 분석 방법을 통해 파생 변수를 생성하고, 파생 변수를 분석에 활용한다.
③ 다중공선성이 발생하는 변수는 무조건 제거하지 않는다.
④ 정규화(Regularization)를 통해 변수를 정제하여 분석한다.

해설 다중선형회귀분석에서 다중공선성이 발생하는 변수는 독립 변수들 사이에 선형관계가 존재하면 회귀계수의 정확한 추정이 난해하므로 제거한다.

지피지기 기출문제

40 다음 중 다중 선형 회귀 분석의 평가 지표가 아닌 것은 무엇인가?

① AIC(Akaike Information Criterion)
② Mallow's Cp
③ 결정 계수(Coefficient of Determination)
④ 레버리지(Leverage)

해설 레버리지(Leverage)는 개별 관측값이 회귀분석 결과에 미치는 영향력을 나타내는 지표로, 실제 종속변수 값(y)이 예측값($\hat{y}$)에 미치는 영향을 나타낸 값이다.

41 단순 선형 회귀 분석에서 잔차에 대한 설명으로 가장 적합하지 않은 것은?

① 잔차의 평균은 0이다.
② 잔차의 분산은 동일하다.
③ 잔차의 자유도는 표본의 크기에서 −1을 한 값이다.
④ 잔차 제곱합이 작을수록 좋은 모형이다.

해설 단순 선형 회귀 분석에서 잔차의 자유도는 표본의 크기에서 −2를 한 값이다.

42 다중 선형회귀분석에 대한 설명으로 옳지 않은 것은?

① 독립변수와 종속변수는 선형 관계이다.
② 오차항은 독립적이다.
③ 오차항의 평균은 0이다.
④ 오차항과 독립변수는 선형 관계이다.

해설
- 다중 회귀분석에서 독립변수와 종속변수는 선형 관계에 있어야 하며, 오차항은 독립적이어야 한다.
- 오차항의 평균은 0이 되어야 하지만, 오차항과 독립변수는 선형 관계를 가질 필요는 없다.

43 다중회귀모형 다중공선성을 검사하는 방법으로 가장 알맞은 것은?

① 결정 계수(Coefficient of Determination)
② VIF(Variation Inflation Factor)
③ Mallow's Cp
④ 쿡의 거리(Cook's Distance)

해설
- 다중공선성(Multicollinearity)은 회귀 분석에서 독립변수들 간에 강한 선형 상관관계가 존재하여 모델의 안정성과 해석력을 저해하는 현상이다.
- VIF(Variation Inflation Factor)는 다중 회귀 모델에서 독립변수 간 상관관계가 있는지 측정하는 척도이다.

결정 계수 (Coefficient of Determination)	• 회귀 모형이 실젯값을 얼마나 잘 나타내는지에 대한 비율 • 선형 회귀 분석의 성능 검증지표로 많이 이용하는 지표
Mallow's C_p	• 수정된 결정 계수와 마찬가지로 적절하지 않은 독립변수 추가에 대한 페널티를 부과한 통계량
쿡의 거리 (Cook's Distance)	• 회귀 분석에서 이상값의 영향을 평가하기 위한 통계적인 지표 • 회귀 모델에서 한 개의 관측치를 제외했을 때, 회귀 모델의 예측값이 어떻게 변하는지를 측정하여 이상값의 영향을 평가 $D(i) = \dfrac{(\Delta Y(i))^2}{p \times MSE}$

44 회귀 모형 분석 절차로 가장 알맞은 것은?

① 독립, 종속변수 선정 → 독립변수별 유의성 검정 → 회귀모델 유의성 검정 → 회귀계수 추정
② 독립, 종속변수 선정 → 회귀모델 유의성 검정 → 독립변수별 유의성 검정 → 회귀계수 추정
③ 독립, 종속변수 선정 → 회귀계수 추정 → 독립변수별 유의성 검정 → 회귀모델 유의성 검정
④ 독립, 종속변수 선정 → 회귀계수 추정 → 회귀모델 유의성 검정 → 독립변수별 유의성 검정

해설 회귀 모형 분석 절차는 '독립변수, 종속변수 선정 → 회귀 계수 추정 → 독립변수별 유의성 검정 → 회귀 모델 유의성 검정'이다.

독립변수, 종속변수 선정	• 분석하고자 하는 문제에 따라 어떤 변수가 종속변수이고 어떤 변수가 독립변수인지를 결정
회귀 계수 추정	• 선택한 독립변수와 종속변수 간의 관계를 나타내는 회귀 모델을 적합
회귀 계수의 유의성 검정	• 독립변수별로 해당 계수가 통계적으로 유의미한지를 검정 • 어떤 변수가 종속변수를 예측하는 데 중요한 역할을 하는지를 확인
회귀 모델 유의성 검정	• 전체 회귀 모델이 통계적으로 유의미한지를 검정 • 종속변수를 예측하는 데 전반적으로 사용한 독립변수들이 유의미한 영향을 미치는지를 판단

45 로지스틱 회귀 모형에 대한 설명으로 옳은 것은?

① 설명변수가 한 개인 경우 종형 그래프를 가진다.
② 설명변수는 모두 연속형이어야 한다.
③ 연속형 반응변수에 대해서도 적용할 수 있다.
④ 분류의 목적으로 사용될 수 있다.

해설 로지스틱 회귀 모형은 반응변수가 범주형인 경우에 적용되는 회귀 분석 모형으로 설명변수의 값이 주어질 때 각 범주에 속할 추정 확률을 기준치에 따라 분류하는 목적으로 사용될 수 있다.

46 의사결정나무 X(6≤X≤8), Y(2≤Y≤5)일 때, D로 분류되기 위한 X, Y 값은?

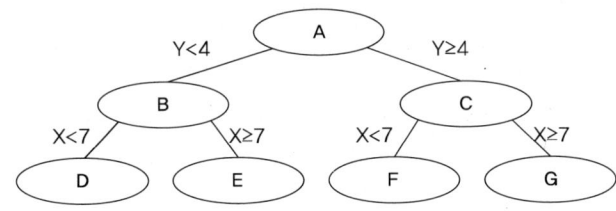

① X=6, Y=3
② X=6, Y=4
③ X=7, Y=3
④ X=7, Y=4

해설 D로 분류되기 위해서는 y<4가 만족하면서 x<7이 만족해야 한다.

47 다음 중 의사 결정 나무에 대한 설명으로 가장 옳지 않은 것은?

① 데이터 마이닝에서 많이 사용되는 알고리즘은 C4.5와 C5.0이다.
② 의사 결정 나무의 분리 기준으로 카이제곱 통계량의 p-값, 지니 지수, 엔트로피 지수 등이 있다.
③ 과대 적합을 방지하기 위한 기법으로 가지치기(Pruning)가 있다.
④ CHAID는 불순도의 척도로 엔트로피 지수(Entropy Index)를 사용한다.

해설 CHAID는 불순도의 척도로 카이제곱 통계량을 사용한다.

지피지기 기출문제

48 의사결정나무에서 가지치기의 종료 조건으로 가장 적합하지 않은 것은?

① 트리의 최대 깊이를 지정하여 트리의 성장을 제한한다.
② 노드를 분할하기 위한 최소한의 샘플 수를 설정한다.
③ 각 리프 노드에 포함되어야 하는 최대 샘플 수를 지정한다.
④ 각 노드에서 사용할 수 있는 최대 특성의 수를 설정한다.

해설 가지치기를 종료하는 조건은 다음과 같다.

최대 깊이 (Max Depth)	• 트리의 최대 깊이를 제한하는 초매개변수
노드의 최소 샘플 수 (Min Samples Split)	• 노드를 분할하기 위한 최소 샘플 수를 지정하는 초매개변수
단말 노드의 최소 샘플 수 (Min Samples Leaf)	• 단말 노드에 필요한 최소한의 샘플 수를 지정하는 매개변수
최대 특성 수 (Max Features)	• 각 노드에서 분할에 사용되는 최대 특성 수를 지정하는 초매개변수

49 다층 신경망 모형에서 은닉층(Hidden Layer)의 개수를 너무 많이 설정하게 되면 역전파(Back Propagation) 과정에서 가중치 조정이 이루어지지 않아 신경망의 학습이 제대로 이루어지지 않는다. 이러한 현상을 나타내는 용어는 무엇이라 하는가?

① 기울기 소실(Vanishing Gradient) 문제
② 지역 최적화(Local Optimization) 문제
③ XOR(eXclusive OR) 문제
④ 과대 적합(Over-fitting) 문제

해설
• 다층 퍼셉트론의 활성화 함수인 시그모이드 함수는 편미분을 진행할수록 0으로 근접해져 경사(기울기)가 소실되는 문제점이 발생한다.
• 지역 최적화 문제는 단시간에 일부 탐색 영역 내에서 최적의 해를 찾아 전체 탐색 영역에서 최적의 해가 아닌 문제이다.
• XOR 문제는 퍼셉트론에서 선형 분리할 수 없는 문제를 의미한다.
• 과대 적합 문제는 훈련 데이터가 부족하여 훈련 데이터에는 잘 동작하지만, 실제 데이터에는 예측을 못하는 문제이다.

50 인공신경망에 대한 설명으로 가장 알맞지 않은 것은?

① 머신러닝은 대량의 데이터에서 패턴을 찾는다.
② 인공신경망은 이미지나 음성인식에 사용된다
③ 머신러닝도 딥러닝의 일부이다.
④ 은닉층을 통해 XOR 문제를 해결하였다.

해설 • 딥러닝은 머신러닝의 부분집합이다.
딥러닝 ⊆ 머신러닝 ⊆ 인공지능

51 다음 인공신경망의 출력 결과로 가장 적합한 것은?

마지막 은닉층 노드	0.1, 0.2
마지막 은닉층 가중치	0.2, −0.1
바이어스	−1
활성화 함수	$f(x) = \begin{cases} x & (x \geq 0) \\ -1 & (x < 0) \end{cases}$

① 1 ② 0.01
③ 0.5 ④ −1

해설
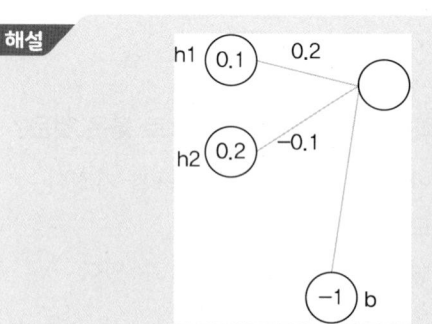

• 순 입력함수 값은 (0.1 × 0.2) + (0.2 × −0.1) −1 = 0.02 −0.02 −1 = −1이 된다.
• 순 입력함수 값이 −1이고, 활성화 함수에서 $x < 0$이면 출력값이 −1이므로 −1이 된다.

52 다음 중 서포트 벡터 머신에서 사용되는 커널로 적합하지 않은 것은 무엇인가?

① 선형 커널
② 다항 커널
③ 가우시안 커널
④ 독립 커널

> **해설** 서포트 벡터 머신에서 사용되는 커널은 다음과 같다.
>
> | | |
> |---|---|
> | 선형 커널 (Linear Kernel) | • 입력 데이터를 그대로 내적하여 사용하는 커널 |
> | 다항 커널 (Polynomial Kernel) | • 입력 데이터를 다항식으로 매핑하여 고차원 공간으로 변환하는 커널 |
> | 가우시안 커널 (Gaussian Kernel) | • 데이터를 무한한 차원으로 매핑하는 커널 |
> | 시그모이드 커널 (Sigmoid Kernel) | • 시그모이드 함수를 사용하여 데이터를 매핑하는 커널 |

53 연관 규칙 (사과) → (달걀, 오이)의 향상도로 가장 적합한 것은?

(사과, 달걀), (사과, 당근, 오이), (사과, 달걀, 당근, 오이), (사과), (당근, 오이)

① 0.75   ② 1.0
③ 1.25   ④ 1.5

> **해설** • 연관규칙은 (사과) → (달걀, 오이)로, 거래는 다음과 같다.
>
> (사과, 달걀)
> (사과, 당근, 오이)
> (사과, 달걀, 당근, 오이)
> (사과)
> (당근, 오이)

• 향상도는 다음과 같이 계산한다.

P(사과)	총 5건 중 사과는 4번이므로 P(사과) = 4/5
P(달걀, 오이)	총 5건 중 달걀, 오이는 1번이므로 P(달걀, 오이)=1/5
P(사과 ∩ 달걀, 오이)	P(사과 ∩ 달걀, 오이)=1/5
Lift (사과 → 달걀, 오이)	$\dfrac{P(사과 \cap 달걀, 오이)}{P(사과) \times P(달걀, 오이)}$ $\dfrac{1/5}{4/5 \times 1/5} = 1.25$

54 종속변수 없이 분석하는 기법으로 가장 적합한 것은?

① 로지스틱 회귀 분석
② 의사결정나무
③ K-NN(K Nearest Neighbors)
④ K-평균(K-Means)

> **해설** • 종속변수가 필요한 분석 기법은 지도 학습 기법이고, 종속변수 없이 사용되는 주요 비지도 학습 기법이다.
> • 로지스틱 회귀 분석, 의사결정나무, K-NN(Nearest Neighbors)은 지도 학습이고 k-평균(Means)은 비지도 학습이다.

55 K-평균 군집화에서 K값을 구하는 방법으로 올바른 것은?

① 엘보우(Elbow) 기법   ② ROC
③ 오분류표   ④ 특이도

> **해설** K-평균 군집화에서 K값을 구하는 방법 중 하나로 엘보우 기법은 클러스터의 수(K)에 따른 변동성을 그래프로 나타내고, 그래프가 팔꿈치처럼 꺾이는 지점을 찾는 방법이다.

지피지기 기출문제

56 고차원의 데이터를 이해하기 쉬운 저차원의 뉴런으로 정렬하여 지도의 형태로 형상화한 기법은 무엇인가?

① 다차원 척도법
② 로지스틱 회귀분석
③ SOM
④ 인공신경망

해설 고차원의 데이터를 이해하기 쉬운 저차원의 뉴런으로 정렬하여 지도의 형태로 형상화한 기법은 자기조직화 지도이다.

57 다음 거리에 대한 공식으로 가장 알맞은 것은?

$$d(i,j) = \left(\sum_{f=1}^{p} |x_{if} - x_{jf}|^m \right)^{1/m}$$

① 유클리드 거리
② 맨하탄 거리
③ 민코프스키 거리
④ 마할라노비스 거리

해설 연속형 변수 거리는 다음과 같다.

유클리드 거리	$d(i,j) = \sqrt{\sum_{f=1}^{p}(x_{if} - x_{jf})^m}$	• 두 점 간 차를 제곱하여 모두 더한 값의 양의 제곱근
맨하탄 거리	$d(i,j) = \sum_{f=1}^{p}|x_{if} - x_{jf}|$	• 두 점 간 차의 절댓값을 합한 값
민코프스키 거리	$d(i,j) = \left(\sum_{f=1}^{p}|x_{if} - x_{jf}|^m\right)^{1/m}$	• m차원 민코프스키 공간에서의 거리 • $m=1$일 때 맨하탄 거리와 같음 • $m=2$일 때 유클리드 거리와 같음

58 다음 일원 배치 분산표에서 잘못된 값은 무엇인가?

요인	제곱합	자유도	제곱평균	F-통계량
회귀	200	1	(㉠)	(㉡)
오차	400	(㉢)	(㉣)	
총계	600	11		

① ㉠: 200
② ㉡: 10
③ ㉢: 20
④ ㉣: 15

해설 일원 배치 분산표는 다음과 같다.

요인	제곱합	자유도	제곱평균	F-통계량
회귀	200(SSR)	1	㉠ 200(MSR)	㉡ 5(F)
오차	400(SSE)	㉢ 10	㉣ 40(MSE)	
총계	600(SST)	11	600/(11-1)=60	

㉠: MSR = SSR/자유도 = 200/1 = 200
㉡: F = MSR/MSE = 200/40 = 5
㉢: (오차 자유도) = (총계 자유도) - (회귀 자유도) = 11 - 1 = 10
㉣: MSE = SSE/자유도 = 400/10 = 40

59 다중공선성에 대한 설명으로 옳은 것은?

① 전체 데이터를 회귀 모형이 얼마나 잘 설명하고 있는지를 보여주는 지표로, 값이 작을수록 회귀모델에 악영향을 미친다.
② 독립변수들 간의 상관성을 나타내는 값으로, 값이 클수록 회귀모델에 악영향을 미친다.
③ 실제 데이터의 분포와 모형이 예측하는 분포 사이의 차이를 나타낸 지표로 값이 클수록 회귀모델에 악영향을 미친다.
④ 불순도를 측정하는 하나의 지수로서 값이 클수록 회귀모델에 악영향을 미친다.

해설
• 전체 데이터를 회귀 모형이 얼마나 잘 설명하고 있는지를 보여주는 지표는 결정 계수이다.
• 실제 데이터의 분포와 모형이 예측하는 분포 사이의 차이를 나타낸 지표는 AIC이다.
• 불순도를 측정하는 하나의 지수는 지니 지수이다.

60 활성화 함수에 대한 설명으로 가장 알맞지 않은 것은?

① 활성화 함수는 순 입력함수로부터 전달받은 값을 출력값으로 변환해 주는 함수이다.
② tanh 함수는 -1부터 1 사이의 y 값을 가진다.
③ 소프트맥스 함수는 출력층에서 다중 클래스 분류 모델을 만드는 데 사용하는 함수이다.
④ 시그모이드는 x가 0일 때 미분값이 0이 된다.

해설 시그모이드는 x가 0일 때 미분값은 0이 아닌 0.50이다.

61 SVM에 대한 설명으로 가장 알맞은 것은?

- (㉠)은 결정 경계에서 서포트 벡터까지의 거리이다.
- (㉡)은 데이터를 고차원 공간으로 변환하여 선형적으로 구분할 수 없는 데이터를 선형적으로 구분할 수 있게 해주는 함수이다.

① ㉠ 초평면　　　　㉡ : 벡터
② ㉠ 마진　　　　　㉡ : 벡터
③ ㉠ 초평면　　　　㉡ : 커널
④ ㉠ 마진　　　　　㉡ : 커널

해설 서포트 벡터 머신은 벡터 공간에서 훈련 데이터가 속한 2개의 그룹을 분류하는 선형 분리자를 찾는 기하학적 모델이다.

초평면 (Hyperplane)	n차원의 공간의 $(n-1)$ 차원 평면
서포트 벡터 (Support Vector)	훈련 데이터 중에서 결정 경계와 가장 가까이에 있는 데이터들의 집합

정답 01 ③ 02 ① 03 ③ 04 ② 05 ① 06 ④ 07 ① 08 ③ 09 ① 10 ③ 11 ① 12 ④ 13 ① 14 ③ 15 ② 16 ② 17 ④ 18 ③ 19 ④ 20 ②
21 ② 22 ② 23 ④ 24 ③ 25 ③ 26 ④ 27 ④ 28 ② 29 ② 30 ① 31 ② 32 ① 33 ④ 34 ② 35 ④ 36 ② 37 ④ 38 ④ 39 ③ 40 ④
41 ③ 42 ④ 43 ② 44 ③ 45 ④ 46 ① 47 ④ 48 ③ 49 ① 50 ③ 51 ④ 52 ③ 53 ③ 54 ④ 55 ① 56 ③ 57 ③ 58 ② 59 ② 60 ④
61 ④

천기누설 예상문제

01 다음 중 회귀 분석의 가정으로 부적절한 것은?

① 독립성 ② 선형성
③ 정상성 ④ 이분산성

해설 회귀 분석의 가정은 선형성, 독립성, 정상성, 등분산성, 비상관성이다.

회귀 모형 가정	
선독등비정	선형성 / 독립성 / 등분산성 / 비상관성 / 정상성

02 다중 회귀 분석에 대한 설명으로 가장 부적절한 것은?

① 독립변수의 수가 많아지면 다중공선성의 문제가 발생할 수 있다.
② 회귀식에 대한 검정은 독립변수의 기울기(회귀계수)가 0이 아니라는 가정을 귀무가설, 기울기가 0인 것을 대립가설로 놓는다.
③ 선형성, 독립성, 등분산성, 정상성을 만족하는지 확인한다.
④ 회귀 분석의 가설검정에서 p-값이 0.05보다 작으면 통계적으로 유의한 결과로 받아들일 수 있다.

해설 회귀식에 대한 검정은 독립변수의 기울기(회귀계수)가 0이라는 가정을 귀무가설, 기울기가 0이 아니라는 가정을 대립가설로 놓는다.

03 다음 중 추정된 다중 회귀 모형이 통계적으로 유의미한지 확인하는 방법으로 적절한 것은?

① F-통계량을 확인한다.
② 수정된 결정계수를 확인한다.
③ t-통계량을 확인한다.
④ 잔차와 종속변수의 산점도로 확인한다.

해설 F-통계량을 확인함으로 추정된 다중 회귀 모형이 통계적으로 유의미한지 확인할 수 있다.

04 회귀 분석에서 결정계수(R^2)에 대한 설명으로 부적절한 것은?

① 총 변동 중에서 설명이 되지 않는 오차에 의한 변동이 차지하는 비율이다.
② 회귀 모형에서 입력변수가 증가하면 결정계수도 증가한다.
③ 다중 회귀 분석에서는 최적 모형의 선정기준으로 결정계수 값보다는 수정된 결정계수 값을 사용하는 것이 적절하다.
④ 수정된 결정계수는 적절하지 않은 변수들을 추가할수록 그 값이 감소한다.

해설
• 결정계수는 총 변동 중에서 회귀 모형에 의하여 설명되는 변동이 차지하는 비율이다.
• 회귀 모형에서 입력변수가 증가하면 결정계수도 증가한다.
• 설명변수를 무한대로 늘리면 결정계수가 1로 수렴한다. 해당 요소가 유의하다는 가정하에 모집단을 설명하는 요소를 모델에 많이 추가할수록 설명력이 높아진다. 이런 현상을 방지하기 위해서 수정된 결정계수를 사용한다.

05 다음 중 최적 회귀방정식을 선택하기 위한 방법을 설명한 것으로 가장 부적절한 것은?

① 가능한 범위 내에서 적은 수의 설명변수를 포함시킨다.
② 모든 가능한 독립변수들의 조합에 대한 회귀 모형을 생성한 뒤 가장 적합한 회귀 모형을 선택한다.
③ 전진 선택법이나 후진 소거법과 동일한 최적 모형을 선택하는 것이 단계적 방법이다.
④ 전진선택법은 절편만 있는 상수 모형부터 시작해 중요하다고 생각되는 설명변수를 차례로 모형에 추가하는 방식이다.

해설 단계적 방법(Stepwise Method)은 기존의 모형에서 예측 변수를 추가, 제거를 반복하여 최적의 모형을 찾는 방법이므로 전진선택법(Forward Selection)과 후진선택법(Backward Elimination)과 동일한 최적의 모형을 가지는 것은 아니다.

06 다음 중 자기 조직화 지도(Self-Organizing Map) 방법에 대한 설명으로 가장 알맞지 않은 것은?

① SOM은 경쟁 학습으로 각각의 뉴런이 입력 벡터와 얼마나 가까운가를 계산하여 연결 강도를 반복적으로 재조정하는 학습 과정을 거치면서 연결 강도는 입력 패턴과 가장 유사한 경쟁층 뉴런이 승자가 된다.
② SOM은 고차원의 데이터를 저차원의 지도 형태로 형상화하기 때문에 시각적으로 이해하기 쉬울 뿐 아니라 변수의 위치 관계를 그대로 보존하기 때문에 실제 데이터가 유사하면 지도상 가깝게 표현된다.
③ SOM은 입력변수의 위치 관계를 그대로 보존하여 입력변수의 정보와 그들의 관계가 지도상에 그대로 나타난다.
④ SOM을 이용한 군집 분석은 역전파 알고리즘을 사용함으로써 군집의 성능이 우수하고 수행속도가 빠르다.

해설
• SOM은 단 하나의 전방 패스를 사용함으로써 속도가 매우 빠르다.
• 역전파 알고리즘은 인공신경망에서 사용한다.

07 차원의 단순화를 통해 서로 상관성이 있는 변수들 간 복잡한 구조를 분석하는 것이 목적인 주성분 분석에 대한 설명으로 가장 올바르지 않은 것은?

① 차원 감소 폭의 결정은 Scree Plot, 전체 변이의 공헌도, 평균 고윳값 등을 활용하는 방법이 있다.
② 변수들이 서로 상관이 있는 경우, 해석상의 복잡한 구조적 문제가 발생하기 때문에 변수들 사이의 구조를 쉽게 이해하기 위해 주성분 분석이 필요하다.
③ 주성분 분석에서 차원의 저주는 데이터 차원이 증가할 때, 데이터의 구조를 변환하여 차원을 감소하는 방법으로 해결이 필요하다.
④ p개의 변수를 중요한 $m(\text{P})$개의 주성분으로 표현하여 전체 변동을 설명하는 것으로 m개의 주성분은 원래 변수들의 선형 결합으로 표현된다.

해설
• 주성분 분석은 서로 상관성이 높은 변수들의 선형 결합으로 만들어 기존의 상관성이 높은 변수들을 요약, 축소하는 기법이다.
• 분석을 통해 나타나는 주성분으로 변수들 사이의 구조를 쉽게 이해하기는 어렵다.

08 최적 방정식을 선택하기 위한 방법 중 모든 독립변수 후보를 포함한 모형에서 시작하여 가장 적은 영향을 주는 변수를 하나씩 제거하면서 더 이상 유의하지 않은 변수가 없을 때까지 설명변수를 제거하는 방법은 무엇인가?

① 전진 선택법(Forward Selection)
② 후진 소거법(Backward Elimination)
③ 단계적 방법(Stepwise Method)
④ 기준 기반 방법(Criterion-based Method)

해설 후진 소거법은 독립변수 후보 모두를 포함한 모형에서 출발해 가장 적은 영향을 주는 변수부터 하나씩 제거하면서 더 이상 제거할 변수가 없을 때의 모형을 선택하는 방법이다.

09 아래 회귀 분석 모형의 추정에 대한 설명에서 (㉠)은 무엇인가?

단순선형 회귀 분석 모형을 $y_i = \beta_0 + \beta_1 x_i + \epsilon_i$ 로 표현할 수 있다. 주어진 자료를 가장 잘 설명하는 회귀계수의 추정치는 보통 제곱오차 $\sum_{i=1}^{n}(y_i - (\beta_0 + \beta_1 x_i))^2$ 을 최소로 하는 값을 구한다. 이와 같이 구해진 회귀계수 추정량을 (㉠)이라고 한다.

① 최소 제곱(Least Square)
② 전체 제곱(Total Square)
③ 회귀 제곱(Regression Square)
④ 최대 우도 추정법(Maximum Likelihood Estimation)

해설 오차를 제곱하여 더한 양의 최솟값을 나타내기 때문에 이것을 '최소 제곱' 추정이라고 한다.

천기누설 예상문제

10 다음 중 가중치의 절댓값의 합을 최소화하는 제약조건을 주는 것은?

① 전진 선택법 ② Lasso
③ Ridge ④ 주성분 분석

해설 가중치의 절댓값의 합을 최소화하는 제약조건을 주는 것은 라쏘(Lasso), 가중치의 제곱합을 최소화하는 제약조건을 주는 것은 릿지(Ridge) 기법이다.

11 고객의 상품 구매 여부를 예측하기 위해 고객의 거주 지역, 성별, 연령 등의 변수를 사용하여 모델을 수립하려고 할 때, 다음 중 사용 가능한 모형이 아닌 것은?

① 선형 회귀 모형(Linear Regression Model)
② 로지스틱 회귀 모형(Logistic Regression Model)
③ 랜덤 포레스트
④ 서포트 벡터 머신(Support Vector Machine)

해설 선형 회귀 모형은 종속변수가 연속형인 경우에 독립변수가 종속변수에 미치는 영향을 추정할 수 있는 모형이다. 고객의 구매 여부를 예측하기 위해서는 데이터가 어떤 그룹에 속하는지 예측하는 데 사용되는 기법으로 분류기법인 로지스틱 회귀 분석, 의사결정나무, 서포트 벡터 머신 등을 이용해야한다.

12 다음의 앙상블(Ensemble) 방법 중에서 전체 변수 집합에서 부분 변수 집합을 선택하여 각각의 집합에 대해 모형을 생성한 후 결합을 하는 방식의 앙상블 방법은 무엇인가?

① 배깅(Bagging)
② 부스팅(Boosting)
③ 랜덤 포레스트
④ 부트스트랩(Bootstrap)

해설 랜덤 포레스트는 전체 변수 집합에서 부분 변수 집합을 선택하는 것이 배깅과의 가장 큰 차이점이다.

13 다음 중 시계열 예측에서 정상성(Stationary)을 만족한다는 것이 의미하는 것은?

① 평균이 시점에 의존한다.
② 표준편차가 시점에 의존한다.
③ 공분산이 시차에 의존하지 않는다.
④ 분산이 시점에 의존하지 않는다.

해설 시계열 예측에서 정상성을 만족하는 것은 분산이 시점에 의존하지 않는 것을 의미한다.

14 회귀 분석의 가정 중 정상성이란 (㉠)이/가 정규분포를 이뤄야 함을 가정한다. ㉠에 들어갈 용어로 가장 적절한 것은?

① 잔차항 ② 관측치
③ 모든 값 ④ 상수항

해설 회귀 분석의 가정 중 정상성이란 잔차항이 정규분포를 따른다는 것을 의미한다.

15 회귀 모형의 가정 중 독립변수의 모든 값에 대해 오차들의 분산이 일정해야 하는 것을 의미하는 용어는 무엇인가?

① 선형성 ② 독립성
③ 등분산성 ④ 정상성

해설 회귀 분석의 가정 중 독립변수의 모든 값에 대해 오차들의 분산이 일정하다는 것은 등분산성이다.

16 다음 중 회귀 모형에 사용된 독립변수 간의 상관관계가 존재하여 회귀계수 추정치가 불안하고 해석하기 어려워지는 현상을 나타낸 것은 무엇인가?

① 다중공선성(Multicollinearity)
② 추적성(Traceability)
③ 정상성(Stationarity)
④ 정확성(Accuracy)

> **해설** 다중공선성은 회귀 분석에서 독립변수들 간에 강한 상관관계가 나타나는 문제를 의미한다.

17 다음 중 로지스틱 회귀 모형에서 설명변수가 한 개인 경우 해당 회귀계수의 부호가 0보다 작을 때 표현되는 그래프의 형태로 적절한 것은?

① S자 그래프
② 종 모양 그래프
③ 역 S자 그래프
④ 나팔(부채꼴) 모양 그래프

> **해설** 로지스틱 회귀 모형에서 설명 변수가 한 개인 경우 회귀계수의 부호가 0보다 작을 때는 역 S자 그래프가 그려진다.

18 다음 중 데이터들이 가진 속성들로부터 분할 기준 속성을 판별하고, 분할 기준 속성에 따라 트리 형태로 모델링하는 분류 예측 모델은 무엇인가?

① 배깅
② 의사결정나무
③ 부스팅
④ 베이지안

> **해설** 데이터들이 가진 속성들로부터 분할 기준 속성을 판별하고, 분할 기준 속성에 따라 트리 형태로 모델링하는 분류 예측 모델은 의사결정나무이다.

19 데이터 집합에서 크기가 같은 표본 여러 개를 단순 임의복원 추출하여 분류기를 생성하고 결과를 앙상블(Ensemble)하는 방법은?

① 배깅(Bagging)
② 부트스트랩(Bootstrap)
③ 의사결정나무(Decision Tree)
④ ReLU

> **해설**
> • 데이터 집합에서 크기가 같은 표본 여러 개를 단순 임의 복원 추출하여 분류기를 생성하고 결과를 앙상블(Ensemble)하는 방법은 배깅(Bagging)이다.
> • 부트스트랩은 주어진 자료에서 단순 랜덤 복원 추출 방법을 활용하여 동일한 크기의 표본을 여러 개 생성하는 샘플링 방법이다.
> • 의사결정나무는 데이터들이 가진 속성들로부터 분할 기준 속성을 판별하고, 분할 기준 속성에 따라 트리 형태로 모델링하는 분류 및 예측 모델로 앙상블하는 방법이 아니다
> • ReLU는 시그모이드의 사라지는 경사 현상 문제를 해결한 활성화 함수이다.

20 다음 중 의사결정나무에 대한 설명으로 올바르지 않은 것은?

① 의사결정나무는 주어진 입력값에 대하여 출력값을 예측하는 모형으로 단일나무와 귀납 나무 모형이 있다.
② 의사결정나무 기법은 분석의 대상을 분류함수를 활용하여 의사결정 규칙으로 이루어진 나무 모양으로 그리는 기법이다.
③ 부모 마디의 순수도에 비해서 자식 마디들의 순수도가 증가하도록 자식 마디를 형성해 나간다.
④ 의사결정나무 기법의 해석이 용이한 이유는 계산 결과가 의사결정나무에 직접적으로 나타나기 때문이다.

> **해설** 의사결정나무는 주어진 입력값에 대하여 출력값을 예측하는 모형으로 분류나무와 회귀나무 모형이 있다.

천기누설 예상문제

21 다음 중 의사결정나무의 구성요소에 대한 설명으로 올바르지 않은 것은?

① 뿌리 마디(Root Node): 시작되는 마디로 전체 자료를 포함
② 자식 마디(Child Node): 하나의 마디로부터 분리되어 나간 2개 이상의 마디들
③ 중간 마디(Internal Node): 주어진 마디의 상위 마디
④ 끝마디(Terminal Node): 자식 마디가 없는 마디

해설
- 부모 마디(Parent Node)는 주어진 마디의 상위 마디이다.
- 중간 마디(Internal Node)는 부모 마디와 자식 마디가 모두 있는 마디이다.

22 다음 중 의사결정나무의 분석 과정에 대한 설명으로 올바르지 않은 것은?

① 의사결정나무 성장(Growing)은 분석의 목적과 자료 구조에 따라서 적절한 분리 규칙(Splitting Rule)을 찾아서 나무를 성장시키는 과정으로 적절한 정지 규칙(Stopping Rule)을 만족하면 중단한다.
② 가지치기(Pruning)는 분류 오류(Classification Error)를 크게 할 위험(Risk)이 높거나 부적절한 추론규칙을 가지고 있는 가지(Branch) 또는 불필요한 가지를 제거하는 단계이다.
③ 타당성 평가는 단순 도표, 정규식 도표를 이용하여 교차 타당성(Cross Validation) 등을 이용한 평가 수행 단계이다.
④ 해석 및 예측은 구축된 의사결정나무 모형을 해석하고, 분류 및 예측 모형을 설정하여 데이터의 분류 및 예측에 활용하는 단계이다.

해설 타당성 평가는 이익 도표(Gain Chart), 위험 도표(Risk Chart) 또는 평가 데이터(Test Data)를 이용하여 교차 타당성(Cross Validation) 등을 이용한 평가 수행 단계이다.

23 의사결정나무에서 가지가 더 이상 분기가 되지 않고 현재의 마디가 끝마디가 되도록 하는 규칙은 무엇인가?

① 가지치기
② 정지 규칙
③ 분리 규칙
④ 분산 규칙

해설 의사결정나무에서 더 이상 분리가 일어나지 않고 현재의 마디가 끝마디가 되도록 하는 규칙은 정지 규칙이다.

24 다음 중 의사결정나무에서 이산형 목표변수에 사용되는 분리 기준에 대한 설명으로 올바르지 않은 것은?

① 카이제곱 통계량의 P값은 P-값이 가장 작은 예측변수와 그 당시의 최적 분리를 통해서 자식 마디 형성된다.
② 지니 지수(Gini Index)는 불순도를 측정하는 하나의 지수로서 지니 지수를 가장 감소시켜주는 예측변수와 그 당시의 최적 분리를 통해서 자식 마디를 선택한다.
③ 분산 분석에서 F-통계량은 P값이 가장 작은 예측변수와 그 당시의 최적분리에 의해서 자식 마디를 형성한다.
④ 엔트로피 지수(Entropy Index)는 엔트로피 지수가 가장 작은 예측변수와 그 당시의 최적 분리를 통해서 자식 마디를 형성한다.

해설 분산 분석에서 F-통계량은 연속형 목표변수에 사용되는 분리 기준이다.

25 다음 중 아래에서 설명하는 용어는 무엇인가?

> 의사결정나무에서 하나의 부모 마디로부터 자식 마디들이 형성될 때, 입력변수(Input Variable)의 선택과 범주(Category)의 병합이 이루어질 기준을 의미한다.

① 분류 규칙
② 통합 기준
③ 정지 규칙
④ 분리 기준

> **해설**
> - 분리 기준(Splitting Criterion)은 하나의 부모 마디로부터 자식 마디들이 형성될 때, 입력변수의 선택과 범주의 병합이 이루어질 기준을 의미한다.
> - 어떤 입력변수를 이용하여 어떻게 분리하는 것이 목표변수의 분포를 가장 잘 구별해 주는지를 파악하여 자식 마디가 형성되는데, 목표변수의 분포를 구별하는 정도를 순수도(Purity), 또는 불순도(Impurity)에 의해서 측정하는 것이다.

26 아래 의사결정나무에서 끝마디(Leaf Node) 'ㄴ'의 지니 인덱스(Gini Index)는 얼마인가?

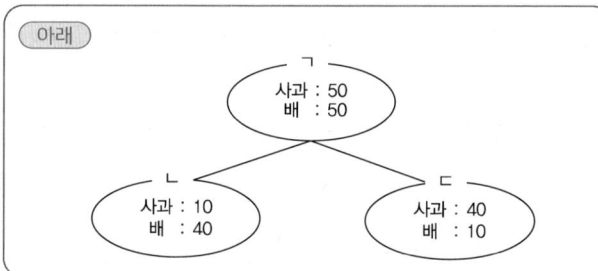

① $\dfrac{1}{5}$
② $\dfrac{4}{5}$
③ $\dfrac{8}{25}$
④ $\dfrac{17}{25}$

> **해설** 끝마디에서 사과의 확률: $\dfrac{1}{5}$, 배의 확률: $\dfrac{4}{5}$ 이므로 Gini(T) =
> $1 - \sum_{i=1}^{k} P_i^2 = 1 - \left\{ (\dfrac{10}{50})^2 + (\dfrac{40}{50})^2 \right\} = \dfrac{8}{25}$ 이다.

27 다음 중 아래의 식은 의사결정나무의 분류 규칙을 선택하기 위한 척도 중 무엇인가?

> - 각 셀에 대한((실제도수-기대도수)의 제곱/기대도수)의 합
> - 기대도수 = 열의 합계×합의 합계/전체합계
> - $\sum_{i=1}^{k} \chi^2 = \dfrac{(O_i - E_i)^2}{E_i}$ (k: 범주의 수, O_i: 실제도수, E_i: 기대도수)

① 지니 지수
② 엔트로피 지수
③ 카이제곱 통계량
④ F-통계량

> **해설** 카이제곱 통계량은 각 셀에 대한((실제도수-기대도수)의 제곱/기대도수)의 합이다.

28 다음 중 아래와 같은 데이터가 있는 경우 카이제곱 통계량은 무엇인가?

	Good	Bad	Total
Left	32	48	80
Right	178	42	220
Total	210	90	300

① 45.35
② 46.75
③ 44.63
④ 47.52

> **해설**
>
> | | Good | Bad | Total |
> |---|---|---|---|
> | Left | 32(56) | 48(24) | 80 |
> | Right | 178(154) | 42(66) | 220 |
> | Total | 210 | 90 | 300 |
>
> - Left 기대도수는 80×210/300=56, 80×90/300=24
> - Right 기대도수는 220×210/300=154, 220×90/300=66
> - 카이제곱 통계량 구하기
>
> $\chi^2 = \sum_{i=1}^{k} \dfrac{(O_{ij} - E_{ij})^2}{E_{ij}}$
> $= \dfrac{(56-32)^2}{56} + \dfrac{(24-48)^2}{24} + \dfrac{(154-178)^2}{154} + \dfrac{(66-42)^2}{66}$
> $= 46.75$

천기누설 예상문제

29 다음 중 아래에서 설명하는 의사결정나무 알고리즘은 무엇인가?

- 호주의 연구원 J. Ross Quinlan에 의하여 개발
- 초기 버전은 ID 3(Iterative Dichotomizer 3)로 1986년에 개발
- 가지치기를 사용할 때 학습자료를 사용
- 종속변수가 이산형이며, 불순도의 척도로 엔트로피 지수(Entropy index) 사용

① C4.5와 C5.0 ② CART
③ CHAID ④ QUEST

해설 C4.5와 C5.0는 종속변수가 이산형이며, 불순도의 척도로 엔트로피 지수(Entropy Index)를 사용한다.

30 다음 중 분리 기준으로는 카이제곱 통계량을 사용하고, 분리 방법은 다지 분리를 사용하는 의사결정나무 알고리즘은 무엇인가?

① SOM ② C5.0
③ CHAID ④ EM

해설 분리 기준으로는 카이제곱 통계량을 사용하고, 분리 방법은 다지 분리를 사용하는 의사결정나무 알고리즘은 CHAID이다.

31 다음 중 인공신경망 학습에 대한 설명으로 올바르지 않은 것은?

① 인공신경망에서 순전파는 입력층(Input Layer)에서 출력층(Output Layer)까지 정보가 전달되는 과정이다.
② 인공신경망 학습에서는 최적의 매개변수(가중치와 편향)를 탐색할 때 손실 함수의 값을 크게 하는 매개변수 값을 찾는다.
③ 경사 하강법은 기울기(경사)를 낮은 쪽으로 계속 이동시켜서 최적의 매개변수를 찾는 기법이다.
④ 경사 하강법은 랜덤하게 선택한 가중치를 미분하여 최적값을 찾는 방법이다.

해설
- 손실 함수는 실젯값과 예측값의 차이(오차)를 비교하는 지표이다.
- 인공신경망 학습에서는 최적의 매개변수(가중치와 편향)를 탐색할 때 손실 함수의 값을 가능한 한 작게 하는 매개변수 값을 찾는다.

32 다음 중 인간의 뉴런 구조를 모방하여 만든 기계학습 모델로 가장 알맞은 것은?

① 군집 분석 ② EM 알고리즘
③ 인공신경망 ④ SVM

해설
- 군집 분석은 n개의 개체를 유사한 성격으로 군집화하는 분석 기법이다.
- EM 알고리즘은 혼합 분포 군집에 사용되는 알고리즘이다.
- SVM은 공간상에서 최적의 분리 초평면(Hyperplane)을 찾아서 분류 및 회귀를 수행하는 기법이다.

33 다음 중 SOM(Self-Organizing Maps)에 대한 설명으로 가장 옳은 것은?

① 경쟁 학습으로 연결 강도가 입력 패턴과 가장 차이가 발생하는 경쟁층 뉴런이 승자가 된다.
② 군집 분할을 위하여 역전파 알고리즘을 이용한다.
③ 지도의 형태로 형상화를 하여 입력변수의 위치 관계를 보존하지 않는다.
④ SOM은 입력층과 경쟁층으로 구성된다.

해설
- SOM은 오차역전파 방법이 아닌 경쟁 학습 방법을 사용해서 모형 학습을 진행한다.
- SOM은 지도의 형태로 형상화를 하여 입력변수의 위치 관계를 보존하는 특징이 있다.
- SOM은 입력층과 경쟁층으로 구성된다.

34 다음 중 오차역전파(Back Propagation)에 대한 설명으로 올바르지 않은 것은?

① 계산 그래프에서 계산을 왼쪽에서 오른쪽으로 진행하는 단계를 순전파, 오른쪽에서 왼쪽으로 진행하면 역전파라고 한다
② 오차역전파는 계산 결과와 정답의 오차를 구하고 오차와 관련된 값들의 가중치를 수정하여 오차가 작아지는 방향으로 일정 횟수를 반복해서 수정하는 방법이다.
③ 수치 미분과 오차역전파의 결과를 비교하여 두 방식으로 구한 기울기의 차이가 거의 없는지를 확인하는 작업을 기울기 확인(Gradient Check)이라고 한다.
④ 오차역전파의 단점을 극복하기 위하여 확률적 경사 하강법, 모멘텀 등의 매개변수 최적화 기법을 사용한다.

해설 확률적 경사 하강법, 모멘텀 등의 매개변수 최적화 기법은 경사 하강법의 단점을 극복하기 위해서 사용한다.

35 다음 중 다층 퍼셉트론에서 기울기 소실의 원인으로 가장 알맞은 것은?

① 시그모이드 함수
② ReLU 함수
③ 계단 함수
④ 부호함수

해설 사라지는 경사 현상은 시그모이드 함수가 원인이었으며, 편미분을 반복할수록 경사가 0으로 수렴하여 기울기 소실의 문제가 있었으며, ReLU 함수로 해결하였다.

36 다음 중에서 아래 예시의 빈칸( )에 들어가는 활성화 함수(Activation Function)는 무엇인가?

> 입력층이 직접 출력층에 연결이 되는 단층신경망(Single Layer Neural Network)에서 활성화 함수를 ( )로 사용하면 로지스틱 회귀 모형과 작동원리가 유사해진다.

① ReLU 함수
② 시그모이드(Sigmoid) 함수
③ Softmax 함수
④ 계단(Step) 함수

해설
- 단층신경망(Single Layer Neural Nework)에서 활성화 함수를 시그모이드 함수로 사용하면 로지스틱 회귀 모형과 유사하다.
- 시그모이드 함수는 로지스틱함수로 불리기도 한다.

37 다음 인공지능 활성화 함수 중에서 출력값이 여러 개로 주어지고 목표치가 다 범주인 경우 각 범주에 속할 사후 확률을 제공하는 함수로 가장 알맞은 것은?

① 계단함수
② 부호함수
③ ReLU 함수
④ Softmax 함수

해설 Softmax 함수는 확률로 변환해 주며, 출력값의 총합은 1이 된다.

38 다음 중 인공신경망 모형에서 활성화 함수인 시그모이드(Sigmoid) 함수의 결괏값으로 가장 올바른 것은 무엇인가?

① $0 \leq y \leq 1$
② $-1 \leq y \leq 1$
③ −1 또는 1
④ 0 또는 1

해설 뉴런의 활성화 함수인 항등 함수는 로지스틱 회귀 분석과 유사하며, 0~1의 확률 값을 가진다.

천기누설 예상문제

39 다음 중 계산 결과와 정답의 오차를 구하고 오차와 관련된 값들의 가중치를 수정하여 오차가 작아지는 방향으로 일정 횟수를 반복해서 수정하는 방법은 무엇인가?

① 기울기 소실   ② 오차역전파
③ 과대 적합   ④ 경사 하강법

해설
- 다층 퍼셉트론의 활성화 함수인 시그모이드 함수가 편미분을 진행할수록 0으로 근접해져 경사(기울기)가 소실되는 문제점이 발생하는 현상을 기울기 소실이라고 한다.
- 훈련 데이터가 부족하여 훈련 데이터에는 잘 동작하지만, 실제 데이터에는 예측을 못하는 문제점이 존재하는 것은 과대 적합이다.
- 함수의 기울기를 구하고 경사의 절댓값이 낮은 쪽으로 계속 이동시켜 극값에 이를 때까지 반복시키는 기법은 경사 하강법이다.

40 다음 중 서포트 벡터 머신에 대한 설명 중 가장 올바르지 않은 것은?

① 기계학습의 한 분야로 지도 학습 모델이다.
② 다차원 공간상에서 최적의 분리 초평면을 찾아서 분류 및 회귀를 수행한다.
③ 최적의 분리 초평면은 마진을 최소화해야 한다.
④ 마진은 결정 경계에서 서포트 벡터까지의 거리를 말한다.

해설 서포트 벡터 머신은 최대 마진을 가지는 비확률적 선형 판별에 기초한 이진 분류기이다.

41 다음은 인공신경망의 무엇에 대한 설명인가?

- 실젯값과 예측값의 차이(오차)를 비교하는 지표이다.
- 값이 낮을수록 학습이 잘 된 것이라고 볼 수 있고, 정답과 알고리즘 출력을 비교할 때 사용한다.
- 최적의 매개변수(가중치와 편향)를 탐색할 때 이것의 값을 가능한 한 작게 하는 매개변수 값을 찾는다.

① 경사 하강법   ② 오차역전파
③ GMM   ④ 손실 함수

해설
- 경사 하강법은 함수의 기울기를 구하고 경사의 절댓값이 낮은 쪽으로 계속 이동시켜 극값에 이를 때까지 반복시키는 기법이다.
- 오차역전파는 계산 결과와 정답의 오차를 구하고 오차와 관련된 값들의 가중치를 수정하여 오차가 작아지는 방향으로 일정 횟수를 반복해서 수정하는 방법이다.
- GMM은 전체 데이터의 확률분포가 k개의 가우시안 분포(정규분포)의 선형 결합(Mixture Model)으로 이뤄졌음을 가정하고 각 분포에 속할 확률이 높은 데이터 간의 군집을 형성하는 방법이다.

42 다음 중 활성화 함수(Activation Function)에 대한 설명으로 올바르지 않은 것은?

① 활성화 함수는 순 입력함수로부터 전달받은 값을 출력값으로 변환해 주는 함수이다.
② 시그모이드 함수는 인공 뉴런의 활성화 함수인 실함수로서 유한한 영역을 가지는 집합이고 미분 가능하며, 모든 점에서 음이 아닌 미분 값을 가지고 단 하나의 변곡점을 가지는 함수이다.
③ ReLU 함수는 x값이 0보다 작은 경우 y값도 지속적으로 증가하는 함수로 시그모이드의 기울기 소실 문제를 해결한 함수이다.
④ 소프트맥스 함수는 출력값이 여러 개로 주어지고 목표 치가 다범주인 경우 각 범주에 속할 사후 확률을 제공한다.

해설 ReLU 함수는 x값이 0보다 큰 경우 y값도 지속적으로 증가하는 함수로 시그모이드의 기울기 소실 문제를 해결한 함수이다.

43 다음 중 서포트 벡터 머신에 대한 설명 중 가장 올바른 것은?

① 분류 및 예측 모두 사용이 가능하다.
② 다른 방법보다 과대 적합의 가능성이 높은 모델이다.
③ 선형으로 분리가 불가능한 분류 문제에는 적용이 불가능하다.
④ 훈련 시간이 상대적으로 빠르고 정확성이 뛰어나다.

해설
- 다른 방법보다 과대 적합의 가능성이 낮은 모델이다.
- 선형으로 분리가 불가능한 분류 문제에는 저차원 공간을 고차원 공간으로 매핑하여 분류가 가능하다.
- 훈련 시간이 상대적으로 느리지만 정확성이 뛰어나다.

44 다음 중 서포트 벡터 머신을 구성하는 요소가 아닌 것은?

① 초평면
② 결정 경계
③ 슬랙 변수
④ 지니 지수

해설 지니 지수는 의사결정나무의 불순도 지표이다.

45 다음 중 서포트 벡터 머신에서 선형적으로 완벽한 분리가 불가능할 때 분류를 위해 허용된 오차를 위한 변수는 무엇인가?

① 커널 변수
② 종속변수
③ 슬랙 변수
④ 마진

해설 완벽한 분리가 불가능할 때 선형적으로 분류를 위해 허용된 오차를 위한 변수는 슬랙 변수(여유 변수)이다.

46 다음 중 서포트 벡터 머신의 특징을 설명하는 것으로 잘못된 것은 무엇인가?

① 서포트 벡터만을 이용해서 결정경계를 생성하므로 데이터가 적을 때 효과적이다.
② 데이터 세트의 크기가 클 경우 모델링에 많은 시간이 소요된다.
③ 다른 모형보다 과대 적합의 가능성이 낮고, 노이즈의 영향이 적다.
④ 정확성이 뛰어나며, 비선형 모델은 분류할 수 없다.

해설 정확성이 뛰어나며, 커널 트릭을 활용하여 비선형 모델 분류가 가능하다.

47 다음 데이터 마이닝 기법 중에서 카탈로그 배열, 교차 판매 등의 마케팅을 계획할 때 분석하는 방법으로 가장 적절한 것은 무엇인가?

① 분류
② 예측
③ 군집
④ 연관 분석

해설
- 연관 분석은 기업의 데이터베이스에서 상품의 구매, 서비스 등의 거래 또는 사건 간의 규칙을 발견하기 위해 적용하며, 장바구니 분석, 서열 분석이라고도 불린다.
- 연관 분석은 연관규칙 분석, 연관성 분석, 연관규칙 학습 등 다양한 용어로 활용된다.

48 데이터 마이닝 기법 중 항목들 간의 '조건-결과' 식으로 표현되는 유용한 패턴을 발견해내는 방법을 무엇이라고 하는가?

① 인공신경망
② 의사결정나무
③ 연관규칙
④ SOM(Self-Organizing Maps)

해설 연관규칙은 데이터 마이닝 기법 중 항목들 간의 '조건-결과' 식으로 표현되는 유용한 패턴을 발견해내는 방법이다.

천기누설 예상문제

49 다음 중 연관 분석의 장점으로 가장 올바르지 않은 것은?

① 목적변수가 없어 분석 방향이나 목적이 없어도 적용이 가능하다.
② 조건 반응(if-then)으로 표현되어 결과를 쉽게 이해하기 쉽다.
③ 매우 간단하게 분석을 위한 계산이 가능하다.
④ 품목 세분화와 관계없이 의미 있는 규칙 발견이 가능하다.

해설 적절한 세분화로 인한 품목 결정이 장점이지만 너무 세분화된 품목은 의미 없는 결과를 도출한다.

50 다음 중에서 '맥주를 사는 사람이 과자를 같이 구매하는 경우가 많은가?'에 대한 문제를 해결하기 위하여 어떤 빅데이터 분석 기법을 사용하는 것이 가장 바람직한가?

① 회귀 분석
② 연관 분석
③ 군집 분석
④ 감성 분석

해설 연관 분석은 변인들 간에 주목할 만한 상관관계가 있는지를 찾아내는 방법이다.

51 다음이 설명하는 내용으로 가장 옳은 것은 무엇인가?

- 데이터 내부에 존재하는 항목 간의 상호 관계 혹은 종속 관계를 찾아내는 분석 기법이다.
- 데이터 간의 관계에서 조건과 반응을 연결하는 분석으로 장바구니 분석(Market Basket Analysis), 또는 서열 분석(Sequence Analysis)이라고도 한다.

① 연관 분석
② 시계열 분석
③ 다변량 분석
④ 군집 분석

해설
- 시계열 분석은 시간변수의 흐름에 따른 종속변수의 움직임을 이해하고 예측하는 것을 목표로 하는 분석 기법이다.
- 다변량 분석은 연구자의 연구대상으로부터 측정된 두 개 이상의 변수들의 관계를 동시에 분석할 수 있는 통계기반 분석 기법이다.
- 군집 분석은 주어진 데이터들을 특성에 따라 유사한 것끼리 묶음으로써 각 유형별 특징을 구분 짓는 분석 기법이다.

52 다음은 남학생과 여학생이 선호하는 책에 대한 빈도 교차표이다. 전체에서 1명을 뽑았을 때 그 학생이 남학생일 경우 소설책을 좋아할 확률은 얼마인가?

남학생과 여학생의 선호하는 책		
	소설책	여행책
남학생	50	30
여학생	10	20

① 3/10
② 5/8
③ 3/8
④ 6/10

해설 뽑혀진 1명이 남학생일 경우 소설책을 좋아할 확률이므로 조건부 확률을 이용하여 계산한다.

$$P(\text{소설책}|\text{남학생}) = \frac{P(\text{소설책} \cap \text{남학생})}{P(\text{남학생})} = \frac{\frac{50}{110}}{\frac{50+30}{110}} = \frac{5}{8}$$

53 다음은 쇼핑몰의 거래 내역이다. 연관규칙 '우유 → 빵'에 대한 신뢰도(Confidence)는 얼마인가?

아래	
항목	거래수
우유	10
빵	20
{우유, 빵}	50
{빵, 초코릿}	20
전체 거래 수	100

① 0.30
② 0.33
③ 0.40
④ 0.83

> **해설**
> - 우유(A) → 빵(B)에 대한 신뢰도는 우유를 샀을 때 빵을 살 조건부 확률이다.
> - A는 우유 구매, B는 빵 구매라고 할 때 $P(A)$는 우유가 포함된 거래가 있는 확률, $P(A \cap B)$는 우유와 빵을 동시에 거래할 확률이다.
> - 우유는 10개, {우유, 빵}은 50개이므로 P(A) 60/100, {우유, 빵}은 50개이므로 $P(A \cap B)$=50/100이다.
> - $\dfrac{P(A \cap B)}{P(A)} = \dfrac{50/100}{60/100} = 0.83$이다.

54 연관규칙의 측정 지표 중 품목 A, B에 대한 지지도(Support)를 구하기 위한 식으로 올바른 것은?

① (A와 B가 동시에 포함된 거래 수) / (A 또는 B가 포함된 거래 수)
② (A 또는 B가 포함된 거래 수) / (전체거래 수)
③ (A와 B가 동시에 포함된 거래 수) / (A를 포함하는 거래 수)
④ (A와 B가 동시에 포함된 거래 수) / (전체거래 수)

> **해설**
> $P(A \cap B) = \dfrac{A와\ B가\ 동시에\ 포함된\ 거래\ 수}{전체\ 거래\ 수} = \dfrac{P(A \cap B)}{전체}$

55 다음 중 서포트 벡터 머신에 대한 설명으로 올바르지 않은 것은?

① 데이터가 n차원이라면 초평면은 $(n+1)$ 차원을 가진다.
② 최적의 초평면이 되기 위한 조건은 초평면과 결정영역 근처의 데이터와의 거리가 최대가 되어야 한다.
③ 마진(Margin)은 결정 경계와 서포트 벡터 사이의 거리를 의미한다.
④ 최적의 결정 경계를 구하기 위해서는 결정영역의 초평면을 둘러싸고 있는 마진(Margin)을 최대화시켜야 한다.

> **해설**
> - 데이터 분류를 위해서는 2개를 분리하는 결정영역이 있어야 하고, 이 결정영역을 결정짓기 위해서는 초평면 선택이 필요하다.
> - 초평면은 데이터 임베딩 공간에서 한 차원 낮은 부분 공간(Subspace)이다.
> - 데이터가 n차원이라면 초평면은 $(n-1)$ 차원을 가진다.

56 다음 중 연관규칙의 측정지표인 향상도에 대한 설명으로 가장 알맞은 것은?

① 품목 B에 대한 품목 A의 조건부 확률로 나타낸다.
② 품목 A와 B의 구매가 서로 관련이 없는 경우 향상도는 0이다.
③ 향상도가 1보다 크면 해당 규칙은 결과를 예측하는 데 있어 우수하다.
④ 전체거래 중에서 품목 A, B가 동시에 포함된 거래의 비율이다.

> **해설**
> - 향상도는 A가 구매되지 않았을 때 품목 B의 구매확률에 비해 A가 구매됐을 때 품목 B의 구매확률의 증가비이다.
> - 향상도가 1보다 크면 결과 예측이 우수하다.

57 다음 중 도출된 연관규칙이 얼마나 유의미한지 평가하기 위한 지표 중 아래에서 설명하는 지표는 무엇인가?

> - 품목 B를 구매한 고객 대비 품목 A를 구매한 후 품목 B를 구매하는 고객에 대한 확률을 의미한다.
> - 만일 이 지표의 값이 1보다 크면 해당 규칙이 결과를 예측하는 데 있어 우수하다고 말할 수 있다.

① 순수도(Purity)
② 신뢰도(Confidence)
③ 향상도(Lift)
④ 지지도(Support)

천기누설 예상문제

> **해설**
> - 향상도는 A가 구매되지 않았을 때 품목 B의 구매확률에 비해 A가 구매됐을 때 품목 B의 구매확률의 증가비이다.
> - 연관규칙 A→B는 품목 A와 품목 B의 구매가 서로 관련이 없는 경우에 향상도가 1이 된다.

58 연관규칙의 측정 지표로서 두 품목의 상관관계를 기준으로 도출된 규칙의 예측력을 평가하는 지표는 무엇인가?

① 지지도　　　② 신뢰도
③ 향상도　　　④ 정확도

> **해설** 연관규칙의 측정 지표는 지지도, 신뢰도, 향상도이다. 그 중에서 향상도가 두 품목의 상관관계를 기준으로 도출된 규칙의 예측력을 평가하는 지표이다.

59 다음 중 가능한 모든 경우의 수를 탐색하는 방식을 개선하기 위하여 데이터들의 발생빈도가 높은 빈발항목을 찾는 알고리즘은 무엇인가?

① 아프리오리　　② FP-Growth
③ 지지도　　　　④ 향상도

> **해설**
> - 아프리오리 알고리즘은 가능한 모든 경우의 수를 탐색하는 방식을 개선하기 위하여 데이터들의 발생빈도가 높은 것(빈발항목)을 찾는 알고리즘이다.
> - FP-Growth 알고리즘은 아프리오리 알고리즘을 개선한 알고리즘으로서 FP-Tree라는 구조를 통해 최소 지지도를 만족하는 빈발 아이템 집합을 추출하는 알고리즘이다.

60 군집의 개수를 미리 정하지 않아도 되는 장점으로 탐색적 분석에 사용하는 군집 모형은 무엇인가?

① k-평균 군집 모형
② SOM 모형
③ 혼합 분포 군집 모형
④ 계층적 군집 모형

> **해설**
> - 계층적 군집은 군집의 개수를 미리 정하지 않고 유사한 개체를 묶어 나가는 과정을 반복하여 원하는 개수의 군집을 형성하는 방법이다.
> - 비계층적 군집은 미리 군집의 개수를 지정한다.

61 군집 간의 거리를 측정하는 방법 중에서 군집 내의 오차 제곱합(Error Sum of Square)에 기초하여 군집을 수행하는 방법은 무엇인가?

① 평균 연결법
② 와드 연결법
③ 최단 연결법
④ 중심 연결법

> **해설** 와드 연결법은 다른 연결법과는 다르게 군집 내의 오차 제곱합에 기초한다.

62 다음 중 아래는 학생들의 키와 몸무게를 정규화한 데이터이다. 유클리디안 거리를 사용해서 최단연결법을 통해 학생들을 3개의 군집으로 나누고자 할 때 가장 적절한 것은?

사람	(키, 몸무게)
A	(1, 5)
B	(2, 4)
C	(4, 6)
D	(4, 3)
E	(5, 3)

① (A, C), (B), (D, E)
② (A, D), (B), (C, E)
③ (A, E), (C), (B, D)
④ (A, B), (C), (D, E)

해설
- 2차원에서의 유클리드 거리는
$d(i,j) = \sqrt{(x_i - x_j)^2 + (y_i - y_j)^2}$ 이다.
- 이를 이용하여 문제의 각 사람별 유클리드 거리를 표로 나타내면

	A	B	C	D	E
A	0				
B	$\sqrt{2}$	0			
C	$\sqrt{10}$	$\sqrt{8}$	0		
D	$\sqrt{13}$	$\sqrt{5}$	$\sqrt{9}$	0	
E	$\sqrt{20}$	$\sqrt{10}$	$\sqrt{10}$	1	0

- 가장 가까운 {D, E}, 그 다음 가까운 {A, B}를 군집으로 묶고 나면 {C}만 남게 된다. 따라서 {A, B}, {C}, {D, E} 이렇게 3개의 군집으로 나눌 수가 있다.

63 아래 데이터 세트 A, B 간의 유사성을 맨하탄(Manhattan) 거리로 계산하면 얼마인가?

신체정보 \ 대상자	김OO	서OO
키	165	180
몸무게	50	65

① 35　　② 30
③ 25　　④ 10

해설 A, B 간의 유사성을 맨하탄 거리로 표현하면 다음과 같다.
$d(x,y) = \sum_{i=1}^{p} |x_i - y_i| = |165 - 180| + |50 - 65| = 30$

64 다음이 설명하는 명목형 변수 거리로 가장 알맞은 것은?

- 두 집합 사이의 유사도를 측정하는 방법이다.
- 0과 1 사이의 값을 가진다.
- 두 집합이 동일하면 1, 공통의 원소가 하나도 없으면 0의 값을 가진다.
- $J(A,B) = \dfrac{|A \cap B|}{|A \cup B|}$ 로 거리를 측정한다.

① 자카드 계수　　② 단순 일치 계수
③ 맨하탄 거리　　④ 유클리드 거리

해설
- 명목형 변수 거리에는 단순 일치 계수, 자카드 계수가 있다.
- 두 집합 사이의 유사도를 측정하고 0과 1 사이의 값을 가지는 것은 자카드 계수이다.

65 다음 중 두 군집 사이의 거리를 각 군집에서 하나씩 관측값을 뽑았을 때 나타날 수 있는 거리의 최솟값으로 측정하는 연결법으로 가장 알맞은 것은?

① 최단연결법　　② 최장연결법
③ 중심연결법　　④ 평균연결법

해설
- 최장연결법은 두 군집 사이의 거리를 각 군집에서 하나씩 관측값을 뽑았을 때 나타날 수 있는 거리의 최댓값으로 측정한다.
- 중심연결법은 두 군집의 중심 간의 거리를 측정한다.
- 평균연결법은 모든 항목에 대한 거리 평균을 구하면서 군집화한다.

66 아래는 k-평균 군집을 수행하는 절차를 단계별로 기술한 것이다. 다음 중 k-평균 군집 수행 절차로 가장 올바른 것은?

ⓐ 각 자료를 가장 가까운 군집 중심에 할당
ⓑ 군집 중심의 변화가 거의 없을 때(또는 최대 반복수)까지 단계 2와 단계 3을 반복
ⓒ 초기 군집 중심으로 k개의 객체를 임의로 선택함
ⓓ 각 군집 내의 자료들의 평균을 계산하여 군집의 중심을 갱신(Update)함

① ⓒ → ⓓ → ⓐ → ⓑ　　② ⓐ → ⓓ → ⓒ → ⓑ
③ ⓐ → ⓒ → ⓓ → ⓑ　　④ ⓒ → ⓐ → ⓓ → ⓑ

천기누설 예상문제

> **해설** k-평균 군집의 절차는 다음과 같다.
>
> | 단계 | 알고리즘 |
> |---|---|
> | 1 | 초기 군집 중심으로 k개의 객체를 임의로 선택함 |
> | 2 | 각 자료를 가장 가까운 군집 중심에 할당 |
> | 3 | 각 군집 내의 자료들의 평균을 계산하여 군집의 중심을 갱신(Update)함 |
> | 4 | 군집 중심의 변화가 거의 없을 때(또는 최대 반복 수)까지 단계 2와 단계 3을 반복 |

67 다음 중 관측되지 않은 잠재변수에 의존하는 확률모델에서 최대 가능도나 최대 사후 확률을 갖는 모수의 추정값을 찾는 반복적인 알고리즘으로 가장 알맞은 것은?

① k-평균 군집　　② 계층적 군집
③ EM 알고리즘　　④ SOM

> **해설**
> • k-평균 군집은 각 군집의 평균을 재계산을 반복하여 최종 군집을 형성하는 방법이다.
> • 계층적 군집은 유사한 개체를 묶어 나가는 과정을 반복하여 원하는 개수의 군집을 형성하는 방법이다.
> • EM 알고리즘은 E-단계, M-단계를 반복적으로 수행한다.
> • SOM은 고차원의 데이터를 이해하기 쉬운 저차원의 뉴런으로 정렬하여 지도의 형태로 형상화하는 비지도 신경망이다.

68 k-평균 군집에서 다음이 설명하는 k 값을 구하는 기법은 무엇인가?

> • 각 군집 간의 거리가 얼마나 분리되어 있는지를 나타낸다.
> • 1에 가까울수록 군집 간 거리가 멀어서 최적화가 잘 되어 있다고 할 수 있다.
> • 0에 가까울수록 군집간 거리가 가까워서 최적화가 잘 안 되어 있다고 할 수 있다.

① 덴드로그램　　② 실루엣 기법
③ 엘보우 기법　　④ 박스플롯

> **해설** 각 군집 간의 거리가 얼마나 분리되어 있는지를 나타내는 것은 실루엣 기법이다. 실루엣 계수는 1에 가까울수록 최적화가 잘 되었다고 할 수 있고, 0에 가까울수록 잘 안 되었다고 할 수 있다.

69 다음 중 DBSCAN 알고리즘의 구성요소가 아닌 것은?

① 중심점　　② 경계점
③ 최소점　　④ 잡음점

> **해설** DBSCAN 알고리즘 구성요소는 중심점, 이웃점, 경계점, 잡음점이다. 최소점은 구성요소가 아니다.
>
> | | |
> |---|---|
> | 중심점
(Core Point) | • 해당 데이터 포인트 주변 반경 내에 최소 데이터 개수 이상의 다른 데이터를 가지고 있을 경우, 중심점(Core Point)라고 함
• 반경 내에 존재해야 하는 최소 데이터 개수는 일종의 초매개변수로 설정해주어야 함 |
> | 이웃점
(Neighbor Point) | • 특정 데이터 포인트 주변 반경 내에 존재하는 다른 데이터 포인트를 이웃 점(Neighbor Point)이라고 함 |
> | 경계점
(Border Point) | • 중심점은 아니지만, 중심점이 주변 반경 내에 존재하는 경우에 이를 경계점(Border Point)이라고 함
• 중심점을 중심으로 하는 군집에는 포함되며 주로 군집의 외곽을 이룸 |
> | 잡음점
(Noise Point) | • 중심점도 아니고 경계점 조건도 만족하지 못하는 이웃점으로 이상치라고도 함 |

> **정답** 01 ④ 02 ② 03 ① 04 ① 05 ③ 06 ④ 07 ② 08 ② 09 ① 10 ① 11 ② 12 ① 13 ④ 14 ① 15 ③ 16 ① 17 ③ 18 ② 19 ① 20 ①
> 21 ③ 22 ③ 23 ② 24 ③ 25 ④ 26 ② 27 ① 28 ② 29 ① 30 ④ 31 ② 32 ③ 33 ④ 34 ② 35 ① 36 ② 37 ④ 38 ① 39 ② 40 ④
> 41 ② 42 ③ 43 ① 44 ④ 45 ③ 46 ④ 47 ④ 48 ③ 49 ② 50 ② 51 ① 52 ② 53 ④ 54 ④ 55 ① 56 ③ 57 ③ 58 ③ 59 ① 60 ④
> 61 ② 62 ④ 63 ② 64 ① 65 ① 66 ④ 67 ③ 68 ② 69 ③

② 고급 분석 기법

1 범주형 자료 분석 ★★

(1) 범주형 자료 분석 개념

- 범주형 자료 분석은 독립변수와 종속변수가 모두 범주형 데이터(명목형/순서형)이거나 둘 중 하나가 범주형 데이터일 때 사용하는 분석 방법이다.
- 범주형 자료 분석은 각 집단 간의 비율 차이를 비교하기 위해 주로 사용된다.
- 범주형 자료 분석은 독립변수와 종속변수의 척도에 따라 분석 기법이 다르다.

▼ 척도에 따른 자료 분석 방법

독립변수	종속변수	분석 방법
범주형	범주형	• 분할표 분석 • 카이제곱 검정(교차 분석) • 피셔의 정확 검정
범주형	수치형	• T-검정(T-Test)(독립변수 2개 이하) • 분산 분석(독립변수 3개 이상)
수치형	범주형	• 로지스틱 회귀 분석
수치형	수치형	• 상관 분석, 회귀 분석

(2) 분할표(Contingency Table) 분석

- 분할표를 이용한 범주형 자료 분석은 상대위험도와 승산비를 통하여 분석한다.
- 범주형 자료의 개수에 따라 1개의 범주형 변수에 의한 일원(One-way) 분할표와 2개의 범주형 변수에 의한 이원(Two-way) 분할표, 3개 이상의 범주형 변수에 의한 다원(Multi-way) 분할표로 나눌 수 있다.
- 분할표의 행은 독립변수, 열은 종속변수로 배치한다.
- 분할표의 각 행의 마지막 행과 각 열의 마지막 열에는 총계 데이터를 표시하고, 이러한 행 또는 열을 Margin Sum(주변 합)이라고 부른다.

```
Heavy Never Occas Regul  Sum           Freq None Some  Sum
  11   189    19    17   236            115   24   98  237
```
▲ 일원 분할표의 예제   ▲ 일원 분할표의 예제

```
        Freq None Some  Sum
Heavy     7    1    3   11
Never    87   18   84  189
Occas    12    3    4   19
Regul     9    1    7   17
Sum     115   23   98  236
```
▲ 이원 분할표 예제

학습 POINT ★

상대위험도는 개념을 중심으로 공식과 결과를 보고 넘어가시기 바랍니다.

① 상대위험도

㉮ 상대위험도(RR; Relative Risk) 개념
- 상대위험도는 관심 집단의 위험률과 비교 집단의 위험률에 대한 비(Ratio)이다.
- 위험률은 특정 사건(예를 들어 질병)이 발생할 비율이다.

㉯ 상대위험도 계산
- 상대위험도는 아래의 이원 분할표를 기준으로 다음과 같이 계산할 수 있다.

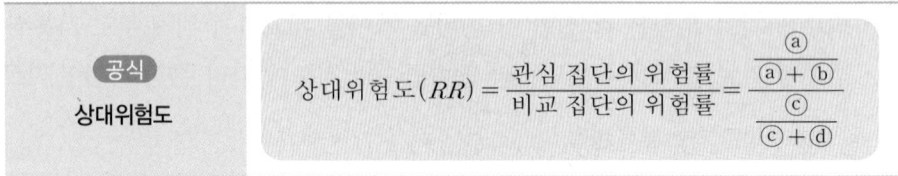

공식 / 상대위험도

$$상대위험도(RR) = \frac{관심\ 집단의\ 위험률}{비교\ 집단의\ 위험률} = \frac{\frac{ⓐ}{ⓐ+ⓑ}}{\frac{ⓒ}{ⓒ+ⓓ}}$$

▼ 실험군과 대조군에서 사건 발생 여부에 따른 이원 분할표

	사건 발생	사건 발생 안 함	합계
관심 집단	ⓐ	ⓑ	ⓐ+ⓑ
비교 집단	ⓒ	ⓓ	ⓒ+ⓓ
합계	ⓐ+ⓒ	ⓑ+ⓓ	ⓐ+ⓑ+ⓒ+ⓓ

▼ 상대위험도 결과

상대위험도 값	설명
RR < 1	관심 집단의 특정 사건 발생 확률이 낮다고 평가
RR = 1	관심 집단과 특정 사건의 발생에는 연관성이 없다고 평가
RR > 1	관심 집단의 특정 사건 발생 확률이 높다고 평가

학습 POINT ★

승산과 승산비는 시험에 나올 확률이 높으므로 공식과 개념을 꼭 숙지하세요.

② 오즈(Odds; 승산) 개념
- 오즈는 특정 사건이 발생할 확률과 그 사건이 발생하지 않을 확률의 비다.

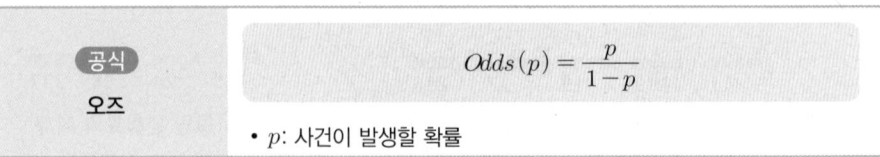

공식 / 오즈

$$Odds(p) = \frac{p}{1-p}$$

- p: 사건이 발생할 확률

③ 오즈비(Odds Ratio; 교차비; 대응위험도; 승산비) 개념 [기출]
- 오즈비는 특정 조건이 있을 때의 성공 오즈를 다른 조건이 있을 때의 성공 오즈로 나눈 값이다.

공식	
오즈비	$오즈비 = \dfrac{Odds1(p_1)}{Odds2(p_2)} = \dfrac{관심 집단의 오즈}{비교 집단의 오즈}$

(3) 카이제곱 검정(교차 분석; Chi-Squared Test) 유형 기출

- 카이제곱 검정은 범주형 자료 간의 차이를 보여주는 분석 방법으로 관찰된 빈도가 기대되는 빈도와 유의하게 다른지를 검정하는 기법이다.
- 카이제곱 검정의 χ^2값은 편차의 제곱 값을 기대빈도로 나눈 값들의 합이다.
- 카이제곱 검정은 적합도 검정(Goodness of Fit Test), 독립성 검정(Test of Independence), 동질성 검정(Test of Homogeneity) 3가지로 분류할 수 있다.

두음 쌤 한마디

카이제곱 검정(교차 분석) 유형
「적독동」
적합도 검정 / **독**립성 검정 / **동**질성 검정
→ 적은 독이 있는 동물이었다.

① 적합도 검정

㉮ 적합도 검정(Goodness of Fit Test)의 개념 기출

- 적합도 검정은 변수가 1개이고 그 변수가 2개 이상의 범주로 구성되어 있을 때 사용하는 일변량 분석 방법이다.
- 적합도 검정은 표본 집단의 분포가 주어진 특정 분포를 따르고 있는지를 검정하는 기법이다.
- 적합도 검정의 자료를 구분하는 범주가 상호 배타적이어야 한다.

> 예) 성별(남자, 여자), 등수

- 적합도 검정에서의 귀무가설은 '표본 집단의 분포가 주어진 특정 분포를 따른다.'로 설정한다.
- 관찰 빈도와 기대빈도의 차이가 클수록 귀무가설을 기각할 확률이 높아진다.

잠깐! 알고가기

귀무가설(Null Hypothesis)
현재까지 주장되어 온 것 또는 기존과 비교하여 변화 혹은 차이가 없음을 나타내는 가설이다.

공식 적합도 검정 자유도	(자유도) = (범주의 수) - 1

> 예) 범주: 대학교 1학년부터 4학년일 경우
> → 자유도 = 4 - 1 = 3

잠깐! 알고가기

도수분포표(Frequency Table)
모집단의 대략적인 분포의 형태, 중심 위치, 산포 등을 파악하기 위한 데이터 정리 방법이다.

학년별 수강생의 분포를 조사하였고, 학년별 수강생의 분포가 균일한지를 조사할 때의 도수분포표이다. (학년별 분포가 동일할 경우의 학년별 기대 비율은 0.25)

◈ 학년별 수강생 분포

	관측 빈도	기대 확률	기대 빈도
1학년	100(O_1)	0.25	125(E_1)
2학년	120(O_2)	0.25	125(E_2)
3학년	130(O_3)	0.25	125(E_3)
4학년	150(O_4)	0.25	125(E_4)
계	500	1.0	500

㉯ 적합도 검정 방법

◈ 적합도 검정 방법

순서	방법	설명	
1	가설 설정	귀무가설(H_0)	표본 집단의 분포가 가정한 이론(기대되는 빈도)과 동일
		대립가설(H_1)	표본 집단의 분포가 가정한 이론(기대되는 빈도)과 동일하지 않음
2	카이제곱값 구하기	공식) 카이제곱 검정 $$\chi^2 = \sum_{i=1}^{k} \frac{(O_i - E_i)^2}{E_i}$$ - E_i: 기대 빈도 - O_i: 관측 빈도	
3	유의성 검정	p-값과 유의수준(예를 들면 유의수준 0.05)을 비교하여, p-값이 유의수준보다 크면 귀무가설을 채택하고 작을 경우에는 귀무가설을 기각	

② **독립성 검정**

㉮ 독립성 검정(Test of Independence)의 개념 `기출`

- 독립성 검정은 변수가 두 개 이상의 범주로 분할되어 있을 때 사용되며, 각 범주가 서로 독립적인지, 서로 연관성이 있는지를 검정하는 기법이다.
- 기대빈도는 '두 변수가 서로 상관이 없고 독립적'이라고 기대하는 것을 의미하며 관측빈도와의 차이를 통해 기대빈도의 진위 여부를 밝힌다.

예) 학년(1학년, 2학년, 3학년)이라는 범주형 데이터(요인 1)와 선호과목(국, 영, 수)이라는 범주형 데이터(요인 2) 간에 서로 연관성이 있는 것인지 아니면 독립적인지를 판단하는 것과 같은 문제에 독립성 검정을 사용한다.

- 독립성 검정에서의 귀무가설은 '요인 1과 요인 2는 독립적이다'로 설정한다.

> 공식 **독립성 검정 자유도**　　(자유도) = {(범주 1의 수) − 1} × {(범주 2의 수) − 1}

> 예) 범주 1이 대학교 1학년부터 4학년이고 범주 2가 학점(A, B, C, D, F)일 경우
> 자유도는 (4−1) × (5−1) = 12

④ 독립성 검정 방법

❖ 독립성 검정 방법

순서	방법	설명
1	가설 설정	귀무가설(H_0): 요인 1과 요인 2는 독립적 대립가설(H_1): 요인 1과 요인 2는 독립적이지 않음
2	카이제곱값 구하기	모든 셀의 기대빈도 대비 오차 제곱의 비율을 계산 공식) 카이제곱 검정 $$\chi^2 = \sum_{i=1}^{m}\sum_{j=1}^{n} \frac{(O_{ij} - E_{ij})^2}{E_{ij}}$$ • E_i: 요인 1의 i와 요인 2의 j번째 기대 빈도 • O_i: 요인 1의 i와 요인 2의 j번째 관측 빈도
3	유의성 검정	p−값과 유의수준(예를 들면 유의수준 0.05)을 비교하여, p−값이 유의수준보다 크면 귀무가설을 채택하고 작을 경우에는 귀무가설을 기각

개념 박살내기

🔗 **독립성 검정 카이제곱값 구하기**

아래의 표는 남녀별로 3개 회사의 커피 선호도를 조사한 결과이고, 성별과 커피 선호도에 관련성이 있는지 확인해보는 검정을 수행한다.

❖ 예제 − 남녀별 커피 선호도 조사

성별	A 커피	B 커피	C 커피	계
남	30	50	20	100
여	50	40	30	120
계	80	90	50	220

① 가설검정

H_o	성별과 커피 선호도는 관련성이 없다. (독립적이다.)
H_1	성별과 커피 선호도는 관련성이 있다. (독립적이지 않다.)

② 카이제곱합 구하기

E_{11}은 남자이면서 A 커피를 좋아하는 기댓값이다. 귀무가설에서는 $P_{i,}$과 $P_{,j}$는 독립적이라고 가정하므로

$$E_{ij} = P_{i,} \times P_{,j} \times n = \frac{O_{i,}}{n} \times \frac{O_{,j}}{n} \times n = \frac{O_{i,} \times O_{,j}}{n^2} \times n = \frac{O_{i,} \times O_{,j}}{n}$$

$$P_{1,} = P_{남자} = \frac{100}{220}, \ P_{,1} = P_{A커피} = \frac{80}{220}$$

$$\therefore E_{1,1} = \frac{O_{1,} \times O_{,1}}{n} = \frac{100 \times 80}{220} = 36.37 \text{이다.}$$

이와 같이 $E_{1,2}, E_{1,3}, E_{2,1}, E_{2,2}, E_{2,3}$를 구하면

$$E_{1,2} = \frac{O_{1,} \times O_{,2}}{n} = \frac{100 \times 90}{220} = 40.91$$

$$E_{1,3} = \frac{O_{1,} \times O_{,3}}{n} = \frac{100 \times 50}{220} = 22.73$$

$$E_{2,1} = \frac{O_{2,} \times O_{,1}}{n} = \frac{120 \times 80}{220} = 43.64$$

$$E_{2,2} = \frac{O_{2,} \times O_{,2}}{n} = \frac{120 \times 90}{220} = 49.09$$

$$E_{2,3} = \frac{O_{2,} \times O_{,3}}{n} = \frac{120 \times 50}{220} = 27.27 \text{ 이 된다.}$$

따라서, $\chi^2 = \frac{6.37^2}{36.37} + \frac{9.09^2}{40.91} + \frac{2.73^2}{22.73} + \frac{6.36^2}{43.64} + \frac{9.09^2}{49.09} + \frac{2.73^2}{27.27} = 6.34$

③ 동질성 검정

㉮ 동질성 검정(Test of Homogeneity)의 개념

동질성 검정은 각각의 독립적인 부모집단으로부터 정해진 표본의 크기만큼 자료를 추출하는 경우에 관측값들이 정해진 범주 내에서 서로 동질한지(비슷하게 나타나고 있는지) 여부를 검정하는 기법이다.

> 예 남학생과 여학생 그룹에 대하여 각 그룹이 선호하는 과목이 같은지 여부를 판단하는 것과 같은 문제에 동질성 검정을 사용

㉯ 동질성 검정 특징
- 독립성 검정은 두 변수가 서로 독립인지 아닌지에 대한 판단이고 동질성 검정은 각 부모집단의 동질성 여부를 검정하는 차이가 있다.
- 동질성 검정에서의 귀무가설은 '모집단은 동질하다'로 설정한다.

> 예 남학생과 여학생이 선호하는 과목은 동일

- 동질성 검정과 독립성 검정은 개념상의 차이만 있을 뿐 계산 방식은 동일하다.

(4) T-검정(T-Test)

- T-검정은 독립변수가 범주형이고, 종속변수가 수치형일 때 두 집단의 평균을 비교하는 검정 방법이다.
- T-검정은 두 집단 간의 평균을 비교하는 모수적 통계 방법으로서 표본이 정규성, 등분산성, 독립성 등을 만족할 경우 적용한다.
- T-검정에는 단일표본 T-검정(One Sample T-Test), 대응표본 T-검정(Paired Sample T-Test), 독립표본 T-검정(Independent Sample T-Test)이 있다.

① 단일표본 T-검정(One Sample T-Test)

- 단일표본 T-검정은 한 집단의 평균이 모집단의 평균과 같은지 검정하는 방법이다.
- 모집단의 평균이 알려져 있는 경우 하나의 표본 집단의 평균을 구하고 모집단의 평균과 표본 집단의 평균이 같은지를 검정한다.
- 단일표본 T-검정은 실제로 표본 집단의 수가 1개가 된다.

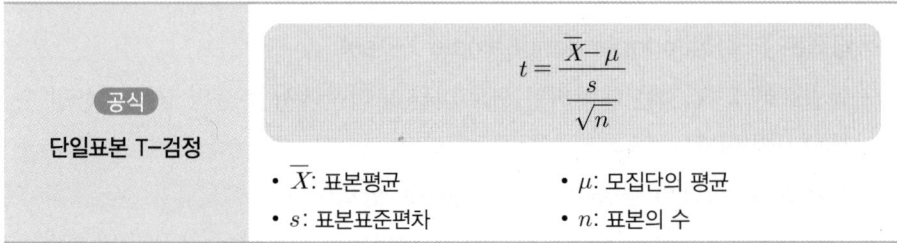

공식 단일표본 T-검정

$$t = \frac{\overline{X} - \mu}{\frac{s}{\sqrt{n}}}$$

- $\overline{X}$: 표본평균
- μ: 모집단의 평균
- s: 표본표준편차
- n: 표본의 수

- 단일표본 T-검정은 실제로 연구자가 측정한 집단의 수는 1개가 되고, 연구자가 측정한 집단의 평균과 기존의 연구를 통해서 제시된 수치와 비교하는 것이다.

잠깐! 알고가기

표집(Sampling)
모집단에서 표본을 추출하는 일이다.

> 예) 연구자가 국내의 고등학교 1학년 학생과 미국의 고등학교 1학년 학생들의 평균 신장을 비교한다고 할 때, 미국 고등학교 1학년 학생들의 평균 신장을 조사한 수치가 있다면 그 수치와 국내에서 고등학교 1학년 학생들을 표집하여 측정한 신장의 평균과 비교할 수 있는데, 이때 사용할 수 있는 통계분석 방법이 단일표본 T-검정이다.

② 대응표본 T-검정(Paired Sample T-Test) 기출
- 대응표본 T-검정은 동일한 집단의 처치 전후 차이를 알아보기 위해 사용하는 검정 방법이다.
- 대응표본 T-검정은 한 그룹의 처치 전 데이터와 처치 후 데이터를 분석하는 방법이다.

공식
대응표본 T-검정

$$t = \frac{\overline{D} - \mu_D}{s_D / \sqrt{n}}$$

- $\mu_D = \mu_1 - \mu_2$: 두 집단의 모평균 차이
- $s_D = \sqrt{\dfrac{1}{n-1} \sum_{i=1}^{n}(D_i - \overline{D})^2}$: 두 표본 차이에 대한 표본표준편차
- $\overline{D} = \overline{X_1} - \overline{X_2}$: 표본 평균 차이
- n : 두 집단 각각의 표본수($n_1 = n_2 = n$)

- 대응표본 T-검정은 표본(Sample)이 하나, 독립변수가 1개일 때 사용된다.

> 예) A집단(단일표본)에게 술을 먹였을 때, 안 먹였을 때의 민첩성을 측정(=사전·사후 검사)할 때 사용된다.

③ 독립표본 T-검정(Independent Sample T-Test)
- 독립표본 T-검정은 데이터가 서로 다른 모집단에서 추출된 경우 사용할 수 있는 분석 방법이다.
- 독립된 두 집단의 평균 차이를 검정하는 방법이다.
- 독립표본 T-검정을 하기 전에 반드시 정상성, 등분산성 가정이 만족되는지 먼저 확인한다.
- 독립표본 T-검정에서 다음과 같이 표본의 수에 따라 정상성을 증명한다.

▼ 표본의 수에 따른 정상성 증명 방법

표본의 수	정상성 증명 방법
10개 미만	정상성을 만족하지 못한다고 간주하고 비모수적인 방법인 만-휘트니 검정(Mann-Whitney Test)을 적용
10개 이상~30개 이하	샤피로-윌크 검정(Shapiro-Wilk Test), 콜모고로프-스미르노프 검정(Kolmogorov-Smirnov Test) 등의 방법을 통해서 정상성을 증명
30개 이상	중심극한정리를 통해서 정상성을 증명

공식
독립표본 T-검정

$$t = \frac{(\overline{X_1} - \overline{X_2}) - (\mu_1 - \mu_2)}{\sqrt{s_p^2\left(\dfrac{1}{n_1} + \dfrac{1}{n_2}\right)}}$$

- $\overline{X_1}$: 집단 1의 평균
- $\overline{X_2}$: 집단 2의 평균
- s_p^2: 통합 분산 추정량
- n_1: 집단 1의 표본 수
- n_2: 집단 2의 표본 수

- 독립표본 T-검정은 표본(Sample)이 둘, 독립변수가 1개일 때 사용된다.

> 예) 한국인과 미국인에게 소주 1병을 먹였을 경우, 각각의 민첩성을 측정할 때 사용된다. 독립변수는 사람(한국인/미국인)이 되고, 종속변수는 민첩성이 된다. 즉, 소주를 먹은 미국인과 한국인에 따라 민첩성에 차이가 있는지를 분석할 때 사용된다.

2 다변량 분석 ★★★

(1) 다변량 분석

① 다변량 분석 개념
- 다변량 분석은 여러 현상이나 사건에 대한 측정치를 개별적으로 분석하지 않고 동시에 분석하는 통계적 기법이다.
- 각 변수를 개별적으로 분석하지 않고 동시에 분석하여 여러 변수 간의 관계성을 고려한다.

② 다변량 분석의 유형
- 다변량 분석의 유형으로 다중 회귀분석, 다변량 분산 분석, 판별 분석, 다차원 척도법, 군집 분석, 요인 분석, 정준 상관 분석 등이 있다.

다변량 분석은 중요도가 높은 영역입니다. 그중 다차원 척도법과 주성분 분석은 시험에 출제될 정도로 중요도가 높으니 자세히 알아두시길 권장합니다!

다변량 분석의 유형

유형	설명
다중 회귀분석	• 독립변수가 K개이며 종속변수와의 관계가 선형(1차 함수)인 회귀분석 기법 • 다수의 독립변수의 변화에 따른 종속변수의 변화를 예측하는 데 활용
다변량 분산 분석 (MANOVA)	• 독립변수가 1개 이상이고 종속변수가 2개 이상일 때 두 집단 간 평균 차이를 검증하는 기법 • 단일변량 분산 분석의 확장된 형태
판별 분석 (Discriminant Analysis)	• 분류된 집단 간의 차이를 설명해 줄 수 있는 독립변수들로 이루어진 최적판별식을 찾기 위한 기법 • 여러 특성들을 토대로 주어진 상황에서 응답자들이 어떻게 행동할 것인지를 예측
다차원 척도법 (MDS)	• 개체들 사이의 유사성, 비유사성을 측정하여 2차원 또는 3차원 공간상에 점으로 표현하여 개체들 사이의 집단화를 시각적으로 표현하는 분석 방법
군집 분석 (Cluster Analysis)	• 관측된 여러 개의 변숫값들로부터 유사성(Similarity)에만 기초하여 n개의 군집으로 집단화하여 집단의 특성을 분석하는 기법
요인 분석 (Factor Analysis)	• 모형을 세운 뒤 관찰 가능한 데이터를 이용하여 해당 잠재 요인을 도출하고 데이터 안의 구조를 해석하는 기법 • 데이터 안에 관찰할 수 없는 잠재적인 변수(Latent Variable)가 존재한다고 가정
주성분 분석 (PCA)	• 상관관계가 있는 고차원 자료를 자료의 변동을 최대한 보존하는 저차원 자료로 변환하는 차원축소 방법
정준 상관 분석 (CCA)	• 2개 이상의 변수로 구성된 종속변수와 2개 이상으로 구성된 독립변수 간의 관계를 분석하는 기법

(2) 판별 분석

① 판별 분석(Discriminant Analysis) 개념

- 판별 분석은 집단 간의 차이를 설명해 줄 수 있는 독립변수들로 만든 최적의 판별함수를 찾고, 새로운 개체에 대하여 어느 집단에 속하는지를 판별하여 분류하는 탐색적인 통계 기법이다.
- 종속변수가 범주형이고 독립변수가 연속형일 때 사용한다.
- 종속변수의 집단 수가 2개이면 판별 분석, 3개 이상이면 다중판별분석(MDA; Multiple Discriminant Analysis)이라고 한다.

② 판별함수(Discriminant Function)

- 그룹 내 분산 대비 그룹 간 분산의 차이를 최대화하는 독립변수들(X_i)의 판별계수(d_i)를 찾는다.
- 판별함수는 다음과 같이 독립변수들의 선형결합으로 나타낸다.

공식 판별함수	$Z = d_1X_1 + d_2X_2 + ... + d_nX_n$
	• Z: 판별점수 • d_i: 판별계수 • X_i: 독립변수

- 판별함수의 수는 "그룹의 수-1"과 "독립변수의 수" 중에서 더 작은 값만큼 만들어진다.

공식 판별함수	판별함수의 수 $= Min[(A-1), B]$
	• A: 그룹의 수 • B: 독립변수의 수

③ 판별 분석 절차

⊗ 판별 분석 절차

순서	절차	설명
1	변수 선택	• 판별 분석에서 사용할 변수 선택
2	판별함수 생성	• 각 개체를 분류할 때 사용할 판별함수 생성
3	적합도 평가	• 판별함수의 적합도 평가 • 카이제곱 검정 실행
4	예측	• 판별함수로 새로운 데이터가 속할 집단 예측

(3) 다차원 척도법 기출

① 다차원 척도법(MDS; MultiDimensional Scaling) 개념

다차원 척도법은 개체들 사이의 유사성, 비유사성을 측정하여 2차원 또는 3차원 공간상에 점으로 표현하여 개체들 사이의 집단화를 시각적으로 표현하는 분석 방법이다.

② 다차원 척도법 목적

⊗ 다차원 척도법 목적

목적	설명
데이터 축소	데이터에 포함되는 정보를 도출하기 위한 탐색수단으로 활용
의미 부여	데이터가 만들어진 현상이나 과정에 고유의 구조로 의미를 부여
기하적 표현	찾아낸 패턴과 구조를 저차원의 공간에 기하적으로 표현

학습 POINT★

다차원 척도법에 대해 틀린 설명을 고르는 문제가 21년 2회에서 출제되었습니다.
다차원 척도법의 개념을 중심으로 잘 알아두시길 권장합니다!

③ 다차원 척도법 방법

- 개체들의 거리는 유클리드 거리행렬을 이용한다.
- 다차원 척도법에서는 스트레스 값을 이용하여 관측 대상들의 적합도 수준을 나타낸다.
- 스트레스 값은 0에 가까울수록 적합도 수준이 완벽하고 1에 가까울수록 나쁘다.

> **잠깐! 알고가기**
>
> 스트레스 값(Stress Value)
> 다차원 분석에 의해 설명되지 않는 분산의 불일치 정도로서 대상 간의 실제 거리와 추정된 거리 사이의 오차이다.

스트레스 값

스트레스 값	적합도 수준
0	완벽(Perfect)
0.05 이내	매우 좋은(Excellent)
0.05 ~ 0.10	만족(Satisfactory)
0.10 ~ 0.15	보통(Acceptable, But doubt)
0.15 이상	나쁨(Poor)

④ 다차원 척도법 종류

다차원 척도법 종류로는 계량적 다차원 척도법, 비 계량적 다차원 척도법이 있다.

다차원 척도법 종류

종류	내용
계량적 다차원 척도법	• 데이터가 연속형 변수인 경우로 구간 척도나 비율 척도에 사용함 • 유클리드 거리 행렬을 이용하여 개체들 간의 실제거리를 계산하고 개체들 간의 비유사성을 공간상에 표현
비 계량적 다차원 척도법	• 데이터가 순서 척도인 경우에 사용함 • 개체들 간 거리가 순서로 주어진 경우에는 개체들 간 절대적 거리는 무시하고 순서척도를 거리의 속성과 같도록 변환하여 거리를 생성함

(4) 요인 분석

① 요인 분석(Factor Analysis) 개념

- 요인 분석은 변수 간의 상관관계를 고려하여 서로 유사한 변수들을 묶어 새로운 잠재요인들을 추출하는 분석방법이다.
- 요인 분석은 변수를 축소하거나, 불필요한 변수 제거, 변수 특성 파악, 측정항목 타당성 평가, 요인점수를 이용한 변수 생성 등의 목적을 가지고 있다.

> **잠깐! 알고가기**
>
> 요인(Factor)
> - 상관계수가 높은 변수를 묶어 신규로 생성한 변수의 집합이다.
> - 변수는 관측 가능한 값이며, 요인은 관측 불가하지만 해석 가능한 값이다.

요인 측정 사례

- 인간관계, 긍정적 태도, 성취감 등으로 측정된 독립변수는 "행복" 요인으로 측정한다.
- 가격, 성능, 디자인, AS, 브랜드 만족도 등으로 측정된 독립변수는 "만족도" 요인으로 측정한다.
- 국어, 일본어, 프랑스어, 중국어 시험 성적은 "언어능력" 요인으로 측정하고 음악, 미술, 체육 시험 성적은 "예체능능력" 요인으로 측정한다.

② **요인 분석 학습절차**

- 요인 분석 학습절차는 데이터 입력, 상관계수 산출, 요인 추출, 요인 적재량 산출, 요인회전, 생성된 요인 해석, 요인점수 산출로 진행된다.

요인 분석 학습절차

순서	절차	설명
1	데이터 입력	• 분석할 데이터 입력
2	상관계수 산출	• 동질적이거나 유사한 변수를 하나의 요인으로 표현하기 위해 변수 간 상관계수를 계산
3	요인 추출	• 주성분 분석이나 공통요인 분석으로 요인 추출 　**주성분 분석**: 변수들로부터 요인을 추출하는 방식으로, 총분산으로 요인 추출 　**공통요인 분석**: 잠재요인으로부터 변수가 산출된다고 가정하여, 공통분산으로 요인 추출 • 고윳값과 스크리 도표를 활용하여 요인의 수 선택 • 일반적으로 고윳값이 1 이상에 해당하는 요인을 추출
4	요인 적재량 산출	• 요인의 적재량을 계산
5	요인 회전	• 요인 해석 및 요인패턴을 찾기 위해 분산 재분배 • 요인 회전 유형으로 직각 회전, 사각 회전이 있음 　**직각 회전**: 배리맥스, 쿼티멕스 　**사각 회전**: 오블리민, 프로맥스 • 직각 회전은 요인들 간의 독립성을 가정, 사각 회전은 요인들 간의 연관성을 가정함
6	생성된 요인 해석	• 생성된 요인을 해석

잠깐! 알고가기

요인 적재량(Factor Loading)
변수와 요인 간의 상관관계의 정도로 요인 간의 상관계수이다.

배리맥스(Varimax)
- 가장 많이 사용하는 기법으로 "분산이 극대화된다. (Variance is maximized)"의 약자이다.
- 한 공통요인에 대하여 각 변수가 가지는 요인 적재량 제곱의 분산이 최대가 되도록 변환한다.
- 요인행렬에서 각 열의 분산을 최대화하는 회전 방법이다.

쿼티맥스(Quartimax)
- 한 변수가 각각의 공통요인에서 차지하는 비중의 제곱에 대하여 분산을 최대화하여 변환한다.
- 요인행렬에서 각 행의 분산을 최대화하는 회전 방법이다.

사각
경사(기울기)가 있는 각이다.

오블리민(Oblimin)
요인들 사이의 상관성 정도를 제어하는 회전 방법이다.

프로맥스(Promax)
직교회전 방법으로 요인행렬의 단순성을 파악할 수 없는 경우 이용하는 회전 방법이다.

순서	절차	설명	
7	요인점수 산출	(요인점수) = (요인점수 계수) x (표준화된 관측치) • 관측치별 요인점수를 합산하여 요인점수 산출 • 요인점수 추정 방법은 다음과 같음	
		회귀 분석 (Regression Analysis)	요인 값과 추정된 요인 값 간 차이 제곱의 합이 최소가 되게 함
		바틀렛 (Bartlett)	요인들의 제곱 합이 최소가 되게 함

직각 회전 vs 비직각 회전

- 직각 회전(Orthogonal Rotation)은 자료 내 요인 간 구조가 직각구조일 경우 직각을 유지하면서 축을 회전하는 방법이다.

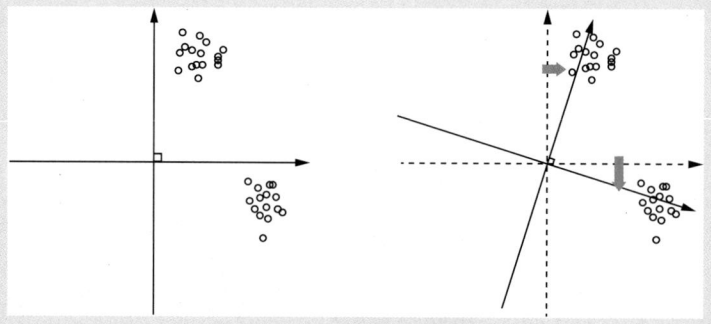

▲ 직각 회전

- 사각 회전(Oblique Rotation)은 자료 내 요인 간 구조가 사각구조일 경우 사각을 유지하면서 축을 회전하는 방법이다.

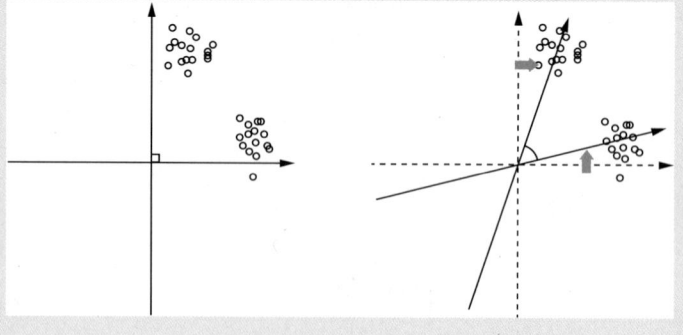

▲ 사각 회전

(5) 정준 상관 분석(CCA; Canonical Correlation Analysis) 기출

- 정준 상관 분석은 2개 이상의 변수로 구성된 종속변수와 2개 이상으로 구성된 독립변수 간의 선형연관성을 분석하는 다변량 분석 기법이다.
- 정준 상관 분석은 종속변수 집단과 독립변수 집단의 상관 구조를 잘 설명하는 종속변수 선형 결합과 독립변수 선형 결합을 찾고 이러한 선형 결합들을 이용하여 두 변수 집단의 상관성을 분석하는 기법이다.
- 각 집단 내에 있는 변수들의 상관관계를 이용하여 변수들을 선형 결합한 식을 도출하고 이렇게 도출된 식을 이용하여 관련성을 분석하는 방법이다.

3 주성분 분석 ★★★

(1) 주성분 분석(Principal Component Analysis; PCA)의 개념

- 주성분 분석은 상관관계가 있는 고차원 자료를 자료의 변동을 최대한 보존하는 저차원 자료로 변환하는 차원축소 방법이다.

(2) 주성분 분석 특성 기출

⊙ 주성분 분석 특성

특성	설명
차원축소	• 주성분 분석은 서로 상관성이 높은 변수들의 선형 결합으로 만들어 기존의 상관성이 높은 변수들을 요약, 축소하는 기법 • 차원축소 시 변수 추출(Feature Extraction) 방법을 사용
수학적 행렬 분해를 이용	• 고윳값 분해(Eigendecomposition)와 특잇값 분해(SVD; Singular Value Decomposition) 등의 행렬 분해를 이용 • 차원축소는 고윳값(Eigen Value)이 높은 순으로 정렬해서, 높은 고윳값을 가진 고유벡터(Eigen Vector)만으로 데이터를 복원 • 공분산 행렬을 고유벡터(Eigen Vector)에 사상시키면 주성분을 계산할 수 있음 • PCA는 수학적으로 직교 선형 변환으로 정의
분산이 큰 벡터 선택	• PCA는 가장 큰 데이터 변동성을 기반으로 첫 번째 벡터 축인 PC1을 생성 • 두 번째 벡터 축인 PC2는 PC1에 직각이 되는 직교 벡터를 생성 • 세 번째 벡터 축인 PC3는 PC1, PC2에 직각이 되는 직교 벡터를 생성

학습 POINT ★

주성분 분석에 대한 설명으로 틀린 것을 선택하는 문제가 출제될 수 있습니다. 잘 알아두시길 권장합니다!

잠깐! 알고가기

차원축소 (Dimensionality Reduction)
많은 변수(Feature)로 구성된 고차원 자료를 축소하여 새로운 차원의 자료를 생성하는 기법이다.

고윳값(Eigenvalue)
고유벡터의 변환되는 스케일 정도를 나타내는 상숫값이다.

고유벡터(Eigenvector)
행렬 변환 결과가 자기 자신의 상수 배가 되는 0이 아닌 벡터이다.

차원의 저주에 대한 해결 방법은 주성분 분석, 다차원 척도법, t-SNE, LDA 등이 있습니다.

다른 분석의 입력변수로 주성분 분석이나 요인분석을 통해 데이터를 전처리/변환하거나 주성분 분석이나 요인분석을 바로 그 자체로 바로 활용하기도 합니다.

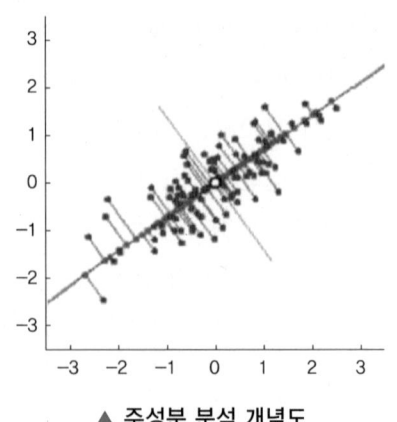

▲ 주성분 분석 개념도

(3) 주성분 분석의 목적

- 주성분 분석의 목적은 차원축소, 다중공선성 해결 등이 있다.

목적	세부 설명
차원축소	• 여러 변수 간에 내재하는 상관관계, 연관성을 이용해 소수의 주성분 또는 요인으로 차원을 축소함으로써 데이터 이해가 용이 ▲ 차원축소 개념도 • 고차원 데이터에서 두 개의 주성분인 PC1, PC2를 새로운 기저로 하여 가로축은 PC1, 세로축은 PC2로 변환함 • 원 데이터를 새로운 기저로 투영(Project)하여 차원을 축소함
다중공선성 해결	• 비 상관도가 높은 변수들을 하나의 주성분 혹은 요인으로 축소하여 모형개발에 활용함

(4) 주성분 분석 절차

❖ 주성분 분석 절차

순서	절차	설명	예시
1	축 생성	• 데이터 변동성이 가장 큰 방향으로 축 생성함 • 키와 몸무게라는 2개의 축에서 '키-몸무게'라는 하나의 축을 생성함	
2	축에 데이터 투영	• 새로운 축인 '키-몸무게 축'으로 데이터 투영함	
3	차원 축소	• 새로운 축인 '키-몸무게 축' 기준으로 데이터 표현함 • 기존의 키와 몸무게의 2차원에서 '키-몸무게 축'의 1차원으로 축소함	

PCA는 차원 축소를 하기 때문에 원본 데이터를 직관적으로 파악하기가 쉽지는 않습니다.

(5) 주성분 개수 선택 방법 기출

• 주성분 개수를 선택하는 방법으로는 전체 변이의 공헌도(Percentage of Total Variance), 평균 고윳값(Average Eigenvalue), 스크리 산점도(Scree Plot) 등을 활용하는 방법이 있다.

선택 방법	설명
전체 변이의 공헌도 (Percentage of Total Variance)	• 표준편차(Standard Deviation)를 제곱하면 해당 주성분의 분산 값을 구할 수 있음 • 분산 기여율(Proportion of Variance)은 주성분 분산 대 전체 분산의 비율 • 분산 기여율이 1에 가까울수록 원래 데이터에 대한 설명력이 큼

선택 방법	설명
전체 변이의 공헌도 (Percentage of Total Variance)	• 누적 기여율은 제1 주성분부터 해당 주성분까지 기여율의 합 • 주성분들이 설명하는 총 분산의 비율(누적 기여율)이 70~90% 사이가 되는 주성분의 개수를 선택하는 방법 예 ``` Importance of components: Comp.1 Comp.2 Comp.3 Comp.4 Standard deviation 1.5748783 0.9948694 0.5971291 0.41644938 Proportion of Variance 0.6200604 0.2474413 0.0891408 0.04335752 Cumulative Proportion 0.6200604 0.8675017 0.9566425 1.00000000 ``` 제2 주성분(Comp.2)까지의 누적 기여율은 0.8675017로 85%를 넘으므로 제2 주성분까지를 주성분의 수로 결정함
평균 고윳값 (Average Eigenvalue)	• 고윳값들의 평균을 구한 후 고윳값이 평균값 이상이 되는 주성분을 선택하는 방법
스크리 산점도 (Scree Plot)	• x축에 주성분, y축에 각 주성분의 분산을 표현한 그래프 • 기울기가 완만해지기 직전까지를 주성분 수로 결정함 ▲ 스크리 산점도

4 시계열 분석 기출 ★★★

(1) 시계열 분석(Time-Series Analysis)의 개념

- 시계열 분석은 연도별, 분기별, 월별 등 시계열로 관측되는 자료를 분석하여 미래를 예측하는 분석 기법이다.
- 시계열 분석의 주목적은 외부인자와 관련해 계절적인 패턴과 같은 요소를 설명할 수 있는 모델을 결정하는 것이다.

(2) 시계열 분석의 특징

- x축에는 시간, y축에는 관측값을 나타내어 추세를 빠르게 분석한다.
- 시계열 데이터는 규칙적, 불규칙한 특징을 갖는다.
- 시계열 데이터는 시간의 흐름에 따라 관측되는 자료이므로 대체로 독립적이지 않다.

> **수험생의 궁금증**
>
> **Q** 시계열 분석 특징 부분에 시계열 데이터는 규칙적, 불규칙한 특징을 갖는다. 이 문장이 무슨 뜻인가요? 규칙적, 불규칙한 … 뭐가 맞는 건지요?
>
> **A** 시계열 데이터는 규칙적인 특징을 가질 수도 있고 불규칙한 특징을 가질 수도 있다
> "정상성(Stationary)"을 가진 시계열 데이터를 규칙적 시계열이라고 하고, "비정상성(Non-Stationary)" 시계열이 불규칙적 시계열이라고 합니다.
> 정상성을 가진 시계열(규칙적 시계열)은 평균(Mean), 분산(Variance), 공분산(Covariance)이 불변하는 특징을 가집니다.

(3) 정상성

① 정상성(Stationary) 개념

- 정상성은 시점에 상관없이 시계열의 특성이 일정하다는 특성이다.
- 시계열 분석을 위해서는 정상성을 만족해야 한다.

② 정상성 조건

- 평균이 일정하다.
- 분산이 시점에 의존하지 않는다.
- 공분산은 단지 시차에만 의존하고 시점 자체에는 의존하지 않는다.

(4) 시계열 모형 기출

시계열 모형에는 자기 회귀 모형, 이동 평균 모형, 자기 회귀 누적 이동 평균 모형이 있다.

① 자기 회귀 모형(AR 모형; Auto-Regressive Model) 기출

- 자기 회귀 모형은 현시점의 자료가 p 시점 전의 유한개의 과거 자료로 설명될 수 있는 모형이다.
- p 시점 전의 시계열 자료는 시차가 p인 시차 값(Lagged Value)으로, 자기상관함수(ACF; Auto Correlation Function)를 이용하여 시차 값 사이의 선형 관계를 측정한다.

학습 POINT ★

시계열 분석 정상성 조건 중에 '분산이 시점에 의존하지 않는다'라는 것이 '분산 값은 시간 t에 관계없이 일정하다'는 의미로 '분산은 시점에 의존하지 않고 일정하다'라고도 할 수 있습니다.

학습 POINT ★

정상성 조건은 중요하니 눈여겨 봐두세요!

학습 POINT ★

2021년 2회 시험에서는 시계열 모형의 유형으로 백색잡음, 자기 회귀, 이동 평균 모형이 지문으로 출제되었습니다. 잘 챙겨두시길 권장합니다!

시계열 모형

「자이누」

자기 회귀 모형 / **이**동평균 모형 / **자**기 회귀 **누**적 이동평균 모형

→ 클럽에서 이성 친구에게 하는 말: 어, 자기야! 이제 자려고 누웠어.

백색잡음과정
(White Noise Process)
백색잡음과정 a_t는 독립이고 같은 분포를 따르며, 평균이 0이고 분산이 σ_a^2인 확률변수이다.

공식 자기 회귀 모형	$Z_t = \phi_1 Z_{t-1} + \phi_2 Z_{t-2} + \cdots + \phi_p Z_{t-p} + a_t$ • Z_t: 현재 시점의 시계열 자료 • $Z_{t-1}, Z_{t-2}, \cdots, Z_{t-p}$: 1~p 시점 이전의 시계열 자료 • ϕ_p: p 시점이 현재 시점에 어느 정도 영향을 주는지 나타내는 모수 • a_t: 백색잡음과정, 시계열 분석에서 오차항을 의미

◉ 1차, 2차 자기 회귀 모형

구분	설명
1차 자기 회귀 모형	• 현시점에서 과거 1 시점(바로 이전 시점)의 자료에만 영향을 주는 경우 • AR(1) 모형이라고도 함 $Z_t = \phi Z_{t-1} + a_t$
2차 자기 회귀 모형	• 현시점에서 과거 2 시점까지의 자료에만 영향을 주는 경우 • AR(2) 모형이라고도 함 $Z_t = \phi_1 Z_{t-1} + \phi_2 Z_{t-2} + a_t$

② **이동평균 모형(MA 모형; Moving Average Model)**

- 이동평균 모형은 시간이 지날수록 관측치의 평균값이 지속적으로 증가하거나 감소하는 시계열 모형이다.
- 이동평균 모형은 주기나 불규칙성을 가지고 있는 시계열 데이터의 특성을 토대로 과거의 몇 개 관측치를 평균하여 전반적인 추세를 파악할 수 있는 방법으로 예측치를 구한다.

공식 이동평균 모형	$Z_t = a_t - \theta_1 a_{t-1} - \theta_2 a_{t-2} - \cdots - \theta_q a_{t-q}$ • Z_t: 현재 시점의 시계열 자료 • θ_p: q 시점이 현재 시점에 어느 정도 영향을 주는지 나타내는 모수(가중치) • a_t: 백색잡음과정, 시계열 분석에서 오차항을 의미

- 현시점의 자료를 유한개의 백색잡음의 선형결합으로 표현되었기 때문에 항상 정상성을 만족하므로 정상성 가정이 필요 없다.

- 모형에 사용하는 시계열 자료의 시점에 따라 1차, 2차, …, q차 등을 사용하지만, 정상 시계열 모형에서는 주로 1, 2차를 사용한다.

◎ 1차, 2차 이동평균 모형

구분	모형
1차 이동평균 모형, MA(1) 모형	• 가장 간단한 이동평균 모형 • 같은 시점의 백색잡음과 바로 전 시점 백색잡음의 결합으로 이루어진 모형 $Z_t = a_t - \theta_1 a_{t-1}$
2차 이동평균 모형, MA(2) 모형	• 같은 시점의 백색잡음과 과거 2 시점까지의 백색잡음의 결합으로 이루어진 모형 $Z_t = a_t - \theta_1 a_{t-1} - \theta_2 a_{t-2}$

잠깐! 알고가기

백색잡음(White Noise)
모든 개별 확률변수들이 서로 독립(Independent)이고 동일한 확률분포를 따르는(Identically Distributed) 확률 과정을 말합니다. (줄여서 I.I.D라고도 함)

③ 자기 회귀 누적 이동평균 모형(ARIMA 모형; Auto Regressive Integrated Moving Average Model)

㉮ 자기 회귀 누적 이동평균 모형 개념
- ARIMA 모형은 분기/반기/연간 단위로 다음 지표를 예측하거나 주간/월간 단위로 지표를 리뷰하여 트렌드를 분석하는 기법이다.
- 기본적으로 비정상 시계열 모형이기 때문에 차분이나 변환을 통해 AR 모형이나 MA 모형, ARMA 모형으로 정상화할 수 있다.

㉯ 자기 회귀 누적 이동평균 모형 차수
ARIMA(p, d, q) 모형은 차수 p, d, q가 있다.

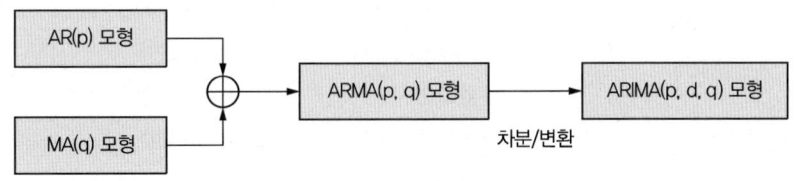

▲ 시계열 모형 간 관계

◎ 자기 회귀 누적 이동평균 모형 차수

차수	설명
p	AR 모형과 관련이 있는 차수
d	ARIMA에서 ARMA로 정상화할 때 차분 횟수
q	MA 모형과 관련이 있는 차수

잠깐! 알고가기

시계열(Time Series)
일정 시간 간격으로 배치된 데이터들의 수열이다.

차분(Difference)
비정상 시계열을 정상 시계열 자료로 바꾸기 위해, 평균이 일정하지 않은 경우 현시점에서 이전 시점의 자료를 빼는 방법이다.

학습 POINT

자기 회귀 누적 이동평균 모형의 개념과 차수의 의미를 잘 봐두시길 권장합니다!

㉰ 자기 회귀 누적 이동평균 모형과 다른 모형과의 관계

ARIMA(p, d, q) 모형은 차수 p, d, q의 값에 따라 모형의 이름이 다르게 된다.

▽ 자기 회귀 누적 이동평균 모형 조건에 따른 다른 모형과의 관계

조건	설명
$p=0$	IMA(d, q) 모형이라 부르고, 이 모형을 d번 차분하면 MA(q) 모형이 됨
$q=0$	ARI(p, d) 모형이며, 이를 d번 차분한 시계열 모형이 AR(p) 모형을 따르게 됨
$d=0$	ARMA(p, q) 모형이라 부르고, 이 모형은 정상성을 만족

▽ ARIMA 차수에 따른 모형

구분	모형
ARIMA(0,0,0)	백색잡음(White Noise) 모형
ARIMA(0,1,0)	확률 보행 모형
ARIMA(p,0,0)	자기회귀(Auto Regression) 모형
ARIMA(0,0,q)	이동평균(Moving Average) 모형

잠깐! 알고가기

확률 보행 모형(Random Walk Model)
정상성을 나타내지 않는 데이터로서, 누가 봐도 알 수 있는 긴 주기를 갖는 상향 또는 하향 추세가 있으며, 갑작스럽고 예측할 수 없는 방향 변화가 있는 모형으로 금융 시계열 데이터 모형으로 활용된다.

④ **시계열 분해(Time Series Decomposition)**

㉮ 시계열 분해 개념

- 시계열 분해는 시계열에 영향을 주는 일반적인 요인을 시계열에서 분리해 분석하는 방법이다.
- 시계열을 분리하는 분해식을 사용한다.

공식 분해식	$Z_t = f(T_t, S_t, C_t, I_t)$
	• T_t: 경향(추세) 요인 • S_t: 계절 요인
	• C_t: 순환 요인 • I_t: 불규칙 요인
	• Z_t: 시계열 값 • f: 미지의 함수

- 회귀 분석적인 방법을 주로 사용하고 있다.

㉯ 시계열 구성요소 [기출]

시계열 구성요소는 다음 4가지로 분류된다.

잠깐! 알고가기

회귀 분석(Regression Analysis)적인 방법
회귀 분석적인 방법은 관찰된 연속형 변수들에 대해 두 변수 사이의 모형을 구한 뒤 적합도를 측정해 내는 분석 방법이다.

◈ 시계열 구성요소

구성요소	내용
추세 요인 (Trend Factor)	• 자료가 어떤 특정한 형태를 취하는 요인 예) 선형적 추세, 이차식 형태, 지수적 형태 등
계절 요인 (Seasonal Factor)	• 자료가 고정된 주기에 따라 변화하는 요인 예) 요일마다 반복, 일 년 중 각 월에 의한 변화, 사분기 자료에서 각 분기에 의한 변화 등
순환 요인 (Cyclical Factor)	• 자료가 알려지지 않은 주기를 가지고 변화하는 요인 예) 명백한 경제적이나 자연적인 이유가 없이 알려지지 않은 주기를 가지고 변화
불규칙 요인 (Irregular Factor)	• 추세, 계절, 순환 요인으로 설명할 수 없는 요인 • 회귀 분석에서 잔차에 해당하는 요인

시계열 구성요소
「추계순불」
추세 / 계절 / 순환 / 불규칙
→ 추계행사에는 순대랑 불고기를 먹는다.

잔차(Residual)
표본 집단에서 회귀식을 얻고, 그 회귀식을 통해 도출한 예측값과 실제 관측값의 차이이다.

ⓒ 시계열 분해 그래프 기출

시계열 분해 그래프의 관측치(Observed)를 통해 추세(Trend), 계절성(Seasonal), 잔차(Residual)를 알 수 있다.

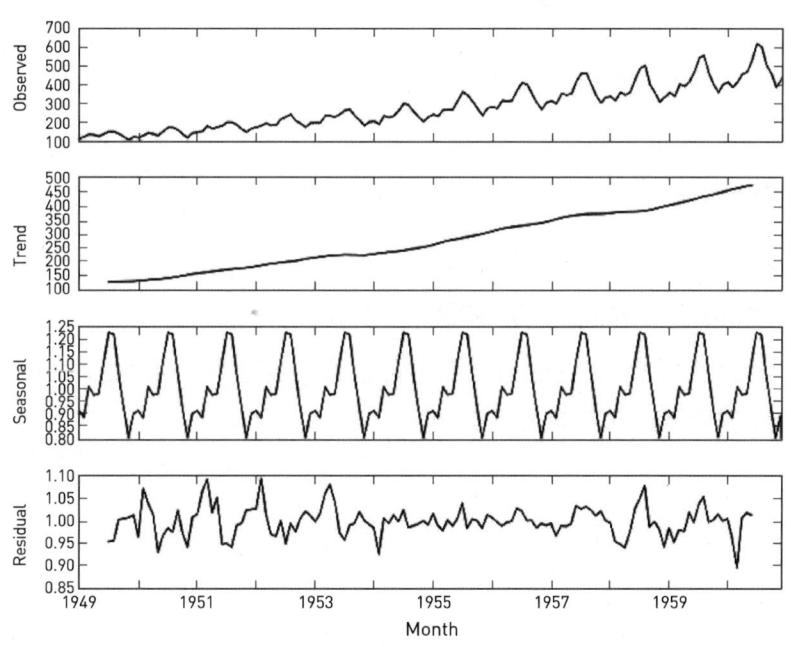

㉔ 종적 요소 및 횡단 요소

⊗ 종적 요소 및 횡단 요소

구분	설명
종적 요소 (Longitudinal Component)	• 시간에 따른 패턴이나 추세를 나타냄 • 데이터의 자기 상관성(Auto-Correlation)이 존재 ⑩ 월별 판매량이나 연간 기온 변화 등의 주기적인 패턴, 경제 지표의 추세 등
횡단 요소 (Cross-Sectional Component)	• 특정 시간 지점에서 발생하는 일시적인 변동이나 외부적인 사건 • 주로 독립적으로 발생하며, 횡단 요소를 고려하여 예측을 수행 ⑩ 특정기간 동안의 마케팅 캠페인, 자연재해로 인한 임시적인 수요 증가, 금융 시장에서의 특정 이벤트 등

⑤ 지수평활법

㉮ 지수평활법(Exponential Smoothing) 개념

- 지수평활법은 시계열 데이터에서 추세(Trend)와 계절성(Seasonality)을 고려하여 평활화(Smoothing)된 값을 예측하는 방법이다.

㉯ 지수평활법 특징

- 시계열 데이터의 평균을 계산하고, 최근 값에 더 큰 가중치를 주어 예측을 수행한다.
- 주로 시계열 데이터에 대한 단기 예측을 수행하는 데 적합하다.

5 딥러닝 분석 ★★★

(1) 딥러닝

① **딥러닝(Deep Learning) 개념** 기출

딥러닝은 여러 비선형 변환 기법의 조합을 통해 높은 수준의 추상화를 시도하는 기계 학습 알고리즘의 집합이다.

추상화(Abstractions)
다량의 데이터나 복잡한 자료들 속에서 핵심적인 내용 또는 기능을 요약하는 작업이다.

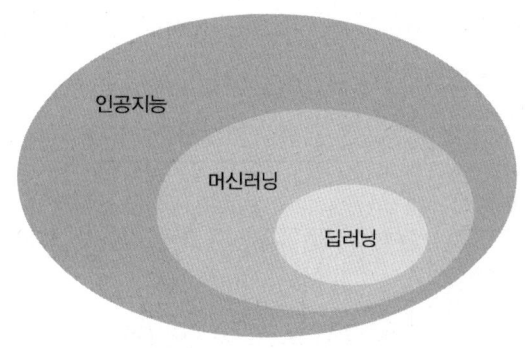

▲ 인공지능, 머신러닝, 딥러닝의 관계

(2) 딥러닝 부각 이유

- 기존 인공신경망 모델의 문제점인 기울기 소실이 해결되었다.
- 강력한 GPU를 연산에 활용하여 하드웨어 연산속도를 높여 분석시간을 단축하였다.
- 빅데이터의 등장과 SNS의 활용이 증가하여 학습에 필요한 데이터 확보가 가능해졌다.

(3) 딥러닝 특징 기출

- 오차역전파를 사용한다.
- Sigmoid는 기울기 소실 문제로 인해 ReLU와 같은 활성화 함수를 많이 사용한다.
- 딥러닝은 은닉층을 사용하여 결과에 대한 해석이 어렵다.
- Dropout은 일정한 비율을 가지고 무작위로 신경망을 제거한다.

(4) 딥러닝 알고리즘

딥러닝 알고리즘에는 DNN, CNN, RNN, GAN 등 다양한 알고리즘이 존재한다.

① DNN 알고리즘

㉮ DNN(Deep Neural Network) 알고리즘 개념

DNN은 은닉층(Hidden Layer)을 심층(Deep) 구성한 신경망(Neural Network)으로 학습하는 알고리즘이다.

㉯ DNN 알고리즘 구조

- DNN 알고리즘은 입력층, 다수의 은닉층, 출력층으로 구성되어 있다.
- 입력층에서 가중치가 곱해져 은닉층으로 이동시키고, 은닉층에서도 가중치가 곱해지면서 다음 계층으로 이동한다.

잠깐! 알고가기

GPU(Graphics Processing Unit)
GPU는 메모리를 빠르게 처리하고, 화면으로 출력할 프레임 버퍼 안의 영상 생성을 가속하도록 설계된 고성능 그래픽 처리 장치이다.

잠깐! 알고가기

기울기 소실 문제
(Gradient Vanishing Problem)
오차역전파에서 계산 결과와 정답과의 오차를 통해 가중치를 수정하는데, 입력층으로 갈수록 기울기가 작아져 가중치들이 업데이트되지 않아 최적의 모델을 찾을 수 없는 문제이다.
계층(Layer)을 이동할 때마다 노드의 활성화 함수의 미분 값을 곱하게 되는데, 시그모이드 함수는 미분 값이 0~0.25로 입력층으로 갈수록 0에 가까워져 기울기가 사라져 가중치가 적용되지 않는다.

학습 POINT ★

딥러닝 알고리즘은 모두 중요합니다. 각각의 개념과 특징을 숙지하시길 권장합니다.

- 역전파 알고리즘은 출력층 → 은닉층 → 입력층으로 반복적으로 수행되며 최적화된 결과를 도출한다.

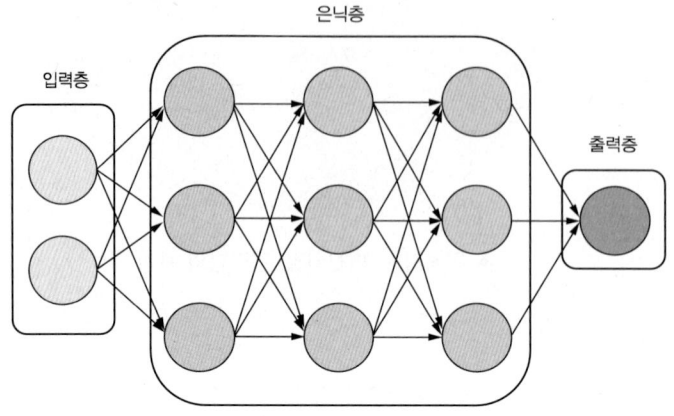

▲ DNN 알고리즘 구조

② **CNN 알고리즘** 기출

㉮ CNN(Convolution Neural Network; 합성곱 신경망) 알고리즘 개념

　CNN은 시각적 이미지를 분석하는 데 사용되는 심층신경망이다.

㉯ CNN 알고리즘의 구조

- 기존 영상처리의 필터 기능(Convolution)과 신경망(Neural Network)을 결합하여 성능을 발휘하도록 만든 구조이다.
- 필터 기능을 이용하여 입력 이미지로부터 특징을 추출한 뒤 신경망에서 분류작업을 수행한다.

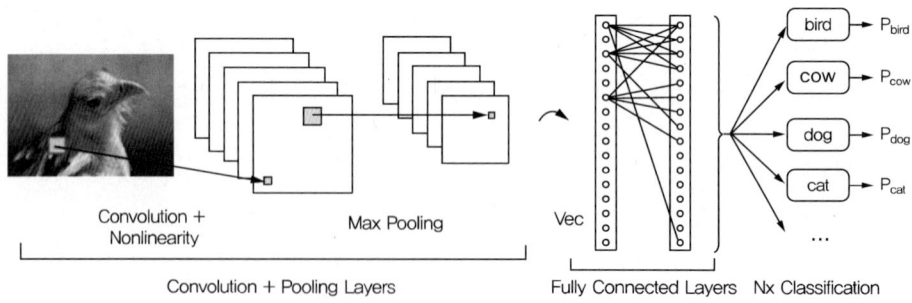

▲ CNN 알고리즘의 구조

CNN 알고리즘

순서	알고리즘	설명
1	입력층 합성곱 (Convolution) 연산	• 사용자가 입력한 이미지에서 필터를 이용하여 특징(Feature)을 추출한 피처 맵을 구성함
2	피처 맵(Feature Maps)에서 서브샘플링(Sub-Sampling) 연산	• 피처 맵에서 서브샘플링 연산을 통해 화면의 크기를 줄임 • 최대 풀(Max Pool), 최소 풀(Min Pool), 평균 풀 연산을 수행 예) 최대 풀(Max Pool) • ■색에서 가장 큰 값인 6을 선택 • ■색에서 가장 큰 값인 8을 선택 • ■색에서 가장 큰 값인 3을 선택 • ■색에서 가장 큰 값인 4를 선택
3	피처 맵에서 합성곱, 서브샘플링을 반복 연산	• 반복 연산을 통해 최적화된 피처 맵을 구성
4	완전연결계층에서 다층 신경망을 이용하여 분류 수행	• 피처 맵을 완전연결 계층의 다층 신경망(MLP; Multi Layer Perceptron) 입력값으로 사용함 • 2차원의 이미지를 1차원 행렬이 되도록 한 후 신경망의 입력에 하나씩 매핑을 수행함 • 최종적으로 분류 과정을 수행하여 Softmax 함수를 이용하여 결과를 확률로 분류

> **잠깐! 알고가기**
>
> **피처 맵(Feature Maps)**
> 이미지 추출 시, 왜곡, 변형 같은 환경 변화에 잘 적응하는 강인한 특징을 유도한 2차원 맵이다.
>
> **서브샘플링(Sub-Sampling)**
> 출력값에서 일부분만을 선택하여 크기를 축소하는 기법이다. 이 과정을 풀링(Pooling) 또는 서브샘플링(Sub-Sampling)이라고 한다. 풀링 기법 중에서는 정해진 구역 안에서 가장 큰 값만 선택하는 최대 풀(Max Pool)을 많이 사용한다.
>
> **완전연결계층 (Fully Connected Layers)**
> 각 뉴런이 다음 계층의 모든 뉴런에 연결된 다층 퍼셉트론이다.

ⓓ CNN Feature Map 계산 [기출]

스트라이드가 적용되었을 때 원본 이미지의 크기가 $n \times n$, 스트라이드가 s, 패딩이 p, 필터가 $f \times f$일 때 피처 맵의 크기는 다음과 같다.

$$\text{Feature Map} = \left(\frac{n+2p-f}{s}+1, \frac{n+2p-f}{s}+1\right)$$
$$= \left(\frac{n+2p-f}{s}+1\right) \times \left(\frac{n+2p-f}{s}+1\right)$$

> **잠깐! 알고가기**
>
> **스트라이드(Stride)**
> 지정된 간격으로 필터를 순회하는 간격을 의미한다.
>
> **패딩(Padding)**
> 이미지의 축소를 방지하기 위해 경곗값에 0인 픽셀을 덧대는 전처리 방식이다.
>
> **필터(Filter)**
> 이미지의 특징을 찾아내기 위한 공용 매개변수로, Kernel이라고도 불린다.

○ CNN Feature Map 구하기
- CNN에서 원본 이미지가 5*5에서 스트라이드가 1이고, 필터가 3*3일 때 피처 맵을 구해보자.
- 원본 이미지 n의 축이 모두 5이므로 $n=5$, 스트라이드는 1이므로 $s=1$, 필터의 축이 모두 3이므로 $f=3$, 패딩 p는 사용되지 않았으므로 $p=0$이다.

$$\text{Feature Map} = \left(\frac{5+0-3}{1}+1\right) \times \left(\frac{5+0-3}{1}+1\right) = 3 \times 3$$

- 따라서 (3, 3)이 피처 맵의 크기가 된다.

③ RNN 알고리즘 기출

㉮ RNN(Recurrent Neural Network) 알고리즘의 개념
- RNN은 입력층, 은닉층, 출력층으로 구성되며 은닉층에서 재귀적인 신경망을 갖는 알고리즘이다.
- 음성신호, 연속적 시계열 데이터 분석에 적합하다.
- 장기 의존성 문제와 기울기 소실문제가 발생하여 학습이 이루어지지 않을 수 있다.

㉯ RNN 알고리즘의 구조
- 입력층에서 전달받은 순차적인 데이터를 은닉층으로 전달하는 재귀적 구조이다.
- 확률적 경사 하강법, 시간 기반 오차역전파를 사용해서 가중치를 업데이트한다.

> **잠깐! 알고가기**
>
> **장기 의존성 문제**
> (Long-Term Dependency)
> 현재 노드 위치와 먼 과거 상태를 사용한 문맥 처리가 어려운 문제이다.
>
> **확률적 경사 하강법**(Stochastic Gradient Descent; SGD)
> 손실 함수의 기울기를 구하여, 그 기울기를 따라 조금씩 아래로 내려가 최종적으로는 손실 함수가 가장 작은 지점에 도달하도록 하는 알고리즘이다.
>
> **시간 기반 오차역전파**(Back Propagation Through Time)
> 역전파 알고리즘을 사용하여 모든 네트워크 매개변수와 관련하여 비용의 기울기를 찾는 방법이다.

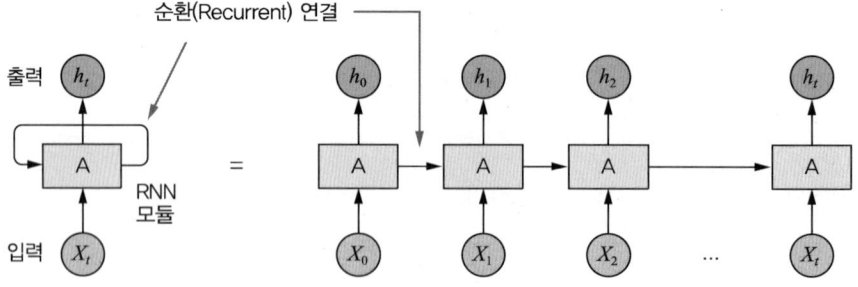

▲ RNN 알고리즘

㉓ 기울기 소실 및 폭발

◈ 기울기 소실 및 폭발

구분	내용
기울기 소실 (GV;Gradient Vanishing)	오차역전파 과정에서 입력층으로 갈수록 가중치에 따른 결과값의 기울기가 작아져 0에 수렴하는 문제
기울기 폭발 (GE;Gradient Exploding)	기울기가 점차 커지면서 가중치들이 비정상적으로 크게 업데이트되는 문제

㉔ 기울기 클리핑(Gradient Clipping)
- 기울기 클리핑은 기울기 폭발을 막기 위해 일정 임계값을 넘어서지 못하게 기울기 값을 자르는 방법이다.

④ LSTM 기출

㉮ LSTM(Long Short-Term Memory) 개념
- LSTM은 RNN의 장기의존성 문제(Long-term Dependencies)를 보완하기 위해 설계한 신경망 알고리즘이다.

㉯ LSTM 구조
- LSTM은 입력 게이트, 망각 게이트, 출력 게이트로 구성된다.

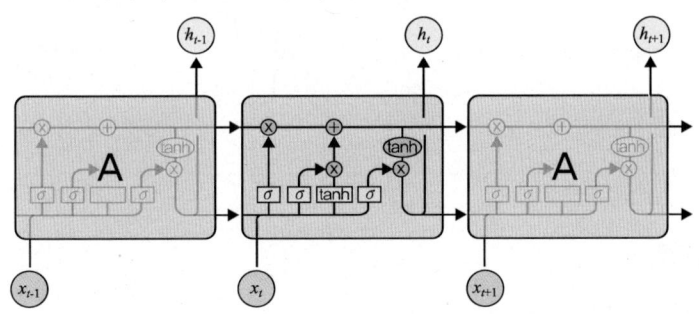

단계	상태	개념도	내용
1	Cell State		정보가 바뀌지 않고 그대로 전달

단계	상태	개념도	내용
2	Forget Gate	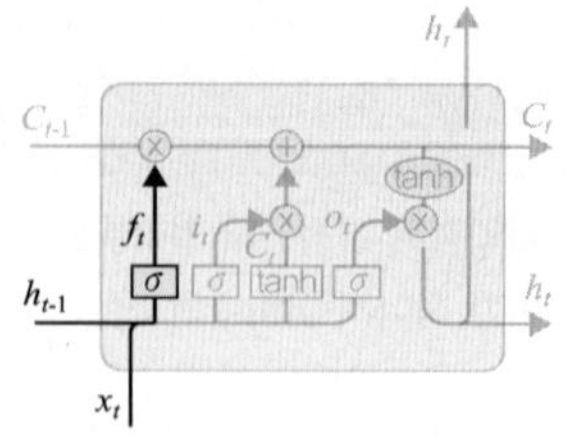	시그모이드 결과가 1이면 보존하고 0이면 버림
3	Input Gate	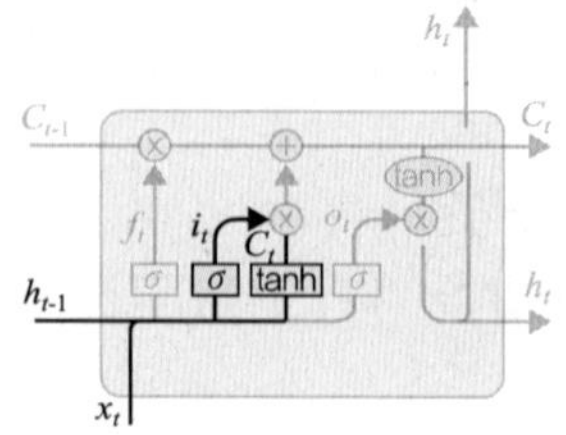	새로운 정보 중 어떤 값을 Cell State에 저장할 것인지 정함
4	Cell State Update	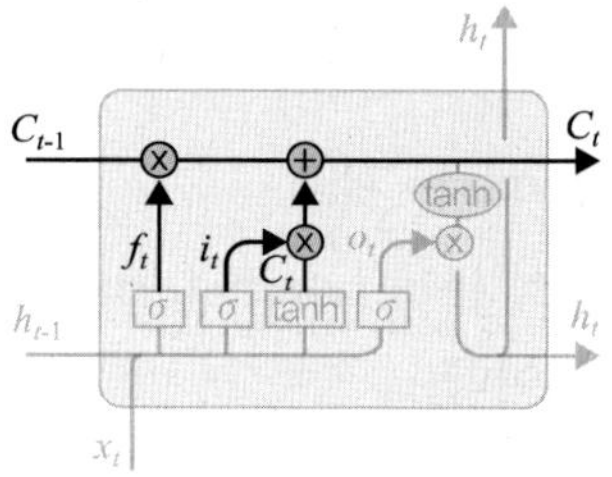	Cell 업데이트 진행
5	Output Gate	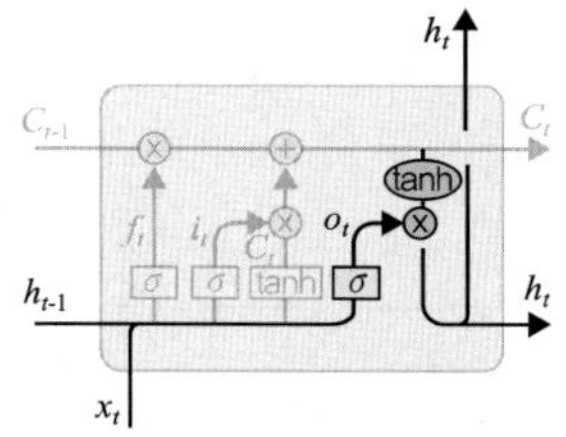	Output 정함

⑤ GRU 기출

㉮ GRU(Gated Recurrent Unit) 개념

- GRU는 LSTM(Long Short-Term Memory) 네트워크를 개선하기 위한 모델로 RNN의 장기의존성 문제(Long-term Dependencies)를 해결한 신경망 모형이다.

㉯ GRU 구조

- GRU는 리셋 게이트(Reset Gate)와 업데이트 게이트(Update Gate)라는 두 개의 게이트를 사용하여 동작한다.

◈ GRU 구조

구분	설명
리셋 게이트 (Reset Gate)	이전 상태의 정보를 얼마나 잊어야 하는지 결정하는 역할을 하는 게이트
업데이트 게이트 (Update Gate)	이전 상태의 정보를 얼마나 가져와야 할지 결정하는 역할을 하는 게이트

⑥ 오토인코더 알고리즘 〈기출〉

㉮ 오토인코더(Autoencoder) 알고리즘의 개념

- 오토인코더는 입력 데이터를 최대한 압축 시킨 후, 압축된 데이터를 다시 본래의 입력 형태로 복원시키는 신경망이다.

㉯ 오토인코더 알고리즘의 구조

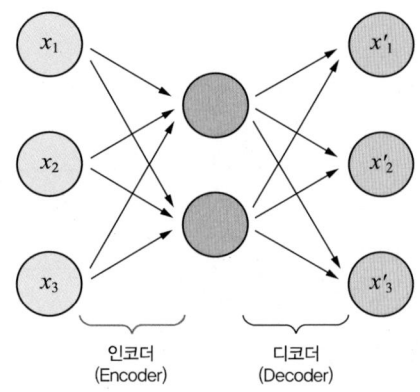

- 오토인코더 알고리즘은 인코더(Encoder)와 디코더(Decoder)로 구성된다.

구분	내용
인코더(Encoder)	인지 네트워크라고도 하며, 입력을 내부 표현으로 변환
디코더(Decoder)	생성 네트워크라고도 하며, 내부 표현을 출력으로 변환

㉰ 오토인코더 특징

- 비지도 학습 신경망이다.
- 인코더는 차원 축소 역할을 한다.
- 디코더는 생성 모델의 역할을 한다.
- 입력층의 노드 개수는 출력층의 노드 개수와 동일하다.
- 은닉층의 노드 개수는 입력층의 노드 개수보다 작다.

> **잠깐! 알고가기**
>
> 인지 네트워크
> (Recognition Netowkr)
> 패턴을 감지하고 의미를 부여하는 특수화된 네트워크이다.
>
> 생성 네트워크
> (Generative Network)
> 입력 데이터와 매우 유사한 새로운 데이터를 생성할 수 있는 네트워크이다.

⑦ GAN 기출

㉮ GAN(Generative Adversarial Network; 생산적 적대 신경망) 개념
- GAN은 생성자(Generator)와 판별자(Discriminator)가 경쟁하면서 학습하는 방식의 딥러닝 알고리즘이다.

㉯ GAN 구성요소
- GAN은 생성자, 판별자가 있다.

⊛ GAN 구성요소

구성요소	설명
생성자(Generator)	랜덤한 노이즈(잡음)를 입력으로 받아 가짜 데이터를 생성하는 요소
판별자(Discriminator)	입력으로 들어온 데이터가 진짜인지 가짜인지 구분하는 요소

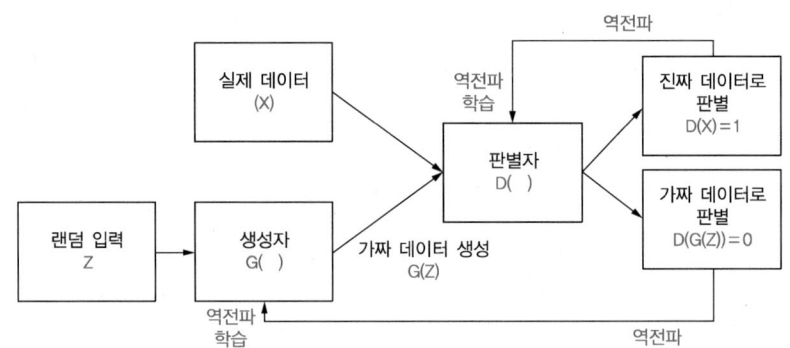

㉰ GAN 동작 절차

⊛ GAN 동작 절차

순서	절차	설명
1	판별자 훈련	• 판별자는 실제 데이터를 "진짜"로, 생성자가 만든 가짜 데이터를 "가짜"로 분류하는 법을 학습 • 진짜에 가까울수록 판별 값인 D( )는 1에 가까워지고, 가짜에 가까울수록 판별 값인 D( )는 0에 가까워짐
2	생성자 훈련	• 생성자는 판별자를 속일 수 있는 데이터를 생성하기 위해 학습 • 판별자가 가짜 데이터를 진짜로 분류하도록 만드는 것이 목표
3	반복	• 판별자가 데이터를 진짜로 판별하면 역전파를 통해 판별자를 학습시키고, 판별자가 데이터를 가짜로 판별하면 역전파를 통해 생성자를 학습 • 판별자와 생성자가 경쟁적으로 학습하면서 가짜 데이터가 점점 실제 데이터와 유사해짐

⑧ 트랜스포머 [기출]

㉮ 트랜스포머(Transformer) 개념
- 트랜스포머는 문장 속 단어와 같은 순차 데이터 내의 관계를 추적해 맥락과 의미를 학습하는 신경망 모델이다.
- RNN(Recurrent Neural Network)을 탈피하고 Seq2Seq의 인코더-디코더 모델과 셀프 어텐션(Self-Attention) 구조로 구현한 자연어 처리 모델이다.

㉯ 트랜스포머 구성요소
- 트랜스포머의 각 구성요소를 비교하면 다음과 같다.

항목	셀프 어텐션 (Self Attention)	멀티헤드 셀프 어텐션 (Multi Head Self Attention)	포지셔널 인코딩 (Positional Encoding)
목적	각 단어의 중요도를 계산하는 기법	각 단어가 다른 단어와 다양한 관계를 고려하여 중요도를 계산하는 기법	각 단어의 위치 정보 고려하여 중요도를 계산하는 기법
장점	순차 데이터 처리 시 각 단어의 위치 정보 고려 가능	각 단어가 다른 단어와 다양한 관계 고려 가능	Self Attention 또는 Multi Head Attention의 성능 향상
단점	연산량이 많아 학습 시간이 오래 걸릴 수 있음	연산량이 Self Attention에 비해 많음	학습이 어려울 수 있음

⑨ Seq2Seq [기출]

㉮ Seq2Seq(Sequence-to-Sequence)의 개념
- Seq2Seq는 한 시퀀스를 다른 시퀀스로 변환하는 작업을 수행하는 딥러닝 모델이다.
- 주로 자연어 처리(NLP) 및 기계 번역과 같은 분야에서 활용된다.
- Seq2Seq는 초기에는 RNN을 기반으로 구성되었지만, 현재는 주로 어텐션(Attention)이나 트랜스포머(Transformer)와 같은 아키텍처가 사용되어 성능이 향상되었다.

㉯ Seq2Seq 구성
- Seq2Seq는 인코더(Encoder)와 디코더(Decoder)로 구성된다. (Encoder-Decoder 모델이라고도 한다.)

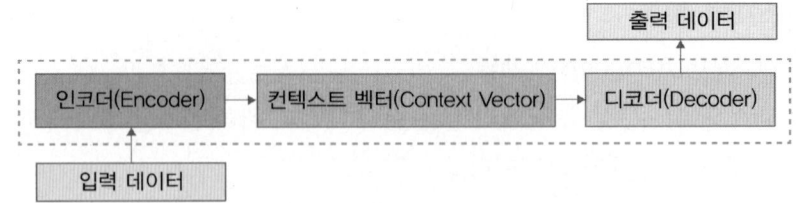

▲ Seq2Seq 구성

◉ Seq2Seq 구성

구성	설명
인코더 (Encoder)	• 입력 시퀀스의 각 요소를 순차적으로 처리하면서 중요한 정보를 추출하고 이를 고정된 차원의 벡터로 변환하는 구조 • 입력된 시퀀스를 고정된 크기의 벡터로 압축
디코더 (Decoder)	• 인코더에서 생성된 문맥 벡터를 초기 상태로 받아 출력 시퀀스를 생성하는 구조 • 인코더로부터 받은 압축된 정보를 반환

⑩ ElMo(Embeddings from Language Model) 기출
- ElMo는 자연어 처리 분야에서 사용되는 언어 모델이다.
- 사전에 훈련된 언어 모델(Pre-trained Language Model)을 사용한다.
- 양방향 언어 모델인 BiLM(Bi-directional Language Model)을 적용하여 문맥을 반영하는 워드 임베딩 기법이다.
- 대표적으로 BERT와 GPT가 사용된다.

㉮ BERT(Bidirectional Encoder Representations from Transformers)
- BERT는 2018년 11월 구글이 공개한 언어 모델로 트랜스포머에서 인코더만 사용한 모델이다.
- BERT를 이용한 자연어 처리는 2단계로 진행된다.
- 대용량 언어를 학습하는 Pre-Training 단계와 이를 파인 튜닝(Fine-Tuning)하여 여러 개의 자연어를 처리하는 단계로 진행된다.

㉯ GPT(Generative Pre-trained Transformer)
- GPT는 머신러닝을 통해 대형의 데이터를 미리 학습(Pre-trained)하여 이를 문장으로 생성(Generative)할 수 있는 인공 신경망이다.
- GPT는 미국의 인공지능 단체 오픈AI가 2018년 선보인 대형 언어 모델(LLM; Large Language Model)이다.

6 비정형 데이터 분석 ★★

(1) 비정형 데이터 분석의 개념

비정형 데이터 분석은 비정형 데이터 안에서 체계적인 통계적 규칙이나 패턴을 탐색하고 이를 의미 있는 정보로 변환함으로써 기업의 의사결정에 적용하는 분석 기법이다.

(2) 비정형 데이터 분석 기법

대표적인 비정형 데이터 분석 기법으로 텍스트 마이닝, 오피니언 마이닝, 웹 마이닝, 사회 연결망 분석이 있다.

비정형 데이터 분석 기법

기법	설명
텍스트 마이닝 (Text Mining)	• 텍스트 형태로 이루어진 비정형 데이터들을 자연어 처리 방식을 이용해 정보를 추출하는 기법 • 비정형화된 문서에서 정보를 습득 가능
오피니언 마이닝 (Opinion Mining)	• 주관적인 의견이 포함된 데이터에서 사용자가 게재한 의견과 감정을 나타내는 패턴을 분석하는 기법 • 긍정, 부정, 중립으로 선호도를 판별
웹 마이닝 (Web Mining)	• 웹에서 발생하는 고객의 행위 분석과 특성 데이터를 추출, 정제하여 의사결정에 활용하기 위한 기법
사회 연결망 분석 (SNA; Social Network Analysis)	• 그룹에 속한 사람들 간의 네트워크 특성과 구조를 분석하고 시각화하는 분석 기법

(3) 텍스트 마이닝

① 텍스트 마이닝(Text Mining)의 개념

텍스트 마이닝은 텍스트 형태로 이루어진 비정형 데이터들을 자연어 처리 방식을 이용해 정보를 추출하는 기법이다.

사람들의 말하는 언어를 이해할 수 있는 자연어 처리 기술에 기반한다.

② 텍스트 마이닝 절차

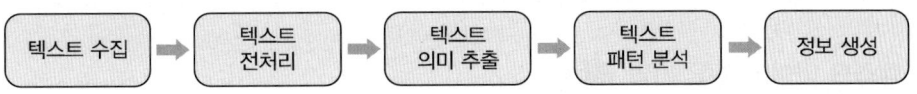

▲ 텍스트 마이닝 절차

> **학습 POINT ★**
>
> 텍스트 마이닝은 비정형 데이터 분석에서 가장 중요한 기법 중 하나입니다. 기본 개념, 기능을 잘 알아두시길 권장합니다!

> **잠깐! 알고가기**
>
> 자연어 처리(NLP; Natural Language Processing)
> 인간이 이해할 수 있는 언어를 기계가 이해할 수 있게 하는 기술이다.

◉ 텍스트 마이닝 절차

단계	절차	설명
1	텍스트 수집	• 데이터베이스, 텍스트 기반 문서 등이 수집 대상
2	데이터 전처리	• 문서 내 표현된 단어, 구, 절에 해당하는 내용을 가공할 수 있는 데이터로 변환하는 작업 • 크롤링 등으로 데이터 추출 후 HTML 태그나 XML 문법을 제거하는 작업(Text 레벨 전처리) • 마침표, 문장 부호를 사용하여 문장 구분하는 작업 수행(Sentence 레벨 전처리) • 문장 토큰화 / 파싱, 불용어 제거, 어간 추출 작업(Token 레벨 전처리) | 문장 토큰화 / 파싱 | 텍스트의 단어, 어절을 분리하는 작업 | | 불용어 (Stopword) 제거 | 의미없는 단어(the, of 등) 제거 | | 어간(Stemming) 추출 | 단어들에서 공통 음절을 뽑아내는 작업 |
3	의미 추출	• 복잡한 의미정보의 표현을 단순화 • 도메인에 적합한 정보를 문서의 의미 데이터로 저장
4	패턴 분석	• 의미 데이터를 기반으로 문서를 자동으로 군집화 및 분류
5	정보 생성	• 시각화 도구를 통해 효과적으로 정보를 표현

③ **텍스트 마이닝의 기능**

텍스트 마이닝의 기능으로 정보 추출, 문서 요약, 문서 분류, 문서 군집화 등이 있다.

◉ 텍스트 마이닝의 기능

기능	설명
정보 추출 (Extraction)	• 일반적인 텍스트 문서로부터 사용자가 원하는 정보를 추출하는 작업 • 원하는 정보를 문장의 형식이나 사용자가 이전에 미리 정의한 질의 포맷에 맞추어서 추출
문서 요약 (Summarization)	• 정보 추출에서 더 나아가 문서에서 다룬 중요 내용을 글로 요약하는 기법
문서 분류 (Classification)	• 키워드에 따라 문서를 분류하는 기법으로서 주어진 키워드 집합에 따라 해당 카테고리로 분류
문서 군집화 (Clustering)	• 문서를 분석해 동일 내용의 문서들을 묶는 기법

④ **텍스트 마이닝 주요 기법** 기출

㉮ 워드 클라우드(Word Cloud)

• 워드 클라우드는 자연어 처리를 통해 사람들의 관심사 또는 빈도수를 단순 카운트하여 시각화하는 방법이다.

㉯ n-gram 모델
- n-gram은 카운트에 기반한 통계적 접근을 사용하고 있는 모델이다.
- n-gram은 이전에 등장한 모든 단어를 고려하는 것이 아니라 일부 단어만 고려하는 접근 방법을 사용한다.
- n-gram은 n개의 연속적인 단어 나열을 의미한다.
- n-gram의 n은 일부 단어를 고려하기 위한 임의의 개수를 정하기 위해서 사용한다.
- 말뭉치에서 n개의 단어 뭉치 단위로 끊어서 이를 하나의 토큰으로 간주한다.
- 문서 또는 문장을 벡터로 변환해서 자연어 처리의 여러 응용 분야에 활용할 수 있다.

> 예) 다음 단어를 예측해야 하는 오타 교정 분야에 활용

㉰ 워드 임베딩(Word Embedding)
- 워드 임베딩은 각 단어를 인공 신경망 학습을 통해 벡터화하여 수치로 처리하는 방법이다.
- 텍스트를 컴퓨터가 이해하고, 효율적으로 처리하게 하기 위해서는 컴퓨터가 이해할 수 있도록 텍스트를 적절히 숫자로 변환해야 한다.
- 워드 임베딩의 대표적인 표현 방법은 BoW(Bag of Words), TF-IDF, Word2Vec 등이 있다.

㉱ BoW(Bag of Words)
- BoW는 단어들의 순서는 전혀 고려하지 않고, 단어들의 출현 빈도(Frequency)에만 집중하는 텍스트 데이터의 수치화 표현 방법이다.
- BoW 모델은 문서가 가지는 모든 단어를 문맥이나 순서를 무시하고 단어에 대한 빈도 값을 부여한 후 피처 값으로 추출하는 방식이라고 할 수 있다.

> **잠깐! 알고가기**
> 희소 행렬(Sparse matrix)
> 문서 단어 행렬의 모든 행이 0이 아닌 값보다 0의 값이 더 많은 행렬이다.

- BoW 모델은 쉽고 빠른 구축, 문서의 특징을 잘 나타내어 여러 분야에서 활용도가 높지만, 문맥 의미 반영 문제와 희소 행렬 문제가 있다.

⑪ TF-IDF(Term Frequency-Inverse Document Frequency)

- TF-IDF는 정보 검색과 텍스트 마이닝에서 이용하는 가중치로, 여러 문서로 이루어진 문서 군이 있을 때 어떤 단어가 특정 문서 내에서 얼마나 중요한 것인지를 추출하는 기법이다.

ⓑ Word2Vec

> **잠깐! 알고가기**
> 원-핫 벡터(One-Hot Vector)
> 단어 집합의 크기를 벡터의 차원으로 하고, 표현하고 싶은 단어의 인덱스에 1의 값을 부여하고, 다른 인덱스에는 0을 부여하는 단어의 벡터 표현 방식이 원-핫 인코딩이고, 이렇게 표현된 벡터가 원-핫 벡터이다.

- Word2Vec은 단어 벡터 간 유의미한 유사도를 반영할 수 있도록 단어의 의미를 수치화할 수 있는 방법이다.
- Word2Vec은 단어를 벡터로 변환시켜 신경망 구조를 활용하여 그 단어의 원-핫 벡터를 입력으로 넣고 주변 단어의 원-핫 벡터값을 예측하는 방식으로 학습이 이루어진다.
- Word2Vec은 학습 속도도 빠를뿐더러 앞선 모델의 문제점인 "단어의 맥락"을 고려하므로 단어의 의미를 잘 파악해낸다고 할 수 있다.

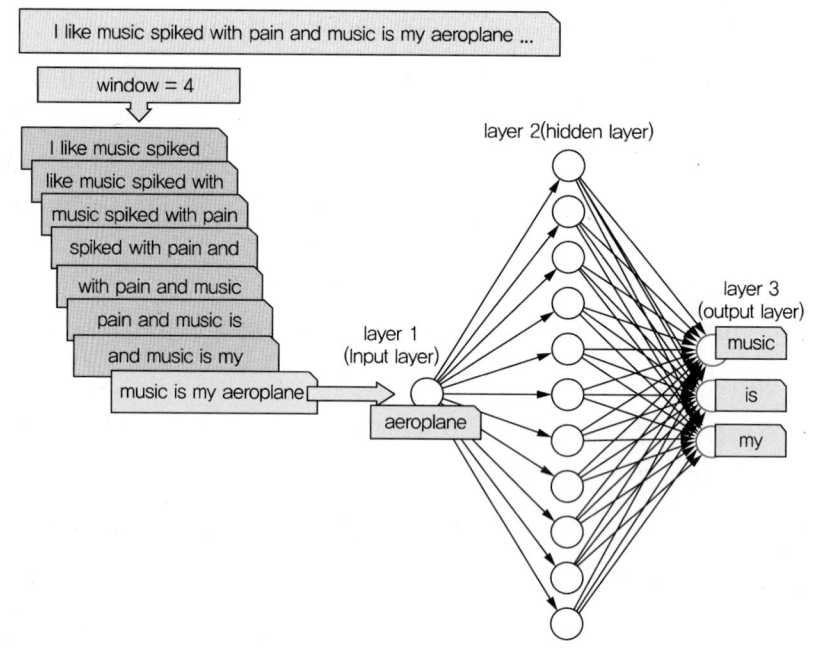

(4) 오피니언 마이닝

① **오피니언 마이닝(Opinion Mining)의 개념**

- 오피니언 마이닝은 주관적인 의견이 포함된 데이터에서 사용자가 게재한 의견과 감정을 나타내는 패턴을 분석하는 기법이다.

> **학습 POINT ★**
> 오피니언 마이닝은 감성 분석(Sentiment Analysis)으로도 불립니다.

- 사람들이 특정 제품 및 서비스를 좋아하거나 싫어하는 이유를 분석하여 여론이 실시간으로 어떻게 변하는지 확인한다.

② **오피니언 마이닝 절차**

오피니언 마이닝의 절차로는 특징 추출, 문장 인식, 요약 및 전달 단계를 거친다.

◉ 오피니언 마이닝 절차

단계	절차	설명
1	특징 추출	• 긍정 및 부정을 표현하는 단어 정보를 추출
2	문장 인식	• 세부 평가 요소와 오피니언으로 구성된 문장을 인식 • 규칙기반 방법, 통계기반 방법을 활용
3	요약 및 전달	• 긍정, 부정 표현의 통계, 주요 문장을 추출하여 요약 생성 • 오피니언 정보를 요약하고 사용자에게 전달

(5) 웹 마이닝

① **웹 마이닝(Web Mining)의 개념**
- 웹 마이닝은 데이터 마이닝 기법을 활용하여 웹상의 문서들과 서비스들로부터 정보를 자동으로 추출, 발견하는 기법이다.
- 정보 단위인 '노드'와 연결점인 '링크'를 활용한다.

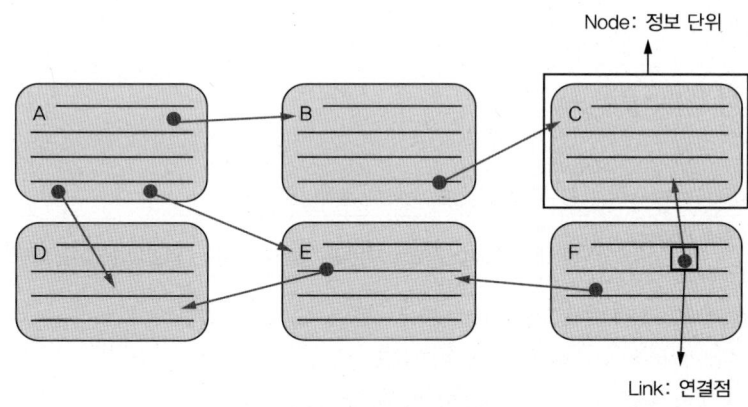

▲ 웹 마이닝의 개념

> 학습 POINT★
>
> 웹 마이닝은 상대적으로 중요도가 높지 않습니다. 가볍게 보고 넘어가시길 권장합니다.

② **웹 마이닝의 유형**

웹 마이닝의 유형으로는 웹 내용 마이닝, 웹 사용 마이닝, 웹 구조 마이닝 등이 있다.

⊗ 웹 마이닝의 유형

유형	설명
웹 내용 마이닝 (Web Contents Mining)	• 웹 사이트를 구성하는 페이지의 내용 중에서 유용한 정보를 추출 예) 텍스트, 이미지, 사운드 등
웹 사용 마이닝 (Web Usage Mining)	• 웹 로그를 통해 사용자의 행위 패턴을 분석하여 의미 있는 정보 추출 예) 사용자 프로파일, 페이지 접근 패턴 등
웹 구조 마이닝 (Web Structure Mining)	• 웹 사이트의 구조적인 요약 정보를 찾기 위한 기법 • 하이퍼링크를 통한 그래프의 구조적인 정보 이용 예) 웹 페이지, 하이퍼링크 등

(6) 사회 연결망 분석

① 사회 연결망 분석(SNA; Social Network Analysis)의 개념

SNA는 개인과 집단 간의 관계를 노드와 링크로 그룹에 속한 사람들 간의 네트워크 특성과 구조를 분석하고 시각화하는 분석 기법이다.

② 사회 연결망 분석 주요 속성

사회 연결망 분석 주요 속성으로는 응집력, 구조적 등위성, 명성, 범위, 중계 등이 있다.

⊗ 사회 연결망 분석 주요 속성

속성	설명
응집력(Cohesion)	행위자들 간 강한 사회화 관계의 존재
구조적 등위성 (Equivalence)	한 네트워크의 구조적 지위와 그 위치가 주는 역할이 동일한 사람들 간의 관계
명성(Prominence)	네트워크에서 누가 권력을 가지고 있는지 확인
범위(Range)	행위자의 네트워크 규모
중계(Brokerage)	다른 네트워크와 연결해주는 정도

③ 사회 연결망 분석 측정지표

SNA의 측정 지표는 시험에 나올 가능성이 있으므로 개념을 알고 가야 합니다. 특히 중심성은 반드시 알고 가세요!

⊗ 사회 연결망 분석 측정지표

측정지표	설명
연결 정도 (Degree)	• 노드 간의 총 연결 관계 개수를 의미 • 한 노드가 몇 개의 노드와 연결되어 있는지의 정도

측정지표	설명
포괄성 (Inclusiveness)	• 네트워크 내에서 서로 연결된 노드의 개수 • 전체 네트워크에서 연결되어 있지 않은 노드들을 제거하고 남은 노드의 개수
밀도 (Density)	• 네트워크 내에서 노드 간의 전반적인 연결 정도 수준을 나타내는 지표 • 연결망 내 전체 구성원이 서로 간에 얼마나 많은 관계를 맺고 있는지를 표현
연결 정도 중심성 (Degree Centrality)	• 특정 노드가 연결망 내에서 연결된 다른 노드들의 합 • 노드가 얼마나 많은 노드와 관계를 맺고 있는지를 파악
근접 중심성 (Closeness Centrality)	• 각 노드 간의 거리를 바탕으로 중심성을 측정하는 방식 • 직·간접적으로 연결되어 있는 모든 노드 간의 거리를 바탕으로 중심성을 측정
매개 중심성 (Betweenness Centrality)	• 네트워크 내에서 특정 노드가 다른 노드들 사이에 위치하는 정도를 나타내는 지표 • 네트워크 내에서 어디에 위치하는지를 파악함으로써 해당 노드의 영향력을 파악
위세 중심성 (Eigenvector Centrality)	• 자신의 연결 정도 중심성으로부터 발생하는 영향력과 자신과 연결된 타인의 영향력을 합하여 결정하는 방법

위세 중심성은 아이겐 벡터 중심성이라고도 불립니다.

7 앙상블 분석 ★★★

(1) 앙상블(Ensemble) 개념

- 앙상블은 여러 가지 동일한 종류 또는 서로 상이한 모형들의 예측/분류 결과를 종합하여 최종적인 의사결정에 활용하는 기법이다.

앙상블은 프랑스어로 '통일, 조화' 등을 나타내는 용어입니다.

(2) 앙상블의 특징

◉ 앙상블의 특징

특징	설명
높은 신뢰성 확보	다양한 모형의 예측 결과를 결합함으로써 단일 모형으로 분석했을 때보다 높은 신뢰성
정확도(Accuracy) 상승	이상값에 대한 대응력이 높아지고, 전체 분산을 감소시킴
원인 분석에 부적합	모형의 투명성이 떨어지게 되어 정확한 현상의 원인 분석에는 부적합

(3) 앙상블 알고리즘

- 앙상블 알고리즘은 주어진 자료로부터 여러 개의 예측 모형을 만든 후 예측 모형들을 조합하여 하나의 최종 예측 모형을 만드는 방법이다.

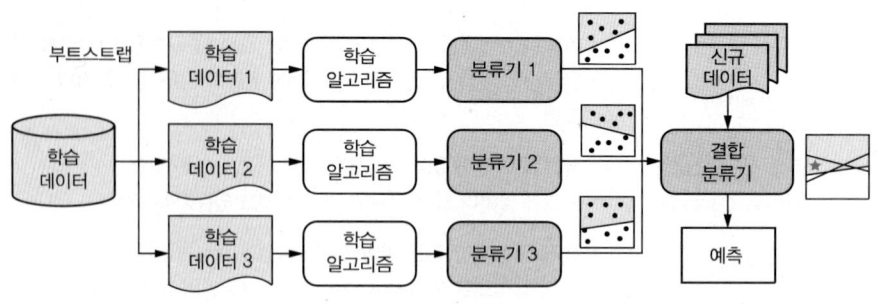

▲ 앙상블 알고리즘

- 앙상블 알고리즘은 여러 개의 학습 모델을 학습하고 투표를 통해 최적화된 예측을 수행하고 결정한다.

(4) 앙상블 학습 절차

앙상블 학습 절차는 도출 및 생성, 집합별 모델 학습, 결과 조합, 최적 의견 도출로 진행된다.

 앙상블 학습 절차

순서	학습 절차	설명
1	도출 및 생성	학습용 데이터에서 여러 학습 집합들을 도출
2	집합별 모델 학습	각 집합으로부터 모델을 학습
3	결과 조합	각 학습 모델로부터의 결과를 조합
4	최적 의견 도출	학습된 모델들의 최적 의견을 도출

(5) 앙상블 기법의 종류

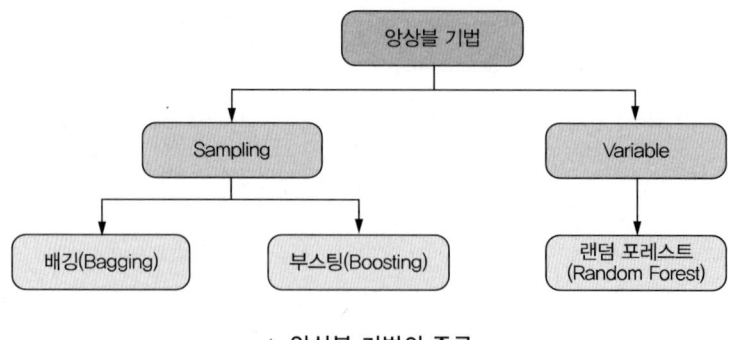

▲ 앙상블 기법의 종류

> **학습 POINT ★**
>
> 앙상블 기법의 배깅, 부스팅, 랜덤포레스트 모두 빈출 가능성이 높은 개념입니다. 집중력 잃지 마시고 계속 봐주시길 권장합니다!

① 배깅 기출

㉮ 배깅(Bagging; Bootstrap Aggregating)의 개념
- 배깅은 학습용 데이터에서 다수의 부트스트랩 자료를 생성하고, 각 자료를 모델링한 후 결합하여 최종 예측 모형을 만드는 알고리즘이다.

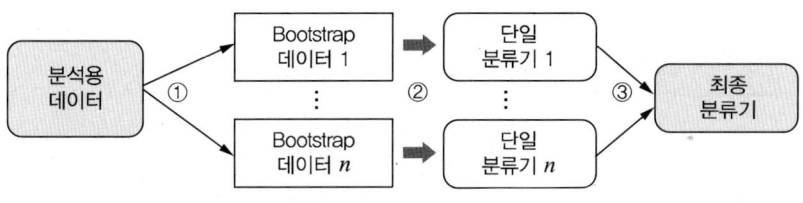

▲ 배깅 기법 개념도

㉯ 배깅 기법 절차

❤ 배깅 기법 절차

순서	절차	설명
1	부트스트랩 데이터 추출	분석 데이터로부터 n개의 부트스트랩 데이터 추출(동일 크기)
2	단일 분류기 생성	부트스트랩 데이터에 적합한 모델을 적용하여 n개 단일 분류기 생성
3	최종 모델 결정	n개의 단일 분류기 중 다수결(Majority Voting) 또는 평균(Average)을 통해 최종 모델 결정

범주형 변수	다수결(Majority Voting)
연속형 변수	평균(Average)

- 보팅은 여러 개의 모형으로부터 산출된 결과를 다수결에 의해서 최종 결과를 선정하는 과정이다.
- 최적의 의사결정나무를 구축할 때 가장 어려운 부분이 가지치기(Pruning)이지만 배깅에서는 가지치기를 하지 않고 최대한 성장한 의사결정나무들을 활용한다.
- 실제 현실에서는 학습 자료의 모집단 분포를 모르기 때문에 평균 예측 모형을 구할 수 없기 때문에 배깅은 이러한 문제를 해결하기 위해 훈련자료를 모집단으로 생각하고 평균 예측 모형을 구하여 분산을 줄이고 예측력을 향상시킬 수 있다.

② 부스팅 기출

㉮ 부스팅(Boosting)의 개념
- 부스팅은 잘못 분류된 개체들에 가중치를 적용, 새로운 분류 규칙을 만들고, 이 과정을 반복해 최종 모형을 만드는 알고리즘이다.

학습 POINT ★

배깅(Bagging)은 병렬적으로 학습하고, 부스팅(Boosting)은 순차적으로 학습합니다.

잠깐! 알고가기

부트스트랩(Bootstrap)
주어진 자료에서 동일한 크기의 표본을 랜덤 복원추출로 뽑은 자료이다.

잠깐! 알고가기

보팅(Voting)
여러 개의 머신러닝 알고리즘 모델을 학습시킨 후 새로운 데이터에 대해 각 모델의 예측 값을 가지고 다수결 투표를 통해 최종 클래스를 예측하는 기법이다.

학습 POINT ★

부스팅 기법의 개념도와 특징을 보면서 배깅과 부스팅의 차이를 명확히 하고 넘어가시길 권장합니다.

- 예측력이 약한 모형(Weak Learner)들을 결합하여 강한 예측 모형을 만드는 방법이다.

> **학습 POINT ★**
> 배깅(Bagging)은 병렬적으로 학습하고 부스팅(Boosting)은 순차적으로 학습합니다.

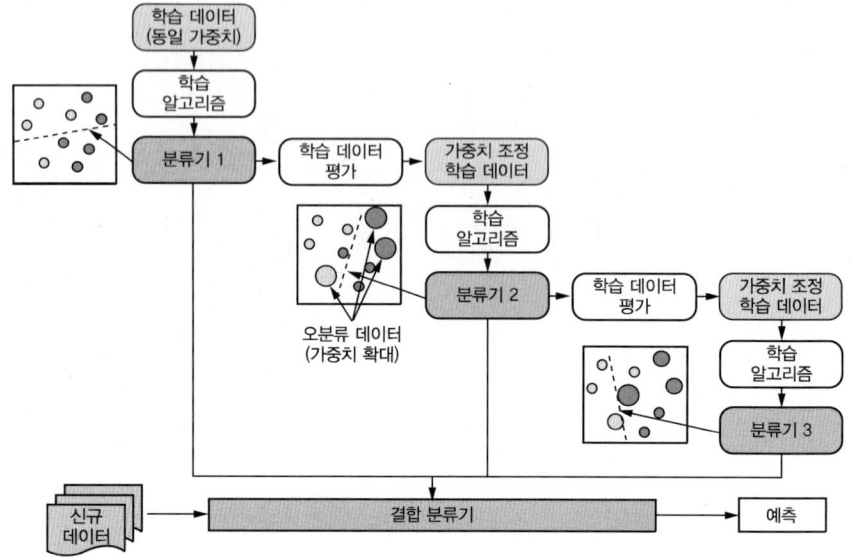

▲ 부스팅 기법 개념도

㉯ 부스팅 기법 절차

◈ 부스팅 기법 절차

순서	절차	설명
1	동일 가중치 분류기 생성	동일한 가중치의 분석 데이터로부터 분류기 생성
2	가중치 변경 통한 분류기 생성	이전 분석 데이터의 분류 결과에 따라 가중치 변경을 통해 분류기 생성
3	최종 분류기 결정	목표하는 정확성이 나올 때까지 N회 반복 후 최종 분류기 결정

㉰ 부스팅 기법 주요 알고리즘

◈ 부스팅 기법 주요 알고리즘

알고리즘	설명
AdaBoost (Adaptive Boost)	잘못 예측한 데이터에 가중치를 부여하여 오류를 개선하는 알고리즘
GBM (Gradient Boost Machine)	경사 하강법(Gradient Descent)을 이용하여 가중치를 업데이트함으로써 최적화된 결과를 얻는 알고리즘

> **학습 POINT ★**
> 앙상블 기법과 알고리즘을 묻는 문제가 출제 되었습니다. 부스팅-GBM이 출제되었으니 잘 알아두시기를 권장합니다.

㉰ 부스팅 기법의 특징
- 부스팅 방법 중 AdaBoost는 이진 분류 문제에서 랜덤 분류기보다 조금 더 좋은 분류기 n개에 각각 가중치를 설정하고 n개의 분류기를 결합하여 최종 분류기를 만드는 방법이다.
- 배깅에 비해 많은 경우 예측 오차가 향상되어 AdaBoost의 성능이 배깅보다 뛰어난 경우가 많다.

③ 랜덤 포레스트 기출

㉮ 랜덤 포레스트(Random Forest)의 개념
- 랜덤 포레스트는 의사결정나무의 특징인 분산이 크다는 점을 고려하여 배깅과 부스팅보다 더 많은 무작위성을 주어 약한 학습기들을 생성한 후 이를 선형 결합하여 최종 학습기를 만드는 방법이다.

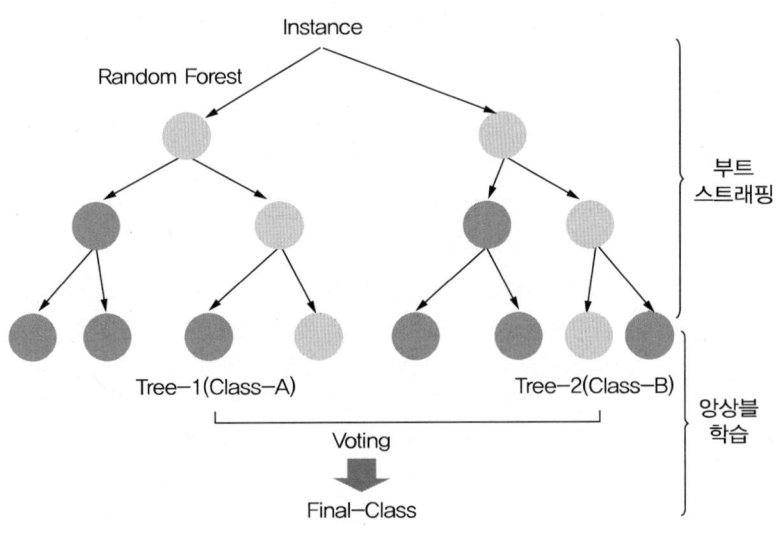

▲ 랜덤 포레스트

㉯ 랜덤 포레스트 특징 기출
- 학습을 통해 구성해 놓은 다수의 나무들로부터 투표를 통해 분류 결과를 도출한다.
- 분류기를 여러 개 쓸수록 성능이 좋아진다.
- 트리의 개수가 많을수록 과대적합(Overfitting) 문제를 피할 수 있다.
- 여러 개의 의사결정 트리가 모여서 랜덤 포레스트 구조가 된다.

잠깐! 알고가기

무작위성(Randomness)
- 무작위성은 사건에 패턴이나 예측 가능성이 없는 것을 말한다.
- 무작위성은 인위적인 요소가 없는 성질, 규칙성이 없는 성질을 의미한다.

학습 POINT ★

랜덤 포레스트 특징에 대한 문제가 출제되었습니다. 설명을 유심히 보고 다른 기법과의 차이를 명확히 알아두시길 권장합니다!

잠깐! 알고가기

분류기(Classifier)
주어진 데이터를 부류(클래스, 카테고리 등)에 속하는지를 판단하는 프로그램

㉢ 랜덤 포레스트 절차

※ 랜덤 포레스트 절차

순서	절차	설명
1	데이터 추출	분석 데이터로부터 N개의 부트스트랩 데이터 추출
2	대표 변수 샘플 도출	N개의 분류기를 훈련 후 대표 변수 샘플 도출
3	Leaf Node로 분류	대표 변수 샘플들을 의사결정나무의 Leaf Node로 분류
4	최종 모델 결정	Leaf Node들의 선형 결합으로 최종 모델 결정

- 수천 개의 변수를 통해 변수 제거 없이 실행되므로 정확도 측면에서 좋은 성과를 보인다.
- 이론적 설명이나 최종 결과에 대한 해석이 어렵다는 단점이 있지만, 예측력이 매우 높다.
- 입력변수가 많은 경우, 배깅과 부스팅과 비슷하거나 좋은 예측력을 보인다.

㉣ 랜덤 포레스트 주요기법

기법	설명
배깅을 이용한 포레스트 구성	• 부트스트랩을 통해 조금씩 다른 학습용 데이터에 대해 학습된 기초 분류기(Base Learner)들을 결합시키는 방법
임의노드 최적화 (Randomized Node Optimization)	• 분석에 사용되는 변수를 랜덤하게 추출하는 것으로서, 학습단계에서 훈련 목적 함수를 최대로 만드는 노드 분할 함수의 매개변수의 최적값을 구하는 과정 • 노드 분할 함수, 훈련 목적 함수, 임의성 정도로 구성 • 분석을 위해 준비된 데이터로부터 임의복원추출을 통해 여러 개의 학습용 데이터를 추출하고 각각 개별 학습을 시켜 트리를 생성하여 투표 또는 확률 등을 이용하여 최종목표변수를 예측

㉤ 랜덤 포레스트 주요 초매개변수

초매개변수	설명
포레스트 크기	• 총 포레스트를 몇 개의 트리로 구성할지를 결정하는 매개변수 • 포레스트가 작으면 트리들의 구성 및 테스트 시간이 짧은 대신, 일반화 능력이 떨어지는 반면, 포레스트의 크기가 크면 학습과 테스트 시간은 증가하지만, 포레스트 결괏값의 정확성 및 일반화 능력이 우수
최대 허용 깊이	• 하나의 트리에서 루트 노드부터 종단 노드까지 최대 몇 개의 노드(테스트)를 거칠 것인지를 결정하는 매개변수 • 최대 허용 깊이가 작으면 과소 적합(Under-Fitting)이 일어나고, 최대 허용 깊이가 크면 과대 적합(Over-Fitting)이 일어나기 때문에 적절한 값의 설정 필요
임의성 정도	• 임의성에 의해 서로 조금씩 다른 특성을 갖는 트리로 구성 • 임의성의 정도에 따라 비상관화 수준 결정

8 K-NN ★

(1) K-NN(K-최근접 이웃; K-Nearest Neighbor)의 개념
- K-NN은 새로운 데이터 클래스를 해당 데이터와 가장 가까운 k개의 데이터를 클래스로 분류하는 알고리즘이다.
- K-NN은 지도 학습(Supervised Learning)의 한 종류이다.

(2) K-NN의 특징

▼ K-NN의 특징

특징	설명
지도 학습	• 예측 변수에 따른 정답 데이터 제공
분류와 회귀 사용 가능	• K-NN은 분류와 회귀로 사용<table><tr><td>분류</td><td>다수가 속한 클래스로 분류</td></tr><tr><td>회귀</td><td>유사한 레코드들의 평균을 예측값으로 사용</td></tr></table>
수치형 예측 변수 사용	• 모든 예측 변수는 수치형이어야 함
예측 변수 표준화 필요	• 거리 기반의 모형이므로 예측 변수에 대한 표준화 필요
Lazy Model	• 학습 절차 없이 새로운 데이터 들어올 때 거리 측정 • Instance-based Learning이라고도 함
K값에 따른 다른 예측 결과	• K값에 따라 예측 결과가 달라짐

📢 개념 박살내기

🔗 **K-NN 알고리즘의 원리**

K-NN 알고리즘에서는 새로운 데이터의 클래스(범주)를 해당 데이터와 가장 가까이 있는 K개의 데이터를 클래스(범주)로 결정한다.

① 다음과 같이 6개의 기존 데이터 A~F와 1개의 신규 데이터 N이 있고, 주변에 있는 이웃의 개수를 K라고 한다.

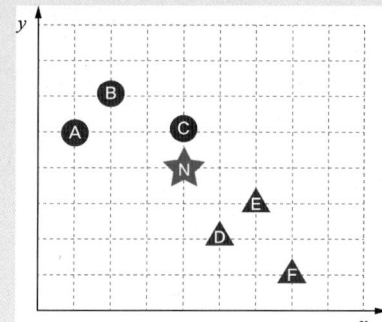

② K=1이라면, 거리가 첫 번째로 가까운 C를 보고 신규 데이터인 N을 동그라미 그룹으로 분류한다.

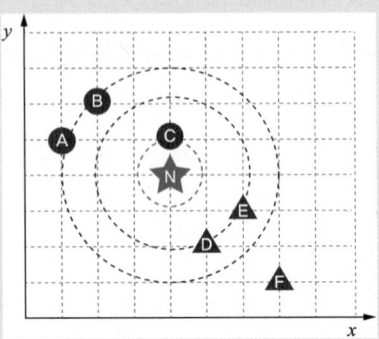

③ 하지만, 만약 K=3이라면 신규 데이터인 N과 거리가 세 번째로 가까운 C, D, E를 보고, N과 가장 가까운 이웃들이 주로 속해있는 클래스(범주)로 N을 분류한다. 이때 그룹이 나눠지면 다수결의 원칙에 따른다. 여기서는 1:2가 되어 N은 세모로 분류된다.

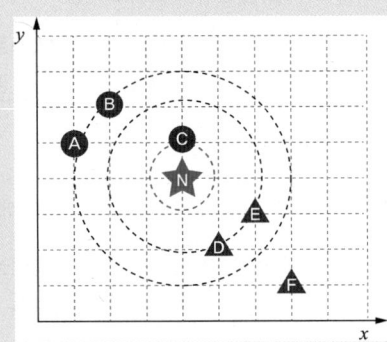

- 2개의 클래스로 분류하는 문제에서는 동률의 투표를 피할 수 있도록 k의 수를 홀수로 선택하는 것이 바람직하다.
- 하지만 3개 이상의 범주로 분류하는 문제에서는 분류될 범주와 데이터의 세부 값 등을 고려하여 적절한 k의 값을 설정해야 한다.

(3) 최적의 K 선택

- K의 선택은 학습의 난이도와 데이터의 개수에 따라 결정될 수 있으며, 일반적으로는 학습용 데이터 개수의 제곱근으로 설정한다.
- K를 너무 크게 설정하면 주변에 있는 점과의 근접성이 떨어져서 분류가 잘 이루어지지 않고 과소 적합이 발생할 수 있다.
- K를 너무 작게 설정하면 이상값, 잡음 데이터와 이웃이 될 가능성이 있으므로 적절한 K를 선택하는 것이 중요하다.

만일 학습 데이터에 100개의 값이 있을 때, K=100으로 설정하면 모든 값이 동일한 범주로 분류는 문제가 발생하고, 반면에 K를 너무 작게 설정할 경우, 주변의 다른 이웃들을 충분히 고려하지 못하고 아주 가까이 있는 점 하나에 민감하게 영향을 받기 때문에 과대 적합이 발생할 수 있다.

(4) K-NN의 장·단점

❖ K-NN의 장·단점

K-NN의 장점	K-NN의 단점
• 범주를 나눈 기준을 알지 못해도 데이터를 분류할 수 있음 • 입력 데이터만 주어지면 바로 예측값을 구할 수 있어서 다른 분류 모형과는 달리 학습 과정이 필요 없음 • 이해가 쉽고, 구현이 간단 • 추가된 데이터의 처리가 용이	• 다른 분류 모형과 달리 테스트 데이터의 개수에 따라 시간이 오래 걸림 • 학습 데이터 모두를 거리 계산에 사용하기 때문에 학습 데이터의 양도 계산 시간에 영향을 미침 • K의 값 결정이 어려움 • 수치형 데이터가 아니면 유사도를 정의하기 어려움 • 데이터 내에 이상치가 존재하면 분류 성능에 큰 영향을 받음

🔗 K-NN과 K-평균 군집 비교

항목	K-NN	k-평균 군집
유형	지도 학습(Supervised Learning)	비지도 학습(Unsupervised Learning)
k 의미	근접한 이웃의 수	클래스의 수
최적화 기법	Cross Validation, 혼동행렬	엘보우, 실루엣 기법
활용	분류 및 회귀	군집(Clustering)

지피지기 기출문제

01 딥러닝에 대한 설명으로 옳은 것은?

① 오차역전파를 사용한다.
② ReLU보다 Sigmoid를 사용한다.
③ 딥러닝은 각 은닉층의 가중치를 통해 모형의 결과를 해석하기 용이하다.
④ Dropout은 무작위 비율로 신경망을 제거한다.

해설
- Sigmoid는 기울기 소실 문제로 인해 ReLU와 같은 활성화 함수를 많이 사용한다.
- 딥러닝은 은닉층을 사용하여 결과에 대한 해석이 어렵다.
- Dropout은 일정한 비율을 가지고 무작위로 신경망을 제거한다.

02 다음 중에서 주성분 분석에 대한 설명으로 가장 적절하지 않은 것은?

① 여러 변수 간에 내재하는 상관관계, 연관성을 이용해 소수의 주성분으로 차원을 축소한다.
② 주성분 분석에서 누적 기여율이 70~90% 사이가 되는 주성분까지를 주성분의 수로 결정한다.
③ 데이터 간 높은 상관관계가 존재하는 상황에서 상관관계를 제거할 경우 분석이 어려워진다.
④ 스크리 산점도의 기울기가 완만해지기 직전까지 주성분의 수로 결정할 수 있다.

해설
- 데이터 간 높은 상관관계가 존재하는 상황에서 상관관계를 제거하여 분석의 용이성이 증가한다.
- 주성분 분석에서 누적 기여율이 70~90% 사이가 되는 주성분의 수로 결정한다.
- 스크리 산점도의 기울기가 완만해지기 직전까지 주성분의 수로 결정할 수 있다.

차원축소	여러 변수 간에 내재하는 상관관계, 연관성을 이용해 소수의 주성분 또는 요인으로 차원을 축소함으로써 데이터 이해가 용이
다중공선성 해결	비 상관도가 높은 변수들을 하나의 주성분 혹은 요인으로 축소하여 모형개발에 활용함

03 PCA에 대한 설명으로 옳지 않은 것은?

① 차원축소 시 변수 추출(Feature Extraction) 방법을 사용한다.
② Eigen Decomposition, Singular Value Decomposition을 이용한 행렬분해기법이다.
③ 상관관계가 있는 고차원 자료의 변동을 최대한 제거하는 기법이다.
④ PCA는 수학적으로 직교 선형 변환으로 정의한다.

해설 상관관계가 있는 고차원 자료를 자료의 변동을 최대한 보존하는 저차원 자료로 변환하는 차원축소 방법이다.

04 PCA에 대한 설명으로 옳지 않은 것은?

① 차원 축소는 고웃값이 낮은 순으로 정렬해서, 높은 고윳값을 가진 고유벡터만으로 데이터를 복원한다.
② 변동 폭이 작은 축을 선택한다.
③ 축들은 서로 직교되어 있다.
④ 주성분은 상관성이 높은 변수들을 요약, 축소하는 기법이다.

해설
- 차원축소 시 변수 추출(Feature Extraction) 방법을 사용한다.
- Eigen Decomposition, Singular Value Decomposition을 이용한 행렬분해기법이다.
- PCA는 수학적으로 직교 선형 변환으로 정의한다.
- PCA는 변동 폭이 큰 축을 선택한다.

05 다차원 척도법에 대한 설명으로 옳지 않은 것은?

① 개체들 사이의 유사성, 비유사성을 측정하여 2차원 또는 3차원 공간상에 점으로 표현하여 개체들 사이의 집단화를 시각적으로 표현하는 분석 방법이다.
② 공분산행렬을 사용하여 고윳값이 1보다 큰 주성분의 개수를 이용한다.
③ 스트레스 값이 0에 가까울수록 적합도가 좋다.
④ 유클리드 거리와 유사도를 이용하여 구한다.

해설
- 공분산행렬을 사용하여 고윳값이 1보다 큰 주성분의 개수를 이용하는 방법은 PCA이다.
- 스트레스 값은 0에 가까울수록 적합도 수준이 좋고, 1에 가까울수록 나쁘다.

06 CNN에서 원본 이미지가 5×5에서 Stride가 1이고, 필터가 3×3일 때 Feature Map은 무엇인가?

① (1, 1) ② (2, 2)
③ (3, 3) ④ (4, 4)

해설
- 필터는 이미지(Image)를 지정한 간격(Stride)으로 순회하면서 합성곱을 계산한다.
- 이미지는 5×5이고 Stride는 1이므로 필터(3×3)는 아래와 같이 계산한다.

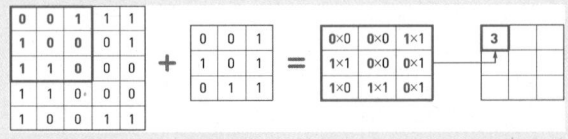

- 이미지에서 필터의 크기인 3×3을 이미지의 값과 계산을 하면 0×0 + 0×0 + 1×1 + 0×0 + 0×1 + 1×0 + 1×1 + 0×1을 계산한 3이 된다.

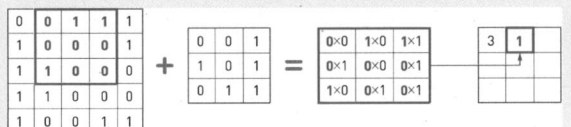

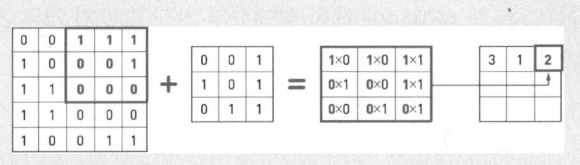

- 위와 같은 과정을 반복하여 3×3의 Feature Map을 계산한다.

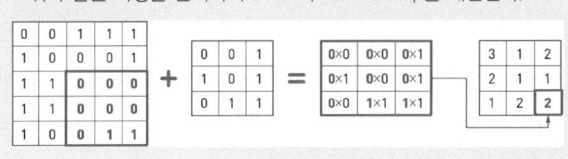

07 아래의 시계열 분해 그래프를 통하여 파악이 가능한 것이 아닌 것은 무엇인가?

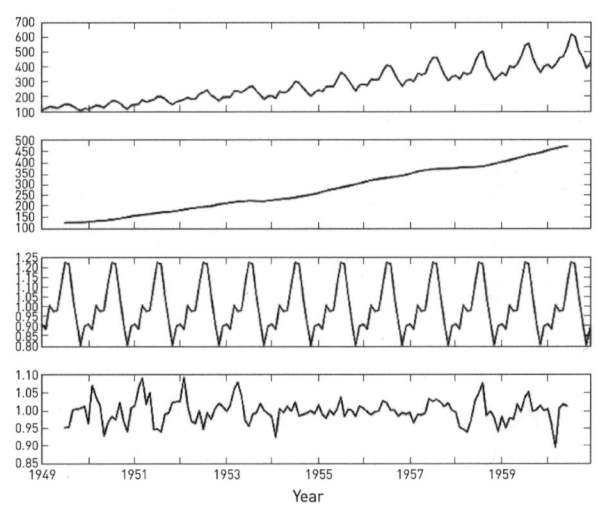

① 계절 ② 추세
③ 예측 ④ 잔차

해설 불규칙은 잔차에 해당된다.

시계열 구성요소	
추계순불	추세 / 계절 / 순환 / 불규칙

지피지기 기출문제

08 다음 중 ARIMA에 대한 설명으로 가장 알맞지 않은 것은?

① 자기회귀 누적 이동평균 모형이다.
② 차분이나 변환을 통해 AR모형이나 MA모형, ARMA 모형으로 정상화할 수 있다.
③ 현시점의 자료를 유한개의 백색잡음의 선형결합으로 표현되어 항상 정상성을 만족한다.
④ ARIMA(p, d, q) 모형은 차수 p, d, q가 있다.

해설 이동 평균 모형(Moving Average Model)은 현시점의 자료를 유한개의 백색 잡음의 선형 결합으로 표현되어 항상 정상성을 만족한다.

09 다음 중 시계열 모형으로 가장 알맞지 않은 것은 무엇인가?

① AR 모형
② MA 모형
③ ARIMA 모형
④ 로지스틱 회귀 모형

해설 시계열 모형으로는 자기 회귀(AR) 모형, 이동평균(MA) 모형, 자기 회귀 누적 이동평균(ARIMA) 모형이 있다.

시계열 모형	
자이누	자기 회귀 모형 / 이동 평균 모형 / 자기 회귀 누적 이동평균 모형

10 다음 중 시계열 구성요소로 가장 알맞지 않은 것은 무엇인가?

① 추세 요인
② 계절 요인
③ 순환 요인
④ 규칙 요인

해설

시계열 구성요소	
추계순불	추세 / 계절 / 순환 / 불규칙

11 다음 중 시계열 모형이 아닌 것은?

① 백색잡음
② 이항분포
③ 자기회귀
④ 이동평균

해설 ARIMA 차수에 따른 모형은 다음과 같다.

ARIMA(0,0,0)	백색잡음 모형
ARIMA(0,1,0)	확률 보행 모형
ARIMA(p,0,0)	자기 회귀 모형
ARIMA(0,0,q)	이동평균 모형

12 예측력이 약한 모형을 연결하여 강한 모형으로 만드는 기법으로 경사 하강법을 이용하고, 가중치를 업데이트 함으로써 최적화된 결과를 얻는 앙상블 기법과 알고리즘은?

① 배깅 – AdaBoost
② 배깅 – 랜덤 포레스트
③ 부스팅 – 랜덤 포레스트
④ 부스팅 – GBM

해설
- 배깅은 훈련 데이터에서 다수의 부트스트랩 자료를 주어진 자료에서 동일한 크기의 표본을 랜덤 복원추출로 뽑은 자료이며, 점가 중치를 주어 표본을 추출하는 기법은 부스팅이다.
- 앙상블 기법은 예측력이 약한 모형을 연결하여 강한 모형으로 만드는 기법이다.

앙상블 기법	주요 알고리즘	알고리즘 설명
배깅 (Bagging)	랜덤 포레스트	부트스트랩을 통해 조금씩 다른 훈련 데이터에 대해 훈련된 기초 분류기들을 결합시키는 알고리즘
부스팅 (Boosting)	AdaBoost (Adaptive Boost)	잘못 예측한 데이터에 가중치를 부여하여 오류를 개선하는 알고리즘
	GBM (Gradient Boost Machine)	경사 하강법(Gradient Descent)을 이용하여 가중치를 업데이트함으로써 최적화된 결과를 얻는 알고리즘

13 랜덤 포레스트에 대한 설명으로 적절하지 않은 것은?

① 훈련을 통해 구성해놓은 다수의 나무들로부터 투표를 통해 분류 결과를 도출한다.
② 분류기를 여러 개 쓸수록 성능이 좋아진다.
③ 트리의 수가 많아지면 Overfit 된다.
④ 여러 개의 의사결정 트리가 모여서 랜덤 포레스트 구조가 된다.

> **해설**
> - 의사결정나무가 트리의 수가 많아지면 Overfit이 될 수 있으며, 이 문제를 해결한 알고리즘이 랜덤 포레스트이다.
> - 랜덤 포레스트는 여러 개의 의사결정 트리를 모아놓은 구조이며, 훈련을 통해 다수의 나무들로부터 투표를 통해 분류 결과를 도출한다.
> - 랜덤 포레스트는 앙상블 기법으로 분류기를 여러 개 쓸수록 성능이 좋아진다.

14 다음 중 훈련 데이터에서 다수의 부트스트랩(Bootstrap) 자료를 생성하고, 각 자료를 모델링한 후 결합하여 최종 예측 모형을 만드는 앙상블 기법으로 가장 알맞은 것은?

① 배깅
② 부스팅
③ 보팅
④ 의사결정나무

> **해설** 앙상블 기법 중 다수의 부트스트랩 자료를 생성하여 각 자료를 모델링한 후 결합하여 최종 예측 모형을 만드는 기법은 배깅이다.
>
> | | |
> |---|---|
> | 배깅 | 학습 데이터에서 다수의 부트스트랩(Bootstrap) 자료를 생성하고, 각 자료를 모델링한 후 결합하여 최종 예측 모형을 만드는 알고리즘 |
> | 부스팅 | 잘못 분류된 개체들에 가중치를 적용, 새로운 분류 규칙을 만들고, 이 과정을 반복해 최종 모형을 만드는 알고리즘 |

15 다음 중 은닉층이 순환적으로 연결된 것은 무엇인가?

① CNN
② ANN
③ RNN
④ DNN

> **해설** RNN(Recurrent Neural Network)은 입력층, 은닉층, 출력층으로 구성되며 은닉층에서 재귀적인 신경망을 갖는 알고리즘으로 순환 신경망이라고도 한다.

16 다음 중 인공지능 적용 분야와 기법이 올바르게 주어진 것으로 가장 알맞은 것은?

(가) 음성 인식	(나) 필기체 인식
(다) 사진, 이미지, 영상	(라) 로봇 최적화

① (가) 순환 신경망, (나) 순환 신경망, (다) 순환 신경망, (라) 강화학습
② (가) 합성곱 신경망, (나) 강화학습, (다) 순환 신경망, (라) 순환 신경망
③ (가) 순환 신경망, (나) 순환 신경망, (다) 합성곱 신경망, (라) 강화학습
④ (가) 합성곱 신경망, (나) 강화학습, (다) 순환 신경망, (라) 순환 신경망

> **해설**
> - 순환 신경망(RNN)은 입력층, 은닉층, 출력층으로 구성되며 은닉층에서 재귀적인 신경망을 갖는 알고리즘으로 음성인식, 필기체 인식에 활용된다.
> - 합성곱 신경망(CNN)은 시각적 이미지를 분석하는 데 사용되는 심층 신경망이다.
> - 강화학습은 선택 가능한 행동 중 보상을 최대화하는 행동 혹은 행동 순서를 선택하는 학습 방법이다.

지피지기 기출문제

17 다음 중 심층신경망에 대한 설명으로 가장 알맞지 않은 것은 무엇인가?

① 은닉층이 1개 존재한다.
② 오차 역전파를 사용한다.
③ 시그모이드는 오차 역전파로 결과 해석이 어렵다.
④ 은닉층(Hidden Layer)를 심층(Deep)으로 구성한다.

해설 심층신경망(DNN) 알고리즘은 입력층, 다수의 은닉층, 출력층으로 구성되어 있다.

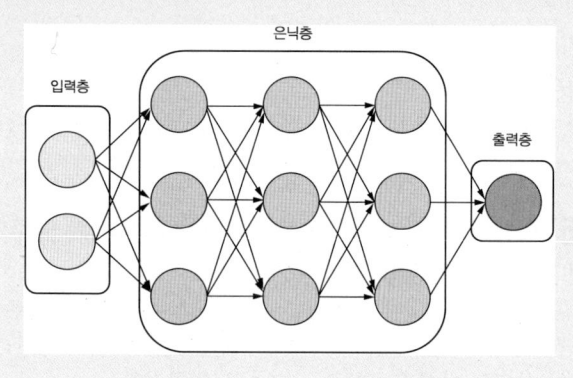

18 다음 중 SNA 중심성으로 가장 알맞지 않은 것은 무엇인가?

① 연결정도 중심성　② 근접 중심성
③ 매개 중심성　　　④ 조화 중심성

해설
- SNA는 개인과 집단 간의 관계를 노드와 링크로 그룹에 속한 사람들 간의 네트워크 특성과 구조를 분석하고 시각화하는 분석 기법이다.
- SNA 중심성으로 연결 정도 중심성, 근접 중심성, 매개 중심성, 위세 중심성 등이 있다.

19 다음 중 적합도 검정 기법으로 올바르지 않은 것은?

① 적합도 검정에서 자유도는 (범주의 수) + 1이다.
② 적합도 검정은 카이제곱 검정 기법의 유형에 속한다.
③ 적합도 검정의 자료를 구분하는 범주가 상호 배타적이어야 한다.
④ 적합도 검정은 표본 집단의 분포가 주어진 특정 이론을 따르고 있는지를 검정하는 기법이다.

해설 적합도 검정에서 자유도는 (범주의 수) − 1이다.

20 다음은 1973년 미국의 지역별 강력 범죄율 데이터를 주성분 분석하여 도출된 결과이다. 제 3 주성분을 기준으로 했을 때의 누적 기여율은 얼마인가?

```
Importance of components:
                          Comp.1    Comp.2    Comp.3    Comp.4
Standard deviation       1.5748783 0.9948694 0.5971291 0.41644938
Proportion of Variance   0.6200604 0.2474413 0.0891408 0.04335752
Cumulative Proportion    0.6200604 0.8675017 0.9566425 1.00000000
```

① 85.69%
② 95.66%
③ 90.00%
④ 99.99%

해설 보기는 미국의 강력 범죄율 데이터인 USArrests에서 4개 주성분의 비율을 나타낸다. 제 3 주성분인 Comp.3에서 누적 기여율(Cumulative Proportion)을 살펴보면 0.9566425를 가지고 있으므로 약 95.66%라는 것을 확인할 수 있다.

21 배깅에 대한 설명으로 알맞지 않은 것은?

① 편향(Bias)이 낮은 과소적합(Underfit) 모델에 효과적이다.
② 편향(Bias)이 높은 과대적합(Overfit) 모델에 효과적이다.
③ 훈련 데이터에서 다수의 부트스트랩 자료를 생성하고 각 부트스트랩 자료를 결합하여 최종 예측 모형을 만드는 알고리즘이다.
④ 가중치를 활용하여 약 분류기를 강 분류기로 만드는 방법이다.

해설
- 잘못 분류된 개체들에 가중치를 적용, 새로운 분류 규칙을 만들고, 이 과정을 반복해 최종 모형을 만드는 알고리즘은 부스팅이다.
- 부스팅은 예측력이 약한 모형(Weak Learner)들을 결합하여 강한 예측 모형을 만드는 방법이다.

22 차원 축소 기법인 PCA(Principal Component Analysis)에 대한 설명으로 가장 올바르지 않은 것은?

① 선형 결합한다.
② 변동이 큰 축을 기준으로 한 차원씩 선택한다.
③ 이산형 변수에 사용할 수 있다.
④ 차원 축소를 통해 원본 데이터를 직관적으로 파악할 수 있다.

해설 PCA에서 주성분은 원본 데이터의 여러 변수가 조합된 형태이므로 차원 축소가 된 주성분을 통해 원본 데이터를 직관적으로 파악하기 어려운 단점이 있다.

23 주성분 분석에 대한 설명으로 옳지 않은 것은?

① 주성분 분석은 서로 상관성이 높은 변수들의 선형 결합으로 만들어 기존의 상관성이 높은 변수들을 요약, 축소하는 기법이다.
② 분산이 가장 작은 것을 제1 주성분으로 한다.
③ 주성분 분석은 고윳값, 고유벡터를 통해 분석한다.
④ 주성분 분석의 목적 중 하나는 데이터를 이해하기 위한 차원 축소이다.

해설 제1 주성분은 데이터의 변동을 최대로 설명해주는 방향에 대한 변수들의 선형 결합식으로 데이터 분산이 가장 큰 방향에 대한 변수들의 선형 결합식이다.

24 앙상블 학습의 장점을 다음 [보기]에서 모두 선택한 것은?

> ㉠: 개별 모델을 결합하는 과정에서 분산이 낮아져 과적합 감소 효과가 있다.
> ㉡: 모형의 투명성이 높아 정확한 현상의 원인 분석에 적합하다.
> ㉢: 이상값에 대한 대응력이 높아지고, 전체 분산을 감소시킨다.

① ㉠, ㉡
② ㉠, ㉢
③ ㉡, ㉢
④ ㉠, ㉡, ㉢

해설 앙상블 학습의 경우 모형의 투명성이 떨어지게 되어 정확한 현상의 원인 분석에는 부적합하다.

25 텍스트 마이닝에서 여러 문서로 이루어진 문서 군이 있을 때 어떤 단어가 특정 문서 내에서 얼마나 중요한 것인지를 추출하는 기법은 무엇인가?

① 토픽 모델링
② 워드 클라우드
③ 소셜 네트워크 분석
④ TF-IDF(Term Frequency-Inverse Document Frequency)

해설 정보 검색과 텍스트 마이닝에서 이용하는 가중치로, 여러 문서로 이루어진 문서 군이 있을 때 어떤 단어가 특정 문서 내에서 얼마나 중요한 것인지를 추출하는 기법은 TF-IDF이다.

토픽 모델링 (Topic Modeling)	기계학습 및 자연어처리 분야에서 토픽이라는 문서 집합의 추상적인 주제를 발견하기 위한 통계적 모델 중 하나로, 텍스트 본문의 숨겨진 의미 구조를 발견하기 위해 사용되는 텍스트 마이닝 기법
워드 클라우드	자연어처리를 통해 사람들의 관심사 또는 빈도수를 단순 카운트하여 시각화하는 방법
소셜 네트워크 분석 (SNA; Social Network Analy)	그룹에 속한 사람들 간의 네트워크 특성과 구조를 분석하고 시각화하는 분석 기법

26 다음 중 텍스트 마이닝의 텍스트 벡터화(Vectorization) 방법이 아닌 것은 무엇인가?

① Word2Vec
② TF-IDF
③ Bag of Words
④ POS Tagging

해설
- POS Tagging(Part-Of-Speech(POS) Tagging)은 품사를 기반으로 모든 문서의 토큰에 태그를 할당하는 방법이다.
- 텍스트마이닝에서 텍스트의 분류 또는 군집화를 위하여 각 문서가 벡터로 표현되도록 변환하는 작업이 벡터화(Vectorization)이다.
- 벡터화에는 BoW(Bag of Words), TF-IDF, Word2Vec 등이 있다.

BoW	단어들의 순서는 고려하지 않고, 한 문서에 단어가 몇 번 출현 했는지를 표현하는 출현 빈도(Frequency)에만 집중하여 텍스트 데이터를 벡터화하는 방법
Word2Vec	비슷한 의미를 갖는 단어는 문서에서 근처에 존재할 것이라는 가정으로 단어에 벡터값을 부여하여 유사한 단어를 거리 기반으로 매핑하는 방법
TF-IDF	정보 검색과 텍스트 마이닝에서 이용하는 가중치로, 여러 문서로 이루어진 문서 군이 있을 때 어떤 단어가 특정 문서 내에서 얼마나 중요한 것인지를 추출하는 기법

27 다음 중 앙상블에서 베이스 모형의 독립성을 최적화하기 위한 방법으로 가장 알맞지 않은 것은?

① 입력변수를 다양하게 한다.
② 테스트 데이터를 다르게 한다.
③ 서로 다른 알고리즘을 사용한다.
④ 초매개변수를 다양하게 한다.

해설 테스트 데이터는 평가 과정에서 한 번만 사용한다.

28 다음이 설명하는 시계열에 대한 요인으로 가장 알맞은 것은?

주, 월, 분기, 반기 단위 등 특정 시간의 주기로 나타나는 패턴

① 추세 ② 주기
③ 계절 ④ 불규칙

해설

추세	데이터가 장기적으로 증가하거나 감소하는 것이며, 추세가 꼭 선형일 필요는 없음
순환	경기변동과 같이 정치, 경제, 사회적 요인에 의한 변화로, 일정 주기가 없으며 장기적인 변화 현상
계절	주, 월, 분기, 반기 단위 등 특정 시간의 주기로 나타나는 패턴
불규칙	설명될 수 없는 요인 또는 돌발적인 요인에 의하여 일어나는 변화로, 예측 불가능한 임의의 변동을 의미

29 다음 중 일자별 기온에 대한 분석을 위해 가장 알맞은 분석 방법은 무엇인가?

① 상관 분석
② 군집 분석
③ 의사결정나무
④ 시계열 분석

해설 일자별 분석에는 시계열 분석이 가장 적합하다.

30 다음 중 ARIMA에 대한 설명으로 가장 알맞지 않은 것은?

① 백색잡음은 독립적이지 않다.
② ARMA의 일반화 형태이다.
③ 일간, 주간, 월간으로 예측이 가능하다.
④ ARIMA는 비정상 시계열 모형이다.

해설 백색잡음은 독립적이고 동일한 분산을 가진다.

31 다음 중 순환 신경망(RNN)에서 발생하는 GV(Gradient Vanishing; 기울기 소실) GE(Gradient Exploding; 기울기 폭발)에 대한 설명으로 가장 알맞은 것은?

① 기울기 클리핑(Gradient Clipping)은 기울기 소실을 막기 위해 기울기 값을 자르는 방법이다.
② 기울기 소실이란 오차역전파 과정에서 입력층으로 갈수록 가중치에 따른 결괏값의 기울기가 작아져 0에 수렴하는 문제이다.
③ RNN은 LSTM(Long Short Term Memory)의 장기의존성 문제를 보완하기 위한 알고리즘이다.
④ 순환 신경망은 입력 게이트, 망각 게이트, 출력 게이트로 구성된다.

해설
• 기울기 클리핑은 기울기 폭발을 막기 위해 일정 임곗값을 넘어서지 못하게 기울기 값을 자르는 방법을 말한다.
• LSTM은 RNN의 장기의존성 문제를 보완하기 위한 알고리즘으로 입력 게이트, 망각 게이트, 출력 게이트로 구성된 것은 LSTM이다.

32 오토인코더에 대한 설명으로 가장 알맞지 않은 것은?

① 비지도학습 신경망이다.
② 인코더는 차원 축소의 역할을 한다.
③ 입력층 노드 개수는 출력층 노드 개수보다 커야 한다.
④ 인코드 입력 노드 개수는 디코드 출력 노드 개수와 동일하다.

해설 오토인코더 특징은 다음과 같다.

• 비지도 학습 신경망
• 인코더는 차원 축소 역할을 함
• 디코더는 생성 모델의 역할을 함
• 입력층의 노드 개수는 출력층의 노드 개수와 동일
• 은닉층의 노드 개수는 입력층의 노드 개수보다 작음

지피지기 기출문제

33 다음 중 요인 분석(Factor Analysis)에 대한 설명으로 가장 알맞지 않은 것은?

① 변수들 간의 상관관계를 고려한 분석 방법이다.
② 요인이란 특정 현상에 영향을 미치는 중요한 인자를 말한다.
③ 요인은 상관계수가 높은 변수를 제거하여 신규로 생성한 변수의 집합이다.
④ 요인은 관측이 불가능하지만 해석이 가능하다.

해설 요인(Factor)은 상관계수가 높은 변수를 묶어 신규로 생성한 변수의 집합이다.

34 다음의 이원교차표를 이용하여 학년별 과목의 성적에 대한 카이제곱 분석을 실시하려고 한다. 다음 중 옳은 것끼리 나열한 것은?

	국어	영어	수학
1학년	80	75	72
2학년	76	82	68
3학년	83	79	75

㉠ 카이제곱값이 클수록 귀무가설을 기각한다.
㉡ 표본의 수가 많을수록 포아송분포에 가까워진다.
㉢ 자유도는 4이다.

① ㉠, ㉡　　② ㉠, ㉢
③ ㉡, ㉢　　④ ㉠, ㉡, ㉢

해설 카이제곱분포는 표본의 수가 많을수록 정규분포에 가까워진다.

35 주성분 분석(PCA)에 대한 설명으로 옳지 않은 것은?

① 대표적인 차원 축소 방법이다.
② 고윳값 분해(Eigendecomposition)와 특잇값 분해(Singular Value Decomposition) 등의 수학적 행렬 분해를 이용한다.
③ 고차원 데이터를 저차원 데이터로 직교 변환한다.
④ 원본 비음수 행렬(Non-Negative Matrix)은 비음수 행렬의 곱으로 표현한다.

해설 PCA는 원본 비음수 행렬의 곱으로 표현하는 것이 아니라, 공분산 행렬을 이용하여 주성분으로 추출한다.

36 다음 중 정준 상관 분석에 대한 설명으로 가장 적합한 것은?

① 하나의 종속변수로 상관 분석한다.
② 하나의 종속변수와 2개 이상의 독립변수로 상관 분석한다.
③ 2개 이상의 종속변수와 2개 이상의 독립변수 간의 관계를 분석하는 기법이다.
④ 2개 이상의 종속변수와 하나의 독립변수로 분석한다.

해설 정준 상관 분석(Canonical Correlation Analysis)은 2개 이상의 변수로 구성된 종속변수와 2개 이상으로 구성된 독립변수 간의 관계를 살펴보는 기법이다.

37 다음 중 가장 알맞지 않은 것을 모두 고른 것은?

(가) 시계열 분석에서 종단 요소는 특정 시간 지점에서 발생하는 일시적인 변동이나 외부적인 사건이다.
(나) 시계열 분석에서 횡단 요소는 시간에 따른 패턴이나 추세를 나타낸다.
(다) 지수평활법은 과거보다 현재에 더 큰 가중치를 부여한다.
(라) ARIMA 모형은 시계열 데이터의 예측 및 분석을 위해 널리 사용되는 통계적 모형이다.
(마) 시계열 데이터는 추세, 순환, 계절, 불규칙 요인으로 분해한다.

① 가, 나
② 나, 다
③ 다, 라
④ 가, 다

해설

지수 평활법 (Exponential Smoothing)	• 시계열 데이터에서 추세(Trend)와 계절성(Seasonality)을 고려하여 평활화(Smoothing)된 값을 예측하는 방법 • 시계열 데이터의 평균을 계산하고, 최근 값에 더 큰 가중치를 주어 예측을 수행
자동 회귀 누적 이동평균 모형 (ARIMA 모형)	• 시계열 데이터의 예측 및 분석을 위해 널리 사용되는 통계적 모형

38 다음 중 시계열 데이터에서 시차 값(Lagged Value) 사이의 선형 관계를 측정하는 지표는 무엇인가?

① 수정된 결정 계수(Adjusted Coefficient of Determination)
② RMSE
③ Silhouette
④ 자기상관 함수(Auto Correlation Function)

해설 시계열 데이터에서 자기상관 함수(ACF; Auto Correlation Function)를 이용하여 시차 값(Lagged Value) 사이의 선형 관계를 측정한다.

39 다음 중 RNN의 장기 의존성 문제를 해결하였으며 리셋 게이트와 업데이트 게이트로 구성된 모형은 무엇인가?

① 단반향 RNN
② 양방향 RNN
③ LSTM
④ GRU

해설 RNN의 장기 의존성 문제를 해결하였고, 리셋 게이트와 업데이트 게이트로 구성된 모형은 GRU이다.

40 다음 중 자연어 처리(NLP) 기법으로 가장 적합하지 않은 것은?

① ELMo(Embeddings from Language Model)
② GPT(Generative PretrainedTransformer)
③ BERT(Bidirectional Encoder Representationsfrom Transformers)
④ YOLO(You Only Look Once)

해설 자연어 처리(NLP; Natural Language Processing)는 인간의 언어를 기계가 이해하고 처리할 수 있도록 하는 기술 분야이다.

ELMo (Embeddings from Language Model)	• 언어 모델을 기반으로 한 임베딩 기술 • 사전에 훈련된 언어 모델과 양방향 언어 모델(BiLM) 적용 • 대표적으로 GPT와 BERT가 사용됨
GPT (Generative Pretrained Transformer)	• 자연어처리 분야에서 가장 널리 사용되는 모델 • Transformer 아키텍처를 기반으로 한 대규모 언어 모델
BERT (Bidirectional Encoder Representationsfrom Transformers)	• 양방향으로 문맥을 고려하여 단어를 인코딩하는 모델 • Transformer 아키텍처를 기반으로 함
YOLO (You Only Look Once)	• 딥러닝 모델을 기반으로 특징을 추출한 뒤 이를 이용해서 물체의 종류와 위치를 예측하는 모델

지피지기 기출문제

41 딥러닝의 트랜스포머(Transformer)의 구성요소로 가장 알맞지 않은 것은?

① 망각 게이트(Forget Gate)
② 셀프 어텐션(Self Attention)
③ 멀티헤드 셀프 어텐션(Multi Head Self Attention)
④ 포지셔널 인코딩(Positional Encoding)

해설

셀프 어텐션 (Self Attention)	각 단어의 중요도를 계산하는 기법
멀티헤드 셀프 어텐션 (Multi Head Self Attention)	각 단어가 다른 단어와 다양한 관계를 고려하여 중요도를 계산하는 기법
포지셔널 인코딩 (Positional Encoding)	각 단어의 위치 정보 고려하여 중요도를 계산하는 기법

42 다음 중 부스팅에 대한 설명으로 가장 옳지 않은 것은?

① 예측력이 약한 모형들을 결합하여 강한 예측 모형을 만드는 방법이다.
② 잘못 분류된 개체들에 가중치를 적용, 새로운 분류 규칙을 만들고, 이 과정을 반복해 최종 모형을 만드는 알고리즘이다.
③ 학습 데이터를 병렬적으로 학습하며 잘못 분류된 데이터에 가중치를 부여한다.
④ 일반적으로 보팅(Voting)을 통하여 결과를 예측한다.

해설 배깅(Bagging)은 병렬적으로 학습하고 부스팅(Boosting)은 순차적으로 학습한다.

43 다음 중 랜덤 포레스트에 대한 설명으로 가장 옳지 않은 것은?

① 배깅을 이용한 알고리즘의 하나이다.
② 무작위성을 주어 약한 학습기들을 생성한 후 이를 선형 결합하여 최종 학습기를 만드는 방법이다.
③ 부트스트랩을 통해 조금씩 다른 훈련 데이터에 대해 훈련된 기초 분류기들을 결합시키는 방법을 사용한다.
④ 기본적으로 모든 데이터를 이용하여 학습한다.

해설 랜덤 포레스트는 모든 데이터를 이용하여 학습하지 않고, 임의 복원 추출을 통해 여러 개의 훈련 데이터를 추출하고 분석에 사용하는 변수를 랜덤하게 추출하여 학습한다.

44 다음 중 범주형 종속변수의 분석에 사용되는 모형이 아닌 것은?

① 다중 선형 회귀 분석
② 다중 로지스틱 분석
③ 다층 퍼셉트론
④ SVM

해설 다중 선형 회귀 분석은 연속형 종속변수의 분석에 사용되는 분석 모형이다.

45 소셜 미디어의 데이터를 분석하기 위한 분석 방법으로 가장 적합하지 않은 것은?

① 텍스트마이닝
② 소셜 네트워크 분석
③ 워드 클라우드
④ 맵리듀스

해설
- 맵리듀스는 대용량 데이터 세트를 분산 병렬 컴퓨팅에서 처리하거나 생성하기 위한 목적으로 만들어진 소프트웨어 프레임워크이다.
- 모든 데이터를 키-값(Key-Value) 쌍으로 구성, 데이터를 분류한다.
- 맵(Map) → 셔플(Shuffle) → 리듀스(Reduce) 순서대로 데이터 처리한다.

텍스트마이닝	텍스트 형태로 이루어진 비정형 데이터들을 자연어 처리 방식을 이용해 정보를 추출하는 기법
소셜 네트워크 분석	그룹에 속한 사람들 간의 네트워크 특성과 구조를 분석하고 시각화하는 분석 기법
워드 클라우드 분석	자연어 처리를 통해 사람들의 관심사 또는 빈도수를 단순 카운트하여 시각화하는 방법

46 다음 중 가중치를 부여하는 앙상블 기법으로 가장 적합한 것은?

① 배깅(Bagging)
② 부스팅(Boosting)
③ 보팅(Voting)
④ 가지치기(Pruning)

해설 잘못 분류된 개체들에 가중치를 적용, 새로운 분류 규칙을 만들고, 이 과정을 반복해 최종 모형을 만드는 알고리즘은 부스팅(Boosting) 이다.

배깅 (Bagging)	학습 데이터에서 다수의 부트스트랩(Bootstrap) 자료를 생성하고, 각 자료를 모델링한 후 결합하여 최종 예측 모형을 만드는 알고리즘
보팅 (Voting)	여러 개의 머신러닝 알고리즘 모델을 학습시킨 후 새로운 데이터에 대해 각 모델의 예측 값을 가지고 다수결 투표를 통해 최종 클래스를 예측하는 기법
가지치기 (Pruning)	의사결정 나무 형성과정 중 오차를 크게 할 위험이 크거나 부적절한 추론 규칙을 가지고 있는 가지 또는 불필요한 가지를 제거하는 단계

47 랜덤 포레스트(Random Forest)에 대한 설명으로 올바르지 않은 것은?

① 훈련을 통해 구성해 놓은 다수의 나무들로부터 투표를 통해 분류 결과를 도출한다.
② 분류기를 여러 개 쓸수록 성능이 저하된다.
③ 트리의 개수가 많을수록 과대적합(Overfitting) 문제를 피할 수 있다.
④ 여러 개의 의사결정 트리가 모여서 랜덤 포레스트 구조가 된다.

해설 랜덤 포레스트는 분류기를 여러 개 쓸수록 성능이 좋아진다.

48 로지스틱 회귀 분석에 대한 설명으로 가장 알맞지 않은 것은?

$$\log \frac{\pi}{1-\pi} = \alpha + \beta x$$

① 승산비를 로그 변환한 것이 로짓 함수이다.
② 로짓함수의 값은 로그 변환에 의해 음의 무한대부터 양의 무한대까지 값을 가질 수 있다.
③ 로지스틱함수는 로짓 함수의 역함수이다.
④ 로지스틱함수는 입력변수를 −1부터 1사이의 값을 가지는 출력변수로 변환한 것이다.

해설 로지스틱함수는 음의 무한대($-\infty$)부터 양의 무한대(∞)까지의 값을 가지는 입력변수를 0부터 1사의 값을 가지는 출력변수로 변환한 것이다.

지피지기 기출문제

49 흡연자 100명 중에서 폐암은 20명 걸렸다. 비흡연자 100명 중에서 4명이 폐암에 걸렸다. 이때 흡연자와 비흡연자 간의 오즈비는 얼마인가?

① 5
② 6
③ 7
④ 8

해설
- 오즈비는 다음과 같다.

$$Odds(p) = \frac{p}{1-p}$$

- 흡연자의 오즈비는 다음과 같다.

$$Odds\left(\frac{20}{100}\right) = \frac{\frac{20}{100}}{1-\frac{20}{100}} = \frac{1}{4}$$

- 비흡연자의 오즈비는 다음과 같다.

$$Odds\left(\frac{4}{100}\right) = \frac{\frac{4}{100}}{1-\frac{4}{100}} = \frac{1}{24}$$

- 흡연자와 비흡연자 간의 오즈비는 다음과 같다.

$$\frac{\frac{1}{4}}{\frac{1}{24}} = \frac{24}{4} = 6$$

50 빈칸에 알맞은 용어는 무엇인가?

시퀀스투시퀀스(Seq2Seq)에서 인코더를 통해 (　　)가 만들어지고 디코더를 통해 출력 시퀀스가 된다.

① 고유벡터(Eigen Vector)
② 컨텍스트 벡터(Context Vector)
③ 영벡터(Zero Vector)
④ 기저벡터(Base Vector)

해설 Seq2Seq는 입력 데이터를 인코더(Encoder)를 통해 컨텍스트 벡터(Context Vector)로 생성하고, 해당 컨텍스트를 디코더(Decoder)를 통해 출력 데이터로 출력한다.

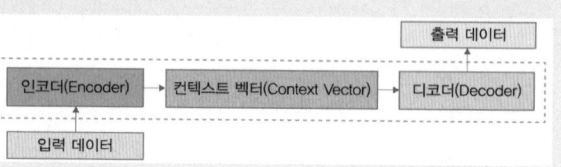

51 기존 공정기술의 불량률, 정상률과 신규 공정기술의 불량률, 정상률은 다음과 같다. 상대 위험도(RR), 승산비는 얼마인가?

구분	불량	정상	합계
신규 공정	10	490	500
기존 공정	40	460	500
합계	50	950	1000

① 상대 위험도: 4, 승산비: $\dfrac{0.02 \times 0.98}{0.08 \times 0.92}$

② 상대 위험도: 4, 승산비: $\dfrac{0.02 \times 0.92}{0.08 \times 0.98}$

③ 상대 위험도: 0.25, 승산비: $\dfrac{0.02 \times 0.98}{0.08 \times 0.92}$

④ 상대 위험도: 0.25, 승산비: $\dfrac{0.02 \times 0.92}{0.08 \times 0.98}$

해설
- 상대 위험도는 다음과 같다.

$$상대위험도(RR) = \frac{관심\ 집단의\ 위험률}{비교\ 집단의\ 위험률} = \frac{10/500}{40/500} = 0.25$$

- 승산비(오즈비)는 다음과 같다.

$$오즈비 = \frac{관심\ 집단의\ 오즈}{비교\ 집단의\ 오즈} = \frac{\dfrac{10/500}{1-10/500}}{\dfrac{40/500}{1-40/500}} = \frac{\dfrac{0.02}{0.98}}{\dfrac{0.08}{0.92}}$$

$$= \frac{0.02 \times 0.92}{0.08 \times 0.98}$$

52 생성자(Generator)와 판별자(Discriminator)가 경쟁하면서 학습하는 방식은?

① AutoEncoder
② GAN
③ CNN
④ RNN

해설 GAN(General Adversarial Network)은 생성자(Generator)와 판별자(Discriminator)가 경쟁하면서 학습하는 방식의 딥러닝 알고리즘이다.

오토인코더 (AutoEncoder)	• 입력 데이터를 최대한 압축시킨 후, 압축된 데이터를 다시 본래의 입력 형태로 복원시키는 신경망
CNN (Convolution Neural Network; 합성곱 신경망)	• CNN은 시각적 이미지를 분석하는 데 사용되는 심층신경망이다. • 기존 영상처리의 필터 기능(Convolution)과 신경망(Neural Network)을 결합하여 성능을 발휘하도록 만든 구조
RNN (Recurrent Neural Network)	• 입력층, 은닉층, 출력층으로 구성되며 은닉층에서 재귀적인 신경망을 갖는 알고리즘

천기누설 예상문제

01 흡연 여부에 따른 폐암의 발생 여부를 조사결과 아래와 같이 나왔다고 가정할 때 상대위험도(Relative Risk)는 얼마인가?

	폐암 발생	폐암 없음
흡연	10	900
비흡연	8	902

① $\dfrac{8}{10}$ ② $\dfrac{10}{8}$
③ $\dfrac{10}{902}$ ④ $\dfrac{8}{900}$

해설
• 상대위험도는 아래의 이원 분할표를 기준으로 다음과 같이 계산할 수 있다.

• 상대위험도(RR) = $\dfrac{\text{관심 집단의 위험률}}{\text{비교 집단의 위험률}}$ = $\dfrac{\frac{ⓐ}{ⓐ+ⓑ}}{\frac{ⓒ}{ⓒ+ⓓ}}$

	사건 발생	사건 발생 안함	합계
관심 집단	ⓐ	ⓑ	ⓐ+ⓑ
비교 집단	ⓒ	ⓓ	ⓒ+ⓓ
합계	ⓐ+ⓒ	ⓑ+ⓒ	ⓐ+ⓑ+ⓒ+ⓓ

• 따라서 $RR = \dfrac{\frac{10}{10+900}}{\frac{8}{8+902}} = \dfrac{10}{8}$

02 흡연 여부에 따른 폐암의 발생 여부를 조사결과 아래와 같이 나왔다고 가정할 때 흡연으로 폐암 발생의 승산비(Odds Ratio)는 얼마인가?

	폐암 발생	폐암 없음
흡연	10	700
비흡연	8	900

① $\dfrac{70}{72}$ ② $\dfrac{72}{70}$
③ $\dfrac{56}{90}$ ④ $\dfrac{90}{56}$

해설
승산비(Odds Ratio) = $\dfrac{ad}{bc}$ 이므로 $\dfrac{10 \times 900}{8 \times 700} = \dfrac{90}{56}$ 이다.

03 범주형 데이터 분석 기법 중에서 1개의 요인을 대상으로 한 기법으로서 표본 집단의 분포가 주어진 특정 이론을 따르고 있는지를 검정하는 기법은 무엇인가?

① 독립성 검정   ② 적합도 검정
③ 동질성 검정   ④ 런 검정

해설 적합도 검정은 1개의 요인을 대상으로 표본 집단의 분포가 주어진 특정 이론을 따르고 있는지를 검정하는 기법이다.

04 다음은 100명의 남/여학생을 대상으로 A 과목에 대한 수강 신청 여부가 균일한지를 알아보고자 한다. 카이제곱 적합도 검정을 이용하여 이 문제를 풀려고 할 때 χ^2의 값은 얼마인가?

학년	학생수
남	60
여	40
계	100

① 1   ② 2
③ 3   ④ 4

해설
• 주어진 분포표에 대한 상대도수분포표를 작성한다.

학년	학생수	기대 확률	기대 빈도
남	60	0.5	50
여	40	0.5	50
계	100	1	100

• χ^2의 값을 공식에 대입하여 구한다.

$$\chi^2 = \sum_{i=1}^{k} \dfrac{(O_i - E_i)^2}{E_i}$$

$$= \dfrac{(60-50)^2}{50} + \dfrac{(40-50)^2}{50} = \dfrac{100}{50} + \dfrac{100}{50} = 2+2 = 4$$

05 고등학교 학년별(1학년, 2학년, 3학년)로 3과목(국어, 영어, 수학)에 대한 선호도를 조사하였다. 이때 카이제곱 검정을 하려면 자유도는 얼마인가?

① 4
② 8
③ 9
④ 10

해설 카이제곱 검정의 자유도는 {(범주 1의 수)-1} × {(범주 2의 수)-1}이므로 (3-1)×(3-1)=4

06 다음 중 한 집단의 평균이 모집단의 평균과 같은지 검정하는 방법은 무엇인가?

① 단일표본 T-검정
② 대응표본 T-검정
③ 다중표본 T-검정
④ 독립표본 T-검정

해설 한 집단의 평균이 모집단의 평균과 같은지 검정하는 방법은 단일표본 T-검정이다.

07 다음 사례에서 설명하는 검정 방법은 무엇인가?

A집단(단일표본)에게 비타민을 처방했을 때, 처방하지 않았을 때의 민첩성을 측정(=사전·사후 검사)할 때 사용된다.

① ANOVA
② F-검정
③ 독립표본 T-검정
④ 대응표본 T-검정

해설 동일한 집단의 처치 전후 차이를 알아보기 위해 사용하는 검정 방법은 대응표본 T-검정이다.

08 다음이 설명하는 검정 방법은 무엇인가?

- 독립된 두 집단의 평균 차이를 검정하는 방법이다.
- T-검정을 하기 전에 정상성, 등분산성의 가정을 만족하는지 확인한다.

① 독립표본 T-검정
② F-검정
③ 대응표본 T-검정
④ Z-검정

해설 독립된 두 집단의 평균 차이를 검정하는 방법은 독립표본 T-검정이다.

09 다음 중 다차원 척도법에 대한 설명으로 가장 옳지 않은 것은?

① 여러 대상 간의 거리가 주어져 있을 때, 대상들을 동일한 상대적 거리를 가진 실수 공간의 점들로 배치시키는 방법이다.
② 주어진 거리는 추상적인 대상들 간의 거리가 될 수도 있고, 실수 공간에서의 거리가 될 수도 있다.
③ 주로 자료들의 상대적 관계를 이해하는 시각화 방법의 근간으로 주로 사용된다.
④ 상관관계가 있는 고차원 자료의 변동을 최대한 보존하는 저차원 자료로 변환시키는 방법이다.

해설
- 다차원 척도법은 원래 차원보다 낮은 차원의 공간으로 위치시켜서 관계를 파악한다. 3차원 이상일 경우 2, 3차원 공간으로 배치시킨다. 그러다보니 차원이 높은 데이터의 경우 실수 공간으로 변환시켜 차원을 낮춘다.
- 차원을 낮추면 원래 데이터들의 위치가 바뀌게 되는데, 그 점들 간의 거리는 변환하기 전의 실제 데이터가 추상적인 대상들(다차원) 간의 거리가 될 수도 있고, 실수 공간(2, 3차원) 간의 거리가 될 수도 있다.

천기누설 예상문제

10 다음 중 주성분 분석에 대한 설명으로 가장 알맞지 않은 것은?

① 다변량 분석 기법이다.
② 상관관계가 있는 자료 분석에 이용될 수 있다.
③ 누적 기여율이 85% 이상이면 주성분의 수로 결정할 수 있다.
④ 자료의 차원을 확대시키는 데 주로 사용된다.

해설 주성분 분석은 차원을 축소하여 분석을 용이하게 한다.

11 다음 중 주성분 분석에서 제1 주성분에서 제 k 주성분까지의 주성분을 이용하여 설명할 수 있는 데이터의 전체 정보량의 비율로 가장 알맞은 것은?

① 누적 기여율   ② 단순 일치계수
③ 자카드계수   ④ 순위 상관계수

해설 누적 기여율은 제1 주성분에서 제 k 주성분까지의 주성분을 이용하여 설명할 수 있는 데이터의 전체 정보량의 비율이다.

12 다음 중 현시점의 자료가 p 시점 전의 유한개의 과거 자료로 설명될 수 있는 모형으로 가장 알맞은 것은?

① 자기 회귀 모형
② 이동평균 모형
③ 자기 회귀 누적 이동평균 모형
④ 분해시계열

해설
• 현시점의 자료가 p 시점 전의 유한개의 과거자료로 설명될 수 있는 모형은 자기 회귀 모형이다.
• 자기 회귀 모형은 AR 모형이라고도 하며 다음과 같다.
• $Z_t = \emptyset_1 Z_{t-1} + \emptyset_2 Z_{t-2} + \cdots + \emptyset_p Z_{t-p} + a_t$

13 시간이 지날수록 관측치의 평균값이 지속적으로 증가하거나 감소하는 시계열 모형으로 가장 알맞은 것은?

① 자기 회귀 모형
② 이동평균 모형
③ 자기 회귀 누적 이동평균 모형
④ 분해시계열

해설
• 자기 회귀 모형은 현시점의 자료가 p 시점 전의 유한개의 과거 자료로 설명될 수 있다는 의미이다.
• 자기 회귀 누적 이동평균 모형은 분기/반기/연간 단위로 다음 지표를 예측하거나 주간/월간 단위로 지표를 리뷰하여 트렌드를 분석하는 기법이다.
• 분해 시계열은 시계열에 영향을 주는 일반적인 요인을 시계열에서 분리해 분석하는 방법이다.

14 다음 중 시간이 지날수록 관측치의 평균값이 지속적으로 증가하거나 감소하는 시계열 모형으로 가장 알맞은 것은?

① AR 모형   ② ARIMA 모형
③ MA 모형   ④ Trend 모형

해설 이동평균(MA; Moving Average) 모형은 시간이 지날수록 관측치의 평균값이 지속적으로 증가하거나 감소하는 시계열 모형이다.

15 다음 중 자기 회귀 누적 이동평균 모형(ARIMA 모형)에 대한 설명으로 가장 알맞은 않은 것은?

① 정상 시계열 모형이다.
② 차분이나 변환을 통해 AR 모형이나 MA 모형, ARMA 모형으로 정상화할 수 있다.
③ ARIMA(p, d, q) 모형은 차수 p, d, q의 값에 따라 모형의 이름이 다르게 된다.
④ d는 ARIMA에서 ARMA로 정상화할 때 몇 번 차분을 했는지를 의미한다.

해설 기본적으로 자기 회귀 누적 이동평균 모형은 비정상 시계열 모형이기 때문에 차분이나 변환을 한다.

16 아래는 자기 회귀 누적 이동평균 모형(ARIMA 모형)을 나타낸 것이다. 아래 모형은 ARIMA에서 ARMA로 정상화할 때 몇 번 차분을 하였는가?

> ARIMA(1, 2, 3)

① 1회 ② 2회
③ 3회 ④ 6회

해설 시계열 $\{Z_t\}$의 d번 차분한 시계열이 ARMA(p, q) 모형일 때, $\{Z_t\}$는 차수가 p, d, q인 ARIMA(p, d, q) 모형을 갖는다. 따라서 차분을 한 횟수는 2회가 된다.

17 다음 중 시계열의 구성요소로 올바르지 않은 것은?

① 추세 요인 ② 교호 요인
③ 계절 요인 ④ 순환 요인

해설 시계열을 구성하는 4가지 요소에는 추세(경향) 요인, 계절 요인, 순환 요인, 불규칙 요인이 있다.

18 다음 중 여러 비선형 변환기법의 조합을 통해 높은 수준의 추상화를 시도하는 기계 학습 알고리즘의 집합으로 가장 알맞은 것은?

① 인공지능 ② 머신러닝
③ 딥러닝 ④ 통계분석

해설
- 여러 비선형 변환기법의 조합을 통해 높은 수준의 추상화를 시도하는 기계 학습 알고리즘의 집합은 딥러닝이다.
- 딥러닝은 인공지능, 머신러닝의 부분집합이다.

19 다음 중 시각적 이미지를 분석하는 데 사용되는 심층 신경망으로 합성곱 신경망으로 가장 알맞은 것은?

① ANN ② DNN
③ CNN ④ RNN

해설 CNN은 시각적 이미지를 분석하는 데 사용되는 심층신경망으로 합성곱 신경망이라고도 한다.

20 다음 중 CNN 알고리즘에서 이미지로부터 필터를 이용하여 특징을 추출하는 연산으로 가장 알맞은 것은?

① 합성곱(Convolution) 연산
② 서브샘플링(Sub-sampling) 연산
③ MLP
④ Softmax

해설 합성곱 연산을 통하여 사용자가 입력한 이미지에서 필터를 이용하여 특징(Feature)을 추출한 피처 맵하고 서브샘플링 연산을 통해 화면의 크기를 줄여 차원을 축소한다.

21 CNN에서 원본 이미지가 5×5에서 Stride가 2이고, 필터가 3×3일 때 Feature Map은 무엇인가?

① (1, 1) ② (2, 2)
③ (3, 3) ④ (4, 4)

해설
- 스트라이드가 적용되었을 때 피처 맵의 크기는 아래와 같다.
- 원본 이미지 축의 크기가 n이고, 필터 축의 크기가 f이고, 패딩이 p, 스트라이드는 s라고 할 때 공식은 다음과 같다.

$$\text{Feature Map} = \left(\frac{n+2p-f}{s}+1\right) \times \left(\frac{n+2p-f}{s}+1\right)$$

- 예시에서는 원본 이미지 n의 축이 모두 5이고, 스트라이드는 2, 필터의 축이 모두 3이고, 패딩은 존재하지 않으므로 다음과 같다.

$$\text{Feature Map} = \left(\frac{5+0-3}{2}+1\right) \times \left(\frac{5+0-3}{2}+1\right) = 2 \times 2$$

천기누설 예상문제

22 다음 중 텍스트 마이닝에서 데이터 전처리에 대한 설명으로 올바르지 않은 것은?

① 데이터 전처리는 문서 내 표현된 단어, 구, 절에 해당하는 내용을 가공할 수 있는 데이터로 변환하는 작업이다.
② Text 레벨 전처리는 크롤링 등으로 데이터 추출 후 HTML 태그나 XML 문법을 제거하는 작업이다.
③ Token 레벨 전처리 중 어간(Stemming) 추출은 텍스트의 단어, 어절을 분리하는 작업이다.
④ Sentence 레벨 전처리는 마침표, 문장 부호를 사용하여 문장을 구분하는 작업이다.

해설 • Token 레벨 전처리에 대한 세부 사항은 아래와 같다.

문장 토큰화 / 파싱	텍스트의 단어, 어절을 분리하는 작업
불용어 (Stopword) 제거	의미없는 단어(the, of 등) 제거
어간(Stemming) 추출	단어들에서 공통 음절을 뽑아내는 작업

23 다음 중 비정형 데이터 분석 기법이 아닌 것은 무엇인가?

① 사회 연결망 분석(Social Network Analysis)
② 웹 마이닝(Web Mining)
③ 오피니언 마이닝(Opinion Mining)
④ 군집 분석(Cluster analysis)

해설 군집 분석은 주어진 데이터들을 특성에 따라 유사한 것끼리 묶음으로써 각 유형별 특징을 구분 짓는 정형 데이터 분석 기법이다.

24 다음 중 앙상블 기법의 특징으로 올바르지 않은 것은?

① 다양한 모형의 예측 결과를 결합함으로써 단일 모형으로 분석했을 때보다 높은 신뢰성이 있다.
② 연속형 변수를 비연속적인 값으로 취급하기 때문에 분리의 경계점 근방에서는 예측 오류가 클 가능성이 있는 단점이 있다.
③ 이상값에 대한 대응력이 높아지고, 전체 분산을 감소시킨다.
④ 모형의 투명성이 떨어지게 되어 정확한 현상의 원인 분석에는 부적합하다.

해설 연속형 변수를 비연속적인 값으로 취급하기 때문에 분리의 경계점 근방에서는 예측 오류가 클 가능성이 있는 단점이 있는 기법은 의사결정나무이다.

25 사회 연결망 분석(SNA)의 주요 속성으로 가장 옳지 않은 것은 무엇인가?

① 명성(Prominence)
② 응집력(Cohesion)
③ 범위(Range)
④ 개성(Individuality)

해설

응집력(Cohesion)	행위자들 간 강한 사회화 관계의 존재
구조적 등위성 (Equivalence)	한 네트워크의 구조적 지위와 그 위치가 주는 역할이 동일한 사람들 간의 관계
명성(Prominence)	네트워크에서 누가 권력을 가지고 있는지 확인
범위(Range)	행위자의 네트워크 규모
중계(Brokerage)	다른 네트워크와 연결해주는 정도

26 다음 중 앙상블 기법의 유형으로 올바르지 않은 것은?

① 배깅　　　　　② 부스팅
③ 랜덤 포레스트　④ ReLU

해설 앙상블 기법의 유형으로는 배깅, 부스팅, 랜덤 포레스트가 있다.

27 앙상블 기법 중 부트스트랩 표본을 구성하는 재표본 과정에서 분류가 잘못된 데이터에 더 큰 가중치를 주어 표본을 추출하는 기법으로 알맞은 것은?

① 배깅　　　　　② 부스팅
③ 의사결정나무　④ 랜덤 포레스트

해설
- 배깅은 훈련 데이터에서 다수의 부트스트랩 자료를 생성하고 그 자료를 모델링한 후 결합하여 최종 예측 모형을 만드는 기법이다.
- 부스팅은 부트스트랩 표본을 구성하는 재표본 과정에서 분류가 잘못된 데이터에 더 큰 가중치를 주어 표본을 추출하는 기법이다.
- 의사결정나무는 의사결정 규칙을 나무 구조로 나타내어 전체 자료를 몇 개의 소집단으로 분류하거나 예측을 수행하는 기법이다.
- 랜덤 포레스트는 의사결정나무의 특징인 분산이 크다는 점을 고려하여 배깅과 부스팅보다 더 많은 무작위성을 주어 약한 학습기들을 생성한 후 이를 선형 결합하여 최종 학습기를 만드는 기법이다.

28 다음 중 주어진 자료에서 단순 랜덤 복원추출 방법을 활용하여 동일한 크기의 표본을 여러 개 생성하는 샘플링 방법은 무엇인가?

① 보팅(Voting)
② 부트스트랩(Bootstrap)
③ 가지치기(Pruning)
④ 정지 규칙(Stopping Rule)

해설 주어진 자료에서 단순 랜덤 복원추출 방법을 활용하여 동일한 크기의 표본을 여러 개 생성하는 샘플링 방법은 부트스트랩이다.

29 다음 중 배깅 기법의 특징으로 올바르지 않은 것은?

① 배깅 기법에서 최적 모델 결정은 독립수행 후 다수결로 결정한다.
② 일반적으로 성능 향상에 효과적이고, 결측값이 존재할 때 강하다.
③ 소량의 데이터(데이터 세트의 관측값 수)일수록 유리하다.
④ 배깅 기법의 주요 알고리즘은 에이다 부스트(AdaBoost)이다.

해설 배깅 기법의 주요 알고리즘은 랜덤 포레스트이다.

30 다음 중 아래에서 설명하는 앙상블 모형으로 가장 올바른 것은?

> 원 데이터 집합으로부터 크기가 같은 표본을 여러 번 단순 임의 복원 추출하여 각 표본에 대해 분류기를 생성한 후 그 결과를 앙상블 하여 결과를 도출하는 방법

① 부트스트랩　② Dropout
③ 배깅　　　　④ CART

해설 배깅은 주어진 자료에서 여러 개의 부트스트랩 자료에 예측 모형을 만든 후 결합하여 최종 예측 모형을 만드는 방법이다.

31 다음 중 의사결정나무의 특징인 분산이 크다는 점을 고려하여 배깅과 부스팅보다 더 많은 무작위성을 주어 약한 학습기들을 생성한 후 이를 선형 결합하여 최종 학습기를 만드는 방법은 무엇인가?

① 배깅　　　　　② 부스팅
③ 랜덤 포레스트　④ 시그모이드

해설 랜덤 포레스트는 의사결정나무의 특징인 분산이 크다는 점을 고려하여 배깅과 부스팅보다 더 많은 무작위성을 주어 약한 학습기들을 생성한 후 이를 선형 결합하여 최종 학습기를 만드는 방법이다.

천기누설 예상문제

32 다음 중 아래에서 설명하는 기법은 무엇인가?

> • 잘못 분류된 개체들에 가중치를 적용, 새로운 분류 규칙을 만들고, 이 과정을 반복해 최종 모형을 만드는 알고리즘이다.
> • 예측력이 약한 모형(Weak Learner)들을 결합하여 강한 예측 모형을 만드는 방법이다.

① 배깅　　　　　② 부스팅
③ 랜덤 포레스트　④ 시그모이드

해설
• 부스팅은 잘못 분류된 개체들에 가중치를 적용, 새로운 분류규칙을 만들고, 이 과정을 반복해 최종 모형을 만드는 알고리즘이다.
• 부스팅은 예측력이 약한 모형들을 결합하여 강한 예측 모형을 만드는 방법이다.

33 다음 중 랜덤 포레스트에 대한 설명으로 올바르지 않은 것은?

① 포레스트가 작으면 트리들의 구성 및 테스트 시간이 짧은 대신, 일반화 능력이 떨어지는 반면, 포레스트의 크기가 크면 훈련과 테스트 시간은 증가하지만 포레스트 결괏값의 정확성 및 일반화 능력이 우수하다.
② 랜덤 포레스트의 최대 허용 깊이가 작으면 과대 적합이 일어나고, 최대 허용 깊이가 크면 과소 적합이 일어나기 때문에 적절한 값 설정이 필요하다.
③ 랜덤 포레스트의 임의성의 정도에 따라 비상관화 수준이 결정된다.
④ 랜덤 포레스트는 분석을 위해 준비된 데이터로부터 임의복원추출을 통해 여러 개의 훈련 데이터를 추출하고 각각 개별 학습을 시켜 트리를 생성하여 투표 또는 확률 등을 이용하여 최종 목표변수를 예측한다.

해설 랜덤 포레스트의 최대 허용 깊이가 작으면 과소 적합(Under-fitting)이 일어나고, 최대 허용 깊이가 크면 과대 적합(Over-fitting)이 일어나기 때문에 적절한 값 설정이 필요하다.

34 다음 중 의사결정나무 기법의 학습 방법에 대한 설명으로 가장 올바르지 않은 것은?

① 가지치기는 분류 오류를 크게 할 위험이 있거나 적절하지 못한 규칙을 가진 가지를 제거하는 작업이다.
② 이익도표 또는 검정용 자료에 의한 교차 타당성 등을 이용하여 의사결정나무를 평가한다.
③ 각 마디에서의 최적 분리 규칙은 분리 변수의 선택과 분리 기준에 의해 결정된다.
④ 분리 변수의 P차원 공간에 대한 현재 분할은 이전 분할에 영향을 받지 않고 이루어진다.

해설 분리 변수의 P차원 공간에 대한 현재 분할은 이전 분할에 영향을 받는다.

35 다음 중 아래의 설명은 의사결정나무 중 어떤 세부기법에 대한 설명인가?

> • 의사결정나무의 끝마디가 너무 많이 나오면 모형이 과대 적합된 상태로 현실 문제에 적용할 수 있는 규칙이 나오지 않게 된다.
> • 이를 해결하기 위해 분류된 관측치의 비율이나 MSE (Mean Squared Error) 등을 고려하여 과적합 문제를 해결하는 세부기법이다.

① 가지치기
② 타당성 평가
③ 해석 및 예측
④ 의사결정나무 형성

해설 가지치기란 의사결정나무 형성과정 중 오차를 크게 할 위험이 높거나 부적절한 추론규칙을 가지고 있는 가지 또는 불필요한 가지를 제거하는 단계이다.

36 아래 집단에 대해 지니 지수(Gini Index)로 가장 알맞은 것은 무엇인가?

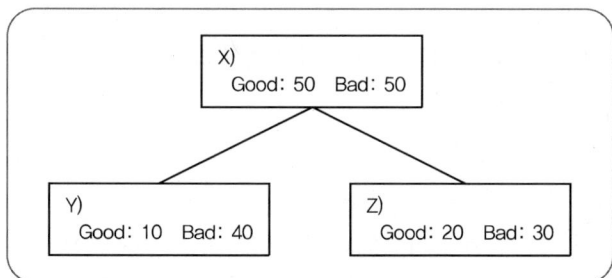

① $\frac{1}{2}$ ② 2
③ 1 ④ 3

해설 지니 지수는 $Gini(T) = 1 - \sum_{l=1}^{k} P_l^2$ 로 계산한다.

$$1 - \left(\frac{2}{4}\right)^2 - \left(\frac{2}{4}\right)^2 = \frac{1}{2}$$

38 훈련용 데이터 집합으로부터 미리 모형을 학습하는 것이 아니라 새로운 자료가 들어올 때 거리를 측정하여 모형을 구성하는 Lazy Model은 다음 중 무엇인가?

① K-NN ② SVM
③ Decision Tree ④ RMSProp

해설
- K-NN은 학습 절차 없이 새로운 데이터가 들어올 때 거리를 측정하여 모형을 구성하는 Lazy Model이다.
- SVM과 Decision Tree(의사결정나무)는 학습 절차가 필요하므로 Lazy Model이 아니다.
- RMSProp은 매개변수 최적화 기법이다.

37 다음 중 아래 의사결정나무에서 Y의 지니 지수를 계산한 결과로 가장 올바른 것은?

```
        X)
   Good: 50  Bad: 50
      /        \
    Y)          Z)
Good: 10      Good: 20
Bad: 40       Bad: 30
```

① 0.42 ② 0.32
③ 0.38 ④ 0.48

해설 Y의 지니 지수는 $1 - \left(\frac{10}{50}\right)^2 - \left(\frac{40}{50}\right)^2 = 0.32$ 이다.

정답
01 ② 02 ④ 03 ② 04 ④ 05 ① 06 ② 07 ④ 08 ① 09 ④ 10 ④ 11 ① 12 ① 13 ② 14 ① 15 ① 16 ② 17 ② 18 ③ 19 ③ 20 ①
21 ② 22 ③ 23 ④ 24 ② 25 ④ 26 ④ 27 ② 28 ② 29 ④ 30 ③ 31 ③ 32 ② 33 ② 34 ② 35 ① 36 ① 37 ② 38 ①

선견지명 단원종합문제

01 두 개 이상의 집단 간 비교를 수행하고자 할 때 집단 내의 분산, 총 평균과 각 집단의 평균 차이에 의해 생긴 집단 간 분산 비교로 얻은 분포를 이용하여 가설검정을 수행하는 방법을 의미하는 분석 기법은 무엇인가?

① 상관 분석(Correlation Analysis)
② 회귀 분석(Regression Analysis)
③ 분산 분석(Analysis of Variance)
④ 주성분 분석(Principal Component Analysis)

해설	
상관 분석	두 개 이상의 변수 간에 존재하는 상호 연관성의 정도를 측정하여 분석하는 방법
회귀 분석	하나 이상의 독립변수들이 종속변수에 미치는 영향을 추정할 수 있는 통계기법
분산 분석	두 개 이상의 집단 간 비교를 수행하고자 할 때 집단 내의 분산, 총 평균과 각 집단의 평균 차이에 의해 생긴 집단 간 분산 비교로 얻은 분포를 이용하여 가설검정을 수행하는 방법
주성분 분석	많은 변수의 분산방식(분산·공분산)의 패턴을 간결하게 표현하는 주성분 변수를 원래 변수의 선형 결합으로 추출하는 통계기법

02 다음 중 딥러닝(Deep Learning)에 대한 설명으로 올바르지 않은 것은?

① 딥러닝은 여러 비선형 변환 기법의 조합을 통해 높은 수준의 추상화를 시도하는 기계 학습 알고리즘의 집합이다.
② 딥러닝은 오차역전파를 사용한다.
③ 딥러닝에서는 기울기 소실 문제로 인해 tanh 함수와 같은 활성화 함수를 많이 사용한다.
④ 딥러닝 알고리즘 중에서 DNN은 은닉층(Hidden Layer)을 심층(Deep) 구성한 신경망(Neural Network)으로 학습하는 알고리즘이다.

해설 딥러닝에서는 기울기 소실 문제로 인해 ReLU 함수와 같은 활성화 함수를 많이 사용한다.

03 다음 중 예측 모델 기법들에 대한 설명으로 옳지 않은 것은?

① 회귀 분석: 관찰된 연속형 변수들에 대해 두 변수 사이의 모형을 구한 뒤 적합도를 측정해 내는 분석 방법
② 의사결정나무: 각 독립변수를 이분화하는 과정을 반복함으로써 예측 모형에는 사용이 불가능한 방법
③ 인공신경망: 사람 두뇌의 신경세포인 뉴런이 전기신호를 전달하는 모습을 모방한 예측 모델
④ 시계열 분석: 관측치가 시간적 순서를 가지는 시계열 데이터를 통해 미래의 값을 예측하는 기법

해설 의사결정나무는 의사결정 규칙을 나무 구조로 도표화하여 분류와 예측을 수행하는 분석 방법이다.

04 다음 중 군집화 모델의 계층적 방법에 대한 설명으로 옳지 않은 것은?

① 군집화는 이질적인 집단을 몇 개의 동질적인 소집단으로 세분화하는 작업이다.
② 군집방법은 크게 계층적 방법과 비 계층적 방법으로 구분한다.
③ 응집분석법은 각 객체를 하나의 소집단으로 간주하고 단계적으로 유사한 소집단들을 합쳐 새로운 소집단을 구성하는 방법이다.
④ 비 계층적 방법은 사전에 군집 수를 정하지 않고 단계적으로 단계별 군집 결과를 산출하는 방법이다.

해설 비 계층적 방법은 군집을 위한 소집단의 개수를 정해놓고 각 객체 중 하나의 소집단으로 배정하는 방법이다.

05 다음 중 분석 모형 기법에 대한 설명으로 옳지 않은 것은?

① 분류 분석: 문서를 분류하거나 조직을 그룹으로 나눌 때, 또는 온라인 수강생들을 특성에 따라 분류할 때 사용
② 유전자 알고리즘: 최적화가 필요한 문제의 해결책을 자연선택, 돌연변이 등과 같은 메커니즘을 통해 점진적으로 진화시켜 나가는 방법
③ 감성 분석: 특정인과 다른 사람이 몇 촌 정도의 관계인가를 파악할 때 사용하고, 영향력 있는 사람을 찾아낼 때 사용
④ 연관 분석: 변인 간에 주목할 만한 상관관계가 있는지를 찾아내는 방법

해설

분류 분석	문서를 분류하거나 조직을 그룹으로 나눌 때, 또는 온라인 수강생들을 특성에 따라 분류할 때 사용
유전자 알고리즘	최적화가 필요한 문제의 해결책을 자연선택, 돌연변이 등과 같은 메커니즘을 통해 점진적으로 진화시켜 나가는 방법
감성 분석	특정 주제에 대해 말하거나 글을 쓴 사람의 감정을 분석
연관 분석	변인 간에 주목할 만한 상관관계가 있는지를 찾아내는 방법

06 초매개변수에 대한 설명으로 옳은 것은?

① 모델 내부에서 확인이 가능한 변수로 데이터를 통해서 산출이 가능한 값
② 예측을 수행할 때, 모델에 의해 요구되는 값들
③ 주로 사람에 의해 수작업으로 측정되지 않음
④ 모델에서 외적인 요소로 데이터 분석을 통해 얻어지는 값이 아니라 사용자가 직접 설정해주는 값

해설 초매개변수는 모델에서 외적인 요소로 데이터 분석을 통해 얻어지는 값이 아니라 사용자가 직접 설정해주는 값이다.

07 다음 중 비지도 학습(Unsupervised Learning)에 대한 설명으로 올바르지 않은 것은?

① 비지도 학습은 입력 데이터에 대한 정답인 레이블(Label)이 없는 상태에서 데이터가 어떻게 구성되었는지를 알아내는 기계 학습 기법이다.
② 비지도 학습은 설명변수와 목적변수 간의 관계성을 표현해내거나 미래 관측을 예측해내는 것에 초점이 있으며 주로 분류 문제 해결에 적합하다.
③ 비지도 학습은 예측의 문제보다는 주로 현상의 설명(Description)이나 특징 도출, 패턴 도출 등의 문제에 많이 활용된다.
④ 비지도 학습 기법에는 차원 축소 기법, 자기 조직화 지도(SOM) 등이 있다.

해설 설명변수와 목적변수 간의 관계성을 표현해내거나 미래 관측을 예측해내는 것에 초점이 있으며 주로 분류 문제 해결에 적합한 학습은 지도 학습이다.

08 다음 중 독립변수가 연속형이고, 종속변수가 연속성일 때 사용할 수 있는 분석 기법은 무엇인가?

① K-최근접 이웃기법
② 로지스틱 회귀 분석
③ 카이제곱 분석
④ 군집 분석

해설 독립변수가 연속형이고, 종속변수가 연속성일 때 사용할 수 있는 분석 기법은 K-최근접 이웃기법이다.

		종속변수(Y)	
		연속형 변수	이산형/범주형 변수
독립변수(X)	연속형 변수	• 회귀 분석 • 인공신경망 모델 • K-최근접 이웃기법 • 의사결정나무(회귀 나무)	• 로지스틱 회귀 분석 • 판별 분석 • K-최근접 이웃기법 • 의사결정나무(분류 나무)
	이산형/범주형 변수	• 회귀 분석 • 인공신경망 모델 • 의사결정나무(회귀 나무)	• 인공신경망 모델 • 의사결정나무(분류 나무) • 로지스틱 회귀 분석

선견지명 단원종합문제

09 다음 중 파이썬에 대한 설명으로 옳지 않은 것은?

① 프로그래밍 언어 자체가 어렵지 않고 초보자도 쉽게 배울 수 있다.
② 파이썬은 다른 언어와 마찬가지로 중괄호를 이용하여 블록을 구분하는 문법을 사용한다.
③ 파이썬에도 좋은 시각화 라이브러리가 있지만, R과 비교하면 선택의 폭이 좁다.
④ 파이썬은 Microsoft Windows, Mac OS, Linux 등 다양한 OS를 지원한다.

해설 파이썬은 다른 언어와는 다르게 들여쓰기를 이용하여 블록을 구분하는 문법을 사용한다.

10 다음 중 데이터 분할에 대한 설명으로 옳지 않은 것은?

① 훈련 데이터와 검증 데이터는 훈련 과정에서 사용하며 평가 데이터는 훈련 과정에 사용되지 않고 오로지 모형의 평가를 위한 과정에만 사용된다.
② 검증 데이터를 통하여 모형의 훈련 과정에서 모형이 제대로 학습되었는지 중간에 검증을 실시하고, 또한 과적합의 발생 여부 등을 확인하여 모형의 튜닝에도 사용이 된다.
③ 훈련이 완료된 모형에 대하여 여러 번 사용한 평가 데이터를 통하여 모형을 평가하며, 이때 사용된 결과가 모형의 평가지표가 된다.
④ 데이터를 일반적으로 훈련 데이터와 검증 데이터를 60~80% 사용하고, 평가 데이터를 20~40%로 분할하지만 절대적인 기준은 아니다.

해설 훈련이 완료된 모형에 대하여 한 번도 사용하지 않은 평가 데이터를 통하여 모형을 평가하며, 이때 사용된 결과가 모형의 평가 지표가 된다.

11 다음 중 SVM에 대한 설명으로 올바르지 않은 것은?

① SVM은 공간상에서 최적의 분리 초평면(Hyperplane)을 찾아서 분류만 수행하고 예측은 수행하지 않는다.
② SVM은 훈련 시간이 상대적으로 느리지만, 정확성이 뛰어나며 다른 방법보다 과대 적합의 가능성이 낮은 모델이다.
③ SVM은 변수 속성 간의 의존성은 고려하지 않으며 모든 속성을 활용하는 기법이다.
④ SVM은 서포트 벡터만을 이용해서 결정 경계를 생성하므로 데이터가 적을 때 효과적이다.

해설
• SVM은 공간상에서 최적의 분리 초평면(Hyperplane)을 찾아서 분류 및 회귀를 수행한다.
• SVM은 예측을 수행할 수 있다.
• SVM의 장단점은 아래와 같다.

장점	단점
• 서포트 벡터만을 이용해서 결정 경계를 생성하므로 데이터가 적을 때 효과적	• 데이터 전처리 과정이 중요
• 새로운 데이터가 입력되면 전체 데이터 포인트와의 거리를 계산하지 않고 서포트 벡터와의 거리만 계산하면 되기 때문에 연산량 최소화	• 데이터 세트의 크기가 클 경우 모델링에 많은 시간이 소요됨
• 정확성이 뛰어나며, 커널 트릭을 활용하여 비선형 모델 분류 가능	• 데이터가 많아질수록 최적화된 테스트를 위한 테스트 과정이 많아져서 다른 모형에 비해 속도가 느림
• 다른 모형보다 과대 적합의 가능성이 낮고, 노이즈의 영향이 적음	• 커널과 모델의 매개변수를 조절하기 위해 많은 테스트가 필요

12 변수 선택 방법 중 절편만 있는 상수모형부터 시작해 중요하다고 생각되는 설명변수를 차례로 모형에 추가하는 방식은 무엇인가?

① 전진 선택법
② 중진 선택법
③ 후진 소거법
④ 단계적 방법

> **해설**

전진 선택법	절편만 있는 상수모형부터 시작해 중요하다고 생각되는 설명변수를 차례로 모형에 추가하는 방식
후진 소거법	독립변수 후보 모두를 포함한 모형에서 출발해 제곱합의 기준으로 가장 적은 영향을 주는 변수부터 하나씩 제거하면서 더 이상 유의하지 않은 변수가 없을 때까지 설명변수들을 제거하고 이때의 모형을 선택하는 방법
단계적 방법	변수를 추가하면서 새롭게 추가된 변수에 기인해 기존 변수가 그 중요도가 약화되면 해당 변수를 제거하는 단계별 추가 또는 제거되는 변수의 여부를 검토해 더 이상 없을 때 중단

13 다음 중 의사결정나무의 분석 과정으로 가장 옳은 것은?

① 의사결정나무 성장 → 타당성 평가 → 가지치기 → 해석 및 예측
② 타당성 평가 → 의사결정나무 성장 → 가지치기 → 해석 및 예측
③ 가지치기 → 의사결정나무 성장 → 타당성 평가 → 해석 및 예측
④ 의사결정나무 성장 → 가지치기 → 타당성 평가 → 해석 및 예측

> **해설**

의사결정나무의 분석 과정	
성가타해	의사결정나무 성장 / 가지치기 / 타당성 평가 / 해석 및 예측

14 지니 지수에 대한 설명으로 옳지 않은 것은?

① 노드의 불순도를 나타내는 값이다.
② 열역학에서 쓰는 개념으로 무질서 정도에 대한 측도이다.
③ 지니 지수는 $1 - \sum_{l=1}^{k} P_l^2$ 로 계산한다.
④ 지니 지수의 값이 클수록 이질적(Diversity)이며 순수도(Purity)가 낮다고 볼 수 있다.

> **해설** 열역학에서 쓰는 개념으로 무질서 정도에 대한 측도는 엔트로피 지수이다.

15 다음 중 단층 퍼셉트론을 통해 해결하지 못했던 문제를 다층 퍼셉트론을 이용해 해결한 연산은 무엇인가?

① AND 연산
② OR 연산
③ XOR 연산
④ NOT 연산

> **해설** 퍼셉트론은 AND, OR 연산은 선형 분리가 가능했지만, XOR는 선형 분리를 할 수 없는 문제점이 있다.
> • 퍼셉트론의 XOR 선형 분리 문제점은 다층퍼셉트론으로 해결하였다.

선견지명 단원종합문제

16 다음 빈칸에 알맞은 용어로 가장 알맞은 것을 고르시오.

(Ⓐ)는 기울기 소실 현상의 원인이었으며, (Ⓑ) 함수를 통해 기울기 소실 현상의 문제를 해결하였다.

① Ⓐ 시그모이드 함수, Ⓑ ReLU
② Ⓐ 부호 함수, Ⓑ ReLU
③ Ⓐ ReLU, Ⓑ 시그모이드 함수
④ Ⓐ tanh, Ⓑ 계단 함수

해설 시그모이드 함수는 기울기 소실 현상의 원인이었으며, ReLU 함수를 통해 기울기 소실 현상의 문제를 해결하였다.

17 다음 중 서포트 벡터 머신의 구성요소로 옳지 않은 것은?

① 결정 경계
② 초평면
③ 랜덤 포레스트
④ 슬랙 변수

해설

서포트 벡터 머신의 구성요소	
결초마서슬	결정 경계 / 초평면 / 마진 / 서포트 벡터 / 슬랙 변수

18 다음 중 Tree 구조를 통해 최소 지지도를 만족하는 빈발 아이템 집합을 추출하는 알고리즘으로 데이터 세트가 큰 경우 효과적인 알고리즘은 무엇인가?

① 아프리오리 알고리즘
② CART 알고리즘
③ 의사결정나무
④ FP-Growth 알고리즘

해설
- FP-Growth 알고리즘은 아프리오리 알고리즘을 개선한 알고리즘으로 FP-Tree라는 구조를 통해 최소 지지도를 만족하는 빈발 아이템 집합을 추출하는 알고리즘이다.
- 데이터 세트가 큰 경우 모든 후보 아이템 세트들에 대하여 반복적으로 계산하는 단점이 있는 아프리오리 알고리즘을 개선한 알고리즘이다.

19 다음 중 군집 간의 연결법에 대한 설명으로 옳지 않은 것은?

① 최단연결법: 두 군집 사이의 거리를 각 군집에서 하나씩 관측값을 뽑았을 때 나타날 수 있는 거리의 최솟값으로 측정
② 중심연결법: 모든 항목에 대한 거리 평균을 구하면서 가장 유사성이 큰 군집을 병합해 나가는 방법
③ 최장연결법: 두 군집 사이의 거리를 각 군집에서 하나씩 관측값을 뽑았을 때 나타날 수 있는 거리의 최댓값으로 측정
④ 와드 연결법: 군집 간의 거리에 기반하는 다른 연결법과는 다른 군집 내의 오차 제곱합에 기초하여 군집을 수행

해설 모든 항목에 대한 거리 평균을 구하면서 군집화는 평균 연결법이다.

최단연결법	두 군집 사이의 거리를 각 군집에서 하나씩 관측값을 뽑았을 때 나타날 수 있는 거리의 최솟값으로 측정
최장연결법	두 군집 사이의 거리를 각 군집에서 하나씩 관측값을 뽑았을 때 나타날 수 있는 거리의 최댓값으로 측정
중심연결법	두 군집의 중심 간의 거리를 측정
평균 연결법	모든 항목에 대한 거리 평균을 구하면서 가장 유사성이 큰 군집을 병합해 나가는 방법
와드 연결법	군집 간의 거리에 기반하는 다른 연결법과는 다른 군집 내의 오차 제곱합에 기초하여 군집을 수행

20 연관성 분석의 향상도(Lift)가 1인 경우는 어떤 의미를 가지는가?

① 양(+)의 상관관계
② 음(-)의 상관관계
③ 서로 동일한 관계
④ 서로 독립적인 관계

해설
- 향상도는 규칙이 우연히 일어날 경우 대비 얼마나 나은 효과를 보이는지에 대한 척도이다.
- 향상도가 1일 경우 서로 독립적인 관계를 갖는다.

21 다음 중 자카드 계수에 대한 설명으로 가장 옳지 않은 것은?

① 명목형 변수 거리에 사용되는 방법이다.
② 수식은 $J(A, B) = \frac{|A \cap B|}{|A \cup B|} = \frac{|A \cap B|}{|A|+|B|-|A \cap B|}$ 이다.
③ 0과 1 사이의 값을 가지며 두 집합이 동일하면 0의 값, 공통의 원소가 하나도 없으면 1의 값을 가진다.
④ 두 집합 사이의 유사도를 측정하는 방법이다.

해설 0과 1 사이의 값을 가지며 두 집합이 동일하면 1의 값, 공통의 원소가 하나도 없으면 0의 값을 가진다.

22 다음 연속형 변수 거리 중 수학적 거리로 가장 알맞지 않은 것은?

① 유클리드 거리
② 맨하탄 거리
③ 민코프스키 거리
④ 표준화 거리

해설
- 연속형 변수 거리는 수학적 거리와 통계적 거리로 나눌 수 있다.
- 수학적 거리에는 유클리드 거리, 맨하탄 거리, 민코프스키 거리가 있고, 통계적 거리에는 표준화 거리, 마할라노비스 거리가 있다.

23 다음 중 SOM(Self-Organizing Maps)에 대한 설명으로 가장 옳지 않은 것은?

① 코호넨에 의해 제시, 개발되었으며 코호넨 맵(Kohonen Maps)으로 알려져 있다.
② 지도 신경망으로 고차원의 데이터를 이해하기 쉬운 저차원의 뉴런으로 정렬하여 지도의 형태로 형상화한다.
③ 실제 공간의 입력변수가 가까이 있으면 지도상에는 가까운 위치에 있게 된다.
④ SOM은 입력층과 경쟁층으로 구성된다.

해설 비지도 신경망으로 고차원의 데이터를 이해하기 쉬운 저차원의 뉴런으로 정렬하여 지도의 형태로 형상화한다.

24 한국이 축구에서 스페인을 이길 확률이 10%라고 할 때 승산(Odds)은 얼마인가?

① $\frac{1}{10}$
② 9
③ 10
④ $\frac{1}{9}$

해설
- 성공 확률을 p라고 하였을 경우 승산(Odds) = $\frac{p}{1-p}$ 이다.
- 따라서 승산비(Odds) = $\frac{0.1}{1-0.1} = \frac{1}{9}$ 이다.

선견지명 단원종합문제

25 남/여 학생 200명을 대상으로 남/여 학생이 선호하는 커피에 연관성이 있는지 여부를 알아보고자 한다. 이때 남자이면서 B 커피를 좋아하는 학생의 기댓값은 얼마인가? (남/여 학생 200명의 커피 선호도 조사결과는 아래 분포표와 같다.)

▼ 학년별 커피 선호도 조사결과

성별	A 커피	B 커피	C 커피	계
남	30	50	20	100
여	50	30	20	100
계	80	80	40	200

① 20 ② 30
③ 40 ④ 50

해설 $E_{ij} = \dfrac{O_{i,} \times O_{,j}}{n}$, $O_{남자,} = 100$, $O_{,B커피} = 80$이므로,

∴ $E_{남자, B커피} = \dfrac{O_{남자,} \times O_{,B커피}}{200} = \dfrac{100 \times 80}{200} = 40$

26 다음 중 아래 카이제곱 검정 공식에 대한 설명으로 가장 올바르지 않은 것은?

$$\chi^2 = \sum_{i=1}^{k} \frac{(O_i - E_i)^2}{E_i}$$

① O_i는 i번째 범주가 실제로 관찰된 관측 빈도(Observed Frequency)이다.
② E_i는 i번째 범주가 발생할 것으로 기대되는 기대 빈도(Expected Frequency)이다.
③ 자유도는 k이다. (k: 범주의 수)
④ χ^2 값은 편차의 제곱 값을 기대빈도로 나눈 값들의 합이다.

해설 카이제곱 검정의 자유도는 $k-1$이다.

27 다음 중 주성분 분석(PCA)에 대한 설명으로 가장 옳지 않은 것은?

① 상관관계가 있는 고차원 자료를 자료의 변동을 최대한 보존하는 저차원 자료로 변환하는 차원축소 방법이다.
② 차원축소는 고윳값이 낮은 순으로 정렬해서, 낮은 고윳값을 가진 고유벡터만으로 데이터를 복원한다.
③ 자료의 차원을 축약시키는 데 주로 사용된다.
④ 누적 기여율이 85% 이상이면 주성분의 수로 결정할 수 있다.

해설 차원축소는 고윳값이 높은 순으로 정렬해서, 높은 고윳값을 가진 고유벡터만으로 데이터를 복원한다.

28 다음 중 시계열 모형이 아닌 것은?

① 백색잡음 모형
② 확률 보행 모형
③ 자기 회귀 모형
④ 시그모이드 모형

해설
• 시그모이드 함수는 S자형 곡선(시그모이드 곡선)을 갖는 수학 함수이다.
• ARIMA 차수에 따른 모형은 다음과 같다.

ARIMA(0,0,0)	백색잡음 모형
ARIMA(0,1,0)	확률 보행 모형
ARIMA(p,0,0)	자기 회귀 모형
ARIMA(0,0,q)	이동평균 모형

29 다음 중 분해식의 요인이 잘못 짝지어진 것은?

① T_t : 경향(추세) 요인
② S_t : 계절 요인
③ C_t : 순환 요인
④ Z_t : 불규칙 요인

> **해설**
> - 분해식은 시계열에서 일반적인 요인을 분리하는 식이다.
> - 경향(추세), 계절, 순환, 불규칙, 시계열 값, 미지의 함수로 구성된다.

30 ARIMA(p, d, q) 모형에서 다음 설명에 대한 차수로 알맞게 짝지어진 것은?

> ⓐ ARIMA에서 ARMA로 정상화할 때 몇 번 차분을 했는지를 의미
> ⓑ AR 모형과 관련
> ⓒ MA 모형과 관련이 있는 차수

① ⓐ: d, ⓑ p, ⓒ q
② ⓐ: p, ⓑ d, ⓒ q
③ ⓐ: d, ⓑ q, ⓒ p
④ ⓐ: p, ⓑ p, ⓒ d

> **해설**
> | | |
> |---|---|
> | p | AR 모형과 관련 |
> | q | MA 모형과 관련이 있는 차수 |
> | d | ARIMA에서 ARMA로 정상화할 때 몇 번 차분을 했는지를 의미 |

31 다음 중 입력층, 은닉층, 출력층으로 구성되며 은닉층에서 재귀적인 신경망을 갖는 알고리즘으로 가장 알맞은 것은?

① 순환신경망(RNN)
② 합성곱 신경망(CNN)
③ 심층신경망(DNN)
④ 인공신경망(ANN)

> **해설** 순환신경망은 연속적인 시계열 데이터를 분석할 수 있는 신경망으로 확률적 경사하강법, 시간기반 오차역전파를 사용해서 가중치를 업데이트 한다.

32 CNN에서 원본 이미지가 3×3, Stride가 2이고, 필터가 3×3이며, 패딩의 크기가 1일 때 Feature Map은 무엇인가?

① (1, 1)   ② (2, 2)
③ (3, 3)   ④ (4, 4)

> **해설** 스트라이드가 적용되었을 때 원본 이미지의 크기가 $n \times n$, Stride가 s, 패딩이 p, 필터가 $f \times f$일 때 피처 맵의 크기는 다음과 같다.
>
> $$\left(\frac{n+2p-f}{s}+1, \frac{n+2p-f}{s}+1\right)$$
>
> $n=3$, $s=2$, $f=3$, $p=1$이므로 $\left(\frac{n+2p-f}{s}+1, \frac{n+2p-f}{s}+1\right)$
> $= \left(\frac{3+2\cdot1-3}{2}+1, \frac{3+2\cdot1-3}{2}+1\right) = (2,2)$이다.

선견지명 단원종합문제

33 다음 중 RNN(Recurrent Neural Network)에 대한 설명으로 가장 옳지 않은 것은?

① 입력층, 은닉층, 출력층으로 구성되며 은닉층에서 재귀적인 신경망을 갖는 알고리즘이다.
② 시각적 이미지를 분석하는 데 사용되는 심층신경망이다.
③ 음성신호, 연속적 시계열 데이터 분석에 적합하다.
④ 장기 의존성 문제와 기울기 소실 문제가 발생하여 학습이 이루어지지 않을 수 있다.

해설 시각적 이미지를 분석하는 데 사용되는 심층신경망은 CNN이다.

34 다음 중 부스팅 기법의 특징으로 올바르지 않은 것은?

① 부스팅 기법에서 최적 모델을 결정하기 위해서 이전 분류에서 정분류 데이터에는 높은 가중치를 부여하고, 이전 분류에서 오분류 데이터에는 낮은 가중치를 부여한다.
② 부스팅 기법의 목표는 분류하기 힘든 관측값들에 대해서 정확하게 분류를 잘하도록 유도해서 예측력을 강화시키는 것이다.
③ 부스팅은 대용량 데이터일수록 유리하고, 데이터와 데이터의 속성이 복잡할수록 유리하다.
④ 부스팅 기법의 주요 알고리즘은 에이다 부스트(Ada Boost)이다.

해설 부스팅 기법에서 최적 모델 결정하기 위해서 이전 분류에서 정분류 데이터에는 낮은 가중치를 부여하고, 이전 분류에서 오분류 데이터에는 높은 가중치를 부여한다.

35 다음 중 아래에서 설명하는 기법은 무엇인가?

여러 가지 동일한 종류 또는 서로 상이한 모형들의 예측/분류 결과를 종합하여 최종적인 의사결정에 활용하는 기법이다.

① 앙상블 기법
② 의사결정나무
③ 회귀기법
④ 시계열 기법

해설
- 여러 가지 동일한 종류 또는 서로 상이한 모형들의 예측/분류 결과를 종합하여 최종적인 의사결정에 활용하는 기법은 앙상블 기법이다.
- 앙상블이란 본래 프랑스어로 '통일, 조화' 등을 나타내는 용어이다.

36 다음 중 부스팅 기법의 특징으로 가장 옳지 않은 것은?

① 분류하기 힘든 관측값들에 대해서 정확하게 분류를 잘하도록 유도(예측력 강화)
② 이전 분류에서 정 분류 데이터에는 높은 가중치 부여
③ 특정 케이스의 경우 상당히 높은 성능을 보임
④ 다소 높은 계산 복잡도

해설 부스팅 기법의 특징으로 이전 분류에서 정 분류 데이터에는 낮은 가중치 부여하고, 이전 분류에서 오 분류 데이터에는 높은 가중치 부여한다.

37 각 독립변수를 이분화하는 과정을 반복하여 이진 트리 형태를 형성함으로써 분류를 수행하는 방법은 무엇인가?

① CART 기법
② 회귀 분석
③ CHAID 기법
④ 시계열 분석

해설 CART(Classification and Regression Trees) 알고리즘은 각 독립변수를 이분화하는 과정을 반복하여 이진 트리 형태를 형성함으로써 분류를 수행하는 방법이다.

38 다음 K-NN 알고리즘의 특징에 대한 설명 중 가장 올바르지 않은 것은 무엇인가?

① 분류와 회귀에 모두 사용이 가능하다.
② 예측 변수에 따른 정답 데이터가 제공되지 않는 비지도 학습 모형이다.
③ 학습 절차 없이 새로운 데이터 들어올 때 거리 측정하고 모형을 구성한다.
④ K값에 따라 예측 결과가 달라진다.

해설 K-NN은 예측 변수에 따른 정답 데이터가 제공되는 지도 학습 모형이다.

정답 01 ③ 02 ③ 03 ② 04 ④ 05 ③ 06 ④ 07 ② 08 ① 09 ② 10 ③ 11 ① 12 ① 13 ④ 14 ② 15 ③ 16 ① 17 ③ 18 ④ 19 ② 20 ④ 21 ③ 22 ④ 23 ② 24 ④ 25 ③ 26 ③ 27 ② 28 ④ 29 ④ 30 ① 31 ① 32 ② 33 ④ 34 ① 35 ② 36 ② 37 ① 38 ②

미리보기

접근 전략

어려운 고비를 잘 넘기셨습니다. 대단원의 마지막인 빅데이터 결과 해석 단원은 분석 모형을 평가하고 해석하는 여러 방법들을 제공합니다. 혼동 행렬, 데이터 시각화 등 문제로 출제되기 좋은 개념이 많습니다. 학습 이후 문제를 반복적으로 풀어보신다면 부족한 점수를 보충할 수 있는 단원입니다. 마지막까지 힘내주시길 바랍니다!

미리 알아두기

◯ **분석 모형 평가**
분석 모형 평가는 구축된 모형이 임의의 모형보다 더 우수한 분류 성과를 보이는지, 고려된 모형들 중 어느 것이 가장 우수한지 등을 분석하는 과정입니다.

◯ **교차 검증(Cross Validation)**
교차 검증은 모델의 일반화 오차에 대해 신뢰할 만한 추정치를 구하기 위해 훈련, 평가 데이터를 기반으로 하는 검증 기법입니다.

◯ **적합도 검정(Goodness of Fit Test)**
적합도 검정은 표본 집단의 분포가 주어진 특정 이론을 따르고 있는지를 검정하는 기법입니다.

◯ **데이터 시각화**
데이터 시각화는 데이터에 대한 이해를 돕기 위해 그림, 도형 등 그래픽 요소들을 이용해 데이터를 묘사하고 표현하는 기법입니다.

◯ **과대 적합(Over-fitting)**
과대 적합은 제한된 훈련 데이터 세트에 너무 지나치게 특화되어 새로운 데이터에 대한 오차가 매우 커지는 현상입니다.

핵심 키워드 베스트 일레븐(Best Eleven)

평가지표, 매개변수 최적화, 시공간 시각화, 관계 시각화, 비교 시각화, 인포그래픽, 모수 유의성 검증, 분석 모형 리모델링, 혼동 행렬, 비즈니스 기여도 평가, 회귀 모형

빅데이터 결과 해석

01 분석 모형 평가 및 개선

02 분석 결과 해석 및 활용

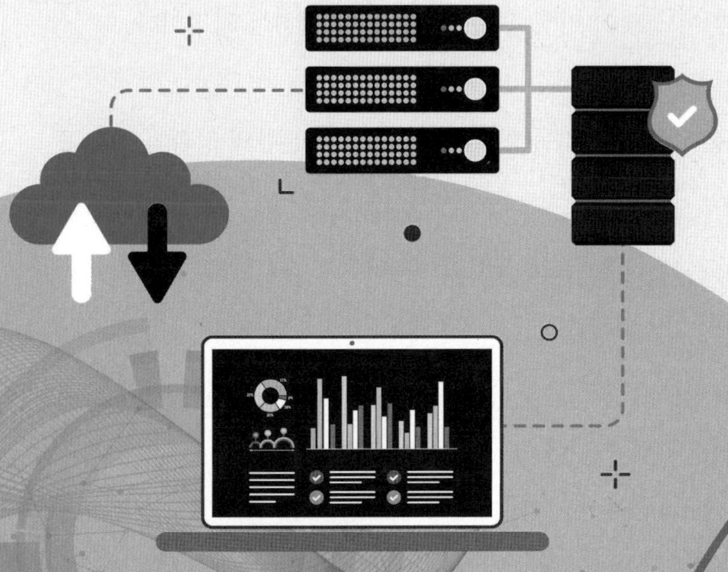

분석 모형 평가 및 개선

1 분석 모형 평가

1 평가지표 ★★★

빅데이터 분석 모형은 분류 모형과 회귀 모형(또는 예측 모형)에 따라 다른 평가지표를 이용하여 평가한다.

(1) 분석 모형 설정 및 평가 기준/방법

① 분석 모형 설정

이상적인 모형에서는 낮은 편향과 낮은 분산으로 설정되어야 한다.

설정	설명
편향(Bias)	학습 알고리즘에서 잘못된 가정을 했을 때 발생하는 오차
분산(Variance)	훈련 데이터(Training Set)에 내재된 작은 변동으로 발생하는 오차

② 분석 모형 평가

㉮ 분석 모형 평가 개념
- 분석 모형 평가는 구축된 모형이 임의의 모형보다 더 우수한 분류 성과를 보이는지, 고려된 모형들 중 어느 것이 가장 우수한지 등을 분석하는 과정이다.

㉯ 분석 모형 평가 기준
- 분석 모형 평가 기준은 일반화의 가능성, 효율성, 예측과 분류의 정확성으로 구분한다.

이상적 모형에서의 편향과 분산에 대해 잘 알아두시길 권장합니다!

변동(Variation)
평균값의 주변에 있는 분포를 이루고 있는 현상이다.

분석 모형
빅데이터 분석 목적에 부합하고 수집된 데이터의 변수들을 고려하여 적합한 빅데이터 분석을 가능하게 하는 모형이다.

⊙ 분석 모형 평가 기준

기준	설명
일반화의 가능성	데이터를 확장하여 적용할 수 있는지에 대한 평가 기준으로 모집단 내의 다른 데이터에 적용해도 안정적인 결과를 제공하는지를 평가
효율성	적은 입력변수가 필요할수록 효율성이 높은 분석 모형으로 평가
예측과 분류의 정확성	정확성 측면에서 평가

㉰ 분석 모형 평가방법

- 분석 모형 평가방법은 종속변수 유형에 따라 다르다.

⊙ 종속변수 유형에 따른 분석 모형 평가방법

종속변수 유형	주요 분석 모형 평가방법
범주형	혼동 행렬(Confusion Matrix)
연속형	RMSE(Root Mean Squared Error; 평균 제곱근 오차)

- 예측 모형에서 회귀모형은 RMSE(평균 제곱근 오차)를 사용하고 분류 모형은 혼동 행렬 평가지표를 사용한다.

(2) 회귀 모형의 평가지표

🔊 개념 박살내기

🔗 회귀 모형의 이해를 위한 지표

⊙ 회귀 모형의 이해를 위한 지표

기호	설명	기호	설명
y_i	i번째 실제 y값	$\bar{y}$	y_i들의 평균값
$\hat{y_i}$	y_i에 대한 예측값($\hat{y_i} = \beta_1 x_i + \beta_o$)		

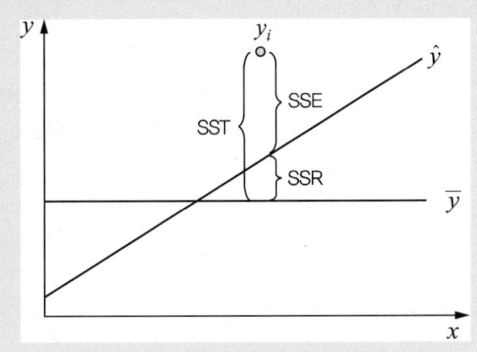

잠깐! 알고가기

모집단(Population)
정보를 얻고자 하는 관심 대상의 전체집합이다.

학습 POINT ★

분석 모형 평가방법에 대해서는 모든 내용을 머릿속에 잘 기억해 두세요!

잠깐! 알고가기

회귀 모형
관찰된 연속형 변수들에 대해 두 변수 사이의 모형을 구한 뒤 적합도를 측정해 내는 분석 모형이다.

한글 단어와 전체 영어 단어를 표시하지 않고 영어 약어로만 문제가 출제될 수 있으므로 약어에 대하여 숙지해 주세요.

① 회귀 모형의 기본 평가지표 기출

회귀 모형에 대한 평가지표를 살펴보면 다음과 같다.

▽ 회귀 모형의 기본 평가지표

평가지표	공식	설명
SSE	$\text{SSE} = \sum_{i=1}^{n}(y_i - \hat{y_i})^2$	• 오차 제곱합(Error Sum of Squares) • 실제값과 예측값의 차이(오차) 제곱의 합 • 회귀 모형 평가에 많이 사용되는 지표
SST	$\text{SST} = \sum_{i=1}^{n}(y_i - \bar{y})^2$ $= \text{SSE} + \text{SSR}$	• 전체 제곱합(Total Sum of Squares) • TSS라고도 불림 • 실젯값과 평균값의 차이의 제곱 합
SSR	$\text{SSR} = \sum_{i=1}^{n}(\hat{y_i} - \bar{y})^2$	• 회귀 제곱합(Regression Sum of Squares) • 예측값과 평균값의 차이 제곱의 합
AE	$\text{AE} = \frac{1}{n}\sum_{i=1}^{n}(y_i - \hat{y_i})$	• 평균 오차(Average Error) • 예측한 결괏값의 오차 평균 • 예측값들이 평균적으로 미달하는지 초과하는지 확인
MPE	$\text{MPE} = \frac{100}{n}\sum_{i=1}^{n}\left(\frac{y_i - \hat{y_i}}{y_i}\right)$	• 평균백분율 오차(Mean Percentage Error) • 예측값들이 평균적으로 미달하는지 초과하는지에 대한 백분율
MAE	$\text{MAE} = \frac{1}{n}\sum_{i=1}^{n}|y_i - \hat{y_i}|$	• 평균 절대 오차(Mean Absolute Error) • 평균 오차 절댓값의 평균
MAPE	$\text{MAPE} = \frac{100}{n}\sum_{i=1}^{n}\left|\frac{y_i - \hat{y_i}}{y_i}\right|$	• 평균 절대 백분율 오차(Mean Absolute Percentage Error) • 예측이 실젯값에서 평균적으로 벗어나는 정도를 백분율로 표현 • 평균 절대 오차를 계산할 때 실제값에 대한 상대적인 비율을 고려하여 계산된 값
MSE	$\text{MSE} = \frac{1}{n}\sum_{i=1}^{n}(y_i - \hat{y_i})^2$	• 평균 제곱 오차(Mean Squared Error) • SSE의 평균
RMSE	$\text{RMSE} = \sqrt{\frac{1}{n}\sum_{i=1}^{n}(y_i - \hat{y_i})^2}$	• 평균 제곱근 오차(Root Mean Squared Error) • SSE 평균의 제곱근

② 회귀 모형의 결정계수와 Mallow's C_p에 대한 평가지표 〔기출〕

▽ 회귀 모형의 결정계수와 Mallow's C_p에 대한 평가지표

평가지표	설명	공식
결정계수	• Coefficient of Determination(R^2; 상관계수 R의 제곱) • 회귀 모형이 실젯값을 얼마나 잘 나타내는지에 대한 비율 • 선형 회귀 분석의 성능 검증 지표로 많이 이용 • 값이 1에 가까울수록 실제값을 잘 설명($0 \leq R^2 \leq 1$) • 독립변수의 개수가 다른 모형의 평가에는 사용이 부적합	$R^2 = \dfrac{SSR}{SST}$ $= \dfrac{SST - SSE}{SST}$ $= 1 - \dfrac{SSE}{SST}$
수정된 결정계수	• Adjusted Coefficient of Determination(R^2_{adj}) • 적절하지 않은 독립변수를 추가하는 것에 페널티를 부과한 결정계수 • 모형에 적절하지 않은 변수들을 추가할수록 값은 감소, 모형에 적절한 변수들을 추가할수록 값은 증가 • 수정된 결정계수는 결정계수보다 항상 작음($R^2 > R^2_{adj}$) • 독립변수의 개수가 많은 모형을 평가할 때 사용 가능	$R^2_{adj} = 1 - \left(\dfrac{n-1}{n-p-1}\right)\dfrac{SSE}{SST}$ • n: 표본의 개수 • p: 선택된 독립변수의 개수
Mallow's C_P	• 수정된 결정계수와 마찬가지로 적절하지 않은 독립변수 추가에 대한 페널티를 부과한 통계량 • Mallow's C_p가 작을수록 실젯값을 잘 설명	$C_p = \dfrac{SSE_p}{MSE_n} + 2(p+1) - n$ • n: 모든 독립변수의 개수 • p: 선택된 독립변수의 개수 • SSE_p: p개의 독립변수로 예측한 오차 제곱합 • MSE_n: 모든 독립변수를 포함한 평균 제곱 오차

(3) 분류 모형의 평가지표

① 혼동 행렬 〔기출〕

㉮ 혼동 행렬(Confusion Matrix; 정오 행렬) 개념

혼동 행렬은 분석 모델에서 구한 분류의 예측 범주와 데이터의 실제 분류 범주를 교차 표(Cross Table) 형태로 정리한 행렬이다.

㉯ 혼동 행렬 작성 방법

실제 범주 값 (Actual Condition)		예측 범주 값(Predicted Condition)	
		Predicted Positive	Predicted Negative
	Actual Positive	True Positive(TP)	False Negative(FN)
	Actual Negative	False Positive(FP)	True Negative(TN)

▲ 혼동 행렬

Predicted Positive	긍정으로 예측한 값
Predicted Nagative	부정으로 예측한 값
Actual Positive	실젯값이 긍정인 값
Actual Negative	실젯값이 부정인 값

이진 분류(참, 거짓과 같은 분류)에서 성능 지표로 혼동 행렬을 많이 사용합니다.

- 혼동 행렬을 작성함에 따라 모델의 성능을 평가할 수 있는 평가지표(Metric)가 도출된다.
- 모델의 정확도를 예측값과 실젯값의 일치 빈도를 통해 평가할 수 있다.

⊗ 혼동 행렬의 작성 방법

구분	분류 값	설명
예측이 정확한 경우	TP(True Positive)	실젯값이 Positive이고 예측값도 Positive인 경우
	TN(True Negative)	실젯값이 Negative이고 예측값도 Negative인 경우
예측이 틀린 경우	FP(False Positive)	실젯값은 Negative이었으나 예측값은 Positive이었던 경우
	FN(False Negative)	실젯값은 Positive이었으나 예측값은 Negative이었던 경우

혼동 행렬의 작성 방법
「정티피엔, 틀프피엔」
예측이 정확한 경우 / TP / TN,
예측이 틀린 경우 / FP / FN

ⓓ 혼동 행렬을 통한 분류 모형의 평가지표

혼동 행렬로부터 계산될 수 있는 평가지표는 정확도, 오차 비율, 민감도 등이 있고, 그중에서 정확도, 민감도, 정밀도는 많이 사용되는 지표이다.

⊗ 혼동 행렬을 통한 분류 모형의 평가지표

평가지표	계산식	설명
정확도 (Accuracy) =정분류율	$\dfrac{TP+TN}{TP+TN+FP+FN}$	• 실제 분류 범주를 정확하게 예측한 비율 • 전체 예측에서 참 긍정(TP)과 참 부정(TN)이 차지하는 비율
오차 비율 (Error Rate)	$\dfrac{FP+FN}{TP+TN+FP+FN}$	• 실제 분류 범주를 잘못 분류한 비율 (오차 비율) = 1−(정확도)
참 긍정률(TP Rate) =재현율(Recall) =민감도(Sensitivity)	$\dfrac{TP}{TP+FN}$	• 실제로 '긍정'인 범주 중에서 '긍정'으로 올바르게 예측(TP)한 비율 • Hit Rate로도 지칭
특이도 (Specificity)	$\dfrac{TN}{TN+FP}$	• 실제로 '부정'인 범주 중에서 '부정'으로 올바르게 예측(TN)한 비율
거짓 긍정률 (FP Rate)	$\dfrac{FP}{TN+FP}$	• 실제로 '부정'인 범주 중에서 '긍정'으로 잘못 예측(FP)한 비율 (거짓 긍정률) = 1−(특이도)
정밀도 (Precision)	$\dfrac{TP}{TP+FP}$	• '긍정'으로 예측한 비율 중에서 실제로 '긍정'(TP)인 비율

범주(Category)
같은 특성을 지닌 분류나 범위를 말한다.

참 긍정률 TP Rate는 줄여서 TPR로 쓰고, 거짓 긍정률 FP Rate는 줄여서 FPR로도 씁니다.

평가지표	계산식	설명
F1 지표 (F1-Score)	$2 \times \dfrac{\text{Precision} \times \text{Recall}}{\text{Precision} + \text{Recall}}$	• 정밀도와 민감도(재현율)를 하나로 합한 성능평가지표 • 0~1 사이의 범위를 가짐 • 정밀도와 민감도 양쪽이 모두 클 때 F1 지표도 큰 값을 가짐
카파 통계량 (Kappa Statistic)	$K = \dfrac{\Pr(a) - \Pr(e)}{1 - \Pr(e)}$ • K: 카파 상관계수 • $\Pr(a)$: 예측이 일치할 확률 • $\Pr(e)$: 예측이 우연히 일치할 확률	• 두 관찰자가 측정한 범주 값에 대한 일치도를 측정하는 지표 • 모형의 평가 결과가 우연히 나온 결과가 아니라는 것을 설명하는 지표 • 값이 1에 가까울수록 모델의 예측값과 실제값이 일치하며, 0에 가까울수록 모델의 예측값과 실제값이 불일치($0 \leq K \leq 1$) | K | 일치 정도 | |---|---| | 0.8~1.0 | 매우 좋은 일치 | | 0.6~0.8 | 좋은 일치 | | 0.4~0.6 | 보통 일치 | | 0.2~0.4 | 어느 정도 일치 | | 0.0~0.2 | 거의 일치하지 않음 |

② ROC 곡선

㉮ ROC 곡선(Receiver Operating Characteristic Curve; ROC Curve) 개념

- ROC 곡선은 가로축(x)을 혼동 행렬의 거짓 긍정률(FP Rate)로 두고 세로축(y)을 참 긍정률(TP Rate)로 두어 시각화한 그래프이다.

> **학습 POINT ★**
> ROC 곡선의 특징과 판단기준은 필기 문제로 출제되기 좋습니다. 숙지하고 넘어가세요!

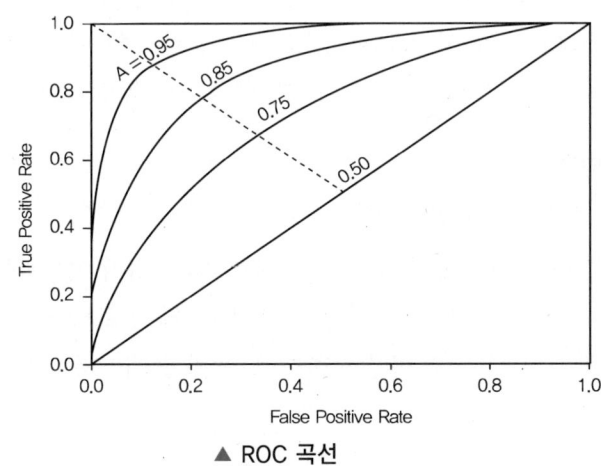

▲ ROC 곡선

- ROC 곡선은 그래프가 왼쪽 꼭대기에 가깝게 그려질수록 분류 성능이 우수하다.

㉯ ROC 곡선의 특징
- ROC 곡선에서 거짓 긍정률(FP Rate)과 참 긍정률(TP Rate)은 어느 정도 비례 관계에 있다.
- AUC(Area Under the ROC Curve; AUROC)는 진단의 정확도를 측정할 때 사용하는 것으로 ROC 곡선 아래의 면적을 모형의 평가지표로 삼는다.
- AUC의 값은 항상 0.5~1의 값을 가지며 1에 가까울수록 좋은 모형이다.

▽ AUC의 판단 기준

AUC	판단 기준 설명
0.9~1.0	Excellent(뛰어남)
0.8~0.9	Good(우수)
0.7~0.8	Fair(보통)
0.6~0.7	Poor(불량)
0.5~0.6	Fail(실패)

2 교차 검증 ★★★

(1) 교차 검증(Cross Validation) 개념

교차 검증은 모델 학습 시 데이터를 학습용과 검증용으로 교차하여 선택하는 방법이다.

(2) 교차 검증의 종류 [기출]

빅데이터 분석 모형을 검증하기 위한 대표적인 평가방법은 홀드 아웃 방법(Holdout Method), K-Fold Cross Validation, LOOCV(Leave One Out Cross Validation), LpOCV(Leave p Out Cross Validation), 부트스트랩(Bootstrap) 등이 있다.

① 홀드 아웃 방법

㉮ 홀드 아웃 방법(Holdout Method) 개념
- 홀드 아웃 방법은 전체 데이터를 비복원 추출 방법을 이용하여 랜덤하게 학습용 데이터(Training Set), 평가용 데이터(Test Set)로 나눠 검증하는 기법이다.
- 학습용 데이터로 분석 모형을 구축하고, 평가용 데이터를 이용하여 분석 모형을 평가하는 기법이다.

㉯ 홀드 아웃 방법 특징
- 계산량이 많지 않아 모형을 쉽게 평가할 수 있으나 전체 데이터에서 평가용 데이터만큼은 학습에 사용할 수 없으므로 데이터 손실이 발생한다.

> **잠깐! 알고가기**
>
> 비복원 추출(Sampling without Replacement)
> 한번 뽑은 표본을 모집단에 다시 넣지 않고 다른 표본을 추출하는 방법이다.

- 데이터를 어떻게 나누느냐에 따라 결과가 많이 달라질 수 있다.

㉰ 홀드 아웃 방법의 데이터 구분

⯆ 홀드 아웃 방법의 데이터 구분

데이터 구분	설명
학습용 데이터 (Training Set)	분석 모델을 만들기 위해 사용하는 데이터 세트
검증용 데이터 (Validation Set)	학습용 데이터로 만든 모델이 잘 예측하는지 성능을 평가하기 위한 데이터 세트
평가용 데이터 (Test Set)	검증용 데이터로 최종 모델을 선택하고 그 성능을 테스트하기 위해 사용되는 데이터 세트

홀드 아웃 교차 검증은 과대적합 방지를 위해 학습용, 검증용, 평가용 데이터로 나누기도 합니다. 이부분을 특히 잘 알아두세요!

② K-Fold Cross Validation

㉮ K-Fold Cross Validation(K겹 교차 검증) 개념

- K-Fold Cross Validation은 데이터 집합을 무작위로 동일 크기를 갖는 K개의 부분 집합으로 나누고, 그 중 1개의 집합을 평가용 데이터(Test Set)로, 나머지 (K-1)개 집합을 학습용 데이터(Training Set)로 선정하여 분석 모형을 평가하는 기법이다.
- 모든 데이터를 학습(Training)과 평가(Test)에 사용할 수 있으나, K값이 증가하면 수행 시간과 계산량도 많아진다.
- K번 반복을 수행하며, 결과를 다수결 또는 평균으로 분석한다.

㉯ K-Fold Cross Validation 절차

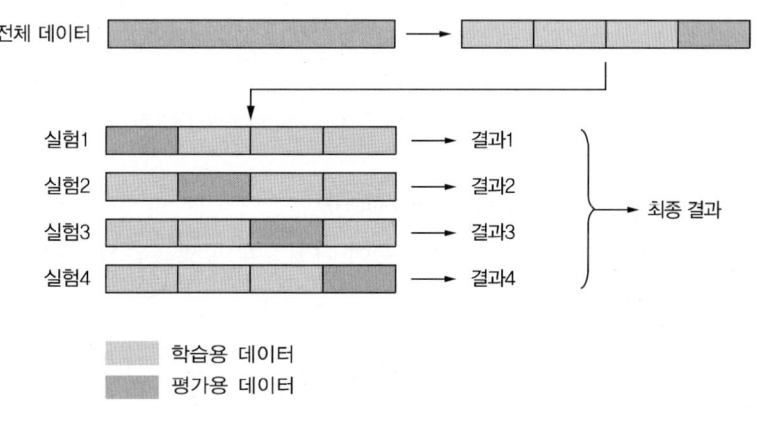

▲ K-Fold Cross Validation(k=4)

K-Fold Cross Validation의 개념과 그림을 잘 알아두시길 바랍니다.

K-Fold CV, LOOCV, LpOCV 등 설명을 보고 어떤 기법인지 알 수 있어야 문제 풀이에 수월합니다.

▽ K-Fold Cross Validation 절차

순서	절차	설명
1	동등 분할	전체 데이터를 K개 같은 크기의 부분집합으로 랜덤하게 나눔
2	학습용/평가용 데이터 구성	(K-1)개 부분집합들은 학습용 데이터로, 나머지 1개 부분 집합은 평가용 데이터로 하는 K개의 실험 데이터(Experiment Set)를 구성
3	분류기 학습	각 실험 데이터마다 학습용 데이터로 분류기를 학습시키고, 평가용 데이터로 분류기의 성능을 평가
4	분류기 성능 확인	실험 결과 K개를 종합하여 해당 분류기의 최종 성능을 구함

③ LOOCV(Leave-One-Out Cross Validation)

- LOOCV는 전체 데이터 N개에서 1개의 샘플만을 평가용 데이터에 사용하고 나머지 (N-1)개는 학습용 데이터로 사용하는 과정을 N번 반복하는 교차 검증 기법이다.
- K-Fold와 같은 방법을 사용하며, 이때 K는 전체 데이터 N과 같다(K=N).
- 가능한 한 많은 데이터를 학습에 사용할 수 있지만, 수행 시간과 계산량이 많다.
- 작은 크기의 데이터에 사용하기 좋다.

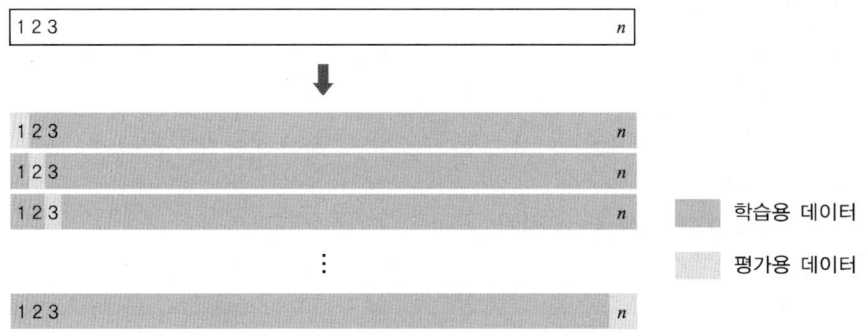

▲ Leave-One-Out Cross Validation(LOOCV)

④ LpOCV(Leave-p-Out Cross Validation)

- LpOCV는 LOOCV에서 1개의 샘플이 아닌 p개의 샘플을 테스트에 사용하는 교차 검증 기법이다.
- $_nC_p$, 즉 $\frac{n!}{(n-p)!p!}$ 만큼 교차 검증이 반복되므로 계산 시간에 대한 부담이 매우 크다.

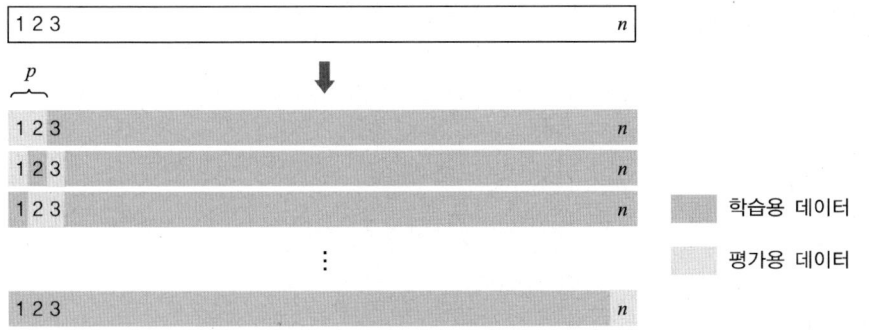

▲ Leave-p-Out Cross Validation(LpOCV)

⑤ **부트스트랩**

㉮ 부트스트랩(Bootstrap) 개념

부트스트랩은 주어진 자료에서 단순 랜덤 복원 추출 방법을 활용하여 동일한 크기의 표본을 여러 개 생성하는 샘플링 방법이다.

㉯ 부트스트랩 특징

- 무작위 복원추출 방법으로, 전체 데이터에서 중복을 허용하여 데이터 크기만큼 샘플을 추출하고 이를 학습용 데이터(Training Set)로 한다.
- 전체 데이터 샘플이 N개이고 부트스트랩으로 N개의 샘플을 추출하는 경우 특정 샘플이 학습용 데이터에 포함될 확률은 약 63.2%이다.
- 한 번도 포함되지 않은 OOB(Out-Of-Bag) 데이터는 검증(Validation)에 사용한다.

> **잠깐! 알고가기**
>
> 복원 추출
> (Sampling with Replacement)
> 한번 뽑은 표본을 모집단에 다시 넣고 다른 표본을 추출하는 기법이다.

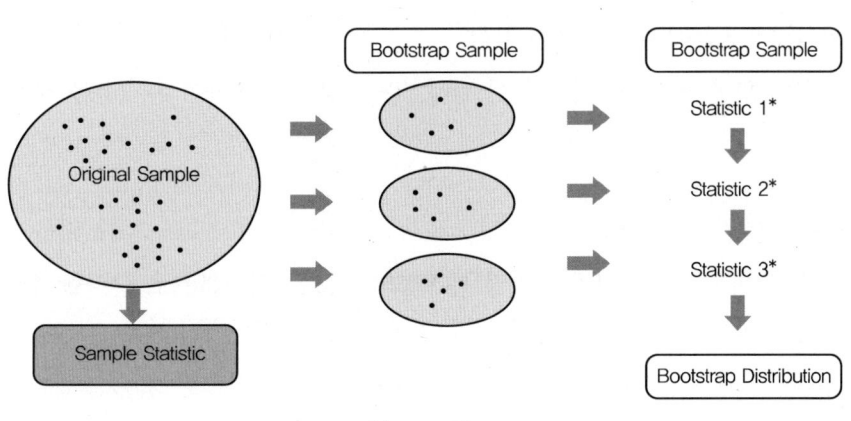

▲ 부트스트랩

3 모수 유의성 검정 ★★

검정 대상인 모집단의 평균 및 분산에 따라 가설의 유의성을 검정한다.

(1) 모집단과 모수 관계

- 모집단(Population)은 관심의 대상이 되는 전체 그룹이며, 모수(Parameter)는 모집단을 설명하는 어떤 값이다.

  예) 모집단(Population)의 평균은 모수(Parameter)이다.

- 표본(Sample)은 모집단 분석을 위해 추출한 한 집단(Set)의 관측치이며, 통계량(Statistic)은 모집단을 설명하는 어떤 값을 표본으로부터 구한 값이다.

  예) 표본(Sample)으로부터 구한 평균은 통계량(Statistic)이다.

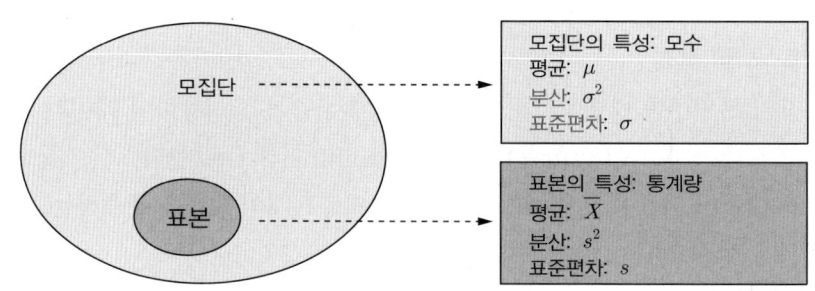

▲ 모집단, 표본, 모수, 통계량 관계

(2) 모집단의 평균에 대한 유의성 검정

모집단 평균을 알고 있을 때 Z-검정, T-검정을 사용하여 유의성을 검정한다.

① Z-검정

㉮ Z-검정(Z-Test) 개념

Z-검정은 귀무가설에서 검정 통계량의 분포를 정규분포로 근사할 수 있는 통계 검정이다.

공식	
Z-검정 통계량	$Z = \dfrac{\overline{X} - \mu}{\dfrac{\sigma}{\sqrt{n}}}$

- $\overline{X}$: 표본 평균
- μ: 모평균
- σ: 모 표준편차
- n: 표본의 크기

학습 POINT ★

모수 유의성 검정은 중요 개념이 많이 나옵니다. 집중해서 학습하시길 권장합니다!

학습 POINT ★

통계학에서 영어로 Parameter는 모집단의 특성을 나타내는 수치인 모수(Parameter)를 나타내지만, 머신러닝에서 Parameter는 주어진 데이터로부터 학습을 통해 모델 내부에서 결정되는 변수인 매개변수(Parameter)를 나타냅니다.

잠깐! 알고가기

분산(Variance)
확률변수가 기댓값으로부터 얼마나 떨어진 곳에 분포하는지를 가늠하는 숫자이다.

표준편차(Standard Deviation)
분산의 양(+)의 제곱근의 값으로 이 값을 통하여 평균에서 흩어진 정도를 알 수 있다.

학습 POINT ★

각 검정에 대해 설명을 보고 어떤 검정인지 알 수 있을 정도로 학습합시다.

잠깐! 알고가기

귀무가설(Null Hypothesis)
현재까지 주장되어 온 것 또는 기존과 비교하여 변화 혹은 차이가 없음을 나타내는 가설이다.

④ Z-검정 특징

- 정규분포를 가정하며, 추출된 표본이 동일 모집단에 속하는지 가설을 검증하기 위해 사용한다.
- 모집단 분산 σ^2를 이미 알고 있을 때 분포의 평균을 테스트한다.
- Z-검정 통계량 값이 임계치(Critical Value)보다 크고 작음에 따라, 가설을 기각 또는 채택한다.

② T-검정

㉮ T-검정(T-Test) 개념

- T-검정은 검정하는 통계량이 귀무가설 하에서 T-분포(T-Distribution)를 따르는 통계적 가설검정이다.
- 두 집단 간의 평균을 비교하는 모수적 통계 방법으로서 표본이 정규성, 등분산성, 독립성 등을 만족할 경우 적용한다.

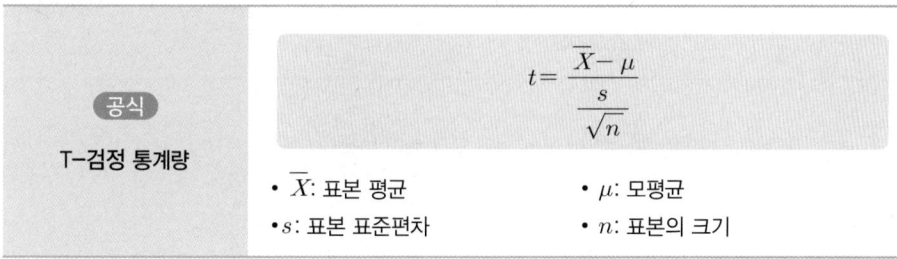

공식 — T-검정 통계량

$$t = \frac{\overline{X} - \mu}{\frac{s}{\sqrt{n}}}$$

- $\overline{X}$: 표본 평균
- μ: 모평균
- s: 표본 표준편차
- n: 표본의 크기

장깐! 알고가기

등분산성(Homoskedasticity)
분산 분석을 통해 서로 다른 두 개 이상의 집단을 비교하고자 할 때, 해당 집단들이 만족해야 되는 조건 중 분산이 같다는 조건을 나타낸다.

㉯ T-검정 특징

- 모집단이 정규분포라는 정도만 알고, σ^2(모분산)을 모를 때 s^2(표본분산)으로 대체하여 모평균 μ를 구할 때 사용한다.
- 적은 표본으로도 모집단 평균을 추정하려고 정규분포 대신에 사용되는 확률분포이다.

③ 분산 분석

㉮ 분산 분석(ANOVA; Analysis of Variance) 개념

분산 분석은 두 개 이상의 집단 간 비교를 수행하고자 할 때 집단 내의 분산, 총 평균과 각 집단의 평균 차이에 의해 생긴 집단 간 분산 비교로 얻은 F-분포를 이용하여 가설검정을 수행하는 방법이다.

㉰ 분산 분석 종류

분산 분석 종류

구분	분산 분석 유형	독립변수의 수	종속변수의 수
단일변량 분산 분석	일원배치 분산 분석(One-way ANOVA)	1개	1개
	이원배치 분산 분석(Two-way ANOVA)	2개	
	다원배치 분산 분석(Multi-way ANOVA)	3개 이상	
다변량 분산 분석	다변량 분산 분석(MANOVA)	1개 이상	2개 이상

㉱ 일원배치 분산 분석표

일원 분산 분석표(k는 독립변수의 집단 수, n은 데이터 총수)

요인	제곱 합	자유도	제곱평균	F
집단 간	SSR	$k-1$	MSR=SSR/$(k-1)$	MSR/MSE
집단 내	SSE	$n-k$	MSE=SSE/$(n-k)$	
총	SST	$n-1$		

(예) 고등학교 학년별(1, 2, 3학년) 국어 과목 평균 차이 분석

④ 공분산 분석(ANCOVA) 기출

- 공분산 분석은 분산 분석과 회귀분석을 결합한 모형이다.
- 독립변수가 범주형이고 종속변수가 연속형일 경우에 사용하는 분석방법이다.

(3) 모집단의 분산에 대한 유의성 검정

① 카이제곱 검정

- 카이제곱 검정은 관찰된 빈도가 기대되는 빈도와 유의미하게 다른지를 검정하기 위해 사용되며 카이제곱분포에 기초한 통계적 검정 방법이다.
- 단일 표본의 모집단이 정규분포를 따르며 분산을 알고 있는 경우에 적용한다.
- 두 집단 간의 동질성 검정에 활용된다.

공식 카이제곱 검정 통계량

$$\chi^2 = \sum_{i=1}^{k} \frac{(O_i - E_i)^2}{E_i}$$

- O_i: 범주 i의 실제 관측치
- k: 범주 개수, 자유도는 $k-1$
- E_i: 귀무가설이 옳다는 전제하에 기대되는 범주 i의 기대 빈도수

학습 POINT ★

일원배치 분산 분석 예시는 다음과 같습니다.

(예) 고등학교 학년별(1, 2, 3학년) 국어 과목 평균 차이 분석

이원배치 분산 분석 예시는 다음과 같습니다.

(예) 고등학교 학년별(1, 2, 3학년), 지역별(서울, 인천) 국어 과목 평균 차이 분석

다원배치 분산 분석 예시는 다음과 같습니다.

(예) 고등학교 학년별(1, 2, 3학년), 지역별(서울, 인천), 성별(남, 여) 국어 과목 평균 차이 분석

다변량 분산 분석 예시는 다음과 같습니다.

(예) 고등학교 학년별(1, 2, 3학년), 지역별(서울, 인천) 국어, 수학 과목 평균 차이 분석

학습 POINT ★

카이제곱 검정, F-검정 역시 중요 개념입니다. 개념을 잘 알고 넘어가시길 권장합니다!

② F-검정
- F-검정은 두 표본의 분산에 대한 차이가 통계적으로 유의한가를 판별하는 검정 기법이다.
- 두 모집단 분산 간의 비율에 대한 검정이다.

| 공식 F-검정 통계량 | $F = \dfrac{s_1^2}{s_2^2}$ |

s_1^2, s_2^2는 표본분산으로 s_1에 큰 값, s_2에 작은 값을 넣는다.

4 적합도 검정 ★★

(1) 적합도 검정(Goodness of Fit Test) 개념

적합도 검정은 표본 집단의 분포가 주어진 특정 이론을 따르고 있는지를 검정하는 기법이다.

(2) 적합도 검정 기법 유형 기출

- 적합도 검정은 가정된 확률이 정해진 경우와 아닌 경우(정규성 검정)로 유형을 분리할 수 있다.
- 적합도 검정 기법으로는 카이제곱 검정, 샤피로-윌크 검정, K-S 검정, Q-Q Plot이 있다.

◉ 적합도 검정 기법 유형

검정 기법	설명	
가정된 확률 검정	• 가정된 확률이 정해져 있을 경우에 사용하는 검정 방법 • 카이제곱 검정(Chi Square Test)을 이용하여 검정 수행	
	귀무가설(H_0)	데이터가 가정된 확률을 따름
	대립가설(H_1)	데이터가 가정된 확률을 따르지 않음
정규성 검정 (Normality Test)	• 가정된 확률이 정해져 있지 않을 경우에 사용하는 검정 방법	
	통계량을 통한 검정 기법	샤피로-윌크 검정(Shapiro-Wilk Test), 콜모고로프-스미르노프 적합성 검정(Kolmogorov-Smirnov Goodness of Fit Test; K-S Test)을 이용하여 검정
	시각화를 통한 검정 기법	히스토그램, Q-Q Plot(Quantile-Quantile Plot)을 사용

① **정규성 검정(Normality Test)** 기출
- 일반적으로 데이터가 정규분포를 따른다는 가정 아래 검정 통계량과 p-값을 계산하므로, 정규성 가정을 만족하지 못한다면 모형의 타당성이 떨어지고 모형의 신뢰성을 의심 받게 된다.
- 따라서, 모형이 정규성 가정을 만족하는지 정규성 검정을 수행하여야 한다.
- 정규성 검정에는 샤피로-윌크 검정과 콜모고로프-스미르노프 적합성 검정을 이용한다.
- 시각화를 통한 정규성 검정은 히스토그램, Q-Q Plot(Quantile-Quantile Plot)이 주로 사용된다.

㉮ **샤피로-윌크 검정(Shapiro-Wilk Test)**
- 샤피로-윌크 검정은 데이터가 정규분포를 따르는지 확인하기 위한 검정 방법이다.
- 일반적으로 표본의 수가 많을 경우(2000개 이상)에는 K-S 검정을, 데이터가 적을 경우에는 샤피로-윌크 검정을 사용한다.

㉯ **콜모고로프-스미르노프 적합성 검정(Kolmogorov-Smirnov Goodness of Fit Test; K-S 검정)**
- K-S 검정은 데이터가 어떤 특정한 분포를 따르는가를 비교하는 검정 기법이다.
- 비교 기준이 되는 데이터를 정규분포를 가진 데이터로 두어서 정규성 검정을 실시할 수 있다.

㉰ **Q-Q Plot(Quantile-Quantile Plot)**
- Q-Q Plot은 그래프를 이용하여 정규성 가정을 시각적으로 검정하는 방법이다.
- Q-Q Plot에서 대각선 참조선을 따라서 값들이 분포하게 되면 정규성 가정을 만족한다고 할 수 있다.
- 한쪽으로 치우치는 모습이라면 정규성 가정에 위배되었다고 볼 수 있다.
- 한쪽으로 치우쳤다고 판단하는 기준이 모호하므로 결과 해석이 상당히 주관적일 수 있으므로 Q-Q Plot은 보조용으로 사용하는 것이 좋다.

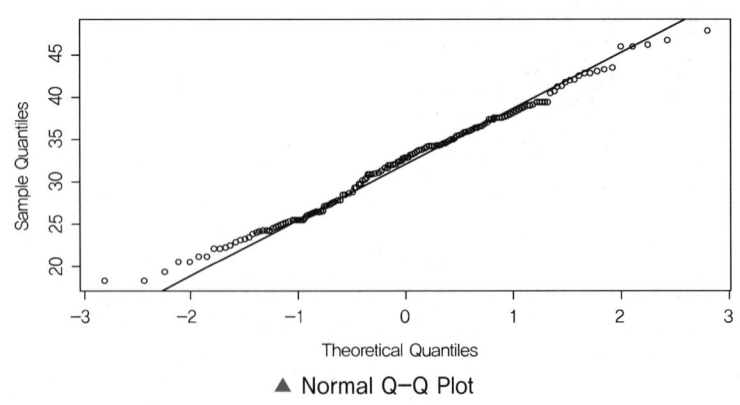

▲ Normal Q-Q Plot

학습 POINT★

샤피로-윌크 검정의 인자는 x 한 개이지만, 콜모고로프-스미르노프 적합성 검정의 인자는 x, y, Alternative 등 여러 개입니다.

학습 POINT★

표본의 개수가 2,000개 이상이면 콜모고로프-스미르노프 적합성 검정을, 2,000개 이하이면 샤피로-윌크 검정을 주로 사용하지만, 절대적인 수치는 아닙니다.

학습 POINT★

Q-Q Plot도 그림을 중심으로 이해를 하고 가볍게 넘어가시길 권장합니다.

지피지기 기출문제

01 다음 중 이상적인 분석 모형을 위해 Bias와 Variance는 어떻게 설정되어야 하는가?

① 높은 Bias, 높은 Variance가 있을 때
② 낮은 Bias, 높은 Variance가 있을 때
③ 낮은 Bias, 낮은 Variance가 있을 때
④ 높은 Bias, 낮은 Variance가 있을 때

해설
- 편향(Bias)은 학습 알고리즘에서 잘못된 가정을 했을 때 발생하는 오차이다.
- 분산(Variance)은 훈련 데이터(Training Set)에 내재된 작은 변동으로 발생하는 오차이다.
- 이상적인 분석 모형에서는 낮은 편향과 낮은 분산으로 설정되어야 한다.

02 다음 중 분석 모형의 평가방법에 대한 설명으로 틀린 것은?

① 종속변수의 유형에 따라 선택하는 평가방법이 다르다.
② 종속변수의 유형이 범주형일 때는 혼동 행렬을 사용할 수 있다.
③ 종속변수의 유형이 연속형일 때는 RMSE를 사용할 수 있다.
④ 종속변수가 범주형일 때 임곗값이 바뀌면 정분류율은 변하지 않는다.

해설
- 분석 모형 평가방법은 종속변수 유형에 따라 다르다.
- 종속변수가 범주형인 경우 혼동행렬을 사용하며, 연속형인 경우 RMSE를 사용한다.
- 종속변수가 범주형일 때 임곗값이 바뀌면 정분류율은 변한다.

03 K-Fold에 대한 설명으로 옳지 않은 것은?

① 데이터를 K개로 나눈다.
② 1개는 학습용 데이터, (K-1)개는 검증용 데이터로 사용한다.
③ K번 반복 수행한다.
④ 결과를 K에 다수결 또는 평균으로 분석한다.

해설
- K-Fold Cross Validation은 데이터 집합을 무작위로 동일 크기를 갖는 K개의 부분 집합으로 나누고, 그중 1개 집합을 평가용 데이터(Test Set)로, 나머지 (K-1)개 집합을 학습용 데이터(Training Set)로 선정하여 분석 모형을 평가하는 기법이다.
- 모든 데이터를 학습(Training)과 평가(Test)에 사용할 수 있으나 k번 반복 수행하며, K값이 증가하면 수행 시간과 계산량도 많아진다.

04 다음 중 분석 모형 검증에 대한 설명으로 옳지 않은 것은?

① 데이터 수가 적으면 교차 검증하는 것이 좋다.
② 교차 검증을 통해 분석 모형의 일반화 성능을 확인할 수 있다.
③ K-Fold 교차 검증은 (K-1)개 부분 집합들은 학습용 데이터로, 나머지 1개 부분 집합은 평가용 데이터로 하는 K개의 실험 데이터를 구성하여 진행한다.
④ 데이터 수가 많으면 검증용 데이터로 충분하므로, 평가용 데이터는 불필요하다.

해설
최종 모형을 선정할 때에는 데이터 수가 많아서 검증용 데이터가 많더라도 평가용 데이터로 성능을 확인하는 과정은 필요하다.

지피지기 기출문제

05 주어진 원천 데이터를 두 분류로 분리하여 교차 검정을 실시하는 방법으로, 하나는 학습용 데이터로, 하나는 평가 평가용로 사용하는 기법은 무엇인가?

① Bagging
② Ensenble
③ Boosting
④ Holdout

> **해설**
> • 주어진 원천 데이터를 두 분류로 분리하여 교차 검정을 실시하는 방법으로, 하나는 학습용 데이터로, 하나는 평가용 데이터로 사용하는 기법은 홀드아웃(Holdout) 교차 검증이다.
> • 학습용 데이터(Training Data), 검증용 데이터(Validation Data), 평가용 데이터(Test Data) 등으로 나누어서 활용한다.

06 이진 분류기의 평가측정 요소로 옳지 않은 것은?

① Precision   ② Recall
③ Accuracy   ④ MAE

> **해설** MAE는 평균 절대 오차(Mean Absolute Error)를 의미하며 이진 분류기가 아닌 회귀 모형의 기본 평가측정 요소로 활용된다.

07 다음은 혼동행렬(Confusion Matrix)이다. 민감도(Sensitivity)와 정밀도(Precision)를 계산한 결과는 무엇인가?

		실제(Actual)	
		참	거짓
예측 Predict	참	4	2
	거짓	1	3

① 민감도: 2/3, 정밀도: 4/5
② 민감도: 4/5, 정밀도: 2/3
③ 민감도: 3/5, 정밀도: 4/5
④ 민감도: 4/5, 정밀도: 3/5

> **해설**
> • 민감도의 계산식은 $\frac{TP}{TP+FN}$ 이므로, $\frac{4}{4+1} = \frac{4}{5}$ 이다.
> • 정밀도의 계산식은 $\frac{TP}{TP+FP}$ 이므로, $\frac{4}{4+2} = \frac{2}{3}$ 이다.

08 혼동행렬의 평가지표에서 실제로 '부정'인 범주 중에서 '부정'으로 올바르게 예측한 비율은?

① 민감도(Sensitivity)
② 특이도(Specificity)
③ 지지도(Support)
④ 유사도(Similarity)

> **해설**
> • 특이도는 실제로 '부정'인 범주 중에서 '부정'으로 올바르게 예측(TN)한 비율을 의미한다.
> • 특이도의 계산식은 $\frac{TN}{TN+FP}$ 으로 계산한다.

09 평균 절대 백분율 오차(MAPE; Mean Absolute Percentage Error)에 대한 공식으로 옳은 것은 무엇인가? (O_i : 관측빈도, E_i : 기대 빈도)

① $\frac{1}{n}\sum_{i=1}^{n}|O_i - E_i| \times 100$

② $\frac{1}{n}\sum_{i=1}^{n}(O_i - E_i)^2 \times 100$

③ $\frac{1}{n}\sum_{i=1}^{n}\left|\frac{O_i - E_i}{O_i}\right| \times 100$

④ $\sqrt{\frac{1}{n}\sum_{i=1}^{n}(O_i - E_i) \times 100}$

> **해설**
> • MAPE는 예측이 실젯값에서 평균적으로 벗어나는 정도를 백분율로 표현한다.
> • 공식은 $\frac{1}{n}\sum_{i=1}^{n}\left|\frac{O_i - E_i}{O_i}\right| \times 100$ 이다.

10 다음은 ROC 곡선에 대한 그림이다. 설명으로 옳지 않은 것은?

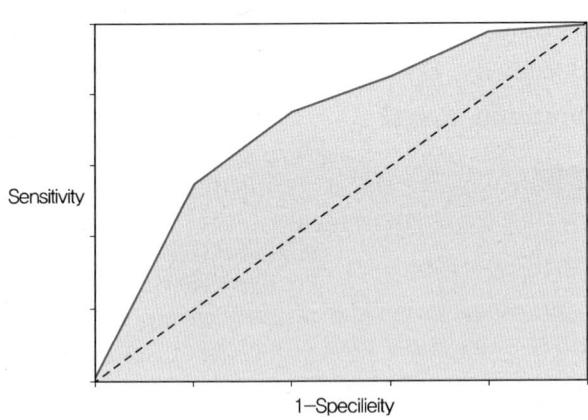

① AUC의 값은 항상 0.5~1의 값을 가지며 1에 가까울수록 좋은 모형이다.
② AUC는 곡선 아래 영역을 의미한다.
③ AUC는 진단의 정확도를 측정할 때 사용한다.
④ 참조선(Reference Line)에 가까울수록 성능이 좋다.

해설
• 참조선에서 거리가 멀 수록 분류 성능이 우수하다.
• AUC의 판단기준은 다음과 같다. (참조선은 0.5)

0.9~1.0	Excellent(뛰어남)
0.8~0.9	Good(우수)
0.7~0.8	Fair(보통)
0.6~0.7	Poor(불량)
0.5~0.6	Fail(실패)

11 회귀모형 진단을 위해 사용되는 적합도 검정기법과 가장 거리가 먼 것은 무엇인가?

① 종속변수 y의 절편
② 샤피로-윌크 검정
③ Q-Q Plot
④ 잔차의 히스토그램

해설 샤피로-윌크, Q-Q Plot, 잔차의 히스토그램은 정규성을 검정할 때 사용한다.

12 다음은 암 진단을 예측한 것과 실제 암 진단 결과를 혼동 행렬로 나타낸 것이다. 아래 표를 보고 TPR, FPR의 확률을 계산하시오. (단, 결과가 음성이라는 뜻인 0을 Positive로 한다.)

		Predict	
		0	1
Actual	0	45(TP)	15(FN)
	1	5(FP)	235(TN)

① TPR: 9/10, FPR: 1/4   ② TPR: 9/10, FPR: 1/48
③ TPR: 3/4, FPR: 1/48   ④ TPR: 3/4, FPR: 1/4

해설
• TPR(참 긍정률)은 재현율(Recall), 민감도(Sensitivity)로 공식은 TPR=TP/(TP+FN)=45/(45+15)=45/60=3/4
• FPR(거짓 긍정률) 공식은 FPR=FP/(FP+TN)=5/(5+235)=5/240=1/48

13 다음 혼동 행렬(Confusion Matrix)에서 참이 0이고 거짓이 1일 때, Specificity와 Precision은 무엇인가?

		예측		총합
		0	1	
실제	0	25	15	40
	1	15	75	90
총합		40	90	130

① Specificity: 5/8, Precision: 5/8
② Specificity: 5/8, Precision: 5/6
③ Specificity: 5/6, Precision: 5/6
④ Specificity: 5/6, Precision: 5/8

해설
• Specificity(특이도) 공식은
 Specificity = TN/(TN+FP) = 75/(75+15)=75/90=5/6
• Precision(정밀도) 공식은
 Precision = TP/(TP+FP) = 25/(25+15)=25/40=5/8

지피지기 기출문제

14 다음 중 혼동 행렬에 대한 설명으로 적절하지 않은 것은?

		Predict	
		Positive	Negative
Actual	Positive	TP	FN
	Negative	FP	TN

① 카파 값(Kappa Value)은 0~1 사이의 값을 가지며, 1에 가까울수록 예측값과 실젯값이 일치함을 알 수 있다.
② 부정(Negative)인 범주 중 부정으로 올바르게 예측(True Negative)한 비율은 민감도(Sensitivity) 지표를 사용한다.
③ 부정인 범주 중 긍정으로 잘못 예측(False Positive)한 비율을 정밀도(Precision)라고 하며, TP/(TP+FP)라고 표기한다.
④ 머신러닝 성능 평가지표 중 정확도(Accuracy)를 표기하는 식은 (TP+TN)/(TP+FP+FN+TN)이다.

해설

지표	계산식	설명
특이도 (Specificity)	TN/(TN+FP)	실제로 '부정'인 범주 중에서 '부정'으로 올바르게 예측(TN)한 비율
민감도 (Sensitivity)	TP/(TP+FN)	실제로 '긍정'인 범주 중에서 '긍정'으로 올바르게 예측(TP)한 비율
거짓 긍정률 (FP Rate)	FP/(TN+FP)	실제로 '부정'인 범주 중에서 '긍정'으로 잘못 예측(FP)한 비율
정밀도 (Precision)	TP/(TP+FP)	'긍정'으로 예측한 비율 중에서 실제로 '긍정'(TP)인 비율

15 다음 중 F1-Score에 들어가는 지표는?
① TP Rate, FP Rate
② Accuracy, Sensitivity
③ Specificity, Error Rate
④ Precision, Recall

해설
- F1-Score는 정밀도와 민감도(재현율)를 하나로 합한 성능 평가 지표로 0~1 사이의 범위를 갖는다.
- F1-Score를 표기하는 식은 $2 \times \dfrac{\text{Precision} \times \text{Recall}}{\text{Precision} + \text{Recall}}$ 이다.
- 정밀도(Precision)와 재현율(Recall)(=민감도(Sensitivity)) 양쪽이 모두 클 때 F1-Score도 큰 값을 갖는다.

16 다음 중 ROC 커브에 대한 설명으로 적합하지 않은 것은?
① x축은 특이도를 의미한다.
② y축은 민감도를 의미한다.
③ AUC(Area Under ROC) 1.0에 가까울수록 분석 모형 성능이 우수하다.
④ AUC(Area Under ROC) 0.5일 경우, 랜덤 선택에 가까운 성능을 보인다.

해설
- x축은 특이도가 아닌 거짓 긍정률(FP Rate)(=1-특이도)이다.
- y축은 참 긍정률(TP Rate)=재현율(Recall)=민감도(Sensitivity)이다.

17 전체 데이터 집합을 동일 크기를 갖는 K개의 부분 집합으로 나누고, 학습용 데이터와 평가용 데이터로 나누는 기법은 무엇인가?

① K-Fold　　② 홀드아웃(Holdout)
③ Dropout　　④ Cross Validation

해설

K-Fold	데이터 집합을 무작위로 동일 크기를 갖는 K개의 부분 집합으로 나누고, 그중 1개 집합을 평가용 데이터(Test Set)로, 나머지 (K-1)개 집합을 학습용 데이터(Training Set)로 선정하여 분석 모형을 평가하는 기법
홀드아웃(Holdout)	전체 데이터를 비복원추출 방법을 이용하여 랜덤하게 학습용 데이터(Training Set)와 평가용 데이터(Test Set)로 나눠 검증하는 기법
Dropout	인공신경망의 학습 과정에서 신경망 일부를 사용하지 않는 기법
Cross Validation	모델의 일반화 오차에 대해 신뢰할 만한 추정치를 구하기 위해 학습용, 평가용 데이터를 기반으로 하는 검증 기법

18 ROC 곡선에 대한 설명으로 옳지 않은 것은?

① 민감도 0, 특이도 1인 점을 지난다.
② 민감도 1, 특이도 0인 점을 지난다.
③ 가장 이상적인 것은 민감도 1 특이도 1일 때이다.
④ ROC 곡선의 가로축의 값이 증가할수록 특이도가 증가한다.

해설 ROC 곡선은 가로축을 혼동 행렬의 거짓 긍정률(FP Rate)로 두고 세로축을 참 긍정률(TP Rate)로 두어 시각화한 그래프이다.

19 $y = 0$ 혹은 $y = 1$ 값을 가지는 이진 분류 분석에서 민감도, 특이도가 둘 다 1일 때 정확도는 얼마인가?

① 0　　② 1/2
③ 1　　④ 알 수 없음

해설
- 민감도가 1이라면 FN은 0이 되고, 특이도가 1이라면 FP는 0이 된다.
- 정확도에서 FP와 FN이 0이 되면 $\frac{TP + TN}{TP + TN}$ 이 되므로 1이 된다.

민감도 (Sensitivity)	$\frac{TP}{TP + FN}$	실제로 '긍정'인 범주 중에서 '긍정'으로 올바르게 예측(TP)한 비율
특이도 (Specificity)	$\frac{TN}{TN + FP}$	실제로 '부정'인 범주 중에서 '부정'으로 올바르게 예측(TN)한 비율
정확도 (Accuracy)	$\frac{TP + TN}{TP + TN + FP + FN}$	전체 예측에서 참 긍정(TP)과 참 부정(TN)이 차지하는 비율

20 혼동행렬에서 FN(False Negative)는 어떠한 경우를 의미하는가?

① 실제 True, 예측 True
② 실제 False, 예측 True
③ 실제 True, 예측 False
④ 실제 False, 예측 False

해설 혼동행렬의 작성방법은 다음과 같다.

예측이 정확한 경우	TP (True Positive)	실젯값이 Positive이고 예측값도 Positive인 경우
	TN (True Negative)	실젯값이 Negative이고 예측값도 Negative인 경우
예측이 틀린 경우	FP (False Positive)	실젯값은 Negative이었으나 예측값은 Positive이었던 경우
	FN (False Negative)	실젯값은 Positive이었으나 예측값은 Negative이었던 경우

지피지기 기출문제

21 다음 중 교차검증(Cross Validation)에 대한 설명으로 옳지 않은 것은?

① 교차 검증은 과대적합을 방지하는 데 활용될 수 있다.
② 데이터의 모집단의 수가 적은 경우에 활용될 수 있다.
③ 모델의 일반화 오차에 대해 신뢰할 만한 추정치를 구하기 위해 학습용, 평가용 데이터를 기반으로 하는 검증 기법이다.
④ 학습용 데이터(Training Data), 검증용 데이터(Validation Data), 평가용 데이터(Test Data)의 비율은 2:3:5가 일반적이다.

> **해설** 학습용 데이터, 검증용 데이터, 평가용 데이터의 비율은 학습용 데이터가 검증용, 평가용 데이터보다 큰 비율로 지정된다.
> (예) 학습용 데이터 6: 검증용 데이터 2: 평가용 데이터 2

22 다음은 혼동행렬(Confusion Matrix)이다. 혼동행렬 지표에 대한 설명으로 올바르지 않은 것은?

	예측 결과(Predicted Condition)	
	Predicted Positive	Predicted Negative
실제 범주값 (Actual Condition) Actual Positive	True Positive(TP)	False Negative(FN)
Actual Negative	False Positive(FP)	True Negative(TN)

① Accuracy = $\dfrac{TP + TN}{TP + TN + FP + FN}$

② Specificity = $\dfrac{TP}{TP + FP}$

③ Error Rate = $\dfrac{FP + FN}{TP + TN + FP + FN}$

④ Sensitivity = $\dfrac{TP}{TP + FN}$

> **해설** $\dfrac{TP}{TP + FP}$은 정밀도(Precision) 수식에 해당한다.
>
> | 특이도 (Specificity) | $\dfrac{TN}{TN + FP}$ | 실제로 '부정'인 범주 중에서 '부정'으로 올바르게 예측(TN)한 비율 |
> |---|---|---|
> | 오류율 (Error Rate) | $\dfrac{FP + FN}{TP + TN + FP + FN}$ | 실제 분류 범주를 잘못 분류한 비율 |
> | 정확도 (Accuracy) | $\dfrac{TP + TN}{TP + TN + FP + FN}$ | 전체 예측에서 참 긍정(TP)과 참 부정(TN)이 차지하는 비율 |
> | 민감도 (Sensitivity) | $\dfrac{TP}{TP + FN}$ | 실제로 '긍정'인 범주 중에서 '긍정'으로 올바르게 예측(TP)한 비율 |

23 ROC 그래프에서 사용하는 값으로 올바르게 짝지어진 것은?

① 민감도(Sensitivity), 특이도(Specificity)
② 민감도(Sensitivity), 정확도(Accuracy)
③ 특이도(Specificity), 정밀도(Precision)
④ 민감도(Sensitivity), 정밀도(Precision)

> **해설** ROC 그래프에서는 민감도(=참 긍정률, TP Rate)를 세로축으로 하고, FPR(=1-특이도)를 가로축으로 사용한다.

24 다음 중 정규성 검정의 종류로 옳지 않은 것은?

① Q-Q Plot
② Kolmogorov-Smirnov Test
③ Shapiro-Wilk Test
④ Chi-Squared Test

> **해설** 정규성(정상성) 검정의 종류는 Q-Q Plot, 샤피로-윌크 검정(Shapiro-Wilk Test), 콜모고로프-스미르노프 검정(Kolmogorov-Smirnov Test)이 있다.

25 회귀 모형에서 반응변수는 $(y_1, y_2, \cdots, y_n)$이고 반응변수에 대한 예측값이 $(\hat{y_1}, \hat{y_2}, \cdots, \hat{y_n})$일 때, 평가지표에 대한 수식으로 올바르지 않은 것은?

① 평균 절대 오차(MAE) = $\dfrac{1}{n}\sum_{i=1}^{n}|y_i - \hat{y_i}|$

② 평균 제곱 오차(MSE) = $\dfrac{1}{n}\sum_{i=1}^{n}(y_i^2 - \hat{y_i^2})$

③ 평균 제곱근 오차(RMSE) = $\sqrt{\text{MSE}}$

④ 평균 절대 백분율 오차(MAPE)
$= \dfrac{100}{n}\sum_{i=1}^{n}\left|\dfrac{y_i - \hat{y_i}}{y_i}\right|$

해설 평균 제곱 오차(MSE)의 수식은 $\dfrac{1}{n}\sum_{i=1}^{n}(y_i - \hat{y_i})^2$이다.

26 재현율(Recall)이 60%, 정밀도(Precision)가 40%일 때, F1-Score는 어떻게 되는가?

① 40%   ② 48%
③ 50%   ④ 60%

해설
- F1-Score는 정밀도와 민감도(재현율)를 하나로 합친 평가 지표로 0~1 사이의 값을 갖는다.
- F1-Score의 계산식은 $2 \times \dfrac{\text{Precision} \times \text{Recall}}{\text{Precision} + \text{Recall}}$이다.
- 답은 $2 \times \dfrac{0.6 \times 0.4}{0.6 + 0.4} = \dfrac{0.48}{1} = 48\%$가 된다.

27 ROC 그래프에 대한 설명으로 올바르지 않은 것은?

① ROC 곡선에서 거짓 긍정률(FP Rate)과 참 긍정률(TP Rate)은 어느 정도 비례 관계에 있다.
② 그래프가 오른쪽 꼭대기에 가깝게 그려질수록 분류 성능이 우수하다.
③ 거짓 긍정률(FP Rate)과 참 긍정률(TP Rate)을 통해 시각화한 그래프이다.
④ AUC의 값은 1에 가까울수록 성능이 우수하다.

해설 ROC 그래프는 왼쪽 꼭대기에 가깝게 그려질수록 분류 성능이 우수하다.

28 다음 중 독립변수와 종속변수의 유형에 따른 분석방법으로 가장 알맞지 않은 것은?

① T-검정은 종속변수가 수치형이고 2개 범주의 독립변수를 사용하여 분석하는 방법이다.
② 로짓 모형은 종속변수가 범주형이고 독립변수가 수치형 또는 범주형일 경우 사용하는 분석방법이다.
③ χ^2 검정은 독립변수와 종속변수가 모두 범주형일 경우 사용하는 분석 방법이다.
④ 공분산 분석(ANCOVA)는 종속변수가 범주형, 독립변수가 연속형인 방법이다.

해설
- 공분산 분석(ANCOVA)은 분산 분석과 회귀 분석을 결합한 모형이다.
- 독립변수가 범주형이고 종속변수가 연속형일 경우에 사용하는 분석 방법이다.

지피지기 기출문제

29 모형평가 결과에 대한 설명으로 가장 적합하지 않은 것은?

① 정규성 가정으로 통계 분석, 회귀 분석을 수행하기 전에 데이터가 정규분포로 구성되어 있는지를 검정한다.
② 잔차 정규성 검정으로 관측된 결과에서 잔차가 정규분포를 만족하는지 검증한다.
③ 단순선형회귀분석에서 잔차와 독립변수 간에는 상관성이 있어야 한다.
④ 회귀모형의 가정에서 잔차의 분산은 독립변수와 무관하게 등분산성을 이룬다.

해설 회귀모형의 가정에서 독립성이 있다. 이는 단순선형 회귀 분석에서 잔차와 독립변수의 값이 서로 독립적이어야 한다는 특성이다.

30 K-Fold Cross Validation에 대한 설명으로 올바르지 않은 것은?

① 데이터 집합을 무작위로 동일 크기를 갖는 K개의 부분 집합으로 나눈다.
② (K-1)개의 평가용 데이터(Test Data)와 1개의 학습용 데이터(Training Data)가 존재한다.
③ K값이 증가하면 수행 시간과 계산량도 많아진다.
④ 모델의 일반화 성능을 측정하는 방법이다.

해설 K-Fold Cross Validation은 데이터 집합을 무작위로 동일 크기를 갖는 K개의 부분 집합으로 나누고, 그중 1개의 집합을 평가용 데이터(Test Set)로, 나머지 (K-1)개 집합을 학습용 데이터(Training Set)로 선정하여 분석 모형을 평가하는 기법이다.

31 다음 중 교차검증(Cross Validation)에 대한 설명으로 올바르지 않은 것은?

① 교차검증에서는 전체 데이터를 여러 개의 부분 집합으로 나누어 각각을 검증용 데이터로 사용하고, 나머지 부분 집합을 학습 데이터로 사용하여 모델을 학습한다.
② 교차검증은 모델의 일반화 오차에 대해 신뢰할 만한 추정치를 구하기 위해 훈련용, 평가용 데이터를 기반으로 하는 검증 기법이다.
③ 교차검증을 사용하면 학습 데이터와 검증용 데이터를 분리하지 않고, 전체 데이터를 활용하여 모델을 학습시킬 수 있다.
④ 교차검증은 과대 적합을 방지하기 위해 사용되며, 모델의 일반화 성능을 평가하는 데 유용하다.

해설 교차검증은 전체 데이터를 여러 개의 서로 다른 학습용 데이터, 평가용 데이터로 나누어 모델을 학습하고 평가하는 기법이다.

32 다음 중 홀드아웃(Holdout) 관련 데이터가 아닌 것은?

① 학습 데이터(Training Data)
② 검증 데이터(Validation Data)
③ 평가 데이터(Test Data)
④ 증강 데이터(Augmented Data)

해설 홀드 아웃 관련 데이터는 학습 데이터, 검증 데이터, 평가 데이터가 있다.

33 다음 중 결정 계수에 대한 설명으로 옳지 않은 것은?

① 결정 계수는 0부터 1사이의 값을 가지며, 1에 가까울수록 모형의 예측 성능이 좋다고 판단된다.
② 결정 계수는 종속변수와 예측변수들 간의 관계를 나타내는 지표이다.
③ 결정 계수는 모형의 예측값과 실제값 사이의 차이를 나타내는 오차 지표이다.
④ 결정 계수의 단점을 개선한 수정된 결정 계수(Adjusted R^2)가 존재한다.

해설 결정 계수는 예측값과 실제값 사이의 차이를 나타내는 오차 지표가 아니라 모형이 종속변수의 총 변동량 중에서 예측 변수들이 설명하는 비율을 나타내는 지표이다.

34 다음은 분석모형 평가를 위한 혼동행렬이다. 설명으로 올바르지 않은 것은?

		Predict	
		Positive	Negative
Actual	Positive	True Positive	False Negative
	Negative	False Positive	True Negative

① 정확도(Accuracy)는 $\dfrac{TP+TN}{TP+TN+FP+FN}$ 이다.
② 재현율(Recall)은 $\dfrac{TP}{TP+FN}$ 이다.
③ F1 Score는 Precision과 Recall의 기하 평균으로 계산한다.
④ 정밀도(Precision)는 $\dfrac{TP}{TP+FP}$ 이다.

해설 F1 Score는 Precision과 Recall의 기하 평균이 아닌 조화 평균이다.

35 교차 검증에 대한 설명으로 옳지 않은 것은?

① 홀드 아웃 방법(Holdout Method)보다 수행 시간과 계산량이 많아진다.
② k-Fold는 k개를 학습용 데이터로 활용한다.
③ k-Fold는 k개로 나눈다.
④ k=2보다 k=10으로 할 경우 더 신뢰할 수 있다.

해설 k-fold 교차 검증은 전체 데이터 세트를 k개의 부분집합으로 나누고, 각각의 부분집합을 테스트 데이터로 사용하며 나머지 (k-1)개의 부분집합을 학습 데이터로 사용하여 모델을 k번 학습하고 평가한다.

36 다음 중 적합도 검정에 대한 설명으로 올바르지 않은 것은?

① 카이제곱은 기대도수와 관측 도수로 존재한다.
② 데이터 집합이 특정 확률 분포를 따르는지 확인할 때 사용된다.
③ 귀무가설이 기각되더라도 기대도수 합과 전체도수의 합은 동일하다.
④ 가정된 확률이 정해진 경우와 아닌 경우(정규성 검정)로 유형을 분리할 수 있다.

해설 귀무가설이 기각되더라도 기대도수 합과 전체 도수의 합이 항상 동일하다는 보장은 없다.

지피지기 기출문제

37 ROC 커브에 대한 설명으로 올바르지 않은 것은?

① 분류 모형 평가에서 사용된다.
② 특이도와 민감도를 이용한다.
③ ROC의 x축은 특이도, y축은 민감도를 의미한다.
④ 곡선 아래의 하단면이 넓을수록 좋은 모형이다.

해설 ROC의 x축은 1-특이도, y축은 민감도를 의미한다.

38 전기 수급량에 대한 평가지표로 올바르지 않은 것은?

① MAPE
② MAE
③ MSE
④ F1-Score

해설 MAPE, MAE, MSE는 회귀모델의 평가지표로 활용되고, F1-Score는 분류모델의 평가지표로 활용된다.

MAPE	• 평균 절대 백분율 오차(Mean Absolute Percentage Error) • $MAPE = \frac{100}{n}\sum_{i=1}^{n}\left|\frac{y_i - \hat{y_i}}{y_i}\right|$
MAE	• 평균 절대 오차(Mean Absolute Error) • $MAE = \frac{1}{n}\sum_{i=1}^{n}\left|y_i - \hat{y_i}\right|$
MSE	• 평균 제곱 오차(Mean Squared Error) • $MSE = \frac{1}{n}\sum_{i=1}^{n}\left(y_i - \hat{y_i}\right)^2$
F1-Score	• 정밀도와 민감도(재현율)를 하나로 합한 성능평가 지표 • $2 \times \frac{Precision \times Recall}{Precision + Recall}$

39 F1-Score에 대한 지표로 올바른 것은?

① $2 \times \frac{정밀도 \times 재현율}{정밀도 + 재현율}$

② $2 \times \frac{정밀도 \times 재현율}{정밀도 - 재현율}$

③ $2 \times \frac{정밀도 + 재현율}{정밀도 \times 재현율}$

④ $2 \times \frac{정밀도 - 재현율}{정밀도 \times 재현율}$

해설 F1-Score의 공식은 $2 \times \frac{정밀도 \times 재현율}{정밀도 + 재현율}$ 이다.

40 다음 중 오분류표에 대한 지표 결과로 틀린 것은 무엇인가? (단, 1은 Positive이다.)

		예측값	
		0	1
실제값	0	3	1
	1	2	3

① 정분류율 = 2/3
② 민감도 = 3/5
③ 재현율 = 3/5
④ 특이도 = 1/4

해설

정분류율 (Accuracy)	$\frac{TP+TN}{TP+TN+FP+FN} = \frac{3+3}{3+3+1+2} = \frac{6}{9} = \frac{2}{3}$
민감도 (Sensitivity)	$\frac{TP}{TP+FN} = \frac{3}{5}$
재현율 (Recall)	$\frac{TP}{TP+FN} = \frac{3}{3+2} = \frac{3}{5}$
특이도 (Specificity)	$\frac{TN}{TN+FP} = \frac{3}{3+1} = \frac{3}{4}$

41 다음 중 잔차의 정규성을 검정하기 위해 적절하지 않은 방법은 무엇인가?

① 잔차의 경험적 누적분포 함수와 표준 정규 분포의 누적함수 간의 차이를 검증한다.
② QQ Plot을 이용하여 잔차가 직선에 가까운지 확인한다.
③ Shapiro-Wilk 검정을 통해 잔차의 정규성을 검증한다.
④ 잔차의 평균과 분산이 유사한 분포를 가지는지 확인한다.

해설
- 잔차의 평균과 분산이 유사한 분포를 가지는 것은 정규성과는 거리가 멀다.
- 잔차의 정규성 검정을 위해 잔차의 경험적 누적분포 함수와 표준 정규 분포의 누적함수 차이를 검증하거나, Shapiro-Wilk 검정을 이용하고, QQ Plot은 정규성 검정에 유용한 시각화 방법으로 사용된다.

42 Leave One Out Cross Validation에 대한 설명으로 옳지 않은 것은?

① 전체 데이터 N개에서 1개의 샘플만을 평가용 데이터에 사용하고 나머지 (N-1)개는 학습용 데이터로 사용하는 과정을 N번 반복하는 교차 검증 기법이다.
② 데이터 집합을 무작위로 동일 크기를 갖는 K개의 부분 집합으로 나누고, 그중 1개의 집합을 평가용 데이터(Test Set)로, 나머지(K-1)개 집합을 학습용 데이터(Training Set)로 선정하여 분석 모형을 평가하는 기법이다.
③ 1개의 샘플이 아닌 p개의 샘플을 테스트에 사용하는 교차 검증 기법이다.
④ 주어진 자료에서 단순 랜덤 복원 추출 방법을 활용하여 동일한 크기의 표본을 여러 개 생성하는 샘플링 방법이다.

해설

LOOCV	전체 데이터 N개에서 1개의 샘플만을 평가용 데이터에 사용하고 나머지 (N-1)개는 학습용 데이터로 사용하는 과정을 N번 반복하는 교차 검증 기법
K-Fold Cross Validation	데이터 집합을 무작위로 동일 크기를 갖는 K개의 부분 집합으로 나누고, 그 중 1개의 집합을 평가용 데이터(Test Set)로, 나머지 (K-1)개 집합을 학습용 데이터(Training Set)로 선정하여 분석 모형을 평가하는 기법
LpOCV	1개의 샘플이 아닌 p개의 샘플을 테스트에 사용하는 교차 검증 기법
부트스트랩	주어진 자료에서 단순 랜덤 복원 추출 방법을 활용하여 동일한 크기의 표본을 여러 개 생성하는 샘플링 방법

43 회귀 모형의 기본 평가지표로 옳지 않은 것은?

① $\text{MAE} = \dfrac{1}{n}\sum_{i=1}^{n}|y_i - \hat{y_i}|$

② $\text{MSE} = \dfrac{1}{n}\sum_{i=1}^{n}(y_i - \hat{y_i})^2$

③ $\text{MAPE} = \dfrac{1}{n}\sum_{i=1}^{n}\left|\dfrac{y_i - \hat{y_i}}{y_i}\right|$

④ $\text{MPE} = \dfrac{100}{n}\sum_{i=1}^{n}\left(\dfrac{y_i - \hat{y_i}}{y_i}\right)$

해설
MAPE는 $\dfrac{100}{n}\sum_{i=1}^{n}\left|\dfrac{y_i - \hat{y_i}}{y_i}\right|$ 이다.

지피지기 기출문제

44 혼동 행렬을 통한 분류 모형의 평가지표는 무엇인가?

> 실제로 '긍정'인 범주 중에서 '긍정'으로 올바르게 예측(TP)한 비율

① 정확도
② 재현율
③ 특이도
④ 정밀도

해설

정확도	전체 예측에서 참 긍정(TP)과 참 부정(TN)이 차지하는 비율
특이도	실제로 '부정'인 범주 중에서 '부정'으로 올바르게 예측(TN)한 비율
정밀도	'긍정'으로 예측한 비율 중에서 실제로 '긍정'(TP)인 비율

45 세 개의 집단의 평균 차이를 검정하는 것은?
① 윌콕슨 부호 검정
② 다차원 척도법
③ 분산 분석
④ 판별 분석

해설 분산 분석은 두 개 이상의 집단 간 비교를 수행하고자 할 때 집단 내의 분산(총 평균과 각 집단의 평균 차이에 의해 생긴 분산)의 비교로 얻은 분포를 이용하여 가설검정을 수행하는 방법이다.

정답 01 ③ 02 ④ 03 ② 04 ④ 05 ④ 06 ④ 07 ② 08 ② 09 ③ 10 ④ 11 ① 12 ③ 13 ④ 14 ②, ③ 15 ④ 16 ① 17 ① 18 ④ 19 ③ 20 ③ 21 ④ 22 ② 23 ① 24 ④ 25 ② 26 ② 27 ② 28 ④ 29 ③ 30 ② 31 ③ 32 ④ 33 ① 34 ③ 35 ② 36 ③ 37 ③ 38 ④ 39 ① 40 ④ 41 ④ 42 ① 43 ③ 44 ② 45 ③

CHAPTER 01 분석 모형 평가 및 개선

천기누설 예상문제

01 다음 중 회귀 모형의 평가에 많이 사용되는 모형의 평가지표이며 오차 제곱합으로 계산되는 평가지표는?

① AE
② SSE
③ MAE
④ 결정계수

해설 SSE(Error Sum of Square): 예측값과 실젯값과 차이인 오차의 제곱의 합으로 계산되며, 회귀 모형의 평가에 많이 사용되는 평가지표이다.

02 회귀 모형의 평가지표 중 회귀 제곱합계를 무엇이라고 하는가?

① SSE
② SST
③ SSR
④ AE

해설

SSE	• 오차 제곱합(Error Sum of Square) • 예측값과 실젯값의 차이 제곱의 합
SST	• 전체 제곱합(Total Sum of Squares)
SSR	• 회귀 제곱합(Regression Sum of Squares)
AE	• 평균 오차(Average Error)

03 다음 중 ROC 곡선에 대한 설명으로 가장 옳지 않은 것은 무엇인가?

① 가로축(x)을 혼동 행렬의 FPR(거짓 긍정률, 1 − 특이도)로 두고 세로축(y)을 TPR(참 긍정률)로 두어 시각화한 그래프이다.
② TPR과 FPR은 어느 정도 비례관계에 있다.
③ AUC의 크기로 모형의 평가지표를 삼는다.
④ AUC의 값은 항상 0 ~ 1의 값을 가지며 1에 가까울수록 좋은 모형이다.

해설 AUC의 값은 항상 0.5 ~ 1의 값을 가지며 1에 가까울수록 좋은 모형이다.

04 다음과 같이 혼동 행렬(Confusion Matrix)이 주어졌을 경우, 다음 중 특이도(Specificity)를 나타내는 공식은 무엇인가?

		예측값	
		Positive	Negative
실젯값	Positive	Ⓐ	Ⓑ
	Negative	Ⓒ	Ⓓ

① $\dfrac{Ⓐ}{Ⓐ+Ⓑ}$
② $\dfrac{Ⓓ}{Ⓒ+Ⓓ}$
③ $\dfrac{Ⓑ}{Ⓑ+Ⓓ}$
④ $\dfrac{Ⓐ}{Ⓐ+Ⓑ+Ⓒ+Ⓓ}$

해설
• 특이도(Specificity)는 실제로 '부정(Negative)'인 범주 중에서 '부정'으로 올바르게 예측(True Negative)한 비율이다.
• 공식은 $\dfrac{TN}{TN+FP}$ 이므로 $\dfrac{Ⓓ}{Ⓒ+Ⓓ}$ 이다.

05 혼동 행렬(Confusion Matrix)을 사용하여 계산할 수 있는 평가지표 중 민감도와 동일하며 모형의 완전성(Completeness)을 평가하는 지표는 무엇인가?

① 특이도(Specificity)
② 재현율(Recall)
③ F1 지표
④ 정밀도(Precision)

해설
• 재현율이란 실제 True인 것 중에서 모델이 True라고 예측한 것의 비율이며, $\dfrac{TP}{(TP+FN)}$ 로 구할 수 있다.
• 혼동 행렬(Confusion Matrix)을 사용하여 개산할 수 있는 평가지표 중 민감도와 동일하며 모형의 완전성(Completeness)을 평가하는 지표는 재현율이다.

천기누설 예상문제

06 다음 혼동 행렬에서 F1 지표(F1-Score)는 얼마인가?

		예측값		합계
		Positive	Negative	
실젯값	Positive	60	40	100
	Negative	20	80	100
합계		80	120	200

① $\frac{1}{3}$ ② $\frac{2}{3}$

③ $\frac{1}{6}$ ④ $\frac{1}{4}$

해설
- F1 값은 $2 \times \frac{\text{Precision} \times \text{Recall}}{\text{Precision} + \text{Recall}}$ 이다.
- 먼저 정밀도(Precision)와 재현율(Recall)을 구한다.

		예측값		합계
		Positive	Negative	
실젯값	Positive	60(TP)	40(FN)	100
	Negative	20(FP)	80(TN)	100
합계		80	120	200

- 정밀도 $\frac{TP}{TP+FP} = \frac{60}{60+20} = \frac{6}{8}$
- 재현율 = 민감도 = $\frac{TP}{TP+FN} = \frac{60}{60+40} = \frac{6}{10}$
- F1 = $2 \times \frac{\frac{6}{8} \times \frac{6}{10}}{\frac{6}{8} + \frac{6}{10}} = \frac{2}{3}$

07 다음 분석 모형의 평가지표 공식 중에서 MAPE를 나타내는 공식은 무엇인가?

① $\frac{1}{n}\sum_{i=1}^{n}|y_i - \hat{y}|$ ② $\sqrt{\frac{1}{n}\sum_{i=1}^{n}(y_i - \hat{y})^2}$

③ $1 - \frac{\sum_{i=1}^{n}(y_i - \widehat{y_i})^2}{\sum_{i=1}^{n}(y_i - \overline{y})^2}$ ④ $\frac{100}{n}\sum_{i=1}^{n}\left|\frac{y_i - \hat{y}}{y_i}\right|$

해설 MAPE(Mean Absolute Percentage Error)의 공식은
$\text{MAPE} = \frac{100}{n}\sum_{i=1}^{n}\left|\frac{y_i - \hat{y}}{y_i}\right|$ 이다.

08 다음 중 수정된 결정계수(R_{adj}^2)에 대한 설명 중 가장 옳지 않은 것은?

① 적절하지 않은 독립변수를 추가하는 것에 페널티를 부과한 결정계수이다.
② 모형에 유용한 변수들을 추가할수록 수정된 결정계수의 값은 감소한다.
③ 수정된 결정계수는 항상 결정계수보다 작다.
④ 독립변수의 개수가 다른 모형을 평가할 때 사용할 수 있다.

해설 수정된 결정계수(R_{adj}^2)는 모형에 유용한 변수들을 추가할수록 수정된 결정계수의 값은 증가한다.

09 데이터 분석 모형을 할 때 발생하는 일반화 오류(Generalization Error)에 대한 설명으로 가장 옳지 않은 것은?

① 분석 모형을 만들 때 주어진 데이터 집합의 특성을 지나치게 반영하여 발생하는 오류이다.
② 주어진 데이터 집합은 모집단 일부분임에도 불구하고 그것이 가지고 있는 주변적인 특성, 단순 잡음 등을 모두 묘사하기 때문에 발생한다.
③ 과대 적합(Over-fitting) 되었다고 한다.
④ 주어진 데이터 집합에 부차적인 특성과 잡음이 있다는 점을 고려하여 그것의 특성을 덜 반영하도록 분석 모형을 만들어 생기는 오류이다.

해설 ④는 학습 오류에 대한 설명이다.

10 모형 평가방법 중 주어진 원천 데이터를 랜덤하게 두 분류로 분리하여 교차 검정을 실시하는 방법이 있다. 전체 데이터를 비복원추출 방법을 이용하여 하나는 모형의 학습 및 구축을 위한 훈련용 데이터로, 다른 하나는 성과 평가를 위한 평가용 데이터로 사용하는 방법은 무엇인가?

① LOOCV
② K-Fold Cross Validation
③ LpOCV
④ 홀드 아웃 방법

해설 홀드 아웃은 데이터 마이닝을 위해 데이터를 분할하는 방법으로 주어진 데이터를 랜덤하게 두 개의 데이터로 구분하여 사용하는 방법으로 주로 훈련 데이터와 평가 데이터로 분리하여 사용한다.

11 10개의 샘플 데이터를 LpOCV(Leave-p-Out Cross Validation)를 통하여 교차 검증을 실시하고자 한다. p = 2일 경우에 반복되는 교차 검증은 몇 번인가?

① 20
② 80
③ 45
④ 90

해설
- n개의 데이터에서 LpOCV를 사용할 때 반복되는 교차 검증의 횟수는 $_nC_p$이다.
- $_{10}C_2 = \dfrac{10!}{(10-2)! \times 2!} = \dfrac{10!}{8! \times 2!} = \dfrac{10 \times 9}{2 \times 1} = 45$이다.

12 다음 중 데이터의 정규성을 확인하기 위한 방법으로 가장 올바르지 않은 것은?

① 히스토그램
② 샤피로-윌크 검정(Shapiro-Wilk Test)
③ 더빈-왓슨 테스트(Durbin Watson Test)
④ Q-Q Plot

해설 더빈-왓슨 테스트(Durbin Watson Test)는 회귀 모형 오차항의 자기 상관이 있는지에 대한 검정이다.

검정기법	샤피로-윌크 검정(Shapiro-Wilk Test), 콜모고로프-스미르노프 적합성 검정(Kolmogorov-Smirnov Goodness of Fit Test; K-S Test) 등
시각화	히스토그램, Q-Q plot

13 다음 중에서 관측된 데이터가 가정된(알려진) 확률을 따르는지 확인하기 위하여 사용하는 적합도 검정 방법으로 가장 옳은 것은?

① Q-Q Plot
② 샤피로-윌크 검정
③ 홀드 아웃 방법
④ 카이제곱 검정

해설 관측된 데이터가 가정된(알려진) 확률을 따르는지 확인하기 위하여 사용하는 적합도 검정 방법은 카이제곱 검정이다.

천기누설 예상문제

14 다음 중 Q-Q Plot에 대한 설명 중 가장 옳지 않은 것은?

① Q-Q Plot은 그래프를 통하여 정규성 가정을 검정하는 방법이다.
② Q-Q Plot에서 대각선 참조선을 따라서 값들이 분포하게 되면 정규성 가정을 만족한다고 할 수 있다.
③ 결과 해석이 객관적이다.
④ 대각선 참조선을 따라서 값들이 한쪽으로 치우치는 모습이라면 정규성 가정에 위배되었다고 볼 수 있다.

해설 한쪽으로 치우쳤다고 판단하는 기준이 모호하므로 결과 해석이 상당히 주관적일 수 있기 때문에, Q-Q Plot은 보조용으로 사용하는 것이 좋다.

15 다음 중 두 모집단 분산 간의 비율에 대한 검정으로 가장 옳은 것은?

① F-검정
② 일원 분산 분석
③ ANOVA
④ 이원 분산 분석

해설
- F-검정은 두 표본의 분산에 대한 차이가 통계적으로 유의한가를 판별하는 검정 기법이다.
- $F = \dfrac{s_1^2}{s_2^2}$ 여기에서 s_1^2, s_2^2는 표본분산으로 s_1에 큰 값, s_2에 작은 값을 넣으면 된다.

정답 01 ② 02 ③ 03 ④ 04 ② 05 ② 06 ② 07 ④ 08 ② 09 ④ 10 ④ 11 ③ 12 ② 13 ④ 14 ③ 15 ①

2 분석 모형 개선

1 과대 적합 방지 ★★

(1) 과대 적합(Over-fitting)의 개념 [기출]

- 과대 적합은 학습용 데이터에 지나치게 특화되어 새로운 데이터에 대한 오차가 매우 커지는 현상이다.
- 모델의 매개변수 수가 많거나 학습용 데이터 세트의 양이 부족한 경우에 발생한다.

> 학습 POINT ★
> 과대 적합은 중요 개념입니다. 기본 개념과 방지방법을 두음샘의 도움을 받아 학습하세요!

◉ 분석 모형 관련 용어

구분	개념도	설명
일반화 (Generalization)		• 테스트 데이터에 대한 높은 성능을 갖춤 • 과대 적합, 과소 적합을 피하고 정상추정함
과대 적합 (Over-fitting)		• 모델이 훈련 데이터에 너무 잘 맞지만, 일반화가 떨어짐
과소 적합 (Under-fitting)		• 모델이 너무 단순하여 데이터의 내재된 구조를 학습하지 못할 때 발생

> 학습 POINT ★
> 선형 모형에 비해 비선형 모형은 과대 적합 발생 가능성이 높습니다.

(2) 과대 적합 발생 원인

- 학습용 데이터는 실제 데이터의 부분 집합이라서 실제 데이터의 모든 특성을 가지고 있지 않을 수 있다. (과대 적합 등의 문제가 발생할 수 있는 원인을 제공)
- 과대 적합의 발생 원인은 실제 데이터에서 편향된 부분만을 가지고 있거나 오류가 포함된 값을 가지고 있을 경우 발생할 수 있다.
- 모델이 과도하게 복잡하거나, 변수가 지나치게 많을 때도 과대 적합이 발생할 수 있다.

(3) 과대 적합 방지 기법 [기출]

과대 적합을 방지하기 위해 데이터 세트 증강, 모델 복잡도 감소, 가중치 규제, 드롭아웃 방법을 적용한다.

① 데이터 증강(Data Augmentation)
- 데이터 증강은 데이터의 양을 늘리는 기법이다.
- 학습용 데이터 세트의 양이 적을 경우, 해당 데이터의 특정 패턴이나 노이즈까지 분석되어 과대 적합 현상이 발생할 확률이 높으므로 충분한 데이터 세트를 확보해야 한다.
- 데이터의 양이 적을 경우, 데이터를 변형해서 늘릴 수 있다.

② 모델의 복잡도 감소
- 모델 복잡도 감소는 과대 적합 현상이 발생할 때 인공신경망의 은닉층의 수를 감소하거나 모델의 수용력을 낮추어 복잡도를 줄이는 기법이다.
- 인공신경망의 복잡도는 은닉층의 수나 모델의 수용력 등으로 결정된다.

③ 가중치 규제 적용

㉮ 가중치 규제(Weight Regularization) 개념
- 가중치 규제는 개별 가중치 값을 제한하여 복잡한 모델을 좀 더 간단하게 하는 방법이다.
- 복잡한 모델은 많은 수의 매개변수를 가진 모델로 과대 적합될 가능성이 크다.

㉯ 가중치 규제의 종류 [기출]

구분	설명
L1 노름 규제 (라쏘; Lasso Regularization)	• 기존 비용 함수에 모든 가중치 w들의 절댓값 합계를 추가하여 값이 최소가 되도록 하는 규제 [공식] L1 노름 규제 $\frac{1}{N}\sum_{i=1}^{N}(y_i - \hat{y_i})^2 + \lambda\sum_{j=1}^{M}|w_j|$ • $\frac{1}{N}\sum_{i=1}^{N}(y_i - \hat{y_i})^2$: 기존 비용 함수 • $\lambda\sum_{j=1}^{M}|w_j|$: 절댓값 합계 • λ: 규제의 강도를 정하는 초매개변수 • y: 실젯값 • $\hat{y}$: 예측값 ($x_1w_1 + \cdots + x_nw_n + b$) • b: 편차 • w: 가중치(기울기)

과대 적합 방지 기법
「데모가드」
데이터 증강 / **모**델 복잡도 감소 / **가**중치 규제 / **드**롭아웃 방법
→ 데모를 했는데 경찰이 가드를 쳤다.

잠깐! 알고가기

노이즈(Noise)
실제는 입력되지 않았지만 입력되었다고 잘못 판단된 값이다.

인공신경망(ANN; Artificial Neural Network)
사람 두뇌의 신경세포인 뉴런이 전기신호를 전달하는 모습을 모방한 기계학습 모델이다.

은닉층(Hidden Layer)
인공신경망에서 입력층과 출력층 사이에 위치하여 내부적으로만 동작하는 계층이다.

모델의 수용력(Capacity)
인공신경망에서 모델에 있는 매개변수들의 수이다.

비용 함수(Cost Function)
관측된 값에서 연산된 값 간의 차이를 연산하는 함수이다.

노름(Norm)
벡터의 크기를 측정하는 방법이며, 두 벡터 사이의 거리를 측정하는 방법이기도 하다.

$\sum_{i=1}^{N}|x_j|^p$

- p: 노름의 차수($p=1$이면 L1 규제, $p=2$이면 L2 규제)
- N: 벡터의 원소 개수

초매개변수(Hyper Parameter)
모델에서 외적인 요소로 데이터 분석을 통해 얻어지는 값이 아니라 사용자가 직접 설정해주는 값

L2 노름 규제는 능형 회귀, 능선 회귀로도 불립니다.

구분	설명
L2 노름 규제 (릿지; Ridge Regularization)	• 기존 비용 함수에 모든 가중치 w들의 '제곱합'을 추가하여 값이 최소가 되도록 하는 규제 • 가중치 감소(Weight Decay)라고도 하며 가중치가 가장 큰 것은 페널티를 부과하여 과적합 위험을 줄임 **공식) L2 노름 규제** $$\frac{1}{N}\sum_{i=1}^{N}(y_i - \hat{y_i})^2 + \frac{\lambda}{2}\sum_{j=1}^{M}|w_j|^2$$ • $\frac{1}{N}\sum_{i=1}^{N}(y_i - \hat{y_i})^2$: 기존 비용 함수 • $\frac{\lambda}{2}\sum_{j=1}^{M}|w_j|^2$: 제곱합
엘라스틱 넷 (Elastic Net)	• 기존 비용 함수에 L1 노름 규제, L2 노름 규제를 추가한 규제 • 알파와 베타의 조합에 따라 노름을 조절하여 정규화를 할 수 있음 **공식) Elastic Net** $$\frac{1}{N}\sum_{i=1}^{N}(y_i - \hat{y_i})^2 + \alpha\sum_{j=1}^{M}|w_j|^1 + \beta\sum_{j=1}^{M}|w_j|^2$$ • $\frac{1}{N}\sum_{i=1}^{N}(y_i - \hat{y_i})^2$: 기존 비용 함수 • $\alpha\sum_{j=1}^{M}|w_j|^1$: L1 규제 • $\beta\sum_{j=1}^{M}|w_j|^2$: L2 규제

• 비용 함수를 최소화하기 위해서는 가중치 w들의 값이 작아져야 한다.

④ 드롭아웃 기출

㉮ 드롭아웃(Dropout) 개념

드롭아웃은 학습 과정에서 신경망 일부를 사용하지 않는 방법이다.

> 예) 드롭아웃의 비율을 0.5로 한다면 학습 과정마다 랜덤으로 절반의 뉴런을 사용하지 않고, 절반의 뉴런만을 사용

㉯ 드롭아웃 개념도

▼ 드롭아웃

구분	개념도	설명
신경망		전체 신경망을 모두 사용함
드롭아웃된 신경망		학습 과정에서 신경망 일부를 사용하지 않음

㉰ 드롭아웃 특징
- 드롭아웃은 신경망 학습 시에만 사용하고, 예측 시에는 사용하지 않는다.
- 학습 시에 인공신경망이 특정 뉴런 또는 특정 조합에 너무 의존적으로 되는 것을 방지해 준다.
- 서로 다른 신경망들을 앙상블하여 사용하는 것 같은 효과를 내어 과대 적합을 방지한다.

㉱ 드롭아웃 유형

▼ 드롭아웃 유형

유형	설명
초기 드롭아웃	• 학습 과정에서 노드들을 p의 확률(일반적으로 0.5)로 학습 횟수마다 임의로 생략하고, 남은 노드들과 연결 선들만을 이용하여 추론 및 학습을 수행하는 기법 • DNN(Deep Neural Network; 심층신경망) 알고리즘에 사용
공간적 드롭아웃	• 특징 맵 내의 노드 전체에 대해 드롭아웃의 적용 여부를 결정하는 기법 • CNN(Convolution Neural Network; 합성곱 신경망) 알고리즘에 사용
시간적 드롭아웃	• 노드들을 생략하는 방식이 아니라 연결선 일부를 생략하는 방식으로, Drop Connection 방식의 개선 기법 • RNN(Recurrent Neural Network; 순환 신경망) 알고리즘에 사용

잠깐! 알고가기

앙상블(Ensemble)
여러 개의 모델을 조화롭게 학습시켜 그 모델들의 예측결과들을 이용하여 더 정확한 예측값을 구하는 기법이다

 **쌤 한마디**

드롭아웃 유형
「초공시」
초기 드롭아웃 / **공**간적 드롭아웃 / **시**간적 드롭아웃
→ 초창기 공시생

② 매개변수 최적화 ★

(1) 매개변수(Parameter)의 개념
매개변수는 주어진 데이터로부터 학습을 통해 모델 내부에서 결정되는 변수이다.

(2) 매개변수 최적화(Parameter Optimization)의 개념
매개변수 최적화는 오차, 손실 함수의 값을 최대한 작게 하도록 하는 매개변수(가중치, 편향)를 찾는 과정이다.

(3) 매개변수 종류

⊛ 매개변수 종류

종류	설명	예시
가중치(Weight)	각 입력값에 각기 다르게 곱해지는 수치	$y = ax + b$라고 하면 a가 가중치
편향(Bias)	하나의 뉴런에 입력된 모든 값을 다 더한 값(가중합)에 더해주는 상수	$y = ax + b$라고 하면 b가 편향

(4) 매개변수 최적화 과정
x축에는 가중치, y축에는 손실 값을 갖는 2차원 손실 함수 그래프를 이용하여 최적화를 한다.

(5) 매개변수 최적화 기법

① 확률적 경사 하강법

⊛ 매개변수 최적화 과정

구분	최적화 과정	설명
학습률이 작은 경우		매우 느리게 학습하게 되어 최적화에 많은 시간이 걸릴 수 있음

> **학습 POINT ★**
> 매개변수 최적화는 기본이 되는 개념으로 개념부터 차근차근 읽어나가시길 권장합니다.

> **잠깐! 알고가기**
> 손실 함수(Loss Function)
> 머신러닝 모델의 출력값과 사용자가 원하는 실젯값의 차이인 오차를 말한다.

구분	최적화 과정	설명
학습률이 높은 경우	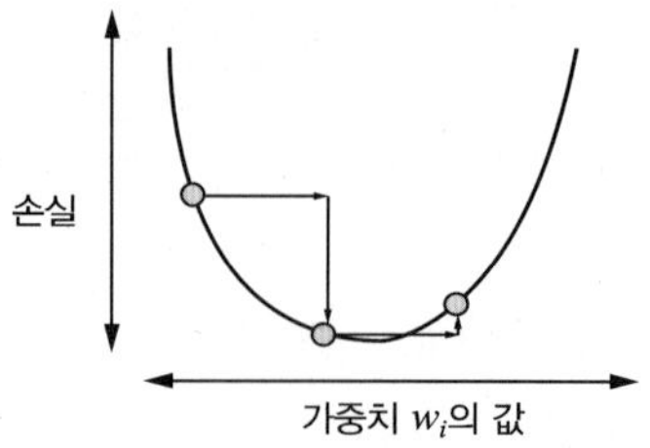 손실 / 가중치 w_i의 값	기울기가 0인 지점을 지나치게 되어 최적화가 되지 못함
학습률이 적절한 경우	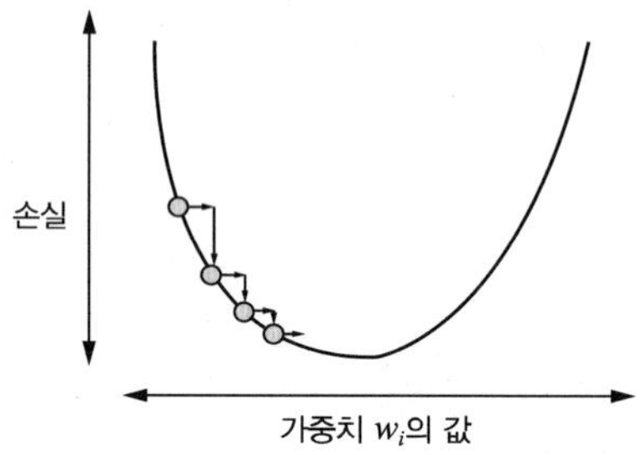 손실 / 가중치 w_i의 값	기울기가 0인 지점을 찾게 되어 최적화됨

㉮ 확률적 경사 하강법(SGD; Stochastic Gradient Descent)의 개념
- 확률적 경사 하강법은 손실 함수의 기울기를 구하여, 그 기울기를 따라 조금씩 아래로 내려가 최종적으로는 손실 함수가 가장 작은 지점에 도달하도록 하는 알고리즘이다.
- 기울기를 구하는데 학습 1회에 필요한 한 개의 데이터가 무작위로 선택이 되어 확률적이라고 한다.
- 손실 함수 그래프에서 지역 극소점에 갇혀 전역 극소점을 찾지 못하는 경우가 많고, 손실 함수가 비등방성 함수일 때에서는 최적화에 있어 매우 비효율적이고 오래 걸리는 탐색 경로를 보여준다.
- 확률적 경사 하강법의 단점을 개선해 주는 기법으로 모멘텀, AdaGrad, Adam이 있다.

㉯ 확률적 경사 하강법 특징
- 기울기가 줄어드는 최적점 근처에서 느리게 진행한다.
- 탐색 경로가 지그재그로 크게 변한다.
- 확률적 경사 하강법은 다음 그림과 같이 심하게 굽어져 지그재그의 움직임을 보여준다.

잠깐! 알고가기

지역 극소점 (Local Minimum Point)
주위의 모든 점의 함숫값 이하의 함숫값을 갖는 점이다.

전역 극소점 (Global Minimum Point)
모든 점의 함숫값 이하의 함숫값을 갖는 점이다.

비등방성 함수 (Anisotropy Function)
방향에 따라 기울기가 달라지는 함수이다.

경사 하강법 (Gradient Descent)
함수의 기울기(경사)를 구하여 기울기가 낮은 쪽으로 계속 이동시켜서 극값에 이를 때까지 반복시키는 기법이다.

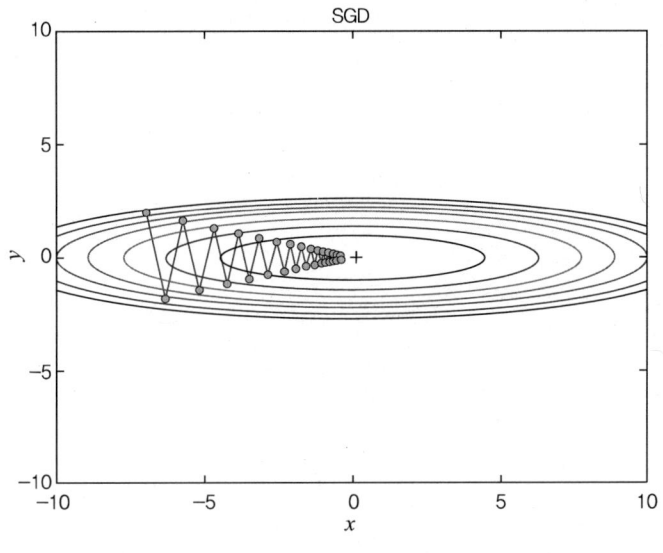

▲ 확률적 경사 하강법

② 모멘텀

㉮ 모멘텀(Momentum)의 개념
- 모멘텀은 기울기 방향으로 힘을 받으면 물체가 가속된다는 물리 법칙을 적용한 알고리즘이다.
- 확률적 경사 하강법(SGD)에 속도라는 개념을 적용한다.
- 기울기가 줄어들더라도 누적된 기울기 값으로 인해 빠르게 최적점으로 수렴하게 된다.

㉯ 모멘텀의 특징
- 공이 구르는 듯한 모습을 보여준다.
- 관성의 방향을 고려해 진동과 폭을 줄이는 효과가 있다.
- 탐색 경로의 변위가 줄어들어 빠르게 최적점으로 수렴한다.
- 확률적 경사 하강법과 비교하면 '지그재그' 정도가 덜하다.

확률적 경사하강법, 모멘텀, 네스트로프 모멘텀, AdaGrad, Adam, RMSProp는 그림을 통해서 이해하시면 도움이 됩니다.

기울기
직선이 기울어진 정도를 나타내는 수이다.

최적점
곡선 위의 평탄한 점이다.

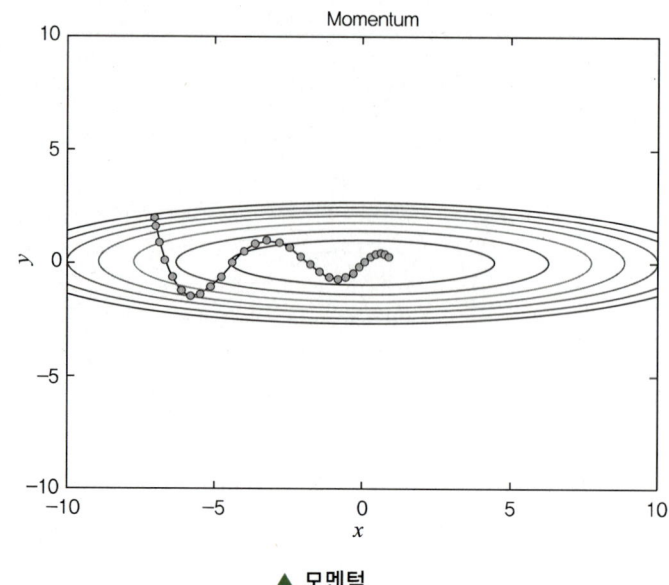

▲ 모멘텀

③ 네스테로프 모멘텀 [기출]

㉮ 네스테로프 모멘텀(NAG; Nesterov Accelerated Gradient)의 개념

네스테로프 모멘텀은 모멘텀 방향과 현재 위치에서의 기울기를 반영한 모멘텀 최적화 알고리즘과는 다르게 모멘텀 방향을 미리 적용한 위치에서 기울기를 계산하는 방법이다.

> **개념 박살내기**
>
> 🔗 **모멘텀과 네스테로프 모멘텀 비교**
>
> ⬇ 모멘텀과 네스테로프 모멘텀 비교
>
> | 모멘텀 | 네스테로프 모멘텀 |
> |---|---|
> |  현재 위치 $w^{(k)}$, 모멘텀 $\mu v^{(k-1)}$, 속도 $v^{(k)}$, 기울기 $\nabla L(w^{(k)})$, 다음 위치 $w^{(k+1)}$ | 현재 위치 $w^{(k)}$, 모멘텀 $\mu v^{(k-1)}$, 속도 $v^{(k)}$, 기울기 $\nabla L(w^{(k)} + \mu v^{(k-1)})$, 다음 위치 $w^{(k+1)}$ |
> | $w^{(k+1)} = w^{(k)} + v^{(k)}$
$v^{(k)} = \mu v^{(k-1)} - \eta \nabla L(w^{(k)})$ | $w^{(k+1)} = w^{(k)} + v^{(k)}$
$v^{(k)} = \mu v^{(k-1)} - \eta \nabla L(w^{(k)} + \mu v^{(k-1)})$ |
>
> • 네스테로프 모멘텀은 모멘텀을 개선한 것으로 속도(v)를 구하는 과정에서 차이가 있다.
> • 모멘텀은 현재 위치에서 다음 위치로 최적화할 때 속도($v^{(k)}$)를 반영하며, 속도는 모멘텀과 현재 위치에서의 기울기를 반영한다.

학습 POINT ★

μ는 모멘텀 계수이고, η는 학습률입니다.

- 네스테로프 모멘텀은 모멘텀과 동일하게 속도를 반영하지만 속도는 모멘텀과 다음 위치에서의 기울기($\nabla L(w^{(k)} + \mu v^{(k-1)})$)를 반영한다.
- μ는 일반적으로 0.9, 0.95 또는 0.99를 사용한다.

④ 네스테로프 모멘텀의 특징
- 속도를 개선한 것으로 불필요한 계산량을 줄이고 정확도를 향상한 방법이다.
- 모멘텀은 관성에 의해 다른 방향으로 갈 수 있지만 네스테로프 모멘텀은 이동할 방향에서 기울기를 다시 계산하기 때문에 진동을 감소시키고 수렴을 빠르게 만들어 준다.
- 일반적으로 기본 모멘텀 최적화보다 학습 속도가 빠르다.

④ AdaGrad

㉮ AdaGrad(Adaptive Gradient Algorithm)의 개념
- AdaGrad는 손실 함수의 기울기가 큰 첫 부분에서는 크게 학습하다가, 최적점에 가까워질수록 학습률을 줄여 조금씩 적게 학습하는 방식이다.
- 학습을 진행하면서 학습률을 점차 줄여나가는 학습률 감소 기법을 적용한 최적화 알고리즘이다.

㉯ AdaGrad의 특징
- 처음에는 큰 폭으로 움직이지만, 그 큰 움직임에 비례하여 갱신 정도도 큰 폭으로 작아진다.
- 갱신 강도가 빠르게 약해지고, 지그재그 움직임이 눈에 띄게 줄어들어 빠르게 최적점으로 수렴한다(최솟값을 향해 효율적으로 움직임).

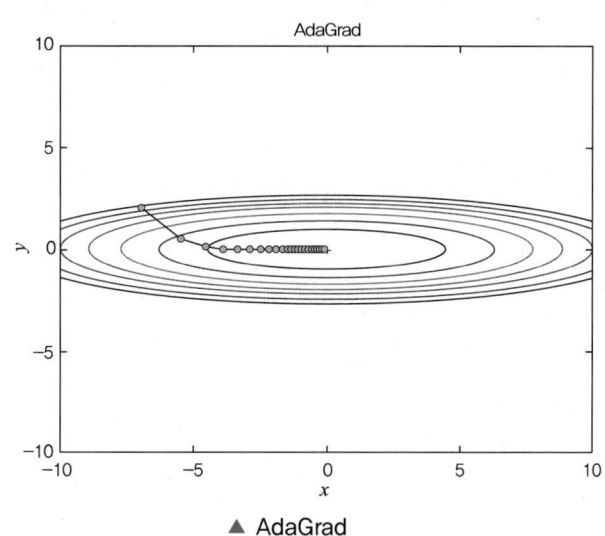

▲ AdaGrad

> **학습 POINT ★**
>
> 모멘텀, AdaGrad, Adam의 차이점을 기반으로 개념을 알아두세요.

⑤ Adam

㉮ Adam(Adaptive Moment Estimation)의 개념

- Adam은 모멘텀 방식과 AdaGrad 방식의 장점을 합친 알고리즘이다.
- 최적점 탐색 경로 또한 이 두 방식을 합친 것과 비슷한 양상으로 나타난다.

㉯ Adam의 특징

- 모멘텀 방식처럼 공이 그릇 바닥을 구르듯이 움직인다.
- AdaGrad로 인해 갱신 강도가 조정되므로 모멘텀 방식보다 좌우 흔들림이 덜 하다.

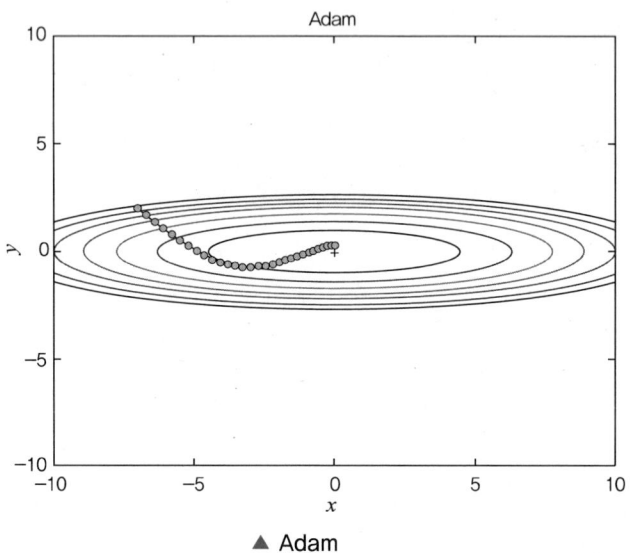

▲ Adam

> **학습 POINT ★**
>
> 매개변수 최적화 기법 중에서 Adam은 속도와 방향을 모두 개선한 것으로 성능이 우수하여 가장 일반적으로 사용됩니다.

⑥ RMSProp 기출

㉮ RMSProp(Root Mean Square Prop)의 개념

- RMSProp은 기울기를 단순 누적하지 않고 지수 이동 평균을 사용하여 가장 최근의 기울기들이 더 크게 반영되도록 하는 기법이다.
- AdaGrad가 가지고 있는 이전 기울기의 누적값이 같은 특성으로 인해 학습률이 점점 낮아지는 문제를 개선한 기법이다.

㉯ RMSProp의 특징

- 과거의 모든 기울기를 균일하게 더하지 않고 새로운 기울기의 정보만 반영하여 학습률이 크게 떨어져 0에 가까워지는 것을 방지한다.
- 모멘텀과 같이 진동을 줄이는 효과가 있다.

> **학습 POINT ★**
>
> 매개변수 최적화에 활용되는 알고리즘으로는 RmsProp, AdaDelte, Nadam Optimizer를 활용합니다.

> **잠깐! 알고가기**
>
> 지수 이동 평균(EMA; Exponentially Moving Average)
> 최근 값을 더 잘 반영하기 위해 최근 값에 값과 이전 값에 각각 가중치를 주어 계산하는 기법이다.

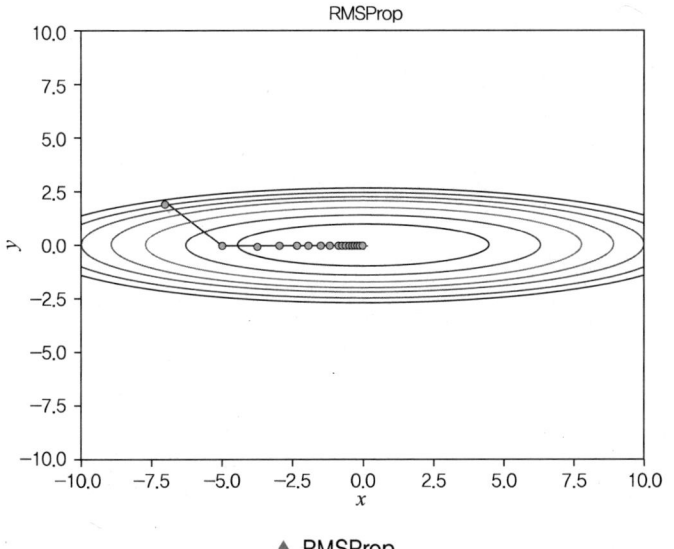

▲ RMSProp

개념 박살내기

최적화 기법 비교

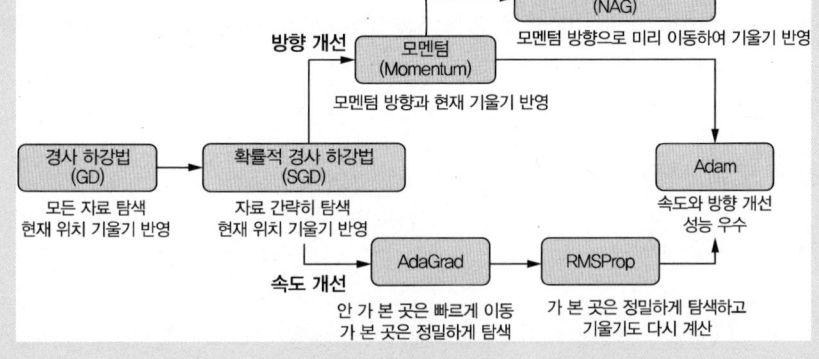

▲ 최적화 기법

- 경사 하강법은 전체 훈련 데이터를 탐색하며 확률적 경사 하강법은 임의로 선택한 데이터에 대해서만 기울기를 계산하므로 확률적 경사 하강법이 정확도는 낮을 수 있지만 성능은 빠르다.
- 확률적 경사 하강법에서 방향을 개선한 것으로는 모멘텀, 네스테로프 모멘텀이 있으며 속도를 개선한 것으로는 AdaGrad, RMSProp이 있다.
- 속도와 방향 모두를 개선한 것으로는 Adam이 있으며 Adam의 성능이 우수하여 가장 일반적으로 사용된다.
- AdaGrad에서 정지 방법을 개선한 AdaDelte, Adam에서 모멘텀이 아닌 네스테로프 모멘텀을 적용한 Nadam도 최적화 기법으로 활용된다.

학습 POINT ★

초매개변수 최적화 기법과 매개변수 최적화 기법을 잘 알아두시길 권장합니다!

(6) 초매개변수 최적화 기출

① 초매개변수(Hyper Parameter) 최적화 개념
- 초매개변수 최적화는 최적값이 존재하는 범위를 조금씩 줄여가면서, 최종적으로 초매개변수의 최적값을 찾아내는 방법이다.

② 초매개변수 최적화 기법
- 초매개변수 최적화 기법에는 매뉴얼 탐색, 그리드 탐색, 랜덤 탐색, 베이지안 최적화 등이 있다.

⊗ 초매개변수 최적화 기법

기법	설명
매뉴얼 탐색 (Manual Search)	사용자가 뽑은 조합 내에서 최적의 조합을 찾는 방법
그리드 탐색 (Grid Search)	초매개변수의 경우의 수에 대해서 최적의 조합을 찾는 방법
랜덤 탐색 (Random Search)	초매개변수의 최소, 최댓값을 정해두고 범위 내에서 무작위 값을 정해진 횟수만큼 반복적으로 추출하여 최적의 조합을 찾는 방법
베이지안 최적화 (Bayesian Optimization)	단순히 무작위 추출을 반복하는 것보다, 기존에 추출되어 평가된 결과를 바탕으로 앞으로 탐색할 범위를 더욱 좁혀 효율적이게 시행하는 방법

학습 POINT ★

최종 모형 선정은 중요도가 높지 않습니다. 가볍게 이런 게 있구나 정도로 알고 넘어가시길 권장합니다!

3 최종 모형 선정 ★

(1) 최종 모형 선정 절차

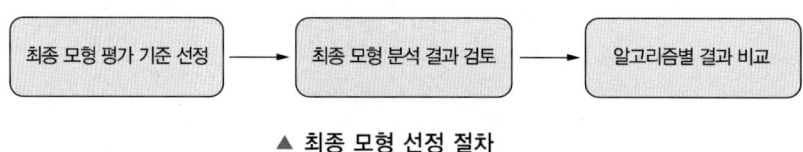

▲ 최종 모형 선정 절차

① 최종 모형 평가 기준 선정
- 빅데이터 개선 모형에 대한 개발이 완료되면 분석 알고리즘 수행결과를 검토하여 최종 모형을 선정한다.
- 정확도(Accuracy), 재현율(Recall), 정밀도(Precision) 등의 평가지표를 이용한다.

② **최종 모형 분석 결과 검토**
- 최종 모형 선정 시에는 다양한 이해관계자(분석가, 데이터 처리자, 고객 등)가 모여 분석 모형에 대한 결과를 리뷰하고 검토 회의를 진행하여 최적의 분석 모형을 선정한다.
- 최적의 분석 모형 선정을 위해서는 분석 모형에 대한 평가 기준과 함께 해당 모델의 실질적인 활용 가능성에 대해서도 검토한다.

③ **알고리즘별 결과 비교**
- 분석 알고리즘별로 매개변수를 변경하여 알고리즘을 수행한다.
- 매개변수 변경 전·후에 대한 차이점을 비교하고 수행 결과를 기록한다.

지피지기 기출문제

01 다음 분석 변수 선택 방법이 설명하는 기법은?

$$\frac{1}{N}\sum_{i=1}^{N}(y_i - \hat{y_i})^2 + \frac{\lambda}{2}\sum_{j=1}^{M}|w_j|^2$$

① 릿지(Ridge)
② 라쏘(Lasso)
③ 엘라스틱 넷(Elastic Net)
④ RFE(Recursive Feature Elimination)

해설 • 가중치의 제곱합을 추가하는 것은 릿지이다.

라쏘	기존 비용 함수에 모든 가중치 w들의 절댓값 합계를 추가함
릿지	기존 비용 함수에 모든 가중치 w들의 제곱합을 추가함
엘라스틱 넷	기존 비용 함수에 L1 규제, L2 규제를 추가함

02 다음 중 경사 하강법(Gradient Descent)과 관련된 알고리즘으로 옳지 않은 것은?

① Adaboost
② RMSProp
③ Adagrad
④ Nesterov Momentum

해설 Adaboost는 이진 분류 문제에서 랜덤 분류기 보다 조금 더 좋은 분류기 n개에 각각 가중치를 설정하고 n개의 분류기를 결합하여 최종 분류기를 만드는 부스팅 알고리즘이다.

03 다음 중 과대 적합 방지 기법이 아닌 것은?

① 정규화(Regularization)
② Dropout
③ 배치 정규화(Batch Normalization)
④ Max Pooling

해설 Max Pooling은 Pooling에서 최대의 값을 뽑는 것이다.

04 과대적합, 과소적합에 대한 설명으로 틀린 것은?

① 과대 적합은 학습용 데이터에 지나치게 특화되어 새로운 데이터에 대한 오차가 매우 커지는 현상이다.
② 과소적합은 적정 수준의 학습이 부족하여 실제 성능이 떨어지는 현상이다.
③ 비선형 모형은 선형 모형보다 과대적합의 발생 가능성이 낮다.
④ 과대 적합의 발생 원인은 실제 데이터에서 편향된 부분만을 가지고 있거나 오류가 포함된 값을 가지고 있을 경우 발생할 수 있다.

해설 비선형 모형은 선형 모형보다 과대적합 발생 가능성이 높다.

05 초매개변수(Hyper Parameter) 최적화로 적절하지 않은 것은 무엇인가?

① 베이지안 최적화
② 랜덤 탐색
③ 그리드 탐색
④ 경사 하강법

해설 경사 하강법은 매개변수 최적화 기법이다.

매뉴얼 탐색(Manual Search)	사용자가 뽑은 조합 내에서 최적의 조합을 찾는 방법
그리드 탐색(Grid Search)	초매개변수의 경우의 수에 대해서 최적의 조합을 찾는 방법
랜덤 탐색(Random Search)	초매개변수의 최소, 최댓값을 정해두고 범위 내에서 무작위 값을 정해진 횟수만큼 반복적으로 추출하여 최적의 조합을 찾는 방법
베이지안 최적화(Bayesian Optimization)	단순히 무작위 추출을 반복하는 것보다, 기존에 추출되어 평가된 결과를 바탕으로 앞으로 탐색할 범위를 더욱 좁혀 효율적이게 시행하는 방법

06 다음 중 아래에서 설명하는 매개변수 최적화 기법은 무엇인가?

- 기울기 방향으로 힘을 받으면 물체가 가속된다는 물리 법칙을 적용한 알고리즘
- 기울기가 줄어들더라도 누적된 기울기 값으로 인해 빠르게 최적점으로 수렴하게 됨
- 최적점 탐색 경로를 보면 알 수 있듯이, 공이 구르는 듯한 모습을 보여줌
- 관성의 방향을 고려해 진동과 폭을 줄이는 효과가 있고, 탐색 경로의 변위가 줄어들어 빠르게 최적점으로 수렴함

① 확률적 경사 하강법(Stochastic Gradient Descent; SGD)
② 모멘텀(Momentum)
③ AdaGrad(Adaptive Gradient Algorithm)
④ Adam(Adaptive Moment Estimation)

> **해설** 모멘텀은 기울기 방향으로 힘을 받으면 물체가 가속된다는 물리 법칙을 적용한 알고리즘이다.

07 다음 중 딥러닝에서 과대적합 방지를 위한 기법으로 가장 알맞지 않은 것은?

① 정규화
② 가지치기
③ 은닉층 노드 삭제
④ 드롭아웃

> **해설**
> - 가지치기는 의사결정나무(Decision Tree)에서 과대적합(Overfitting)을 방지하기 위하여 사용한다.
> - 정규화를 도입해서 딥러닝에서 과대적합 방지가 가능하다.
> - 드롭아웃은 은닉층의 뉴런(노드)를 무작위로 삭제하면서 학습하는 방법이다.

08 다음 중 인공신경망에서 Dropout과 같은 효과를 나타내는 것은 다음 중 무엇인가?

① 학습률 조정
② 활성화 함수 변경
③ 은닉층 수 감소
④ 부스팅

> **해설** Dropout은 인공신경망에서 과대적합(Overfitting)을 방지하기 위해 사용하고, 과대적합을 방지하기 위한 방법은 은닉층 수 감소이다.

09 아래의 수식이 나타내는 것은 무엇인가?

$$J(\beta) = MSE(\beta) + \frac{1}{2}c\sum_{k=0}\beta^2$$

① 라쏘 회귀
② 릿지 회귀
③ 엘라스틱넷 회귀
④ 다항 회귀

> **해설**
> - 기존 비용 함수(MSE)에 모든 가중치들의 '제곱합'을 추가한 것은 릿지 회귀이다.
> - 가중치 감소(Weight Decay)라고도 하며 가중치가 가장 큰 것은 페널티를 부과하여 과적합 위험을 줄인다.

10 다음 정규화 회귀분석에 대한 설명으로 가장 적합한 것은?

$$L = \sum_{i=1}^{n}\left(y_i - \beta_0 - \sum_{j=1}^{p}\beta_j x_{ij}\right)^2 + \lambda\sum_{j=1}^{p}|\beta_j|$$ 에서 β가 최소가 되도록 한다.

① 릿지(Ridge)
② 라쏘(Lasso)
③ 엘라스틱넷(Elastic Net)
④ 로지스틱 회귀(Logistic regression)

> **해설** 기존 비용함수에 모든 가중치 w들의 절댓값 합계를 추가하여 값이 최소가 되도록 하는 것은 라쏘(Lasso)이다.

지피지기 기출문제

11 매개변수에 대한 최적화 방법으로 옳지 않은 것은?

① RMSProp Optimizer
② Adadelta Optimizer
③ Nadam Optimizer
④ Bayesian Optimizer

해설 RMSProp Optimizer, Adadelta Optimizer, Nadam Optimizer는 모두 경사 하강법과 유사한 최적화 알고리즘으로, 매개변수 최적화에 자주 사용된다.

12 선형 회귀가 과대 적합일 때 대처 방법은 무엇인가?

① 모델의 복잡성을 높인다.
② 데이터의 양을 줄인다.
③ 편향-분산 트레이드 오프(Bias-Variance Trade off) 관계를 확인한다.
④ SSE를 구해서 확인한다.

해설 선형 회귀가 과대 적합일때는 편향-분산 트레이드 오프 관계를 확인한다.

13 다음 중 과대 적합에 대한 설명으로 올바르지 않은 것은?

① 데이터 수를 늘리게 되면 과대 적합 상태가 된다.
② 과대 적합은 학습 데이터와 검증 데이터 간 성능 차이가 크다.
③ 과대 적합, 과소 적합 모두 모델과의 일반화 능력을 저하시켜 균형을 찾는 것이 중요하다.
④ 학습 데이터에 적합하게 학습되어 학습 데이터에 대한 성능은 우수하지만, 검증 데이터에 대한 성능은 저하되는 현상이다.

해설 데이터를 늘려도 반드시 과대 적합 상태가 되지는 않는다.

14 MANOVA에 대한 설명으로 옳은 것은?

① 1개의 독립변수 1개의 종속변수
② 2개의 독립변수 1개의 종속변수
③ 3개의 독립변수 1개의 종속변수
④ 1개의 독립변수 2개의 종속변수

해설

분산 분석 유형	독립변수의 수	종속변수의 수
일원배치 분산 분석(One-way ANOVA)	1개	1개
이원배치 분산 분석(Two-way ANOVA)	2개	
다원배치 분산 분석(Multi-way ANOVA)	3개 이상	
다변량 분산 분석(MANOVA)	1개 이상	2개 이상

15 가중치 제곱합을 최소화하는 제약을 주는 기법은 무엇인가?

① 라쏘(Lasso)
② 릿지(Ridge)
③ RFE(Recursive Feature Elimination)
④ 후진 소거법(Backward Elimination)

해설 가중치의 제곱합을 추가하는 것은 릿지이다.

라쏘	기존 비용 함수에 모든 가중치들의 절댓값 합계를 추가함
릿지	기존 비용 함수에 모든 가중치들의 제곱합을 추가함
엘라스틱 넷	기존 비용 함수에 L1 규제, L2 규제를 추가함

정답 01 ① 02 ① 03 ④ 04 ③ 05 ④ 06 ② 07 ② 08 ③ 09 ② 10 ② 11 ④ 12 ③ 13 ① 14 ④ 15 ②

천기누설 예상문제

01 다음 중 제한된 훈련 데이터 세트에 너무 지나치게 특화되어 새로운 데이터에 대한 오차가 매우 커지는 현상으로 가장 알맞은 것은?

① 훈련 데이터 ② 일반화
③ 과대 적합 ④ 과소 적합

> **해설**
> - 제한된 훈련 데이터 세트에 너무 지나치게 특화되어 새로운 데이터에 대한 오차가 매우 커지는 현상은 과대 적합이다.
> - 모델이 훈련 데이터에 너무 잘 맞지만, 일반화가 떨어진다.

02 다음 중 과대 적합 방지 기법으로 가장 올바르지 않은 것은?

① 데이터 세트 증가
② 모델의 복잡도 감소
③ 가중치 규제
④ 확률적 경사 하강법

> **해설** 확률적 경사 하강법은 매개변수 최적화 기법이다.

03 다음 중 인공신경망의 복잡도를 결정하는 것으로 가장 알맞은 것은?

① 은닉층의 수 ② 비용 함수
③ 손실 함수 ④ 노이즈

> **해설** 인공신경망의 복잡도는 은닉층의 수나 모델의 수용력 등으로 결정된다.

04 다음 중 가중치 규제에 대한 설명으로 가장 올바르지 않은 것은?

① 개별 가중치 값을 제한하여 복잡한 모델을 좀 더 간단하게 하는 방법이다.
② 복잡한 모델은 많은 수의 매개변수를 가진 모델로 과소 적합될 가능성이 크다.
③ 가중치 규제에는 L1 규제와 L2 규제가 있다.
④ L1 규제는 기존의 비용 함수에 모든 가중치에 대해서 $\lambda|w|$를 더한 값을 비용함수로 한다.

> **해설** 복잡한 모델은 많은 수의 매개변수를 가진 모델로 과대 적합될 가능성이 크다.

05 다음 중 과대 적합 방지를 위해 학습 과정에서 인공신경망 일부를 사용하지 않는 방법으로 가장 알맞은 것은?

① L1 규제 ② L2 규제
③ 데이터 세트 증가 ④ 드롭아웃(Dropout)

> **해설** 드롭아웃(Dropout)은 과대 적합 방지를 위한 방법으로 신경망 학습 시에만 사용하고, 예측 시에는 사용하지 않는다.

06 다음 중 주어진 데이터로부터 학습을 통해 모델 내부에서 결정되는 변수로 가장 알맞은 것은?

① 오차 ② 지역 최적점
③ 매개변수 ④ 모멘텀

> **해설**
> - 모델 내부에서 결정되는 변수는 매개변수이며, 매개변수로는 가중치, 편향 등이 있다.
> - 모델 외부에서 결정되는 변수는 초 매개변수가 있다.

천기누설 예상문제

07 다음 중 확률적 경사 하강법(SGD)에 속도라는 개념을 적용한 기법으로 가장 알맞은 것은?

① 랜덤 포레스트　② 모멘텀
③ 앙상블　　　　④ 배깅

해설 확률적 경사 하강법(SGD)에 속도라는 개념을 적용한 기법으로 기울기 방향으로 힘을 받으면 물체가 가속된다는 물리 법칙을 적용한 알고리즘은 모멘텀이다.

정답 01 ③ 02 ④ 03 ① 04 ② 05 ④ 06 ③ 07 ②

CHAPTER 02 분석 결과 해석 및 활용

1 분석 결과 해석

1 분석 모형 해석 ★★

분석 모형 해석의 기본이 되는 데이터 시각화의 개념에 대해 학습한다.

(1) 데이터 시각화(Data Visualization)의 개념
- 데이터 시각화는 데이터에 대한 이해를 돕기 위해 그림, 도형 등 그래픽 요소들을 이용해 데이터를 묘사하고 표현하는 과정이다.
- 선, 막대, 원 등의 기하나 도형과 같은 양식을 이용해 데이터의 특징을 설명할 수 있는 모양으로 만들어 내거나, 색상, 레이블 등 특성을 활용하여 데이터를 표현한다.

(2) 데이터 시각화 유형

데이터 시각화의 유형으로는 시간, 분포, 관계, 비교, 공간 시각화가 있다.

◎ 데이터 시각화 유형

유형	설명	기법
시간 시각화	• 시간 흐름에 따른 변화를 통해 경향(트렌드)을 파악하는 방법	막대그래프, 누적 막대그래프, 선 그래프, 영역 차트, 계단식 그래프, 추세선
분포 시각화	• 분류에 따른 변화를 최대, 최소, 전체 분포 등으로 구분하는 방법 • 전체에서 부분 간 관계를 설명	파이 차트, 도넛 차트, 트리맵, 누적 영역 차트
관계 시각화	• 집단 간의 상관관계를 확인하여 다른 수치의 변화 예측하는 방법	산점도, 산점도 행렬, 버블 차트, 히스토그램, 네트워크 그래프(Map)
비교 시각화	• 각각의 데이터 간의 차이점과 유사성 관계도 확인하는 방법	플로팅 바 차트, 히트맵, 체르노프 페이스, 스타 차트, 평행 좌표계

학습 POINT ★

데이터 분석이 완료되면 사용자가 주제에 대해 더 잘 이해할 수 있도록 데이터 시각화 단계와 데이터 시각 표현 단계를 거칩니다. 그리고 데이터 시각 표현 단계에서는 데이터 모델링을 수행하지 않으며, 시각화 단계에서 만들어진 결과물을 보정합니다.

학습 POINT ★

데이터 시각화 유형과 기법은 이후에 상세하게 다시 등장합니다. 대략적으로 알아두시면 좋겠습니다!

시각화 유형
「시분관비공」
시간 / 분포 / 관계 / 비교 / 공간 시각화
→ 시분을 다퉈 관비들이 공사한다.

잠깐! 알고가기

히스토그램(Histogram)
자료 분포의 형태를 직사각형 형태로 시각화하여 보여주는 차트로, 수평축에는 각 계급을 나타내고, 수직축에는 도수 또는 상대도수를 나타낸다.

히트맵(Heat Map)
색상으로 표현할 수 있는 다양한 정보를 일정한 이미지 위에 열 분포 형태의 그래픽으로 출력하는 표현방법이다.

체르노프 페이스 (Chernoff Faces)
데이터를 눈, 코, 귀, 입 등과 일대일 대응하여 얼굴 하나로 표현하는 방법이다.

평행 좌표계 (Parallel Coordinates Plot; Parallel Coordinates Graph)
다변량 데이터를 2차원 평면에 선으로 표현하는 효과적인 가시화 방법이다.

학습 POINT ★

데이터 시각화 절차는 중요도가 높진 않습니다. 단계 정도만 가볍게 알고 넘어가셔도 좋습니다.

잠깐! 알고가기

인터랙션(Interaction)
인간이 제품이나 서비스를 사용하면서 상호 간 작용하는 방식이다.

유형	설명	기법
공간 시각화	• 지도를 통해 시점에 따른 경향, 차이 등을 확인하는 방법	등치 지역도, 등치선도, 도트 플롯맵, 버블 플롯맵, 카토그램

(3) 데이터 시각화 절차

데이터 시각화 절차는 구조화 → 시각화 → 시각표현의 세 단계로 구분된다.

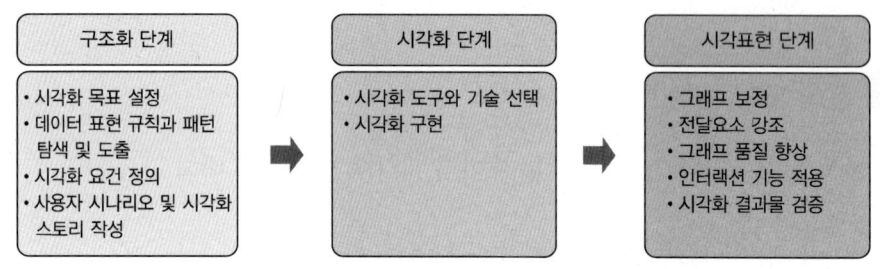

▲ 데이터 시각화 절차

데이터 시각화 절차

단계	상세 설명	세부 단계
구조화	• 데이터 시각화 목표를 설정하고 분석 결과를 토대로 데이터의 표현 규칙과 패턴을 탐색 • 시각화를 위한 요건을 정의한 후 사용자에 따른 시나리오를 작성하고 스토리를 구성하는 단계	• 시각화 목표 설정 • 데이터 표현 규칙과 패턴 탐색 및 도출 • 시각화 요건 정의 • 사용자 시나리오 시각화 스토리 작성
시각화	• 단순하고 명료한 메시지 전달을 위해 시각화 과정을 반복적으로 수행하여 시각화 • 구조화 단계에서 정의된 시각화 요건, 스토리를 기반으로 적절한 시각화 도구와 기술을 선택하여 데이터 분석 정보의 시각화를 구현하는 단계	• 시각화 도구, 기술 선택 • 시각화 구현
시각표현	• 시각화 단계에서 만들어진 결과물을 보정 • 정보표현을 위한 그래픽 요소를 반영하여 그래픽 품질을 향상시킴 • 최종 시각화 결과물이 구조화 단계에서 정한 목적과 의도에 맞게 구현되었는지를 확인하는 단계	• 그래프 보정 • 전달 요소 강조 • 그래프 품질 향상 • 인터랙션 기능 적용 • 시각화 결과물 검증

지피지기 기출문제

01 다음은 데이터 시각화 단계에 대한 설명이다. 올바르지 않은 것은?

① 데이터 구조화 단계는 시각화를 위한 요건을 정의한 후 사용자에 따른 시나리오를 작성하고 스토리를 구성한다.
② 데이터 시각화 단계는 시각화 도구와 기술을 선택하여 데이터 분석 정보의 시각화를 구현한다.
③ 데이터 시각 표현 단계는 최종 시각화 결과물이 구조화 단계에서 정한 목적과 의도에 맞게 구현되었는지를 확인한다.
④ 데이터 시각 표현 단계에서는 데이터 모델링을 수행하고 분석한다.

해설 데이터 시각 표현 단계에서는 데이터 모델링을 수행하지 않으며, 시각화 단계에서 만들어진 결과물을 보정하는 단계이다.

정답 01 ④

천기누설 예상문제

01 다음이 설명하는 데이터 시각화 유형은 무엇인가?

- 분류에 따른 변화를 최대, 최소, 전체 분포 등으로 구분
- 전체에서 부분 간 관계를 설명
- 파이 차트, 도넛 차트 등의 기법 존재

① 시간 시각화 ② 관계 시각화
③ 분포 시각화 ④ 공간 시각화

해설 전체에서 부분 간 관계를 설명하는 기법은 분포 시각화이다.

시간 시각화	• 시간 흐름에 따른 변화를 통해 경향(트렌드) 파악
관계 시각화	• 집단 간의 상관관계를 확인하여 다른 수치의 변화 예측
분포 시각화	• 분류에 따른 변화를 최대, 최소, 전체 분포 등으로 구분 • 전체에서 부분 간 관계를 설명
공간 시각화	• 지도를 통해 시점에 따른 경향, 차이 등을 확인 가능

02 다음이 설명하는 데이터 시각화 유형은 무엇인가?

- 집단 간의 상관관계를 확인하여 다른 수치의 변화 예측
- 산점도, 버블 차트 등의 기법 존재

① 비교 시각화 ② 관계 시각화
③ 시간 시각화 ④ 공간 시각화

해설 집단 간의 상관관계를 확인하여 변화를 예측하는 기법은 관계 시각화이다.

비교 시각화	각각의 데이터 간의 차이점과 유사성 관계도 확인 가능
관계 시각화	집단 간의 상관관계를 확인하여 다른 수치의 변화 예측
시간 시각화	시간 흐름에 따른 변화를 통해 경향(트렌드) 파악
공간 시각화	지도를 통해 시점에 따른 경향, 차이 등을 확인 가능

정답 01 ③ 02 ②

② 분석 결과 시각화

❶ 시공간 시각화 ★★

(1) 시간 시각화 〔기출〕

① 시간 시각화의 개념

- 시간 시각화는 시간에 따른 데이터의 변화를 표현한 시각화 방법이다.
- 시계열 데이터에서 주요 관심 요소는 경향성(Trend)으로, 추세선의 경우 시간의 흐름에 따른 추세를 알아볼 수 있다.
- 시간 시각화는 시간의 흐름에 따라 변하는 데이터를 표현하기 때문에 개별적인 데이터를 보기보다는 전체적인 흐름을 파악해야 한다.

② 시간 시각화의 유형

시간 시각화의 유형으로 막대그래프, 누적 막대그래프, 선 그래프, 영역 차트, 계단식 그래프, 추세선이 있다.

▼ 시간 시각화의 유형

유형	설명
막대그래프 (Bar Graph)	• 동일한 너비의 여러 막대를 사용하여 데이터를 표시하며, 각 막대는 특정 범주를 나타내는 그래프 ▲ 막대그래프 예시

> **학습 POINT ★**
> 분석결과 시각화는 문제가 많이 출제될 것으로 예상합니다. 먼저 시간 시각화를 두음쌤의 도움을 받아 이해하고 넘어가시길 권장합니다!!

> **두음쌤 한마디**
> 시간 시각화 유형
> 「막누 선영 계추」
> **막**대그래프 / **누**적 막대그래프 / **선** 그래프 / **영**역 차트 / **계**단식 그래프 / **추**세선
> → 막내 누나 선영은 개(계) 추하다.

유형	설명
누적 막대그래프 (Stacked Bar Graph)	• 막대를 사용하여 전체 비율을 보여주면서 여러 가지 범주를 동시에 차트로 표현가능 ▲ 누적 막대그래프 예시
선 그래프 (Line Graph)	• 수량을 점으로 표시하고, 점들을 선분으로 이어 그린 그래프 ▲ 선 그래프 예시
영역 차트 (Area Chart)	• 선 그래프와 같이 시간에 값에 따라 크기 변화를 보여줌 • 색을 채운 영역으로 보여준다는 것과 y축의 값은 0부터 시작해야 하는 것이 특징 ▲ 영역 차트 예시

유형	설명
계단식 그래프 (Step Line Graph)	• 두 지점 사이를 선분으로 연결하기보다는 변화가 생길 때까지 x축과 평행하게 일정한 선을 유지 • 다음 값으로 변하는 지점에서 급격하게 뛰어오르는 계단형으로 그리는 그래프 ▲ 계단식 그래프 예시
추세선 (Trend Line)	• 데이터값의 즉각적인 변화보다는 변화하는 경향성을 보여주는 직선 또는 곡선 ▲ 추세선 예시

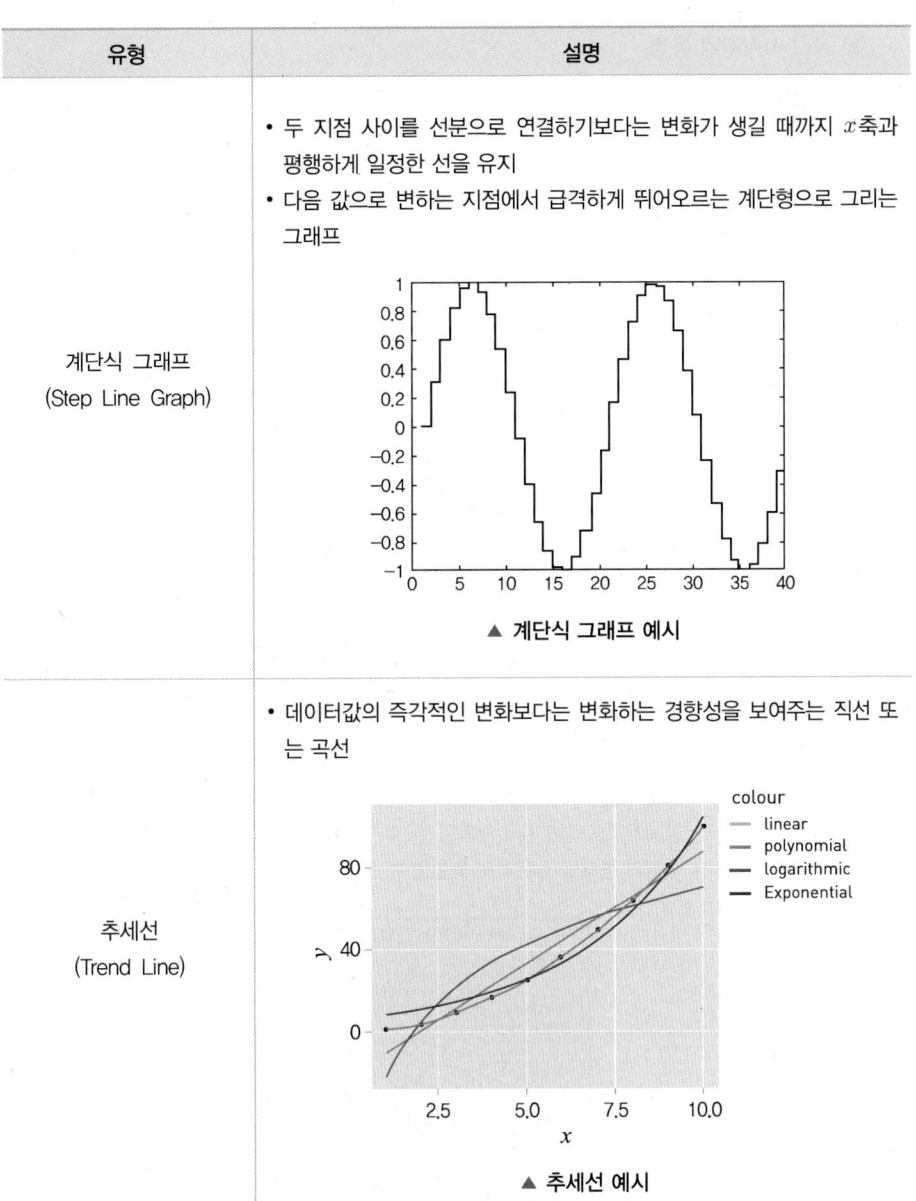

(2) 공간 시각화 기출

① 공간 시각화의 개념

- 공간 시각화는 지도상에 해당하는 정보를 표현하는 시각화 방법이다.
- 지도 위에 위치를 표시하기 위해 대부분 위도와 경도를 사용한다.

② 공간 시각화의 유형

공간 시각화의 유형으로 등치지역도, 등치선도, 도트 플롯맵, 버블 플롯맵, 카토그램 등이 있다.

두음 쌤 한마디

공간 시각화의 유형
「등등도버카」
등치 지역도 / 등치선도 / 도트맵 / 버블플롯맵 / 카토그램
→ 기타 등등 도시의 버스카드

공간 시각화의 유형

유형	설명	예시
등치지역도 (Choropleth Map) =코로플레스 지도	• 지리적 단위로 데이터의 의미를 색상으로 구분하여 표시 • 색상은 수치화된 값을 기반으로 채도, 밝기를 변화 ▲ 등치지역도 예시	런던의 지역별 경계를 표현
등치선도 (Isometric Map)	• 같은 값을 가지는 점을 선으로 이은 지도 • 등치지역도의 데이터 왜곡을 줄 수 있는 결점을 극복 • 색상의 농도를 활용하여 표현할 수 있음 ▲ 등치선도 예시	한국의 개나리 개화예정일 표현
도트맵 (Dot Map)/ 도트 플롯맵 (Dot Plot Map)	• 지도상의 위도와 경도에 해당하는 좌표점에 산점도와 같이 점을 찍어 표현 • 시간의 경과에 따라 점진적으로 확산을 나타내는 경우 사용	호주 코로나 바이러스 확진자 위치 표시

유형	설명	예시
	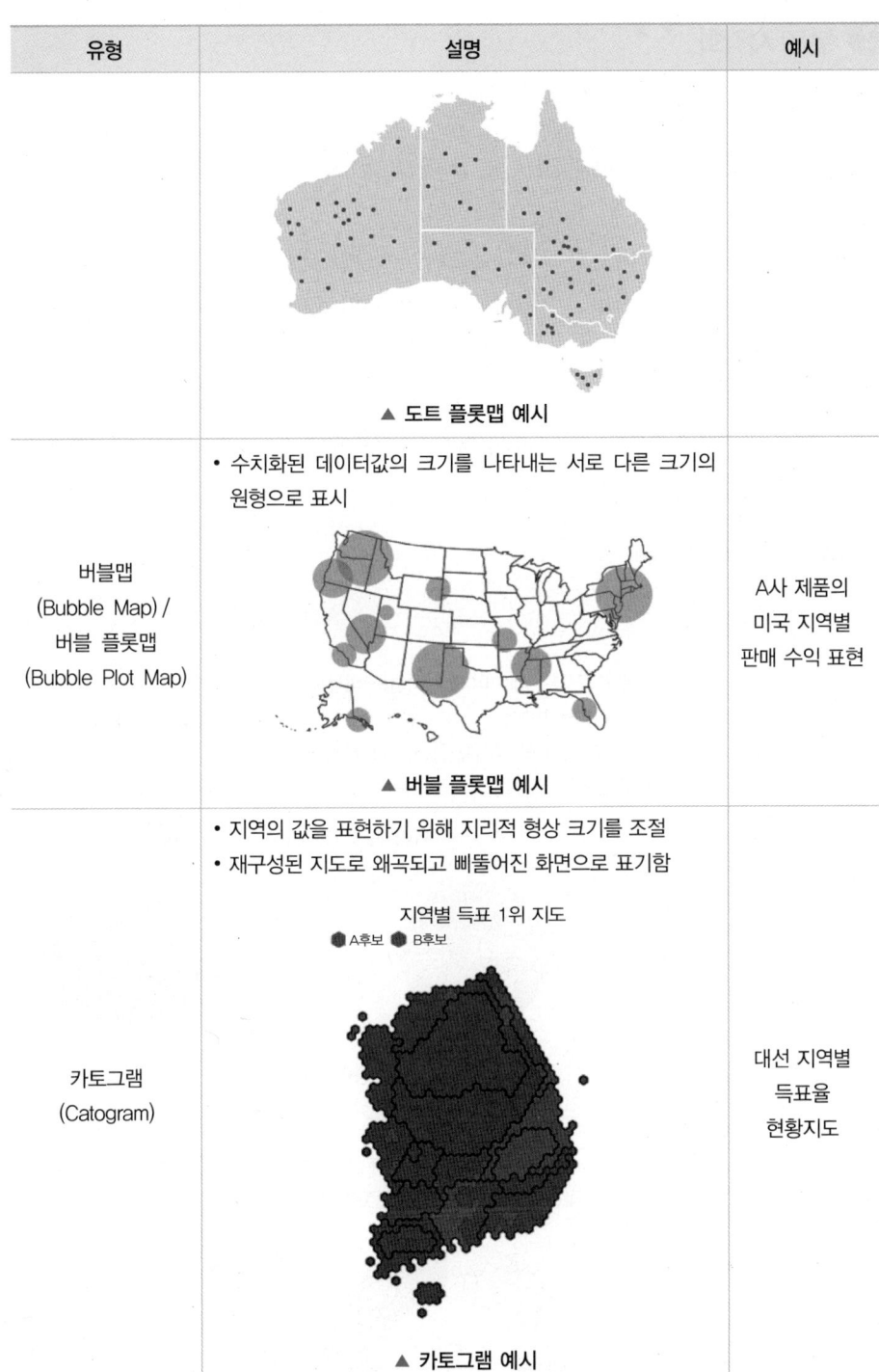 ▲ 도트 플롯맵 예시	
버블맵 (Bubble Map) / 버블 플롯맵 (Bubble Plot Map)	• 수치화된 데이터값의 크기를 나타내는 서로 다른 크기의 원형으로 표시 ▲ 버블 플롯맵 예시	A사 제품의 미국 지역별 판매 수익 표현
카토그램 (Catogram)	• 지역의 값을 표현하기 위해 지리적 형상 크기를 조절 • 재구성된 지도로 왜곡되고 삐뚤어진 화면으로 표기함 ▲ 카토그램 예시	대선 지역별 득표율 현황지도

> **학습 POINT ★**
>
> 분포 시각화는 출제 가능성이 높은 영역입니다. 두음쌤의 도움을 받아 각각의 개념을 혼동되지 않게 알아두세요!

>  **두음쌤 한마디**
>
> **분포 시각화 유형**
> 「파도트누히」
> **파**이 차트 / **도**넛 차트 / **트**리맵 / **누**적 영역 그래프 / **히**스토그램
> → 파도풀에서 트림을 했는데, 누가 히히히 웃었다.

2 분포 시각화 ★★

(1) 분포 시각화 개념

- 분포 시각화는 데이터의 최댓값, 최솟값, 전체 분포 등을 나타내는 시각화 방법이다.
- 시계열 데이터와 비슷한 점이 있으나, 시계열 데이터와 다른 점은 구분 단위가 시간이 아니라 데이터가 차지하는 영역을 기준으로 삼는다.

(2) 분포 시각화의 유형

- 분포 시각화의 유형으로는 파이 차트, 도넛 차트, 트리맵, 누적 영역 차트, 히스토그램 등이 있다.

⮟ 분포 시각화의 유형

유형	설명
파이 차트 (Pie Chart)	• 원형 모양을 데이터가 차지하는 비율에 따라 여러 조각으로 나누어서 나타내는 시각화 방법 • 부분과 부분의 관계를 알아볼 때 사용되는 그래프 • 모든 조각의 값을 합치면 데이터값 전체의 합이 되며, 비율이 100%가 됨 ▲ 파이 차트 예시
도넛 차트 (Doughnut Chart)	• 파이 차트와 비슷하지만, 중심 부분이 비어 있는 도넛 모양의 시각화 방법 • 막대그래프의 누적 형태로서 면적이 아닌 길이로 수치의 정도를 표현 ▲ 도넛 차트 예시

유형	설명
트리맵 (Tree Map)	• 여러 계층 구조(트리 구조) 데이터를 표현하는 시각화 방법 • 서로 다른 크기를 이용해서 비율을 나타내며, 사각형을 겹쳐 놓음으로써 대분류와 하위분류를 나타냄 ▲ 트리맵 예시
누적 영역 그래프 (Stacked Area Graph) (=누적 연속 그래프)	• 여러 개의 영역 차트를 겹겹이 쌓아놓은 모양의 시각화 방법 • 가로축은 시간을 나타내고 세로축은 데이터를 나타냄 • 데이터 전체 크기를 표현할 때 적합 ▲ 누적 영역 그래프 예시

유형	설명
히스토그램 (Histogram)	• 자료 분포의 형태를 직사각형 형태로 시각화하여 보여주는 그래프 • 특정 변수에 대해 구간별 빈도수를 나타냄  ▲ 히스토그램 예시

> **학습 POINT ★**
> 중요하다고 계속 강조 드렸던 시각화 문제가 출제된 영역입니다. 두음쌤을 중심으로 정리한 뒤 각각의 유형의 개념을 잘 알아두고 넘어가세요!

3 관계 시각화 기출 ★★★

(1) 관계 시각화의 개념

- 관계 시각화는 다변량 데이터 사이에 존재하는 변수 사이의 연관성, 분포와 패턴을 찾는 시각화 방법이다.
- 변수 사이의 연관성인 상관관계는 한 가지 요소의 변화가 다른 요소의 변화와 관련이 있는지를 표현하는 시각화 기법이다.

(2) 관계 시각화의 유형 기출

관계 시각화의 유형으로 산점도, 산점도 행렬, 버블 차트, 네트워크 그래프 등이 있다.

관계 시각화의 유형

유형	설명
산점도 (Scatter Plot)	• x축과 y축 각각에 두 변숫값의 순서쌍을 한 점으로 표시하여 변수의 관계를 나타낸 그래프 • 상관관계, 군집화, 이상값 패턴을 파악하기에 유용한 그래프 ▲ 산점도 예시
산점도 행렬 (Scatter Plot Matrix)	• 다변량 변수를 갖는 데이터에서 가능한 모든 변수 쌍에 대한 산점도를 행렬 형태로 표현한 그래프 ▲ 산점도 행렬 예시

관계 시각화의 유형

「산행버네」

산점도 / 산점도 행렬 / 버블 차트 / 네트워크 그래프

→ 산행버스에서 내(네)린다.

유형	설명
버블 차트 (Bubble Chart)	• 산점도에서 데이터값을 나타내는 점 또는 마크에 여러 가지 의미를 부여하여 확장된 차트 ▲ 버블 차트 예시
네트워크 그래프 (Network Graph)	• 개체 간 논리적인 관계를 표현하는 시각화 도구 ⟨Undirected Network⟩　⟨Directed Network⟩ Undirected Network : 네트워크의 방향이 없는 그래프 Directed Network : 네트워크의 방향이 있는 그래프

4 비교 시각화

(1) 비교 시각화의 개념

비교 시각화는 다변량 변수를 갖는 자료를 제한된 2차원에 효과적으로 표현하는 시각화 방법이다.

(2) 비교 시각화의 유형

비교 시각화의 유형으로 플로팅 바 차트(간트 차트), 히트맵, 체르노프 페이스, 스타 차트, 평행 좌표 그래프 등이 있다.

학습 POINT ★

비교 시각화의 유형도 출제 되었습니다. 시각화의 유형이 너무 많다보니 혼동이 될 수도 있는데 두음쌤의 도움을 받아 유형별로 잘 구분해 놓으시면 문제 없습니다. 파이팅!

비교 시각화의 유형

유형	설명
플로팅 바 차트 (Floating Bar Chart)	• 막대가 가장 낮은 수치부터 가장 높은 수치까지 걸쳐있게 표현한 차트 • 범주 내 값의 다양성, 중복 및 이상값 파악 가능 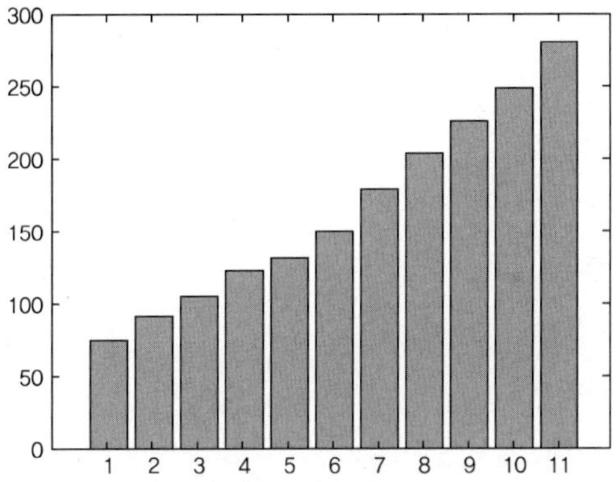 ▲ 플로팅 바 차트 예시
히트맵 (Heat Map)	• 여러 가지 변수를 비교할 수 있는 시각화 그래프 • 칸 별로 색상을 구분하여 데이터값을 표현 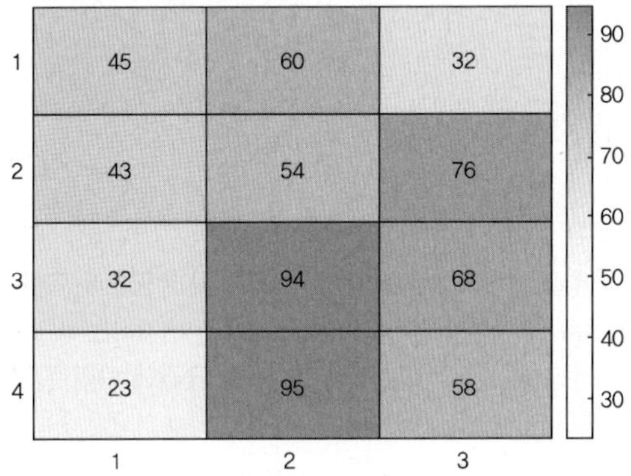 ▲ 히트맵 예시
체르노프 페이스 (Chernoff Faces)	• 데이터를 눈, 코, 귀, 입 등과 일대일 대응하여 얼굴 하나로 표현하는 방법 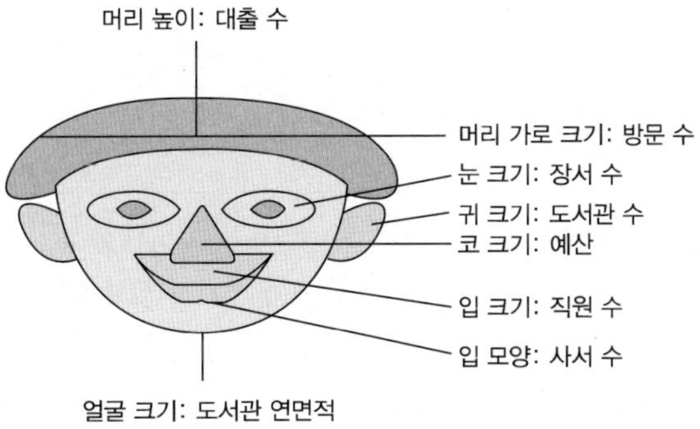 머리 높이: 대출 수 / 머리 가로 크기: 방문 수 / 눈 크기: 장서 수 / 귀 크기: 도서관 수 / 코 크기: 예산 / 입 크기: 직원 수 / 입 모양: 사서 수 / 얼굴 크기: 도서관 연면적 ▲ 체르노프 페이스 예시

비교 시각화 유형

「플히체스평」

플로팅 바 차트 / **히**트맵 / **체**르노프 페이스 / **스**타 차트 / **평**행좌표 그래프

→ 신작 게임 '플레이 히어로 체스'는 평이 좋다.

> **학습 POINT**
>
> 스타 차트는 레이더 차트, 스파이더 차트, 레이더 그래프라고도 합니다.

유형	설명
스타 차트 (Star Chart)	• 각 변수의 표시 지점을 연결선으로 그려 별 모양의 도형으로 나타낸 차트 • 중심점은 축이 나타내는 값의 최솟값, 가장 먼 끝점은 최댓값을 의미 • 각 변수를 표시 지점을 연결선을 통해 그려 별 모양의 도형으로 나타낸 차트 • 중심점은 축이 나타내는 값의 최솟값, 가장 먼 끝점은 최댓값을 의미 • 설명변수가 늘어날 때마다 축이 늘어나는 시각화 방법 ▲ 스타 차트 예시
평행 좌표 (Parallel Coordinates) 그래프	• 다변량 데이터를 2차원 평면에 표현하는 효과적인 가시화 방법 • 여러 축을 평행으로 배치하는 비교 시각화 기술로 수직선엔 변수를 배치하고, 측정 대상은 변숫값에 따라 위아래로 이어지는 연결선으로 표현하는 그래프
평행 좌표 (Parallel Coordinates) 그래프	▲ 평행 좌표 그래프 예시

5 인포그래픽 ★★★

(1) 인포그래픽(Infographics)의 개념 [기출]

- 인포그래픽은 중요 정보를 하나의 그래픽으로 표현해서 보는 사람들이 쉽게 정보를 이해할 수 있도록 만드는 시각화 방법이다.
- 복잡하고 어려운 데이터를 더 쉽고 명확하게 이해할 수 있도록 그래픽과 텍스트를 균형 있게 조합한다.
- 정보를 SNS상에 쉽고 빠르게 전달할 수 있다.

학습 POINT ★

인포그래픽에 대한 설명을 보고 틀린 것을 고를 수 있을 정도로 학습해두셔야 합니다. 한 번 출제된 문제는 다시 출제될 가능성이 높습니다!

(2) 인포그래픽의 유형 [기출]

▽ 인포그래픽의 유형

유형	설명	예시
지도형	특정 국가나 지역의 지도 안에 정보를 담는 방식	서비스 이용 현황, 연예인 선호도, 매장 분포 등
도표형	다양한 표와 그래프를 사용해 정보를 담는 방식	거의 모든 종류의 수치 데이터가 해당
스토리텔링형	하나의 사건이나 주제에 대해 이야기를 들려주는 구성방식	유명인사, 기업 관련 정보와 뉴스 등
타임라인형	주제를 선정하여 관련된 히스토리를 타임라인 형태로 나타내는 방식	기술, 기업, 인물의 발전 과정 등
비교분석형	두 가지 이상의 제품, 개념을 비교하는 방식	특정 제품군의 주요 제품 비교 등
만화형	캐릭터 등의 만화적 요소를 활용한 방식	행동, 직업, 심리 등과 관련된 정보표현 등

인포그래픽의 유형
「지도스타비만」
지도형 / **도표**형 / **스토리텔링**형 / **타임라인**형 / **비교**분석형 / **만화**형
→ 인지도 높은 스타 A군은 최근 비만이다.

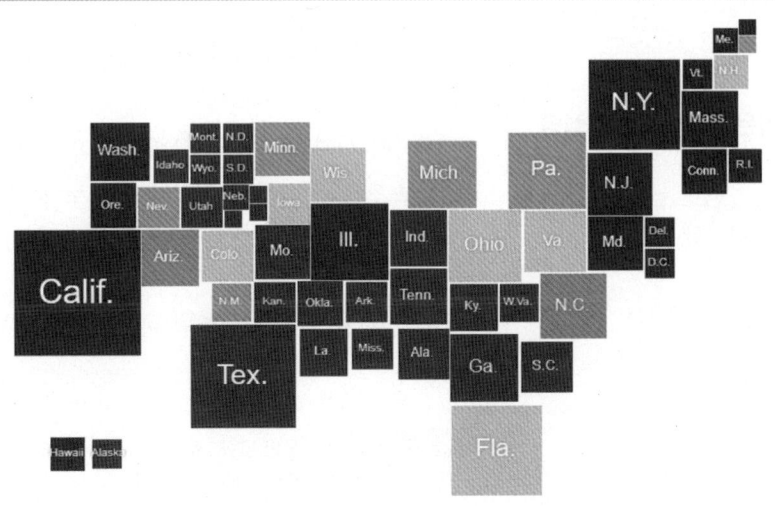

▲ 지도형 인포그래픽 예시-득표에 따른 지지율 추이

지피지기 기출문제

01 다음 중 산점도(Scatter Plot)와 같은 유형의 시각화 방법은 무엇인가?

① 파이 차트(Pie Chart)
② 버블 차트(Bubble Chart)
③ 히트맵(Heat Map)
④ 트리맵(Tree Map)

해설 산점도는 변수 간에 순서쌍을 한 점으로 표시하여 변수의 관계를 나타낸 그래프로서 관계 시각화 방법이다.

관계 시각화 유형
산행버네	산점도 / 산점도 행렬 / 버블 차트 / 네트워크 그래프

02 다음 중 비교 시각화의 유형으로, 설명 변수가 늘어날 때마다 축이 늘어나는 시각화 방법은 무엇인가?

① 플로팅 바 차트(Floating Bar Chart)
② 막대 차트(Bar Chart)
③ 스타 차트(Star Chart)
④ 히트맵(Heat Map)

해설
- 스타 차트는 각 변수를 표시 지점을 연결선을 통해 그려 별 모양의 도형으로 나타낸 차트이다.
- 설명 변수가 늘어날수록 축이 늘어나는 특징을 가진다.

03 아래에서 설명하는 시각화 기법은 어떤 차트를 설명하고 있는가?

- 여러 축을 평행으로 배치하는 비교 시각화 기술이다.
- 수직선엔 변수를 배치한다.
- 측정 대상은 변숫값에 따라 위아래로 이어지는 연결선으로 표현한다.

① 산점도　　　　② 박스플롯
③ 스타 차트　　　④ 평행 좌표계

해설 평행 좌표계에 대한 설명은 다음과 같다.
- 여러 축을 평행으로 배치하는 비교 시각화 기술로 수직선엔 변수를 배치한다.
- 측정 대상은 변숫값에 따라 위아래로 이어지는 연결선으로 표현한다.
- 데이터 분석의 초기 단계에서 많은 변수 중 변수 간의 경향을 찾을 때 유용하다.

04 다음 중 인포그래픽에 대한 설명으로 옳지 않은 것은?

① 도표나 글에 비해 시각적 기법을 사용하여 기억에 오랫동안 남는다.
② 다양한 정보를 그래픽을 활용하여 나타내는 방법이다.
③ 빅데이터의 대량의 데이터를 표현하기에는 복잡하고 이해하기 어려울 수 있다.
④ 정보를 SNS상에 쉽고 빠르게 전달할 수 있다.

해설 인포그래픽은 복잡한 데이터를 그래픽을 활용하여 이해하기 쉽게 표현하는 시각화 방법이다.

05 다음 중 데이터 시각화에 대한 설명으로 옳지 않은 것은?

① 데이터 시각화는 분석 모형 해석의 기본이 된다.
② 정보 전달과 설득을 위한 목적으로 사용된다.
③ 시간 시각화 기법으로 막대그래프, 추세선 등을 사용한다.
④ 비교 시각화의 유형으로 파이 차트, 도넛 차트 등이 있다.

해설 비교 시각화의 유형으로는 플로팅 바 차트, 히트맵, 체르노프 페이스, 스타 차트, 평행 좌표계 등이 있다.

06 관계 시각화에 대한 설명으로 옳은 것은?

① 관계 시각화는 지도 위에 위치를 표시하기 위해 위도와 경도를 사용한다.
② 관계 시각화는 다변량 변수를 갖는 자료를 제한된 2차원에 효과적으로 표현하는 시각화 방법이다.
③ 복잡하고 어려운 데이터를 더 쉽고 명확하게 이해할 수 있도록 그래픽과 텍스트가 균형을 이루게 조합한다.
④ 버블 차트(Bubble Chart)는 대표적인 관계 시각화 기법이다.

> **해설** 대표적인 관계 시각화 기법으로 산점도, 산점도 행렬, 버블 차트 등이 있다.

07 다음이 설명하는 데이터 시각화 기법은 무엇인가?

- 다변량 데이터 사이에 존재하는 변수 사이의 연관성, 분포와 패턴을 찾는 시각화 방법이다.
- 버블 차트(Bubble Chart), 산점도(Scatter Plot) 등이 대표적인 시각화 유형이다.

① 시간 시각화
② 분포 시각화
③ 관계 시각화
④ 비교 시각화

> **해설**
> - 관계 시각화는 다변량 데이터 사이에 존재하는 변수 사이의 연관성, 분포와 패턴을 찾는 시각화 방법이다.
> - 관계 시각화의 유형으로 산점도, 산점도 행렬, 버블 차트, 히스토그램 등이 있다.

08 시각화 기법이 아닌 것은?

① 원-핫 인코딩(One-Hot Encoding)
② 박스플롯(Boxplot)
③ 산점도(Scatter Plot)
④ 파이 차트(Pie Chart)

> **해설** 원-핫 인코딩 방식은 단어 집합의 크기를 벡터의 차원으로 하고, 표현하고 싶은 단어의 인덱스에 1의 값을 부여하고, 다른 인덱스에는 0을 부여하는 단어의 벡터 표현 방식으로 시각화 기법과 거리가 멀다.

09 다음 그래프의 명칭으로 옳은 것은?

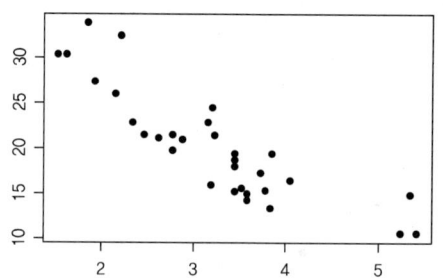

① 박스플롯 ② 막대그래프
③ 산점도 ④ 히스토그램

> **해설** x축과 y축 각각에 두 변숫값의 순서쌍을 한 점으로 표시하여 변수의 관계를 나타낸 그래프는 산점도이다.

박스플롯 (Boxplot)	• 많은 데이터를 그림을 이용하여 집합의 범위와 중앙 • 값을 빠르게 확인할 수 있으며, 또한 통계적으로 이상값이 있는지 빠르게 확인이 가능한 시각화 기법
막대그래프 (Bar Graph)	• 동일한 너비의 여러 막대를 사용하여 데이터를 표시하며, 각 막대는 특정 범주를 나타내는 그래프
히스토그램 (Histogram)	• 자료 분포의 형태를 직사각형 형태로 시각화하여 보여주는 그래프

지피지기 기출문제

10 선거인단수, 인구 등의 특정한 데이터값의 변화에 따라 지도의 면적이 왜곡되어 표현되는 공간 시각화 기법은?

① 카토그램(Catogram)
② 히트맵(Heatmap)
③ 버블 차트(Bubble Chart)
④ 히스토그램(Histogram)

해설 카토그램은 지역의 값을 표현하기 위해 지리적 형상 크기를 조절하며, 재구성된 지도로 왜곡된 형태로 표현되는 공간 시각화 기법이다.

공간 시각화 기법	
등등도버카	등치 지역도 / 등치선도 / 도트맵 / 버블플롯맵 / 카토그램

11 다음 중 관계 시각화 기법으로 올바른 것은?

① 막대그래프
② 레이더 차트
③ 히트맵
④ 산점도

해설 관계 시각화 기법으로는 산점도, 산점도 행렬, 버블 차트, 네트워크 그래프이다.

관계 시각화 유형	
산행버네	산점도 / 산점도 행렬 / 버블 차트 / 네트워크 그래프

12 다음은 비교 시각화 기법의 한 종류이다. 이에 해당하는 것은?

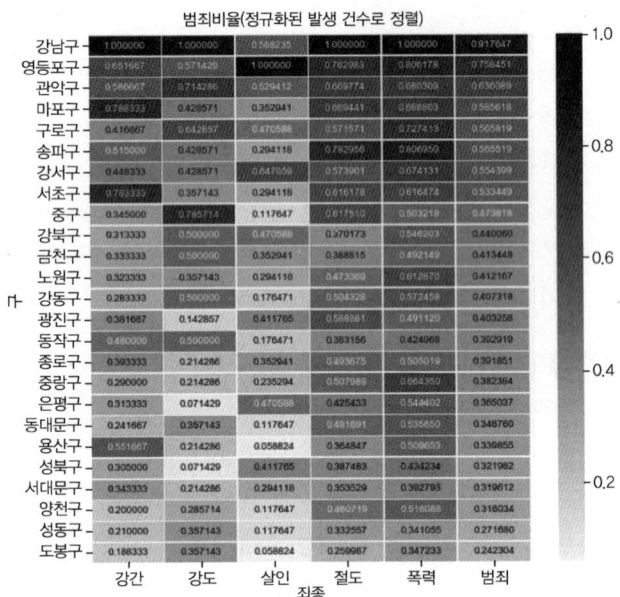

① 막대그래프
② 레이더 차트
③ 히트맵
④ 누적 영역 차트

해설
- 히트맵은 여러 가지 변수를 비교할 수 있는 시각화 그래프이다.
- 칸 별로 색상을 구분하여 데이터값을 표현한다.

13 다음 중 비교 시각화 방법으로 옳지 않은 것은?

① 히트맵
② 체르노프 페이스
③ 지도 맵핑
④ 평행 좌표계

해설 지도 맵핑은 비교 시각화 방법에 속하지 않는다.

비교 시각화 유형	
플히체스평	플로팅 바 차트 / 히트맵 / 체르노프 페이스 / 스타 차트 / 평행 좌표계

14 다음 중 관계 시각화의 유형으로 올바르지 않은 것은?

① 산점도
② 버블 차트
③ 네트워크 그래프
④ 누적 영역 그래프

> **해설** 누적 영역 그래프는 분포 시각화의 유형이다.
>
> | 관계 시각화의 유형 | |
> | --- | --- |
> | 산행버네 | 산점도 / 산점도 행렬 / 버블 차트 / 네트워크 그래프 |

15 다음 중 히스토그램(Histogram)에 대한 설명으로 올바르지 않은 것은?

① 질적, 양적 자료 표현에 사용된다.
② 종속변수를 확률 단위로도 표현이 가능하다.
③ 데이터 표현을 잘하려면 구간을 잘 정해야 한다.
④ 누적해서 표현하면 누적확률밀도함수를 항상 갖는다.

> **해설** 히스토그램은 양적 자료 표현에 사용된다.
>
> | 질적 자료 표현 | 막대 그래프, 파이 차트 |
> | --- | --- |
> | 양적 자료 표현 | 히스토그램, 선 그래프 |

16 인포그래픽(Infographics)에 대한 설명으로 옳지 않은 것은?

① 그래픽과 텍스트를 균형 있게 조합한다.
② 최대한 많은 정보를 담는다.
③ 정보를 SNS상에 쉽고 빠르게 전달할 수 있다.
④ 지도형, 도표형, 스토리텔링 형태로도 표현이 가능하다.

> **해설** 인포그래픽은 최대한 많은 정보가 아니라 중요한 정보를 담아서 쉽게 정보를 이해할 수 있도록 표현한다.

17 다음 중 관계 시각화에 해당하지 않는 것은?

① 스캐너플롯(산점도)   ② 누적 막대그래프
③ 버블 차트   ④ 네트워크 그래프

> **해설** 누적 막대그래프는 시간 시각화의 유형으로 분류된다.
>
> | 관계 시각화 유형 | |
> | --- | --- |
> | 산행버네 | 산점도 / 산점도 행렬 / 버블 차트 / 네트워크 그래프 |

18 다음 중 인포그래픽(Infographics)에 대한 설명으로 올바르지 않은 것은?

① 중요 정보를 하나의 그래픽으로 표현해서 보는 사람들이 쉽게 정보를 이해할 수 있도록 만드는 시각화 방법이다.
② 데이터를 눈, 코, 귀, 입 등과 일대일 대응하여 얼굴 하나로 표현한다.
③ 복잡하고 어려운 데이터를 더 쉽고 명확하게 이해할 수 있도록 그래픽과 텍스트를 균형 있게 조합한다.
④ 정보를 SNS상에 쉽고 빠르게 전달할 수 있다.

> **해설** 데이터를 눈, 코, 귀, 입 등과 일대일 대응하여 얼굴 하나로 표현하는 기법은 체르노프 페이스이다.

지피지기 기출문제

19 다음 시각화에 대한 설명에 해당하는 것은?

> 칸 별로 색상을 구분하여 데이터값을 표현하는 시각화 그래프로 여러 가지 변수를 비교할 수 있음

① 파이차트
② 히트맵
③ 막대 그래프
④ 누적 영역 그래프

해설 히트맵(Heat Map)은 칸 별로 색상을 구분하여 데이터값을 표현하는 시각화 그래프이다.

20 비교 시각화에 대한 설명으로 틀린 것은?

① 다변량 변수를 갖는 자료를 제한된 2차원에 효과적으로 표현하는 시각화 방법이다.
② 막대가 가장 낮은 수치부터 가장 높은 수치까지 걸쳐 있게 표현한 차트인 플로팅 바 차트가 있다.
③ 중요 정보를 하나의 그래픽으로 표현해서 보는 사람들이 쉽게 정보를 이해할 수 있도록 만드는 인포그래픽이 있다.
④ 데이터를 눈, 코, 귀, 입 등과 일대일 대응하여 얼굴 하나로 표현하는 방법인 체르노프 페이스가 있다.

해설 비교 시각화의 유형에는 플로팅 바 차트 / 히트맵 / 체르노프 페이스 / 스타 차트 / 평행좌표 그래프(평행좌표계) 등이 있다.

비교 시각화 유형	
플히체스평	플로팅 바 차트 / 히트맵 / 체르노프 페이스 / 스타 차트 / 평행 좌표계

21 시간 시각화에 대한 설명으로 가장 적합하지 않은 것은?

① 시간 데이터는 이산형과 연속형으로 구분할 수 있다.
② 점 그래프는 데이터를 점으로 표시한 것이나 시간의 흐름에 따른 추세를 알 수 없다.
③ 막대 그래프로 x축에는 시간 y축에는 데이터를 표시해서 시간의 흐름을 표현할 수 있다.
④ 꺾은선 그래프는 수량을 점으로 표시하고, 점들을 선분으로 이어 그린 그래프로 시간에 값에 따라 크기 변화를 보여준다.

해설 점 그래프에서 시간의 흐름에 따라 데이터를 점으로 표시하여 추세를 알 수 있다.

22 비교 시각화에 대한 설명으로 가장 적합하지 않은 것은?

① 비교 시각화는 하나 이상의 변수에 대해서 변수 사이의 차이와 유사성 등을 표현하는 방법이다.
② 히트맵은 여러 가지 변수를 비교할 수 있는 시각화 그래프로 칸 별로 색상을 구분하여 데이터값을 표현하는 방법이다.
③ 체르노프 페이스는 다차원 통계 데이터를 사람의 얼굴 이미지를 이용하여 시각적으로 표현하는 방법이다.
④ 스타차트는 설명변수가 늘어날 때마다 축이 늘어나는 시각화 방법으로 각 변수의 크기를 별의 개수로 나타낸 차트이다.

해설 스타차트는 각 변수의 표시 지점을 별의 개수로 나타낸 것이 아니라, 연결선을 통해 그려 별 모양의 도형으로 나타낸 차트이다.

23 다음이 설명하는 인포그래픽의 유형은 무엇인가?

> 시간의 흐름에 따라 사건이나 정보를 나타내며, 주로 역사, 과학, 문화 등의 분야에서 많이 활용

① 타임라인 인포그래픽
② 도표 인포그래픽
③ 스토리텔링 인포그래픽
④ 지도 인포그래픽

해설 타임라인 인포그래픽은 주제를 선정하여 관련된 히스토리를 타임라인 형태로 나타내는 방식이다.

24 다음 중 인포그래픽에 대한 설명으로 옳지 않은 것은?

① 정보를 시각적으로 표현한 것이다.
② 프로그램 기반으로 동작하며, 프로그램의 설치가 필수적이다.
③ 시각적인 디자인과 효율적인 정보 전달을 모두 고려해야 한다.
④ 데이터 분석 결과를 효과적으로 전달하기 위한 수단이다.

해설 인포그래픽은 프로그램 기반 외에도 다양한 환경에서 동작하며, 프로그램의 설치가 필수는 아니다.

25 인포그래픽의 유형 중 정보를 시각적으로 전달하면서 동시에 이야기를 전달하여 주제 연결성을 높인 형태는 무엇인가?

① 스토리텔링 인포그래픽
② 도표 인포그래픽
③ 타임라인 인포그래픽
④ 지도 인포그래픽

해설 스토리텔링 인포그래픽은 하나의 사건이나 주제에 대해 이야기를 들려주는 구성방식이다.

26 비교 시각화에 대한 설명으로 올바르지 않은 것은?

① 교통자수 사망자 수와 부상자 수에 대한 자료 시각화에 활용될 수 있다.
② 비교 시각화에서는 산점도, 버블 차트 등을 활용한다.
③ 시간에 따른 변화에 대한 시각화에 활용될 수 있다.
④ 다양한 변수에 대한 특징을 한 번에 확인할 수 있다.

해설
• 비교 시각화에서는 플로팅 바 차트, 히트맵, 체르노프 페이스 등을 활용한다.
• 산점도, 버블 차트는 관계 시각화에 해당한다.

지피지기 기출문제

27 다음과 같이 수치를 확인하기에 적절한 시각화 기법은 무엇인가?

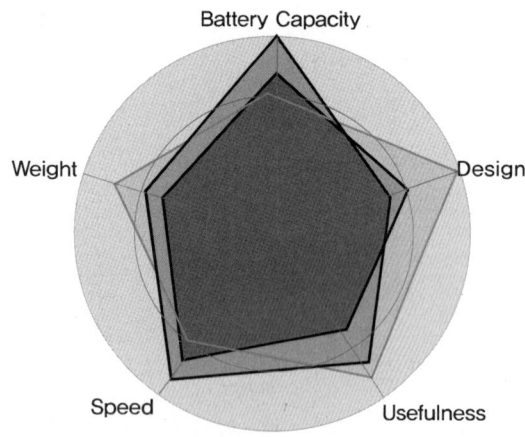

① 레이더 차트(Radar Chart)
② 버블 차트(Bubble Chart)
③ 산점도 행렬(Scatterplot Matrix)
④ 네트워크 그래프(Network Graph)

해설 레이더 차트는 스타 차트라고도 하며, 각 변수의 표시 지점을 연결선을 통해 그려 별 모양의 도형으로 나타낸 차트이다.

28 다음 값을 잘 표현할 수 있는 인포그래픽 유형은 무엇인가?

> (가) 지역별 코로나 발생률
> (나) 월별 코로나 발생률

① (가) 지도 인포그래픽 – (나) 비교분석 인포그래픽
② (가) 타임라인 인포그래픽 – (나) 비교분석 인포그래픽
③ (가) 지도 인포그래픽 – (나) 타임라인 인포그래픽
④ (가) 비교분석 인포그래픽 – (나) 타임라인 인포그래픽

해설 인포그래픽의 유형은 다음과 같다.

지도형	특정 국가나 지역의 지도 안에 정보를 담는 방식
도표형	다양한 표와 그래프를 사용해 정보를 담는 방식
스토리텔링형	하나의 사건이나 주제에 대해 이야기를 들려주는 구성방식
타임라인형	주제를 선정하여 관련된 히스토리를 타임 라인 형태로 나타내는 방식
비교분석형	두 가지 이상의 제품, 개념을 비교하는 방식
만화형	캐릭터 등의 만화적 요소를 활용한 방식

정답 01 ② 02 ③ 03 ④ 04 ③ 05 ④ 06 ④ 07 ③ 08 ① 09 ③ 10 ① 11 ④ 12 ③ 13 ④ 14 ④ 15 ① 16 ② 17 ② 18 ② 19 ② 20 ③ 21 ② 22 ④ 23 ① 24 ② 25 ① 26 ② 27 ① 28 ③

천기누설 예상문제

01 다음 중 시간 시각화의 유형으로 가장 옳지 않은 것은?

① 막대그래프(Bar Graph)
② 선 그래프(Line Graph)
③ 영역 차트(Area Chart)
④ 카토그램(Catogram)

> **해설**
>
> | 시간 시각화 유형 | |
> |---|---|
> | 막누선영계추 | 막대그래프 / 누적 막대그래프 / 선 그래프 / 영역 차트 / 계단식 그래프 / 추세선 |

02 다음 설명에 들어갈 시각화의 유형으로 가장 옳은 것은?

- 선 그래프와 같이 시간에 값에 따라 크기 변화를 보여줌
- 색을 채운 영역으로 보여준다는 것과 y축의 값은 0부터 시작해야 하는 것이 특징

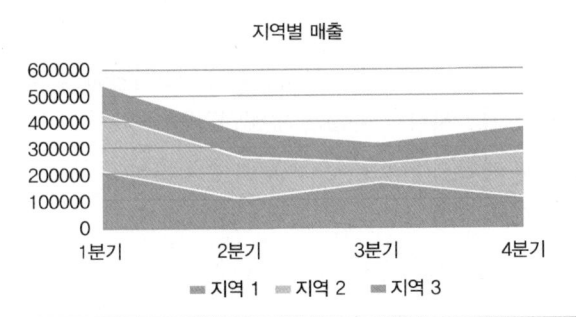

① 영역 차트(Area Chart)
② 버블 차트(Bubble Chart)
③ 히스토그램(Histogram)
④ 계단식 그래프(Step Line Graph)

> **해설** 색을 채운 영역으로 보여준다는 것이 특징인 시각화 유형은 영역 차트에 대한 설명이다.

03 다음 중 공간 시각화 유형에 대한 설명으로 가장 옳지 않은 것은?

① 등치지역도(Choropleth Map): 지리적 단위로 데이터의 의미를 색상으로 구분하여 표시
② 등치선도(Isometric Map): 등치지역도의 데이터 왜곡을 줄 수 있는 결점을 극복
③ 도트맵(Dot Map)/도트 플롯맵(Dot Plot Map): 지도 상의 위도와 경도에 해당하는 좌표점에 산점도와 같이 점을 찍어 표현
④ 버블맵(Bubble Map)/버블 플롯맵(Bubble Plot Map): 지역의 값을 표현하기 위해 지리적 형상 크기를 조절

> **해설** 지역의 값을 표현하기 위해 형상 크기를 조절하는 기법은 카토그램에 대한 설명이다.

04 다음 중 관계 시각화 유형에 대한 설명으로 가장 옳지 않은 것은?

① 산점도(Scatter Plot): x축과 y축 각각에 두 변숫값의 순서쌍을 한 점으로 표시하여 변수의 관계를 나타낸 그래프
② 산점도 행렬(Scatter Plot Matrix): 다변량 변수를 갖는 데이터에서 가능한 모든 변수 쌍에 대한 산점도를 행렬 형태로 표현한 그래프
③ 버블 차트(Bubble Chart): 산점도에서 데이터값을 나타내는 점 또는 마크에 여러 가지 의미를 부여하여 확장된 차트
④ 히스토그램(Histogram): 칸 별로 색상을 구분하여 데이터값을 표현하는 그래프

> **해설** 히스토그램은 표로 되어 있는 도수분포를 정보 그림으로 나타낸 그래프이며, 특정 변수에 대해 구간별 빈도수를 나타낸다.

천기누설 예상문제

05 다음 중 비교 시각화 유형에 대한 설명으로 가장 옳지 않은 것은?

① 히트맵(Heat Map): 칸 별로 색상을 구분하여 데이터 값을 표현하는 시각화 그래프로 여러 가지 변수를 비교할 수 있음
② 플로팅 바 차트(Floating Bar Chart): 막대가 가장 낮은 수치부터 가장 높은 수치까지 걸쳐있게 표현한 차트로, 범주 내 값의 다양성, 중복 및 이상값 파악 가능
③ 체르노프 페이스(Chernoff Faces): 데이터를 눈, 코, 귀, 입 등과 일대일 대응하여 얼굴 하나로 표현하는 시각화 방법
④ 스타 차트(Star Chart): 각 변수를 표시 지점을 연결선을 통해 그려 별 모양의 도형으로 나타낸 차트로 중심점은 축이 나타내는 값의 최댓값, 가장 먼 끝점은 최솟값을 의미

해설 스타 차트는 중심점이 최솟값을 의미하며, 가장 먼 끝점은 최댓값을 의미한다.

06 다음 중 인포그래픽의 유형으로 가장 거리가 먼 것은?

① 지도형(연예인 선호도, 매장분포)
② 도표형(대부분의 수치 데이터)
③ 스토리텔링형(유명인사, 기업정보 뉴스)
④ 문자형(텍스트 중심의 정보)

해설

인포그래픽 유형	
지도스타비만	지도형 / 도표형 / 스토리텔링형 / 타임라인형 / 비교분석형 / 만화형

07 다음 중 인포그래픽에 대한 설명으로 가장 올바르게 설명한 것은?

① 복잡하고 어려운 전문지식 또는 데이터를 더 쉽고 명확하게 이해할 수 있도록 그래픽보다는 텍스트를 중심으로 조합한다.
② 중요 정보를 하나의 그래픽으로 표현해 보는 사람들이 쉽게 정보를 이해할 수 있도록 만드는 시각화 방법이다.
③ 인포그래픽의 유형으로는 지도형, 스토리텔링형, 히스토그램, 카토그램 등이 있다.
④ 다변량 변수를 갖는 자료를 제한된 2차원에 효과적으로 표현하는 시각화 방법이다.

해설
• 인포그래픽은 중요 정보를 하나의 그래픽으로 표현해 보는 사람들이 쉽게 정보를 이해할 수 있도록 만드는 시각화 방법이다.
• 인포그래픽은 그래픽과 텍스트를 균형 있게 조합한다.
• 인포그래픽의 유형으로는 지도형, 도표형, 스토리텔링형, 타임라인형 등이 있다.
• 다변량 변수를 갖는 자료를 제한된 2차원에 효과적으로 표현하는 시각화 방법은 비교 시각화의 개념이다.

08 다변량 변수를 갖는 자료를 제한된 2차원에 효과적으로 표현하는 시각화 유형은 무엇인가?

① 관계 시각화
② 비교 시각화
③ 분포 시각화
④ 인포그래픽

해설

관계 시각화	다변량 데이터 사이에 존재하는 변수 사이의 연관성, 분포와 패턴을 찾는 시각화 방법
비교 시각화	다변량 변수를 갖는 자료를 제한된 2차원에 효과적으로 표현하는 시각화 방법
분포 시각화	데이터의 최댓값, 최솟값, 전체 분포 등을 나타내는 시각화 방법
인포그래픽	중요 정보를 하나의 그래픽으로 표현해서 보는 사람들이 쉽게 정보를 이해할 수 있도록 만드는 시각화 방법

09 다음 중 시간 시각화 유형에 대한 설명으로 가장 옳지 않은 것은?

① 계단식 그래프(Step Line Graph): 수치화된 데이터값의 크기를 나타내는 서로 다른 크기의 원형으로 표시하는 그래프
② 선 그래프(Line Graph): 수량을 점으로 표시하고, 점들을 선분으로 이어 그린 그래프
③ 영역 차트(Area Chart): 선 그래프와 같이 시간에 값에 따라 크기 변화를 보여주고, 색을 채운 영역으로 보여준다는 것과 y축의 값은 0부터 시작해야 하는 것이 특징인 그래프
④ 막대그래프(Bar Graph): 동일한 너비의 여러 막대를 사용하여 데이터를 표시하며, 각 막대는 특정 범주를 나타내는 그래프

해설 수치화된 데이터값의 크기를 나타내는 서로 다른 크기의 원형으로 표시하는 그래프는 버블 플롯맵(Bubble Plot Map)에 대한 설명이다.

정답 01 ④ 02 ① 03 ④ 04 ④ 05 ④ 06 ④ 07 ② 08 ② 09 ①

3 분석 결과 활용

1 분석 결과 활용 시나리오 개발 ★★★

(1) 분석 결과 활용 시 고려사항 기출
- 분석 모형 최종 평가 시에는 학습할 때 사용하지 않았던 데이터를 사용한다.
- 정확도, 재현율 등의 평가지표를 분석 모형 성능지표로 활용한다.
- 분석 모형 개발과 피드백 적용을 반복적으로 수행하여 분석 모형의 성능을 향상시킨다.

(2) 분석 결과 시나리오 적용 기출
- 주요 업무 의사결정에 분석 결과가 어떻게 활용되어 업무를 효과적으로 수행할 수 있는지를 명확하게 이해하도록 도움을 준다.
- 분석을 업무 운영 프로세스에 반영할 때, 기존 프로세스가 변경되거나 신규 프로세스가 생성되는 등 업무 프로세스의 변화가 발생하기도 한다.

▼ 분석을 업무 운영 프로세스에 반영할 때 업무 프로세스의 변화

시점	설명
분석 업무 프로세스 내재화 전	데이터 분석 필요, 별도의 분석 진행 업무에 분석 참조
분석 업무 프로세스 내재화 후	운영 업무의 후행 액션이 분석에 의해 자동으로 실행되는 형태로 프로세스 지능화

2 분석 모형 리모델링 ★

(1) 분석 모형 리모델링 개념
- 분석 모형 리모델링은 빅데이터 모형의 지속적인 성과모니터링을 통하여 편차가 일정수준 이상으로 지속적으로 하락하는 경우에 기존의 빅데이터 모형에 대하여 데이터 마이닝, 시뮬레이션, 최적화를 적용하는 개조 작업이다.
- 분석 모형 리모델링은 분기·반기·연 단위로 수행한다. 일·주 단위 리모델링은 특수 분야를 제외하고는 바람직하지 않다.

학습 POINT ★

분석 결과 활용을 위한 고려사항이 시험에 출제되었습니다. 해당 내용을 중점적으로 학습하시고 넘어가세요!

❥ 리모델링 업무 및 주기

기법	업무	주기
데이터 마이닝	• 동일한 데이터를 이용해 학습을 다시 수행하거나 변수를 추가해 학습을 다시 수행	분기별
시뮬레이션	• 이벤트 발생 패턴의 변화, 시간 지연의 변화, 이벤트를 처리하는 리소스 증가 등을 처리	주요 변경이 이뤄지는 시점, 반기
최적화	• 계수 변경이나 제약조건에 따른 제약값의 변화 및 추가	1년에 한 번

(2) 분석 모형 리모델링 절차 〔기출〕

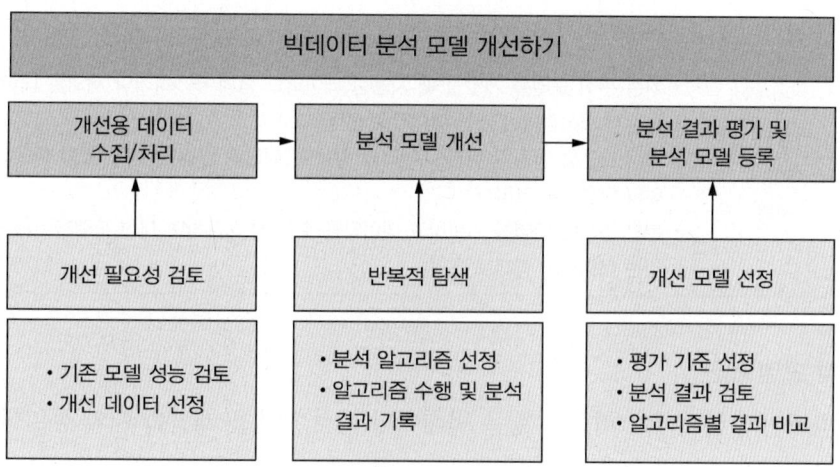

▲ 분석 모형 리모델링 절차

① **개선용 데이터 수집 및 처리**
- 빅데이터 분석 모델은 일정 기간이 지나고, 새로운 데이터가 입력되면 기존 모델에 대한 성능이 떨어진다. 빅데이터 분석 모델의 성능이 떨어진다.
- 빅데이터 분석 모델에 대한 개선 필요성을 검토한 후 빅데이터 분석 모델의 개선 계획을 수립한다.

◈ 개선용 데이터 수집 및 처리 절차

단계	설명
기존 모델 성능 검토	분석 모델 현황 분석 ➡ 성능 검토 ➡ 개선 필요성 결정 ▲ 기존 모델 성능 검토 절차 **분석 모델 현황 분석**: 기존 분석 모델의 활용성을 분석하여 정확도, 재현율, 오 분류율 등 빅데이터 분석 모델 평가지표에 대한 최근 변화 여부를 점검하고 산점도 등 다이어그램을 통한 현황을 분석 **성능 검토**: 특이점은 제외하고 평균적인 성능 확인 **개선 필요성 결정**: 최근 성능에 대한 변동성 여부를 집중적으로 관찰하여 개선 필요성을 결정
개선 데이터 선정	• 기존 분석 모델을 개발할 때 사용한 데이터와 함께 추가하거나 제외할 데이터가 있는지 재점검하여 개선 데이터로 선정 • 개선 모델을 만들기 위한 데이터의 활용도, 데이터 변경도, 신규 영향 데이터, 데이터 오류율을 고려 • 현황 조사된 내역을 기록하고 데이터를 수집 및 정제하여 개선 모델을 수행할 수 있는 데이터의 형태로 변환

② **분석 모델 개선**

- 빅데이터 분석 알고리즘 수행은 빅데이터 분석 모델을 개발할 때와 동일한 절차로 수행한다.
- 다만 개선 모델은 기존 모델보다 높은 성능을 보이는 모델로 선정될 수 있도록 매개변수를 조정하여 수행한다.

> **잠깐! 알고가기**
> 매개변수(Parameter)
> 메서드 수행에 필요한 입력값을 저장하는 변수이다.

◈ 분석 모델 개선 절차

단계	설명
분석 알고리즘 선정	• 분석 모델에 대한 명확한 개선 목적 선정 　예) 분석 모델의 성능 향상, 비즈니스 업무 적용 가능성 향상 • 개선 데이터 선정 및 유형 구분 　예) • 기존에 고려되지 않았던 데이터에 대한 적용 가능성을 검토함 　　　• 정형 데이터와 비정형 데이터를 혼용하여 사용하는 것도 검토함 • 기존에 빅데이터 분석 모델을 만들 때 활용한 데이터에 대한 변경 내역 조사 　예) 기존 데이터 현황 조사서 기준으로 통계정보 변경 내역, 데이터 볼륨의 증가 현황

단계	설명
알고리즘 수행 및 분석 결과 기록	• 분석 수행 절차는 분석 모델 개발 절차와 동일하게 진행 • 훈련 데이터 및 검증 데이터, 시험 데이터를 구분할 때 신규로 추가된 데이터가 반영될 수 있도록 데이터를 구분

③ 분석 결과 평가 및 분석 모델 등록

빅데이터 개선 모델에 대한 개발이 완료되면 분석 알고리즘 수행결과를 검토하여 최종 모델을 선정한다. 최종 모델 선정 시에는 다양한 이해관계자(분석가, 데이터 처리자, 고객 등)가 모여 분석 모델에 대한 결과를 리뷰하고 검토 회의를 진행하여 최적의 분석 모델을 선정한다.

분석 모형 리모델링 이후 분석모형 모니터링 단계를 수행합니다. 모니터링 단계에서는 모형의 성능이 유지되는지 확인하고, 일정 주기로 수행됩니다. 이를 통해 성능 저하 및 예측 오류를 미리 파악합니다.

▽ 분석 결과 평가 및 분석 모델 등록 절차

단계	설명
평가 기준 선정	• 최적의 분석 모델 선정을 위해서 분석 모델에 대한 평가 기준 선정
분석 결과 검토	• 해당 모델의 실질적인 활용 가능성 검토 • 개선 모델의 구축 목적에 맞는 모델인지 검토 • 현업 적용 가능성을 고려
알고리즘별 결과 비교	• 분석 모델의 알고리즘별로 결과 비교

지피지기 기출문제

01 다음 중 데이터 분석 결과 활용에 대한 설명으로 옳지 않은 것은?

① 분석 모형 최종 평가 시에는 학습할 때 사용하지 않았던 데이터를 사용한다.
② 분석 모형 개발과 피드백 적용 과정을 반복하는 것은 지양한다.
③ 정확도, 재현율 등의 평가지표를 분석 모형 성능지표로 활용한다.
④ 분석 결과는 비즈니스 업무 담당자, 시스템 엔지니어 등 관련 인원들에게 모두 공유되어야 한다.

> **해설** 분석 모형 개발과 피드백 적용을 반복적으로 수행하여 분석 모형의 성능을 향상시킨다.

02 다음 중 분석 모형 모니터링에 대한 설명으로 옳지 않은 것은?

① 모니터링은 모형의 성능이 유지되는지 확인하는 것으로, 모형 구축 후에는 계속 모니터링을 해주어야 한다.
② 모형 모니터링을 통해 모형의 성능 저하나 예측 오류를 미리 파악할 수 있으며, 성능이 저하되는 경우 추가적인 조치가 필요하다.
③ 모니터링을 통해 발생한 이슈를 분석하여 이후 모형 구축에 반영하는 것은 바람직하지 않다.
④ 모형 모니터링은 일정한 주기로 수행되어야 하며, 주기를 조정할 수 있어야 한다.

> **해설** 모델 모니터링은 모델의 성능을 유지하고 개선하는 데 중요한 요소로, 모델 구축 후에도 지속적으로 모니터링을 수행해야 한다.

03 분석 시나리오를 체계적으로 적용을 해야 하는 이유로 가장 적절하지 않은 것은?

① 주요 업무 의사결정에 분석 결과가 어떻게 활용되어 업무를 효과적으로 수행할 수 있는지를 명확하게 이해하도록 도움을 준다.
② 분석 업무 프로세스가 내재화되면 분석을 수동으로 실행한다.
③ 빅데이터 분석 이해관계자의 이해를 돕기 위해 적용한다.
④ 기존 프로세스가 변경되거나 신규 프로세스가 생성되는 등 최신 업무형태를 반영한다.

> **해설**
> • 주요 업무 의사결정에 분석 결과가 어떻게 활용되어 업무를 효과적으로 수행할 수 있는지를 명확하게 이해하도록 도움을 준다.
> • 분석을 업무 운영 프로세스에 반영할 때, 기존 프로세스가 변경되거나 신규 프로세스가 생성되는 등 업무 프로세스의 변화가 발생하기도 한다.
>
> | 분석 업무 프로세스 내재화 전 | 데이터 분석 필요, 별도의 분석 진행 업무에 분석 참조 |
> |---|---|
> | 분석 업무 프로세스 내재화 후 | 운영 업무의 후행 액션이 분석에 의해 자동으로 실행되는 형태로 프로세스 지능화 |

04 분석 모형 리모델링 및 절차별 명칭과 그 내용에 대하여 잘못 짝지어진 것은?

① 개선용 데이터 수집 – 기존 모델의 성능 검토 및 개선 데이터 선정
② 분석 모델 개선 – 분석 알고리즘 선정 및 알고리즘 수행 결과 기록
③ 분석 결과 평가 및 분석 모델 등록 – 평가 기준 선정 및 분석 결과 검토
④ 성능 모니터링 – 임계치 설정 및 임계치 관리

> **해설** 분석 모형 리모델링의 절차는 개선용 데이터 수집 및 처리 → 분석 모델 개선 → 분석 결과 평가 및 분석 모델 등록 순서대로 진행된다.

정답 01 ② 02 ③ 03 ② 04 ④

선견지명 단원종합문제

01 다음 중 회귀 모형의 기본 평가지표에 대한 설명 중 가장 올바르지 않은 것은?

① SSE는 오차 제곱합으로 예측값과 실젯값의 차이(오차) 제곱의 합이다.
② SST는 전체 제곱합으로 예측값과 평균값의 차이 제곱의 합이다.
③ AE는 평균 오차로 예측한 결괏값의 오류 평균이다.
④ MAE는 평균 절대 오차로 실젯값과 예측값 차이의 절댓값에 대한 평균이다.

해설 • SST는 전체 제곱합(Total Sum of Squares)으로 실젯값과 평균값의 차이 제곱의 합이다.

02 다음 중 아래 수식이 가리키는 회귀 모형의 평가지표는 무엇인가?

$$\sum_{i=1}^{n}(y_i - \overline{y})^2 = \text{SSE(오차 제곱합)} + \text{SSR(회귀 제곱합)}$$

① AE(평균 오차)
② MAE(평균 절대 오차)
③ SST(전체 제곱합)
④ MPE(평균백분율 오차)

해설 SST(전체 제곱합) $= \sum_{i=1}^{n}(y_i - \overline{y})^2$
= SSE(오차 제곱합) + SSR(회귀 제곱합)

03 다음 중 회귀 모형의 결정계수에 대한 설명으로 가장 올바르지 않은 것은?

① 선형 회귀 분석의 성능 검증지표로 많이 이용된다.
② 회귀 모형이 실젯값을 얼마나 잘 나타내는지에 대한 비율이다.
③ 결정계수가 1에 가까울수록 실젯값을 잘 설명할 수 있다.
④ 값의 범위는 $-1 \leq R^2 \leq 1$이다.

해설 값의 범위는 $0 \leq R^2 \leq 1$이다.

04 아래에서 설명하는 회귀 모형의 평가지표에 대한 설명으로 가장 올바르지 않은 것은?

$$\text{Mallow's } C_p = \frac{\text{SSE}_p}{\text{MSE}_n} + 2(p+1) - n$$

① n: 모든 독립변수의 개수이다.
② p: 선택된 종속변수의 개수이다.
③ SSE_p: p개의 독립변수로 예측한 오차 제곱합이다.
④ MSE_n: 모든 독립변수를 포함한 평균 제곱 오차이다.

해설 p: 선택된 독립변수의 개수이다.

05 다음 중 회귀 모형의 수정된 결정계수(R_{adj}^2; Adjusted Coefficient of Determination)에 대한 설명으로 가장 올바르지 않은 것은?

① 선형 회귀 분석의 성능 검증지표로 많이 이용된다.
② 모형에 유의하지 않은 변수의 개수가 증가하면 결정계수도 증가하는 단점을 보완했다.
③ 수정된 결정계수는 결정계수보다 항상 크다($R^2 < R_{adj}^2$).
④ 독립변수의 개수가 다른 모형을 평가할 때 사용이 가능하다.

해설 수정된 결정계수는 결정계수보다 항상 작다($R^2 > R_{adj}^2$).

선견지명 단원종합문제

06 다음 중 분석 모델에서 구한 분류의 예측 범주와 데이터의 실제 분류 범주를 교차 표(Cross Table) 형태로 정리한 평가지표는 무엇인가?

① 혼동 행렬(Confusion Matrix)
② ROC 곡선
③ 교차 검증(Cross Validation)
④ 비복원추출(Sampling without Replacement)

해설 분석 모델에서 구한 분류의 예측 범주와 데이터의 실제 분류 범주를 교차 표(Cross Table) 형태로 정리한 평가지표는 혼동 행렬(Confusion Matrix)이다.

07 다음은 혼동 행렬을 나타내는 표이다. 괄호 안에 들어갈 분류 값으로 가장 올바른 것은?

		예측 범주 값(Predicted Condition)	
		Predicted Positive	Predicted Negative
실제 범주값 (Actual Condition)	Actual Positive	(A)	
	Actual Negative		(B)

① A: TP(True Positive), B: TN(True Negative)
② A: TP(True Positive), B: FN(False Negative)
③ A: FP(False Positive), B: TN(True Negative)
④ A: FP(False Positive), B: FN(False Negative)

해설 Positive/Negative는 예측한 값, True/False는 예측한 값과 실젯값의 비교 결과이다.

		예측 범주 값(Predicted Condition)	
		Predicted Positive	Predicted Negative
실제 범주값 (Actual Condition)	Actual Positive	True Positive(TP)	False Negative(FN)
	Actual Negative	False Positive(FP)	True Negative(TN)

혼동 행렬의 작성 방법	
정티피엔, 틀프피엔	예측이 정확한 경우 / TP / TN, 예측이 틀린 경우 / FP / FN

08 다음 중 혼동 행렬의 분류 값에 대한 설명으로 가장 올바르지 않은 것은?

① TP(True Positive)는 실젯값이 Positive이고 예측값도 Positive인 경우의 값이다.
② FP(False Positive)는 실젯값이 Positive이고 예측값도 Positive인 경우의 값이다.
③ TN(True Negative)은 실젯값이 Negative이고 예측값도 Negative인 경우의 값이다.
④ FN(False Negative)은 실젯값은 Positive이었으나 예측값은 Negative이었던 경우의 값이다.

해설 FP(False Positive)는 실젯값이 Negative이었으나, 예측값은 Positive이었던 경우의 값이다.

09 다음 중 혼동 행렬을 통한 분류 모형의 평가지표에 대한 설명으로 가장 올바르지 않은 것은?

① 정확도(Accuracy)는 $\dfrac{TP + TN}{TP + TN + FP + FN}$의 계산식으로 표현할 수 있다.

② 오차 비율(Error Rate)은 $\dfrac{FP + FN}{TP + TN + FP + FN}$의 계산식으로 표현할 수 있다.

③ 민감도(Sensitivity)는 $\dfrac{TN}{TN + FP}$의 계산식으로 표현할 수 있다.

④ 거짓 긍정률(FP Rate)은 $\dfrac{FP}{TN + FP}$의 계산식으로 표현할 수 있다.

해설 민감도(Sensitivity)는 $\dfrac{TP}{TP + FN}$의 계산식으로 표현할 수 있다.

10 아래에서 설명하고 있는 혼동 행렬을 통한 분류 모형의 평가지표는 무엇인가?

- 참 긍정률(TP Rate)이라고도 불리는 지표
- 실제로 '긍정'인 범주 중에서 '긍정'으로 올바르게 예측(TP)한 비율
- Recall, Hit Ratio, TP Rate로도 지칭되는 지표

① 정확도(Accuracy) ② 정밀도(Precision)
③ 특이도(Specificity) ④ 민감도(Sensitivity)

해설 민감도(Sensitivity)는 실제로 '긍정'인 범주 중에서 '긍정'으로 올바르게 예측(TP)한 비율이다.

11 다음 모형평가지표 중 True로 예측한 관측치 중 실젯값이 True인 정도를 나타내는 지표는 무엇인가?

① 민감도(Sensitivity) ② 정확도(Accuracy)
③ 정밀도(Precision) ④ 특이도(Specificity)

해설 정밀도는 True로 예측한 관측치 중 실젯값이 True인 정도를 나타내는 지표로 $\frac{TP}{TP+FP}$ 로 계산한다.

12 다음 중 분류 모형의 성능을 평가하기 위해서 사용되는 그래프 분석 방법은 무엇인가?

① 선형 회귀 곡선 ② 이익 도표
③ 간트 차트 ④ 영역 차트

해설
- 이익 도표는 분류 모형의 성능을 평가하기 위해서 사용되는 그래프 분석 방법이다.
- 이익은 목표 범주에 속하는 개체들이 임의로 나눈 등급별로 얼마나 분포하고 있는지를 나타내는 값이다.

13 다음 중 ROC 곡선에 대한 설명으로 올바르지 않은 것은?

① ROC 곡선은 가로축(x)을 혼동 행렬의 거짓 긍정률(FP Rate)로 두고 세로축(y)을 참 긍정률(TP Rate)로 두어 시각화한 그래프이다.
② 거짓 긍정률(FPR)은 특이도(Specificity)와 같다.
③ AUC는 ROC 곡선 아래의 면적으로 면적을 모형의 평가지표로 삼는다.
④ 참 긍정률(TPR)은 민감도(Sensitivity)와 같다.

해설 거짓 긍정률(FPR)은 1- 특이도(Specificity)와 같다.

14 다음 중 데이터 분석 모형의 일반화 오류(Generalization Error)에 대한 설명으로 올바르지 않은 것은?

① 분석 모형을 만들 때 주어진 데이터 집합의 특성을 지나치게 반영하여 발생하는 오류이다.
② 주어진 데이터 집합은 모집단 일부분임에도 불구하고 그것이 가지고 있는 주변적인 특성 등을 모두 묘사하기 때문에 발생한다.
③ 과소 적합(Under-fitting) 되었다고 할 수 있다.
④ 일반화 오류를 방지하기 위해 가중치 규제, 드롭아웃 등의 방법을 적용할 수 있다.

해설 일반화 오류(Generalization Error)는 과대 적합(Over-fitting) 되었다고 할 수 있다.

선견지명 단원종합문제

15 다음 중 아래에서 설명하는 기법은 무엇인가?

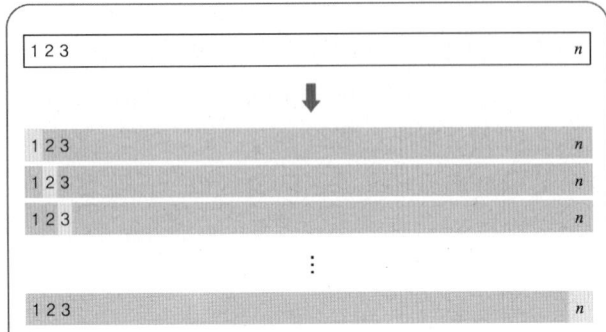

전체 데이터에서 1개 샘플 만을 Test에 사용하고 나머지 (N-1)개는 학습에 사용, 이 과정을 N번 반복하는 기법이다.

① LpOCV(Leave-p-Out Cross Validation)
② K-Fold Cross Validation
③ Leave-One-Out Cross Validation(LOOCV)
④ Holdout Cross Validation

해설 전체 데이터에서 1개 샘플 만을 Test에 사용하고 나머지 (N-1)개는 학습에 사용, 이 과정을 N번 반복하는 기법이 LOOCV이다.

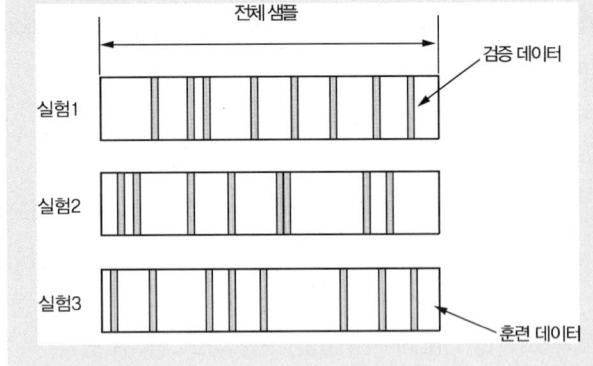

16 다음 중 비복원 추출을 이용한 교차 검증 방법은 무엇인가?

① Bootstrap
② Holdout Cross Validation
③ K-Fold Cross Validation
④ Leave-One-Out Cross Validation

해설 전체 데이터를 비복원 추출 방법을 이용하여 랜덤하게 훈련 데이터(Training Set)와 평가 데이터(Test Set)로 나눠 검증하는 기법은 Holdout Cross Validation이다.

17 다음 부트스트랩을 이용한 샘플링 방법에 대한 설명으로 가장 옳지 않은 것은?

① 주어진 자료에서 복원 추출 방법을 활용한 샘플링 방법이다.
② 샘플이 훈련 데이터에 포함될 확률은 약 63.2%이다.
③ 동일한 크기의 표본을 여러 개 생성하는 샘플링 방법이다.
④ 전체 데이터에서 중복을 허용하지 않는 무작위 샘플링 방법이다.

해설 부트스트랩은 전체 데이터에서 중복을 허용하는 무작위 복원 추출 방법이다.

18 다음 중 주어진 자료에서 단순 랜덤 복원추출 방법을 활용하여 동일한 크기의 표본을 여러 개 생성하는 샘플링 방법은 무엇인가?

① 모수 유의성 검정　② 부트스트랩
③ 랜덤 샘플링　　　 ④ 홀드 아웃 교차 검증

해설 주어진 자료에서 단순 랜덤 복원추출 방법을 활용하여 동일한 크기의 표본을 여러 개 생성하는 샘플링 방법은 부트스트랩(Bootstrap)이다.

19 다음 중 모수 유의성 검정에 대한 설명으로 올바르지 않은 것은?

① 모집단(Population)은 분석의 대상, 즉 관심의 대상이 되는 전체 그룹이며, 모수(Parameter)는 모집단을 설명하는 어떤 값이다.
② 표본(Sample)은 모집단 분석을 위해 추출한 한 집단(Set)의 통계치이다.
③ 모집단 평균을 알고 있을 때 Z-검정, T-검정을 사용하여 유의성을 검정한다.
④ Z-검정은 귀무가설에서 검정 통계량의 분포를 정규분포로 근사할 수 있는 통계 검정이다.

해설 표본(Sample)은 모집단 분석을 위해 추출한 한 집단(Set)의 관측치이다.

20 다음 중 귀무가설에서 검정 통계량의 분포를 정규분포로 근사할 수 있는 통계 검정은 무엇인가?

① Z-검정
② T-분포(T-Distribution)
③ 분산 분석
④ 카이제곱 검정

해설 귀무가설에서 검정 통계량의 분포를 정규분포로 근사할 수 있는 통계 검정은 Z-검정이다.

21 다음 중 T-분포에 대한 설명으로 올바르지 않은 것은?

① 적은 표본으로도 모집단 평균을 추정하려고 정규분포 대신에 사용되는 확률분포이다.
② 자유도가 감소할수록 표준 정규분포에 가까워진다.
③ 모집단이 정규분포라는 정도만 알고, σ^2(모분산)을 모를 때 S^2(표본분산)으로 대체하여 모평균 μ를 구할 때 사용한다.
④ 표준 정규분포와 유사하게 0을 중심으로 좌우대칭이나, 표준 정규분포보다 평평하다.

해설 자유도가 증가할수록 표준 정규분포에 가까워진다.

22 다음 중 다음의 모집단 분산에 대한 설명에 해당하는 유의성 검정은 무엇인가?

$$\chi^2 = \sum_{i=1}^{k} \frac{(O_i - E_i)^2}{E_i}$$

- O_i: 범주 i의 실제 관측치
- k: 범주 개수, 자유도는 $k-1$
- E_i: 귀무가설이 옳다는 전제하에 기대되는 범주 i의 기대 빈도수

관찰된 빈도가 기대되는 빈도와 유의미하게 다른지를 검정하기 위해 사용되는 검정 방법이다.

① Z-검정(Z-Test)
② F-검정(F-Test)
③ 적합도 검정(Goodness of Fit Test)
④ 카이제곱 검정(Chi-Square Test)

해설 카이제곱 검정은 관찰된 빈도가 기대되는 빈도와 유의미하게 다른지를 검정하기 위해 사용되며 카이제곱분포에 기초한 통계적 검정 방법이다.

선견지명 단원종합문제

23 다음 중 정규성 검정 기법 중 Q-Q Plot(Quantile-Quantile Plot)에 대한 설명으로 올바르지 않은 것은?

① 그래프를 이용하여 정규성 가정을 시각적으로 검정하는 방법이다.
② Q-Q Plot에서 대각선 참조선을 따라서 값들이 분포하게 되면 정규성 가정을 만족한다고 할 수 있다.
③ 데이터가 어떤 특정한 분포를 따르는가를 비교할 때도 Q-Q Plot을 사용한다.
④ 정규성 가정에 위배되었다는 판단 기준이 모호해서 Q-Q Plot은 보조용으로 사용하는 것이 좋다.

해설 데이터가 어떤 특정한 분포를 따르는가를 비교할 때는 콜모고로프-스미르노프 적합성 검정(K-S 검정)을 사용한다.

24 다음 중에서 표본 집단의 분포가 주어진 특정 이론을 따르고 있는지를 검정하는 기법은 무엇인가?

① 적합도 검정 ② F-검정
③ 모수 유의성 검정 ④ T-검정

해설 표본 집단의 분포가 주어진 특정 이론을 따르고 있는지를 검정하는 기법은 적합도 검정이다.

25 다음 중 학습 과정에서 신경망 일부를 사용하지 않는 방법을 통해 과대 적합을 방지하기 위한 기법은 무엇인가?

① 데이터 세트 증가 ② 모델 복잡도 감소
③ 가중치 규제 ④ 드롭아웃 방법

해설 학습 과정에서 신경망 일부를 사용하지 않는 방법을 통해 과대 적합을 방지하기 위한 기법은 드롭아웃 방법이다.

26 다음 중 과대 적합을 방지하기 위한 가중치 규제에 대한 설명으로 올바르지 않은 것은?

① 가중치 규제의 종류에는 L_1 규제와 L_2 규제가 있다.
② L_2 규제는 모든 가중치 w들의 절댓값 합계를 비용 함수에 추가하는 기법이다.
③ 복잡한 모델은 많은 수의 매개변수를 가진 모델로 과대 적합 될 가능성이 크다.
④ 가중치 규제는 개별 가중치 값을 제한하여 복잡한 모델을 좀 더 간단하게 하는 방법이다.

해설 L_1 규제는 모든 가중치 w들의 절댓값 합계를 비용 함수에 추가하는 기법이고, L_2 규제는 모든 가중치 w들의 제곱합을 비용 함수에 추가하는 기법이다.

27 다음 중 드롭아웃의 유형에 대한 설명으로 올바르지 않은 것은?

① 초기 드롭아웃은 학습 과정에서 노드들을 p의 확률로 (일반적으로 0.5) 학습 횟수마다 임의로 생략하고, 남은 노드들과 연결선들만을 이용하여 추론 및 학습을 수행하는 기법이다.
② 초기 드롭아웃은 DNN 알고리즘에 사용된다.
③ 공간적 드롭아웃은 특징 맵 내의 노드 전체에 대해 드롭아웃의 적용 여부를 결정하는 기법으로 RNN 알고리즘에 사용된다.
④ 시간적 드롭아웃은 노드들을 생략하는 방식이 아니라 연결선 일부를 생략하는 방식으로, Drop Connection 방식의 개선 기법이다.

해설 공간적 드롭아웃은 CNN 알고리즘에 사용되고, 시간적 드롭아웃은 RNN 알고리즘에 사용된다.

28 다음은 확률적 경사 하강법(Stochastic Gradient Descent; SGD)에 대한 설명이다. ( ) 안에 들어갈 올바른 용어는?

> - 확률적 경사 하강법(Stochastic Gradient Descent; SGD)이란 손실 함수의 기울기를 구하여, 그 기울기를 따라 조금씩 아래로 내려가 최종적으로는 손실 함수가 가장 작은 지점에 도달하도록 하는 알고리즘이다.
> - 손실 함수 그래프에서 (Ⓐ)에 갇혀 (Ⓑ)을 찾지 못하는 경우가 많고, 손실 함수가 비등방성 함수일 때에서는 최적화에 있어 매우 비효율적이고 오래 걸리는 탐색 경로를 보여준다.

① Ⓐ: 전역 극소점, Ⓑ: 지역 최대점
② Ⓐ: 지역 최대점, Ⓑ: 전역 극소점
③ Ⓐ: 전역 극소점, Ⓑ: 지역 극소점
④ Ⓐ: 지역 극소점, Ⓑ: 전역 극소점

해설 확률적 경사 하강법은 손실 함수 그래프에서 지역 극소점에 갇혀 전역 극소점을 찾지 못하는 경우가 많다.

29 다음 중 기울기 방향으로 힘을 받으면 물체가 가속된다는 물리 법칙을 적용한 알고리즘으로 기울기가 줄어들더라도 누적된 기울기 값으로 인해 빠르게 최적점으로 수렴할 수 있는 매개변수 최적화 기법은?

① 확률적 경사 하강법(Stochastic Gradient Descent; SGD)
② 드롭아웃(Drop Out)
③ AdaGrad(Adaptive Gradient Algorithm)
④ 모멘텀(Momentum)

해설 모멘텀(Momentum)은 기울기 방향으로 힘을 받으면 물체가 가속된다는 물리 법칙을 적용한 알고리즘으로 기울기가 줄어들더라도 누적된 기울기 값으로 인해 빠르게 최적점으로 수렴하게 된다.

30 다음 중 아래에서 설명하고 있는 매개변수 최적화 기법으로 가장 올바른 것은?

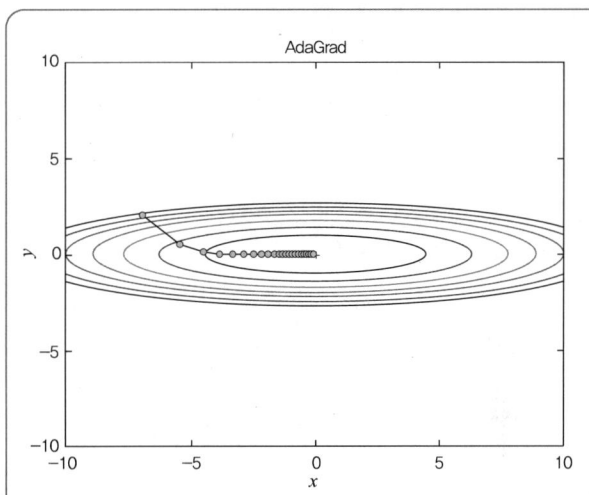

- 최솟값을 향해 효율적으로 움직이는 기법이다.
- y축 방향은 기울기가 커서 처음에는 크게 움직이지만, 큰 움직임에 비례해 갱신 정도도 큰 폭으로 작아지도록 조정된다.
- y축 방향으로 갱신 강도가 빠르게 약해지고, 지그재그 움직임이 줄어든다.

① 모멘텀(Momentum)
② 확률적 경사 하강법(Stochastic Gradient Descent; SGD)
③ AdaGrad(Adaptive Gradient Algorithm)
④ 랜덤 포레스트(Random Forests)

해설
- AdaGrad 기법의 최적점 탐색 경로를 보면, 최적점을 향해 매우 효율적으로 움직인다.
- 처음에는 큰 폭으로 움직이지만, 그 큰 움직임에 비례하여 갱신 정도도 큰 폭으로 작아진다.

선견지명 단원종합문제

31 다음 중 데이터 시각화 유형과 기법이 잘못 짝지어진 것은?

① 분포 시각화 – 막대그래프, 점그래프
② 관계 시각화 – 산점도, 버블 차트
③ 비교 시각화 – 히트맵, 평행 좌표 그래프
④ 공간 시각화 – 등치선도, 도트맵

> **해설**
> • 시간 시각화 – 막대그래프, 점그래프
> • 분포 시각화 – 파이 차트, 도넛 차트, 트리맵

32 다음 중 아래에서 설명하는 시간 시각화 유형은?

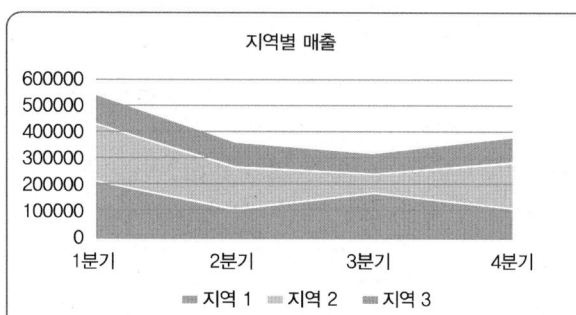

- 선 그래프와 같이 시간 경과에 따른 데이터 추세를 보여주는 특징이 있다.
- 색을 채운 영역으로 보여준다는 것과 y축의 값은 0 부터 시작해야 하는 것이 특징이다.

① 막대그래프(Bar Graph)
② 누적 막대그래프(Stacked Bar Graph)
③ 영역 차트(Area Chart)
④ 계단식 그래프(Step Line Graph)

> **해설** 시간 시각화 유형 중 영역 차트는 선 그래프와 같이 시간 경과에 따른 데이터 추세를 보여주고 색을 채운 영역으로 보여주며, y축의 값은 0부터 시작한다는 특징이 있다.

33 다음 중 아래에서 설명하는 공간 시각화 유형은?

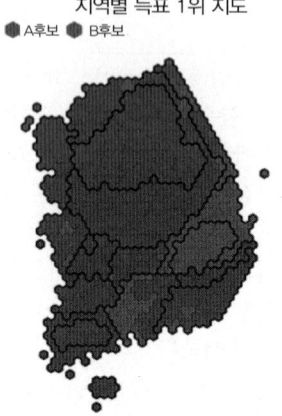

- 지역의 값을 표현하기 위해 지리적 형상 크기를 조절하고, 재구성해서 왜곡되고 삐뚤어진 화면으로 표기하는 특징이 있다.
- 대선 지역별 득표율 현황지도에 사용할 수 있다.

① 등치선도(Isometric Map)
② 등치 지역도(Choropleth Map)
③ 도트 플롯맵(Dot Plot Map)
④ 카토그램(Catogram)

> **해설** 공간 시각화 유형 중 카토그램은 지역의 값을 표현하기 위해 지리적 형상 크기를 조절하고, 재구성해서 왜곡되고 삐뚤어진 화면으로 표기하는 특징이 있다.

34 다음 중 비교 시각화 유형 중 플로팅 바 차트(Floating Bar Chart)에 대한 설명으로 가장 올바른 것은?

① 플로팅 바 차트는 막대가 가장 낮은 수치부터 가장 높은 수치까지 걸쳐있게 표현한 차트로 범주 내 값의 다양성, 중복 및 이상값 파악이 가능하다.
② 플로팅 바 차트는 여러 가지 변수를 비교할 수 있는 시각화 그래프로 칸 별로 색상을 구분하여 데이터값을 표현한다.
③ 플로팅 바 차트는 각 변수를 표시 지점을 연결선을 통해 그려 별 모양의 도형으로 나타낸 차트이다.
④ 플로팅 바 차트의 중심점은 축이 나타내는 값의 최솟값, 가장 먼 끝점은 최댓값을 의미한다.

해설
• 여러 가지 변수를 비교할 수 있는 시각화 그래프로 칸 별로 색상을 구분하여 데이터값을 표현하는 유형은 히트맵이다.
• 각 변수를 표시 지점을 연결선을 통해 그려 별 모양의 도형으로 나타낸 차트는 스타 차트이다.
• 스타 차트의 중심점은 축이 나타내는 값의 최솟값, 가장 먼 끝점은 최댓값을 의미한다.

35 다음 중 인포그래픽 유형에 대한 설명으로 올바르지 않은 것은?

① 스토리텔링형은 유명인사, 기업 관련 정보와 뉴스 등에 활용된다.
② 도표형은 서비스 이용 현황, 연예인 선호도, 매장분포 등에 활용된다.
③ 타임라인형은 기술, 기업, 인물의 발전 과정 등에 활용된다.
④ 비교분석형은 특정 제품군의 주요 제품 비교 등에 활용된다.

해설
• 서비스 이용 현황, 연예인 선호도, 매장분포 등에 활용되는 것은 지도형이다.
• 도표형은 거의 모든 종류의 수치 데이터에 활용된다.

정답
01 ② 02 ③ 03 ④ 04 ② 05 ③ 06 ① 07 ① 08 ② 09 ③ 10 ④ 11 ③ 12 ② 13 ② 14 ③ 15 ③ 16 ③ 17 ④ 18 ② 19 ② 20 ①
21 ② 22 ④ 23 ③ 24 ① 25 ④ 26 ② 27 ③ 28 ④ 29 ④ 30 ③ 31 ① 32 ③ 33 ④ 34 ① 35 ②

부록

백전백승 기출문제

- 기출문제 2021년 1회
- 기출문제 2021년 2회
- 기출문제 2022년 3회
- 기출문제 2022년 4회
- 기출문제 2023년 5회
- 기출문제 2023년 6회

기출문제 (2021년) 1회

1과목 빅데이터 분석 기획

01 다음 중 수집 대상 데이터를 추출, 가공하여 데이터 웨어하우스 및 데이터 마트에 저장하는 기술은 무엇인가?

① ETL ② CEP
③ EAI ④ ODS

02 딥러닝에 대한 설명으로 옳은 것은?

① 오차 역전파를 사용한다.
② ReLU보다 Sigmoid를 사용한다.
③ 딥러닝은 각 은닉층의 가중치를 통해 모형의 결과를 해석하기 용이하다.
④ Dropout은 무작위 비율로 신경망을 제거한다.

03 다음 중 빅데이터 분석 방법론 절차로 옳은 것은 무엇인가?

① 분석 기획 → 데이터 준비 → 데이터 분석 → 평가 및 전개 → 시스템 구현
② 분석 기획 → 데이터 준비 → 데이터 분석 → 시스템 구현 → 평가 및 전개
③ 데이터 준비 → 분석 기획 → 데이터 분석 → 시스템 구현 → 평가 및 전개
④ 데이터 준비 → 분석 기획 → 데이터 분석 → 평가 및 전개 → 시스템 구현

04 다음 중 Label을 통해서만 학습하는 기법으로 옳은 것은?

① 지도 학습 ② 비지도 학습
③ 강화 학습 ④ 준지도 학습

05 다음 비식별화 조치에 대한 설명으로 옳지 않은 것은?

① k-익명성은 주어진 데이터 집합에서 식별자 속성들이 동일한 레코드가 적어도 k개 이상 존재해야 한다.
② l-다양성은 l개의 서로 다른 민감정보를 가져야 한다.
③ t-근접성은 특정 정보의 분포와 전체 데이터 집합에서 정보의 분포가 t 이상의 차이를 보이도록 해야 한다.
④ m-유일성은 원본 데이터와 동일한 속성값의 조합이 비식별 결과 데이터에 최소 m개가 존재해야 한다.

06 익명화 기법이 아닌 것은?

① 가명 처리(Pseudonymisation)
② 특이화(Specialization)
③ 치환(Permutation)
④ 섭동(Perturbation)

07 기술통계에 해당하지 않는 것은 무엇인가?

① 평균 ② 분산
③ 가설검정 ④ 시각화

08 다음 중 분석의 대상이 무엇인지를 인지하고 있는 경우, 즉 해결해야 할 문제를 알고 있고 이미 분석의 방법도 알고 있는 경우 사용하는 분석 기획 유형은?

① 최적화(Optimization) ② 솔루션(Solution)
③ 통찰(Insight) ④ 발견(Discovery)

09 개인정보 수집 시 동의를 얻지 않아도 되는 경우로 옳지 않은 것은?

① 사전 동의를 받을 수 없는 경우로서 명백히 정보 주체 또는 제3자의 급박한 생명, 신체, 재산의 이익을 위하여 필요하다고 인정되는 경우
② 입사 지원자에 대해 회사가 범죄경력을 조회하는 경우
③ 정보 주체와의 계약 체결을 위하여 불가피하게 필요한 경우
④ 요금 부과를 위해 회사가 사용자의 정보를 조회하는 경우

10 수집된 정형 데이터 품질 보증을 위한 방법으로 적합하지 않은 것은?

① 데이터 프로파일링 – 정의된 표준 도메인에 맞는지 검증한다.
② 메타 데이터 분석 – 실제 운영 중인 데이터베이스의 테이블명·컬럼명·자료형·도메인·제약조건 등이며 데이터베이스 설계에는 반영되지 않은 한글 메타데이터·도메인 정보·엔티티 관계·코드 정의 등도 검증한다.
③ 데이터 표준 – 데이터 표준 준수 진단, 논리/물리 모델 표준에 맞는지 검증한다.
④ 비업무 규칙 적용 – 업무 규칙에 정의되어 있지 않는 값을 검증한다.

11 데이터가 가지고 있는 특성을 파악하기 위해 해당 변수의 분포 등을 시각화하여 분석하는 분석방식은 무엇인가?

① 전처리 분석
② 탐색적 데이터 분석(EDA)
③ 공간 분석
④ 다변량 분석

12 빅데이터 분석 절차에서 문제의 단순화를 통해 변수 간의 관계로 정의하는 것을 무엇이라고 하는가?

① 연구 조사
② 탐색적 데이터 분석
③ 요인 분석
④ 모형화

13 다음 중 진단 분석(Diagnosis Analysis)에 대한 설명으로 가장 적합한 것은?

① 과거에 어떤 일이 일어났고 현재는 무슨 일이 일어나고 있는지?
② 데이터를 기반으로 왜 발생했는지?
③ 무슨 일이 일어날 것인지?
④ 어떤 대응을 해야 하는지?

14 데이터 이상값 발생 원인으로 옳지 않은 것은?

① 측정 오류(Measurement Error)
② 보고 오류(Reporting Error)
③ 처리 오류(Processing Error)
④ 표본 오류(Sampling Error)

15 다음 중 데이터 수집 방법으로 가장 적절하지 않은 것은?

① Open API로 센서 데이터를 수집한다.
② FTP를 통해 문서를 수집한다.
③ 동영상 데이터는 스트리밍(Streaming)을 통해 수집한다.
④ DBMS로부터 크롤링한다.

16 조직을 평가하기 위한 성숙도 단계로 적절하지 않은 것은?

① 도입 ② 최적화
③ 활용 ④ 인프라

17 개인정보처리자가 개인정보의 수집, 이용을 위해 정보 주체의 동의를 받을 때 고지 사항이 아닌 것은 무엇인가?

① 동의를 거부할 수 있는 권리
② 개인정보의 수집 보유 및 이용 기간
③ 개인정보 파기 사유
④ 개인정보 수집 항목

18 프로세스 분석을 통한 분석 기회 발굴 절차로 올바른 것은 무엇인가?

① 프로세스 분류 → 프로세스 흐름 분석 → 분석 요건 식별 → 분석 요건 정의
② 프로세스 흐름 분석 → 프로세스 분류 → 분석 요건 식별 → 분석 요건 정의
③ 프로세스 흐름 분석 → 프로세스 분류 → 분석 요건 정의 → 분석 요건 식별
④ 프로세스 분류 → 프로세스 흐름 분석 → 분석 요건 정의 → 분석 요건 식별

19 수집 데이터의 메타데이터 등 설명이 누락되거나 충분하지 않을 경우 자료 활용성에 있어 어떤 문제점 및 결함이 존재하는지 여부를 확인하는 품질 검증 기준은 무엇인가?

① 유용성 ② 완전성
③ 일관성 ④ 정확성

20 다음이 설명하는 모델은 무엇인가?

> 기업에서 사용하는 데이터의 가용성, 유용성, 통합성, 보안성을 관리하기 위한 정책과 프로세스를 다루며 프라이버시, 보안성, 데이터 품질, 관리 규정 준수를 강조하는 모델

① 데이터 거버넌스
② IT 거버넌스
③ 데이터 레이크
④ 데이터 리터러시

2과목 빅데이터 탐색

21 시각적 데이터 탐색에서 자주 사용되는 박스플롯(Boxplot)으로 알 수 없는 통계량은 무엇인가?

① 평균
② 분산
③ 이상값
④ 최댓값

22 모든 변수가 포함된 모형에서 시작하여 영향력이 가장 작은 변수를 하나씩 삭제하는 변수 선택 기법은 다음 중 무엇인가?

① 후진 소거법
② 전진 선택법
③ 단계적 방법
④ 필터 기법

23 다음 중 머신 러닝에서 훈련 데이터의 클래스가 불균형한 문제를 처리하는 방법에 대한 설명으로 가장 옳지 않은 것은 무엇인가?

① 과소 표집(Under-Sampling)은 많은 클래스의 데이터 일부만 선택하는 기법으로 정보가 유실되는 단점이 있다.
② 과대 표집(Over-Sampling)은 소수 데이터를 복제해서 많은 클래스의 양만큼 증가시키는 기법이다.
③ 불균형 문제를 처리하지 않으면 정확도(Accuracy)는 낮아지고 작은 클래스의 재현율(Recall)은 높아진다.
④ 클래스가 불균형한 훈련 데이터를 그대로 이용할 경우 과대 적합 문제가 발생할 수 있다.

24 다음 중에서 파생변수 생성 방법으로 가장 올바르지 않은 것은?

① 주어진 변수의 단위 혹은 척도를 변환하여 새로운 단위로 표현
② 요약 통계량 등을 활용
③ 다양한 함수 등 수학적 결합을 통해 새로운 변수를 정의
④ 소수의 데이터를 복제하여 생성한다.

25 한 회사에서 A 공장은 부품을 50% 생산하고 불량률은 1%이다. B 공장은 부품을 30% 생산하고 불량률은 2%이고, C 공장은 부품을 20% 생산하고 불량률은 3%이다. 불량품이 발생하였을 때 C 공장에서 생산한 부품일 확률은 얼마인가?

① 1/3　　② 6/17
③ 1/2　　④ 3/5

26 모표준편차 $\sigma = 8$인 정규분포를 따르는 모집단에서 표본의 크기가 25인 표본을 추출하였을 때 표본평균($\overline{X}$)는 90이다. 모평균 μ에 대한 90% 신뢰구간은 얼마인가? (단, $Z_{0.05} = 1.645$, $Z_{0.025} = 1.96$이다.)

① $86.864 \leq \mu \leq 93.136$
② $87.368 \leq \mu \leq 92.632$
③ $87.368 \leq \mu \leq 93.136$
④ $86.864 \leq \mu \leq 92.632$

27 A 지역에서는 100명 중에 73명이 찬성하고, B 지역에서는 200명 중에 138명이 찬성한다. A 지역에서 찬성 비율이 p_1이고, B 지역에서 찬성 비율이 p_2일 때 $p_1 - p_2$의 추정치는?

① 0.04　　② 0.50
③ 0.95　　④ 1.42

28 산점도에 대한 설명으로 옳은 것을 모두 고른 것은?

> 가. 관계 시각화의 유형이다.
> 나. 직교 좌표계를 이용하여 좌표상의 점들을 표현하는 시각화 기법이다.
> 다. 두 변수 사이의 상관관계를 알 수 있다.

① 가　　② 나
③ 다　　④ 가, 나, 다

29 두 변수 간에 직선 관계가 있는지를 나타낼 때 가장 적절한 통계량은 다음 중 무엇인가?

① F-통계량　　② t-통계량
③ p-값　　④ 표본상관계수

30 아래에서 설명하는 시각화 기법은 어떤 차트를 설명하고 있는가?

- 여러 축을 평행으로 배치하는 비교 시각화 기술이다.
- 수직선엔 변수를 배치한다.
- 측정 대상은 변숫값에 따라 위아래로 이어지는 연결선으로 표현한다.

① 산점도　　② 박스플롯
③ 스타 차트　④ 평행 좌표계

31 A 고등학교에서 남학생 25명을 대상으로 키를 측정하였더니 평균 키는 170cm이고, 분산이 25이다. A 고등학교 남학생의 평균 키에 대한 95% 신뢰 구간은 얼마인가?

$P\{T \geq t_{(q:v)}\} = q$

자유도 v	꼬리확률 q									
	0.4	0.25	0.1	0.05	0.025	0.01	0.005	0.0025	0.001	0.0005
1	0.325	1.000	3.078	6.314	12.706	31.821	63.657	127.32	318.31	636.62
2	0.289	0.816	1.886	2.920	4.303	9.965	9.925	14.089	23.326	31.598
3	0.277	0.765	1.638	2.353	3.182	4.541	5.841	7.453	10.213	12.924
4	0.271	0.741	1.533	2.132	2.776	3.747	4.604	5.598	7.173	8.610
5	0.267	0.727	1.476	2.015	2.571	3.365	4.032	4.773	5.893	6.869
⋮										
23	0.256	0.685	1.319	1.714	2.069	2.500	2.807	3.104	3.485	3.767
24	0.256	0.685	1.318	1.711	2.064	2.492	2.792	3.091	3.467	3.745
25	0.256	0.684	1.316	1.708	2.060	2.485	2.787	3.078	3.450	3.725
26	0.256	0.684	1.315	1.706	2.056	2.479	2.779	3.067	3.435	3.707
27	0.256	0.684	1.314	1.703	2.052	2.473	2.771	3.057	3.421	3.690

① $167.936 \leq 키 \leq 172.064$
② $167.940 \leq 키 \leq 172.060$
③ $168.289 \leq 키 \leq 171.711$
④ $168.292 \leq 키 \leq 171.708$

32 다음 중 추론통계에 대한 설명으로 가장 올바르지 않은 것은 무엇인가?

① 표본의 개수가 많을수록 표준 오차는 커진다.
② 신뢰구간은 신뢰수준을 기준으로 추정된 통계적으로 유의미한 모수의 범위이다.
③ 점 추정은 모집단의 모수를 하나의 값으로 추정하는 것이다.
④ 신뢰수준은 추정값이 존재하는 구간에 모수가 포함될 확률을 말한다.

33 다음 중 빈칸에 알맞은 값은?

		실젯값	
		H_0	H_1
예측값	H_0	ⓐ	ⓑ
	H_1	ⓒ	ⓓ

① ⓐ: 제1종 오류, ⓑ: 올바른 결정, ⓒ: 제2종 오류, ⓓ: 올바른 결정
② ⓐ: 제2종 오류, ⓑ: 올바른 결정, ⓒ: 제1종 오류, ⓓ: 올바른 결정
③ ⓐ: 올바른 결정, ⓑ: 제2종 오류, ⓒ: 제1종 오류, ⓓ: 올바른 결정
④ ⓐ: 올바른 결정, ⓑ: 제1종 오류, ⓒ: 올바른 결정, ⓓ: 제2종 오류

34 다음 중에서 주성분 분석에 대한 설명으로 가장 적절하지 않은 것은?

① 여러 변수 간에 내재하는 상관관계, 연관성을 이용해 소수의 주성분으로 차원을 축소한다.
② 주성분 분석에서 누적 기여율이 70~90% 사이가 되는 주성분까지를 주성분의 수로 결정한다.
③ 데이터 간 높은 상관관계가 존재하는 상황에서 상관관계를 제거할 경우 분석이 어려워진다.
④ 스크리 산점도의 기울기가 완만해지기 직전까지 주성분의 수로 결정할 수 있다.

35 다음 사례에서 설명하는 A 야구팀 연봉의 대푯값을 구하기 위한 가장 적절한 통계량은 무엇인가?

> A 야구 구단의 상위 1~2명이 구단 전체 연봉의 50% 이상을 차지하며 나머지 선수들의 연봉은 일반적인 범주에 있다.

① 평균 ② 최빈수
③ 중위수 ④ 이상값

36 다음에서 설명하는 표본추출 방법은 무엇인가?

> 다수의 이질적인 원소들로 구성된 모집단에서 각 계층을 고루 대표할 수 있도록 표본을 추출하는 방법이다. 이질적인 모집단의 원소들로 서로 유사한 것끼리 몇 개의 층을 나눈 후, 각 계층에서 표본을 랜덤하게 추출한다.

① 층화추출법
② 계통추출법
③ 군집추출법
④ 단순무작위추출법

37 각 클래스의 데이터에 불균형이 발생한 경우 학습 단계에서의 처리 방법으로 가장 옳지 않은 것은?

① 과소 표집(Under-Sampling)
② 과대 표집(Over-Sampling)
③ 임계값(Cut-Off Value) 이동
④ 가중치(Weight) 적용

38 다음 중에서 분포의 성격이 다른 분포는 무엇인가?

① 정규분포 ② 이항분포
③ F-분포 ④ 지수분포

39 다음 중에서 확률분포에 대한 설명으로 가장 올바르지 않은 것은 무엇인가?

① 포아송분포는 독립적인 두 카이제곱분포가 있을 때, 두 확률 변수의 비이다.
② 카이제곱분포는 서로 독립적인 표준 정규 확률 변수를 각각 제곱한 다음 합해서 얻어지는 분포이다.
③ T-분포는 모집단이 정규분포라는 정도만 알고 모 표준편차는 모를 때 모집단의 평균을 추정을 위하여 사용한다.
④ 베르누이분포는 특정 실험의 결과가 성공 또는 실패로 두 가지의 결과 중 하나를 얻는 확률분포이다.

40 다음 중 T-분포와 Z-분포에 대한 설명으로 가장 적절하지 않은 것은?

① 표본의 크기가 작은 소표본의 경우 T-분포를 사용한다.
② 표본의 크기가 큰 대표본의 경우에는 Z-분포를 사용한다.
③ Z-분포의 평균은 0이고 분산은 1이다.
④ 표본의 크기와 상관없이 T-분포는 정규분포를 따른다.

3과목 빅데이터 모델링

41 가장 적은 영향을 주는 변수부터 하나씩 제거하면서 더 이상 유의하지 않은 변수가 없을 때까지 설명변수들을 제거하고 이때의 모형을 선택하는 방법은 무엇인가?

① 중위 선택법
② 전진 선택법
③ 후진 소거법
④ 단계적 방법

42 인공신경망은 어떤 값을 알아내는게 목적인가?

① 커널값
② 뉴런
③ 가중치
④ 오차

43 CNN에서 원본 이미지가 5×5에서 Stride가 1이고, 필터가 3×3일 때 Feature Map은 무엇인가?

① (1, 1)
② (2, 2)
③ (3, 3)
④ (4, 4)

44 선형 회귀 모형의 가정에서 잔차항과 관련없는 것은?

① 선형성
② 독립성
③ 등분산성
④ 정상성

45 서포트 벡터 머신에 대한 설명으로 옳지 않은 것은?

① 다른 모형에 비해 속도가 빠르다
② 다른 모형보다 과대적합에 강하다.
③ 비선형으로 분류되는 모형에 사용할 수 있다.
④ 서포트 벡터가 여러 개일 수 있다.

46 다차원 척도법에 대한 설명으로 옳지 않은 것은?

① 개체들 사이의 유사성, 비유사성을 측정하여 2차원 또는 3차원 공간상에 점으로 표현하여 개체들 사이의 집단화를 시각적으로 표현하는 분석 방법이다.
② 공분산행렬을 사용하여 고윳값이 1보다 큰 주성분의 개수를 이용한다.
③ 스트레스 값이 0에 가까울수록 적합도가 좋다.
④ 유클리드 거리와 유사도를 이용하여 구한다.

47 다음 분석 변수 선택 방법이 설명하는 기법은?

$$\frac{1}{N}\sum_{i=1}^{N}(y_i - \hat{y_i})^2 + \frac{\lambda}{2}\sum_{j=1}^{M}|w_j|^2$$

① 릿지(Lidge)
② 라쏘(Lasso)
③ 엘라스틱 넷(Elastic Net)
④ RFE(Recursive Feature Elimination)

48 데이터 분석 절차로 가장 적합한 것은 무엇인가?

① 문제 인식 → 자료 수집 → 연구 조사 → 자료 분석 → 모형화 → 분석 결과 공유
② 연구 조사 → 문제 인식 → 자료 수집 → 모형화 → 자료 분석 → 분석 결과 공유
③ 문제 인식 → 연구 조사 → 모형화 → 자료 수집 → 자료 분석 → 분석 결과 공유
④ 문제 인식 → 연구 조사 → 자료 수집 → 자료 분석 → 모형화 → 분석 결과 공유

49 독립변수가 연속형이고 종속변수가 이산형일 때 사용하는 분석 모형은?

① 주성분 분석 ② 로지스틱 회귀 분석
③ 회귀 분석 ④ 군집 분석

50 다음은 암 진단을 예측한 것과 실제 암 진단 결과를 혼동행렬로 나타낸 것이다. 아래 표를 보고 TPR, FPR의 확률을 계산하시오. (단, 결과가 음성이라는 뜻인 0을 Positive로 한다.)

		Predict	
		0	1
Actual	0	45(TP)	15(FN)
	1	5(FP)	235(TN)

① TPR: 9/10, FPR: 1/4
② TPR: 9/10, FPR: 1/48
③ TPR: 3/4, FPR: 1/48
④ TPR: 3/4, FPR: 1/4

51 예측력이 약한 모형을 연결하여 강한 모형으로 만드는 기법으로 경사하강법을 이용하고, 가중치를 업데이트함으로써 최적화된 결과를 얻는 앙상블 기법과 알고리즘은?

① 배깅 - AdaBoost
② 배깅 - 랜덤 포레스트
③ 부스팅 - 랜덤 포레스트
④ 부스팅 - GBM

52 사건 A, B가 있다. x가 발생했을 때, B가 일어날 확률인 $P(B|x)$를 구하는 공식으로 옳은 것은?

① $P(B|x) = \dfrac{P(B|x) \cdot P(B)}{P(A|x) \cdot P(A) + P(B|x) \cdot P(B)}$

② $P(B|x) = \dfrac{P(x|B) \cdot P(B)}{P(x|A) \cdot P(A) + P(x|B) \cdot P(B)}$

③ $P(B|x) = \dfrac{P(B|x) \cdot P(x)}{P(A|x) \cdot P(x) + P(B|x) \cdot P(x)}$

④ $P(B|x) = \dfrac{P(x|B) \cdot P(x)}{P(x|A) \cdot P(x) + P(x|B) \cdot P(x)}$

53 전체 데이터 집합을 동일 크기를 갖는 K개의 부분 집합으로 나누고, 훈련용 데이터와 평가용 데이터로 나누는 기법은 무엇인가?

① K-Fold ② Holdout
③ Dropout ④ Cross Validation

54 다음 중 비지도 학습 알고리즘의 사례로 옳은 것은?

① 과거 데이터를 기준으로 날씨 예측
② 제품의 특성, 가격 등으로 판매량 예측
③ 페이스북 사진으로 사람을 분류
④ 부동산으로 지역별 집값을 예측

55 다음에 이미지를 판별하기 위한 가장 적절한 분석방법은 무엇인가?

① 군집 ② 예측
③ 분류 ④ 연관성

기출문제 (2021년) 1회

56 학생들의 교복의 표준 치수를 정하기 위해 학생들의 팔길이, 키, 가슴둘레를 기준으로 할 때 어떤 방법이 가장 적절한 기법인가?

① 이상치
② 군집
③ 분류
④ 연관성

57 다음 중 시계열 모형이 아닌 것은?

① 백색잡음
② 이항분포
③ 자기회귀
④ 이동평균

58 비정형 데이터에 대한 설명으로 옳지 않은 것은?

① 텍스트는 문자 데이터로 저장한다.
② 오디오는 CMYK 형태로 저장한다.
③ 이미지는 RGB 방식으로 저장한다.
④ 비디오는 이미지 스트리밍으로 저장한다.

59 랜덤 포레스트에 대한 설명으로 적절하지 않은 것은?

① 훈련을 통해 구성해놓은 다수의 나무들로부터 투표를 통해 분류 결과를 도출한다.
② 분류기를 여러 개 쓸수록 성능이 좋아진다.
③ 트리의 수가 많아지면 Overfit된다.
④ 여러 개의 의사결정 트리가 모여서 랜덤 포레스트 구조가 된다.

60 K-Fold에 대한 설명으로 옳지 않은 것은?

① 데이터를 K개로 나눈다.
② 1개는 학습용 데이터, (K-1)개는 검증용 데이터로 사용한다.
③ K번 반복 수행한다.
④ 결과를 K에 다수결 또는 평균으로 분석한다.

4과목 빅데이터 결과 해석

61 다음 중 이상적인 분석 모형을 위해 Bias와 Variance는 어떻게 설정되어야 하는가?

① 높은 Bias, 높은 Variance가 있을 때
② 낮은 Bias, 높은 Variance가 있을 때
③ 낮은 Bias, 낮은 Variance가 있을 때
④ 높은 Bias, 낮은 Variance가 있을 때

62 다음 중 초매개변수(Hyper Parameter)로 설정 가능한 것은?

① 편향(Variance)
② 기울기(Bias)
③ 서포트 벡터(Support Vector)
④ 은닉층(Hidden Layer) 수

63 다음 중 산점도(Scatter Plot)와 비슷한 시각화는 무엇인가?

① 파이 차트(Pie Chart)
② 버블 차트(Bubble Chart)
③ 히트맵(Heat Map)
④ 트리맵(Tree Map)

64 다음 중 비교 시각화의 유형으로, 설명 변수가 늘어날 때마다 축이 늘어나는 시각화 방법은 무엇인가?

① 플로팅 바 차트(Floating Bar Chart)
② 막대 차트(Bar Chart)
③ 스타 차트(Star Chart)
④ 히트맵(Heat Map)

65 불균형 데이터 세트(Imbalanced Dataset)로 이진 분류 모형을 생성 시 불균형을 해소하기 위한 방법으로 옳지 않은 것은 무엇인가?

① 다수 클래스의 데이터를 일부만 선택하여 데이터의 비율을 맞춘다.
② 임곗값을 데이터가 적은 쪽으로 이동시킨다.
③ 서로 다른 여러 가지 모형들의 예측 결과를 종합한다.
④ 소수 클래스의 데이터를 복제 또는 생성하여 데이터의 비율을 맞춘다.

66 다음 중 ROC 커브에 대한 설명으로 적합하지 않은 것은?

① x축은 특이도를 의미한다.
② y축은 민감도를 의미한다.
③ AUC(Area Under ROC) 1.0에 가까울수록 분석 모형 성능이 우수하다.
④ AUC(Area Under ROC) 0.5일 경우, 랜덤 선택에 가까운 성능을 보인다.

67 다음 혼동행렬(Confusion Matrix)에서 참이 0이고 거짓이 1일 때, Specificity와 Precision은 무엇인가?

		예측		총합
		0	1	
실제	0	25	15	40
	1	15	75	90
총합		40	90	130

① Specificity: 5/8, Precision: 5/8
② Specificity: 5/8, Precision: 5/6
③ Specificity: 5/6, Precision: 5/6
④ Specificity: 5/6, Precision: 5/8

68 다음 중 매개변수(Parameter), 초매개변수(Hyper Parameter)에 대한 것으로 적절하지 않은 것은?

① 매개변수는 사람에 의해 수작업으로 설정한다.
② 매개변수는 측정되거나 데이터로부터 학습된다.
③ 초매개변수는 학습을 위해 임의로 설정하는 값이다.
④ 초매개변수의 종류에는 은닉층의 수, 학습률 등이 있다.

69 다음 중 k-평균 군집(k-means clustering) 알고리즘을 통해 k 값을 구하는 기법은 무엇인가?

① k-Centroid 기법
② 최장 연결법
③ 엘보우 기법
④ 역전파 알고리즘

70 다음 중 F1-Score에 들어가는 지표는?

① TP Rate, FP Rate
② Accuracy, Sensitivity
③ Specificity, Error Rate
④ Precision, Recall

71 종속변수가 범주형이고 독립변수가 수치형 변수 여러 개로 이루어진 변수 간의 관계를 분석하기 위해 적용할 수 있는 알고리즘으로 올바른 것은?

① 로지스틱 회귀 분석(Logistic Regression Analysis)
② k-평균 군집(k-means clustering)
③ 주성분 분석(Principal Component Analysis)
④ DBSCAN

72 다음 중 적합도 검정 기법으로 올바르지 않은 것은?

① 적합도 검정에서 자유도는 (범주의 수) +1이다.
② 적합도 검정은 카이제곱 검정 기법의 유형에 속한다.
③ 적합도 검정의 자료를 구분하는 범주가 상호 배타적이어야 한다.
④ 적합도 검정은 표본 집단의 분포가 주어진 특정 이론을 따르고 있는지를 검정하는 기법이다.

73 다음 중 인포그래픽에 대한 설명으로 옳지 않은 것은?

① 도표나 글에 비해 시각적 기법을 사용하여 기억에 오랫동안 남는다.
② 다양한 정보를 그래픽을 활용하여 나타내는 방법이다.
③ 빅데이터의 대량의 데이터를 표현하기에는 복잡하고 이해하기 어려울 수 있다.
④ 정보를 SNS상에 쉽고 빠르게 전달할 수 있다.

74 다음 중 분석 모형의 평가방법에 대한 설명으로 틀린 것은?

① 종속변수의 유형에 따라 선택하는 평가 방법이 다르다.
② 종속변수의 유형이 범주형일 때는 혼동행렬을 사용할 수 있다.
③ 종속변수의 유형이 연속형일 때는 RMSE을 사용할 수 있다.
④ 종속변수가 범주형일 때 임곗값이 바뀌면 정분류율은 변하지 않는다.

75 다음 중 혼동행렬에 대한 설명으로 적절하지 않은 것은?

		Predicted	
		Positive	Negative
Actual	Positive	TP	FN
	Negative	FP	TN

① 카파 값(Kappa Value)은 0~1 사이의 값을 가지며, 1에 가까울수록 예측값과 실젯값이 일치함을 알 수 있다.
② 부정(Negative)인 범주 중 부정으로 올바르게 예측(True Negative)한 비율은 민감도(Sensitivity) 지표를 사용한다.
③ 부정인 범주 중 긍정으로 잘못 예측(False Positive)한 비율을 정밀도(Precision)라고 하며, TP/(TP+FP)라고 표기한다.
④ 머신러닝 성능 평가지표 중 정확도(Accuracy)를 표기하는 식은 (TP+TN)/(TP+FP+FN+TN)이다.

76 다음 중 분석 모형 검증에 대한 설명으로 옳지 않은 것은?

① 데이터 수가 적으면 교차 검증하는 것이 좋다.
② 교차 검증을 통해 분석 모형의 일반화 성능을 확인할 수 있다.
③ K-Fold 교차 검증은 (K-1)개 부분 집합들은 학습용 데이터로, 나머지 1개 부분 집합은 평가용 데이터로 하는 K개의 실험 데이터를 구성하여 진행한다.
④ 데이터 수가 많으면 검증용 데이터로 충분하므로, 평가 데이터는 불필요하다.

77 다음 중 데이터 분석 결과 활용에 대한 설명으로 옳지 않은 것은?

① 분석 모형 최종 평가 시에는 학습할 때 사용하지 않았던 데이터를 사용한다.
② 분석 모형 개발과 피드백 적용 과정을 반복하는 것은 지양한다.
③ 정확도, 재현율 등의 평가지표를 분석 모형 성능 지표로 활용한다.
④ 분석 결과는 비즈니스 업무 담당자, 시스템 엔지니어 등 관련 인원들에게 모두 공유되어야 한다.

78 아래의 시계열 분해 그래프를 통하여 파악이 가능한 것이 아닌 것은 무엇인가?

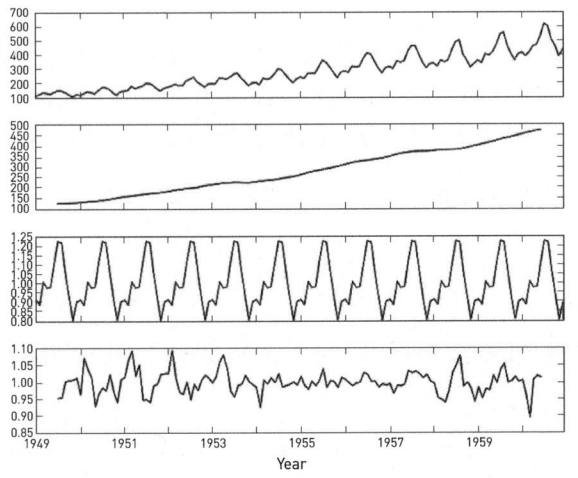

① 계절
② 추세
③ 예측
④ 잔차

79 다음 회귀 모형 결과를 해석한 것으로 옳은 것을 〈보기〉에서 모두 고른 것은?

	Estimate	Std.Error	t value	Pr(>|t|)
(Intercept)	41.107678	2.842426	14.462	1.62e-14
X1	0.007473	0.011845	0.631	0.00651
X2	-3.635677	1.040138	-3.495	0.00160
X3	-4.784944	0.607110	-2.940	0.53322

가. 유의수준 0.05에서 X1, X2는 유의하다고 할 수 있다.
나. X2의 계수는 41.107678이다.
다. 변수 X3는 회귀 모형에서 제거 가능하다.

① 가
② 나
③ 가, 다
④ 가, 나, 다

80 회귀 모형의 잔차를 분석한 결과가 아래와 같이 나타날 때, 이에 대한 설명으로 옳은 것은?

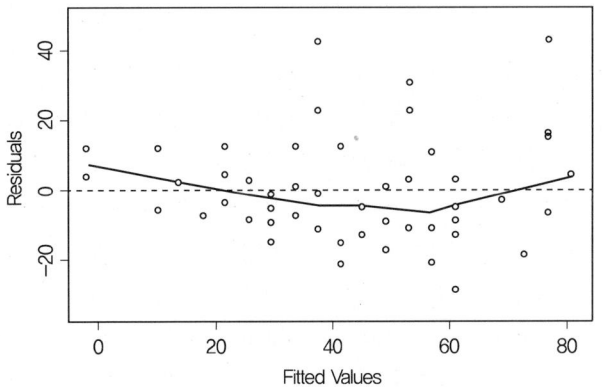

① 잔차가 등분산 가정을 만족한다.
② 종속변수를 log로 변환하여 문제를 해결한다.
③ 독립변수 중 하나를 제곱하여 문제를 해결한다.
④ 잔차가 정규분포를 따른다.

기출문제 (2021년) 2회

1과목　빅데이터 분석 기획

01 다음 중 가트너에서 정의한 3V에 해당하지 않은 것은?

① 규모(Volume)　② 다양성(Variety)
③ 속도(Velocity)　④ 신뢰성(Veracity)

02 다음 중 2018년 5월 25일부터 시행되는 EU(유럽연합)의 개인정보보호 법령으로, 정보 주체의 권리와 기업의 책임성 강화, 개인정보의 EU 역외이전 요건 명확화 등을 주요 내용으로 용어는?

① GDPR　② PIMS
③ ISMS　④ ISO27001

03 개인정보 비식별화 기법으로 올바르지 않은 것은?

① 가명처리　② 총계처리
③ 데이터값 대체　④ 데이터 마스킹

04 다음 중 빅데이터 분석 방법론의 분석 절차로 올바른 것은?

① 데이터 준비 → 데이터 분석 → 분석 기획 → 시스템 구현 → 평가 및 전개
② 데이터 준비 → 분석 기획 → 데이터 분석 → 시스템 구현 → 평가 및 전개
③ 분석 기획 → 데이터 준비 → 데이터 분석 → 시스템 구현 → 평가 및 전개
④ 분석 기획 → 데이터 준비 → 시스템 구현 → 데이터 분석 → 평가 및 전개

05 트랜잭션을 사용하는 관계형 데이터베이스와 비교했을 때 데이터 웨어하우스(DW)에 저장되어있는 데이터베이스의 특징으로 올바르지 않은 것은?

① 소멸적(Volatile)
② 시간에 따라 변화(Time-variant)
③ 주제 지향적(Subject Oriented)
④ 통합적(Integrated)

06 데이터 분석을 위한 데이터를 데이터 저장소인 DW(Data Warehouse) 및 DM(Data Mart)으로 이동시키기 위해 다양한 소스 시스템으로부터 필요한 원본 데이터를 추출하고 변환하여 저장하는 기술은 무엇인가?

① ETL　② EAI
③ DW　④ ODS

07 대규모 데이터를 저장할 수 있고, HBase, Cassandra 등의 제품이 있는 저장 기술은 무엇인가?

① Sqoop　② NoSQL
③ HDFS　④ Scribe

08 다양한 데이터 소스를 위한 하둡(Hadoop) 기반의 ETL(Extract Transform Load) 기술을 이용해서 데이터 웨어하우스(DW)에 적재하는 시스템은 무엇인가?

① HBase　② Tajo
③ Oozie　④ Zookeeper

09 다음 중 아래 설명에 나오는 이것은 무엇인가?

> A 은행은 사용자의 가입정보를 보관하고 있고, 사용자가 B 은행의 상품 가입을 하려고 하고 있다. B 은행에서 사용자의 가입정보를 새롭게 수집하지 않고, 사용자의 동의하에 이것을 통해서 A 은행에서 가지고 있는 사용자의 가입정보를 B 은행에서 받아서 사용하려고 한다.

① 인터페이스　② API
③ 인증정보　④ 마이 데이터

10 다음 중 분석 과제 우선순위 평가에 대한 설명으로 올바르지 않은 것은?

① 분석 과제 우선순위 평가 기준에서 시급성도 고려해야 한다.
② 분석 과제 우선순위 평가에서 난이도는 현시점에서 과제를 추진하는 것이 범위 측면과 적용 비용 측면에서 바로 적용하기 쉬운 것인지 또는 어려운 것인지에 대한 판단 기준으로 데이터 분석의 적합성 여부의 기준이 된다.
③ 우선순위 선정 기준을 토대로 난이도 또는 시급성을 고려하여 분석 과제를 4가지 유형으로 구분하여 분석 과제의 적용 우선순위를 결정한다.
④ 분석 과제 우선순위 평가에서 투자 비용 요소에는 데이터 획득/저장/가공 비용 및 가치가 포함되어 있고, 비즈니스 효과에는 분석 적용 비용이 포함된다.

11 다음 중 재현 데이터(Synthetic Data)에 대한 설명으로 올바른 것은?

① 재현하는 데이터에는 원 데이터의 속성을 포함하고 있어야 한다.
② 재현 데이터는 기존 변수에 특정 조건 혹은 함수 등을 사용하여 새롭게 재정의 한 파생 변수이다.
③ 재현 데이터 중 완전 재현 데이터(Fully Synthetic Data)는 민감하지 않은 정보는 그대로 두고, 민감한 정보에 대해서만 재현 데이터로 대체한 데이터이다.
④ 생성하는 방법은 단위 변환, 표현형식 변환, 요약 통계량 변환, 정보 추출, 변수 결합, 조건문 이용 등이 있다.

12 전통적인 기계학습에 비해서 최근에 부각하고 있는 빅데이터를 활용한 인공지능의 특징으로 올바르지 않은 것은?

① 인간의 통찰을 통해 기준을 설정하여 학습에 활용한다.
② 상호보완 관계로 빅데이터는 인공지능 구현 완성도를 높여주고, 빅데이터는 인공지능을 통해 문제 해결 완성도를 높이게 되었다.
③ 빅데이터를 통해 자체 알고리즘을 가지고 학습하는 딥러닝 기술을 활용할 수 있게 되었고, 특정 분야에서 인간의 지능을 뛰어넘는 능력을 갖추게 되었다.
④ 빅데이터의 다양한 데이터를 스스로 학습하는 딥러닝 기술은 다양한 분야에서 상용화가 이루어지고 있다.

13 다음 중 민감정보가 아닌 것은?

① 정치적 성향 ② 개인의 사상 및 신념
③ 건강 상태   ④ 취미 생활

14 데이터 사이언티스트(Data Scientist)가 데이터 엔지니어와 다르게 지녀야 하는 소양으로 올바르지 않은 것은?

① 머신러닝 모델을 사용해 정형, 비정형 데이터에서 인사이트 창출 능력
② 사내 데이터를 이용해서 고객 행동 패턴 모델링을 통해 패턴을 찾아내거나 이상치를 탐지하는 능력
③ 데이터 분석 및 활용에 사용될 소프트웨어 개발 능력
④ 예측 모델링, 추천 시스템 등을 개발해 비즈니스 의사결정에 필요한 인사이트 제공 능력

15 다음 중 개인정보 보호 원칙에 대한 설명으로 올바르지 않은 것은?

① 개인정보처리자는 개인정보의 처리 목적에 필요한 범위에서 적합하게 개인정보를 처리하여야 하며, 그 목적 외의 용도로 활용하여서는 아니 된다.
② 개인정보처리자는 개인정보의 익명처리가 가능한 경우에는 익명에 의하여 처리될 수 있도록 하여야 한다.
③ 개인정보처리자는 수집된 개인정보를 사내 규정에 근거하여 활용하고, 그 이외는 정보 주체의 사생활 침해를 최소화하는 방법으로 개인정보를 처리하여야 한다.
④ 개인정보처리자는 개인정보의 처리 방법 및 종류 등에 따라 정보 주체의 권리가 침해받을 가능성과 그 위험 정도를 고려하여 개인정보를 안전하게 관리하여야 한다.

16 다음 중 데이터의 적절성, 정확성, 상호 운용성 등 명시된 요구와 내재된 요구를 만족하는 데이터 품질 기준은?

① 데이터 기능성
② 데이터 접근성
③ 데이터 일관성
④ 데이터 효율성

17 다음 중 빅데이터 분석 기획 단계에서 수행해야 하는 작업으로 올바른 것은?

① 프로젝트 진행을 위해 비즈니스에 대한 충분한 이해와 도메인 이슈를 도출한다.
② 정형/비정형/반정형 등의 모든 내/외부 데이터와 데이터 속성, 오너, 담당자 등을 포함하는 데이터 정의서를 작성한다.
③ 비즈니스 룰을 확인하여 분석용 데이터 세트를 준비한다.
④ 테스트 데이터 세트를 이용하여 모델 검증 작업을 실시하고 보고서를 작성한다.

18 다음 중 데이터 분석 업무로 올바르지 않은 것은?

① 탐색적 분석과 데이터 모델링을 수행해야 한다.
② 데이터의 수집 및 정합성 검증을 수행해야 한다.
③ 텍스트 분석을 수행해야 한다.
④ 모델 평가 및 검증을 수행한다.

19 다음 중 분석 마스터플랜에 대한 설명으로 올바르지 않은 것은?

① 분석 과제를 수행함에 있어 그 과제의 목적이나 목표에 따라 전체적인 방향성을 제시하는 기본 계획이다.
② 분석 마스터플랜의 우선순위 고려 요소에는 전략적 중요도, 비즈니스 성과, ROI, 실행 용이성이 있다.
③ 중·장기적 마스터플랜 수립을 위해 분석 과제를 대상으로 다양한 기준을 고려하여 우선순위를 설정한다.
④ 분석 마스터플랜 로드맵 수립 시 고려 요소에는 개인정보보호법, 분석 데이터 적용 수준, 비식별화 적용 기법이 있다.

20 다음 중 분석 문제 정의에 대한 설명으로 틀린 것은?

① '과제'는 처리해야 할 문제(이슈)이며, '분석'은 과제와 관련된 현상이나 원인, 해결방안에 대한 자료를 수집 및 분석하여 의사결정에 활용하는 활동이다.
② 분석 문제에서 '문제'라는 것은 기대 상태와 현재 상태를 동일한 수준으로 맞추는 과정이다.
③ 하향식 접근 방식과 상향식 접근 방식을 반복적으로 수행하면서 상호 보완하여 분석 과제를 발굴한다.
④ 상향식 접근 방식(Bottom Up Approach)은 분석 과제가 정해져 있고 이에 대한 해법을 찾기 위해 체계적으로 분석하는 방법이다.

2과목 빅데이터 탐색

21 점 추정 조건에 대한 설명 중 옳지 않은 것은?

① 불편성(Unbiasedness): 추정량의 기댓값이 모집단의 모수와 차이가 없는 특성
② 효율성(Efficiency): 추정량의 분산이 작은 특성
③ 일치성(Consistency): 표본의 크기가 커지면 추정량이 모수와 거의 같아지는 특성
④ 편의성(Convenience): 모수를 추정할 때 복잡한 정도를 나타내는 특성

22 다음 중 전수 조사에 해당하는 것은?

① 전구의 수명
② 우주 왕복선의 부품 검사
③ 암 환자 치료제의 효과
④ 동해안 고래의 개체 수

23 집단 내 이질적이고, 집단 간 동질적인 특성을 갖는 추출 방법은?

① 군집 추출 ② 층화 추출
③ 계통 추출 ④ 다단계 추출

24 이상값에 대한 설명으로 옳은 것은?

① 이상값은 필수적인 데이터가 입력되지 않고 누락된 값이다.
② 이상값은 평균에 영향을 미친다.
③ 통계에 활용하기 위해서는 이상값을 반드시 제거해야 한다.
④ 이상값으로만 구성되어 있을 수 있다.

25 PCA에 대한 설명으로 옳지 않은 것은?

① 차원축소 시 변수 추출(Feature Extraction) 방법을 사용한다.
② Eigen Decomposition, Singular Value Decomposition을 이용한 행렬분해기법이다.
③ 상관관계가 있는 고차원 자료를 자료의 변동을 최대한 제거하는 기법이다.
④ PCA는 수학적으로 직교 선형 변환으로 정의한다.

26 차원 축소에 대한 설명으로 옳지 않은 것은?

① 차원 축소의 방법에는 변수 선택과 변수 추출이 있다.
② 여러 변수의 정보를 최대한 유지하기 위해 데이터 세트 변수의 개수를 유지한다.
③ 차원 축소 후 학습할 경우, 회귀나 분류, 클러스터링 등의 머신러닝 알고리즘이 더 잘 작동된다.
④ 새로운 저차원 변수 공간에서 시각화하기 쉽다.

27 상관관계에 대한 설명으로 옳은 것은?

① 범주형 값이어야 하고, -1 ~ 1의 값을 가진다.
② 명목적 데이터 상관관계를 분석할 때 피어슨 상관계수를 이용한다.
③ 상관계수의 절댓값이 작을수록 강한 상관관계를 갖는다.
④ 상관계수가 -1에 가까울수록 강한 음의 상관관계를 가진다.

28 포아송분포를 가지는 X 변수는 평균이 4이고, Y 변수는 평균이 9일 때 $E\left(\dfrac{3X+2Y}{6}\right)$, $V\left(\dfrac{3X+2Y}{6}\right)$을 계산한 결과는 무엇인가?

① 3, 2
② 3, 4
③ 5, 2
④ 5, 4

29 χ^2 분포에 대한 설명으로 옳지 않은 것은?

① n개의 서로 독립적인 표준 정규 확률변수를 각각 제곱한 다음 합해서 얻어지는 분포이다.
② 자유도 n이 작을수록 왼쪽으로 치우치는 비대칭적 모양이다.
③ 자유도가 $n \geq 2$이면 단봉 형태이다.
④ 기댓값은 n이다.

30 평균에 대한 설명으로 옳은 것은?

① 제2사분위수(Q_2)와 같다.
② 왜도가 0보다 클 때 평균은 중위수보다 작다.
③ 중위수와 관측치의 단위는 같다.
④ 데이터값 중에서 빈도수가 가장 높은 데이터값이다.

31 불균형 데이터에 대한 설명으로 옳지 않은 것은?

① 데이터가 적으면 민감도는 낮아진다.
② 불균형 데이터에서는 정확도(Accuracy)가 낮아지는 경향이 있다.
③ 과소 표집은 무작위로 정상 데이터의 일부만 선택하는 방법으로 유의미한 데이터만을 남기는 방식으로 데이터의 소실이 매우 크고, 때로는 중요한 정상 데이터를 잃게 될 수 있다.
④ 과대 표집으로 데이터를 복제하면 일반화 오류가 발생한다.

32 Box-Cox 변환에 대한 설명으로 옳지 않은 것은?

① 변수변환이 가능하다.
② 로그변환을 포함한다.
③ 파생변수를 생성한다.
④ 데이터를 정규분포에 가깝게 만들기 위한 목적으로 사용한다.

33 다음 중 성격이 다른 지표는 무엇인가?

① 평균
② 범위
③ 중위수
④ 최빈수

34 유의 확률에 대한 설명으로 옳은 것은?

① 유의 확률이 유의 수준보다 크면 H_0를 채택한다.
② 1종 오류를 범할 최대 허용 확률이다.
③ 2종 오류를 범할 최대 허용 확률이다.
④ 가설검정의 대상이 되는 모수를 추론하기 위해 사용되는 표본 통계량이다

35 다음 중 대푯값에 대한 설명으로 옳지 않은 것은?

① 산술 평균은 자료를 모두 더한 후 자료 개수로 나눈 값이다.
② 기하 평균은 숫자들을 모두 곱한 후 거듭제곱근을 취해서 얻은 평균이다.
③ 조화 평균은 속도를 평균낼 때 사용하기에 적합하다.
④ 중위수는 이상값에 영향을 많이 받는다.

36 다음 중 정제 과정에서 수행하는 내용은 무엇인가?

① 데이터의 결측값을 처리하고 데이터를 탐색한다.
② 수집된 데이터를 통합한다.
③ 데이터를 분석 목적에 맞게 데이터 검증을 한다.
④ ETL 프로그램을 개발한다.

37 PCA에 대한 설명으로 옳지 않은 것은?

① 차원 축소는 고윳값이 낮은 순으로 정렬해서, 높은 고윳값을 가진 고유벡터만으로 데이터를 복원한다.
② 변동 폭이 작은 축을 선택한다.
③ 축들은 서로 직교되어 있다.
④ 주성분은 상관성이 높은 변수들을 요약, 축소하는 기법이다.

38 중심 극한 정리에 대한 설명으로 옳지 않은 것은?

① 표본 크기 n이 충분히 클 때 만족한다.
② 모집단의 분포 형태에 관계없이 성립한다.
③ 모집단의 분포는 연속형, 이산형 모두 가능하다.
④ 표본평균의 기댓값과 분산은 모집단의 기댓값과 분산과 동일하다.

39 동일 집단에 대해 처치 전과 후를 비교할 때 평균 추정에 대한 설명으로 옳은 것은? 본문 반영X

① 처치 전과 후의 평균에 대한 차이를 추정한다.
② 표본의 크기가 30 이상이면 T-분포를 30 미만이면 Z-분포를 사용한다.
③ 처치 전과 후를 추정할 때 표본표준편차는 표본의 개수와 비례한다.
④ 표본표준편차는 처치 전의 표준편차와 처치 후의 표준편차를 합해서 계산한다.

40 스케일링에 대한 설명으로 옳지 않은 것은?

① 범주형에 대해 정규화를 수행할 수 있다.
② 최소-최대 정규화는 -1과 1 사이의 값을 가진다.
③ 평균이 0, 분산이 1인 Z-점수 정규화를 수행한다.
④ 편향된 데이터에 대해 스케일링할 수 있다.

3과목 빅데이터 모델링

41 다음 중 훈련 데이터에서 다수의 부트스트랩(Bootstrap) 자료를 생성하고 각 자료를 모델링한 후 결합하여 최종 예측 모형을 만드는 앙상블 기법으로 가장 알맞은 것은?

① 배깅　　② 부스팅
③ 보팅　　④ 의사나무결정

42 소프트맥스 함수에 대한 설명으로 가장 올바르지 않은 것은?

① 출력값은 0에서 1 사이의 실수이다.
② 분산 1이 된다.
③ 출력값을 확률로 해석할 수 있다.
④ 출력값의 총합이 1이 된다.

43 다음 중 활성화 함수에 대한 설명으로 가장 알맞지 않은 것은 무엇인가?

① 하이퍼볼릭 탄젠트는 -1에서 1의 값을 가진다.
② 부호함수는 임곗값을 기준으로 활성화 또는 비활성화가 된다.
③ ReLU함수는 시그모이드의 기울기 소실 문제를 해결하였다.
④ 시그모이드함수 입력값이 0일 때, 미분값은 0.25이다.

44 다음 중 다중공선성을 제거하는 방법으로 가장 올바르지 않은 것은 무엇인가?

① Box-Cox　　② 릿지
③ PCA　　④ 변수 제거

45 다음 중 의사결정나무의 분류나무(이산형 목표변수)에서 사용되는 분리 기준이 아닌 것은?

① 지니지수
② 엔트로피 지수
③ 카이제곱분포
④ 분산 분석에서 F-통계량

46 다음 중 시계열 구성요소로 가장 알맞지 않은 것은 무엇인가?

① 추세 요인　　② 계절 요인
③ 순환 요인　　④ 규칙 요인

47 다음 중 SVM 가우시안 커널(Gaussian Kernel)에 대한 설명으로 가장 옳지 않은 것은 무엇인가?

① 비선형 데이터가 있는 경우에 일반적으로 활용된다.
② 2차원의 점을 1차원의 점으로 변환한다.
③ 가장 많이 사용되는 커널이다.
④ 데이터에 대한 사전 지식이 없는 경우 적절하게 분리할 때 활용된다.

48 다음 중 ARIMA에 대한 설명으로 가장 알맞지 않은 것은?

① 자기회귀 누적 이동평균 모형이다.
② 차분이나 변환을 통해 AR모형이나 MA모형, ARMA모형으로 정상화할 수 있다.
③ 현시점의 자료를 유한개의 백색잡음의 선형결합으로 표현되어 항상 정상성을 만족한다.
④ ARIMA(p, d, q) 모형은 차수 p, d, q가 있다.

49 10명의 혈당을 측정하여 측정 전과 측정 후의 짝을 이룬 표본에 대한 비모수 검정으로 가장 알맞은 것은 무엇인가?

① 윌콕슨 부호 순위 검정
② 윌콕슨 순위 합 검정
③ T-검정
④ 크루스칼 왈리스(Kruskal-Wallis) 검정

50 다음 중 비모수 통계에 대한 설명으로 가장 알맞지 않은 것은?

① 모집단의 분포에 대한 가정의 불만족으로 인한 오류의 가능성이 크다.
② 모수적 방법에 비해 통계량의 계산이 간편하여 직관적으로 이해하기 쉽다.
③ 이상값으로 인한 영향이 적다.
④ 검정 통계량의 신뢰성이 부족하다.

51 다음 중 인공지능 적용 분야와 기법이 올바르게 주어진 것으로 가장 알맞은 것은?

(가) 음성 인식   (나) 필기체 인식
(다) 사진, 이미지, 영상   (라) 로봇 최적화

① (가) 순환 신경망, (나) 순환 신경망, (다) 순환 신경망, (라) 강화학습
② (가) 합성곱 신경망, (나) 강화학습, (다) 순환 신경망, (라) 순환 신경망
③ (가) 순환 신경망, (나) 순환 신경망, (다) 합성곱 신경망, (라) 강화학습
④ (가) 합성곱 신경망, (나) 강화학습, (다) 순환 신경망, (라) 순환 신경망

52 아래와 같은 거래 데이터 세트(Data Set)가 주어졌을 때 연관규칙 '오렌지, 사과 → 자몽'의 지지도와 신뢰도는 각각 얼마인가?

{오렌지, 사과, 자몽},
{수박, 레몬},
{오렌지, 사과, 레몬, 자몽},
{딸기, 수박, 사과, 레몬},
{딸기, 수박, 레몬, 자몽},
{오렌지, 사과}

① 지지도 : 50%   신뢰도 : 66%
② 지지도 : 50%   신뢰도 : 50%
③ 지지도 : 33%   신뢰도 : 66%
④ 지지도 : 33%   신뢰도 : 50%

53 다음 중 로지스틱 회귀분석에 대한 설명으로 가장 알맞지 않은 것은 무엇인가?

① 독립변수가 범주형이다.
② 종속변수는 0과 1이다.
③ 로짓 변환을 사용한다.
④ 시그모이드 함수를 이용한다.

54 다음 중 심층신경망에 대한 설명으로 가장 알맞지 않은 것은 무엇인가?

① 은닉층이 1개 존재한다.
② 오차 역전파를 사용한다.
③ 시그모이드는 오차 역전파로 결과 해석이 어렵다.
④ 은닉층(Hidden Layer)를 심층(Deep)으로 구성한다.

백전백승 기출문제 (2021년) 2회

55 다음 중 SNA 중심성으로 가장 알맞지 않은 것은 무엇인가?

① 연결정도 중심성 ② 근접 중심성
③ 매개 중심성 ④ 조화 중심성

56 다음 중 기계학습 기반 분석 절차로 가장 알맞은 것은 무엇인가?

① 비즈니스 이해 및 문제 정의 → 데이터 수집 → 데이터 전처리와 탐색 → 데이터에 대한 모델훈련 → 모델 성능 평가 → 모델 성능 향상 및 현업 적용

② 비즈니스 이해 및 문제 정의 → 데이터 전처리와 탐색 → 데이터 수집 → 데이터에 대한 모델훈련 → 모델 성능 평가 → 모델 성능 향상 및 현업 적용

③ 데이터 전처리와 탐색 → 비즈니스 이해 및 문제 정의 → 데이터 수집 → 데이터에 대한 모델훈련 → 모델 성능 평가 → 모델 성능 향상 및 현업 적용

④ 데이터 전처리와 탐색 → 데이터 수집 → 비즈니스 이해 및 문제 정의 → 데이터에 대한 모델훈련 → 모델 성능 평가 → 모델 성능 향상 및 현업 적용

57 다음 중 선형회귀와 로지스틱 회귀에 대한 설명으로 가장 알맞지 않는 것은 무엇인가?

① 선형회귀에서 잔차는 정규분포를 따른다.
② 선형회귀는 독립변수를 사용해 종속변수의 움직임을 예측한다.
③ 로지스틱 회귀는 종속변수가 이진이며 분류에 사용한다.
④ 선형회귀에서 로짓 변환을 사용한다.

58 다음 중 데이터 분할에 대한 설명으로 가장 올바르지 않은 것은 무엇인가?

① 데이터는 학습, 검증, 평가 데이터로 구분한다.
② 훈련 데이터를 한 번 더 분할하여 훈련 데이터와 검증 데이터로 나누어서 사용한다.
③ Early Stopping을 사용할 수 있다.
④ 평가 데이터는 학습에 사용할 수 있다.

59 다음 중 시계열 모형으로 가장 알맞지 않은 것은 무엇인가?

① AR모형 ② MA모형
③ ARIMA모형 ④ 로지스틱 회귀 모형

60 다음 중 은닉층이 순환적으로 연결된 것은 무엇인가?

① CNN ② ANN
③ RNN ④ DNN

4과목 빅데이터 결과 해석

61 다음 중 매개변수(Parameter)와 초매개변수(Hyper Parameter)에 대한 설명으로 옳지 않은 것은?

① 매개변수는 종종 학습된 모델의 일부로 저장된다.
② 초매개변수는 모델의 알고리즘 구현 과정에서 사용한다.
③ 매개변수는 사람에 의해 수작업으로 측정되지 않는다.
④ 초매개변수는 주어진 데이터로부터 학습을 통해 모델 내부에서 결정되는 변수이다.

62 다음 중 경사하강법(Gradient Descent)과 관련된 알고리즘으로 옳지 않은 것은?

① Adaboost
② RMSProp
③ Adagrad
④ Nesterov Momentum

63 관계 시각화에 대한 설명으로 옳은 것은?

① 관계 시각화는 지도 위에 위치를 표시하기 위해 위도와 경도를 사용한다.
② 관계 시각화는 다변량 변수를 갖는 자료를 제한된 2차원에 효과적으로 표현하는 시각화 방법이다.
③ 복잡하고 어려운 데이터를 더 쉽고 명확하게 이해할 수 있도록 그래픽과 텍스트가 균형을 이루게 조합한다.
④ 버블 차트(Bubble Chart)는 대표적인 관계 시각화 기법이다.

64 다음이 설명하는 데이터 시각화 기법은 무엇인가?

- 다변량 데이터 사이에 존재하는 변수 사이의 연관성, 분포와 패턴을 찾는 시각화 방법이다.
- 버블 차트(Bubble Chart), 산점도(Scatter Plot) 등이 대표적인 시각화 유형이다.

① 시간 시각화　② 분포 시각화
③ 관계 시각화　④ 비교 시각화

65 평균 절대 백분율 오차(MAPE;Mean Absolute Percentage Error)에 대한 공식으로 옳은 것은 무엇인가? (O_i : 관측빈도, E_i : 기대 빈도)

① $\frac{1}{n}\sum_{i=1}^{n}|O_i - E_i| \times 100$

② $\frac{1}{n}\sum_{i=1}^{n}(O_i - E_i)^2 \times 100$

③ $\frac{1}{n}\sum_{i=1}^{n}\left|\frac{O_i - E_i}{O_i}\right| \times 100$

④ $\sqrt{\frac{1}{n}\sum_{i=1}^{n}(O_i - E_i) \times 100}$

66 선거인단수, 인구 등의 특정한 데이터값의 변화에 따라 지도의 면적이 왜곡되어 표현되는 공간 시각화 기법은?

① 카토그램(Catogram)
② 히트맵(Heatmap)
③ 버블 차트(Bubble Chart)
④ 히스토그램(Histogram)

67 주어진 원천 데이터를 두 분류로 분리하여 교차 검정을 실시하는 방법으로, 하나는 학습용 데이터로, 하나는 평가용 데이터로 사용하는 기법은 무엇인가?

① Bagging
② Ensenble
③ Boosting
④ Holdout

68 다음은 ROC 곡선에 대한 그림이다. 설명으로 옳지 않은 것은?

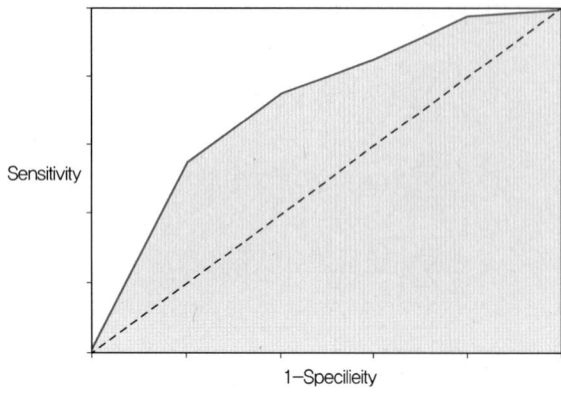

① AUC의 값은 항상 0.5~1의 값을 가지며 1에 가까울수록 좋은 모형이다.
② AUC는 곡선 아래 영역을 의미한다.
③ AUC는 진단의 정확도를 측정할 때 사용한다.
④ 참조선(Reference Line)에 가까울수록 성능이 좋다.

69 다음의 그래프에서 왜도, 평균, 중위수, 최빈값에 대한 관계로 옳은 것은?

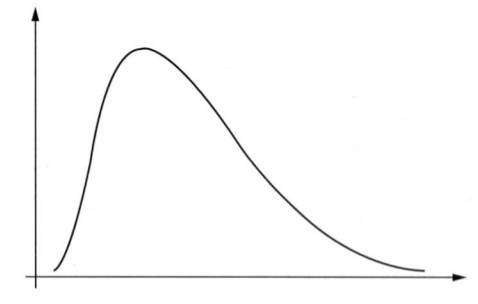

① 왜도 > 0, 평균 > 중위수 > 최빈수
② 왜도 > 0, 평균 < 중위수 < 최빈수
③ 왜도 < 0, 평균 < 중위수 < 최빈수
④ 왜도 < 0, 평균 > 중위수 > 최빈수

70 다음 중 회귀모형의 가정으로 가장 옳지 않은 것은 무엇인가?

① 등분산성
② 독립성
③ 선형성
④ 일관성

71 시각화 기법이 아닌 것은?

① 원-핫 인코딩(One-Hot Encoding)
② 박스플롯(Boxplot)
③ 산점도(Scatter Plot)
④ 파이 차트(Pie Chart)

72 인공신경망의 과대 적합(Overfitting)을 방지하는 방법으로 옳지 않은 것은 무엇인가?

① 가중치의 합을 조절한다.
② 설명 노드의 수를 줄여서 가중치의 비중을 조절한다.
③ 학습률을 감소하는 방향으로 변경한다.
④ 에포크(Epoch)를 제한한다.

73 다음은 1973년 미국의 지역별 강력 범죄율 데이터를 주성분 분석하여 도출된 결과이다. 제 3주성분을 기준으로 했을 때의 누적 기여율은 얼마인가?

```
Importance of components:
                          Comp.1    Comp.2    Comp.3    Comp.4
Standard deviation     1.5748783 0.9948694 0.5971291 0.41644938
Proportion of Variance 0.6200604 0.2474413 0.0891408 0.04335752
Cumulative Proportion  0.6200604 0.8675017 0.9566425 1.00000000
```

① 85.69%
② 95.66%
③ 90.00%
④ 99.99%

74 이진 분류기의 평가측정 요소로 옳지 않은 것은?

① Precision ② Recall
③ Accuracy   ④ MAE

75 다음은 성별 차이에 따른 우울증 빈도에 대한 결과이다. 카이제곱을 통한 계산식은 무엇인가? (O_i : 관측빈도, E_i : 기대 빈도)

	우울증 있음	우울증 없음	계
여자	400	250	650
남자	200	150	350
계	600	400	1000

① $\chi^2 = \sum_{i=1}^{k} \left| \frac{(O_i - E_i)}{E_i} \right|$

② $\chi^2 = \sum_{i=1}^{k} \frac{(O_i - \widehat{E_i})^2}{E_i}$

③ $\chi^2 = \sum_{i=1}^{k} \frac{(O_i - E_i)^2}{O_i}$

④ $\chi^2 = \sum_{i=1}^{k} \frac{(O_i - E_i)^2}{E_i}$

76 다음은 혼동행렬(Confusion Matrix)이다. 민감도(Sensitivity)와 정밀도(Precision)를 계산한 결과는 무엇인가?

		실제(Actual)	
		참	거짓
예측(Predict)	참	4	2
	거짓	1	3

① 민감도: 2/3, 정밀도: 4/5
② 민감도: 4/5, 정밀도: 2/3
③ 민감도: 3/5, 정밀도: 4/5
④ 민감도: 4/5, 정밀도: 3/5

77 회귀모형 진단을 위해 사용되는 적합도 검정기법과 가장 거리가 먼 것은 무엇인가?

① 종속변수 y의 절편
② 샤피로-윌크 검정
③ Q-Q Plot
④ 잔차의 히스토그램

78 빅데이터 분석 결과를 통해 수립된 전략으로 옳지 않은 것은?

① 작업공간의 효율화
② 병목현상의 제거
③ 성능의 최적화
④ 초과 근무의 의무화

79 다음 중 데이터 시각화에 대한 설명으로 옳지 않은 것은?

① 데이터 시각화는 분석 모형 해석의 기본이 된다.
② 정보 전달과 설득을 위한 목적으로 사용된다.
③ 시간 시각화 기법으로 막대그래프, 추세선 등을 사용한다.
④ 비교 시각화의 유형으로 파이차트, 도넛차트 등이 있다.

80 혼동행렬의 평가지표에서 실제로 '부정'인 범주 중에서 '부정'으로 올바르게 예측한 비율은?

① 민감도(Sensitivity)
② 특이도(Specificity)
③ 지지도(Support)
④ 유사도(Similarity)

기출문제 (2022년) 3회

1과목 빅데이터 분석 기획

01 다음 중 하둡 프레임워크의 HDFS에 대한 설명으로 올바른 것은?

① 복제의 횟수는 내부에서 결정된다.
② NTFS, FAT 파일 시스템과 연계할 수 있다.
③ GFS와 동일한 함수를 적용한다.
④ 네임 노드는 삭제한 데이터 노드를 관리하는 기능이 있다.

02 인 메모리 기반의 실시간 데이터 처리와 관련된 오픈 소스 프로젝트는?

① 임팔라(Impala)
② 스파크(Spark)
③ 하이브(Hive)
④ 스크라이브(Scribe)

03 다음 중 데이터 3법에 해당하지 않는 것은?

① 신용정보의 이용 및 보호에 관한 법률
② 개인정보보호법
③ 정보통신망 이용촉진 및 정보보호 등에 관한 법률
④ 공공 데이터의 제공 및 이용 활성화에 관한 법률

04 다음 중 빅데이터 처리 과정 중 저장 단계에 사용하는 기술은?

① Map-Reduce ② 가시화
③ 직렬화 ④ NoSQL

05 정부에서는 공공기관에서 보유하고 있는 다양한 공공 데이터를 파일 형식으로 개방하여 누구나 편리하고 손쉽게 이용할 수 있다. 다음 중 공공 데이터에서 제공하는 데이터 포맷이 아닌 것은?

① XML(eXtensible Markup Language)
② SQL(Structured Query Language)
③ JSON (JavaScript Object Notation)
④ CSV(Comma-Separated Values)

06 다음 중 데이터 비식별화 기법에 대한 설명으로 올바르지 않은 것은?

① 가명처리(Pseudonymisation)는 개인 식별이 가능한 데이터에 대하여 직접 식별할 수 없는 다른 값으로 대체하는 기법이다.
② 총계처리(Aggregation)는 개인정보에 대하여 통곗값을 적용하여 특정 개인을 판단할 수 없도록 하는 기법이다.
③ 범주화(Data Suppression)는 단일 식별 정보를 해당 그룹의 대푯값으로 변환하거나 구간 값으로 변환하여 고유 정보 추적 및 식별을 방지하는 기법이다.
④ 데이터값 삭제(Data Reduction)는 개인정보 식별이 가능한 특정 데이터값을 대체하는 기법이다.

07 다음 중 데이터 분석 로드맵 설정을 위한 우선순위 설정 시 고려해야 할 사항이 아닌 것은?

① 전략적 중요도
② 비즈니스 성과 및 ROI
③ 분석데이터의 활용
④ 분석과제의 실행 용이성

08 다음 중 빅데이터 3V에 해당하지 않는 것은?

① Volume   ② Velocity
③ Variety   ④ Value

09 다음 중 빅데이터 분석 기획 절차로 올바른 것은?

① 프로젝트 정의 → 범위 설정 → 위험계획수립 → 수행계획수립
② 프로젝트 정의 → 범위 설정 → 수행계획수립 → 위험계획수립
③ 범위 설정 → 프로젝트 정의 → 수행계획수립 → 위험계획수립
④ 범위 설정 → 프로젝트 정의 → 위험계획수립 → 수행계획수립

10 다음 중 시스템의 전방(Front-End)에 위치하여 클라이언트로부터 다양한 서비스를 처리하고, 내부 시스템으로 전달하는 미들웨어는 무엇인가?

① 데이터베이스
② API 게이트웨이(Gateway)
③ PaaS
④ ESB

11 1제타바이트에 1byte의 아스키코드(ASCII Code)를 넣을 수 있는 수의 크기는?

① 2^{10} ② 2^{30}
③ 2^{50} ④ 2^{70}

12 다음 중 데이터 저장소가 아닌 것은?

① Data Warehouse
② Data Mart
③ Data Mining
④ Data Dam

13 다음 중 개인정보처리자가 개인정보를 수집하여 이용할 수 있는 경우가 아닌 것은?

① 법률에 특별한 규정이 있거나 법령상 의무를 준수하기 위하여 불가피한 경우
② 공공기관이 법령 등에서 정하는 소관 업무의 수행을 위하여 불가피한 경우
③ 사용자와 계약을 통해 이뤄진 요금 정산을 위하여 개인정보를 이용할 경우
④ 개인의 편의를 위해서 개인정보를 이용할 경우

14 다음 중 데이터에 포함된 개인정보를 보호하기 위해서 해당 데이터 세트(Data Set)에 임의의 노이즈(Noise)를 삽입함으로써 개인정보가 제3자에게 노출되지 않도록 보호하는 기법은 무엇인가?

① K-익명성
② 차등 프라이버시(Differential Privacy)
③ 가명처리
④ L-다양성

15 다음 중 정형 데이터와 비정형 데이터에 대한 설명으로 올바른 것은?

① 동영상, 오디오 데이터는 정형 데이터에 속한다.
② 비정형 데이터는 전처리를 할 수 없어서 분석하기 어렵다.
③ 자연어 처리 기술(Natural Language Processing)은 텍스트 분석에 활용된다.
④ 비정형 데이터는 정형 데이터에 비해 정확한 형식을 가지고 있다.

16 다음 중 인공지능에 대한 설명으로 올바르지 않은 것은?

① 인공지능이란 인간이 가지고 있는 지적 능력을 컴퓨터 시스템에서 구현한 기술이다.
② 강한 인공지능은 사람처럼 학습하고, 추론하며, 문제를 인식하고 이것을 해결하기 위한 범용 인공지능이다.
③ 인공지능의 암흑기를 지나 빅데이터를 통해 자체 알고리즘을 가지고 학습하는 딥러닝 기술로 특정 분야에서 인간의 지능을 뛰어넘는 능력을 갖추게 되었다.
④ 뛰어난 인공지능 알고리즘은 정확한 분석을 위해서 학습을 하지 않아도 된다.

17 다음 중 데이터 분석 모델링과 관련하여 수행하는 업무가 아닌 것은?

① 데이터 분할
② 데이터 모델링
③ 모델 평가 및 검증
④ 모델 적용 및 운영방안 수립

18 다음 중 실제 데이터 분석을 수행하기 전에 비즈니스 이해 및 범위를 설정하고, 과제 정의 및 관리 방안을 사전에 계획하는 단계는?

① 분석 기획
② 데이터 준비
③ 데이터 분석
④ 시스템 구현

19 고품질 데이터 속성으로 올바르지 않은 것은?

① 정확성(Accuracy)
② 시의성(Timeliness)
③ 불편의성(Unbiasedness)
④ 일관성(Consistency)

20 다음 중 분산 파일 시스템에 대한 설명으로 옳은 것은?

① 서로 연결되어있는 여러 컴퓨터가 하나의 작업을 처리하는 시스템이다.
② 여러 저장 디스크를 하나의 서버 환경에 연결하여 처리할 수 있는 시스템이다.
③ 하나의 처리 장치로 복수의 프로그램을 동시에 처리할 수 있는 시스템이다.
④ 네트워크를 통해 공유하는 여러 호스트 컴퓨터의 파일에 접근할 수 있게 하는 파일 시스템이다.

| 2과목 | 빅데이터 탐색 |

21 대푯값에 대한 설명 중 틀린 것은 무엇인가?

① 이상값이 있는 경우 중앙값은 평균보다 영향이 크다.
② IQR는 Q_3와 Q_1의 차이이다.
③ 변화율 등은 기하 평균을 많이 사용한다.
④ 변동 계수는 산포도와 관련이 있다.

22 $H_0: \mu < 35$, $H_1: \mu \geq 35$를 만족할 때 표본의 평균은 38, 모집단의 표준편차는 6이고, 표본의 개수는 36개이다. 신뢰도 99%를 만족할 때 Z값, 귀무가설 검정으로 옳은 것은?

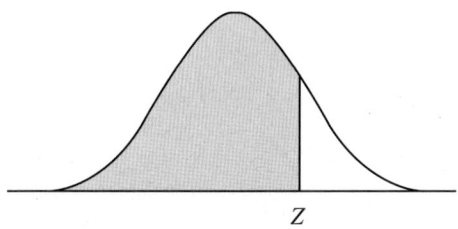

	0.00	0.01	0.02	0.03	0.04	0.05	0.06	0.07	0.08	0.09
2.5	0.9938	0.9940	0.9941	0.9943	0.9945	0.9946	0.9948	0.9949	0.9951	0.9952
2.6	0.9953	0.9955	0.9956	0.9957	0.9959	0.9960	0.9961	0.9962	0.9963	0.9964
2.7	0.9965	0.9966	0.9967	0.9968	0.9969	0.9970	0.9971	0.9972	0.9973	0.9974
2.8	0.9974	0.9975	0.9976	0.9977	0.9977	0.9978	0.9979	0.9979	0.998	0.9981
2.9	0.9981	0.9982	0.9982	0.9983	0.9984	0.9984	0.9985	0.9985	0.9986	0.9986
3.0	0.9987	0.9987	0.9987	0.9988	0.9988	0.9989	0.9989	0.9989	0.999	0.999
3.1	0.9990	0.9991	0.9991	0.9991	0.9992	0.9992	0.9992	0.9992	0.9993	0.9993
3.2	0.9993	0.9993	0.9994	0.9994	0.9994	0.9994	0.9994	0.9995	0.9995	0.9995
3.3	0.9995	0.9995	0.9995	0.9996	0.9996	0.9996	0.9996	0.9996	0.9996	0.9997
3.4	0.9997	0.9997	0.9997	0.9997	0.9997	0.9997	0.9997	0.9997	0.9997	0.9998
3.5	0.9998	0.9998	0.9998	0.9998	0.9998	0.9998	0.9998	0.9998	0.9998	0.9998

① $Z = 2.0$, H_0 채택
② $Z = 2.0$, H_0 기각
③ $Z = 3.0$, H_0 채택
④ $Z = 3.0$, H_0 기각

23 다음 중 통계적 가설 검정에 관한 내용으로 가장 적절하지 않은 것은 무엇인가?

① 귀무가설이 참이 아닌데도 귀무가설을 채택할 오류의 확률을 검정력이라고 한다.
② 귀무가설을 기각시키는 검정통계량의 범위를 기각역이라고 한다.
③ 귀무가설이 맞는다는 가정하에 표본 통계량보다 더 극단적인 결과가 관측될 확률을 유의 확률이라고 한다.
④ 귀무가설이 참인데도 기각함으로써 발생하는 오류를 제1종 오류라고 한다.

24 이상값을 찾는 방법으로 옳지 않은 것은?

① 단변량이면 박스플롯(Boxplot)을, 다변량이면 산점도(Scatter Plot)를 이용해서 파악한다.
② 평균으로부터 3시그마 떨어진 곳의 값을 파악한다.
③ 물리적으로 불가능한 값이나 도메인의 범위를 이용해서 파악한다.
④ 노이즈 값을 계산하여 찾는다.

25 차원 축소 기법인 PCA(Principal Component Analysis)에 대한 설명으로 가장 올바르지 않은 것은?

① 선형 결합한다.
② 변동이 큰 축을 기준으로 한 차원씩 선택한다.
③ 이산형 변수에 사용할 수 있다.
④ 차원 축소를 통해 원본 데이터를 직관적으로 파악할 수 있다.

26 상관계수에 대한 설명으로 옳지 않은 것은?

① 상관계수는 −1에서 1 사이의 값을 가진다.
② 상관계수는 0에 가까우면 선형 관계가 희미하다.
③ 상관계수만으로 통계적 유의성을 알 수 있다.
④ 산점도를 통해 상관 정도를 파악할 수 있다.

27 맨하탄 거리를 이용해 거리를 계산한다고 했을 때 $dist_k(o)$는 o로부터 k번째 떨어진 점을 의미한다. $dist_2(0)$에 해당하는 점은 무엇인가?

| A (1, 1) | B (1, 2) | C (2, 2) | D (4, 1) |

① A
② B
③ C
④ D

28 쥐의 무게(X)가 평균 150g이고, 표준편차는 4g이다. $\dfrac{X-150}{4}$의 분포는 무엇인가?

① $N(150, 6)$
② $N(0, 1)$
③ $N(0, 1/10)$
④ $N(0, 1/100)$

29 다음 중 3사분위수보다 항상 작은 값은 무엇인가?

① 평균
② 하위 80%에 위치한 값
③ 중위수
④ 최댓값

30 불균형 데이터에 대한 척도에 해당하지 않는 것은?

① 정밀도(Precision)
② 재현율(Recall)
③ 오보율(False Alarm Rate)
④ 곡선 아래 면적(AUC; Area Under the Curve)

31 X_1, X_2는 독립이고, X_1, X_2 각각은 평균이 μ, 표준편차가 σ일 때, $X_1 + X_2$의 표준편차는 얼마인가?

① $\sqrt{2}\sigma$
② σ
③ $\sigma/\sqrt{2}$
④ $\sigma/2$

32 비정형 텍스트 마이닝에 대한 설명으로 옳지 않은 것은?

① 의미 있는 형태소로 분할하기 위해 토큰화(Tokenization)한다.
② 불필요한 품사를 제거하기 위해 품사 태깅(POS Tagging)을 한다.
③ 조사, 접미사 같은 실제 의미 분석을 하는 데는 거의 기여하는 바가 없는 불용어(Stopword)를 처리한다.
④ 어간 추출(Stemming)을 통해 단어들로부터 표제어를 찾는다.

33 오른쪽으로 꼬리가 길 때, 피어슨 왜도 계수와 평균, 중위값, 최빈수의 관계로 옳은 것은?

① 피어슨 왜도 계수 > 0, 평균 > 중위값 > 최빈수
② 피어슨 왜도 계수 = 0, 평균 > 중위값 > 최빈수
③ 피어슨 왜도 계수 < 0, 평균 > 중위값 > 최빈수
④ 피어슨 왜도 계수 < 0, 평균 < 중위값 < 최빈수

34 정규화에 대한 설명으로 옳지 않은 것은?

① 최소-최대 정규화는 0과 1 사이의 값을 가진다.
② Z-스코어 정규화의 공식은 $Z = \dfrac{X - 평균}{표준편차}$이다.
③ Quantile 정규화는 비교하려는 샘플들의 분포를 완전히 동일하게 만들고 싶을 때 사용한다.
④ 최소-최대 정규화는 이상값에 영향을 적게 받는다.

35 정규분포에 대한 설명으로 옳지 않은 것은?

① 정규분포를 나타내기 위해 평균과 분산을 사용한다.
② 분포 형태가 종 모양이다.
③ 왜도는 3이고, 첨도는 0이다.
④ 표준정규분포는 평균이 0, 표준편차가 1이다.

36 탐색적 데이터 분석에 대한 설명으로 가장 옳지 않은 것은?

① 데이터에 대한 전체적인 분포를 검토하는 과정이다.
② 데이터 분석 과정에서 결과를 도출한다.
③ 데이터에 대한 잠재적 문제를 발견할 수 있다.
④ 탐색적 데이터 분석은 패턴을 찾는 과정이다.

37 표준화에 대한 설명으로 옳은 것은?

① 표준화는 입력값에서 평균을 뺀 값에 분산을 나눠 계산한다.
② 정규분포를 표준화하면 표준정규분포가 된다.
③ 표준화의 최댓값은 1이다.
④ 표준화의 표준편차는 0이다.

38 데이터 중에 매우 큰 값이 있을 경우 영향을 가장 적게 주는 변동 척도는?

① 표준편차
② 범위
③ IQR
④ 변동 계수

39 초기하분포에 대한 설명으로 옳지 않은 것은?

① 초기하분포는 특정 그룹에서 뽑힌 표본의 수에 대한 확률분포이다.
② 초기하분포는 시행마다 성공 확률이 일정하지 않다.
③ 초기하분포는 시행은 독립적이다.
④ 초기하분포는 이산 확률분포를 가진다.

40 다음 박스플롯에 대한 설명으로 옳지 않은 것은?

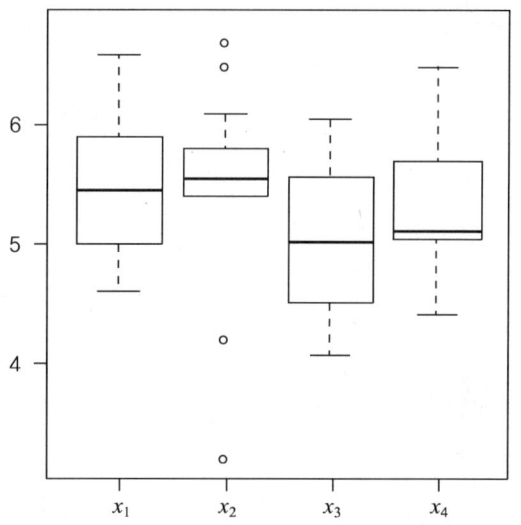

① X2는 X3보다 분산이 작다.
② X3의 평균은 5이다.
③ X1의 1사분위수는 5 근처이다.
④ X2는 이상값이 있다.

3과목   빅데이터 모델링

41 텍스트 마이닝에서 여러 문서로 이루어진 문서 군이 있을 때 어떤 단어가 특정 문서 내에서 얼마나 중요한 것인지를 추출하는 기법은 무엇인가?

① 토픽 모델링
② 워드 클라우드
③ 소셜 네트워크 분석
④ TF-IDF(Term Frequency-Inverse Document Frequency)

42 선형 회귀 모형 $y = \beta_0 + \beta_1 x_i + \epsilon_i$ 일 때, 일반적인 가정이 아닌 것은?

① 오차항 ϵ_i는 독립성이다
② 오차항 ϵ_i는 등분산성이다
③ 오차항 ϵ_i는 비상관성이다
④ 오차항 ϵ_i는 카이제곱분포이다

43 아래 빈칸에 들어갈 내용으로 가장 알맞은 것은?

> 비지도 학습은 레이블(Label)이 (   ) 데이터를 학습하고, 주요 기법에는 (   )이 있다.

① 알려진, 선형 회귀 분석
② 알려지지 않은, 군집 분석
③ 알려진, 로지스틱 회귀 분석
④ 알려지지 않은, 선형 회귀 분석

44 인공신경망에 대한 설명으로 가장 알맞지 않은 것은?

① 인공신경망에서 역전파는 입력층(Input Layer)에서 출력층(Output Layer)까지 정보가 전달되는 과정이다.
② 인공신경망은 입력값을 받아서 출력값을 만들기 위해 활성화 함수를 사용한다.
③ 인공신경망은 사람 두뇌의 신경세포인 뉴런이 전기신호를 전달하는 모습을 모방한 기계학습 모델이다.
④ 활성화 함수는 순 입력함수로부터 전달받은 값을 출력값으로 변환해 주는 함수이다.

45 활성화 함수 중 단층 신경망에서 해결할 수 없는 것은?

① AND
② OR
③ NOR
④ XOR

46 오토인코더에 대한 설명으로 가장 알맞지 않은 것은?

① 비지도 학습 신경망이다.
② 인코더는 차원 축소의 역할을 한다.
③ 입력층 노드 개수는 출력층 노드 개수보다 커야 한다.
④ 인코드 입력 노드 개수는 디코드 출력 노드 개수와 동일하다.

47 빈칸에 알맞은 용어는 무엇인가?

> 시퀀스투시퀀스(Seq2Seq)에서 인코더를 통해 (   )가 만들어지고 디코더를 통해 출력 시퀀스가 된다.

① 고유벡터(Eigen Vector)
② 컨텍스트 벡터(Context Vector)
③ 영벡터(Zero Vector)
④ 기저벡터(Base Vector)

48 의사결정나무의 분석 과정으로 가장 알맞지 않은 것은?

① 데이터의 분류 및 예측에 활용한다.
② 부적절한 나뭇가지는 가지치기로 제거한다.
③ 분석의 목적과 자료 구조에 따라서 적절한 분리 기준으로 마지막 끝 마디까지 생성한다.
④ 이익, 위험, 비용 등을 고려하여 모형을 평가한다.

49 범주형 데이터를 분류할 수 없는 것은?

① 인공신경망   ② 의사결정나무
③ 선형 회귀 분석   ④ SVM

50 다음이 설명하는 시계열에 대한 요인으로 가장 알맞은 것은?

> 주, 월, 분기, 반기 단위 등 특정 시간의 주기로 나타나는 패턴

① 추세   ② 주기
③ 계절   ④ 불규칙

51 연관 알고리즘으로 가장 알맞은 것은?

① C5.0   ② 아프리오리(Apriori)
③ CART   ④ QUEST

52 로지스틱 회귀 분석에 대한 설명으로 가장 알맞지 않은 것은?

$$\log \frac{\pi}{1-\pi} = \alpha + \beta x$$

① 승산비를 로그 변환한 것이 로짓 함수이다.
② 로짓 함수의 값은 로그 변환에 의해 음의 무한대부터 양의 무한대까지 값을 가질 수 있다.
③ 로지스틱 함수는 로짓 함수의 역함수이다.
④ 로지스틱 함수는 입력변수를 −1부터 1사이의 값을 가지는 출력변수로 변환한 것이다.

53 모형의 복잡도에 벌점(Penalty)을 주는 방법에 대한 설명으로 가장 알맞지 않은 것은?

① AIC(Akaike Information Criterion)는 실제 데이터의 분포와 모형이 예측하는 분포 사이의 차이를 나타낸 지표이다.
② AIC 값이 낮을수록 모형의 적합도가 낮다.
③ AIC의 단점은 표본이 커질수록 부정확해진다는 점인데, 이를 보완한 지표가 BIC(Bayesian Information Criterion)이다.
④ BIC는 표본의 크기가 커질수록 복잡한 모형을 더 강하게 처벌한다.

54 비지도 학습으로 가장 알맞지 않은 것은?

① 군집 분석   ② 연관
③ 선형회귀   ④ 신경망

55 세 개의 집단의 평균 차이를 검정하는 것은?

① 윌콕슨 부호 검정   ② 다차원 척도법
③ 분산 분석   ④ 판별 분석

56 윌콕슨 부호 순위 검정, 윌콕슨 순위 합 검정에 대한 설명으로 부적합한 것은?

① 윌콕슨 부호 순위 검정은 단일 표본 검정 기법이다.
② 윌콕슨 순위 합 검정은 이변수 검정 기법이다.
③ 윌콕슨 순위 합 검정은 자료의 분포에 대한 대칭성 가정이 필요하다.
④ 윌콕슨 순위 합 검정은 모수 분포를 가정한 방법이다.

57 아래의 수식이 나타내는 것은 무엇인가?

$$J(\beta) = MSE(\beta) + \frac{1}{2}c\sum_{k=0}\beta^2$$

① 라쏘 회귀 ② 릿지 회귀
③ 엘라스틱넷 회귀 ④ 다항 회귀

58 배깅에 대한 설명으로 알맞지 않은 것은?

① 편향(Bias)이 낮은 과소적합(Underfit) 모델에 효과적이다.
② 편향(Bias)이 높은 과대적합(Overfit) 모델에 효과적이다.
③ 훈련 데이터에서 다수의 부트스트랩 자료를 생성하고 각 부트스트랩 자료를 결합하여 최종 예측 모형을 만드는 알고리즘이다.
④ 가중치를 활용하여 약 분류기를 강 분류기로 만드는 방법이다.

59 실루엣 계수가 아래와 같을 때, 최적의 군집 개수는?

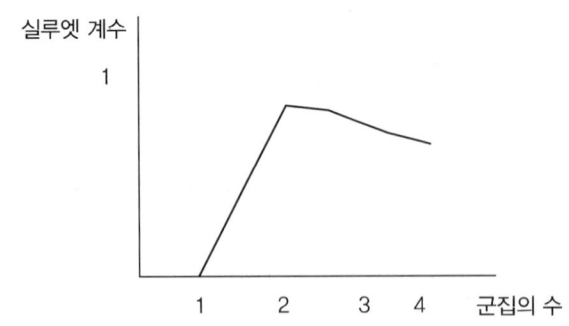

① 1 ② 2
③ 3 ④ 4

60 다음 중 과대 적합 방지 기법이 아닌 것은?

① 정규화(Regularization)
② Dropout
③ 배치 정규화(Batch Normalization)
④ Max Pooling

4과목 빅데이터 결과 해석

61 초매개변수(Hyper Parameter) 최적화로 적절하지 않은 것은 무엇인가?

① 베이지안 최적화 ② 랜덤 탐색
③ 그리드 탐색 ④ 경사 하강법

62 다음 중 p-value인 유의확률과 유의수준에 대한 설명으로 올바른 것은?

① p-value가 유의수준보다 크면 대립가설을 채택한다.
② p-value가 유의수준보다 작으면 귀무가설을 기각한다.
③ p-value가 유의수준보다 크면 귀무가설을 기각한다.
④ p-value가 유의수준보다 작으면 귀무가설을 채택한다.

63 $y=0$ 혹은 $y=1$ 값을 가지는 이진 분류 분석에서 민감도, 특이도가 둘 다 1일 때 정확도는 얼마인가?

① 0
② 1/2
③ 1
④ 알 수 없음

64 다음 중 오차항의 분산이 독립변수와 무관하게 일정해야 한다는 특성은 무엇인가?

① 선형성
② 등분산성
③ 비상관성
④ 정상성

65 다음 중 관계 시각화 기법으로 올바른 것은?

① 막대그래프
② 레이더 차트
③ 히트맵
④ 산점도

66 다음은 비교 시각화 기법의 한 종류이다. 이에 해당하는 것은?

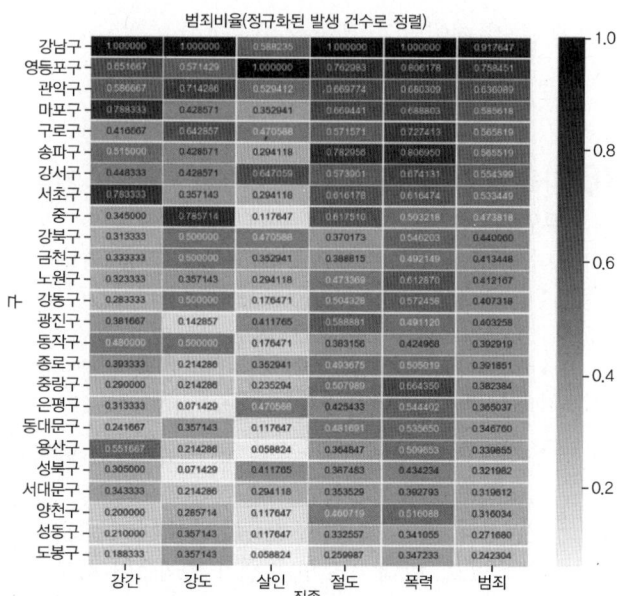

① 막대그래프
② 레이더 차트
③ 히트맵
④ 누적 영역 차트

67 다음은 머신러닝에 대한 일련의 처리 과정이다. 빈칸 (　)에 들어갈 용어는 무엇인가?

표현 - 평가 - (　) - 일반화

① 정규화
② 최적화
③ 합리화
④ 시각화

68 ROC 곡선에 대한 설명으로 옳지 않은 것은?

① 민감도 0, 특이도 1인 점을 지난다.
② 민감도 1, 특이도 0인 점을 지난다.
③ 가장 이상적인 것은 민감도 1 특이도 1일 때이다.
④ ROC 곡선의 가로축의 값이 증가할수록 특이도가 증가한다.

69 다음 혼동 행렬에서 민감도는 얼마인가?

실젯값		예측치	
		참	거짓
	참	40(TP)	60(FN)
	거짓	20(FP)	80(TN)

① 0.25
② 0.67
③ 0.40
④ 0.75

70 다음 중 비교 시각화 방법으로 옳지 않은 것은?

① 히트맵
② 체르노프 페이스
③ 지도 맵핑
④ 평행 좌표 그래프

71. 다음의 이원교차표를 이용하여 학년별 과목의 성적에 대한 카이제곱 분석을 실시하려고 한다. 다음 중 옳은 것끼리 나열한 것은?

	국어	영어	수학
1학년	80	75	72
2학년	76	82	68
3학년	83	79	75

㉠ 카이제곱값이 클수록 귀무가설을 기각한다.
㉡ 표본의 수가 많을수록 포아송분포에 가까워진다.
㉢ 자유도는 4이다.

① ㉠, ㉡
② ㉠, ㉢
③ ㉡, ㉢
④ ㉠, ㉡, ㉢

72. 다음 중 관계 시각화의 유형으로 올바르지 않은 것은?

① 산점도
② 버블 차트
③ 네트워크 그래프
④ 누적 영역 그래프

73. 다음 중 k-Fold Cross Validation에 대한 설명으로 옳지 않은 것은?

① 데이터 집합을 k 등분한다.
② 1개 부분 집합을 평가 데이터로 선정한다.
③ (k-1)개의 부분 집합을 학습 데이터로 선정한다.
④ k값이 증가하면 수행시간과 계산량이 줄어든다.

74. 다음 중 히스토그램(Histogram)에 대한 설명으로 올바르지 않은 것은?

① 질적, 양적 자료 표현에 사용된다.
② 종속변수를 확률 단위로도 표현이 가능하다.
③ 데이터 표현을 잘하려면 구간을 잘 정해야 한다.
④ 누적해서 표현하면 누적확률밀도함수를 항상 갖는다.

75. 다음 중 홀드 아웃(Holdout) 관련 데이터가 아닌 것은?

① 학습 데이터(Training Data)
② 검증 데이터(Validation Data)
③ 평가 데이터(Test Data)
④ 증강 데이터(Augmented Data)

76. 다음 중 아래에서 설명하는 매개변수 최적화 기법은 무엇인가?

- 기울기 방향으로 힘을 받으면 물체가 가속된다는 물리 법칙을 적용한 알고리즘
- 기울기가 줄어들더라도 누적된 기울기 값으로 인해 빠르게 최적점으로 수렴하게 됨
- 최적점 탐색 경로를 보면 알 수 있듯이, 공이 구르는 듯한 모습을 보여줌
- 관성의 방향을 고려해 진동과 폭을 줄이는 효과가 있고, 탐색 경로의 변위가 줄어들어 빠르게 최적점으로 수렴함

① 확률적 경사 하강법(Stochastic Gradient Descent; SGD)
② 모멘텀(Momentum)
③ AdaGrad(Adaptive Gradient Algorithm)
④ Adam(Adaptive Moment Estimation)

77 인포그래픽(Infographics)에 대한 설명으로 옳지 않은 것은?

① 그래픽과 텍스트를 균형 있게 조합한다.
② 최대한 많은 정보를 담는다.
③ 정보를 SNS상에 쉽고 빠르게 전달할 수 있다.
④ 지도형, 도표형, 스토리텔링 형태로도 표현이 가능하다.

78 혼동행렬에서 FN(False Negative)는 어떠한 경우를 의미하는가?

① 실제 True, 예측 True
② 실제 False, 예측 True
③ 실제 True, 예측 False
④ 실제 False, 예측 False

79 분석 시나리오를 체계적으로 적용을 해야 하는 이유로 가장 적절하지 않은 것은?

① 주요 업무 의사결정에 분석 결과가 어떻게 활용되어 업무를 효과적으로 수행할 수 있는지를 명확하게 이해하도록 도움을 준다.
② 분석 업무 프로세스가 내재화되면 분석을 수동으로 실행한다.
③ 빅데이터 분석 이해관계자의 이해를 돕기 위해 적용한다.
④ 기존 프로세스가 변경되거나 신규 프로세스가 생성되는 등 최신 업무형태를 반영한다.

80 분석 모형 리모델링 및 절차별 명칭과 그 내용에 대하여 잘못 짝지어진 것은?

① 개선용 데이터 수집 – 기존 모델의 성능 검토 및 개선 데이터 선정
② 분석 모델 개선 – 분석 알고리즘 선정 및 알고리즘 수행 결과 기록
③ 분석 결과 평가 및 분석 모델 등록 – 평가 기준 선정 및 분석 결과 검토
④ 성능 모니터링 – 임계치 설정 및 임계치 관리

기출문제 (2022년) 4회

1과목 빅데이터 분석 기획

01 다음 중 빅데이터 분석 절차 중 작업 분할 구조도(Work Breakdown Structure)를 사용하는 단계로 올바른 것은?

① 비즈니스 이해 및 범위 설정 단계
② 필요 데이터 정의 단계
③ 프로젝트 정의 및 계획 수립 단계
④ 모델 적용 및 운영 방안 수립 단계

02 다음 중 빅데이터 분석 절차 중 필요 데이터를 정의, 수집 및 검증하는 단계는?

① 분석 기획 단계
② 데이터 준비 단계
③ 데이터 분석 단계
④ 시스템 구현 단계

03 다음 중 계획 수립, 정의, 측정, 분석, 개선 단계로 되어 있는 데이터 품질진단 절차 중 품질을 측정하고 분석, 품질지수가 도출되는 단계는?

① 데이터 품질진단 계획 수립
② 품질 기준 및 진단 대상 정의
③ 데이터 품질측정
④ 데이터 품질측정 결과 분석

04 인공지능, 딥러닝, 머신러닝의 관계로 올바른 것은?

① 인공지능 ⊃ 딥러닝 ⊃ 머신러닝
② 머신러닝 ⊃ 인공지능 ⊃ 딥러닝
③ 머신러닝 ⊃ 딥러닝 ⊃ 인공지능
④ 인공지능 ⊃ 머신러닝 ⊃ 딥러닝

05 다음 중 아래에서 설명하는 것은 무엇인가?

> 수집 대상 데이터를 동일 기종 또는 타 기종의 데이터 소스로부터 데이터를 추출하여 조회 또는 분석을 목적으로 적절한 포맷이나 구조로 데이터를 저장하기 위해 데이터를 변환하고 최종 대상 데이터베이스로 변환 데이터를 적재하는 기술

① CEP
② ETL
③ EAI
④ Crawling

06 빅데이터 플랫폼은 원천 데이터로부터 데이터를 수집, 저장, 처리, 분석, 활용 단계로 나눠질 수 있다. 다음 중 데이터 저장 단계의 기술이 아닌 것은 무엇인가?

① 텍스트 마이닝
② HDFS
③ NoSQL
④ 데이터베이스 클러스터

07 다음 중 빅데이터 분석 방법론의 분석 절차 중 분석 기획 단계에 속하지 않는 것은?

① 비즈니스 이해 및 범위 설정
② 모델 발전 계획 수립
③ 프로젝트 정의 및 계획수립
④ 프로젝트 위험계획수립

08 다음 중 개인정보에 대한 설명으로 가장 올바르지 않은 것은?

① 개인정보는 개인을 알아볼 수 있는 정보이다.
② 단체, 기업에 대한 정보는 개인정보가 아니다.
③ 데이터 3법 개정을 통해 전화번호, 주소, 이메일 주소 등의 개인정보를 가명처리하여 통계 작성에 활용 시에 개인의 동의를 받아야 한다.
④ 개인정보의 처리 목적에 필요한 범위에서 최소한의 개인정보만을 적법하고 정당하게 수집할 수 있고 개인의 동의가 없어도 수집 목적의 범위에서 이용할 수 있다.

09 다음 중 총계처리(Aggregation)에 대한 단점으로 올바르지 않은 것은?

① 집계 수량이 적을 경우 데이터 결합 과정에서 개인정보 추출 또는 예측이 가능하다.
② 집계처리된 데이터를 기준으로 정밀한 분석이 어려울 수 있다.
③ 총계처리 시 개인의 비식별화가 불가능하다.
④ 총계처리 적용 시 개인정보를 묶어서 관리해야 한다.

10 다음 중 데이터 비식별화 처리기법에 대한 설명으로 올바르지 않은 것은?

① 가명처리는 개인 식별이 가능한 데이터에 대하여 직접 식별할 수 없는 다른 값으로 대체하는 기법이다.
② 총계처리는 개인정보에 대하여 통곗값을 적용하여 특정 개인을 판단할 수 없도록 하는 기법이다.
③ 범주화는 개인정보 식별이 가능한 특정 데이터값을 삭제 처리하는 기법이다.
④ 데이터 마스킹은 개인 식별 정보에 대하여 전체 또는 부분적으로 대체 값으로 변환하는 기법이다.

11 다음 중 사용자 요구사항 수집 기법에 대한 설명으로 올바른 것은?

① 브레인스토밍은 이해관계자와 직접 대화를 통해 정보를 구하는 공식적, 비공식적 정보 수집 방법이다.
② 인터뷰는 설문지 또는 여론조사 등을 이용해 많은 사람에게 간접적으로 정보를 수집하는 기법이다.
③ 포커스 그룹 인터뷰는 일정한 자격 기준에 따라 6~12명 정도 선발하여, 한 장소에 모이게 한 후, 요구사항과 관련된 토론을 함으로써 자료를 수집하는 방법이다.
④ 스캠퍼는 말을 꺼내기 쉬운 분위기로 만들어, 회의 참석자들이 내놓은 아이디어들을 비판 없이 수용할 수 있도록 하는 회의 기법이다.

12 다음 중 빅데이터 플랫폼 계층 구조 중 자원 배치 모듈, 노드 관리 모듈, 데이터 관리 모듈, 자원 관리 모듈, 서비스 관리 모듈, 사용자 관리 모듈, 모니터링 모듈, 보안 모듈로 구성되어 있는 계층은?

① 인프라 스트럭처 계층
② 플랫폼 계층
③ 소프트웨어 계층
④ 자원 관리 계층

13 다음 중 데이터 수집 방법으로 올바르지 않은 것은?

① 크롤링 – 웹 문서 수집
② RSS – 여러 이벤트 소스로부터 발생한 실시간 이벤트
③ FTP – 대용량 파일 수집
④ Open API – 실시간 데이터 수집

14 다음 중 데이터 변환 기술에 대한 설명으로 올바르지 않은 것은?

① 정규화(Normalization)는 데이터를 특정 구간으로 바꾸는 방법이다.
② 표준화(Standardization)는 값의 범위를 평균 0, 분산 1이 되도록 변환하는 척도법이다.
③ 집계(Aggregation)는 다양한 차원의 방법으로 데이터를 요약하는 방법이다.
④ 평활화(Smoothing)는 주어진 여러 데이터 분포를 대표할 수 있는 새로운 속성이나 특징을 만드는 방법이다.

15 다음 중 아래에서 설명하고 있는 데이터 변환 기법은 무엇인가?

> • Feature의 값이 평균과 일치하면 0으로 정규화되고, 평균보다 작으면 음수, 평균보다 크면 양수로 변환하는 방법
> • 이상값(Outlier) 문제를 피하는 데이터 정규화로 이상값은 잘 처리하지만, 정확히 같은 척도로 정규화된 데이터를 생성하지는 못한다는 단점이 있음

① 행렬 변환(Matrix Transformation)
② 지수 변환(Exponential Transformation)
③ 최소-최대 정규화(Min-Max Normalization)
④ Z-점수 정규화(Z-Score Normalization)

16 다음 중 빅데이터의 영향으로 올바르지 않은 것은?

① 빅데이터로 인한 개인의 영향은 적시에 필요한 정보를 획득할 수 있다는 것이다.
② 빅데이터로 인한 기업의 영향은 시장 변동을 예측해서 비즈니스 모델을 혁신하거나 신규 비즈니스를 창출할 수 있다는 것이다.
③ 빅데이터 분석의 영향은 항상 경제적이다.
④ 정부는 날씨, 교통 등 통계 데이터를 수집해서 사회 변화를 추정하고 대응할 수 있다.

17 다음 중 기업의 데이터를 정형 데이터베이스에서 Hadoop 기반의 비정형 데이터베이스로 이관하려고 할 때 데이터 이관 프로세스 정립, 모니터링, 테스트를 주도하는 사람을 무엇이라고 하는가?

① Data Engineer
② Data Analyst
③ Data Scientist
④ Data Architect

18 다음 중 데이터베이스의 특징으로 올바르지 않은 것은?

① 데이터 중복의 최대화
② 데이터 무결성
③ 데이터 독립성
④ 데이터 보안

19 다음 중 값과 형식에서 일관성을 가지지 않지만, 메타데이터나 데이터 스키마 정보를 포함하는 데이터를 무엇이라고 하는가?

① 정형 데이터
② 반정형 데이터
③ 비정형 데이터
④ 로그 데이터

20 CRISP-DM 분석 방법론의 분석 절차로 옳은 것은?

① 업무 이해 → 데이터 이해 → 데이터 준비 → 평가 → 모델링 → 전개
② 업무 이해 → 데이터 이해 → 데이터 준비 → 모델링 → 평가 → 전개
③ 업무 이해 → 데이터 준비 → 데이터 이해 → 평가 → 모델링 → 전개
④ 업무 이해 → 데이터 준비 → 데이터 이해 → 모델링 → 평가 → 전개

2과목 빅데이터 탐색

21 빅데이터분석기사 시험에 응시하는 나이의 평균을 추정하려고 한다. 나이의 모표준편차는 11이고, 표본은 121개이다. 평균이 35일 때 95% 신뢰구간에 대해 추정한 값으로 올바른 것은?

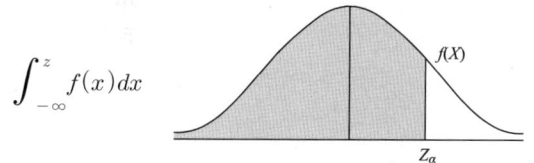

z	0.00	0.01	0.02	0.03	0.04	0.05	0.06	0.07	0.08	0.09
1.0	0.8413	0.8438	0.8461	0.8485	0.8508	0.8531	0.8554	0.8577	0.8599	0.8621
1.1	0.8643	0.8665	0.8686	0.8708	0.8729	0.8749	0.8770	0.8790	0.8810	0.883
1.2	0.8849	0.8869	0.8888	0.8907	0.8925	0.8944	0.8962	00.898	0.8997	0.9015
1.3	0.9014	0.9049	0.9066	0.9082	0.9099	0.9115	0.9131	0.9147	0.9162	0.9177
1.4	0.9192	0.9207	0.9222	0.9236	0.9251	0.9265	0.9279	0.9292	0.9306	0.9319
1.5	0.9332	0.9345	0.9357	0.9370	0.9382	0.9394	0.9406	0.9418	0.9429	0.9441
1.6	0.9452	0.9463	0.9474	0.9484	0.9495	0.9505	0.9515	0.9525	0.9535	0.9545
1.7	0.9554	0.9564	0.9573	0.9582	0.9591	0.9599	0.9608	0.9616	0.9625	0.9633
1.8	0.9641	0.9649	0.9656	0.9664	0.9671	0.9678	0.9686	0.9693	0.9699	0.9706
1.9	0.9713	0.9719	0.9726	0.9732	0.9738	0.9744	0.975	0.9756	0.9761	0.9767
2.0	0.9772	0.9778	0.9783	0.9788	0.9793	0.9798	0.9803	0.9808	0.9812	0.9817

① $33.72 < \mu < 36.28$
② $33.04 < \mu < 36.96$
③ $33.35 < \mu < 36.65$
④ $33.95 < \mu < 36.05$

22 다음 표준정규분포 $N(0, \sigma^2)$에 대해 표본 집합을 추출하여 $\frac{X - \mu}{s/\sqrt{n}}$ 분포를 만족할 때 자유도와 분포의 종류는 무엇인가?

① 자유도 $n-1$, χ^2분포
② 자유도 n, χ^2 분포
③ 자유도 $n-1$, T-분포
④ 자유도 n, T-분포

23 불균형 데이터 처리 방법으로 옳지 않은 것은?

① 언더 샘플링
② 경곗값 이동
③ 비용 민감 학습
④ 정규화

24 복원 추출 했을 때 표본 추출에 대한 설명으로 옳지 않은 것은?

① 표본의 개수가 많아지면 표준오차가 줄어든다.
② 표본의 크기가 커질수록 정규분포를 따른다.
③ 복원 추출에 의해 추출한 데이터는 크기가 커져도 중심 극한 정리는 성립하지 않는다.
④ 표본의 크기가 증가할수록 표본의 평균과 표준편차가 모집단의 평균과 표준편차에 가까워진다.

25 다음은 상자 수염에 대한 설명으로 옳지 않은 것은?

① IQR은 $Q_3 - Q_1$이다.
② 수염은 IQR의 1.5배와 3배 사이에서 가장 멀리 떨어진 데이터까지 연결한 선이다.
③ 이상값은 수염 밖에 위치한다.
④ 상자 수염에 표시된 이상값을 통해 이상값의 처리 여부를 판단할 수 있다.

26 혈당을 낮추는 약을 개발했을 때 혈당을 낮추는 약이 효과가 있는지 검정을 할 때 사용하는 가설 검정은 무엇인가?

① 단일 모평균의 단측 검정
② 단일 모평균의 양측 검정
③ 대응 표본(쌍체 표본) 단측 검정
④ 대응 표본(쌍체 표본) 양측 검정

27 주성분 분석에 대한 설명으로 옳지 않은 것은?

① 주성분 분석은 서로 상관성이 높은 변수들의 선형 결합으로 만들어 기존의 상관성이 높은 변수들을 요약, 축소하는 기법이다.
② 분산이 가장 작은 것을 제1 주성분으로 한다.
③ 주성분 분석은 고윳값, 고유벡터를 통해 분석한다.
④ 주성분 분석의 목적 중 하나는 데이터를 이해하기 위한 차원 축소이다.

28 통계량에 대한 설명으로 옳지 않은 것은?

① 1사분위수는 75백분위수이다.
② 변동계수는 측정 단위가 서로 다른 자료의 흩어진 정도를 상대적으로 비교할 때 사용한다.
③ 첨도는 더 뾰족한지 덜 뾰족한지 정도를 나타낼 때 사용한다.
④ 통계량은 표본을 추출하는 방법에 따라 값이 결정되는 확률변수이다.

29 주어진 시간 또는 영역에서 어떤 사건의 발생 횟수를 나타내는 확률분포는 무엇인가?

① 지수분포   ② 포아송분포
③ 베르누이분포   ④ 정규분포

30 다음은 피어슨 상관계수 행렬표이다. 분석을 위해 가장 먼저 제거하면 좋은 변수는 무엇인가?

	A	B	C	D
A	1.00	0.70	−0.95	0.45
B	0.70	1.00	0.00	−0.10
C	−0.95	0.00	1.00	−0.35
D	0.45	−0.10	−0.35	1.00

① A, C 변수 중 하나를 제거한다.
② A, D 변수 중 하나를 제거한다.
③ B, C 변수 중 하나를 제거한다.
④ B, D 변수 중 하나를 제거한다.

31 다음과 같은 분포를 가진 데이터가 있을 때 결측값이 발생할 경우 대치값으로 가장 적절한 것은?

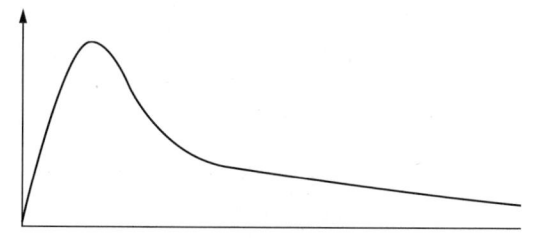

① 중위수 ② 평균
③ 분산 ④ 표준편차

32 공분산에 대한 설명으로 옳지 않은 것은?

① $Cov(X, Y) \neq 0$이면 X, Y 변수 사이에 상관관계가 있다.
② X, Y가 독립이면 $Cov(X, Y) = 0$이다.
③ $Cov(X, Y) = 0$이면 X, Y가 독립이다.
④ $Cov(X, Y) < 0$이면 (a_i, b_i)가 있을 때 a_i가 $E(X)$보다 클 때, b_i는 $E(X)$보다 작은 경향을 보인다.

33 다음 중에서 확률 및 확률분포에 대한 설명 중 가장 적절하지 못한 것은?

① 확률변수 x가 구간 또는 구간들의 모임인 숫자값을 갖는 확률분포 함수를 이산형 확률 질량 함수라 한다.
② 모든 확률은 0과 1 사이의 값을 가진다.
③ 확률함수는 확률변수에 의해 정의된 실수를 확률에 대응시키는 함수이다.
④ 서로 배반인 사건에 대한 합집합의 확률은 각 사건에 대한 확률의 합이 된다.

34 인코딩에 대한 설명으로 옳지 않은 것은?

① One-Hot Encoding은 표현하고 싶은 단어의 인덱스에 1의 값을 부여하고, 다른 인덱스에는 0을 부여하는 방식이다.
② Labeled Encoding은 수치형의 값을 범주형 변수의 문자열로 변환하는 방식이다.
③ Count Encoding은 범주에서 데이터의 등장 횟수를 그 범주의 수치 부분에 할당하는 방식이다.
④ Target Encoding은 범주형 자료의 값들을 훈련 데이터에서 목표에 해당하는 변수로 바꿔주는 방식이다.

35 다음 산점도의 상관계수의 값은 얼마인가?

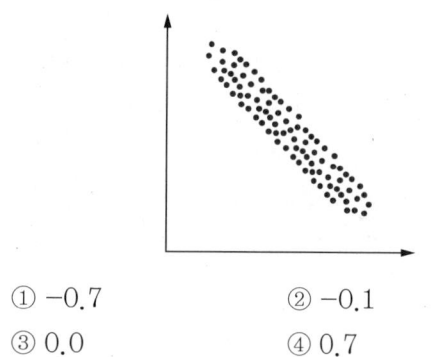

① -0.7 ② -0.1
③ 0.0 ④ 0.7

36 다음 그래프의 명칭으로 옳은 것은?

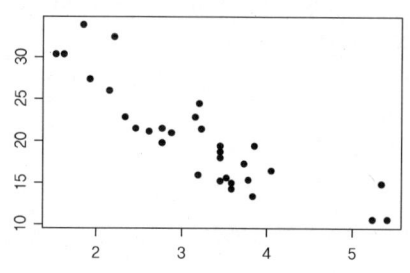

① 박스플롯 ② 막대그래프
③ 산점도 ④ 히스토그램

37 다음 중 다변량 분석에 대한 설명으로 옳지 않은 것은?

① 곡선 회귀 분석은 독립변수가 1개이며, 종속변수와의 관계가 곡선이다.
② 회귀 분석은 종속변수의 개수가 2개 이상이다.
③ 분산 분석은 3개 이상의 집단에 대해 비교할 수 있다.
④ 비선형 회귀 분석은 회귀식의 모양이 미지의 모수들의 선형관계로 이뤄져 있지 않은 모형이다.

38 다음 중 범주형, 수치형에 대한 설명으로 옳지 않은 것은?

① 연속형은 연속된 수치들로 이루어져 있다.
② 범주형 변수는 빈도수, 비율 등을 이용하여 데이터의 분포 특성을 파악할 수 있다.
③ 연속형 변수는 구간 안의 모든 값을 가질 수 있다.
④ 명목형, 연속형 모두 평균, 표준편차를 계산하여 분석할 수 있다.

39 다음 중 확률분포 및 확률변수에 대한 설명으로 옳지 않은 것은?

① 이산확률변수는 셀 수 있는 값들을 변수로 갖는 확률변수이다.
② 이항분포는 이산확률분포이다.
③ 연속확률분포에는 초기하분포, 지수분포, 감마분포 등이 있다.
④ 정규분포는 연속확률분포이다.

40 다음과 같은 데이터가 있을 때 전처리 과정에서 수행할 것은 무엇인가?

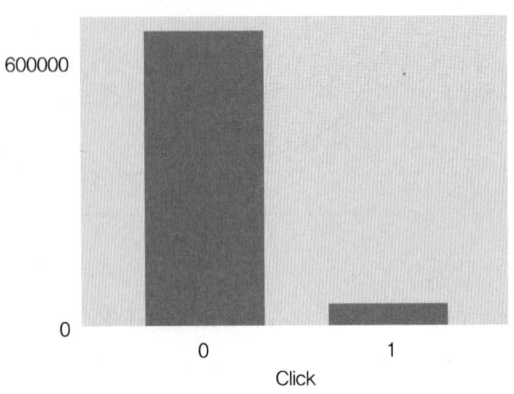

① 데이터 정제
② 결측값 제거
③ 초매개변수 최적화
④ 클래스 불균형 처리

3과목　빅데이터 모델링

41 다음 중 텍스트 마이닝의 텍스트 벡터화(Vectorization) 방법이 아닌 것은 무엇인가?

① Word2Vec　　② TF-IDF
③ Bag of Words　　④ POS Tagging

42 다음 중 머신러닝, 빅데이터 분석으로 미래 혹은 알려지지 않은 결과를 분석하는 기법으로 가장 알맞은 것은?

① Prescriptive Analytics
② Predictive Analytics
③ Descriptive Analytics
④ Diagnostic Analytics

43 다음 중 앙상블에서 베이스 모형의 독립성을 최적화하기 위한 방법으로 가장 알맞지 않은 것은?

① 입력변수를 다양하게 한다.
② 테스트 데이터를 다르게 한다.
③ 서로 다른 알고리즘을 사용한다.
④ 초매개변수를 다양하게 한다.

44 다음 중 변수 선택법으로 가장 알맞지 않은 것은?

① 전진 선택법
② 후진 소거법
③ 단계별 선택법
④ 차수 선택법

45 다음 중 요인 분석(Factor Analysis)에 대한 설명으로 가장 알맞지 않은 것은?

① 변수들 간의 상관관계를 고려한 분석 방법이다.
② 요인이란 특정 현상에 영향을 미치는 중요한 인자를 말한다.
③ 요인은 상관계수가 높은 변수를 제거하여 신규로 생성한 변수의 집합이다.
④ 요인은 관측이 불가능하지만 해석이 가능하다.

46 다음 중 일자별 기온에 대한 분석을 위해 가장 알맞은 분석 방법은 무엇인가?

① 상관 분석
② 군집 분석
③ 의사결정나무
④ 시계열 분석

47 다음 중 분석 모형에 대한 고려사항으로 가장 알맞지 않은 것은?

① 모형에 적합하지 않은 오류가 발생하지 않도록 주의한다.
② 복잡한 모형이 항상 일반화가 잘 된다.
③ 데이터에 비해 모형이 너무 간단하면 과소 적합이 발생할 수 있다.
④ 관련이 없는 변수가 모형에 포함될 경우 예측 성능을 저하시킬 수 있다.

48 다음 중 A 상품을 샀을 때 B 상품을 살 지표로 가장 알맞은 것은?

① 지지도
② 신뢰도
③ 향상도
④ 조건부 확률

49 다음 덴드로그램에서 $y = 4$에 대한 그룹의 개수는?

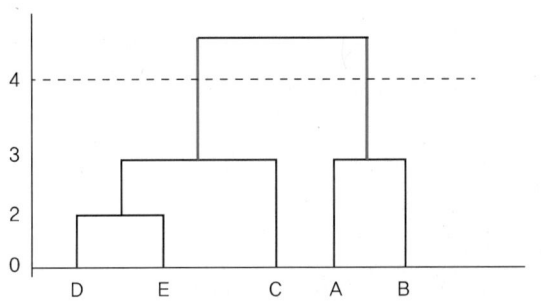

① 1
② 2
③ 3
④ 4

50 다음 거리에 대한 공식으로 가장 알맞은 것은?

$$d(i,j) = \left(\sum_{f=1}^{p} |x_{if} - x_{jf}|^m\right)^{1/m}$$

① 유클리드 거리
② 맨하탄 거리
③ 민코프스키 거리
④ 마할라노비스 거리

51 다음 중 로지스틱 회귀 분석에 대한 설명으로 가장 알맞은 것은?

① 반응 변수를 1과 0으로 이진 분류하는 경우에 사용한다.
② 반응 변수가 수치형일 경우에 사용하는 분석 방법이다.
③ 반응 변수를 로짓으로 변환할 때 오즈(Odds)는 사용되지 않는다.
④ 로짓 변환 후에 반응 변수는 0과 1 사이의 값을 가진다.

52 다음 중 ARIMA에 대한 설명으로 가장 알맞지 않은 것은?

① 백색잡음은 독립적이지 않다
② ARMA의 일반화 형태이다.
③ 일간, 주간, 월간으로 예측이 가능하다.
④ ARIMA는 비정상 시계열 모형이다.

53 다음 중 학습된 모형을 기반으로 최종 출력층을 바꾸어 재학습하는 알고리즘으로 가장 알맞은 것은?

① 전이학습(Transfer Learning)
② 딥러닝(Deep Learning)
③ 강화학습(Reinforcement Learning)
④ 비지도 학습(Unsupervised Learning)

54 다음 중 딥러닝에서 과대적합 방지를 위한 기법으로 가장 알맞지 않은 것은?

① 정규화
② 가지치기
③ 은닉층 노드 삭제
④ 드롭아웃

55 다음 중 인공신경망에서 Dropout과 같은 효과를 나타내는 것은 다음 중 무엇인가?

① 학습률 조정
② 활성화 함수 변경
③ 은닉층 수 감소
④ 부스팅

56 다음 중 독립변수와 종속변수의 유형에 따른 분석방법으로 가장 알맞지 않은 것은?

① T-검정은 종속변수가 수치형이고 2개 범주의 독립변수를 사용하여 분석하는 방법이다.
② 로짓 모형은 종속변수가 범주형이고 독립변수가 수치형 또는 범주형일 경우 사용하는 분석방법이다.
③ χ^2 검정은 독립변수와 종속변수가 모두 범주형일 경우 사용하는 분석 방법이다.
④ 공분산 분석(ANCOVA)는 종속변수가 범주형, 독립변수가 연속형인 방법이다.

57 다음 중 순환 신경망(RNN)에서 발생하는 GV(Gradient Vanishing; 기울기 소실) GE(Gradient Exploding; 기울기 폭발)에 대한 설명으로 가장 알맞은 것은?

① 기울기 클리핑(Gradient Clipping)은 기울기 소실을 막기 위해 기울기 값을 자르는 방법이다.
② 기울기 소실이란 오차역전파 과정에서 입력층으로 갈수록 가중치에 따른 결괏값의 기울기가 작아져 0에 수렴하는 문제이다.
③ RNN은 LSTM(Long Short Term Memory)의 장기의존성 문제를 보완하기 위한 알고리즘이다.
④ 순환 신경망은 입력 게이트, 망각 게이트, 출력 게이트로 구성된다.

58 다음 중 비모수 통계 검정으로 가장 알맞지 않은 것은?

① 윌콕슨 부호 순위 검정(Wilcoxon Signed Rank Test)
② 부호 검정(Sign Test)
③ 만-휘트니 검정(Mann-Whitney Test)
④ 피어슨(Pearson) 상관계수

59 다음 중 분석 기법에 대한 설명으로 가장 알맞지 않은 것은?

① 로지스틱 회귀 분석은 독립변수가 수치형이고 반응변수가 범주형인 경우 적용되는 회귀 분석 모형이다.
② 서포트 벡터 머신은 벡터 공간에서 훈련 데이터가 속한 2개의 그룹을 분류하는 선형 분리자를 찾는 기하학적 모델이다.
③ 순환 신경망은 시각적 이미지를 분석하는 데 사용되는 심층신경망이다.
④ 회귀 분석은 독립변수와 종속변수 간에 선형적인 관계를 도출해서 하나 이상의 독립변수들이 종속변수에 미치는 영향을 분석하고, 독립변수를 통해 종속변수를 예측하는 분석 기법이다.

60 다음 중 회귀 분석에 대한 설명으로 가장 알맞은 것은?

① 1개의 종속변수와 2차원인 1개의 종속변수를 가질 경우 단순 선형 회귀 모형이다.
② 독립변수와 종속변수와의 관계가 1차 함수 이상인 관계(단, 독립변수가 1개일 경우에는 2차 함수 이상)는 다항 회귀 모형이다.
③ 종속변수가 2개이고 독립변수가 1개일 경우 곡선 회귀 모형이다.
④ 종속변수가 1개이고 1차원인 1개의 독립변수를 가질 경우 비선형 회귀 모형이다.

4과목 빅데이터 결과 해석

61 과대적합, 과소적합에 대한 설명으로 틀린 것은?

① 과대 적합은 학습용 데이터에 지나치게 특화되어 새로운 데이터에 대한 오차가 매우 커지는 현상이다.
② 과소적합은 적정 수준의 학습이 부족하여 실제 성능이 떨어지는 현상이다.
③ 비선형 모형은 선형 모형보다 과대적합의 발생 가능성이 낮다.
④ 과대 적합의 발생 원인은 실제 데이터에서 편향된 부분만을 가지고 있거나 오류가 포함된 값을 가지고 있을 경우 발생할 수 있다.

62 다음은 데이터 시각화 단계에 대한 설명이다. 올바르지 않은 것은?

① 데이터 구조화 단계는 시각화를 위한 요건을 정의한 후 사용자에 따른 시나리오를 작성하고 스토리를 구성한다.
② 데이터 시각화 단계는 시각화 도구와 기술을 선택하여 데이터 분석 정보의 시각화를 구현한다.
③ 데이터 시각 표현 단계는 최종 시각화 결과물이 구조화 단계에서 정한 목적과 의도에 맞게 구현되었는지를 확인한다.
④ 데이터 시각 표현 단계에서는 데이터 모델링을 수행하고 분석한다.

63 다음 중 관계 시각화에 해당하지 않는 것은?

① 스캐너플롯(산점도)
② 누적 막대그래프
③ 버블 차트
④ 네트워크 그래프

64 다음 중 교차검증(Cross Validation)에 대한 설명으로 옳지 않은 것은?

① 교차 검증은 과대적합을 방지하는데 활용될 수 있다.
② 데이터의 모집단의 수가 적은 경우에 활용될 수 있다.
③ 모델의 일반화 오차에 대해 신뢰할 만한 추정치를 구하기 위해 학습용, 평가용 데이터를 기반으로 하는 검증 기법이다.
④ 학습용 데이터(Training Data), 검증용 데이터(Validation Data), 평가용 데이터(Test Data)의 비율은 2:3:5가 일반적이다.

65 비교 시각화에 대한 설명으로 틀린 것은?

① 다변량 변수를 갖는 자료를 제한된 2차원에 효과적으로 표현하는 시각화 방법이다.
② 막대가 가장 낮은 수치부터 가장 높은 수치까지 걸쳐있게 표현한 차트인 플로팅 바 차트가 있다.
③ 중요 정보를 하나의 그래픽으로 표현해서 보는 사람들이 쉽게 정보를 이해할 수 있도록 만드는 인포그래픽이 있다.
④ 데이터를 눈, 코, 귀, 입 등과 일대일 대응하여 얼굴 하나로 표현하는 방법인 체르노프 페이스가 있다.

66 다음은 혼동행렬(Confusion Matrix)이다. 혼동행렬 지표에 대한 설명으로 올바르지 않은 것은?

		예측 결과	
		True	False
실제 답	True	True Positive(TP)	False Negative(FN)
	False	False Positive(FP)	True Negative(TN)

① $Accuracy = \dfrac{TP + TN}{TP + TN + FP + FN}$
② $Specificity = \dfrac{TP}{TP + FP}$
③ $Error\ Rate = \dfrac{FP + FN}{TP + TN + FP + FN}$
④ $Sensitivity = \dfrac{TP}{TP + FN}$

67 다음 중 ROC Curve에 대한 설명으로 가장 올바르지 않은 것은?

① ROC Curve의 가장 이상적으로 완벽한 분류 모형은 x축은 0, y축은 1일 때이다.
② ROC Curve의 면적이 0.5에 가까울수록 랜덤에 가까운 성능을 가진다.
③ ROC Curve의 x축은 특이도, y축은 민감도로 나타낸다.
④ ROC Curve의 밑부분 면적이 높을수록 좋은 모형으로 평가한다.

68 다음 중 인포그래픽(Infographics)에 대한 설명으로 올바르지 않은 것은?

① 중요 정보를 하나의 그래픽으로 표현해서 보는 사람들이 쉽게 정보를 이해할 수 있도록 만드는 시각화 방법이다.
② 데이터를 눈, 코, 귀, 입 등과 일대일 대응하여 얼굴 하나로 표현한다.
③ 복잡하고 어려운 데이터를 더 쉽고 명확하게 이해할 수 있도록 그래픽과 텍스트를 균형 있게 조합한다.
④ 정보를 SNS상에 쉽고 빠르게 전달할 수 있다.

69 기존 공정기술의 불량률, 정상률과 신규 공정기술의 불량률, 정상률은 다음과 같다. 상대 위험도(RR), 승산비는 얼마인가?

구분	불량	정상	합계
신규 공정	10	490	500
기존 공정	40	460	500
합계	50	950	1000

① 상대 위험도: 4, 승산비: $\dfrac{0.02 \times 0.98}{0.08 \times 0.92}$

② 상대 위험도: 4, 승산비: $\dfrac{0.02 \times 0.92}{0.08 \times 0.98}$

③ 상대 위험도: 0.25, 승산비: $\dfrac{0.02 \times 0.98}{0.08 \times 0.92}$

④ 상대 위험도: 0.25, 승산비: $\dfrac{0.02 \times 0.92}{0.08 \times 0.98}$

70 다음 중 비교 시각화 방법으로 옳지 않은 것은?

① 스타 차트
② 히트맵
③ 버블 차트
④ 체르노프 페이스

71 ROC 그래프에서 사용하는 값으로 올바르게 짝지어진 것은?

① 민감도(Sensitivity), 특이도(Specificity)
② 민감도(Sensitivity), 정확도(Accuracy)
③ 특이도(Specificity), 정밀도(Precision)
④ 민감도(Sensitivity), 정밀도(Precision)

72. 앙상블 학습의 장점을 다음 [보기]에서 모두 선택한 것은?

> ㉠: 개별 모델을 결합하는 과정에서 분산이 낮아져 과적합 감소 효과가 있다.
> ㉡: 모형의 투명성이 높아 정확한 현상의 원인분석에 적합하다.
> ㉢: 이상값에 대한 대응력이 높아지고, 전체 분산을 감소시킨다.

① ㉠, ㉡
② ㉠, ㉢
③ ㉡, ㉢
④ ㉠, ㉡, ㉢

73. 특정 기준에 따라 회귀계수에 벌점을 부여하여 모형의 복잡도를 낮추는 분석 기법은 무엇인가?

① 의사결정나무
② 다항선형회귀
③ 신경망
④ 벌점화 회귀

74. 다음 중 인포그래픽에 대한 설명으로 옳지 않은 것은?

① 도표나 글에 비해 시각적 기법을 사용하여 기억에 오랫동안 남는다.
② 다양한 정보를 그래픽을 활용하여 나타내는 방법이다.
③ 빅데이터의 대량의 데이터를 표현하기에는 복잡하고 이해하기 어려울 수 있다.
④ 정보를 SNS상에 쉽고 빠르게 전달할 수 있다.

75. 회귀 모형에서 반응변수는 $(y_1, y_2, \cdots, y_n)$이고 반응변수에 대한 예측값이 $(\hat{y_1}, \hat{y_2}, \cdots, \hat{y_n})$일 때, 평가지표에 대한 수식으로 올바르지 않은 것은?

① 평균 절대 오차(MAE) $= \frac{1}{n}\sum_{i=1}^{n} |y_i - \hat{y_i}|$

② 평균 제곱 오차(MSE) $= \frac{1}{n}\sum_{i=1}^{n} (y_i^2 - \hat{y_i^2})$

③ 평균 제곱근 오차(RMSE)$= \sqrt{MSE}$

④ 평균 절대 백분율 오차(MAPE)
$= \frac{100}{n}\sum_{i=1}^{n} \left|\frac{y_i - \hat{y_i}}{y_i}\right|$

76. 다음 시각화에 대한 설명에 해당하는 것은?

> 칸 별로 색상을 구분하여 데이터값을 표현하는 시각화 그래프로 여러 가지 변수를 비교할 수 있음

① 파이차트
② 히트맵
③ 막대그래프
④ 누적 영역 그래프

77. 다음 중 정규성 검정의 종류로 옳지 않은 것은?

① Q-Q Plot
② Kolmogorov-Smirnov Test
③ Shapiro-Wilk Test
④ Chi-Squared Test

78 재현율(Recall)이 60%, 정밀도(Precision)가 40%일 때, F1-Score는 어떻게 되는가?

① 40% ② 48%
③ 50% ④ 60%

79 ROC 그래프에 대한 설명으로 올바르지 않은 것은?

① ROC 곡선에서 거짓 긍정률(FP Rate)과 참 긍정률(TP Rate)은 어느 정도 비례 관계에 있다.
② 그래프가 오른쪽 꼭대기에 가깝게 그려질수록 분류 성능이 우수하다.
③ 거짓 긍정률(FP Rate)과 참 긍정률(TP Rate)을 통해 시각화한 그래프이다.
④ AUC의 값은 1에 가까울수록 성능이 우수하다.

80 의사결정나무에 대한 설명으로 올바르지 않은 것은?

① 의사결정나무는 전체 자료를 몇 개의 소집단으로 분류하거나 예측하는 분석 방법이다.
② 가지분할(Split)은 나무의 가지를 생성하는 과정이다.
③ 연속적으로 발생하는 의사결정 문제를 시각화해서 의사결정이 이루어지는 시점과 성과 파악을 쉽게 해준다.
④ 의사결정나무의 해석이 어려운 이유는 계산 결과가 의사결정나무에 직접적으로 나타나지 않기 때문이다.

1과목 빅데이터 분석 기획

01 다른 데이터 셋과 연결해서 처리하는 맵리듀스의 디자인 패턴은 무엇인가?

① 요약 패턴
② 메타 패턴
③ 조인 패턴
④ 필터링 패턴

02 다음 중 탐색적 분석에 대한 설명으로 올바르지 않은 것은?

① 데이터 분석 초기에 사용한다.
② 데이터 시각화를 통해 데이터 세트의 분석 및 조사에 사용한다.
③ 데이터 세트의 분석과 요약에 사용한다.
④ 데이터 결과 분석에 활용한다.

03 정부에서는 공공기관에서 보유하고 있는 다양한 공공 데이터를 파일 형식으로 개방하여 누구나 편리하고 손쉽게 이용할 수 있다. 다음 중 공공 데이터에서 제공하는 데이터 포맷이 아닌 것은?

① XML(eXtensible Markup Language)
② SQL(Structured Query Language)
③ JSON (JavaScript Object Notation)
④ CSV(Comma-Separated Values)

04 다음 중 데이터 거버넌스 구성요소가 아닌 것은 무엇인가?

① 원칙
② IT 인프라
③ 조직
④ 프로세스

05 다음 중 탐색적 데이터 분석에 대한 설명으로 올바른 것은?

① 데이터의 특징을 잘 설명해 주는 주성분을 추출할 수 있는 주성분 분석은 탐색적 데이터 분석에 사용된다.
② 탐색적 데이터 분석을 통해 데이터의 품질 확인이 가능하다.
③ 탐색적 데이터 분석은 데이터가 가지고 있는 특성을 파악하기 위해 해당 변수의 분포 등을 시각화하여 분석하는 분석 방식으로 탐색적 데이터 분석을 통해 데이터의 구조를 가정한다.
④ 탐색적 데이터 분석을 통해 데이터들의 다변량 신호를 파악하여 분리할 수 있다.

06 다음 중 빅데이터 산업의 단점으로 볼 수 없는 것은?

① 사생활 침해
② 데이터 오용
③ 책임 원칙의 훼손
④ H2H(Human to Human)의 확산

07 다음 중 데이터 사이언스(Data Science)에 대한 설명으로 올바른 것은?

① 정형 데이터만을 대상으로부터 인사이트를 추출하는 학문이다.
② 알고리즘코딩 해석을 통해 빅데이터 알고리즘에 의해 부당하게 피해를 입은 사람을 구제하는 학문이다.
③ 데이터 공학, 의학, 수학, 통계학, 컴퓨터공학, 시각화, 해커의 사고방식, 해당 분야의 전문 지식을 종합한 학문이다.
④ 인공지능이 발전함에 따라 데이터 사이언스가 필요 없어진다.

08 다음 중 데이터 분석 준비도(Readiness) 프레임워크의 영역이 아닌 것은?

① 분석 업무 파악
② 인력 및 조직
③ 성과 분석
④ 분석 기법

09 다음 중 연속형 데이터가 아닌 것은?

① 키
② 온도
③ 혈액형
④ 책의 두께

10 정형, 비정형, 반정형 데이터 등 빅데이터 자원의 유형과 관련된 빅데이터의 특징은 무엇인가?

① 규모(Volume)
② 다양성(Variety)
③ 속도(Velocity)
④ 가치(Value)

11 다음 중 데이터 전처리 기법 중 데이터 일관성 유지를 위한 방법으로 올바르지 않은 것은?

① 데이터 정제 – 데이터의 결측값을 채우거나 이상값을 제거하는 과정에서 데이터의 신뢰도를 높이는 작업
② 데이터 축소 – 데이터에 포함되어 있는 노이즈를 삭제하고 일반화하는 작업
③ 데이터 변환 – 다양한 형태로 표현된 값을 일관된 형태로 변환하는 작업
④ 데이터 통합 – 정제된 데이터를 통합하는 작업

12 다음 중 빅데이터 조직 구조에 대한 설명으로 올바르지 않은 것은?

① 기능 구조 – 일반적인 조직 형태로 전사적 핵심 분석이 어렵다.
② 집중 구조 – 별도의 분석 전담 조직에서 담당하기 때문에 현업 업무부서와 분석 업무가 중복되지 않는다.
③ 분산 구조 – 분석조직 인력들을 현업 부서로 직접 배치해서 분석 업무를 수행하기 때문에 빠르게 대응할 수 있다.
④ 기능 구조 – 별도의 집중화된 분석조직이 없고 해당 부서에서 분석을 수행한다.

13 다음 중 빅데이터 분석 방법론의 분석 절차 중 분석 기획 단계에 속하지 않는 것은?

① 비즈니스 이해 및 범위 설정
② 모델 발전 계획수립
③ 프로젝트 정의 및 계획수립
④ 프로젝트 위험계획 수립

14 컴퓨터 네트워크를 통해 공유하는 여러 호스트 컴퓨터의 파일에 접근할 수 있게 하는 파일 시스템은 무엇인가?

① 분산 파일 시스템
② NoSQL
③ 네트워크 연결 시스템
④ 데이터베이스 클러스터

15 빅데이터 분석 방법론의 분석 절차 중 추가적인 데이터 확보가 필요한 경우 반복적인 피드백을 수행하는 구간은?

① 시스템 구현에서 평가 및 전개 구간
② 데이터 분석에서 시스템 구현 구간
③ 데이터 준비에서 데이터 분석 구간
④ 분석 기획에서 데이터 준비 구간

16 다음 중 데이터 분석 조직의 유형에 대한 설명으로 올바르지 않은 것은?

① 준비형 - 기업에 필요한 데이터, 인력, 조직, 분석 업무, 분석 기법 등이 적용되어 있지 않아 사전준비가 필요한 기업
② 정착형 - 성숙도가 높아 조직, 인력, 분석 업무, 분석 기법 등을 기업 내부에서 제한 없이 사용할 수 있는 기업
③ 도입형 - 기업에서 활용하는 분석 업무, 기법 등은 부족하지만 적용조직 등 준비도가 높아 바로 도입할 수 있는 기업
④ 확산형 - 기업에 필요한 분석 구성요소를 갖추고 있고, 지속적인 확산이 필요한 기업

17 다음 중 수집 대상 데이터를 추출, 가공하여 데이터웨어하우스에 저장하는 기술은 무엇인가?

① ETL ② CEP
③ EAI ④ ODS

18 다음 중 데이터 이상값 발생 원인이 아닌 것은?

① 측정 오류(Measurement Error)
② 데이터 처리 오류(Data Processing Error)
③ 표본추출 오류(Sampling Error)
④ 보고 오류(Reporting Error)

19 다음 중 분산 파일 시스템에 대한 설명으로 올바른 것은?

① 논리적으로 데이터 파일을 공유하여 모든 데이터에 접근할 수 있도록 구현하는 방식이다.
② 각 데이터베이스 인스턴스는 자신이 관리하는 데이터 파일을 자신의 로컬 디스크에 저장하며, 이 파일들은 노드 간에 공유하지 않고 자신만 활용하는 방식이다.
③ 다수의 마이크로프로세서를 이용하여 여러 데이터베이스를 저장하고 있는 디스크의 파일을 처리하는 방식이다.
④ 여러 파일에 저장되어 있는 트랜잭션이 한번에 처리될 수 있도록 구현하는 방식이다.

20 다음 중 분석 마스터플랜에 대한 설명으로 올바른 것은?

① 마스터플랜 시 분석 구현을 위한 로드맵 수립을 위해서는 업무 내재화 적용 수준, 분석 데이터 적용 수준을 고려할 필요는 없다.
② 마스터플랜 수립 시 적용 우선순위 설정을 위하여 전략적 중요도, 비즈니스 성과 및 ROI를 고려해야 한다.
③ 마스터플랜 수립 시 분산 로드맵을 짧은 시간 동안 순차적으로만 진행한다.
④ 분석 과제 우선순위 평가에서 투자 비용 요소에는 데이터 획득/저장/가공 비용 및 가치가 포함되어 있고, 비즈니스 효과에는 분석 적용 비용이 포함된다.

2과목 빅데이터 탐색

21 주성분 분석(PCA)에 대한 설명으로 옳지 않은 것은?

① 대표적인 차원 축소 방법이다.
② 고유값 분해(Eigendecomposition)와 특잇값 분해(Singular Value Decomposition) 등의 수학적 행렬 분해를 이용한다.
③ 고차원 데이터를 저차원 데이터로 직교 변환한다.
④ 원본 비음수 행렬(Non-Negative Matrix)은 비음수 행렬의 곱으로 표현한다.

22 결측값 처리 방법에 대한 설명으로 옳지 않은 것은?

① 완전 분석법은 결측값이 있는 모든 자료를 포함하여 분석하는 방법이다.
② 회귀 대치는 회귀분석을 실시한 결과 얻은 추정값을 결측값의 대체값으로 사용하는 방법이다.
③ 평균 대치법은 결측값이 있는 변수의 관측값이 없는 경우, 해당 변수의 다른 관측값들의 평균값으로 결측값을 대체하는 방법이다.
④ 다중 대치법은 단순 대치법을 한 번 하지 않고 m번 대치를 통해 m개의 가상적 완전한 자료를 만들어서 분석하는 방법이다.

23 다음 그래프에 대한 설명으로 옳지 않은 것은?

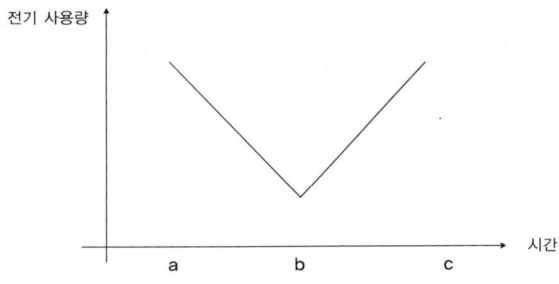

① 시간을 a~b 구간과 b~c 구간으로 따로 나누어서 상관관계 파악할 수 있다.
② 시간에서 a~b 구간은 전기 사용량과 양의 상관관계를 가진다.
③ 시간에서 a~b 구간은 기울기 감소하고, b~c 구간은 기울기 증가한다.
④ 시간에서 b~c 구간은 전기 사용량과의 상관계수가 1에 가깝다.

24 이상값에 대한 설명으로 옳지 않은 것은?

① 오타, 측정 오류 등에 의해서 발생한다.
② 이상값은 특히 비정형 데이터에서 자주 발생하므로 데이터 특성에 맞는 정제 규칙을 수립하여 점검한다.
③ 이상값을 처리할 때 변수를 제거하거나 이상값을 대체하는 등의 방법을 고려한다.
④ 이상값을 제거하는 경우 결측값을 제거하는데 발생하는 신뢰도 문제가 생기지 않는다.

25 노이즈 제거 방법으로 옳은 것은?

① 스무딩(Smoothing)
② 정규화(Normalization)
③ 이산화(Discretization)
④ 집계(Aggregation)

26 다중선형회귀분석에 대한 설명으로 가장 옳지 않은 것은?

① 도메인 지식을 통해 파생 변수를 생성하고, 파생 변수를 분석에 활용한다.
② 탐색적 분석 방법을 통해 파생 변수를 생성하고, 파생 변수를 분석에 활용한다.
③ 다중공선성이 발생하는 변수는 무조건 제거하지 않는다.
④ 정규화(Regularization)를 통해 변수를 정제하여 분석한다.

27 원-핫 인코딩에 대한 설명으로 옳지 않은 것은?

① 텍스트 단어에 대해서 벡터를 생성할 수 있다.
② 서로 다른 단어에 대한 내적은 0이다.
③ 저장 공간이 효율적이다.
④ 원-핫 인코딩은 이산형 벡터이다.

28 대푯값에 대한 설명으로 옳지 않은 것은?

① 최빈수는 데이터값 중에서 빈도수가 가장 높은 데이터값이다.
② 좌우 비대칭인 경우 평균을 사용하는 것이 좋다.
③ 변동 계수는 단위가 다른 속성을 비교할 수 있다.
④ 사분위수는 모든 데이터값을 순서대로 배열하였을 때 4등분한 지점에 있는 값이다.

29 다음 데이터에 대한 표본 평균과 표본 분산은?

> 2, 4, 6, 8, 10

① 표본 평균: 6, 표본 분산: 8
② 표본 평균: 6, 표본 분산: 10
③ 표본 평균: 7.5, 표본 분산: 8
④ 표본 평균: 7.5, 표본 분산: 10

30 정제에 대한 설명으로 옳지 않은 것은?

① 결측값은 데이터를 평균값, 최빈수, 중위수(중앙값)로 대체한다.
② 이상값은 오류 값이므로 값이 항상 대체되거나 제거되어야 한다.
③ 노이즈는 데이터의 정확성을 해치므로 제거하는 것이 좋다.
④ 데이터를 분석하기 쉽게 변환하는 것이 중요하다.

31 불균형 데이터에 대한 설명으로 옳지 않은 것은?

① 불균형 데이터로 인해 성능 저하가 발생한다.
② Weight Balancing을 통해 데이터 불균형 문제를 해결할 수 없다.
③ 언더 샘플링과 오버 샘플링을 통해 해결할 수 있다.
④ 클래스 개수가 무관하다.

32 기초 통계량에 대한 설명으로 옳지 않은 것은?

① IQR은 3사분위수와 1사분위수의 차이다.
② 왜도는 분포의 비대칭 정도를 설명한다.
③ 첨도는 분포의 양쪽 끝이 뾰족한 정도를 설명한다.
④ 중앙값은 모든 데이터값을 오름차순으로 순서대로 배열하였을 때 중앙에 위치한 데이터값이다.

33 다음 그림에 해당하는 그래프는 무엇인가?

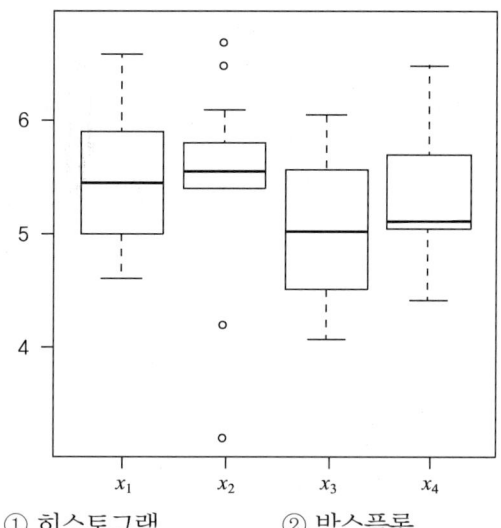

① 히스토그램　　② 박스플롯
③ 막대형 그래프　④ 산점도

34 다음 식에 대한 이산확률분포는 무엇인가?

$$P = \frac{\lambda^n e^{-\lambda}}{n!}$$

① 포아송 분포
② 베르누이 분포
③ 정규분포
④ 지수분포

35 파생변수로 옳지 않은 것은?
① 날짜 데이터를 통해 계절을 계산한다.
② 매출 레코드를 통해 연간 총계를 생성한다.
③ 결측값이 발생한 센서 데이터는 주변에 있는 결측값으로 대체한다.
④ 멤버십 가입 일자를 통해 기간을 생성한다.

36 데이터들을 점 (x_i, y_i)의 형태로 2차원 그래프로 나타내는 시각화 방법은?
① 산점도
② 히트맵
③ 인포그래픽
④ 스타차트

37 차원 축소에 대한 설명으로 옳은 것은?

가. 저장 변수가 증가한다.
나. 저차원에 대해 모델이 안정적일수록 차원 축소가 더 효율적이다.
다. 과적합 발생 확률이 높다.
라. 차원이 적어지면 모델의 이해도가 높아진다.

① 가, 나　　② 가, 라
③ 나, 다　　④ 나, 라

38 최소-최대 정규화를 수행했을 때 총합은 얼마인가?

| 60, 70, 80 |

① 1.0　　② 1.5
③ 2.0　　④ 3.0

39 다중 회귀분석에 대한 설명으로 옳지 않은 것은?
① 독립변수와 종속변수는 선형 관계이다.
② 오차항은 독립적이다.
③ 오차항의 평균은 0이다.
④ 오차항과 독립변수는 선형 관계이다.

40 비정형 데이터에 대한 설명으로 옳은 것은?

① 비정형 데이터는 스프레드시트 기반으로 데이터를 저장하며, 행은 객체, 열은 속성이다.
② 비정형 데이터는 정형 데이터에 비해 데이터를 찾기 쉽다.
③ 비정형 데이터는 스키마가 없는 NoSQL 기법을 이용해 저장한다.
④ 비정형 데이터는 스키마가 없는 데이터 웨어하우스에 저장하여 분석한다.

43 의사결정나무 X(6≤X≤8), Y(2≤Y≤5)일 때, D로 분류되기 위한 X, Y 값은?

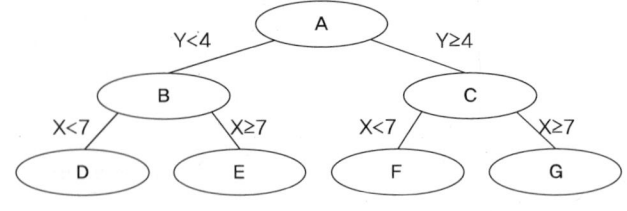

① X=6, Y=3
② X=6, Y=4
③ X=7, Y=3
④ X=7, Y=4

3과목 빅데이터 모델링

41 다층 신경망 모형에서 은닉층(Hidden Layer)의 개수를 너무 많이 설정하게 되면 역전파(Back Propagation) 과정에서 가중치 조정이 이루어지지 않아 신경망의 학습이 제대로 이루어지지 않는다. 이러한 현상을 나타내는 용어는 무엇이라 하는가?

① 기울기 소실(Vanishing Gradient) 문제
② 지역 최적화(Local Optimization) 문제
③ XOR(eXclusive OR) 문제
④ 과대 적합(Over-fitting) 문제

44 다음 중 ARIMA에 대한 설명으로 가장 알맞지 않은 것은?

① 백색잡음은 독립적이지 않다.
② ARMA의 일반화 형태이다.
③ 일간, 주간, 월간으로 예측이 가능하다.
④ ARIMA는 비정상 시계열 모형이다.

42 다중회귀모형 다중공선성을 검사하는 방법으로 가장 알맞은 것은?

① 결정 계수(Coefficient of Determination)
② VIF(Variation Inflation Factor)
③ Mallow's C_p
④ 쿡의 거리(Cook's Distance)

45 다음 중 서포트 벡터 머신에서 사용되는 커널로 적합하지 않은 것은 무엇인가?

① 선형 커널
② 다항 커널
③ 가우시안 커널
④ 독립 커널

46 다음 중 의사 결정 나무에 대한 설명으로 가장 옳지 않은 것은?

① 데이터 마이닝에서 많이 사용되는 알고리즘은 C4.5와 C5.0이다.
② 의사 결정 나무의 분리 기준으로 카이제곱 통계량의 p-값, 지니 지수, 엔트로피 지수 등이 있다.
③ 과대 적합을 방지하기 위한 기법으로 가지치기(Pruning)가 있다.
④ CHAID는 불순도의 척도로 엔트로피 지수(Entropy Index)를 사용한다.

47 다음 중 데이터 분할에 대한 설명으로 가장 올바르지 않은 것은 무엇인가?

① 데이터는 학습용, 검증용, 평가용 데이터로 구분한다.
② 학습용 데이터를 한 번 더 분할하여 훈련용 데이터와 검증용 데이터로 나누어서 사용한다.
③ Early Stopping을 사용할 수 있다.
④ 평가용 데이터는 학습에 사용할 수 있다.

48 회귀 모형 분석 절차로 가장 알맞은 것은?

① 독립, 종속변수 선정 → 독립변수별 유의성 검정 → 회귀모델 유의성 검정 → 회귀계수 추정
② 독립, 종속변수 선정 → 회귀모델 유의성 검정 → 독립변수별 유의성 검정 → 회귀계수 추정
③ 독립, 종속변수 선정 → 회귀계수 추정 → 독립변수별 유의성 검정 → 회귀모델 유의성 검정
④ 독립, 종속변수 선정 → 회귀계수 추정 → 회귀모델 유의성 검정 → 독립변수별 유의성 검정

49 로지스틱 회귀 모형에 대한 설명으로 옳은 것은?

① 설명변수가 한 개인 경우 종형 그래프를 가진다.
② 설명변수는 모두 연속형이어야 한다.
③ 연속형 반응변수에 대해서도 적용할 수 있다.
④ 분류의 목적으로 사용될 수 있다.

50 다음 중 가장 알맞지 않은 것을 모두 고른 것은?

> (가) 시계열 분석에서 종단 요소는 특정 시간 지점에서 발생하는 일시적인 변동이나 외부적인 사건이다.
> (나) 시계열 분석에서 횡단 요소는 시간에 따른 패턴이나 추세를 나타낸다.
> (다) 지수평활법은 과거보다 현재에 더 큰 가중치를 부여한다.
> (라) ARIMA 모형은 시계열 데이터의 예측 및 분석을 위해 널리 사용되는 통계적 모형이다.
> (마) 시계열 데이터는 추세, 순환, 계절, 불규칙 요인으로 분해한다.

① 가, 나
② 나, 다
③ 다, 라
④ 가, 다

51 다음 중 시계열 데이터에서 시차 값(Lagged Value) 사이의 선형 관계를 측정하는 지표는 무엇인가?

① 수정된 결정 계수(Adjusted Coefficient of Determination)
② RMSE
③ Silhouette
④ 자기상관 함수(Auto Correlation Function)

기출문제 (2023년) 5회

52 다음 중 RNN의 장기 의존성 문제를 해결하였으며 리셋 게이트와 업데이트 게이트로 구성된 모형은 무엇인가?

① 단반향 RNN
② 양방향 RNN
③ LSTM
④ GRU

53 다음 중 범주형 종속변수의 분석에 사용되는 모형이 아닌 것은?

① 다중 선형 회귀 분석
② 다중 로지스틱 분석
③ 다층 퍼셉트론
④ SVM

54 다음 중 데이터 분할에 대한 설명으로 가장 올바르지 않은 것은?

① 학습용 데이터(Training Data)로 만든 모델이 잘 예측하는지 성능을 평가하기 위하여 검증용 데이터(Validation Data)를 사용한다.
② 학습용 데이터(Training Data)보다 검증용 데이터(Validation Data)의 성능이 높은 모형을 선택한다.
③ 검증용 데이터(Training Data)로 초매개변수를 조정한다.
④ 평가용 데이터(Test Data)는 최종 모형의 성능을 평가할 때 사용한다.

55 다음 중 통계학과 기계학습에 대한 설명으로 가장 옳지 않은 것은?

① 통계학의 분석 대상은 정형 데이터이다.
② 기계학습의 분석 대상은 정형, 비정형, 반정형의 모든 유형의 데이터이다.
③ 기계학습은 지도 학습과 비지도 학습으로 구분할 수 있다.
④ 통계학의 결과는 수학적 공식으로 설명이 가능하나 기계학습은 불가능하다.

56 다음 중 다중 선형 회귀 분석의 평가 지표가 아닌 것은 무엇인가?

① AIC(Akaike Information Criterion)
② Mallow's Cp
③ 결정 계수(Coefficient of Determination)
④ 레버리지(Leverage)

57 다음 중 랜덤 포레스트에 대한 설명으로 가장 옳지 않은 것은?

① 배깅을 이용한 알고리즘의 하나이다.
② 무작위성을 주어 약한 학습기들을 생성한 후 이를 선형 결합하여 최종 학습기를 만드는 방법이다.
③ 부트스트랩을 통해 조금씩 다른 훈련 데이터에 대해 훈련된 기초 분류기들을 결합시키는 방법을 사용한다.
④ 기본적으로 모든 데이터를 이용하여 학습한다.

58 다음 중 부스팅에 대한 설명으로 가장 옳지 않은 것은?

① 예측력이 약한 모형들을 결합하여 강한 예측 모형을 만드는 방법이다.
② 잘못 분류된 개체들에 가중치를 적용, 새로운 분류 규칙을 만들고, 이 과정을 반복해 최종 모형을 만드는 알고리즘이다.
③ 학습 데이터를 병렬적으로 학습하며 잘못 분류된 데이터에 가중치를 부여한다.
④ 일반적으로 보팅(Voting)을 통하여 결과를 예측한다.

59 단순 선형 회귀 분석에서 잔차에 대한 설명으로 가장 적합하지 않은 것은?

① 잔차의 평균은 0이다.
② 잔차의 분산은 동일하다.
③ 잔차의 자유도는 표본의 크기에서 -1을 한 값이다.
④ 잔차 제곱합이 작을수록 좋은 모형이다.

60 인공신경망의 과대 적합(Overfitting)을 방지하는 방법으로 옳지 않은 것은 무엇인가?

① 가중치의 합을 조절한다.
② 설명 노드의 수를 줄여서 가중치의 비중을 조절한다.
③ 학습률을 감소하는 방향으로 변경한다.
④ 에포크(epoch)를 제한한다.

4과목 빅데이터 결과 해석

61 K-Fold Cross Validation에 대한 설명으로 올바르지 않은 것은?

① 데이터 집합을 무작위로 동일 크기를 갖는 K개의 부분 집합으로 나눈다.
② (K-1)개의 평가용 데이터(Test Data)와 1개의 학습용 데이터(Training Data)가 존재한다.
③ K값이 증가 하면 수행 시간과 계산량도 많아진다.
④ 모델의 일반화 성능을 측정하는 방법이다.

62 다음 중 초매개변수(Hyper Parameter)로 설정 가능한 것은?

① 편향(Bias)
② 기울기(Slope)
③ 서포트 벡터(Support Vector)
④ 은닉층(Hidden Layer) 수

63 흡연자 100명 중에서 폐암은 20명 걸렸다. 비흡연자 100명 중에서 4명이 폐암에 걸렸다. 이때, 흡연자와 비흡연자 간의 오즈비는 얼마인가?

① 5　　② 6
③ 7　　④ 8

64 매개변수에 대한 최적화 방법으로 옳지 않은 것은?

① RMSProp Optimizer
② Adadelta Optimizer
③ Nadam Optimizer
④ Bayesian Optimizer

65 다음 중 잔차의 정규성을 검정하기 위해 적절하지 않은 방법은 무엇인가?

① 잔차의 경험적 누적분포 함수와 표준 정규 분포의 누적함수 간의 차이를 검증한다.
② QQ Plot을 이용하여 잔차가 직선에 가까운지 확인한다.
③ Shapiro-Wilk 검정을 통해 잔차의 정규성을 검증한다.
④ 잔차의 평균과 분산이 유사한 분포를 가지는지 확인한다.

66 다음이 설명하는 인포그래픽의 유형은 무엇인가?

> 시간의 흐름에 따라 사건이나 정보를 나타내며, 주로 역사, 과학, 문화 등의 분야에서 많이 활용

① 타임라인 인포그래픽
② 도표 인포그래픽
③ 스토리텔링 인포그래픽
④ 지도 인포그래픽

67 다음 중 인포그래픽에 대한 설명으로 옳지 않은 것은?

① 정보를 시각적으로 표현한 것이다.
② 프로그램 기반으로 동작하며, 프로그램의 설치가 필수적이다.
③ 시각적인 디자인과 효율적인 정보 전달을 모두 고려해야 한다.
④ 데이터 분석 결과를 효과적으로 전달하기 위한 수단이다.

68 랜덤 포레스트(Random Forest)에 대한 설명으로 올바르지 않은 것은?

① 훈련을 통해 구성해 놓은 다수의 나무로부터 투표를 통해 분류 결과를 도출한다.
② 분류기를 여러 개 쓸수록 성능이 저하된다.
③ 트리의 개수가 많을수록 과대 적합(Overfitting) 문제를 피할 수 있다.
④ 여러 개의 의사결정 트리가 모여서 랜덤 포레스트 구조가 된다.

69 다음 중 예측 모델에서 예측 변수를 선택하는 방법에 대한 설명으로 올바른 것은 무엇인가?

① 예측 변수를 모두 사용하여 모델을 학습시키는 것이 가장 좋다.
② 정규화를 통해서 예측 변수를 선택할 수 있다.
③ 변수 일부만을 모델링에 사용하고 그 결과를 확인하는 작업을 반복하면서 변수를 선택해 나가는 기법은 필터 기법이다.
④ 예측 변수를 선택하는 것은 모델의 종류와 데이터에 따라 다르며, 최적의 변수를 선택하기 위해 교차 검증 등의 방법을 사용해야 한다.

70 인포그래픽의 유형 중 정보를 시각적으로 전달하면서 동시에 이야기를 전달하여 주제 연결성을 높인 형태는 무엇인가?

① 스토리텔링 인포그래픽
② 도표 인포그래픽
③ 타임라인 인포그래픽
④ 지도 인포그래픽

71 다음 중 분석 모형 모니터링에 대한 설명으로 옳지 않은 것은?

① 모니터링은 모형의 성능이 유지되는지 확인하는 것으로, 모형 구축 후에는 계속 모니터링을 해주어야 한다.
② 모형 모니터링을 통해 모형의 성능 저하나 예측 오류를 미리 파악할 수 있으며, 성능이 저하되는 경우 추가적인 조치가 필요하다.
③ 모니터링을 통해 발생한 이슈를 분석하여 이후 모형 구축에 반영하는 것은 바람직하지 않다.
④ 모형 모니터링은 일정한 주기로 수행되어야 하며, 주기를 조정할 수 있어야 한다.

72 다음은 분석모형 평가를 위한 혼동행렬이다. 설명으로 올바르지 않은 것은?

		Predicted	
		Positive	Negative
Actual	Positive	True Positive	False Negative
	Negative	False Positive	True Negative

① 정확도(Accuracy)는 $\dfrac{TP+TN}{TP+TN+FP+FN}$ 이다.

② 재현율(Recall)은 $\dfrac{TP}{TP+FN}$ 이다.

③ F1 Score는 Precision과 Recall의 기하 평균으로 계산한다.

④ 정밀도(Precision)는 $\dfrac{TP}{TP+FP}$ 이다.

73 다음 중 결정계수에 대한 설명으로 옳지 않은 것은?

① 결정 계수는 0부터 1사이의 값을 가지며, 1에 가까울수록 모형의 예측 성능이 좋다고 판단된다.
② 결정 계수는 종속변수와 예측변수들 간의 관계를 나타내는 지표이다.
③ 결정 계수는 모형의 예측값과 실제값 사이의 차이를 나타내는 오차 지표이다.
④ 결정 계수의 단점을 개선한 수정된 결정 계수(Adjusted R^2)가 존재한다.

74 다음 중 교차검증(Cross Validation)에 대한 설명으로 올바르지 않은 것은?

① 교차검증에서는 전체 데이터를 여러 개의 부분 집합으로 나누어 각각을 검증 데이터로 사용하고, 나머지 부분 집합을 학습 데이터로 사용하여 모델을 학습한다.
② 교차검증은 모델의 일반화 오차에 대해 신뢰할 만한 추정치를 구하기 위해 훈련, 평가 데이터를 기반으로 하는 검증 기법이다.
③ 교차검증을 사용하면 학습 데이터와 검증 데이터를 분리하지 않고, 전체 데이터를 활용하여 모델을 학습시킬 수 있다.
④ 교차검증은 과다 적합을 방지하기 위해 사용되며, 모델의 일반화 성능을 평가하는 데 유용하다.

75 다음 중 일자별 기온에 대한 분석을 위해 가장 알맞은 분석 방법은 무엇인가?

① 상관 분석
② 군집 분석
③ 의사결정나무
④ 시계열 분석

76 다음 중 선거 인단 수, 인구 등의 특정한 데이터 값의 변화에 따라 지도의 면적이 왜곡되어 표현되는 공간 시각화 기법은?

① 히트맵(Heatmap)
② 카토그램(Catogram)
③ 버블 차트(Bubble Chart)
④ 히스토그램(Histogram)

77 시간 시각화에 대한 설명으로 가장 적합하지 않은 것은?

① 시간 데이터는 이산형과 연속형으로 구분할 수 있다.
② 점 그래프는 데이터를 점으로 표시한 것이나 시간의 흐름에 따른 추세를 알 수 없다.
③ 막대 그래프로 x축에는 시간 y축에는 데이터를 표시해서 시간의 흐름을 표현할 수 있다.
④ 꺾은선 그래프는 수량을 점으로 표시하고, 점들을 선분으로 이어 그린 그래프로 시간에 값에 따라 크기 변화를 보여준다.

78 비교 시각화에 대한 설명으로 가장 적합하지 않은 것은?

① 비교 시각화는 하나 이상의 변수에 대해서 변수 사이의 차이와 유사성 등을 표현하는 방법이다.
② 히트맵은 여러 가지 변수를 비교할 수 있는 시각화 그래프로 칸 별로 색상을 구분하여 데이터값을 표현하는 방법이다.
③ 체로노프 페이스는 다차원 통계 데이터를 사람의 얼굴 이미지를 이용하여 시각적으로 표현하는 방법이다.
④ 스타차트는 설명변수가 늘어날 때마다 축이 늘어나는 시각화 방법으로 각 변수의 크기를 별의 개수로 나타낸 차트이다.

79 모형평가 결과에 대한 설명으로 가장 적합하지 않은 것은?

① 정규성 가정으로 통계 분석, 회귀 분석을 수행하기 전에 데이터가 정규분포로 구성되어 있는지를 검정한다.
② 잔차 정규성 검정으로 관측된 결과에서 잔차가 정규분포를 만족하는지 검증한다.
③ 단순선형회귀분석에서 잔차와 독립변수 간에는 상관성이 있어야 한다.
④ 회귀모형의 가정에서 잔차의 분산은 독립변수와 무관하게 등분산성을 이룬다.

80 초매개변수(Hyper Parameter) 최적화로 적절하지 않은 것은 무엇인가?

① 베이지안 최적화
② 랜덤 탐색
③ 그리드 탐색
④ 경사 하강법

기출문제 (2023년) 6회

1과목 빅데이터 분석 기획

01 다음 중 HDFS에 대한 설명으로 올바른 것은?

① HDFS는 하나의 서버에 데이터가 집중되어 관리되는 집중 구조 방식이다.
② HDFS의 보조 네임 노드는 네임 노드의 파일 시스템 이미지를 스냅샷으로 생성한다.
③ HDFS는 블록 구조의 파일 시스템으로 파일을 블록으로 나누어 저장되고 블록크기는 10MB이다.
④ HDFS의 데이터 노드는 네임 노드에 대한 모든 메타 데이터를 관리한다.

02 다음 중 CRISP-DM 분석 방법론의 분석 절차로 옳은 것은?

① 업무 이해 → 데이터 이해 → 데이터 준비 → 평가 → 모델링 → 전개
② 업무 이해 → 데이터 이해 → 데이터 준비 → 모델링 → 평가 → 전개
③ 업무 이해 → 데이터 준비 → 데이터 이해 → 평가 → 모델링 → 전개
④ 업무 이해 → 데이터 준비 → 데이터 이해 → 모델링 → 평가 → 전개

03 다음 중 정형 데이터의 품질 진단에 대한 설명으로 올바르지 않은 것은?

① 메타 데이터와 대상 소스데이터의 누락 값, 비유효 값, 유일하지 못한 값 등을 분석하는 데이터 프로파일링을 활용하여 정형 데이터의 품질 진단을 수행한다.
② 운영 데이터베이스의 테이블·컬럼·코드·관계·업무 규칙을 기준으로 데이터값에 대한 현상을 분석하는 데이터 값 진단을 통해 정형 데이터 품질 진단을 수행한다.
③ 데이터 구조 진단을 통해 데이터 모델링 관점에서 정형 데이터의 품질 진단을 수행한다.
④ 업무 규칙 검증을 통해 진단 비즈니스의 특성을 알 수 있지만 데이터 오류를 진단하지는 못한다.

04 다음 중 비정형 데이터가 아닌 것은 무엇인가?

① 일별 매출 데이터
② 텍스트
③ 음성
④ 블로그의 내용

05 다음 중 빅데이터 분석기획 시 고려 사항으로 올바르지 않은 것은?

① 가용 데이터
② 활용 가능한 유스케이스의 탐색
③ 분석을 수행할 때 발생하는 장애 요소 또는 예외 사항 고려
④ 상세 알고리즘

06 다음 중 계량형 변수의 유형으로 올바르지 않은 것은?

① 부품의 길이
② 편의점 매출
③ 직원의 연령
④ 고객의 의견

백전백승 기출문제 (2023년) 6회

07 다음 중 빅데이터 분석 기획 절차에 해당하지 않은 것은?

① 필요 데이터 정의
② 비즈니스 이해 및 범위 설정
③ 프로젝트 위험계획 수립
④ 프로젝트 정의 및 계획수립

08 데이터 분석 과제의 우선순위를 정하기 위한 고려 요소로 올바르지 않은 것은?

① 전략적 중요도 및 목표 가치
② 비즈니스 성과 및 ROI
③ 실행 용이성
④ 조직의 규모

09 다음 중 데이터 3법에 해당하지 않은 것은?

① 신용정보의 이용 및 보호에 관한 법률
② 정보통신망 이용촉진 및 정보보호 등에 관한 법률
③ 공공데이터의 제공 및 이용 활성화에 관한 법률
④ 개인정보 보호법

10 정형 데이터의 품질 기준에서 데이터의 누락이 없어야 하는 성질은 무엇인가?

① 완전성
② 일관성
③ 유효성
④ 정확성

11 다음 중 데이터 사이언티스트의 소프트 스킬에 해당되는 것은?

① 통찰력
② 지식
③ 기술
④ 머신러닝

12 데이터 분석 개념에서 가장 중요한 3V로 올바른 것은?

① 다양성 - 속도 - 가치
② 다양성 - 속도 - 신뢰성
③ 규모 - 다양성 - 속도
④ 규모 - 다양성 - 가치

13 데이터 사이언티스트의 업무적 고려 사항으로 올바르지 않은 것은?

① 데이터 분석의 한계성을 인정해야 한다.
② 데이터 분석 결과가 변경될 수 있다는 것을 고려해야 한다.
③ 데이터 분석에 필요한 다양한 분석 도구의 활용을 고려해야 한다.
④ 데이터 분석 모델에 대한 한계점은 배제하고 진행한다.

14 다음 중 데이터에 제한을 두어서 데이터가 임의로 변경되는 것을 방지하는 것은 데이터의 어떤 특성을 만족하기 위한 것인가?

① 데이터 완전성
② 데이터 무결성
③ 데이터 사용성
④ 데이터 이식성

15 개인 식별 정보에 대하여 전체 또는 부분적으로 공백, 노이즈 등의 대체 값으로 비식별화하는 기법은 무엇인가?

① 데이터값 삭제
② 가명 처리
③ 데이터 마스킹
④ 범주화

16 다음 중 스키마 구조를 가지고 있으나 값과 형식에서 일관성을 가지지 않는 데이터인 반정형 데이터의 종류로 올바르지 않은 것은?

① HTML(Hypertext Markup Language)
② XML(eXtensible Markup Language)
③ RDF(Resource Description Framework)
④ RDB(Relational Database)

17 다음 중 수치 데이터를 임의의 수 기준으로 올림(Round Up) 또는 내림(Round Down)하는 비식별화 기법은?

① 데이터 가명 처리
② 랜덤 라운딩
③ 총계 처리
④ 데이터 마스킹

18 빅데이터 플랫폼에 대한 설명으로 올바르지 않은 것은?

① 빅데이터 플랫폼 계층 구조는 소프트웨어 계층, 플랫폼 계층, 인프라 스트럭처 계층이 있다.
② 소프트웨어 계층은 빅데이터 처리 및 분석, 활용을 위한 서비스 관리 및 데이터 수집, 정제 등을 수행한다.
③ 플랫폼 계층은 데이터 처리 및 분석 서비스를 위한 응용프로그램이 실행될 수 있는 기반을 제공한다.
④ 인프라 스트럭처 계층은 데이터 수집, 저장, 분석, 활용의 기능을 제공한다.

19 자동 샤딩을 통해 유연한 확장성 제공하고 크로스 플랫폼 문서 지향 데이터베이스 시스템은 무엇인가?

① Dynamo NOSQL
② Redis
③ MongoDB
④ CouchDB

20 다음 중 데이터 분석가의 업무로 올바르지 않은 것은?

① 데이터 분석의 객관성을 위해 자신의 경험을 배제한다.
② 정확한 분석 결과를 얻기 위해서 분석 절차를 변경할 수 있다.
③ 분석이 잘못되었다고 판단되면 알고리즘을 수정할 수 있다.
④ 비즈니스팀과 연계해 각 팀의 전략을 수립하거나 업무 효율화에 필요한 데이터를 수집하고 분석하는 업무를 수행한다.

2과목 빅데이터 탐색

21 중심 위치를 구하는 통계량으로 옳지 않은 것은?
① 평균
② 표준 편차
③ 중앙값
④ 최빈값

22 비대칭을 나타내는 통계량으로 옳은 것은?
① 첨도
② 표준편차
③ 왜도
④ 평균

23 전처리에 대한 설명으로 옳지 않은 것은?
① 전처리를 위해서 레거시 데이터(Legacy Data)만 사용한다.
② 비정형 데이터는 정제해서 사용한다.
③ 분석하려는 데이터와 유사한 데이터는 연계, 통합해서 사용한다.
④ 이상 데이터는 이상값을 제거하고, 결측값을 처리하며, 노이즈를 제거하는 등의 작업을 수행한다.

24 다음 중 파생 변수로 옳지 않은 것은?
① 데이터의 단위를 변환한다.
② 컬럼 간 데이터를 더한다.
③ 컬럼 간 데이터를 나눈다.
④ 기존 컬럼의 값을 무작위로 재배열하여 새로운 컬럼을 만든다.

25 범주형 데이터를 나타내는 시각화 도구로 옳지 않은 것은?
① 막대 그래프
② 원형 그래프
③ 파레토 그림
④ 히스토그램

26 다음 중 이산확률분포에 해당하는 분포로 옳은 것은?
① F-분포
② 지수 분포
③ 이항 분포
④ 정규 분포

27 최빈수에 대한 설명으로 옳지 않은 것은?
① 최빈수는 도수 분포표의 도수 값 중 가장 큰 값이다.
② 이상값의 영향을 거의 받지 않는다.
③ 연속형 데이터에서 활용하기에 가장 적합한 통계량이다.
④ 최빈수는 값이 여러 개일 수 있다.

28 혈액형(A, B, O, AB형)에 대한 결측값을 처리하는 방법으로 가장 적절한 것은?
① 스플라인(Spline)
② 엔트로피(Entropy)
③ 기하 평균
④ 최빈수

29 변수 X가 n개의 데이터로 구성되어 있을 때, 표본 분포에 대한 설명으로 옳은 것은?

① 자유도가 $n-1$인 카이제곱 분포를 따른다.
② 정규 분포를 따른다.
③ 자유도가 $n-1$인 T-분포를 따른다.
④ 데이터 개수에 따라 정규 분포 또는 T-분포를 따른다.

30 일변량 데이터에서 이상값을 판별할 수 있는 방법으로 옳지 않은 것은?

① 산점도에서 추세 패턴에 속해있는 값을 이상값으로 판별한다.
② IQR을 이용해 이상값을 판별한다.
③ 표준 편차를 이용해 이상값을 판별한다.
④ 상자그림을 이용해 이상값을 판별한다.

31 데이터 정제에 대한 설명으로 옳은 것은?

① 중복 데이터에서 중복은 무조건 제거한다.
② 구분자가 있을 수 있으므로 구분자를 고려한다.
③ 데이터는 데이터베이스 관리 시스템이 자동으로 처리하므로 데이터를 정제할 필요가 없다.
④ 입력 데이터는 모두 옳은 데이터라고 가정하고 사용한다.

32 다음 데이터의 인코딩 방법은 무엇인가?

차수	값
1차	1
2차	2
3차	1

↓

차수	1
1차	1
2차	0
3차	1

차수	2
1차	0
2차	1
3차	0

① 레이블 인코딩(Label Encoding)
② 원-핫 인코딩(One-Hot Encoding)
③ 카운트 인코딩(Count Encoding)
④ 대상 인코딩(Target Encoding)

33 시공간 데이터에 대한 설명으로 옳지 않은 것은?

① 시공간 데이터는 시간 데이터와 공간 데이터로 구성되어 있다.
② 시공간 데이터로부터 시간 데이터와 공간 데이터 추출이 가능하다.
③ 공간 데이터는 다차원 데이터를 통해 구성한다.
④ 시간 데이터는 공간 데이터로 변환이 가능하다.

34 중심 극한 정리에 대한 설명으로 옳지 않은 것은?

① 데이터가 충분히 클 때 적용 가능한 정리이다.
② 중심 극한 정리를 만족하는 분포는 최종적으로 정규분포를 따른다.
③ 중심 극한 정리를 만족하려면 데이터는 연속 값이어야만 한다.
④ 표본 분포와 관련된 법칙이다.

35 가설 검정에 대한 설명으로 옳지 않은 것은?

① 귀무가설이 참인데 잘못하여 이를 기각하게 되는 오류를 제1종 오류라고 한다.
② 가설 검정은 귀무 가설과 대립 가설이 있다.
③ "남성의 평균신장은 175cm이다."는 통계적 가설이 될 수 있다.
④ 양측 검정일 때 모수 θ (혹은 모수들의 함수)에 대해 표본자료를 바탕으로 모수가 특정 값 θ_0과 통계적으로 큰지 작은지 여부를 판단한다.

36 변수 선택에 대한 설명으로 옳지 않은 것은?

① 분산에 따른 변수 선택은 분산이 기준치보다 높은 변수를 제거하는 방법이다.
② 단일 변수 선택은 각각의 변수를 하나만 사용했을 때의 예측 모델의 성능을 평가하여, 정확도, 상관관계 등이 좋은 변수를 선택하는 방법이다.
③ 모델 기반 변수 선택은 변수들을 모델에 학습시킨 뒤, 특성 중요도가 기준치보다 높은 변수를 선택하는 방법이다.
④ 반복적 특성 선택은 변수들의 모든 조합을 시도해 보고 가장 좋은 변수 조합을 찾는 방법이다.

37 다음 중 특잇값 분해(Singular Value Decomposition)에 대한 설명으로 옳지 않은 것은?

① 3개의 행렬의 곱으로 분해한다.
② 특잇값을 추출하고 이를 통해 주어진 데이터 세트를 효과적으로 축약할 수 있다.
③ 분해된 행렬 중에 대각 행렬이 존재한다.
④ 특잇값 분해를 위해서는 정방향 행렬을 사용해야 한다.

38 평균은 10이고, 표준 편차는 60인 분포에서 X가 70인 Z-분포 값은 얼마인가?

① 0
② 1
③ 3
④ 6

39 다음 공분산 행렬에 대한 설명으로 옳지 않은 것은?

$$\Sigma = \begin{bmatrix} 4 & -1 & 1 \\ -1 & 5 & 0 \\ 1 & 0 & 1 \end{bmatrix}$$

① X_1의 분산은 4이다.
② X_1, X_2는 음의 상관 관계를 가진다.
③ X_1, X_3의 상관계수는 0.25이다.
④ X_2, X_3의 상관계수는 0이다.

40 다음 변수 요약값에 대한 설명으로 옳지 않은 것은?

```
         Ozone         Solar.R         Wind          Temp
Min.   : 1.00    Min.   :  7.0    Min.   : 1.700   Min.   :56.00
1st Qu.: 18.00   1st Qu.:115.8    1st Qu.: 7.400   1st Qu.:72.00
Median : 31.50   Median :205.0    Median : 9.700   Median :79.00
Mean   : 42.13   Mean   :185.9    Mean   : 9.958   Mean   :77.88
3rd Qu.: 63.25   3rd Qu.:258.8    3rd Qu.:11.500   3rd Qu.:85.00
Max.   :168.00   Max.   :334.0    Max.   :20.700   Max.   :97.00
NA's   :37       NA's   :7
```

① Ozone, Solar.R 변수는 결측값이 존재한다.
② 모든 변수가 Numeric이다.
③ Ozone 변수의 분포는 오른쪽으로 긴 꼬리를 갖는다.
④ Temp 변수는 최댓값보다 더 큰 이상값을 갖는다.

3과목 빅데이터 모델링

41 다음 중 자연어 처리(NLP) 기법으로 가장 적합하지 않은 것은?

① ELMo(Embeddings from Language Model)
② GPT(Generative PretrainedTransformer)
③ BERT(Bidirectional Encoder Representations from Transformers)
④ YOLO(You Only Look Once)

42 다음 인공신경망의 출력 결과로 가장 적합한 것은?

마지막 은닉층 노드	0.1, 0.2
마지막 은닉층 가중치	0.2, -0.1
바이어스	-1
활성화 함수	$f(x) = \begin{cases} x & (x \geq 0) \\ -1 & (x < 0) \end{cases}$

① 1
② 0.01
③ 0.5
④ -1

43 다음 중 분석 모형 모델링 단계에서 수행하는 것으로 가장 적합한 것은?

① 분석 요건을 추출, 분석, 명세화한다.
② 최적화를 위해 분석 모형 및 데이터 유의성을 반복적으로 보정한다.
③ 분석 결과를 일, 주, 월 단위로 운영한다.
④ 분석 데이터를 훈련과 평가 데이터로 분리한다.

44 다음 중 정준상관 분석에 대한 설명으로 가장 적합한 것은?

① 하나의 종속변수로 상관 분석한다.
② 하나의 종속변수와 2개 이상의 독립변수로 상관 분석한다.
③ 2개 이상의 종속변수와 2개 이상의 독립변수 간의 관계를 분석하는 기법이다.
④ 2개 이상의 종속변수와 하나의 독립변수로 분석한다.

45 예측력이 약한 모형을 연결하여 강한 모형으로 만드는 기법으로 경사 하강법을 이용하고, 가중치를 업데이트함으로써 최적화된 결과를 얻는 앙상블 기법과 알고리즘은?

① 배깅 - AdaBoost
② 배깅 - 랜덤 포레스트
③ 부스팅 - 랜덤 포레스트
④ 부스팅 - GBM

46 다음 중 분류 분석 기법으로 가장 적합한 것은?

① 학습 방식에 따른 학생 시험 성적 간의 관계
② 빵집에서 날씨에 따른 고객 수 예상
③ 배우 인지도에 따른 매출 예측
④ 신용 카드를 사용하는 고객의 신용등급 유형 분석

47 다음 중 군집의 개수를 미리 정하지 않고 분석하는 기법은?

① K-Median
② 계층적 군집 분석
③ K-NN(K-Nearest Neighbor)
④ K-Means

48 A 도시에서 키가 180cm 이상일 때 여성일 확률은?

- A 도시 내에 여성의 비율은 40%이다.
- A 도시 내에 남성은 15%, 여성은 2.5% 가 180cm 이상이다.

① 0.1   ② 0.5
③ 1.0   ④ 1.5

49 다음 중 가중치를 부여하는 앙상블 기법으로 가장 적합한 것은?

① 배깅(Bagging)
② 부스팅(Boosting)
③ 보팅(Voting)
④ 가지치기(Pruning)

50 딥러닝의 트랜스포머(Transformer)의 구성요소로 가장 알맞지 않은 것은?

① 망각 게이트(Forget Gate)
② 셀프 어텐션(Self Attention)
③ 멀티헤드 셀프 어텐션(Multi Head Self Attention)
④ 포지셔널 인코딩(Positional Encoding)

51 다음 정규화 회귀분석에 대한 설명으로 가장 적합한 것은?

$$L = \sum_{i=1}^{n}\left(y_i - \beta_0 - \sum_{j=1}^{p}\beta_j x_{ij}\right)^2 + \lambda\sum_{j=1}^{p}|\beta_j|$$ 에서 β 가 최소가 되도록 한다.

① 릿지(Ridge)
② 라쏘(Lasso)
③ 엘라스틱넷(Elastic Net)
④ 로지스틱 회귀(Logistic regression)

52 다음 인공신경망에 대한 설명으로 가장 적합한 것은?

인공신경망에서 오차역전파는 계산 결과와 정답의 오차를 구하고 오차와 관련된 값들의 가중치를 수정하여 오차가 작아지는 방향으로 일정 횟수를 반복해서 수정하는 방법이다. 오차 역전파에서 ____㉠____ (으)로 변화율을 계산한다. 여기에서 ____㉡____ 은 갱신하는 양(한 번 학습할 때 학습해야 하는 양)으로 사람이 직접 설정하는 초매개변수이다.

① ㉠: 편미분   ㉡: 학습률
② ㉠: 평균   ㉡: 분산
③ ㉠: 중위수   ㉡: 최댓값
④ ㉠: 표준편차 ㉡: 가중치

53 Seq2Seq에 대한 다음 설명으로 가장 적합한 것은?

Seq2Seq에서 ____㉠____ 은/는 입력된 시퀀스를 처리하고, ____㉡____ 은/는 받은 압축된 정보를 반환한다.

① ㉠: Encoder   ㉡: Decoder
② ㉠: Decoder   ㉡: Encoder
③ ㉠: Generation   ㉡: De-Generation
④ ㉠: De-Generation   ㉡: Generation

54 의사결정나무에서 가지치기의 종료 조건으로 가장 적합하지 않은 것은?

① 트리의 최대 깊이를 지정하여 트리의 성장을 제한한다.
② 노드를 분할하기 위한 최소한의 샘플 수를 설정한다.
③ 각 리프 노드에 포함되어야 하는 최대 샘플 수를 지정한다.
④ 각 노드에서 사용할 수 있는 최대 특성의 수를 설정한다.

55 연관 규칙 (사과) → (달걀, 오이)의 향상도로 가장 적합한 것은?

(사과, 달걀), (사과, 당근, 오이), (사과, 달걀, 당근, 오이), (사과), (당근, 오이)

① 0.75
② 1.0
③ 1.25
④ 1.5

56 두 집단의 비모수 통계 검정으로 가장 적합한 것은?

① T-검정
② 윌콕슨 부호 순위 검정(Wilcoxon Signed Rank Test)
③ 카이제곱 검정(Chi-Square Test)
④ Z-검정

57 종속변수 없이 분석하는 기법으로 가장 적합한 것은?

① 로지스틱 회귀 분석
② 의사결정나무
③ K-NN(K-Nearest Neighbors)
④ K-평균(K-Means)

58 다음 중 데이터 분할에 대한 설명으로 가장 올바르지 않은 것은 무엇인가?

① 데이터는 학습, 검증, 평가 데이터로 구분한다.
② 훈련 데이터를 한 번 더 분할하여 훈련 데이터와 검증 데이터로 나누어서 사용한다.
③ Early Stopping을 사용할 수 있다.
④ 평가 데이터는 학습에 사용할 수 있다.

59 단순 선형 회귀 분석에서 잔차에 대한 설명으로 가장 적합하지 않은 것은?

① 잔차의 평균은 0이다.
② 잔차의 분산은 동일하다.
③ 잔차의 자유도는 표본의 크기에서 -1을 한 값이다.
④ 잔차제곱합이 작을수록 좋은 모형이다.

60 소셜 미디어의 데이터를 분석하기 위한 분석 방법으로 가장 적합하지 않은 것은?

① 텍스트마이닝
② 소셜 네트워크 분석
③ 워드 클라우드
④ 맵리듀스

4과목 빅데이터 결과 해석

61 시간 시각화에 대한 설명으로 가장 적합하지 않은 것은?

① 시간 데이터는 이산형과 연속형으로 구분할 수 있다.
② 산점도는 데이터를 점으로 표시한 것이나 시간의 흐름에 따른 추세를 알 수 없다.
③ 막대 그래프로 x축에는 시간 y축에는 데이터를 표시해서 시간의 흐름을 표현할 수 있다.
④ 꺾은선 그래프는 수량을 점으로 표시하고, 점들을 선분으로 이어 그린 그래프로 시간에 값에 따라 크기 변화를 보여준다.

62 다음 중 다중공선성을 제거하는 방법으로 가장 올바르지 않은 것은 무엇인가?

① Box-Cox
② 릿지
③ PCA
④ 변수 제거

63 K-평균 군집화에서 K값을 구하는 방법으로 올바른 것은?

① 엘보우(Elbow) 기법
② ROC
③ 오분류표
④ 특이도

64 다음 중 딥러닝에서 과대적합 방지를 위한 기법으로 가장 알맞지 않은 것은?

① 정규화
② 가지치기
③ 은닉층 노드 삭제
④ 드롭아웃

65 회귀모형 진단을 위해 사용되는 적합도 검정기법과 가장 거리가 먼 것은 무엇인가?

① 종속변수 y의 절편
② 샤피로-윌크 검정
③ Q-Q Plot
④ 잔차의 히스토그램

66 비교 시각화에 대한 설명으로 올바르지 않은 것은?

① 교통자수 사망자 수와 부상자 수에 대한 자료 시각화에 활용될 수 있다.
② 비교 시각화에서는 산점도, 버블 차트 등을 활용한다.
③ 시간에 따른 변화에 대한 시각화에 활용될 수 있다.
④ 다양한 변수에 대한 특징을 한 번에 확인할 수 있다.

67 다음 중 과대 적합에 대한 설명으로 올바르지 않은 것은?

① 데이터 수를 늘리게 되면 과대 적합 상태가 된다.
② 과대 적합은 학습 데이터와 검증 데이터 간 성능 차이가 크다.
③ 과대 적합, 과소 적합 모두 모델과의 일반화 능력을 저하시켜 균형을 찾는 것이 중요하다.
④ 학습 데이터에 적합하게 학습되어 학습 데이터에 대한 성능은 우수하지만, 검증 데이터에 대한 성능은 저하되는 현상이다.

68 다음 값을 잘 표현할 수 있는 인포그래픽 유형은 무엇인가?

(가) 지역별 코로나 발생률
(나) 월별 코로나 발생률

① (가) 지도 인포그래픽 - (나) 비교분석 인포그래픽
② (가) 타임라인 인포그래픽 - (나) 비교분석 인포그래픽
③ (가) 지도 인포그래픽 - (나) 타임라인 인포그래픽
④ (가) 비교분석 인포그래픽 - (나) 타임라인 인포그래픽

69 고차원의 데이터를 이해하기 쉬운 저차원의 뉴런으로 정렬하여 지도의 형태로 형상화한 기법은 무엇인가?

① 다차원 척도법
② 로지스틱 회귀분석
③ SOM
④ 인공신경망

70 다음 중 적합도 검정에 대한 설명으로 올바르지 않은 것은?

① 카이제곱은 기대도수와 관측 도수로 존재한다.
② 데이터 집합이 특정 확률 분포를 따르는지 확인할 때 사용된다.
③ 귀무가설이 기각되더라도 기대도수 합과 전체도수의 합은 동일하다.
④ 가정된 확률이 정해진 경우와 아닌 경우(정규성 검정)로 유형을 분리할 수 있다.

71 선형 회귀가 과대 적합일 때 대처 방법은 무엇인가?

① 모델의 복잡성을 높인다.
② 데이터의 양을 줄인다.
③ 편향-분산 트레이드 오프(Bias-Variance Trade off) 관계를 확인한다.
④ SSE를 구해서 확인한다.

72 다음 중 오분류표에 대한 지표 결과로 틀린 것은 무엇인가? (단, 1은 Positive이다.)

		예측값	
		0	1
실제값	0	3	1
	1	2	3

① 정분류율 = 2/3
② 민감도 = 3/5
③ 재현율 = 3/5
④ 특이도 = 1/4

73 K-Fold에 대한 설명으로 옳지 않은 것은?

① 데이터를 K개로 나눈다.
② 1개는 학습용 데이터, (K-1)개는 검증용 데이터로 사용한다.
③ K번 반복 수행한다.
④ 결과를 K에 다수결 또는 평균으로 분석한다.

74 ROC 커브에 대한 설명으로 올바르지 않은 것은?

① 분류 모형 평가에서 사용된다.
② 특이도와 민감도를 이용한다.
③ ROC의 x축은 특이도, y축은 민감도를 의미한다.
④ 곡선 아래의 하단면이 넓을수록 좋은 모형이다.

75 전기 수급량에 대한 평가지표로 올바르지 않은 것은?

① MAPE   ② MAE
③ MSE   ④ F1-Score

76 다음 중 딥러닝에서 과대적합 방지를 위한 기법으로 가장 알맞지 않은 것은?

① 정규화
② 가지치기
③ 은닉층 노드 삭제
④ 드롭아웃

77 F1-Score에 대한 지표로 올바른 것은?

① $2 \times \dfrac{정밀도 \times 재현율}{정밀도 + 재현율}$

② $2 \times \dfrac{정밀도 \times 재현율}{정밀도 - 재현율}$

③ $2 \times \dfrac{정밀도 + 재현율}{정밀도 \times 재현율}$

④ $2 \times \dfrac{정밀도 - 재현율}{정밀도 \times 재현율}$

78 다음과 같이 수치를 확인하기에 적절한 시각화 기법은 무엇인가?

① 레이더 차트(Radar Chart)
② 버블 차트(Bubble Chart)
③ 산점도 행렬(Scatterplot Matrix)
④ 네트워크 그래프(Network Graph)

79 교차 검증에 대한 설명으로 옳지 않은 것은?

① 홀드 아웃 방법(Holdout Method)보다 수행 시간과 계산량이 많아진다.
② k-Fold는 k개를 학습용 데이터로 활용한다.
③ k-Fold는 k개로 나눈다.
④ k=2보다 k=10으로 할 경우 더 신뢰할 수 있다.

80 다음 중 인공신경망에서 Dropout과 같은 효과를 나타내는 것은 다음 중 무엇인가?

① 학습률 조정
② 활성화 함수 변경
③ 은닉층 수 감소
④ 부스팅

정답 및 해설

- 기출문제 2021년 1회
- 기출문제 2021년 2회
- 기출문제 2022년 3회
- 기출문제 2022년 4회
- 기출문제 2023년 5회
- 기출문제 2023년 6회

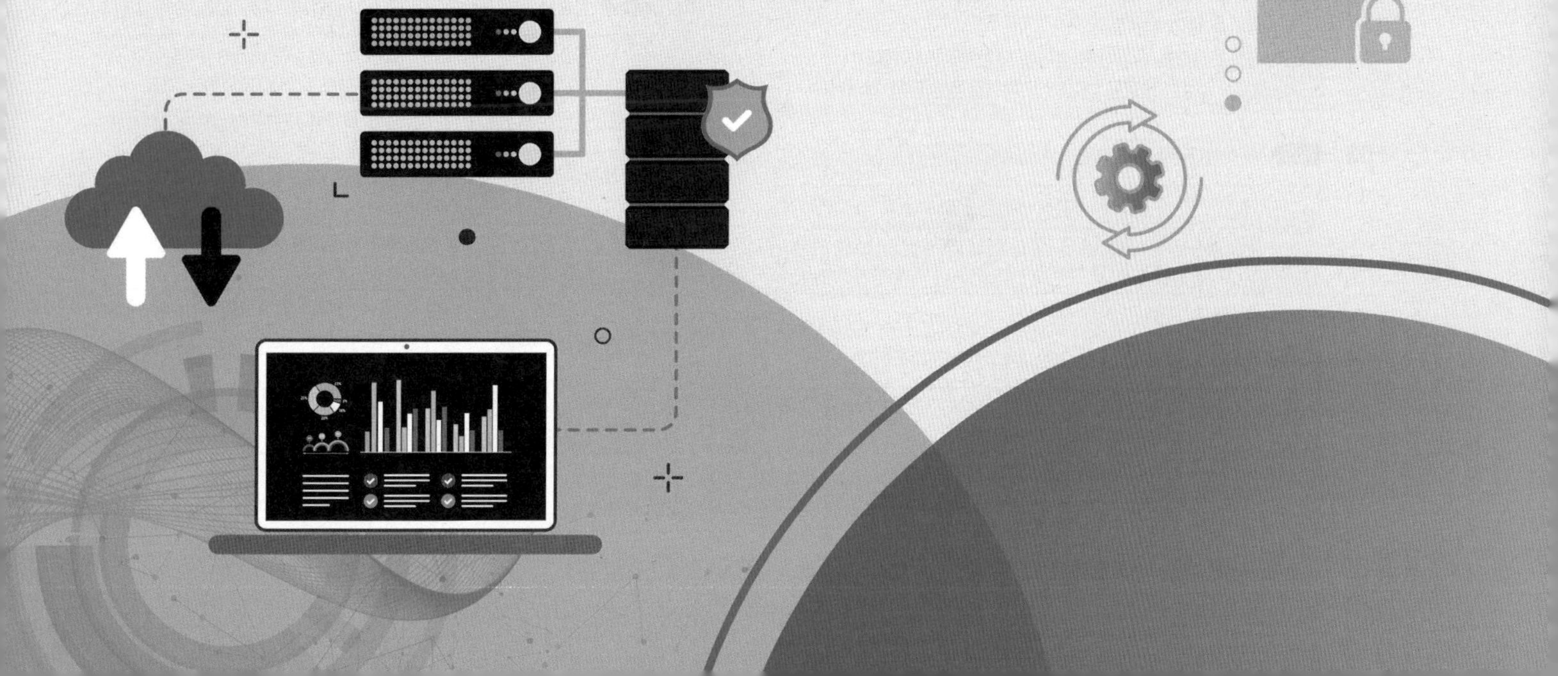

백전백승 기출문제 정답 및 해설

2021년 1회 정답

01	02	03	04	05	06	07	08	09	10
①	①	②	①	③	②	③	①	②	④
11	12	13	14	15	16	17	18	19	20
②	④	③	②	④	③	①	③	③	④
21	22	23	24	25	26	27	28	29	30
①,②	①	③	④	②	③	①	④	④	④
31	32	33	34	35	36	37	38	39	40
①	①	④	③	①	③	②	①	①	④
41	42	43	44	45	46	47	48	49	50
③	③	③	③	①	②	④	①	②	③
51	52	53	54	55	56	57	58	59	60
④	②	①	③	②	②	②	②	③	②
61	62	63	64	65	66	67	68	69	70
③	②	②	②	①	④	①	②	③	④
71	72	73	74	75	76	77	78	79	80
①	②	③	④	②,③	④	②	③	③	②

01 <u>해설</u> ETL에 대한 설명이다.

ETL	수집 대상 데이터를 추출, 가공하여 데이터 웨어하우스 및 데이터 마트에 저장하는 기술
CEP	CEP는 여러 이벤트 소스로부터 발생한 이벤트를 실시간으로 추출하여 대응되는 액션을 수행하는 처리 기술
EAI	EAI는 기업에서 운영되는 서로 다른 플랫폼 및 애플리케이션들 간의 정보 전달, 연계, 통합을 가능하게 해 주는 연계 기술
ODS	데이터에 대한 추가 작업을 위해 다양한 데이터 원천(Source)들로부터 데이터를 추출 및 통합한 데이터베이스

02 <u>해설</u>
- Sigmoid는 기울기 소실 문제로 인해 ReLU, tanh와 같은 활성화 함수를 많이 사용한다.
- 딥러닝은 은닉층을 사용하여 결과에 대한 해석이 어렵다.
- Dropout은 일정한 비율을 가지고 무작위로 신경망을 제거한다.

03 <u>해설</u>

빅데이터 분석 방법론 절차	
기준 분시평	분석 기획 / 데이터 준비 / 데이터 분석 / 시스템 구현 / 평가 및 전개

04 <u>해설</u> 레이블을 통해서만 학습하는 기법은 지도 학습이다.

지도 학습	정답인 레이블(Label)이 포함되어 있는 학습용 데이터를 통해 학습시키는 방법
비지도 학습	입력 데이터에 대한 정답인 레이블(Label)이 없는 상태에서 학습용 데이터를 통해 학습시키는 방법
강화학습	선택 가능한 행동들 중 보상을 최대화하는 행동 혹은 행동 순서를 선택하는 학습 방법
준지도 학습	정답인 레이블(Label)이 포함되어 있는 학습용 데이터와 레이블(Label)이 없는 학습용 데이터를 모두 학습에 사용하는 학습 방법

05 <u>해설</u> t-근접성은 특정 정보의 분포와 전체 데이터 집합에서 정보의 분포가 t이하의 차이를 보이도록 해야 한다.

k-익명성 (k-anonymity)	• 주어진 데이터 집합에서 같은 값이 적어도 k개 이상 존재하도록 하여 쉽게 다른 정보로 결합할 수 없도록 하는 모델 • 공개된 데이터에 대한 연결 공격 취약점을 방어하기 위해 제안
l-다양성 (l-diversity)	• 주어진 데이터 집합에서 함께 비식별 되는 레코드들은(동질 집합에서) 적어도 l개의 서로 다른 민감한 정보를 가져야 하는 모델 • 비식별 조치 과정에서 충분히 다양한(l개 이상) 서로 다른 민감한 정보를 갖도록 동질 집합을 구성 • k-익명성에 대한 두 가지 취약점 공격인 동질성 공격, 배경지식에 의한 공격을 방어하기 위해 제안
t-근접성 (t-closeness)	• 동질 집합에서 특정 정보의 분포와 전체 데이터 집합에서 정보의 분포가 t 이하의 차이를 보여야 하는 모델 • l-다양성의 쏠림 공격, 유사성 공격을 보완하기 위해 제안
m-유일성 (m-uniqueness)	• 원본 데이터와 동일한 속성 값의 조합이 비식별 결과 데이터에 최소 m개 이상 존재하도록 하여 재식별 가능성 위험을 낮춘 모델

06 <u>해설</u> 익명화 기법으로는 가명 처리, 일반화, 대체, 섭동 등이 있다.

가명 처리 (Pseudonymisation)	개인 식별이 가능한 데이터에 대하여 직접 식별할 수 없는 다른 값으로 대체하는 기법
일반화 (Generalization)	더 일반화된 값으로 대체하는 것으로 숫자 데이터의 경우 구간으로 정의하고, 범주화된 속성은 트리의 계층적 구조에 의해 대체하는 기법
섭동 (Perturbation)	동일한 확률적 정보를 가지는 변형된 값에 대하여 원래 데이터를 대체하는 기법
치환 (Permutation)	속성 값을 수정하지 않고 레코드 간에 속성 값의 위치를 바꾸는 기법

개인정보 익명 처리 기법	
가일섭치	가명 / 일반화 / 섭동 / 치환

07 **해설** 기술 통계는 통계적 수치(평균, 분산, 표준편차)를 계산하고 도출하거나 시각화를 활용하여 데이터에 대한 전반적인 이해를 돕는다.

08 **해설** 대상별 분석 기획 유형은 최적화, 솔루션, 통찰, 발견 등이 있다.

최적화 (Optimization)	• 분석의 대상이 무엇인지를 인지하고 있는 경우 (Known), 즉 해결해야 할 문제를 알고 있고 이미 분석의 방법도 알고 있는 경우(Known) 사용 • 개선을 통한 최적화 형태로 분석을 수행
솔루션 (Solution)	• 분석의 대상은 인지(Known) 하고 있으나 방법을 모르는 경우(Un-Known)에는 해당 분석 주제에 대한 솔루션을 찾아냄
통찰 (Insight)	• 분석의 대상이 명확하게 무엇인지 모르는 경우 (Un-Known)에는 기존 분석 방식을 활용(Known) 하여 새로운 지식인 통찰을 도출
발견 (Discovery)	• 분석의 대상과 방법을 모르는 경우(Un-Known)에는 발견 접근법으로 분석의 대상 자체를 새롭게 도출

09 **해설** 입사 지원자에 대한 신원 조회에는 개인정보 수집 및 사용에 대한 동의가 필요하다.

개인정보의 수집·이용이 가능한 경우	
동법소계 3이공	정보 주체의 동의 / 법률에 특별한 규정 / 공공기관이 법령 등에서 정하는 소관 업무의 수행 / 정보 주체와의 계약의 체결 및 이행 / 제3자의 급박한 생명, 신체, 재산의 이익 / 개인정보처리자의 정당한 이익을 달성하기 위하여 필요한 경우 / 공중위생 등 공공의 안전과 안녕을 위하여 긴급히 필요한 경우

10 **해설** 업무 규칙을 프로파일 또는 VOC에 의해 도출하고 업무(규정) 에 정의된 값이 업무 규칙(BR; Business Rule)으로 저장되어 있는지 검증한다.

11 **해설** 탐색적 데이터 분석(EDA; Exploratory Data Analysis)은 수집한 데이터를 분석하기 전에 그래프나 통계적인 방법을 이용하여 다양한 각도에서 데이터의 특징을 파악하고 자료를 직관적으로 바라보는 분석 방식이다.

12 **해설** 분석 문제를 단순화하여 수치나 변수 사이의 관계로 정의하는 것을 모형화라고 한다.

연구 조사	목표 달성을 위한 각종 문헌을 조사
탐색적 데이터 분석	수집한 데이터를 분석하기 전에 그래프나 통계적인 방법을 이용하여 다양한 각도에서 데이터의 특징을 파악하고 자료를 직관적으로 바라보는 분석 방법
요인 분석	모형을 세운 뒤 관찰 가능한 데이터를 이용하여 해당 잠재 요인을 도출하고 데이터 안의 구조를 해석하는 기법
모형화	분석 문제를 단순화하여 수치나 변수 사이의 관계로 정의하는 방법

13 **해설**
• 진단 분석(Diagnosis Analysis)은 데이터를 기반으로 왜 발생했는지 이유를 확인하는 분석이다.
• 가트너의 분석 가치 에스컬레이터(Analytic Value Escalator)는 아래와 같다.

묘사 분석 (Descriptive Analysis)	• 분석의 가장 기본적인 지표 • 과거에 어떤 일이 일어났고 현재는 무슨 일이 일어나고 있는지 확인
진단 분석 (Diagnostic Analysis)	• 묘사 단계에서 찾아낸 분석의 원인을 이해하는 과정 • 데이터를 기반으로 왜 발생했는지 이유를 확인
예측 분석 (Predictive Analysis)	• 데이터를 통해 기업 혹은 조직의 미래, 고객의 행동 등을 예측하는 과정 • 무슨 일이 일어날 것인지를 예측
처방 분석 (Prescriptive Analysis)	• 예측을 바탕으로 최적화하는 과정 • 무엇을 해야 할 것인지를 확인

14 **해설** 데이터 이상값 발생 원인에는 표본추출 오류, 고의적인 이상값, 데이터 입력 오류, 실험 오류, 측정 오류, 데이터 처리 오류, 자연 오류가 있다.

데이터 이상값 발생 원인	
표고 입실 측처자	표본추출 오류 / 고의적인 이상값 / 데이터 입력 오류 / 실험 오류 / 측정 오류 / 데이터 처리 오류 / 자연 오류

15 **해설** 크롤링은 인터넷상에서 제공되는 다양한 웹 사이트로부터 소셜 네트워크 정보, 뉴스, 게시판 등의 웹 문서 및 콘텐츠 수집 기술이다.

16 **해설** 데이터 분석 성숙도 모델은 도입, 활용, 확산, 최적화 단계로 구성된다.

도입 단계	분석을 시작해 환경과 시스템을 구축
활용 단계	분석 결과를 실제 업무에 적용
확산 단계	전사 차원에서 분석을 관리하고 공유
최적화 단계	분석을 진화시켜서 혁신 및 성과 향상에 기여

성숙도 단계	
도활확최	도입 / 활용 / 확산 / 최적화

17 **해설** 개인정보의 파기 사유는 개인에게 통지하지 않아도 된다.

개인정보의 수집·이용을 위해 정보 주체의 동의를 받을 때 고지사항(15조 2항)	
목항기불	개인정보의 수집·이용 목적 / 수집하려는 개인정보의 항목 / 개인정보의 보유 및 이용 기간 / 동의를 거부할 권리가 있다는 사실 및 동의 거부에 따른 불이익이 있는 경우에는 그 불이익의 내용

18 **해설** 상향식 접근방식에서 특정 업무 영역의 주제 지향적 분석기회를 발굴하는 절차는 프로세스 분류 → 프로세스 흐름 분석 → 분석 요건 식별 → 분석 요건 정의이다.

프로세스 분류	전사 업무 프로세스를 가치사슬, 메가 프로세스, 메이저 프로세스, 프로세스 단계로 구조화해 업무 프로세스 정의
프로세스 흐름 분석	프로세스 맵을 통해 프로세스별로 업무 흐름을 상세히 표현
분석 요건 식별	각 프로세스 맵 상의 주요 의사결정 포인트 식별
분석 요건 정의	각 의사결정 시점에 무엇을 알아야만 의사결정을 할 수 있는지 정의

상향식 접근 방법	
분흐식정	프로세스 분류 / 프로세스 흐름 분석 / 분석 요건 식별 / 분석 요건 정의

19 **해설** 필수 항목에 누락이 없어야 하는 것은 완전성이다.

완전성	수집된 빅데이터 질이 충분하고 완전한지에 대한 품질 관리 기준을 정의
유일성	수집된 빅데이터 처리 용이성, 하드웨어 및 소프트웨어 제약 사항 관련 품질 관리 기준을 정의
일관성	수집된 빅데이터와 원천소스가 연결되지 않는 비율 정도
정확성	자료의 값들이 허용 범위 내에 존재하는지 여부

20 **해설**
- IT 거버넌스는 IT 자원과 정보를 통해 조직의 경영목표를 충족시킬 수 있는 계획을 개발하고 통제하는 프로세스이다.
- 데이터 레이크는 정형, 반정형, 비정형 데이터를 비롯한 모든 가공되지 않은 다양한 종류의 데이터(Raw Data)를 저장할 수 있는 시스템 또는 중앙 집중식 데이터 저장소이다.
- 데이터 리터러시는 데이터를 기술적으로 다루는 것에서부터 데이터에 숨겨진 의미있는 인사이트를 도출해내는 등 데이터 활용 과정 전반에 필요로 하는 역량이다.

21 **해설**
- 평균과 분산은 박스플롯으로 알 수 없다.
- 박스플롯의 구성 요소는 아래의 표와 같다.

하위 경계	제1 사분위에서 1.5 IQR을 뺀 위치
최솟값	하위 경계 내의 관측치의 최솟값
제1 사분위	자료들의 하위 25%의 위치를 의미
제2 사분위 (중위수)	자료들의 50%의 위치로 중위수(Median)를 의미
제3 사분위	자료들의 하위 75%의 위치를 의미
최댓값	상위 경계 내의 관측치의 최댓값
상위 경계	제3 사분위에서 IQR의 1.5배 위치
수염	제1 사분위, 제3 사분위로부터 IQR의 1.5배 내에 있는 가장 멀리 떨어진 데이터까지 이어진 선
이상값	수염보다 바깥쪽에 데이터가 존재한다면, 이상값으로 분류

22 **해설** 변수 선택 방법은 다음과 같다.

전진 선택법	영향력이 가장 큰 변수를 하나씩 추가하는 변수 선택 기법
후진 소거법	모든 변수가 포함된 모형에서 시작하여 영향력이 가장 작은 변수를 하나씩 삭제하는 변수 선택 기법
단계적 방법	후진 소거법과 전진 선택법의 절충적인 형태의 기법

23 **해설** 불균형 문제를 처리하지 않으면 모델은 가중치가 더 높은 클래스를 더 예측하려고 하므로 정확도(Accuracy)는 높아질 수 있지만 분포가 작은 클래스의 재현율(Recall)은 낮아지는 문제가 발생할 수 있다.

24 **해설** 파생변수 생성 방법은 다음과 같다.

단위 변환	주어진 변수의 단위 혹은 척도를 변환하여 새로운 단위로 표현
표현 형식 변환	단순한 표현 방법으로 변환
요약 통계량 변환	요약 통계량 등을 활용하여 생성
변수 결합	다양한 함수 등 수학적 결합을 통해 새로운 변수를 정의

25 **해설**
- $P(E)$: 불량품이 발생할 확률,
- $P(A)$: A 공장의 생산율=0.5, $P(E|A)$: A 공장에서 불량품이 발생할 확률=0.01,
- $P(B)$: A 공장의 생산율=0.3, $P(E|B)$: B 공장에서 불량품이 발생할 확률=0.02,
- $P(C)$: A 공장의 생산율=0.2, $P(E|C)$: C 공장에서 불량품이 발생할 확률=0.03일 때
- $P(C|E)$를 구하는 문제이다. 베이즈 정리에 의해서

$$P(C|E) = \frac{P(E|C) \times P(C)}{P(E|A) \times P(A) + P(E|B) \times P(B) + P(E|C) \times P(C)}$$

$$= \frac{(0.03 \times 0.2)}{(0.5 \times 0.01) + (0.3 \times 0.02) + (0.2 \times 0.03)} = \frac{6}{17}$$

26 해설 • 정규분포를 따르는 모집단에서 모 표준편차가 알려져 있으므로 Z-분포를 이용한다.
• 90% 신뢰 구간이므로 $\alpha = 0.1$이고, 따라서 $Z_{\frac{\alpha}{2}} = Z_{0.05}$이다.

$$\overline{X} - Z_{\frac{\alpha}{2}} \frac{\sigma}{\sqrt{n}} \leq \mu \leq \overline{X} + Z_{\frac{\alpha}{2}} \frac{\sigma}{\sqrt{n}}$$
$$= 90 - 1.645 \frac{8}{\sqrt{25}} \leq \mu \leq 90 + 1.645 \frac{8}{\sqrt{25}}$$

• 따라서 모평균의 90% 신뢰구간은 $87.368 \leq \mu \leq 92.632$ 이다.

27 해설 두 모비율 차이의 추정은 다음과 같다.

$$E(\widehat{p_1}) = \frac{73}{100} = 0.73$$
$$E(\widehat{p_2}) = \frac{138}{200} = 0.69$$
$$E(\widehat{p_1} - \widehat{p_2}) = E(\widehat{p_1}) - E(\widehat{p_2}) = 0.73 - 0.69 = 0.04$$

28 해설 산점도는 직교 좌표계를 이용하여 좌표상의 점들을 표현하는 관계 시각화 유형으로 두 변수 사이의 상관관계를 알 수 있다.

29 해설 두 변수 간에 직선 관계가 있는지를 나타낼 때 표본상관계수를 이용한다.

30 해설 • 평행 좌표계에 대한 설명은 다음과 같다.
• 여러 축을 평행으로 배치하는 비교 시각화 기술로 수직선엔 변수를 배치한다.
• 측정 대상은 변수 값에 따라 위아래로 이어지는 연결선으로 표현한다.
• 데이터 분석의 초기 단계에서 많은 변수 중 변수들 간의 경향을 찾을 때 유용하다.

31 해설 • 표본의 크기가 30보다 작은 소표본이므로 자유도가 $n-1$인 t-분포를 따른다.
• 표본평균 $\overline{X} = 170$, 표본 분산 $s^2 = 25$이며 자유도가 24인 t-분포이다.
• 95% 신뢰 구간이므로 $\alpha = 0.05$이고 따라서 $\frac{\alpha}{2} = 0.025$가 된다. t-분포의 신뢰 구산 공식에 각 값들을 대입한다.

$$\overline{X} - t_{\frac{\alpha}{2}, n-1} \frac{s}{\sqrt{n}} \leq \mu \leq \overline{X} + t_{\frac{\alpha}{2}, n-1} \frac{s}{\sqrt{n}}$$
$$= 170 - t_{0.025, 24} \frac{5}{\sqrt{25}} \leq \mu \leq 170 - t_{0.025, 24} \frac{5}{\sqrt{25}}$$

• 자유도가 24이고 $\alpha = 0.025$인 값을 t-분포표에서 찾으면 $t_{0.025, 24}$의 값은 2.064이다.

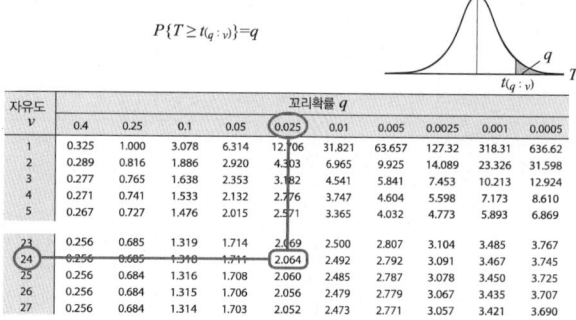

• 따라서 $170 - 2.064 \leq$ 키 $\leq 170 + 2.064$이므로 정답은 $167.936 \leq$ 키 ≤ 172.064이다.

32 해설 표본의 개수가 많을수록 표본 오차는 감소한다.

33 해설 ⓐ와 ⓓ는 올바른 결정이며, ⓑ는 실제로 틀린 것을 옳다고 예측한 경우이므로 제2종 오류이다. ⓒ는 반대로 실제로 옳은 것을 틀리게 예측한 경우이므로 제1종 오류이다.

34 해설 • 데이터 간 높은 상관관계가 존재하는 상황에서 상관관계를 제거하여 분석의 용이성이 증가한다.
• 주성분 분석에서 누적 기여율이 70~90% 사이가 되는 주성분의 수로 결정한다.
• 스크리 산점도의 기울기가 완만해지기 직전까지 주성분의 수로 결정할 수 있다.

35 해설 상위 1~2명으로 인한 이상값에 영향을 받지 않으며, A구단의 연봉을 대표할 수 있는 통계량은 중위수이다.

36 해설 층화추출법이란 이질적인 원소들로 구성된 모집단에서 각 계층을 고루 대표할 수 있도록 표본을 추출하는 방법으로 유사한 원소끼리 몇 개의 층으로 나누어 각 층에서 랜덤 추출하는 방법이다.

37 해설 임계값(Cut-off value) 이동은 데이터가 많은 클래스로 임계값을 이동시키는 방법으로 학습 단계에서는 그대로 학습하고 테스트 단계에서 임계값을 이동한다.

38 해설 정규분포, F-분포, 지수분포는 연속확률분포이고 이항분포는 이산 확률분포이다.

39 해설 독립적인 두 카이제곱분포가 있을 때, 두 확률변수의 비를 나타내는 확률분포는 F-분포이다.

40 해설 표본의 크기인 n의 크기가 클 경우에 중심 극한 정리에 의하여 T-분포는 정규분포를 따른다.

41 **해설** • 가장 적은 영향을 주는 변수부터 하나씩 제거하면서 더 이상 유의하지 않은 변수가 없을 때까지 설명변수들을 제거하고 이때의 모형을 선택하는 방법은 후진 소거법이다.
• 중위 선택법은 존재하지 않는 방법이다.

전진 선택법 (Forward Selection)	절편만 있는 상수 모형부터 시작해 중요하다고 생각되는 설명변수를 차례로 모형에 추가하는 방식
후진 소거법 (Backward Elimination)	독립변수 후보 모두를 포함한 모형에서 출발해 제곱합의 기준으로 가장 적은 영향을 주는 변수부터 하나씩 제거하면서 더 이상 유의하지 않은 변수가 없을 때까지 설명변수들을 제거하고 이때의 모형을 선택하는 방법
단계적 방법 (Stepwise Method)	변수를 추가하면서 새롭게 추가된 변수에 기인해 기존 변수가 그 중요도가 약화 되면 해당 변수를 제거하는 단계별 추가 또는 제거되는 변수의 여부를 검토해 더 이상 없을 때 중단하는 방법

42 **해설** • 인공신경망의 목적은 출력 층에서 계산된 출력과 실제 출력의 값 차이를 최소화시키는 가중치를 알아내는 것이다.
• 인공신경망에서 가중치의 변화에 따른 오차의 변화를 계산한다.
• 인공신경망에서 뉴런(노드)은 인공신경망의 가장 기본적인 단위이다.
• CNN에서 필터를 커널 이라고도 한다.

43 **해설** • 필터는 이미지(Image)를 지정한 간격(Stride)으로 순회하면서 합성곱을 계산한다.
• 이미지는 5×5 이고 Stride는 1 이므로 필터(3×3)는 아래와 같이 계산한다.

• 이미지에서 필터의 크기인 3×3을 이미지의 값과 계산을 하면 0×0 + 0×0 + 1×1 + 1×1 + 0×0 + 0×1 + 1×0 + 1×1 + 0×1을 계산한 3이 된다.

• 위와 같은 과정을 반복하여 3×3 의 Feature Map을 계산한다.

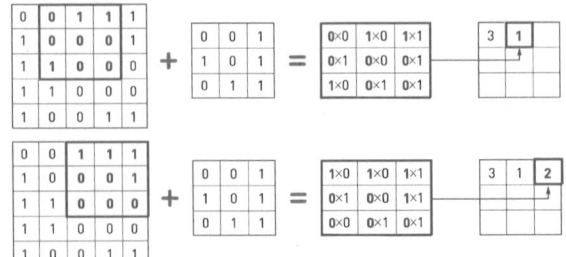

44 **해설** • 선형 회귀 모형의 가정은 선형성, 독립성, 등분산성, 비상관성, 정상성이다. 오차와 관련 없는 것은 선형성이다.

선형성	• 독립변수와 종속변수가 선형적이어야 함 • 독립변수의 변화에 따라 종속변수도 일정 크기로 변화
독립성	• 단순선형 회귀 분석에서는 잔차와 독립변수의 값이 서로 독립적이어야 함 • 다중선형 회귀 분석에서는 독립변수 간 상관성이 없이 독립적이어야 함
등분산성	• 잔차의 분산이 독립변수와 무관하게 일정해야 함 • 잔차가 고르게 분포되어야 함
비상관성	• 관측치들의 잔차들끼리 상관이 없어야 함 • 잔차끼리 서로 독립이면 비상관성이 있다고 판단
정규성 (정상성)	• 잔차항이 정규분포의 형태를 이뤄야 함 • Q-Q plot에서는 잔차가 대각방향의 직선의 형태를 띠면 잔차는 정규분포를 따른다고 할 수 있음

45 **해설** 서포트 벡터 머신은 데이터가 많아질수록 최적화된 테스트를 위한 테스트 과정이 많아져서 다른 모형에 비해 속도가 느리다.

장점	단점
• 서포트 벡터만을 이용해서 결정경계를 생성하므로 데이터가 적을 때 효과적 • 새로운 데이터가 입력되면 전체 데이터 포인트와의 거리를 계산하지 않고 서포트 벡터와의 거리만 계산하면 되기 때문에 연산량 최소화 • 정확성이 뛰어나며, 커널 트릭을 활용하여 비선형 모델 분류 가능 • 다른 모형 보다 과대 적합의 가능성이 낮고, 노이즈의 영향이 적음	• 데이터 전처리 과정이 중요 • 데이터 세트의 크기가 클 경우 모델링에 많은 시간이 소요됨 • 데이터가 많아질수록 최적화된 테스트를 위한 테스트 과정이 많아져서 다른 모형에 비해 속도가 느림 • 커널과 모델의 파라미터를 조절하기 위해 많은 테스트가 필요

46 **해설** • 공분산행렬을 사용하여 고윳값이 1보다 큰 주성분의 개수를 이용하는 방법은 PCA이다.
• 스트레스 값은 0에 가까울수록 적합도 수준이 좋고 1에 가까울수록 나쁘다.

47 해설 • 가중치의 제곱합을 추가하는 것은 릿지이다.

라쏘	기존 비용 함수에 모든 가중치 w들의 절댓값 합계를 추가함
릿지	기존 비용 함수에 모든 가중치 w들의 제곱합을 추가함
엘라스틱 넷	기존 비용 함수에 L1규제, L2규제를 추가함

48 해설 • 빅데이터 분석 절차는 문제 인식 → 연구 조사 → 모형화 → 자료 수집 → 자료 분석 → 분석 결과 공유이다.

빅데이터 분석 절차	
문연모수 분공	문제인식 / 연구조사 / 모형화 / 자료 수집 / 자료 분석 / 분석 결과 공유

49 해설

		종속변수(Y)	
		연속형	이산형/범주형 변수
독립변수(X)	연속형 변수	• 회귀 분석 • 인공신경망 모델 • K-최근접 이웃기법 • 의사결정나무(회귀 나무)	• 로지스틱 회귀 분석 • 판별 분석 • K-최근접 이웃기법 • 의사결정나무(분류 나무)
	이산형/범주형 변수	• 회귀 분석 • 인공신경망 모델 • 의사결정나무(회귀 나무)	• 인공신경망 모델 • 의사결정나무(분류 나무) • 로지스틱 회귀 분석

50 해설 • TPR(참 긍정률)은 재현율(Recall), 민감도(Sensitivity)로 공식은 TPR = TP/(TP+FN) = 45/(45+15)=45/60 = 3/4
• FPR(거짓 긍정률) 공식은 FPR = FP/(FP+TN) = 5/(5+235)=1/48

51 해설 • 배깅은 훈련 데이터에서 다수의 부트스트랩 자료를 주어진 자료에서 동일한 크기의 표본을 랜덤 복원추출로 뽑은 자료이며, 가중치를 주어 표본을 추출하는 기법은 부스팅이다.
• 앙상블 기법은 예측력이 약한 모형을 연결하여 강한 모형으로 만드는 기법이다.

앙상블 기법	주요 알고리즘	알고리즘 설명
배깅 (Bagging)	랜덤 포레스트	부트스트랩을 통해 조금씩 다른 훈련 데이터에 대해 훈련된 기초 분류기들을 결합시키는 알고리즘
부스팅 (Boosting)	AdaBoost (Adaptive Boost)	잘못 예측한 데이터에 가중치를 부여하여 오류를 개선하는 알고리즘
	GBM (Gradient Boost Machine)	경사 하강법(Gradient Descent)을 이용하여 가중치를 업데이트함으로써 최적화된 결과를 얻는 알고리즘

52 해설 • 전 확률의 정리 공식에 따르면 $P(x) = P(A \cap x) + P(B \cap x)$ 이다.
• 베이즈 정리는 $P(B|x) = \dfrac{P(B \cap x)}{P(x)}$
$= \dfrac{P(B)P(x|B)}{P(A)P(x|A)+P(B)P(x|B)}$ 이다.

53 해설

K-Fold	데이터 집합을 무작위로 동일 크기를 갖는 K개의 부분 집합으로 나누고, 그중 1개 집합을 평가용 데이터(Test Set)로, 나머지 (K-1)개 집합을 학습용 데이터(Training Set)로 선정하여 분석 모형을 평가하는 기법
Holdout	전체 데이터를 비복원추출 방법을 이용하여 랜덤하게 학습용 데이터(Training Set)와 평가용 데이터(Test Set)로 나눠 검증하는 기법
Dropout	인공신경망의 학습 과정에서 신경망 일부를 사용하지 않는 기법
Cross Validation	모델의 일반화 오차에 대해 신뢰할 만한 추정치를 구하기 위해 학습용, 평가용 데이터를 기반으로 하는 검증 기법

54 해설 페이스북 사진으로 사람을 분류하기 위해 비지도 학습을 활용한다.

항목	비지도 학습	지도 학습
설명	레이블이 없는 학습용 데이터를 사용하여 시스템이 스스로 학습하는 방법	정답인 레이블이 포함되어 있는 학습용 데이터를 통해 컴퓨터를 학습시키는 방법
특징	예측의 문제보다는 주로 현상의 설명, 특징/패턴 도출, 분류 등의 문제 해결에 활용	주로 인식, 분류, 진단 예측 등의 문제 해결에 활용

55

군집	각 개체에 대해 관측된 여러 개의 변숫값에서 유사한 성격을 갖는 몇 개의 군집으로 집단화하여 군집들 사이의 관계를 분석하는 다변량 분석 기법
예측	범주형 및 수치형 등의 과거 데이터로부터 특성을 분석하여 다른 데이터의 결괏값을 예측하는 기법
분류	범주형 변수 혹은 이산형 변수 등의 범주를 예측하는 것으로, 다수의 속성 혹은 변수를 가지는 객체들을 사전에 정해진 그룹이나 범주 중의 하나로 분류하는 모델
연관성	데이터에 숨어있으면서 동시에 발생하는 사건 혹은 항목 간의 규칙을 수치화하는 것

56

군집	각 개체에 대해 관측된 여러 개의 변숫값에서 유사한 성격을 갖는 몇 개의 군집으로 집단화하여 군집들 사이의 관계를 분석하는 다변량 분석 기법
분류	범주형 변수 혹은 이산형 변수 등의 범주를 예측하는 것으로, 다수의 속성 혹은 변수를 가지는 객체들을 사전에 정해진 그룹이나 범주 중의 하나로 분류하는 모델
연관성	데이터에 숨어있으면서 동시에 발생하는 사건 혹은 항목 간의 규칙을 수치화하는 것

57
- ARIMA 차수에 따른 모형은 다음과 같다.

ARIMA(0,0,0)	백색잡음 모형
ARIMA(0,1,0)	확률 보행 모형
ARIMA(p,0,0)	자기 회귀 모형
ARIMA(0,0,q)	이동평균 모형

58 해설 비정형 데이터는 스키마 구조 형태를 가지지 않고 고정된 필드에 저장되지 않는 데이터이며 텍스트, 이미지, 오디오, 비디오 등이 있다.

텍스트	문자/문자열 형태로 저장
이미지	RGB 방식으로 저장
오디오	시간에 따른 진폭(Amplitude) 형태로 저장
비디오	이미지 스트리밍으로 저장

59
- 의사결정나무가 트리의 수가 많아지면 Overfit이 될 수 있으며, 이 문제를 해결한 알고리즘이 랜덤 포레스트이다.
- 랜덤 포레스트는 여러 개의 의사결정 트리를 모아놓은 구조이며, 훈련을 통해 다수의 나무들로부터 투표를 통해 분류 결과를 도출한다.
- 랜덤 포레스는 앙상블 기법으로 분류기를 여러 개 쓸수록 성능이 좋아진다.

60
- K-Fold Cross Validation은 데이터 집합을 무작위로 동일 크기를 갖는 K개의 부분 집합으로 나누고, 그중 1개 집합을 평가용 데이터(Test Set)로, 나머지 (K-1)개 집합을 학습용 데이터(Training Set)로 선정하여 분석 모형을 평가하는 기법이다.
- 모든 데이터를 학습용(Training)과 평가(Test)에 사용할 수 있으나 k번 반복 수행하며 K값이 증가하면 수행 시간과 계산량도 많아진다.

61 해설
- 편향(Bias)은 학습 알고리즘에서 잘못된 가정을 했을 때 발생하는 오차이다.
- 분산(Variance)은 훈련 데이터(Training Set)에 내재된 작은 변동으로 발생하는 오차이다.
- 이상적인 모형에서는 낮은 편향과 낮은 분산으로 설정되어야 한다.

62 해설 초매개변수로 설정 가능한 예시로는 학습률(Learning Rate), 의사결정나무의 깊이(Depth), 신경망에서 은닉층(Hidden Layer)의 개수 등이 있다.

63 해설 산점도는 변수 간에 순서쌍을 한 점으로 표시하여 변수의 관계를 나타낸 그래프로 관계 시각화 방법이다.

관계 시각화 유형	
산행버네	산점도 / 산점도 행렬 / 버블 차트 / 네트워크 그래프

64 해설
- 스타 차트는 각 변수를 표시 지점을 연결선을 통해 그려 별 모양의 도형으로 나타낸 차트이다.
- 설명 변수가 늘어날수록 축이 늘어나는 특징을 가진다.

65 해설 임곗값 이동(Cut-Off Value Moving)은 임곗값을 데이터가 많은 쪽으로 이동시키는 방법이다.

66 해설
- x축은 특이도가 아닌 거짓 긍정률(FP Rate)(=1-특이도)이다.
- y축은 참 긍정률(TP Rate) = 재현율(Recall) = 민감도(Sensitivity)이다.

67 해설
- 특이도(Specificity) 공식은
  Specificity=TN/(TN+FP) = 75/(75+15)=75/90=5/6
- 정밀도(Precision) 공식은
  Precision=TP/(TP+FP)=25/(25+15)= 25/40=5/8

68 해설 사람에 의해 수작업으로 설정하는 것은 매개변수가 아닌 초매개변수이다.

69 해설

엘보우(Elbow) 기법	x축에 클러스터의 개수(k 값)를 y축에 SSE($=\sum_{i=1}^{n}(y_i-\hat{y_i})^2$) 값을 두었을 때 기울기가 완만한 부분(팔꿈치 부분)에 해당하는 클러스터를 선택하는 기법
덴드로그램(Dendrogram)	군집의 개체들이 결합되는 순서를 나타내는 트리 형태의 구조를 통해 군집의 개수를 결정하는 기법
실루엣(Silhouette) 기법	각 군집 간의 거리가 얼마나 분리 되있는지를 나타냄 실루엣 계수를 두는데, 1에 가까울수록 군집 간 거리가 멀어서 최적화가 잘 되어 있다고 할 수 있고, 0에 가까울수록 군집간 거리가 가까워서 최적화가 잘 안 되어 있다고 할 수 있음

70 해설
- F1-Score는 정밀도와 민감도(재현율)를 하나로 합한 성능평가 지표로 0~1 사이의 범위를 갖는다.
- F1-Score를 표기하는 식은 $2 \times \dfrac{Precision \times Recall}{Precision + Recall}$ 이다.
- 정밀도(Precision)와 민감도(Recall) 양쪽이 모두 클 때 F1-Score도 큰 값을 갖는다.

71 해설

로지스틱 회귀분석	독립변수가 수치형이고 반응변수(종속변수)가 범주형(이항형)인 경우 적용되는 회귀 분석 모형
k-평균 군집 (k-means clustering)	K개 소집단의 중심좌표를 이용하여 각 객체와 중심좌표 간의 거리를 산출하고, 가장 근접한 소집단에 배정한 후 해당 소집단의 중심좌표를 업데이트하는 방식의 군집화 알고리즘
주성분 분석	데이터 분포를 잘 설명함과 동시에 정보의 손실을 최소화하도록 고차원의 데이터를 저차원의 데이터로 변환하는 차원 축소 분석 기법
DBSCAN	개체들의 밀도(Density) 계산을 기반으로 밀접하게 분포된 개체들끼리 그룹핑하는 군집분석 알고리즘

72 해설 적합도 검정에서 자유도는 (범주의 수) − 1이다.

73 해설 인포그래픽은 복잡한 데이터를 그래픽을 활용하여 이해하기 쉽게 표현하는 시각화 방법이다.

74
- 분석 모형 평가방법은 종속변수 유형에 따라 다르다.
- 종속변수가 범주형인 경우 혼동행렬을 사용하며, 연속형인 경우 RMSE를 사용한다.
- 종속변수가 범주형일 때 임곗값이 바뀌면 정분류율은 변한다.

75 해설

지표	계산식	설명
특이도(Specificity)	TN/(TN+FP)	실제로 '부정'인 범주 중에서 '부정'으로 올바르게 예측(TN)한 비율
민감도(Sensitivity)	TP/(TP+FN)	실제로 '긍정'인 범주 중에서 '긍정'으로 올바르게 예측(TP)한 비율
거짓 긍정률(FP Rate)	FP/(TN+FP)	실제로 '부정'인 범주 중에서 '긍정'으로 잘못 예측(FP)한 비율
정밀도(Precision)	TP/(TP+FP)	'긍정'으로 예측한 비율 중에서 실제로 '긍정'(TP)인 비율

76 해설 최종 모형을 선정할 때에는 데이터 수가 많아서 검증용 데이터가 많더라도 평가용 데이터로 성능을 확인하는 과정은 필요하다.

77 해설 분석 모형 개발과 피드백 적용을 반복적으로 수행하여 분석 모형의 성능을 향상시킨다.

78 해설 시계열 분해 그래프의 관측치(Observed)를 통해 추세(Trend), 계절성(Seasonal), 잔차(Residual)를 알 수 있다.

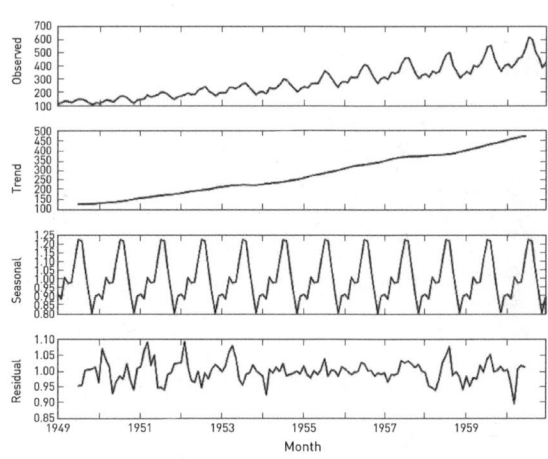

79 해설
- X1, X2는 Pr(>|t|) 값이 0.05보다 작으므로 통계적으로 유의하다고 할 수 있다.
- X2의 계수는 −3.636677이다.
- X3는 Pr(>|t|) 값이 0.05보다 커서 통계적으로 유의하지 않으므로 삭제가 가능하다.

80 해설 잔차가 등분산 가정을 만족하지 않을 경우에는 종속변수를 log로 변환하거나 WLS(Weighted Least Square)를 사용한다.

기출문제 정답 및 해설

2021년 2회 정답

01	02	03	04	05	06	07	08	09	10
④	①	③	③	①	①	②	②	④	④
11	12	13	14	15	16	17	18	19	20
①	①	④	③	③	①	①	②	②	④
21	22	23	24	25	26	27	28	29	30
④	②	②	②	②	④	④	③	③	③
31	32	33	34	35	36	37	38	39	40
②	③	②	①	④	①	②	④	①	②
41	42	43	44	45	46	47	48	49	50
①	②	②	①	④	④	②	④	②	②
51	52	53	54	55	56	57	58	59	60
③	③	①	③	④	①	③	④	④	③
61	62	63	64	65	66	67	68	69	70
④	①	④	③	②	①	③	①	②	④
71	72	73	74	75	76	77	78	79	80
①	②	②	④	④	②	①	④	④	②

01 해설) 가트너에서 정의한 3V에는 Volume, Variety, Velocity가 있다.

규모 (Volume)	• 빅데이터 분석 규모에 관련된 특징 • ICT 기술 발전으로 과거의 텍스트 데이터부터 SNS로부터 수집되는 사진, 동영상 등의 다양한 멀티미디어 데이터까지 디지털 정보량의 기하급수적 증가
다양성 (Variety)	• 빅데이터 자원 유형에 관련된 특징 • 정형 데이터뿐만 아니라 비정형, 반정형 데이터를 포함
속도 (Velocity)	• 빅데이터 수집·분석·활용 속도에 관련된 특징 • 사물 정보(센서, 모니터링), 스트리밍 정보 등 실시간성 정보의 생성 속도 증가에 따라 처리 속도 가속화 요구 • 가치 있는 정보 활용을 위해 데이터 처리 및 분석 속도의 중요성 증가

02 해설)
- GDPR(General Data Protection Regulation)은 2018년 5월 25일부터 시행되는 EU(유럽연합)의 개인정보보호 법령으로, 정보 주체의 권리와 기업의 책임성 강화, 개인정보의 EU 역외이전 요건 명확화 등을 주요 내용으로 한다.
- GDPR은 EU 내 사업장을 운영하는 기업뿐만 아니라 전자상거래 등을 통해 해외에서 EU 주민의 개인정보를 처리하는 기업에도 적용될 수 있고, 위반 시 높은 과징금 부과를 규정하고 있다.

03 해설) • 데이터값 대체 기법은 개인정보 비식별화 기법에 포함되지 않는다.

데이터 비식별화 처리 기법	
가총 삭범마	가명처리 / 총계처리 / 데이터값 삭제 / 범주화 / 데이터 마스킹

04 해설)

빅데이터 분석 방법론의 분석 절차	
기준 분시평	분석 기획 / 데이터 준비 / 데이터 분석 / 시스템 구현 / 평가 및 전개

05 해설) 데이터 웨어하우스(DW; Data Warehouse)의 특징은 다음과 같다.

주제 지향적 (Subject Oriented)	기능이나 업무가 아닌 주제 중심적으로 구성되는 특징
통합적 (Integrated)	데이터의 일관성을 유지하면서 전사적 관점에서 하나로 통합되는 특징
시간에 따라 변화 (Time-variant)	시간에 따른 변경을 항상 반영하고 있다는 특징
비휘발적 (Non-Volatile)	적재가 완료되면 읽기 전용 형태의 스냅 샷 형태로 존재한다는 특징

06 해설)

ETL (Extract Transform Load)	데이터 분석을 위한 데이터를 데이터 저장소인 DW(Data Warehouse) 및 DM(Data Mart)으로 이동시키기 위해 다양한 소스 시스템으로부터 필요한 원본 데이터를 추출(Extract)하고 변환(Transform)하여 적재(Load)하는 작업 및 기술
EAI (Enterprise Application Integration)	기업에서 운영되는 서로 다른 플랫폼 및 애플리케이션들 간의 정보 전달, 연계, 통합을 가능하게 해 주는 연계 기술
DW (Data Warehouse)	사용자의 의사결정에 도움을 주기 위하여, 기간 시스템의 데이터베이스에 축적된 데이터를 공통 형식으로 변환해서 관리하는 데이터베이스
ODS (Operational Data Store)	데이터에 대한 추가 작업을 위해 다양한 데이터 원천(Source)들로부터 데이터를 추출 및 통합한 데이터베이스

07 해설

스쿱 (Sqoop)	• 커넥터(Connector)를 사용하여 관계형 데이터베이스 시스템(RDBMS)에서 하둡 파일 시스템(HDFS)으로 데이터를 수집하거나, 하둡 파일 시스템에서 관계형 데이터베이스로 데이터를 보내는 대용량 데이터 전송 솔루션
NoSQL (Not Only SQL)	• 대규모 데이터를 저장하기 위하여 고정된 테이블 스키마가 없고 조인(Join) 연산을 사용할 수 없으며, 수평적으로 확장이 가능한 DBMS • NoSQL 제품은 Redis, DynamoDB, HBase, Cassandra, MongoDB, Couchbase, Neo4j, AllegroGraph가 있음
HDFS (Hadoop Distributed File System)	• 수십 테라바이트 또는 페타바이트 이상의 대용량 파일을 분산된 서버에 저장하고, 저장된 데이터를 빠르게 처리할 수 있게 하는 분산 파일 시스템
스크라이브 (Scribe)	• 다수의 서버로부터 실시간으로 스트리밍되는 로그 데이터를 수집하여 분산 시스템에 데이터를 저장하는 대용량 실시간 로그 수집 기술

08 해설

HBase	• HDFS를 기반으로 구현된 컬럼 기반의 분산 데이터베이스
Tajo	• 다양한 데이터 소스를 위한 하둡(Hadoop) 기반의 ETL(Extract Transform Load) 기술을 이용해서 데이터 웨어하우스(DW)에 적재하는 시스템 • HDFS 및 다양한 형태의 데이터를 추출하고 분석 시스템에 전송하여 집계 및 연산, 조인, 정렬 기능을 제공
Oozie	• 하둡 작업을 관리하는 워크플로우 및 코디네이터 시스템 • 맵리듀스나 피그와 같은 특화된 액션들로 구성된 워크플로우 제어
Zookeeper	• 분산 환경에서 서버들 간에 상호 조정이 필요한 다양한 서비스를 제공하는 분산 코디네이션

09 해설

• 마이 데이터(My Data)는 개인이 자신의 정보를 관리, 통제할 뿐만 아니라 이러한 정보를 신용이나 자산관리 등에 능동적으로 활용하는 일련의 과정을 의미한다.
• 마이 데이터에서 개인은 데이터 주권인 자기 정보결정권으로 개인 데이터의 활용과 관리에 대한 통제권을 개인이 가진다는 것이 핵심 원리이다.
• 마이데이터를 통해서 개인의 동의하에 타 기업에 저장된 개인정보를 받아서 필요한 곳에 활용할 수 있게 된다.

10 해설

시급성은 ROI 관점의 비즈니스 효과(전략적 중요도와 목표 가치(KPI)와 관련 있고, 난이도는 ROI 관점의 투자비용 요소(데이터 획득/저장/가공 비용, 분석 적용 비용, 분석 수준)와 관련 있다..

11 해설

• 재현 데이터는 실제로 측정된 원본 자료(Real Data)를 활용하여 통계적 방법이나 기계학습 방법 등을 이용하여 새롭게 생성한 모의 데이터(Simulated Data)이다.
• 재현 데이터는 원본 자료와 최대한 유사한 통계적 성질을 보이는 가상의 데이터를 생성하기 위해서 개인정보의 특성을 분석하여 새로운 데이터를 생성한다.
• 원본 자료와 다르지만, 원본 자료와 동일 분포를 따르도록 통계적으로 생성한 자료이다.
• 재현 데이터는 모집단의 통계적 특성들을 유지하면서도 민감한 정보를 외부에 직접 공개하지 않는 특징이 있다.

12 해설

최근에 부각하고 있는 빅데이터를 활용한 인공지능은 자체 알고리즘을 가지고 스스로 문제 해결 기준을 설정하여 학습하는 특징이 있다.

13 해설

민감정보는 사상·신념, 노동조합·정당의 가입·탈퇴, 정치적 견해, 건강, 성생활 등에 관한 정보, 그 밖에 정보 주체의 사생활을 현저히 침해할 우려가 있는 개인정보로서 대통령령이 정하는 정보, 유전정보, 범죄경력에 관한 정보가 포함된다.

14 해설

• 데이터 분석 및 활용에 사용될 소프트웨어 개발 능력은 데이터 엔지니어가 지녀야 할 업무적 능력이다.
• 데이터 사이언티스트(Data Scientist)가 지녀야 할 업무적 능력은 다음과 같다.

> – 머신러닝 모델을 사용해 정형, 비정형 데이터에서 인사이트 창출
> – 사내 데이터를 이용해서 고객 행동 패턴 모델링 진행, 패턴을 찾아내거나 이상치 탐지
> – 예측 모델링, 추천 시스템 등을 개발해 비즈니스 의사결정에 필요한 인사이트 제공

15 해설

개인정보처리자는 수집된 개인정보를 필요한 목적에 의해서 활용하고, 그 이외는 원칙적으로 정보 주체의 사생활 침해를 하지 말아야 한다.

16 해설

데이터의 적절성, 정확성, 상호 운용성 등 명시된 요구와 내재된 요구를 만족하는 데이터 품질 기준은 데이터 기능성이다.

17 해설

빅데이터 분석 방법론의 분석 절차 중 분석 기획(Planning) 단계에서 수행해야 하는 작업은 다음과 같다.

비즈니스 이해 및 범위 설정	• 프로젝트 진행을 위해 비즈니스에 대한 충분한 이해와 도메인 문제점 파악 • 업무 매뉴얼 및 업무 전문가 도움 필요, 구조화된 명세서 작성
프로젝트 정의 및 계획수립	• 모델의 운영 이미지를 설계하고 모델 평가 기준을 설정, 프로젝트의 정의를 명확하게 함 • WBS를 만들고 데이터 확보계획, 빅데이터 분석 방법, 일정계획, 예산계획, 품질계획, 인력 구성계획, 의사소통계획 등을 포함하는 프로젝트 수행 계획을 작성

프로젝트 위험계획수립	• 발생 가능한 모든 위험(Risk)을 발굴하여 사전에 대응 방안을 수립함으로써 프로젝트 진행의 완전성을 높임 • 위험대응 방법에는 회피(Avoid), 전가(Transfer), 완화(Mitigate), 수용(Accept)이 있음

18 해설 데이터의 수집 및 정합성 검증은 데이터 준비 업무이다.

분석 기획 (Planning)	• 비즈니스 이해 및 범위 설정 • 프로젝트 정의 및 계획수립 • 프로젝트 위험계획수립
데이터 준비 (Preparing)	• 필요 데이터 정의 • 데이터 스토어 설계 • 데이터 수집 및 정합성 검증
데이터 분석 (Analyzing)	• 분석용 데이터 준비 • 텍스트 분석 • 탐색적 분석(EDA) • 모델링 • 모델 평가 및 검증 • 모델 적용 및 운영 방안수립
시스템 구현 (Developing)	• 설계 및 구현 • 시스템 테스트 및 운영
평가 및 전개 (Deploying)	• 모델 발전 계획수립 • 프로젝트 평가 보고

19 해설 분석 마스터플랜 로드맵 수립 시 고려 요소에는 업무 내재화 적용 수준, 분석 데이터 적용 수준, 기술 적용 수준이 있다.

20 해설 • 분석 과제가 정해져 있고 이에 대한 해법을 찾기 위해 체계적으로 분석하는 방법은 하향식 접근 방식(Top Down Approach)이다.
• 상향식 접근 방식(Bottom Up Approach)은 문제 정의 자체가 어려운 경우 데이터를 기반으로 문제를 지속적으로 개선하는 방식이다.

21 해설

점 추정 조건	
불효일충	불편성 / 효율성 / 일치성 / 충족성

22 해설 • 전구의 수명은 측정 형태가 파괴성이 있으므로 표본조사를 사용한다.
• 우주 왕복선의 부품 검사는 대상이 비파괴성이고, 모집단이 상대적으로 작기 때문에 전수 조사를 수행할 수 있다.
• 암 환자 치료제의 효과는 조사할 때 시간과 비용이 크기 때문에 표본 조사를 사용한다.
• 동해안 고래의 개체 수는 조사할 때 시간과 비용이 크기 때문에 표본 조사를 사용한다.

23 해설

군집 추출	• 모집단을 여러 군집으로 나누고, 일부 군집의 전체를 추출하는 방식 • 집단 내부는 이질적이고, 집단 외부는 동질적
층화 추출	• 모집단을 여러 계층으로 나누고, 계층별로 무작위 추출을 수행하는 방식 • 층내는 동질적이고, 층간은 이질적
계통 추출	• 모집단을 일정한 간격으로 추출하는 방식

24 해설 • 결측값은 필수적인 데이터가 입력되지 않고 누락된 값이다.
• 이상값을 반드시 제거해야 하는 것은 아니므로 이상값을 처리할지는 분석의 목적에 따라 적절한 판단이 필요하다.
• 이상값은 관측된 데이터의 범위에서 많이 벗어난 값이기 때문에 이상값끼리 구성되어 있을 수 없다.

25 해설 상관관계가 있는 고차원 자료를 자료의 변동을 최대한 보존하는 저차원 자료로 변환하는 차원축소 방법이다.

26 해설 차원축소는 분석 대상이 되는 여러 변수의 정보를 최대한 유지하면서 데이터 세트 변수의 개수를 줄이는 탐색적 분석기법이다.

정보 유지	• 차원 축소를 수행할 때, 축약되는 변수 세트는 원래의 전체 데이터의 변수들의 정보를 최대한 유지 • 변수들 사이에 내재한 특성이나 관계를 분석하여 이들을 잘 표현할 수 있는 새로운 선형 혹은 비선형 결합을 만들어내서 해당 결합변수만으로도 전체변수를 적절히 설명할 수 있어야 함
모델 학습의 용이	• 고차원 변수(Feature)보다 변환된 저차원으로 학습할 경우, 회귀나 분류, 클러스터링 등의 머신러닝 알고리즘이 더 잘 작동
결과 해석의 용이	• 새로운 저차원 변수(Feature) 공간에서 시각화하기도 쉬움

27 해설 • 상관관계는 수치형 데이터도 가능하다.
• 명목적 데이터 상관관계를 분석할 때 카이제곱 검정을 이용한다.
• 상관계수의 절댓값이 클수록 강한 상관관계를 갖는다.

28 해설 포아송분포는 기댓값과 분산이 같다.(X의 평균 $E(X)$가 4이므로, X의 분산 $V(X)$도 4이고, Y의 평균 $E(Y)$가 9이므로, Y의 분산 $V(Y)$도 9이다.

$$E\left(\frac{3X+2Y}{6}\right) = E\left(\frac{3}{6}X\right) + E\left(\frac{2}{6}Y\right)$$
$$= \frac{1}{2}E(X) + \frac{1}{3}E(Y) = \frac{1}{2}\times 4 + \frac{1}{3}\times 9 = 5$$

$$V\left(\frac{3X+2Y}{6}\right) = V\left(\frac{3}{6}X\right) + V\left(\frac{2}{6}Y\right)$$
$$= \frac{1}{2^2}V(X) + \frac{1}{3^2}E(Y) = \frac{1}{4}\times 4 + \frac{1}{9}\times 9 = 2$$

29 해설 자유도가 $n \geq 3$이면 단봉 형태이다.

30 해설
- 제2사분위수(Q_2)는 중위수와 같다.
- 왜도가 0보다 클 때 최빈수<중위수<평균이다.
- 데이터값 중에서 빈도수가 가장 높은 데이터값은 최빈수이다.

31 해설 불균형 데이터에서는 정확도(Accuracy)는 높지만 분포가 작은 데이터에 대하여 정밀도(Precision)와 재현율(민감도; Recall)이 낮아지는 문제가 발생할 수 있다.

32 해설
- 박스-콕스 변환은 Box와 Cox에 의해 소개되었으며, 데이터를 정규분포에 가깝게 만들기 위한 목적으로 사용하는 변환 방법이다.
- $\lambda=0$일 때 로그 변환(Log Transformation)과 $\lambda \neq 0$일 때 멱 변환(Power Transformation)을 둘 다 포함하는 변환 기법이다.

33 해설

대푯값	평균값, 중위수, 최빈수, 사분위수
산포도	분산, 표준편차, 범위, IQR, 사분편차

34 해설 유의 확률이 유의 수준보다 크면 H_0를 채택하는 확률이다.

35 해설

산술 평균	• 자료를 모두 더한 후 자료 개수로 나눈 값
기하 평균	• 숫자들을 모두 곱한 후 거듭제곱근을 취해서 얻는 평균 • 성장률, 백분율과 같이 자료가 비율이나 배수와 같이 곱의 관계일 때 사용
조화 평균	• 자료들의 역수에 대해 산술 평균을 구한 후 그것을 역수로 취한 평균 • 속도의 평균, 여러 곳의 평균 성장률과 같은 곳에 사용
중위수	• 모든 데이터값을 오름차순으로 순서대로 배열하였을 때 중앙에 위치한 데이터값 • 이상값에 영향을 받지 않음

36 해설
- 데이터 정제 과정에서는 결측값, 노이즈, 이상값인 오류 데이터값을 정확한 데이터로 수정하거나 삭제한다.
- 수집된 데이터를 통합하거나 ETL 프로그램 개발은 데이터 수집 단계에서 수행한다.
- 데이터 검증은 분석 모형 평가 단계에서 수행한다.

37 해설
- 차원축소 시 변수 추출(Feature Extraction) 방법을 사용한다.
- Eigen Decomposition, Singular Value Decomposition을 이용한 행렬분해기법이다.
- PCA는 수학적으로 직교 선형 변환으로 정의한다.
- PCA는 변동 폭이 큰 축을 선택한다.

38 해설 표본의 크기인 n이 증가할수록(보통 30 이상) 평균이 μ이고 분산이 σ^2인 모집단으로부터 확률적으로 독립인 표본을 추출하면 표본평균은 평균이 μ이고 분산이 σ^2/n인 정규분포에 근사한다.

39 해설
- 동일 집단에 대해 처치 전과 후를 비교할 때 평균 추정은 처치 전과 후의 평균에 대한 차이를 추정한다.
- 표본의 크기가 30 이상이면 Z-분포를, 30미만이면 T-분포를 사용한다.

40 해설 최소-최대 정규화는 변수의 값 범위를 모두 일정한 수준으로 맞춰주기 위해 모든 값을 0과 1 사이의 값으로 변환한다.

41 해설 앙상블 기법 중 다수의 부트스트랩 자료를 생성하여 각 자료를 모델링한 후 결합하여 최종 예측 모형을 만드는 기법은 배깅이다.

배깅	학습 데이터에서 다수의 부트스트랩(Bootstrap) 자료를 생성하고, 각 자료를 모델링한 후 결합하여 최종 예측 모형을 만드는 알고리즘
부스팅	잘못 분류된 개체들에 가중치를 적용, 새로운 분류 규칙을 만들고, 이 과정을 반복해 최종 모형을 만드는 알고리즘

42 해설
- 소프트맥스 함수는 출력값이 여러 개로 주어지고 목표치가 다범주인 경우 각 범주에 속할 사후 확률을 제공하는 함수이다.
- 출력값은 0과 1 사이의 실수로 확률로 해석할 수 있고, 출력값의 총합은 1이 된다.

43 해설 부호함수는 임곗값을 기준으로 양의부호 또는 음의부호를 출력한다.

계단함수	• 임곗값을 기준으로 활성화(y축 1) 또는 비활성화(y축 0)가 되는 함수
시그모이드함수	• 인공 뉴런의 활성화 함수인 실함수로서 유한한 영역을 가지는 집합이고 미분 가능하며, 모든 점에서 음이 아닌 미분 값을 가지고 단 하나의 변곡점을 가지는 함수 • 입력값이 0일 때, 미분값은 0.25
tanh함수	• 하이퍼볼릭 탄젠트 함수로 -1에서 1의 값을 가지는 함수
ReLU함수	• x값이 0보다 큰 경우 y값도 지속적으로 증가하고, x값이 0보다 작거나 같은 경우 기울기가 0이기 때문에 뉴런이 죽을 수 있는 단점이 존재하는 함수 • 시그모이드의 기울기 소실 문제를 해결

44 해설
- 다중공선성은 회귀 분석에서 독립변수들 간의 강한 상관관계가 나타나는 문제를 의미한다.
- 다중공선성은 PCA, 릿지, 변수 제거 등을 통해 제거할 수 있다.
- Box-Cox는 선형회귀모형에서 정규성 가정이 성립한다고 보기 어려울 경우에 종속변수를 정규분포에 가깝게 변환시키기 위하여 사용하는 기법이다.

45 해설 분산 분석에서 F-통계량은 회귀나무(연속형 목표변수)에서 사용되는 분리 기준이다.

분류나무(이산형 목표변수)에서 사용되는 분리 기준	카이제곱 통계량의 p-값, 지니 지수, 엔트로피 지수
회귀나무(연속형 목표변수)에서 사용되는 분리 기준	분산 분석에서 F-통계량, 분산의 감소량

46 해설

시계열 구성요소	
추계순불	추세 / 계절 / 순환 / 불규칙

47 해설 2차원의 점을 무한한 차원의 점으로 변환한다.

48 해설 이동평균 모형(Moving Average Model)은 현시점의 자료를 유한개의 백색잡음의 선형결합으로 표현되어 항상 정상성을 만족한다.

49 해설 혈당 측정 전과 측정 후의 짝을 이룬 표본은 대응 표본이므로 가장 알맞은 비모수 검정은 윌콕슨 부호 순위 검정이다.

구분	비모수 통계	모수 통계
단일 표본	• 부호 검정(Sign Test) • 윌콕슨 부호 순위 검정 (Wilcoxon Signed Rank Test)	단일 표본 T-검정
두 표본	• 윌콕슨 순위 합 테스트 (Wilcoxon Rank Sum Test)	독립 표본 T-검정
	• 부호 검정(Sign Test) • 윌콕슨 부호 순위 검정 (Wilcoxon Signed Rank Test)	대응 표본 T-검정
분산 분석	• 크루스칼-왈리스 검정 (Kruscal-Wallis Test)	ANOVA
무작위성	• 런 검정(Run Test)	없음
상관 분석	• 스피어만 순위 상관계수 (Spearman's Rank Correlation Coefficient)	피어슨 상관계수 (Pearson's Correlation Coefficient)

50 해설 모집단의 분포에 대한 가정의 불만족으로 인한 오류의 가능성이 작다.

51 해설
- 순환 신경망(RNN)은 입력층, 은닉층, 출력층으로 구성되며 은닉층에서 재귀적인 신경망을 갖는 알고리즘으로 음성인식, 필기체 인식에 활용된다.
- 합성곱 신경망(CNN)은 시각적 이미지를 분석하는 데 사용되는 심층신경망이다.
- 강화학습은 선택 가능한 행동 중 보상을 최대화하는 행동 혹은 행동 순서를 선택하는 학습 방법이다.

52 해설 • 지지도와 신뢰도는 다음과 같이 계산된다.

지지도	$P(A \cap B) = \dfrac{A와 B가 \; 동시에 \; 포함된 \; 거래 \; 수}{전체 거래 수}$
신뢰도	$\dfrac{P(A \cap B)}{P(A)} = \dfrac{A와 B가 \; 동시에 \; 포함된 \; 거래 \; 수}{A를 포함하는 거래 수}$

- 오렌지, 사과 → 자몽의 지지도는 $\dfrac{2}{6} = \dfrac{1}{3} = 33\%$이며, 신뢰도는 $\dfrac{2}{3} = 66\%$이다.

53 해설
- 로지스틱 회귀 분석은 독립변수가 수치형이고 반응변수가 범주형인 경우 적용되는 회귀 분석 모형이다.
- 새로운 설명변수의 값이 주어질 때 반응변수의 각 범주에 속할 확률이 얼마인지를 추정하여 추정 확률을 기준치에 따라 분류하는 목적으로 사용된다.

54 해설 심층신경망(DNN) 알고리즘은 입력층, 다수의 은닉층, 출력층으로 구성되어 있다.

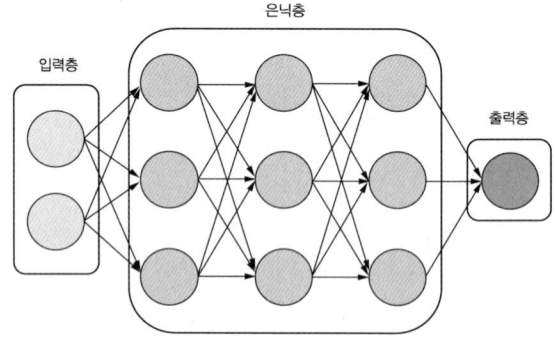

55 해설
- SNA는 개인과 집단 간의 관계를 노드와 링크로 그룹에 속한 사람들 간의 네트워크 특성과 구조를 분석하고 시각화하는 분석 기법이다.
- SNA 중심성으로 연결 정도 중심성, 근접 중심성, 매개 중심성, 위세 중심성 등이 있다.

56 [해설] 기계학습 기반 분석 절차는 비즈니스 이해 및 문제 정의 → 데이터 수집 → 데이터 전처리와 탐색 → 데이터에 대한 모델훈련 → 모델 성능 평가 → 모델 성능 향상 및 현업 적용 순으로 진행된다.

57 [해설] 로짓 변환은 로지스틱 회귀에서 사용한다.

58 [해설] 데이터 분할 과정에서 평가 데이터는 학습 과정에 사용되지 않고 오로지 모형의 평가를 위한 과정에만 사용된다.

59 [해설] 시계열 모형으로는 자기 회귀(AR) 모형, 이동평균(MA) 모형, 자기 회귀 누적 이동평균(ARIMA) 모형이 있다.

시계열 모형	
자이누	자기 회귀 모형 / 이동 평균 모형 / 자기 회귀 누적 이동평균 모형

60 [해설] • RNN(Recurrent Neural Network)은 입력층, 은닉층, 출력층으로 구성되며 은닉층에서 재귀적인 신경망을 갖는 알고리즘으로 순환신경망이라고도 한다.

61 [해설] 초매개변수는 데이터로부터 학습을 통해 얻어지는 것이 아닌 사용자가 직접 설정해주는 값이다.

62 [해설] Adaboost는 이진 분류 문제에서 랜덤 분류기 보다 조금 더 좋은 분류기 n개에 각각 가중치를 설정 하고 n개의 분류기를 결합하여 최종 분류기를 만드는 부스팅 알고리즘이다.

63 [해설] 대표적인 관계 시각화 기법으로 산점도, 산점도 행렬, 버블 차트 등이 있다.

64 [해설] • 관계 시각화는 다변량 데이터 사이에 존재하는 변수 사이의 연관성, 분포와 패턴을 찾는 시각화 방법이다.
• 관계 시각화의 유형으로 산점도, 산점도 행렬, 버블 차트, 히스토그램 등이 있다.

65 [해설] • MAPE는 예측이 실젯값에서 평균적으로 벗어나는 정도를 백분율로 표현한다.
• 공식은 $\frac{1}{n}\sum_{i=1}^{n}\left|\frac{O_i - E_i}{O_i}\right| \times 100$이다.

66 [해설] 카토그램은 지역의 값을 표현하기 위해 지리적 형상 크기를 조절하며, 재구성된 지도로 왜곡된 형태로 표현되는 공간 시각화 기법이다.

공간 시각화 기법	
등등도버카	등치 지역도 / 등치선도 / 도트맵 / 버블플롯맵 / 카토그램

67 [해설] • 주어진 원천 데이터를 두 분류로 분리하여 교차 검정을 실시하는 방법으로, 하나는 학습 데이터로, 하나는 평가 데이터로 사용하는 기법은 홀드아웃(Holdout) 교차검증 이다.
• 학습용 데이터(Training Data), 검증용 데이터(Validation Data), 평가용 데이터(Test Data) 등으로 나누어서 활용한다.

68 [해설] • 참조선에서 거리가 멀수록 분류 성능이 우수하다.
• AUC의 판단기준은 다음과 같다. (참조선은 0.5)

0.9~1.0	Excellent(뛰어남)
0.8~0.9	Good(우수)
0.7~0.8	Fair(보통)
0.6~0.7	Poor(불량)
0.5~0.6	Fail(실패)

69 [해설] 왜도의 값이 왼쪽으로 치우칠 경우 왜도는 양수이며, 평균>중위수>최빈수의 형태를 가진다. 반대로 왜도의 값이 오른쪽으로 치우칠 경우 왜도는 음수이며, 평균<중위수<최빈값의 형태를 가진다.

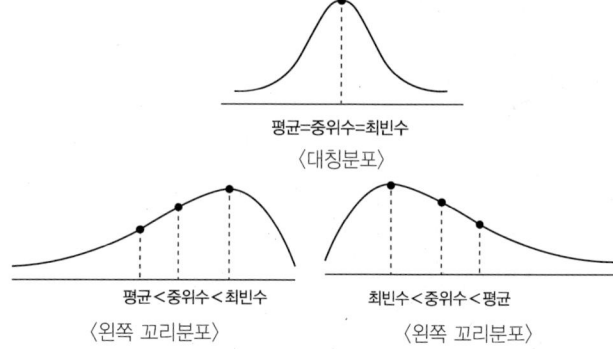

70 [해설] 회귀모형은 데이터가 선형성, 독립성, 등분산성, 비상관성, 정상성의 가정을 만족시킬 수 있어야 한다.

71 [해설] 원-핫 인코딩 방식은 단어 집합의 크기를 벡터의 차원으로 하고, 표현하고 싶은 단어의 인덱스에 1의 값을 부여하고, 다른 인덱스에는 0을 부여하는 단어의 벡터 표현 방식으로 시각화 기법과 거리가 멀다.

72 [해설] 과대적합을 방지하기 위해 설명 노드의 수를 줄이는 것이 아니라 설명 변수의 수를 줄여야 한다.

기출문제 정답 및 해설

73 해설 ▶ 보기는 미국의 강력 범죄율 데이터인 USArrests에서 4개 주성분의 비율을 나타낸다. 제 3주성분인 Comp.3에서 누적 기여율(Cumulative Proportion)을 살펴보면 0.9566425를 가지고 있으므로 약 95.66%라는 것을 확인할 수 있다.

74 해설 ▶ MAE는 평균 절대 오차(Mean Absolute Error)를 의미하며 이진 분류기가 아닌 회귀 모형의 기본 평가측정 요소로 활용된다.

75 해설 ▶ 카이제곱은 데이터의 분포와 사용자가 선택한 기대 또는 가정된 분포 사이의 차이를 나타내는 측정값으로, 계산식은 $\chi^2 = \sum_{i=1}^{k} \frac{(O_i - E_i)^2}{E_i}$ 이다.

76 해설 ▶
- 민감도의 계산식은 $\frac{\mathrm{TP}}{\mathrm{TP+FN}}$ 이므로, $\frac{4}{4+1} = \frac{4}{5}$ 이다.
- 정밀도의 계산식은 $\frac{\mathrm{TP}}{\mathrm{TP+FP}}$ 이므로, $\frac{4}{4+2} = \frac{2}{3}$ 이다.

77 해설 ▶ 샤피로-윌크, Q-Q Plot, 잔차의 히스토그램은 정규성을 검정할 때 사용한다.

78 해설 ▶ 초과 근무의 의무화는 기존 문제를 해결하는 방식이 아니므로 옳지 않은 방법이다.

79 해설 ▶ 비교 시각화의 유형으로는 플로팅 바 차트, 히트맵, 체르노프 페이스, 스타 차트, 평행 좌표계 등이 있다.

80 해설 ▶
- 특이도는 실제로 '부정'인 범주 중에서 '부정'으로 올바르게 예측(TN)한 비율을 의미한다.
- 특이도의 계산식은 $\frac{\mathrm{TN}}{\mathrm{TN+FP}}$ 으로 계산한다.

2022년 3회 정답

01	02	03	04	05	06	07	08	09	10
④	②	④	④	②	④	③	④	③	②
11	12	13	14	15	16	17	18	19	20
④	③	④	②	③	④	③	①	③	④
21	22	23	24	25	26	27	28	29	30
①	④	①	②	④	③	②	②	③	③
31	32	33	34	35	36	37	38	39	40
①	④	①	④	③	②	②	③	③	②
41	42	43	44	45	46	47	48	49	50
④	④	②	①	④	②	③	③	③	③
51	52	53	54	55	56	57	58	59	60
②	④	④	③	②	④	③	④	②	②
61	62	63	64	65	66	67	68	69	70
④	②	③	②	④	③	②	④	③	③
71	72	73	74	75	76	77	78	79	80
②	④	④	①	④	②	②	③	②	④

01 해설 ▶
- HDFS는 수십 테라바이트 또는 페타바이트 이상의 대용량 파일을 분산된 서버에 저장하고, 저장된 데이터를 빠르게 처리할 수 있게 하는 분산 파일 시스템이다.
- HDFS는 하나의 네임 노드(Name Node)와 하나 이상의 보조 네임 노드, 다수의 데이터 노드(Data Node)로 구성된다.

네임 노드 (Name Node)	• HDFS상의 모든 메타데이터를 관리하며 마스터/슬레이브 구조에서 마스터 역할 수행 • 네임 노드는 파일 시스템의 디렉터리, 파일명, 파일 블록 등 네임 스페이스를 관리하는 일종의 마스터 역할을 하며, 슬레이브에 해당하는 데이터 노드에게 입출력에 관련된 작업을 지시하고 데이터 노드를 관리함
보조네임 노드 (Secondary Name Node)	• HDFS 상태 모니터링을 보조 • 주기적으로 네임 노드의 파일 시스템 이미지를 스냅샷으로 생성
데이터 노드 (Data Node)	• HDFS의 슬레이브 노드로, 데이터 입출력 요청을 처리 • 데이터 유실 방지를 위해 블록을 3중으로 복제하여 저장

02 해설 ▶
- 스파크(Spark)는 하둡 기반 대규모 데이터 분산처리 시스템으로 스트리밍 데이터, 온라인 머신러닝 등 실시간 데이터 처리에 활용된다.
- 인 메모리 기반의 실시간 데이터 처리와 관련된 오픈소스 프로젝트이다.

임팔라 (Impala)	• 하둡 기반의 실시간 SQL 질의 시스템 • 데이터 조회를 위한 인터페이스로 HiveQL을 사용 • 수초 내에 SQL 질의 결과를 확인할 수 있으며, HBase와 연동이 가능
하이브 (Hive)	• 하둡 기반의 DW 솔루션으로 SQL과 매우 유사한 HiveQL이라는 쿼리를 제공 • HiveQL은 내부적으로 맵리듀스로 변환되어 실행됨
스크라이브 (Scribe)	• 다수의 서버로부터 실시간으로 스트리밍되는 로그 데이터를 수집하여 분산 시스템에 데이터를 저장하는 대용량 실시간 로그 수집 기술 • 최종 데이터는 HDFS 외에 다양한 저장소를 활용 가능 • HDFS에 저장하기 위해서는 JNI를 이용

03 해설 • 데이터 3법은 데이터 이용을 활성화하는 「개인정보 보호법」, 「정보통신망 이용촉진 및 정보보호 등에 관한 법률(약칭: 정보통신망법)」, 「신용정보의 이용 및 보호에 관한 법률(약칭: 신용정보법)」 등 3가지 법률을 통칭이다.

04 해설 빅데이터 저장 기술은 분산 파일 시스템, 데이터베이스 클러스터, NoSQL 등으로 구분된다.

Map- Reduce	• 대용량 데이터 세트를 분산 병렬 컴퓨팅에서 처리하거나 생성하기 위한 목적으로 만들어진 소프트웨어 프레임워크 • 모든 데이터를 키-값(Key-Value) 쌍으로 구성. 데이터를 분류 • 맵(Map) → 셔플(Shuffle) → 리듀스(Reduce) 순서대로 데이터 처리
NoSQL	• 전통적인 RDBMS와 다른 DBMS를 지칭하기 위한 용어로 데이터 저장에 고정된 테이블 스키마가 필요하지 않고 조인(Join) 연산을 사용할 수 없으며, 수평적으로 확장이 가능한 DBMS • NoSQL 제품에는 구글 빅테이블, HBase, 아마존 SimpleDB, 마이크로소프트 SSDS가 있음

05 해설 • 공공 데이터에서 제공하는 데이터 포맷은 XML, JSON, CSV 이다.
• SQL(Structured Query Language)은 데이터 형식이 아니라 관계형 데이터베이스 관리 시스템(RDBMS)의 데이터를 관리하기 위해 설계된 특수 목적의 프로그래밍 언어이다.

XML (eXtensible Markup Language)	W3C에서 개발된 SGML(Standard Generalized Markup Language) 문서형식을 가진, 다른 특수한 목적을 갖는 마크업 언어를 만드는 데 사용하는 다목적 마크업 언어
JSON (JavaScript Object Notation)	비동기 브라우저/서버 통신(AJAX)을 위해 '속성-값 쌍', '키-값 쌍'으로 이루어진 데이터 오브젝트를 전달하기 위해 인간이 읽을 수 있는 텍스트를 사용하는 자바스크립트를 토대로 개발된 개방형 표준 포맷
CSV (Comma-Separated Values)	몇 가지 필드를 쉼표(,)로 구분한 텍스트 데이터 및 텍스트 파일

06 해설 • 데이터값 삭제(Data Reduction)는 개인정보 식별이 가능한 특정 데이터값 삭제 처리하는 기법이다.

07 해설 • 데이터 분석 로드맵 설정을 위한 우선순위 설정 시 고려해야 할 사항은 전략적 중요도, 비즈니스 성과 및 ROI, 분석과제의 실행 용이성이다.

전략적 중요도	전략적 필요성과 시급성을 고려
비즈니스 성과/ROI	비즈니스 성과에 따른 투자 여부 판단
실행 용이성	실제로 프로젝트 추진이 가능한지 여부

08 해설 • 빅데이터 3V는 Volume, Variety, Velocity이다.

규모 (Volume)	• 빅데이터 분석 규모에 관련된 특징 • ICT 기술 발전으로 과거의 텍스트 데이터부터 SNS로부터 수집되는 사진, 동영상 등의 다양한 멀티미디어 데이터까지 디지털 정보량의 기하급수적 증가
다양성 (Variety)	• 빅데이터 자원 유형에 관련된 특징 • 정형 데이터뿐만 아니라 비정형, 반정형 데이터를 포함
속도 (Velocity)	• 빅데이터 수집·분석·활용 속도에 관련된 특징 • 사물 정보(센서, 모니터링), 스트리밍 정보 등 실시간성 정보의 생성 속도 증가에 따라 처리 속도 가속화 요구 • 가치 있는 정보 활용을 위해 데이터 처리 및 분석 속도의 중요성 증가

09 해설 • 빅데이터 분석 방법론의 분석 절차는 "분석 기획 → 데이터 준비 → 데이터 분석 → 시스템 구현 → 평가 및 전개" 순이다.
• 빅데이터 분석 기획 절차는 "범위 설정 → 프로젝트 정의 → 수행계획수립 → 위험계획수립" 순이다.

비즈니스 이해 및 범위 설정	• 프로젝트 진행을 위해 비즈니스에 대한 충분한 이해와 도메인 문제점 파악 • 업무 매뉴얼 및 업무 전문가 도움 필요, 구조화된 명세서 작성

프로젝트 정의 및 수행 계획수립	• 모델의 운영 이미지를 설계하고 모델 평가 기준을 설정, 프로젝트의 정의를 명확하게 함 • WBS를 만들고 데이터 확보계획, 빅데이터 분석방법, 일정계획, 예산계획, 품질계획, 인력구성계획, 의사 소통계획 등을 포함하는 프로젝트 수행계획을 작성
프로젝트 위험계획수립	• 발생 가능한 모든 위험(Risk)을 발굴하여 사전에 대응 방안을 수립함으로써 프로젝트 진행의 완전성을 높임 • 위험 대응 방법에는 회피(Avoid), 전가(Transfer), 완화(Mitigate), 수용(Accept)이 있음

10 **해설** • 시스템의 전방(Front-End)에 위치하여 클라이언트로부터 다양한 서비스를 처리하고, 내부 시스템으로 전달하는 미들웨어는 API 게이트웨이(Gateway)이다.

데이터베이스 (Database, DB)	• 여러 사람이 공유하여 사용할 목적으로 체계화해 통합, 관리하는 데이터의 집합 • 작성된 목록으로써 여러 응용 시스템들의 통합된 정보들을 저장하여 운영할 수 있는 공용 데이터들의 묶음
PaaS (Platform as a Service)	• 인프라를 생성, 관리하는 복잡함 없이 애플리케이션을 개발, 실행, 관리할 수 있게 하는 플랫폼을 제공하는 서비스 • SaaS의 개념을 개발 플랫폼에도 확장한 방식으로 개발을 위한 플랫폼을 구축할 필요 없이, 필요한 개발 요소를 웹에서 빌려 쓸 수 있게 하는 모델
ESB (Enterprise Service Bus)	• 기업에서 운영되는 서로 다른 플랫폼(이기종) 및 애플리케이션들 간을 연계해서 관리 운영할 수 있도록 서비스 중심의 통합을 지향하는 기술

11 **해설** • 데이터의 양을 측정하는 단위는 다음과 같다.

KB	킬로바이트	$1KB = 10^3 Bytes = 2^{10} Bytes$
MB	메가바이트	$1MB = 10^3 KB = 10^6 Bytes = 2^{20} Bytes$
GB	기가바이트	$1GB = 10^3 MB = 10^9 Bytes = 2^{30} Bytes$
TB	테라바이트	$1TB = 10^3 GB = 10^{12} Bytes = 2^{40} Bytes$
PB	페타바이트	$1PB = 10^3 TB = 10^{15} Bytes = 2^{50} Bytes$
EB	엑사바이트	$1EB = 10^3 PB = 10^{18} Bytes = 2^{60} Bytes$
ZB	제타바이트	$1ZB = 10^3 EB = 10^{21} Bytes = 2^{70} Bytes$
YB	요타바이트	$1YB = 10^3 ZB = 10^{24} Bytes = 2^{80} Bytes$

12 **해설** • 데이터 마이닝(Data Mining)은 데이터 저장소가 아니라 대규모로 저장된 데이터 안에서 체계적이고 자동적으로 통계적 규칙이나 패턴을 찾아내는 기법이다.

• 데이터 저장소에는 Data Warehouse, Data Mart, Data Lake, Data Dam이 있다.

데이터 웨어하우스 (DW; Data Warehouse)	사용자의 의사결정에 도움을 주기 위하여, 기간 시스템의 데이터베이스에 축적된 데이터를 공통 형식으로 변환해서 관리하는 데이터베이스
데이터 마트 (DM; Data Mart)	전사적으로 구축된 데이터 속의 특정 주제, 부서 중심으로 구축된 소규모 단위 주제의 데이터 웨어하우스
데이터 레이크 (Data Lake)	정형, 반정형, 비정형 데이터를 비롯한 모든 가공되지 않은 다양한 종류의 데이터(Raw Data)를 저장할 수 있는 시스템 또는 중앙 집중식 데이터 저장소
데이터 댐 (Data Dam)	4차 산업혁명의 디지털 경쟁력 확보를 위해 모든 산업의 데이터를 데이터 댐에 쌓는다는 의미로 어떤 값을 포함하고 있는 가공되지 않은 1차 자료를 모아 놓은 저장소

13 **해설** • 개인의 편의를 위해서는 개인정보를 수집·이용할 수 없다.

개인정보의 수집·이용이 가능한 경우(15조 1항)	
동법소계 30이공	정보 주체의 동의 / 법률에 특별한 규정 / 공공기관이 법령 등에서 정하는 소관 업무의 수행 / 정보 주체와의 계약의 체결 및 이행 / 제 3자의 급박한 생명, 신체, 재산의 이익 / 개인정보처리자의 정당한 이익을 달성하기 위하여 필요한 경우 / 공중위생 등 공공의 안전과 안녕을 위하여 긴급히 필요한 경우

14 **해설** 데이터에 포함된 개인정보를 보호하기 위해서 해당 데이터 세트(Data Set)에 임의의 노이즈(Noise)를 삽입함으로써 개인정보가 제3자에게 노출되지 않도록 보호하는 기법은 차등 프라이버시(Differential Privacy) 기법이다.

k-익명성 (k-Anonymity)	• 주어진 데이터 집합에서 같은 값이 적어도 k개 이상 존재하도록 하여 쉽게 다른 정보로 결합할 수 없도록 하는 모델 • 공개된 데이터에 대한 연결 공격 취약점을 방어하기 위한 모델
가명화 (Pseudonymisation)	• 개인 식별이 가능한 데이터에 대하여 직접 식별할 수 없는 다른 값으로 대체하는 기법
L-다양성 (l-Diversity)	• 주어진 데이터 집합에서 함께 비식별 되는 레코드들은(동질 집합에서) 적어도 l개의 서로 다른 민감한 정보를 가져야 하는 프라이버시 모델 • 비식별 조치 과정에서 충분히 다양한(l개 이상) 서로 다른 민감한 정보를 갖도록 동질 집합을 구성 • k-익명성에 대한 두 가지 취약점 공격인 동질성 공격, 배경 지식에 의한 공격을 방어하기 위한 프라이버시 모델

15 해설
- 비정형 데이터는 전처리를 할 수 있다.
- 자연어 처리 기술(NLP; Natural Language Processing)은 비정형 데이터인 텍스트를 분석할 때 활용된다.

정형 데이터 (Structured Data)	• 정형화된 스키마(형태) 구조 기반의 형태를 가지고 고정된 필드에 저장되며 값과 형식에서 일관성을 가지는 데이터 • 컬럼(Column)과 로우(Row) 구조를 가지며, 설계된 구조 기반 목적에 맞는 정보들 • 유형은 관계형 데이터베이스(RDB), 스프레드시트
비정형 데이터 (Unstructured Data)	• 스키마 구조 형태를 가지지 않고 고정된 필드에 저장되지 않는 데이터 • 유형은 SNS, 웹 게시판, 텍스트/이미지/오디오/비디오

16 해설
- 아무리 뛰어난 인공지능 알고리즘이 있더라도 정확한 분석을 위해서는 학습이 필요하다.
- 인공지능은 인간이 가지고 있는 지적 능력을 컴퓨터 시스템에서 구현한 기술이다.
- 강한 인공지능은 사람처럼 학습하고, 추론하며, 문제를 인식하고 이것을 해결하기 위한 범용 인공지능이다.
- 인공지능의 암흑기를 지나 빅데이터를 통해 자체 알고리즘을 가지고 학습하는 딥러닝 기술로 특정 분야에서 인간의 지능을 뛰어넘는 능력을 갖추게 되었다.

17 해설
- 데이터 분석 절차 중 데이터 분석 단계 – 모델 평가 및 검증 단계는 모델링 단계 다음에 수행한다.
- 데이터 분석 절차 중 데이터 분석 단계 – 모델링 단계에서는 다음과 같은 업무를 수행한다.

> – 훈련용 데이터 세트와 테스트용 데이터 세트로 분리하여 과적합 방지(데이터 분할)
> – 데이터 모델링
> – 모델에 대한 상세한 알고리즘 작성(모델 적용 및 운영방안)

18 해설 데이터 분석 절차 중 실제 데이터 분석을 수행하기 전에 비즈니스 이해 및 범위를 설정하고, 과제 정의 및 관리 방안을 사전에 계획하는 단계는 분석 기획 단계이다.

19 해설
- 불편의성(Unbiasedness)은 추정량의 기댓값이 모집단의 모수와 차이가 없다는 특성이다.
- 고품질 데이터를 유지하기 위한 속성에는 정확성(Accuracy), 적시성(=시의성)(Timeliness), 완전성(Completeness), 일관성(Consistency)이 있다.

정확성 (Accuracy)	데이터 사용 목적에 따라 데이터 정확성의 기준을 다르게 적용
완전성 (Completeness)	필요한 데이터의 완전한 확보보다는 필요한 데이터를 식별하는 수준으로 적용 가능
적시성 (Timeliness)	소멸성이 강한 데이터에 대해 어느 정도의 품질 기준을 적용할 것인지 결정
일관성 (Consistency)	같은 데이터라 할지라도 사용 목적에 따라 달라지는 데이터 수집 기준 때문에 데이터 의미가 달라질 수 있음

20 해설 분산 파일 시스템은 네트워크를 통해 공유하는 여러 호스트 컴퓨터의 파일에 접근할 수 있게 하는 파일 시스템이다.

21 해설 평균은 값들을 모두 더한 후에 값의 개수로 나누므로 이상값의 영향을 많이 받고, 중앙값은 순서대로 배열했을 때 중앙에 있는 값이라 이상값의 영향을 많이 받지 않는다.

22 해설

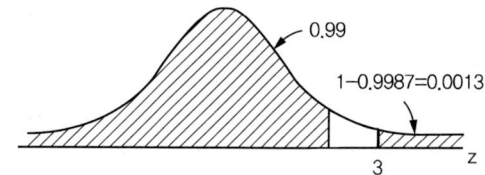

99% 신뢰도를 가질 때 유의수준 α는 0.01이고,
$Z=3 \left(Z = \dfrac{\overline{X}-\mu}{\dfrac{\sigma}{\sqrt{n}}} = \dfrac{38-35}{\dfrac{6}{\sqrt{36}}} = 3 \right)$일 때, p-value는 0.0013이므로
p-value가 유의수준 α보다 작으므로 H_0를 기각한다.

23 해설 귀무가설이 참이 아닌데도 귀무가설을 채택할 오류를 제2종 오류라고 한다.

24 해설
- 이상값은 시각화를 이용해(단변량일 때 박스플롯, 다변량일 때 산점도 등) 파악할 수 있고, 통계적 기법인 ESD(평균으로부터 3 시그마 떨어진 값)로 파악할 수 있다.
- 도메인의 범위를 벗어나거나 가능하지 않은 값도 이상값으로 판단할 수 있다.

25 해설 PCA에서 주성분은 원본 데이터의 여러 변수가 조합된 형태이므로 차원 축소가 된 주성분을 통해 원본 데이터를 직관적으로 파악하기 어려운 단점이 있다.

26 해설
- 상관계수는 두 변수 사이의 연관성을 수치상으로 객관화하여 두 변수 사이의 방향성과 강도를 표현하는 방법으로 -1 ~ 1의 값을 가진다.
- 상관계수만으로 통계적 유의성을 알 수 없다.

27 해설
- 0은 원점을 의미하고, 0으로부터 거리를 계산한다.
- 맨하탄 거리 공식은 다음과 같다.

$$d(i, j) = \sum_{f=1}^{p} |x_{if} - x_{jf}| \quad \begin{array}{l} p: \text{차원} \\ x_{if} \text{는 시작점, } x_{jf} \text{는 끝점} \end{array}$$

- 2차원이므로 $p = 2$이고, f가 1일 때 x값, 2일 때 y값이라고 하면 x_{if}, x_{jf}는 다음과 같다.
- 시작점은 원점인 (0, 0)이므로 $x_{i1} = 0, x_{i2} = 0$이다.

A (1, 1)	$	1-0	+	1-0	= 2$
B (1, 2)	$	1-0	+	2-0	= 3$
C (2, 2)	$	2-0	+	2-0	= 4$
D (4, 1)	$	4-0	+	1-0	= 5$

- 원점으로부터 2번째 가까운 점은 B이다.

28 해설
- 정규분포에 평균을 빼고, 그 값을 표준편차로 나눈 값은 표준정규분포다.
- 표준정규분포는 평균이 0, 분산이 1이므로 $N(0, 1)$이다.

29 해설 50%에 위치한 중위수는 75%에 위치한 3사분위수보다 작다.

30 해설 불균형한 데이터는 성능 평가를 위해 혼동 행렬의 정밀도(Precision), 재현율(Recall), F1 지표, AUC(Area Under the ROC Curve; AUROC)를 활용한다.

31 해설 분산에 제곱근을 씌우면 표준편차가 되므로 $X_1 + X_2$의 분산을 구한 후에 제곱근을 씌운다.

$$\sqrt{V(X_1 + X_2)} = \sqrt{V(X_1) + V(X_2)} = \sqrt{\sigma^2 + \sigma^2} = \sqrt{2\sigma^2} = \sqrt{2}\,\sigma$$

32 해설 어간 추출(Stemming)은 단어에서 접사를 제거하여 어간을 획득하는 방법이다.

33 해설
- 오른쪽으로 꼬리가 길면 왜도 > 0이고, 평균 > 중위값 > 최빈수의 관계를 가진다.
- 왼쪽으로 꼬리가 길면 왜도 < 0이고, 평균 < 중위값 < 최빈수의 관계를 가진다.

34 해설
- 최소-최대 정규화는 이상값에 영향을 많이 받기 때문에 Z-점수 정규화를 사용한다.

최소-최대 정규화	모든 변수(Feature)에 대해 최솟값은 0, 최댓값은 1로, 최솟값 및 최댓값을 제외한 다른 값들은 0과 1 사이의 값으로 변환하는 방법
Z-점수 정규화	변수(Feature)의 값이 평균과 일치하면 0으로 정규화되고, 평균보다 작으면 음수, 평균보다 크면 양수로 변환하는 방법
분위수 정규화	여러 집단의 분포를 완전히 동일하게 만드는 방법

35 해설 정규분포는 좌우 대칭의 특성을 갖는 분포이다. 왜도가 0이 아닌 값이면 좌우 대칭이 되지 않는다.

36 해설 탐색적 데이터 분석(데이터 탐색)은 수집한 데이터를 분석하기 전에 그래프나 통계적인 방법을 이용하여 다양한 각도에서 데이터의 특징을 파악하고 자료를 직관적으로 바라보는 분석 방법이다.

37 해설
- 표준화는 입력값에서 평균을 뺀 값에 표준편차를 나눠 계산한다.
- 최소-최대 정규화의 최댓값이 1이다.
- 표준화의 평균은 0, 표준편차는 1이다.

38 해설
- 데이터 중에 매우 큰 값이 있을 경우 X_i 중에 큰 값이 발생하여 표준편차(σ), 평균(μ)는 어느 정도 영향을 받고, $X_{\max}$는 영향을 매우 크게 받는다.

표준편차	$\sigma = \sqrt{\dfrac{1}{N}\sum_{i=1}^{N}(X_i - \mu)^2}$
범위	$X_{\max} - X_{\min}$
IQR	$Q_3 - Q_1$
변동 계수	$CV = \dfrac{\sigma}{\mu}$

- 데이터 중에 매우 큰 값이 있을 경우 사분위수들은 상대적으로 영향을 거의 받지 않기 때문에 IQR은 영향을 거의 받지 않는다.

39 해설
- 초기하분포는 비복원 추출로 성공 확률이 일정하지 않기 때문에 각각의 시행은 독립적이지 않다.
- n번의 시행 중 각각의 시행이 독립적인 것은 이항분포이다.

40 해설
- X2의 박스플롯이 X3보다 좁으므로 분산이 작다.
- X3의 중위수는 50이나 평균은 알 수 없다.
- X1의 1사분위수는 박스의 아래쪽 값이므로 5와 가깝다.
- X2에 o으로 표시된 값들은 이상값이다.

41 해설 • 정보 검색과 텍스트 마이닝에서 이용하는 가중치로, 여러 문서로 이루어진 문서 군이 있을 때 어떤 단어가 특정 문서 내에서 얼마나 중요한 것인지를 추출하는 기법은 TF-IDF이다.

토픽 모델링 (Topic Modeling)	기계학습 및 자연어처리 분야에서 토픽이라는 문서 집합의 추상적인 주제를 발견하기 위한 통계적 모델 중 하나로, 텍스트 본문의 숨겨진 의미 구조를 발견하기 위해 사용되는 텍스트 마이닝 기법
워드 클라우드	자연어처리를 통해 사람들의 관심사 또는 빈도수를 단순 카운트하여 시각화하는 방법
소셜 네트워크 분석 (SNA; Social Network Analy)	그룹에 속한 사람들 간의 네트워크 특성과 구조를 분석하고 시각화하는 분석 기법

42 해설 오차항 ϵ_i의 일반적인 가정은 정규분포가 아닌 정상성(정규성)이다.

43 해설

지도 학습	레이블(Label)이 알려진 학습 예) 선형 회귀 분석, 로지스틱 회귀 분석 등
비지도 학습	레이블(Label)이 알려지지 않은 학습 예) 군집 분석 등

44 해설 인공신경망에서 순전파는 입력층(Input Layer)에서 출력층(Output Layer)까지 정보가 전달되는 과정이다.

45 해설 XOR는 단층 신경망으로 해결할 수 없기 때문에 다층신경망(MPL)을 이용한다.

46 해설 오토인코더 특징은 다음과 같다.

- 비지도 학습 신경망
- 인코더는 차원 축소 역할을 함
- 디코더는 생성 모델의 역할을 함
- 입력층의 노드 개수는 출력층의 노드 개수와 동일
- 은닉층의 노드 개수는 입력층의 노드 개수보다 작음

47 해설 Seq2Seq는 입력 데이터를 인코더(Encoder)를 통해 컨텍스트 벡터(Context Vector)로 생성하고, 해당 컨텍스트를 디코더(Decoder)를 통해 출력 데이터로 출력한다.

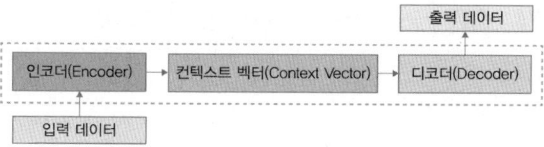

48 해설 분석의 목적과 자료 구조에 따라서 적절한 분리 기준과 정지 규칙을 정하여 의사결정나무를 생성한다.

49 해설 선형 회귀 분석은 범주형이 아닌 연속형 데이터의 회귀 분석에 사용된다.

50 해설

추세	데이터가 장기적으로 증가하거나 감소하는 것이며, 추세가 꼭 선형일 필요는 없음
순환	경기변동과 같이 정치, 경제, 사회적 요인에 의한 변화로, 일정 주기가 없으며 장기적인 변화 현상
계절	주, 월, 분기, 반기 단위 등 특정 시간의 주기로 나타나는 패턴
불규칙	설명될 수 없는 요인 또는 돌발적인 요인에 의하여 일어나는 변화로, 예측 불가능한 임의의 변동을 의미

51 해설 • C5.0, CART, QUEST는 의사결정나무 알고리즘이다.
• 아프리오리 알고리즘은 가능한 모든 경우의 수를 탐색하는 방식을 개선하기 위하여 데이터들의 발생빈도가 높은 것(빈발항목)을 찾는 알고리즘이다.

52 해설 로지스틱 함수는 음의 무한대($-\infty$)부터 양의 무한대(∞)까지의 값을 가지는 입력변수를 0부터 1사의 값을 가지는 출력변수로 변환한 것이다.

53 해설 AIC 값이 낮을수록 모형의 적합도가 높다..

54 해설 선형회귀는 지도 학습에 사용된다.

55 해설 분산 분석은 두 개 이상의 집단 간 비교를 수행하고자 할 때 집단 내의 분산(총 평균과 각 집단의 평균 차이에 의해 생긴 분산)의 비교로 얻은 분포를 이용하여 가설검정을 수행하는 방법이다.

56 해설 • 윌콕슨 부호 순위 검정은 비모수적 방법이다.
• 윌콕슨 부호 순위 검정은 단일 표본에서 중위수에 대한 검정에 사용되며, 대응되는(Paired) 두 표본의 중위수의 차이 검정에도 사용된다.

57 해설 • 기존 비용 함수(MSE)에 모든 가중치들의 '제곱합'을 추가한 것은 릿지 회귀이다.
• 가중치 감소(Weight Decay)라고도 하며 가중치가 가장 큰 것은 페널티를 부과하여 과적합 위험을 줄인다.

백전백승 기출문제 정답 및 해설

58 해설 • 잘못 분류된 개체들에 가중치를 적용, 새로운 분류 규칙을 만들고, 이 과정을 반복해 최종 모형을 만드는 알고리즘은 부스팅이다.
• 부스팅은 예측력이 약한 모형(Weak Learner)들을 결합하여 강한 예측 모형을 만드는 방법이다.

59 해설 군집의 수가 2개일 때, 실루엣 계수가 가장 큰 값을 가지므로 최적의 군집의 개수는 2개이다.

60 해설 Max Pooling은 Pooling에서 최대의 값을 뽑는 것이다.

61 해설 경사 하강법은 매개변수 최적화 기법이다.

매뉴얼 탐색 (Manual Search)	사용자가 뽑은 조합 내에서 최적의 조합을 찾는 방법
그리드 탐색 (Grid Search)	초매개변수의 경우의 수에 대해서 최적의 조합을 찾는 방법
랜덤 탐색 (Random Search)	초매개변수의 최소, 최댓값을 정해두고 범위 내에서 무작위 값을 정해진 횟수만큼 반복적으로 추출하여 최적의 조합을 찾는 방법
베이지안 최적화 (Bayesian Optimization)	단순히 무작위 추출을 반복하는 것보다, 기존에 추출되어 평가된 결과를 바탕으로 앞으로 탐색할 범위를 더욱 좁혀 효율적이게 시행하는 방법

62 해설 p-value는 유의확률로 유의수준보다 작으면 귀무가설을 기각하고, 대립가설을 채택한다.

63 해설 • 민감도가 1이라면 FN은 0이 되고, 특이도가 1이라면 FP는 0이 된다.
• 정확도에서 FP와 FN이 0이 되면 $\frac{TP+TN}{TP+TN}$ 이 되므로 1이 된다.

민감도 (Sensitivity)	$\frac{TP}{TP+FN}$	실제로 '긍정'인 범주 중에서 '긍정'으로 올바르게 예측(TP)한 비율
특이도 (Specificity)	$\frac{TN}{TN+FP}$	실제로 '부정'인 범주 중에서 '부정'으로 올바르게 예측(TN)한 비율
정확도 (Accuracy)	$\frac{TP+TN}{TP+TN+FP+FN}$	전체 예측에서 참 긍정(TP)과 참 부정(TN)이 차지하는 비율

64 해설 • 회귀 분석은 선형성, 독립성, 등분산성, 비상관성, 정상성의 5가지 가정을 만족시켜야 한다.
• 오차항의 분산이 독립변수와 무관하게 일정해야 한다는 특성은 등분산성이다.

65 해설 관계 시각화 기법으로는 산점도, 산점도 행렬, 버블 차트, 네트워크 그래프이다.

관계 시각화 유형	
산행버네	산점도 / 산점도 행렬 / 버블 차트 / 네트워크 그래프

66 해설 • 히트맵은 여러 가지 변수를 비교할 수 있는 시각화 그래프이다.
• 칸 별로 색상을 구분하여 데이터값을 표현한다.

67 해설 • 머신러닝 일련의 처리 과정은 표현(Representation), 평가(Evaluation), 최적화(Optimization), 일반화(Generalization) 단계를 거친다.
• 표현(Representation)은 예측 모형으로 입력한 일련의 데이터를 처리하는 방법을 결정한다.
• 결정된 모형은 평가단계를 통해 목표한 과업이 정확히 수행되었는지를 판단한다. 그리고 평가기준에서 가장 만족도가 높은 조건을 찾아 최적화한다.
• 표현 → 평가 → 최적화 단계를 통해 충분히 학습되어진 예측 모형은 일반화되어 새로운 데이터로부터 결과를 예측하는 데 활용될 수 있다.

68 해설 ROC 곡선은 가로축을 혼동 행렬의 거짓 긍정률(FP Rate)로 두고 세로축을 참 긍정률(TP Rate)로 두어 시각화한 그래프이다.

69 해설 민감도 식은 다음과 같이 계산한다.
$$민감도 = \frac{TP}{TP+FN} = \frac{40}{40+60} = 0.4$$

70 해설 지도 맵핑은 비교 시각화 방법에 속하지 않는다.

비교 시각화 유형	
플히체스평	플로팅 바 차트 / 히트맵 / 체르노프 페이스 / 스타 차트 / 평행 좌표계

71 해설 카이제곱분포는 표본의 수가 많을수록 정규분포에 가까워진다.

72 해설 누적 영역 그래프는 분포 시각화의 유형이다.

관계 시각화의 유형	
산행버네	산점도 / 산점도 행렬 / 버블 차트 / 네트워크 그래프

73 해설 k값이 증가하면 수행시간과 계산량이 늘어난다.

74 해설 히스토그램은 양적 자료 표현에 사용된다.

질적 자료 표현	막대 그래프, 파이 차트
양적 자료 표현	히스토그램, 선 그래프

75 **해설** 홀드 아웃 관련 데이터는 학습 데이터, 검증 데이터, 평가 데이터가 있다.

76 **해설** 모멘텀은 기울기 방향으로 힘을 받으면 물체가 가속된다는 물리 법칙을 적용한 알고리즘이다.

77 **해설** 인포그래픽은 최대한 많은 정보가 아니라 중요한 정보를 담아서 쉽게 정보를 이해할 수 있도록 표현한다.

78 **해설** 혼동행렬의 작성방법은 다음과 같다.

구분	분류 값	설명
예측이 정확한 경우	TP (True Positive)	실젯값이 Positive이고 예측값도 Positive인 경우
	TN (True Negative)	실젯값이 Negative이고 예측값도 Negative인 경우
예측이 틀린 경우	FP (False Positive)	실젯값은 Negative이었으나 예측값은 Positive이었던 경우
	FN (False Negative)	실젯값은 Positive이었으나 예측값은 Negative이었던 경우

79 **해설**
• 주요 업무 의사결정에 분석 결과가 어떻게 활용되어 업무를 효과적으로 수행할 수 있는지를 명확하게 이해하도록 도움을 준다.
• 분석을 업무 운영 프로세스에 반영할 때, 기존 프로세스가 변경되거나 신규 프로세스가 생성되는 등 업무 프로세스의 변화가 발생하기도 한다.

분석 업무 프로세스 내재화 전	데이터 분석 필요, 별도의 분석 진행 업무에 분석 참조
분석 업무 프로세스 내재화 후	운영 업무의 후행 액션이 분석에 의해 자동으로 실행되는 형태로 프로세스 지능화

80 **해설** 경사 하강법은 매개변수 최적화 기법이다.

매뉴얼 탐색 (Manual Search)	• 사용자가 뽑은 조합 내에서 최적의 조합을 찾는 방법
그리드 탐색 (Grid Search)	• 초매개변수의 경우의 수에 대해서 최적의 조합을 찾는 방법
랜덤 탐색 (Random Search)	• 초매개변수의 최소, 최댓값을 정해두고 범위 내에서 무작위 값을 정해진 횟수만큼 반복적으로 추출하여 최적의 조합을 찾는 방법
베이지안 최적화 (Bayesian Optimization)	• 단순히 무작위 추출을 반복하는 것보다, 기존에 추출되어 평가된 결과를 바탕으로 앞으로 탐색할 범위를 더욱 좁혀 효율적이게 시행하는 방법

2022년 4회 정답

01	02	03	04	05	06	07	08	09	10
③	②	③	④	②	①	②	③	③	③
11	12	13	14	15	16	17	18	19	20
③	①	②	④	④	③	④	①	②	②
21	22	23	24	25	26	27	28	29	30
②	③	④	③	②	③	②	①	②	①
31	32	33	34	35	36	37	38	39	40
①	②	①	②	①	②	②	④	③	④
41	42	43	44	45	46	47	48	49	50
④	②	②	④	③	④	②	②	②	③
51	52	53	54	55	56	57	58	59	60
①	①	①	②	②	②	④	③	③	②
61	62	63	64	65	66	67	68	69	70
③	④	②	④	②	③	②	②	④	③
71	72	73	74	75	76	77	78	79	80
①	②	③	④	③	②	④	②	④	④

01 **해설**
• 작업 분할 구조도(WBS; Work Breakdown Structure)를 작성하는 단계는 분석 기획 절차 중 프로젝트 정의 및 계획수립 단계이다.
• 분석 기획 절차 중 프로젝트 범위 설정 단계에서는 SOW(Statement Of Work)를 작성한다.

02 **해설** 빅데이터 분석 절차 중 데이터 준비 단계에서는 필요 데이터 정의, 데이터 스토어 설계, 데이터 수집 및 정합성 점검을 수행한다.

03 **해설** 데이터 품질진단 절차는 다음과 같다.

품질진단 계획수립	• 프로젝트 정의, 조직 정의 및 편성, 품질진단 절차 정의, 세부 시행 계획 확정, 품질 기준 및 진단 대상 정의 순으로 품질진단 계획을 수립
품질 기준 및 진단 대상 정의	• 품질 기준 선정, 품질 이슈 조사, 데이터 관리 문서 수집, 진단 대상 중요도 평가, 진단 대상 선정, 핵심 데이터 항목 정의, 데이터 프로파일링, 업무규칙 정의 순으로 품질 기준 및 진단 대상을 정의한다.
데이터 품질측정	• 품질측정계획수립, 품질측정 체크리스트 준비, 데이터 품질측정 수행, 데이터 품질측정 결과 보고 순으로 데이터 품질측정 수행 • 도출된 업무규칙과 측정항목에 대해 실 운영 시스템에 적용하여 품질수준을 측정하며, 품질지수를 산출함

품질측정 결과 분석	• 오류가 발견된 컬럼 또는 측정항목에 대하여 품질 기준별, 발생유형별 오류 원인을 분석하고, 주요 발생 사례를 정리 • 주요 오류 원인별 개선 방안을 도출 • 각 업무 분야별 변경영향도 분석을 수행하여 시급성과 우선순위를 부여
데이터 품질개선	• 도출된 개선안과 우선순위에 따라 세부 수행 일정과 책임 소재, 관련 조직 및 업무 관련자에 대한 공지 계획 등이 포함된 품질개선 계획수립 • 수립된 품질개선 계획에 따라 개선 활동을 수행하며, 품질담당자는 개선 진행 상황을 모니터링하여 전체적인 조율 및 진행을 관리 • 오류 원인별 개선 수행 내역과 결과를 요약하여 보고함

04 해설 • 인공지능은 사람의 지능을 모방하여 사람이 하는 것과 같이 복잡한 일을 할 수 있는 기계를 만드는 것을 말한다.
• 인공지능이 가장 넓은 개념이고, 인공지능을 구현하는 방법 중 중요한 방법이 기계학습 또는 머신러닝이다.
• 딥러닝은 머신러닝의 여러 방법 중 중요한 방법론이다.
• 인공지능 ⊃ 머신러닝 ⊃ 딥러닝 관계가 성립한다.

05 해설 • 데이터 분석을 위한 데이터를 데이터 저장소인 DW(Data Warehouse) 및 DM(Data Mart)으로 이동시키기 위해 다양한 소스 시스템으로부터 필요한 원본 데이터를 추출(Extract)하고 변환(Transform)하여 적재(Load)하는 작업 및 기술은 ETL이다.
• ETL 프로세스는 다음과 같다.

추출 (Extract)	• 동일 기종 또는 이기종 소스 데이터베이스로부터 데이터를 추출 • JDBC, ODBC, 3rd Party Tools 활용
변환 (Transform)	• 조회 또는 분석을 목적으로 적절한 포맷이나 구조로 데이터를 저장하기 위해 데이터 변환 • 데이터 결합/통합, 데이터 재구성 및 중복 데이터 제거, 일관성 확보를 위한 정제 수행, Rule 적용, 데이터 표준화 수행
적재 (Load)	• 추출 및 변환된 데이터를 최종 대상(DW 또는 DM)에 저장 • Insert, Delete, Update, Append 수행

06 해설 • 데이터 저장 단계에서는 HDFS, NoSQL, 데이터베이스 클러스터 등이 필요하다.
• 텍스트 마이닝은 데이터 분석 단계에서 활용되는 기술이다.

07 해설 빅데이터 분석 방법론의 분석 절차 중 분석 기획 단계에서의 세부 절차에는 비즈니스 이해 및 범위 설정, 프로젝트 정의 및 계획 수립, 프로젝트 위험계획수립이 있다.

빅데이터 분석 방법론의 분석 기획 단계 절차	
비정위	비즈니스 이해 및 범위 설정 / 프로젝트 정의 및 계획수립 / 프로젝트 위험계획수립

08 해설 • 데이터 3법 개정을 통해 전화번호, 주소, 이메일 주소 등의 개인정보를 가명처리하는 경우에는 개인의 동의 없이 통계 작성에 활용할 수 있다.
• 가명 정보가 개인의 동의 없이 활용 가능한 경우는 통계작성(상업적 목적 포함), 연구(산업적 연구 포함), 공익적 기록보존 목적 등으로 활용될 때이다.

09 해설 총계처리기법은 개인정보 비식별화 처리기법으로 개인의 비식별화가 가능하다.

10 해설 • 범주화는 단일 식별정보를 해당 그룹의 대푯값으로 변환(범주화)하거나 구간 값으로 변환(범위화)하여 고유 정보 추적 및 식별을 방지하는 기법이다.
• 개인정보 식별이 가능한 특정 데이터값을 삭제 처리하는 기법은 "데이터값 삭제" 기법이다.

11 해설

브레인스토밍	말을 꺼내기 쉬운 분위기로 만들어, 회의 참석자들이 내놓은 아이디어들을 비판 없이 수용할 수 있도록 하는 회의 기법
인터뷰	이해관계자와 직접 대화를 통해 정보를 구하는 공식적, 비공식적 정보 수집 방법
스캠퍼	사고의 영역을 7개의 키워드로 정해 놓고 이에 맞는 새로운 아이디어를 생성한 뒤 실행 가능한 최적의 대안을 골라내는 기법
포커스 그룹 인터뷰(FGI; Focus Group Interview)	일정한 자격 기준에 따라 6~12명 정도 선발하여, 한 장소에 모이게 한 후, 요구사항과 관련된 토론을 함으로써 자료를 수집하는 방법

12 해설 빅데이터 플랫폼의 계층 구조는 다음과 같다.

소프트웨어 계층 (Software Layer)	데이터 처리 및 분석 엔진, 데이터 수집 및 정제 모듈, 서비스 관리 모듈, 사용자 관리 모듈, 모니터링 모듈, 보안 모듈로 구성
플랫폼 계층 (Platform Layer)	작업 스케줄링 모듈, 데이터 자원 및 할당 모듈, 프로파일링 모듈, 데이터 관리 모듈, 자원 관리 모듈, 서비스 관리 모듈, 사용자 관리 모듈, 모니터링 모듈, 보안 모듈로 구성
인프라 스트럭처 계층 (Infrastructure Layer)	자원 배치 모듈, 노드 관리 모듈, 데이터 관리 모듈, 자원 관리 모듈, 서비스 관리 모듈, 사용자 관리 모듈, 모니터링 모듈, 보안 모듈로 구성

13 **해설** • 여러 이벤트 소스로부터 발생한 실시간 이벤트에 대한 수집은 CEP(Complex Event Processing)를 통해서 이루어진다.
• RSS는 블로그, 뉴스, 쇼핑몰 등의 웹 사이트에 게시된 새로운 글을 수집하여 공유하기 위해서 사용되는 방법이다.

14 **해설** 평활화(Smoothing)는 데이터로부터 잡음을 제거하기 위해 데이터 추세에 벗어나는 값들을 변환하는 방법이다.

15 **해설** • Z-점수 정규화는 Feature의 값이 평균과 일치하면 0으로 정규화되고, 평균보다 작으면 음수, 평균보다 크면 양수로 변환하는 방법이다.
• Z-점수 정규화는 이상값(Outlier) 문제를 피하는 데이터 정규화로 이상값은 잘 처리하지만, 정확히 같은 척도로 정규화된 데이터를 생성하지는 못한다는 단점이 있다.

16 **해설** • 빅데이터 분석은 기업에는 혁신 수단을 제공하고 정부에는 상황 분석을 가능하게 하고 개인에게는 필요한 정보를 적시에 획득할 수 있다.
• 빅데이터 분석은 항상 경제적이지는 않다.

17 **해설** 데이터 분야 직무별 업무는 다음과 같다.

데이터 엔지니어 (Data Engineer)	• 비즈니스를 이해하고 대량의 데이터 세트를 가공하는 업무 • 사내 데이터 분석가와 데이터 사이언티스트가 제품을 최적화하기 위한 분석 도구를 개발하고 하둡, 스파크 등을 이용해서 대용량 데이터 분산 처리 시스템을 개발하는 업무 • 시스템 개발에 필요한 프로그래밍 언어 사용 스킬 필수
데이터 분석가 (Data Analyst)	• 최적의 의사결정을 내리는 데 도움을 주는 비즈니스 인사이트를 제공하는 업무 • 데이터의 경향, 패턴, 이상값 등을 인식하기 위한 시각화 진행 및 보고서 작성 업무 • 비즈니스 팀과 연계해 각 팀의 전략을 수립하거나 업무 효율화에 필요한 데이터를 수집하고 분석하는 업무
데이터 사이언티스트 (Data Scientist)	• 머신러닝 모델을 사용해 정형, 비정형 데이터에서 인사이트를 창출하는 업무 • 사내 데이터를 이용해서 고객 행동 패턴 모델링 진행, 패턴을 찾아내거나 이상값을 탐지하는 업무 • 예측 모델링, 추천 시스템 등을 개발해 비즈니스 의사결정에 필요한 인사이트를 제공하는 업무
데이터 아키텍트 (Data Architect)	• 데이터베이스를 쉽게 통합, 중앙 집중화 및 보호할 수 있도록 기업의 데이터 관리를 위한 청사진을 만드는 업무 • 효율성 및 보안을 고려한 기업의 데이터 아키텍트 계획 및 관리 업무 • 기업의 데이터를 정형 데이터베이스에서 Hadoop 기반의 비정형 데이터베이스로 이관하려고 할 때 이관 프로세스 정립, 모니터링, 테스트를 주도

18 **해설** • 데이터베이스에서 데이터의 중복은 최소화해야 한다.
• 데이터베이스의 장단점은 다음과 같다.

장점	단점
• 데이터 중복 최소화 • 데이터 공유 • 일관성, 무결성, 보안성 유지 • 최신의 데이터 유지 • 데이터의 표준화 가능 • 데이터의 논리적, 물리적 독립성 • 쉬운 데이터 접근 • 데이터 저장 공간 절약	• 데이터베이스 전문가 필요 • 큰 비용 부담 • 데이터 백업과 복구가 어려움 • 시스템의 복잡함 • 대용량 디스크로 액세스가 집중되면 과부하 발생 • 통합된 시스템이기 때문에 일부에서 장애가 발생하면 전체 시스템이 중단되는 장애 발생

19 **해설** 값과 형식에서 일관성을 가지지 않지만, 메타데이터나 데이터 스키마 정보를 포함하는 데이터는 반정형 데이터이다.

정형 데이터 (Structured Data)	• 정형화된 스키마(형태) 구조 기반의 형태를 가지고 고정된 필드에 저장되며 값과 형식에서 일관성을 가지는 데이터 • 컬럼(Column)과 로우(Row) 구조를 가지며, 설계된 구조 기반 목적에 맞는 정보들
반정형 데이터 (Semi-structured Data)	• 스키마(형태) 구조 형태를 가지고 메타데이터를 포함하며, 값과 형식에서 일관성을 가지지 않는 데이터 • XML, HTML과 같은 웹 데이터가 Node 형태의 구조를 가짐
비정형 데이터 (Unstructured Data)	• 스키마 구조 형태를 가지지 않고 고정된 필드에 저장되지 않는 데이터

20 **해설**

CRISP-DM 분석 방법론의 분석 절차	
업데준 모평전	업무 이해 / 데이터 이해 / 데이터 준비 / 모델링 / 평가 / 전개

기출문제 정답 및 해설

21 해설 $\bar{X}=35$, $\sigma=11$, $n=121$이고 양측 검정이므로 95% 신뢰구간(유의 수준 0.05)의 절반인 0.025에 해당하는 $Z_{\frac{\alpha}{2}}$는 1.96이다. 따라서, 모평균 μ의 추정값은 다음과 같다.

$$\bar{X}-Z_{0.025}\frac{\sigma}{\sqrt{n}}<\mu<\bar{X}+Z_{0.025}\frac{\sigma}{\sqrt{n}}$$
$$35-1.96\frac{11}{\sqrt{121}}<\mu<35+1.96\frac{11}{\sqrt{121}}$$
$$35-1.96<\mu<35+1.96$$
$$33.04<\mu<36.96$$

22 해설
- $\frac{X-\mu}{s/\sqrt{n}}$ 분포를 만족하는 분포는 T-분포이고, 표준정규분포에서 표본을 추출하므로 자유도는 1 감소하게 된다.
- 연속확률분포 공식은 다음과 같다.

T-분포	$T=\frac{X-\mu}{s/\sqrt{n}}$
χ^2 분포	$\chi^2(n)=Z_1^2+Z_2^2+\cdots+Z_n^2$
F-분포	$F=s_1^2/s_2^2$

23 해설 정규화는 데이터를 특정 구간으로 바꾸는 척도법으로 변수 변환에 해당한다.

언더 샘플링	다수 클래스의 데이터를 일부만 선택하여 데이터의 비율을 맞추는 방법
경곗값 이동	임곗값을 데이터가 많은 쪽으로 이동시키는 방법
비용 민감 학습	소수 클래스에 높은 가중치를 부여하는 방법

24 해설
- 표준오차는 $\frac{\sigma}{\sqrt{n}}$이므로 표본의 수인 n이 커질수록 표준오차는 줄어든다.
- 중심 극한 정리에 의해 데이터의 크기가 커지면 최종적으로 정규분포를 따른다.
- 복원 추출, 비복원 추출 관계없이 데이터의 크기가 커지면 중심 극한 정리를 만족한다.

25 해설 수염(Whiskers)은 Q_1, Q_3로부터 IQR의 1.5배 내에 있는 가장 멀리 떨어진 데이터까지 이어진 선이다.

26 해설 실험 전후의 연구 대상을 비교할 때 많이 사용되는 비교 방법으로 대응 표본(쌍체 표본)을 사용하고, 혈당이 기존 약보다 낮은지 여부를 판단하므로 단측 검정을 해야 한다.

단측 검정	모수 θ에 대해 표본자료를 바탕으로 모수가 특정 값 θ_0과 통계적으로 큰지 작은지 여부를 판단
양측 검정	모수 θ에 대해 표본자료를 바탕으로 모수가 특정 값 θ_0과 통계적으로 같은지 여부를 판단

27 해설 제1 주성분은 데이터의 변동을 최대로 설명해주는 방향에 대한 변수들의 선형 결합식으로 데이터 분산이 가장 큰 방향에 대한 변수들의 선형 결합식이다.

28 해설 1사분위수는 25백분위수이다.

백분위수	모든 데이터값을 순서대로 배열하였을 때 100등분한 지점에 있는 값	
	25백분위수	1사분위수
	50백분위수(중앙값)	2사분위수
	75백분위수	3사분위수
변동계수	• 표준편차를 평균으로 나눈 값 • 측정 단위가 서로 다른 자료의 흩어진 정도를 상대적으로 비교할 때 사용	
첨도	• 데이터 분포의 '뾰족한 정도'를 설명하는 통계량	
통계량	• 표본에서 얻은 평균이나 표준오차와 같은 값 • 이 값을 통해 모수를 추정하며, 무작위로 추출할 경우 각 표본에 따라 달라지는 확률변수	

29 해설

지수분포	지정된 시점으로부터 어떤 사건이 일어날 때까지 걸리는 시간을 측정하는 확률분포
포아송분포	주어진 시간 또는 영역에서 어떤 사건의 발생 횟수를 나타내는 확률분포
베르누이분포	특정 실험의 결과가 성공 또는 실패로 두 가지의 결과 중 하나를 얻는 확률분포
정규분포	모평균이 μ 모분산이 σ^2이라고 할 때, 종 모양의 분포

30 해설
- 두 변수가 같이 커지거나 같이 작아지는 경향이 있으면 상관계수가 높다.
- 상관계수가 높은 변수가 여럿 존재하면 파라미터 수가 불필요하게 증가하여 차원 저주(Curse of Dimensionality)에 빠질 우려가 있다.
- 선형 모델, 신경망 등의 기계학습 모델은 상관계수가 큰 예측 변수들이 있을 경우 성능이 떨어지거나 모델이 불안정해질 수 있으므로 상관계수가 큰 변수들을 제거할 수 있다.

31 해설
- 대치값으로 대푯값인 평균, 중위수를 사용해야한다.
- 분포는 이상값이 많으므로 이상값의 영향을 받지 않도록 중위수를 사용해야 한다..

32 해설 X, Y가 독립이면 $Cov(X, Y) = 0$이지만, $Cov(X, Y) = 0$이면 X, Y가 반드시 독립은 아니다.

33 해설 확률변수 x가 구간 또는 구간들의 모임인 숫자 값을 갖는 확률분포 함수를 연속형 확률 밀도 함수라 한다.

34 해설

원-핫 인코딩 (One-Hot Encoding)	표현하고 싶은 단어의 인덱스에 1의 값을 부여하고, 다른 인덱스에는 0을 부여하는 방식
레이블 인코딩 (Labeled Encoding)	범주형 변수의 문자열을 수치형으로 변환하는 방식
카운트 인코딩 (Count Encoding)	각 범주의 개수를 집계한 뒤 그 값을 인코딩하는 방식
대상 인코딩 (Target Encoding)	범주형 자료의 값들을 훈련 데이터에서 목표에 해당하는 값으로 바꿔주는 방식

35 해설 • 산점도는 x축의 값이 증가할수록 y축의 값은 감소하는 관계가 뚜렷하므로 음의 선형관계를 가진다.

$+0.1 \sim +1.0$	양의 선형관계
$-0.1 \sim +0.1$	거의 무시될 수 있는 선형관계
$-1.0 \sim -0.1$	음의 선형관계

36 해설 • x축과 y축 각각에 두 변숫값의 순서쌍을 한 점으로 표시하여 변수의 관계를 나타낸 그래프는 산점도이다.

박스플롯 (Boxplot)	• 많은 데이터를 그림을 이용하여 집합의 범위와 중앙값을 빠르게 확인할 수 있으며, 또한 통계적으로 이상값이 있는지 빠르게 확인이 가능한 시각화 기법
막대그래프 (Bar Graph)	• 동일한 너비의 여러 막대를 사용하여 데이터를 표시하며, 각 막대는 특정 범주를 나타내는 그래프
히스토그램 (Histogram)	• 자료 분포의 형태를 직사각형 형태로 시각화하여 보여주는 그래프

37 해설 • 회귀 분석에서 종속변수의 개수는 1개이다.

단순선형 회귀	독립변수가 1개이며, 종속변수와의 관계가 직선
다중선형 회귀	독립변수가 K개이며, 종속변수와의 관계가 선형
다항 회귀	독립변수와 종속변수와의 관계가 1차 함수 이상인 관계
곡선 회귀	독립변수가 1개이며 종속변수와의 관계가 곡선
로지스틱 회귀	종속변수가 범주형(2진 변수)인 경우 적용
비선형 회귀	회귀식의 모양이 선형관계로 이뤄져 있지 않은 모형

38 해설 • 명목형은 현대=1, 기아=2, 르노삼성=3, GM=4와 같이 변수가 크기와 순서와 상관없기 때문에 평균, 표준편차를 계산하는 것이 의미가 없다.

범주형 데이터	• 명목 척도와 순위 척도에 대한 데이터 탐색 • 빈도수, 최빈수, 비율, 백분율 등을 이용하여 데이터의 분포 특성을 중심성, 변동성 측면에서 파악 • 명목형, 순서형이 있음		
		명목형 (Nominal)	명사형으로 변수나 변수의 크기가 순서와 상관없고, 의미가 없이 이름만 의미를 부여할 수 있는 경우
		순서형 (Ordinal)	변수가 어떤 기준에 따라 순서에 의미를 부여할 수 있는 경우
수치형 데이터	• 등간 척도와 비율 척도에 대한 데이터 탐색 • 평균, 분산, 표준편차, 첨도, 왜도 등을 이용하여 데이터의 분포 특성을 중심성, 변동성, 정규성 측면에서 파악 • 이산형, 연속형이 있음		
		이산형 (Discrete)	변수가 취할 수 있는 값을 하나하나 셀 수 있는 경우
		연속형 (Continuous)	변수가 구간 안의 모든 값을 가질 수 있는 경우

39 해설 • 초기하분포는 이산확률분포이다.
• 확률분포의 종류는 다음과 같다.

이산확률분포	포아송분포, 베르누이분포, 이항분포, 초기하분포
연속확률분포	정규분포, 감마분포, 지수분포, 카이제곱분포

40 해설 • 탐색하는 타깃 데이터의 수가 매우 극소수인 경우에 불균형 데이터 처리를 한다.
• 클래스가 불균형한 훈련 데이터를 그대로 이용할 경우 과대 적합 문제가 발생할 수 있다.
• 불균형 데이터 처리 기법으로는 과대 표집, 과소 표집, 임곗값 이동(Cut-Off Value Moving), 비용 민감 학습(Cost Sensitive Learning), 앙상블(Ensemble) 기법이 있다.

41 해설 • POS Tagging(Part-Of-Speech(POS) Tagging)은 품사를 기반으로 모든 문서의 토큰에 태그를 할당하는 방법이다.
• 텍스트마이닝에서 텍스트의 분류 또는 군집화를 위하여 각 문서가 벡터로 표현되도록 변환하는 작업이 벡터화(Vectorization)이다.
• 벡터화에는 BoW(Bag of Words), TF-IDF, Word2Vec 등이 있다.

BoW	• 비슷한 의미를 갖는 단어는 문서에서 근처에 존재할 것이라는 가정으로 단어에 벡터값을 부여하여 유사한 단어를 거리 기반으로 매핑하는 방법
Word2Vec	• Term Frequency-Inverse Document Frequency • 특정 단어가 문서 내에 등장하는 빈도(TF: 단어빈도)와 그 단어가 문서 전체 집합에서 등장하는 빈도(IDF: 역문서 빈도)를 고려하여 벡터화 하는 방법 • 개별 문서에 많이 나오는 단어가 높은 값을 가지도록 하되 여러 문서에 자주 나오는 단어에는 페널티를 주는 방식
TF-IDF	• 정보 검색과 텍스트 마이닝에서 이용하는 가중치로, 여러 문서로 이루어진 문서 군이 있을 때 어떤 단어가 특정 문서 내에서 얼마나 중요한 것인지를 추출하는 기법

42 해설) 예측분석(Predictive Analytics)은 데이터로부터 학습하여 미래를 예측하는 예측 모델을 생성하고 활용하는 기법이다.

묘사 분석 (Descriptive Analytics)	• 분석의 가장 기본적인 지표를 확인하는 단계 • 거에 어떤 일이 일어났고 현재는 무슨 일이 일어나고 있는지 확인
진단 분석 (Diagnostic Analytics)	• 묘사 단계에서 찾아낸 분석의 원인을 이해하는 단계 • 데이터를 기반으로 왜 발생했는지 이유를 확인
처방 분석 (Prescriptive Analysis)	• 예측을 바탕으로 최적화하는 단계 • 엇을 해야 할 것인지 확인

43 해설) 테스트 데이터는 평가 과정에서 한 번만 사용한다.

44 해설) 변수 선택법에는 전진 선택법, 후진 소거법, 단계별 선택법이 있다.

45 해설) 요인(Factor)은 상관계수가 높은 변수를 묶어 신규로 생성한 변수의 집합이다.

46 해설) 일자별 분석에는 시계열 분석이 가장 적합하다.

47 해설) 모형이 너무 복잡하면 과대 적합이 발생한다.

48 해설)

지지도	전체 거래 중 항목 A와 B를 동시에 포함하는 거래의 비율
신뢰도	A 상품을 샀을 때 B 상품을 살 조건부 확률에 대한 척도
향상도	규칙이 우연에 의해 발생한 것인지를 판단하기 위해 연관성의 정도를 측정하는 척도

49 해설) 덴드로그램에서 $y=4$일 경우에 만나는 직선의 수로 그룹의 개수를 정한다.

50 해설) 연속형 변수 거리는 다음과 같다.

유클리드 거리	$d(i,j) = \sqrt{\sum_{f=1}^{p}(x_{if} - x_{jf})^m}$	• 두 점 간 차를 제곱하여 모두 더한 값의 양의 제곱근
맨하탄 거리	$d(i,j) = \sum_{f=1}^{p}|x_{if} - x_{jf}|$	• 두 점 간 차의 절댓값을 합한 값
민코프스키 거리	$d(i,j) = \left(\sum_{f=1}^{p}|x_{if} - x_{jf}|^m\right)^{1/m}$	• m차원 민코프스키 공간에서의 거리 • $m=1$일 때 맨하탄 거리와 같음 • $m=2$일 때 유클리드 거리와 같음

51 해설)
• 로지스틱 회귀 분석은 반응 변수가 범주형일 경우에 사용하는 분석 방법이다.
• 반응 변수를 로짓으로 변환할 때 오즈(Odds)가 사용된다.
• 로짓 변환 후에 반응 변수는 $-\infty$와 $+\infty$의 값을 가진다.

52 해설) 백색잡음은 독립적이고 동일한 분산을 가진다.

53 해설) 학습된 모형을 기반으로 최종 출력층을 바꾸어 재학습하는 알고리즘은 전이학습(Transfer Learning)이다.

54 해설)
• 가지치기는 의사결정나무(Decision Tree)에서 과대적합(Overfitting)을 방지하기 위하여 사용한다.
• 정규화를 도입해서 딥러닝에서 과대적합 방지가 가능하다.
• 드롭아웃은 은닉층의 뉴런(노드)을 무작위로 삭제하면서 학습하는 방법이다.

55 해설) Dropout은 인공신경망에서 과대적합(Overfitting)을 방지하기 위해 사용하고, 과대적합을 방지하기 위한 방법은 은닉층 수 감소이다.

56 해설
- 피어슨(Pearson) 상관계수는 모수 통계 검정 방법이다.
- 공분산 분석(ANCOVA)은 분산 분석과 회귀 분석을 결합한 모형이다.
- 독립변수가 범주형이고 종속변수가 연속형일 경우에 사용하는 분석 방법이다.
- 피어슨(Pearson) 상관계수는 모수 통계 검정 방법이다.

57 해설
- 기울기 클리핑은 기울기 폭발을 막기 위해 일정 임곗값을 넘어서지 못하게 기울기 값을 자르는 방법을 말한다.
- LSTM은 RNN의 장기의존성 문제를 보완하기 위한 알고리즘으로 입력 게이트, 망각 게이트, 출력 게이트로 구성된 것은 LSTM이다.

58 해설
- 피어슨(Pearson) 상관계수는 모수 통계 검정 방법이다.
- 비모수 통계는 평균이나 분산 같은 모집단의 분포에 대한 모수성을 가정하지 않고 분석하는 통계적 방법이다.

윌콕슨 부호 순위 검정(Wilcoxon Signed Rank Test)	• 단일 표본에서 중위수에 대한 검정 • 대응되는(Paired) 두 표본의 중위수의 차이 검정
부호 검정(Sign Test)	• 차이의 크기는 무시하고 차이의 부호만을 이용한, 중위수의 위치에 대한 검정 방법
만-휘트니(Mann-Whitney)의 U 검정	• 두 모집단이 독립이면서 정규분포를 따르지 않을 때의 검정 방법 • Wilcoxon Rand sum TEST(윌콕슨 순위 합 검정)라고 불린다.
크루스칼-왈리스 검정(Kruscal-Wallis Test)	• 세 집단 이상의 분포를 비교하는 검정 방법 • 모수적 방법에서의 one-way ANOVA와 같은 목적으로 쓰인다. • 그룹별 평균이 아닌 중위수가 같은지를 검정

59 해설
- 순환 신경망(RNN)은 입력층, 은닉층, 출력층으로 구성되며 은닉층에서 재귀적인 신경망을 갖는 알고리즘으로 음성인식, 필기체 인식에 활용된다.
- 합성곱 신경망(CNN)은 시각적 이미지를 분석하는 데 사용되는 심층신경망이다.

60 해설

단순선형 회귀	독립변수가 1개이며, 종속변수와의 관계가 직선
다중선형 회귀	독립변수가 k개이며, 종속변수와의 관계가 선형(1차 함수)
다항 회귀	독립변수와 종속변수와의 관계가 1차 함수 이상인 관계(단, 독립변수가 1개일 경우에는 2차 함수 이상)
곡선 회귀	독립변수가 1개이며 종속변수와의 관계가 곡선
비선형 회귀	회귀식의 모양이 선형관계로 이뤄져 있지 않은 모형

61 해설 비선형 모형은 선형 모형보다 과대적합 발생 가능성이 높다.

62 해설 데이터 시각 표현 단계에서는 데이터 모델링을 수행하지 않으며, 시각화 단계에서 만들어진 결과물을 보정하는 단계이다.

63 해설 누적 막대그래프는 시간 시각화의 유형으로 분류된다.

관계 시각화 유형	
산행버네	산점도 / 산점도 행렬 / 버블 차트 / 네트워크 그래프

64 해설 학습용 데이터, 검증용 데이터, 평가용 데이터의 비율은 학습용 데이터가 검증용, 테스트용 데이터보다 큰 비율로 지정된다.
⑩ 학습용 데이터 6: 검증용 데이터 2: 평가용 데이터 2

65 해설 비교 시각화의 유형에는 플로팅 바 차트 / 히트맵 / 체르노프 페이스 / 스타 차트 / 평행좌표 그래프(평행좌표계) 등이 있다.

비교 시각화 유형	
플히체스평	플로팅 바 차트 / 히트맵 / 체르노프 페이스 / 스타 차트 / 평행좌표 그래프

66 해설 $\dfrac{TP}{TP+FP}$ 은 정밀도(Precision) 수식에 해당한다.

특이도 (Specificity)	$\dfrac{TN}{TN+FP}$	실제로 '부정'인 범주 중에서 '부정'으로 올바르게 예측(TN)한 비율
오류율 (Error Rate)	$\dfrac{FP+FN}{TP+TN+FP+FN}$	실제 분류 범주를 잘못 분류한 비율
정확도 (Accuracy)	$\dfrac{TP+TN}{TP+TN+FP+FN}$	전체 예측에서 참 긍정(TP)과 참 부정(TN)이 차지하는 비율
민감도 (Sensitivity)	$\dfrac{TP}{TP+FN}$	실제로 '긍정'인 범주 중에서 '긍정'으로 올바르게 예측(TP)한 비율

67 해설 ROC Curve의 x축은 1 - 특이도, y축은 민감도로 나타낸다.

68 해설 데이터를 눈, 코, 귀, 입 등과 일대일 대응하여 얼굴 하나로 표현하는 기법은 체르노프 페이스이다.

69 해설
- 상대위험도는 다음과 같다.

$$상대위험도(RR) = \frac{관심\ 집단의\ 위험률}{비교\ 집단의\ 위험률} = \frac{10/500}{40/500} = 0.25$$

- 승산비(오즈비)는 다음과 같다.

$$오즈비 = \frac{관심\ 집단의\ 오즈비}{비교\ 집단의\ 오즈비} = \frac{\dfrac{10/500}{1-10/500}}{\dfrac{40/500}{1-40/500}} = \dfrac{\dfrac{0.02}{0.98}}{\dfrac{0.08}{0.92}}$$

$$= \frac{0.02 \times 0.92}{0.08 \times 0.98}$$

70 **해설** 버블 차트는 비교 시각화 방법에 속하지 않는다.

비교 시각화 유형	
플히체스평	플로팅 바 차트 / 히트맵 / 체르노프 페이스 / 스타 차트 / 평행 좌표계

71 **해설** ROC 그래프에서는 민감도(=참 긍정률, TP Rate)를 세로축으로 하고, FPR(=1-특이도)를 가로축으로 사용한다.

72 **해설** 앙상블 학습의 경우 모형의 투명성이 떨어지게 되어 정확한 현상의 원인 분석에는 부적합하다.

73 **해설** 벌점화 회귀(Penalized Regression)는 기준에 따라 회귀계수에 벌점을 부여하여 모형의 복잡도를 낮추는 회귀 분석 기법이다.

74 **해설** 인포그래픽은 복잡한 데이터를 그래픽을 활용하여 이해하기 쉽게 표현하는 시각화 방법이다.

75 **해설** 평균 제곱 오차(MSE)의 수식은 $\frac{1}{n}\sum_{i=1}^{n}(y_i - \hat{y_i})^2$이다.

76 **해설** 히트맵(Heat Map)은 칸 별로 색상을 구분하여 데이터값을 표현하는 시각화 그래프이다.

77 **해설** 정규성(정상성) 검정의 종류는 Q-Q Plot, 샤피로-윌크 검정(Shapiro-Wilk Test), 콜모고로프-스미르노프 검정(Kolmogorov-Smirnov Test)이 있다.

78 **해설**
- F1-Score는 정밀도와 민감도(재현율)을 하나로 합친 평가지표로 0~1 사이의 값을 갖는다.
- F1-Score의 계산식은 $2 \times \frac{Precision \times Recall}{Precision + Recall}$이다.
- 답은 $2 \times \frac{0.6 \times 0.4}{0.6 + 0.4} = \frac{0.48}{1} = 48\%$가 된다.

79 **해설** ROC 그래프는 왼쪽 꼭대기에 가깝게 그려질수록 분류 성능이 우수하다.

80 **해설** 의사결정나무의 해석은 용이하며, 계산 결과가 의사결정나무에 직접적으로 나타나기 때문이다.

2023년 5회 정답

01	02	03	04	05	06	07	08	09	10
③	④	②	②	③	④	③	③	③	②
11	12	13	14	15	16	17	18	19	20
②	②	②	①	③	②	①	③	③	②
21	22	23	24	25	26	27	28	29	30
④	①	②	④	①	③	③	④	②	②
31	32	33	34	35	36	37	38	39	40
②	③	②	①	③	①	④	②	④	③
41	42	43	44	45	46	47	48	49	50
①	②	①	①	④	④	④	③	④	①
51	52	53	54	55	56	57	58	59	60
④	④	①	②	④	④	④	③	③	②
61	62	63	64	65	66	67	68	69	70
②	④	②	④	④	①	②	②	④	①
71	72	73	74	75	76	77	78	79	80
③	③	③	③	④	②	②	④	③	④

01 **해설** 맵리듀스의 디자인 패턴은 요약 패턴, 필터링 패턴, 데이터 조직화 패턴, 조인 패턴, 메타 패턴 등이 있다.

요약 패턴	데이터를 요약하고 그룹핑하여 최상위 수준의 관점을 얻는 패턴
필터링 패턴	특정 사용자가 생성한 레코드를 찾는 것처럼 데이터의 서브셋을 찾는 패턴
데이터 조직화 패턴	타 시스템으로 작업하기 위해 또는 맵리듀스 분석을 좀 더 쉽게 만들기 위해 데이터를 재조직화하는 패턴
조인 패턴	특별한 관계를 발견하기 위해 다른 데이터셋을 함께 연결하여 분석하는 패턴
메타 패턴	여러 가지 문제를 풀거나 동일 방법으로 몇 가지 분석을 수행하기 위해 몇몇 패턴을 조합하는 패턴

02 **해설** 탐색적 분석은 데이터 분석 초기에 데이터 세트를 조사하기 위해서 활용된다.

03 **해설**
- 공공 데이터에서 제공하는 데이터 포맷은 XML, JSON, CSV이다.
- SQL(Structured Query Language)은 데이터 형식이 아니라 관계형 데이터베이스 관리 시스템(RDBMS)의 데이터를 관리하기 위해 설계된 특수 목적의 프로그래밍 언어이다.

04 해설 데이터 거버넌스 구성요소는 다음과 같다.

데이터 거버넌스 구성요소	
원조프	원칙 / 조직 / 프로세스

05 해설 탐색적 데이터 분석은 데이터가 가지고 있는 특성을 파악하기 위해 해당 변수의 분포 등을 시각화하여 분석하는 분석 방식으로 탐색적 데이터 분석을 통해 데이터의 구조를 가정한다.

06 해설 빅데이터 산업의 단점, 위기 요인은 다음과 같다.

사생활 침해	• 목적 외로 활용된 개인정보가 포함된 데이터의 경우 사생활 침해를 넘어 사회·경제적 위협으로 확대
책임 원칙 훼손	• 예측 기술과 빅데이터 분석기술이 발전하면서 분석 대상이 되는 사람들이 예측 알고리즘의 희생양이 될 가능성도 증가 • 잠재적 위협이 아닌 명확한 결과에 대한 책임을 묻고 있는 민주주의 국가 원리를 훼손할 가능성이 존재
데이터 오용	• 데이터 분석은 실제 일어난 일에 대한 데이터에 의존하기 때문에 이를 바탕으로 미래를 예측하는 것은 언제나 맞을 수는 없는 오류가 존재함 • 잘못된 지표를 사용하는 것도 빅데이터의 피해가 될 수 있음

07 해설 데이터 사이언스는 데이터 공학, 의학, 수학, 통계학, 컴퓨터공학, 시각화, 해커의 사고방식, 해당 분야의 전문 지식을 종합한 학문이다.

08 해설 데이터 분석 준비도 프레임워크의 영역은 다음과 같다.

데이터 분석 준비도 프레임워크	
업인 기데 문아	분석업무 파악 / 인력 및 조직 / 분석기법 / 분석데이터 / 분석 문화 / IT 인프라

09 해설 수치형 데이터는 연속형 데이터와 이산형 데이터가 있다.

연속형 데이터 (Continuous Data)	변수가 구간 안의 모든 값을 가질 수 있는 데이터
이산형 데이터 (Discrete Data)	변수가 취할 수 있는 값을 하나하나 셀 수 있는 데이터

10 해설 정형, 비정형, 반정형 데이터 등 빅데이터 자원의 유형과 관련된 빅데이터의 특징은 다양성(Variety)이다.

규모 (Volume)	• 빅데이터 분석 규모에 관련된 특징 • ICT 기술 발전으로 과거의 텍스트 데이터부터 SNS로부터 수집되는 사진, 동영상 등의 다양한 멀티미디어 데이터까지 디지털 정보량의 기하급수적 증가
다양성 (Variety)	• 빅데이터 자원 유형에 관련된 특징 • 정형 데이터뿐만 아니라 비정형, 반정형 데이터를 포함
속도 (Velocity)	• 빅데이터 수집·분석·활용 속도에 관련된 특징 • 사물 정보(센서, 모니터링), 스트리밍 정보 등 실시간성 정보의 생성 속도 증가에 따라 처리 속도 가속화 요구 • 가치 있는 정보 활용을 위해 데이터 처리 및 분석 속도의 중요성 증가
가치 (Value)	• 빅데이터 수집 데이터를 통해 얻을 수 있는 가치 • 비즈니스나 연구에 활용되어 유용한 가치를 끌어낼 수 있는가에 대한 문제 • 빅데이터의 가치는 데이터의 정확성 및 시간성과 관련됨

11 해설 데이터 축소는 원래 가지고 있는 데이터에서 최소 데이터를 제거하거나 데이터의 크기를 줄이는 작업이다.

12 해설 집중 구조는 현업 부서와 업무 중복 가능성이 있다.

집중 구조	• 전사 분석 업무를 별도의 분석 전담 조직에서 담당 • 전략적 중요도에 따라 분석조직이 우선순위를 정해서 진행 가능 • 현업 업무부서의 분석 업무와 중복 및 이원화 가능성이 큼
기능 구조	• 일반적인 형태로 별도 분석조직이 없고 해당 부서에서 분석 수행 • 전사적 핵심 분석이 어려우며 과거에 국한된 분석 수행
분산 구조	• 분석조직 인력들을 현업 부서로 직접 배치해 분석 업무를 수행 • 전사 차원의 우선순위 수행 • 분석 결과에 따른 신속한 피드백이 나오고 베스트 프랙티스 공유가 가능 • 업무 과다와 이원화 가능성이 존재할 수 있기에 부서 분석 업무와 역할 분담이 명확해야 함

13 해설 빅데이터 분석 방법론의 분석 절차 중 분석 기획 단계에서의 세부 절차에는 비즈니스 이해 및 범위 설정, 프로젝트 정의 및 계획 수립, 프로젝트 위험계획수립이 있다.

빅데이터 분석 방법론의 분석 기획 단계 절차	
비정위	비즈니스 이해 및 범위 설정 / 프로젝트 정의 및 계획수립 / 프로젝트 위험계획수립

14 해설

분산 파일 시스템	컴퓨터 네트워크를 통해 공유하는 여러 호스트 컴퓨터의 파일에 접근할 수 있게 하는 파일 시스템 예) 구글 파일 시스템(GFS), 하둡 분산 파일 시스템(HDFS), 러스터(Lustre)

데이터베이스 클러스터	관계형 데이터베이스 관리 시스템으로 하나의 데이터베이스를 여러 개의 서버상에 구축하는 시스템 예 오라클 RAC, IBM DB2 ICE, MSSQL, MySQL
NoSQL	전통적인 RDBMS와 다른 DBMS를 지칭하기 위한 용어로 데이터 저장에 고정된 테이블 스키마가 필요하지 않고 조인(Join) 연산을 사용할 수 없으며, 수평적으로 확장이 가능한 DBMS 예 구글 빅테이블, HBase, 아마존 SimpleDB, 마이크로소프트 SSDS

15 해설) 분석용 데이터 세트를 추출하는 과정에서 분석에 필요한 충분한 데이터를 확보할 수가 없을 경우에는 데이터 준비 단계에서 데이터 분석 단계 구간을 반복해서 피드백을 수행한다.

16 해설) 정착형은 준비도는 낮으나 조직, 인력, 분석 업무, 분석 기법 등을 기업 내부에서 제한적으로 사용하고 있어 일차적으로 정착이 필요한 기업이다.

17 해설

ETL	수집 대상 데이터를 추출, 가공하여 데이터 웨어하우스 및 데이터 마트에 저장하는 기술
CEP	여러 이벤트 소스로부터 발생한 이벤트를 실시간으로 추출하여 대응되는 액션을 수행하는 처리 기술
EAI	기업에서 운영되는 서로 다른 플랫폼 및 애플리케이션들 간의 정보 전달, 연계, 통합을 가능하게 해 주는 연계 기술
ODS	데이터에 대한 추가 작업을 위해 다양한 데이터 원천(Source)으로부터 데이터를 추출 및 통합한 데이터베이스

18 해설

데이터 이상값 발생 원인	
표고 입실 측정자	표본추출 오류 / 고의적인 이상값 / 데이터 입력 오류 / 실험 오류 / 측정 오류 / 데이터 처리 오류 / 자연 오류

19 해설) 분산 파일 시스템은 다수의 마이크로프로세서를 이용하여 여러 데이터베이스를 저장하고 있는 디스크의 파일을 처리하는 방식이다.

20 해설) 분석 마스터플랜 수립 시 적용 우선순위 설정을 위하여 전략적 중요도 및 목표 가치, 비즈니스 성과 및 ROI, 실행 용이성을 고려해야 한다.

21 해설) PCA는 원본 비음수 행렬의 곱으로 표현하는 것이 아니라, 공분산 행렬을 이용하여 주성분으로 추출한다.

22 해설) 완전 분석법은 불완전 자료(대표적으로 결측값)는 모두 무시하고 완전하게 관측된 자료만 사용하여 분석하는 방법이다.

23 해설) a~b 구간은 시간이 증가함에 따라 전기 사용량이 감소하므로 음의 상관관계를 가진다.

24 해설) 이상값을 제거하면 데이터 세트의 크기가 감소하므로 분석 결과에 대한 통계적 신뢰도가 하락할 수 있다.

25 해설) 데이터로부터 잡음을 제거하기 위해 데이터 추세에 벗어나는 값들을 변환하는 기법이다.

26 해설) 다중선형회귀분석에서 다중공선성이 발생하는 변수는 독립변수들 사이에 선형관계가 존재하면 회귀계수의 정확한 추정이 난해하므로 제거한다.

27 해설
- 원-핫 인코딩은 표현하고 싶은 단어의 인덱스에 1의 값을 부여하고, 다른 인덱스에는 0을 부여하는 방식이다.
- 벡터의 크기는 전체 단어나 카테고리의 개수와 동일하며, 하나의 단어나 카테고리에 대한 벡터는 해당 인덱스만 1이고 나머지는 모두 0으로 채워지므로 저장 공간 효율은 낮다.

28 해설) 좌우 비대칭인 경우에는 중앙값이나 최빈수를 대푯값으로 사용하는 것이 좋다.

29 해설

표본 평균	$\overline{X} = \frac{1}{n}\sum_{i=1}^{n} X_i = \frac{1}{5}(2+4+6+8+10) = 6$
표본 분산	$s^2 = \frac{\sum_{i=1}^{n}(X_i - \overline{X})^2}{n-1}$ $= \frac{(2-6)^2 + (4-6)^2 + (6-6)^2 + (8-6)^2 + (10-6)^2}{5-1}$ $= 10$

30 해설) 이상값은 경우에 따라 오류 값이 아닌 경우도 있기 때문에 데이터를 분석한 후에 대체하거나 제거해야 한다.

31 해설
- 가중치 조정(Weight Balancing)을 통해 불균형한 클래스에 높은 가중치를 부여하여 학습에 반영할 수도 있다.
- 불균형 데이터의 클래스는 2개일 수도 있고, 여러 개일 수도 있다.

32 해설) 첨도는 분포의 꼬리 부분의 길이와 중앙 부분의 뾰족함에 대한 정보를 제공하는 통계량이다.

33 해설

히스토그램	자료 분포의 형태를 직사각형 형태로 시각화하여 보여주는 그래프
박스플롯	많은 데이터를 그림을 이용하여 집합의 범위와 중위수를 빠르게 확인할 수 있으며, 또한 통계적으로 이상값이 있는지 빠르게 확인이 가능한 시각화 기법
막대형 그래프	여러 가지 항목들에 대한 많고 적음을 비교하기 쉽도록 수량을 막대의 길이로 표현하는 그래프
산점도	가로축과 세로축의 좌표평면상에서 각각의 관찰점들을 표시하는 시각화 방법

34 해설

포아송 분포	$P = \dfrac{\lambda^n e^{-\lambda}}{n!}$
베르누이 분포	$P = p$
정규분포	$f(x) = \dfrac{1}{\sigma\sqrt{2\pi}} e^{-\dfrac{(x-\mu)^2}{2\sigma^2}}$
지수분포	$f(x) = \lambda e^{-\lambda x}$

35 해설
- 파생 변수는 기존 변수를 기반으로 새로운 변수를 만드는 것을 의미한다.
- 결측값을 다른 값으로 대체하는 것은 결측값을 다루는 방식으로 파생 변수 생성과는 직접적으로 관련이 없다.

36 해설

히트맵	• 여러 가지 변수를 비교할 수 있는 시각화 그래프 • 별로 색상을 구분하여 데이터값을 표현
인포그래픽	• 중요 정보를 하나의 그래픽으로 표현해서 보는 사람들이 쉽게 정보를 이해할 수 있도록 만드는 시각화 방법
스타차트	• 각 변수를 표시 지점을 연결선을 통해 그려 별 모양의 도형으로 나타낸 차트

37 해설
- 차원 축소의 대표적인 목적 중 하나가 변수의 개수를 줄이는 것이기 때문에 일반적으로 차원 축소를 하면 저장 변수가 감소한다.
- 차원 축소를 하면 변수 간의 상관 관계를 줄여서 과적합 발생 확률을 낮출 수 있다.

38 해설

$$x_n = \dfrac{x - x_{\min}}{x_{\max} - x_{\min}}$$

$x_{\max} = 80$, $x_{\min} = 60$이므로 $x_n = \dfrac{x - 60}{80 - 60}$

$x = 60$이면 $x_1 = \dfrac{60-60}{80-60} = 0$이고,

$x = 70$이면 $x_2 = \dfrac{70-60}{80-60} = 0.5$이고,

$x = 80$이면 $x_n = \dfrac{80-60}{80-60} = 1$이므로 $0 + 0.5 + 1 = 1.5$이다.

39 해설
- 다중 회귀분석에서 독립변수와 종속변수는 선형 관계에 있어야 하며, 오차항은 독립적이어야 한다.
- 오차항의 평균은 0이 되어야 하지만, 오차항과 독립변수는 선형 관계를 가질 필요는 없다.

40 해설
- 비정형 데이터는 구조화되어 있지 않아 스키마나 고정된 데이터 모델이 없으며, 정형 데이터보다는 데이터를 찾기 어렵다.
- 데이터를 저장하고 검색하기 위한 기존의 RDBMS 등의 기술로는 한계가 있으며, 대신에 NoSQL 기법을 사용하여 저장 및 처리한다.
- 데이터 웨어하우스는 스키마가 정의되어야 저장할 수 있다.

41 해설
- 다층 퍼셉트론의 활성화 함수인 시그모이드 함수는 편미분을 진행할수록 0으로 근접해져 경사(기울기)가 소실되는 문제점이 발생한다.
- 지역 최적화 문제는 단시간에 일부 탐색 영역 내에서 최적의 해를 찾아 전체 탐색 영역에서 최적의 해가 아닌 문제이다.
- XOR 문제는 퍼셉트론에서 선형 분리할 수 없는 문제이다.
- 과대 적합 문제는 훈련 데이터가 부족하여 훈련 데이터에는 잘 동작하지만, 실제 데이터에는 예측을 못하는 문제이다.

42 해설
- 다중공선성(Multicollinearity)은 회귀 분석에서 독립변수들 간에 강한 선형 상관관계가 존재하여 모델의 안정성과 해석력을 저해하는 현상이다.
- VIF(Variation Inflation Factor)는 다중 회귀 모델에서 독립변수 간 상관관계가 있는지 측정하는 척도이다.

스튜던트화 잔차 (Studentized Residual)	• 잔차를 해당 잔차의 표준편차로 나눈 값으로, 잔차의 크기를 해당 잔차의 변동성에 대해 보정한 값
	(스튜던트화 잔차) = (잔차) / (잔차의 표준편차)
Mallow's C_p	• 수정된 결정 계수와 마찬가지로 적절하지 않은 독립변수 추가에 대한 페널티를 부과한 통계량

쿡의 거리 (Cook's Distance)	• 회귀 분석에서 이상값의 영향을 평가하기 위한 통계적인 지표 • 회귀 모델에서 한 개의 관측치를 제외했을 때, 회귀 모델의 예측값이 어떻게 변하는지를 측정하여 이상값의 영향을 평가 $$D(i) = \frac{(\Delta Y(i))^2}{p \times MSE}$$

43 해설 D로 분류되기 위해서는 y<4가 만족하면서 x<7이 만족해야 한다.

44 해설 백색잡음은 독립적이고 동일한 분산을 가진다.

45 해설 서포트 벡터 머신에서 사용되는 커널은 다음과 같다.

선형 커널 (Linear Kernel)	입력 데이터를 그대로 내적하여 사용하는 커널
다항 커널 (Polynomial Kernel)	입력 데이터를 다항식으로 매핑하여 고차원 공간으로 변환하는 커널
가우시안 커널 (Gaussian Kernel)	데이터를 무한한 차원으로 매핑하는 커널
시그모이드 커널 (Sigmoid Kernel)	시그모이드 함수를 사용하여 데이터를 매핑하는 커널

46 해설 CHAID는 불순도의 척도로 카이제곱 통계량을 사용한다.

47 해설 데이터 분할 과정에서 평가용 데이터는 학습 과정에 사용되지 않고 오로지 모형의 평가를 위한 과정에만 사용된다.

48 해설 회귀 모형 분석 절차는 '독립변수, 종속변수 선정 → 회귀 계수 추정 → 독립변수별 유의성 검정 → 회귀모델 유의성 검정'이다.

독립변수, 종속변수 선정	• 분석하고자 하는 문제에 따라 어떤 변수가 종속변수이고 어떤 변수가 독립변수인지를 결정
회귀 계수 추정	• 선택한 독립변수와 종속변수 간의 관계를 나타내는 회귀 모델을 적합
회귀 계수의 유의성 검정	• 독립변수별로 해당 계수가 통계적으로 유의미한지를 검정 • 어떤 변수가 종속변수를 예측하는 데 중요한 역할을 하는지를 확인
회귀모델 유의성 검정	• 전체 회귀 모델이 통계적으로 유의미한지를 검정 • 종속변수를 예측하는 데 전반적으로 사용한 독립변수들이 유의미한 영향을 미치는지를 판단

49 해설 로지스틱 회귀 모형은 반응변수가 범주형인 경우에 적용되는 회귀 분석 모형으로 설명변수의 값이 주어질 때 각 범주에 속할 추정 확률을 기준치에 따라 분류하는 목적으로 사용될 수 있다.

50 해설

지수 평활법 (Exponential Smoothing)	• 시계열 데이터에서 추세(Trend)와 계절성(Seasonality)을 고려하여 평활화(Smoothing)된 값을 예측하는 방법 • 시계열 데이터의 평균을 계산하고, 최근 값에 더 큰 가중치를 주어 예측을 수행
자동 회귀 누적 이동 평균 모형 (ARIMA 모형)	• 시계열 데이터의 예측 및 분석을 위해 널리 사용되는 통계적 모형

51 해설 시계열 데이터에서 자기상관 함수(ACF; Auto Correlation Function)를 이용하여 시차 값(Lagged Value) 사이의 선형 관계를 측정한다.

52 해설 RNN의 장기 의존성 문제를 해결하였고, 리셋 게이트와 업데이트 게이트로 구성된 모형은 GRU이다.

53 해설 다중 선형 회귀 분석은 연속형 종속변수의 분석에 사용되는 분석 모형이다.

54 해설 학습용 데이터(Training Data)와 검증용 데이터(Validation Data)의 성능이 비슷한 모형을 선택해야 한다.

55 해설 • 모든 기계학습의 결과가 수학적 공식으로 설명이 불가능한 것은 아니다.
• 선형 회귀 분석, SVM 등은 수학적 공식으로 설명이 가능하다.

56 해설 레버리지(Leverage)는 개별 관측값이 회귀분석 결과에 미치는 영향력을 나타내는 지표로, 실제 종속변수값(y)이 예측값($\hat{y}$)에 미치는 영향을 나타낸 값이다.

57 해설 랜덤 포레스트는 모든 데이터를 이용하여 학습하지 않고, 임의 복원 추출을 통해 여러 개의 훈련 데이터를 추출하고 분석에 사용하는 변수를 랜덤하게 추출하여 학습한다.

58 해설 배깅(Bagging)은 병렬적으로 학습하고 부스팅(Boosting)은 순차적으로 학습한다.

59 해설 단순 선형 회귀 분석에서 잔차의 자유도는 표본의 크기에서 -2를 한 값이다.

60 해설 과대 적합을 방지를 위해 설명 노드의 수를 줄이는 것이 아니라 설명 변수의 수를 줄여야 한다.

61 해설 K-Fold Cross Validation은 데이터 집합을 무작위로 동일 크기를 갖는 K개의 부분 집합으로 나누고, 그중 1개의 집합을 평가 데이터(Test Set)로, 나머지 (K-1)개 집합을 훈련 데이터(Training Set)로 선정하여 분석 모형을 평가하는 기법이다.

62 해설 초매개변수로 설정 가능한 예시로는 학습률(Learning Rate), 의사결정나무의 깊이(Depth), 신경망에서 은닉층(Hidden Layer)의 개수 등이 있다.

63 해설
• 흡연자에서 폐암이 걸릴 확률을 $p_1 = \dfrac{20}{100}$ 이라고 할 때 오즈비는 다음과 같다.

$$Odds1(p_1) = \frac{p_1}{1-p_1} = \frac{\frac{20}{100}}{1-\frac{20}{100}} = \frac{\frac{20}{100}}{\frac{80}{100}} = \frac{1}{4}$$

• 비흡연자에서 폐암이 걸릴 확률을 $p_2 = \dfrac{4}{100}$ 라고 할 때 오즈비는 다음과 같다.

$$Odds2(p_2) = \frac{p_2}{1-p_2} = \frac{\frac{4}{100}}{1-\frac{4}{100}} = \frac{\frac{4}{100}}{\frac{96}{100}} = \frac{1}{24}$$

• 오즈비는 다음과 같다.

$$\frac{Odds1(p_1)}{Odds2(p_2)} = \frac{\frac{1}{4}}{\frac{1}{24}} = 6$$

64 해설 RMSProp Optimizer, Adadelta Optimizer, Nadam Optimizer는 모두 경사 하강법과 유사한 최적화 알고리즘으로, 매개변수 최적화에 자주 사용된다.

65 해설
• 잔차의 평균과 분산이 유사한 분포를 가지는 것은 정규성과는 거리가 멀다.
• 잔차의 정규성 검정을 위해 잔차의 경험적 누적분포 함수와 표준 정규분포의 누적함수 차이를 검증하거나, Shapiro-Wilk 검정을 이용하고, QQ Plot은 정규성 검정에 유용한 시각화 방법으로 사용된다.

66 해설 타임라인 인포그래픽은 주제를 선정하여 관련된 히스토리를 타임라인 형태로 나타내는 방식이다.

67 해설 인포그래픽은 프로그램 기반 외에도 다양한 환경에서 동작하며, 프로그램의 설치가 필수는 아니다.

68 해설 랜덤 포레스트는 분류기를 여러 개 쓸수록 성능이 좋아진다.

69 해설
• 예측 변수를 모두 사용할 경우 과대 적합(Overfitting)의 위험이 있고, 상관 관계가 높은 예측 변수를 제거할 경우에는 정보 손실 문제가 발생할 수 있다.
• 변수의 일부만을 모델링에 사용하고 그 결과를 확인하는 작업을 반복하면서 변수를 선택해나가는 기법은 래퍼(Wrapper) 기법이다.

70 해설 스토리텔링 인포그래픽은 하나의 사건이나 주제에 대해 이야기를 들려주는 구성방식이다.

71 해설 모델 모니터링은 모델의 성능을 유지하고 개선하는 데 중요한 요소로, 모델 구축 후에도 지속적으로 모니터링을 수행해야 한다.

72 해설 F1 Score는 Precision과 Recall의 기하 평균이 아닌 조화 평균이다.

73 해설 결정 계수는 예측값과 실제값 사이의 차이를 나타내는 오차 지표가 아니라 모형이 종속변수의 총 변동량 중에서 예측 변수들이 설명하는 비율을 나타내는 지표이다.

74 해설 교차검증은 전체 데이터를 여러 개의 서로 다른 학습 데이터, 검증 데이터로 나누어 모델을 학습하고 평가하는 기법이다.

75 해설 일자별 분석에는 시계열 분석이 가장 적합하다.

76 해설 카토그램은 지역의 값을 표현하기 위해 지리적 형상 크기를 조절하며, 재구성된 지도로 왜곡된 형태로 표현되는 공간시각화 기법이다.

77 해설 점 그래프에서 시간의 흐름에 따라 데이터를 점으로 표시하여 추세를 알 수 있다.

78 해설 스타차트는 각 변수의 표시 지점을 별의 개수로 나타낸 것이 아니라, 연결선을 통해 그려 별 모양의 도형으로 나타낸 차트이다.

79 해설 회귀모형의 가정에서 독립성이 있다. 이는 단순선형 회귀 분석에서 잔차와 독립변수의 값이 서로 독립적이어야 한다는 특성이다.

80 해설 경사 하강법은 매개변수 최적화 기법이다.

매뉴얼 탐색 (Manual Search)	사용자가 뽑은 조합 내에서 최적의 조합을 찾는 방법
그리드 탐색 (Grid Search)	초매개변수의 경우의 수에 대해서 최적의 조합을 찾는 방법
랜덤 탐색 (Random Search)	초매개변수의 최소, 최댓값을 정해두고 범위 내에서 무작위 값을 정해진 횟수만큼 반복적으로 추출하여 최적의 조합을 찾는 방법
베이지안 최적화 (Bayesian Optimization)	단순히 무작위 추출을 반복하는 것보다, 기존에 추출되어 평가된 결과를 바탕으로 앞으로 탐색할 범위를 더욱 좁혀 효율적이게 시행하는 방법

기출문제 정답 및 해설

2023년 6회 정답

01	02	03	04	05	06	07	08	09	10
②	②	④	①	④	④	①	④	③	①
11	12	13	14	15	16	17	18	19	20
①	③	④	④	③	②	④	②	③	①
21	22	23	24	25	26	27	28	29	30
②	③	①	④	④	③	③	②	④	②
31	32	33	34	35	36	37	38	39	40
②	②	②	②	①	④	②	②	③	④
41	42	43	44	45	46	47	48	49	50
④	④	④	④	④	②	①	④	③	①
51	52	53	54	55	56	57	58	59	60
②	①	①	④	③	②	④	④	③	④
61	62	63	64	65	66	67	68	69	70
②	①	①	②	①	②	①	③	③	③
71	72	73	74	75	76	77	78	79	80
③	④	②	②	④	②	①	①	②	③

01 해설
- HDFS의 블록크기는 64MB에서 하둡 2.0부터는 128MB로 증가되었다.
- HDFS는 데이터 유실 방지를 위해 블록을 3중으로 복제하여 데이터 노드에 저장한다.

02 해설

CRISP-DM 분석 방법론의 분석 절차	
업데준 모평전	업무 이해 / 데이터 이해 / 데이터 준비 / 모델링 / 평가 / 전개

03 해설 데이터 품질 진단 단계에서는 사전에 도출한 업무 규칙을 실제 운영 데이터베이스에 적용하여 오류 데이터를 추출하고 오류율을 산출하여 오류 현황을 파악할 수 있다.

04 해설
- 일별 매출 데이터는 정형 데이터이다.
- 텍스트, 음성, 블로그의 내용은 비정형 데이터이다.

05 해설 분석 기획 시 가용한 데이터, 적절한 유스케이스, 분석 과제수행을 위한 장애 요소에 대한 고려가 필요하다.

가용 데이터	• 분석을 위한 데이터의 확보가 필수 • 데이터의 유형에 따라서 적용 가능한 솔루션 및 분석 방법이 다르므로 데이터 유형에 대한 분석이 선행되어야 함 • 정형 데이터, 반정형 데이터, 비정형 데이터의 존재 여부 및 유형 파악 필요
적절한 유스케이스	• 분석을 통해서 가치가 창출될 수 있는 적절한 활용 방안과 활용 가능한 유스케이스의 탐색 필요 • 기존에 잘 구현되어 활용되고 있는 유사 분석 시나리오 및 솔루션을 최대한 활용하여 분석 모형의 안정적 성능 확보
분석 과제수행을 위한 장애 요소	• 분석을 수행할 때 발생하는 장애 요소들에 대한 사전 계획수립 필요 • 비용 대비 효과를 고려한 적정한 비용 산정 • 일회성 분석으로 그치지 않고 조직의 역량으로 내재화하기 위해서 충분하고 계속된 교육 및 활용 방안 등의 변화 관리 고려

06 해설
- 계량형 변수는 두 값 사이에 무한한 개수의 값이 있는 숫자 변수이다.
- 계량형 변수의 사례는 부품 길이, 대금이 결제된 날짜 및 직원의 연령, 편의점 매출 등이 있다.

07 해설

빅데이터 분석 방법론의 분석 기획 절차	
비정위	비즈니스 이해 및 범위 설정 / 프로젝트 정의 및 계획수립 / 프로젝트 위험계획수립

08 해설

데이터 분석 과제 우선순위 고려 요소	
전비실	전략적 중요도 / 비즈니스 성과 및 ROI / 실행 용이성

09 해설 데이터 3법은 데이터 이용을 활성화하는 「개인정보 보호법」, 「정보통신망 이용촉진 및 정보보호 등에 관한 법률(약칭: 정보통신망법)」, 「신용정보의 이용 및 보호에 관한 법률(약칭: 신용정보법)」 등 3가지 법률이다.

데이터 3법	
개망신	개인정보 보호법 / 정보통신망 이용촉진 및 정보보호 등에 관한 법률 / 신용정보의 이용 및 보호에 관한 법률

10 해설 정형 데이터의 품질 기준은 다음과 같다.

완전성 (Completeness)	필수항목에 누락이 없어야 하는 성질
유일성 (Uniqueness)	데이터 항목은 유일해야 하며 중복되어서는 안 되는 성질
유효성 (Validity)	데이터 항목은 정해진 데이터 유효범위 및 도메인을 충족해야 하는 성질

일관성 (Consistency)	데이터가 지켜야 할 구조, 값, 표현되는 형태가 일관되게 정의되고, 서로 일치하는 성질
정확성 (Accuracy)	실세계에 존재하는 객체의 표현 값이 정확히 반영되어야 하는 성질

11 **해설** 데이터 사이언티스트의 요구역량 중 소프트 스킬에 해당하는 것은 협력 능력, 통찰력, 전달력이다.

데이터 사이언티스트의 요구 역량	
협통전 숙지	(소프트 스킬) 협력 능력 / 통찰력 / 전달력, (하드 스킬) 숙련도 / 지식

12 **해설** 데이터 분석 개념에서 가장 중요한 3V는 규모(Volume), 다양성(Variety), 속도(Velocity)이다.

13 **해설** 데이터 사이언티스트는 데이터 분석 모델에 대한 한계점을 인정하고, 데이터 분석 목적에 맞는 다양한 분석 모델을 적용할 수 있어야 한다.

14 **해설**
- 데이터 무결성은 데이터베이스에 저장된 데이터의 정확성, 일관성, 유효성을 지키는 것이다.
- 데이터 무결성은 제약조건으로 데이터베이스 시스템이 강제한다.
- 데이터베이스에 저장된 데이터의 무결성을 보장하고, 데이터베이스의 상태를 일관되게 유지하기 위하여 데이터베이스의 저장, 삭제, 수정 등에 제약조건을 설정한다.

15 **해설** 비식별화 기법은 다음과 같다.

가명처리 (Pseudonymisation)	개인 식별이 가능한 데이터에 대하여 직접 식별할 수 없는 다른 값으로 대체하는 기법
총계처리 (Aggregation)	개인정보에 대하여 통곗값을 적용하여 특정 개인을 판단할 수 없도록 하는 기법
데이터값 삭제 (Data Reduction)	개인정보 식별이 가능한 특정 데이터값 삭제 처리 기법
범주화 (Data Suppression)	단일 식별 정보를 해당 그룹의 대푯값으로 변환(범주화)하거나 구간 값으로 변환(범위화)하여 고유 정보 추적 및 식별 방지 기법
데이터 마스킹 (Data Masking)	개인 식별 정보에 대하여 전체 또는 부분적으로 대체 값(공백, '*', 노이즈 등)으로 변환 기법

16 **해설**
- 스키마 구조 형태를 가지고 메타 데이터를 포함하며 데이터의 구조 정보를 데이터와 함께 제공하는 데이터는 반정형 데이터이다.
- 반정형 데이터의 종류에는 XML, HTML, 웹 로그, JSON, RSS, RDF 등이 있다.
- RDB는 스키마(형태) 구조 기반의 형태를 가지고 고정된 필드에 저장되며 값과 형식에서 일관성을 가지는 정형 데이터이다.

17 **해설** 개인정보 비식별 방법 중 데이터 범주화(Data Suppression) 기법의 세부 기법은 다음과 같다.

감추기	• 명확한 값을 숨기기 위하여 데이터의 평균 또는 범줏값으로 변환하는 방식 • 특수한 성질을 지닌 개인으로 구성된 단체 데이터의 평균이나 범줏값은 그 집단에 속한 개인의 정보를 쉽게 추론할 수 있음
랜덤 라운딩 (Random Rounding)	• 수치 데이터를 임의의 수 기준으로 올림 또는 내림하는 기법
범위 방법 (Data Range)	• 수치 데이터를 임의의 수 기준의 범위로 설정하는 기법으로, 해당 값의 범위 또는 구간으로 표현하는 기법
제어 라운딩 (Controlled Rounding)	• 랜덤 라운딩 방법에서 어떠한 특정 값을 변경할 경우, 행과 열의 합이 일치하지 않는 단점 해결을 위해 행과 열이 맞지 않는 것을 제어하여 일치시키는 기법

18 **해설**
- 인프라 스트럭처 계층은 빅데이터 처리 및 분석에 필요한 자원을 제공한다.
- 빅데이터 플랫폼 계층 구조는 다음과 같다.

소프트웨어 계층 (Software Layer)	• 빅데이터 처리 및 분석·활용을 위한 서비스 관리 및 데이터 수집, 정제 등을 수행하는 계층 • 데이터 처리 및 분석 엔진, 데이터 수집 및 정제 모듈, 서비스 관리 모듈, 사용자 관리 모듈, 모니터링 모듈, 보안 모듈로 구성
플랫폼 계층 (Platform Layer)	• 데이터 처리 및 분석 서비스를 위한 응용프로그램이 실행될 수 있는 기반을 제공하는 계층 • 작업 스케줄링 모듈, 데이터 자원 및 할당 모듈, 프로파일링 모듈, 데이터 관리 모듈, 자원 관리 모듈, 서비스 관리 모듈, 사용자 관리 모듈, 모니터링 모듈, 보안 모듈로 구성
인프라 스트럭처 계층 (Infrastructure Layer)	• 빅데이터 처리 및 분석에 필요한 자원을 제공하는 계층 • 자원 배치 모듈, 노드 관리 모듈, 데이터 관리 모듈, 자원 관리 모듈, 서비스 관리 모듈, 사용자 관리 모듈, 모니터링 모듈, 보안 모듈로 구성

19 **해설**

Dynamo NOSQL	• HTTP로 통신 수행하는 서버리스(Serverless) 방식으로 별도의 서버가 존재하지 않고 요청한 만큼만 비용을 지불하면서 사용하는 방식의 데이터베이스 시스템
Redis	• 인 메모리(In-Memory) 기반의 키-값(Key-Value) 처리를 수행하는 데이터베이스 시스템 • 디스크를 읽는 속도보다 메모리를 읽는 속도가 빠르기 때문에 데이터를 Read/Write 하는 과정에서 속도가 훨씬 빠르다는 장점이 있음

MongoDB	• 스키마가 고정되지 않은 JSON 형태의 동적 스키마형 문서를 사용하는 데이터베이스 시스템 • 분산 확장을 위한 자동 샤딩(Auto-Sharding) 기능이 있음
CouchDB	• 자바스크립트를 쿼리 언어로 사용(맵리듀스 사용)하며 API를 위해 HTTP를 사용하는 스키마 없는 데이터 모델을 사용하는 데이터베이스 시스템 • JSON 기반의 문서 지향 NoSQL 데이터베이스 시스템

20 해설 ▶ 데이터 분석가는 분석 모델의 한계를 넘기 위해, 경험과 세상에 대한 통찰력을 분석에 활용해야 한다.

21 해설 ▶

중심 경향성 통계량	평균값, 중위수, 최빈수, 사분위수, 백분위수
산포도 통계량	분산, 표준편차, 범위, IQR, 사분편차, 변동계수

22 해설 ▶ 왜도는 데이터 분포의 기울어진 정도를 설명하는 통계량으로 비대칭성을 나타낸다.

23 해설 ▶ 과거의 데이터인 레거시 데이터(Legacy Data)는 분석과 관련이 있다면 사용할 수 있지만, 그렇지 않은 경우 사용하지 않을 수도 있다.

24 해설 ▶ • 파생 변수는 기존 변수의 데이터를 활용하여 새로운 값을 생성하는 변수이다.
• 데이터의 단위를 변환하는 것은 파생변수 생성 방법 중 단위 변환, 컬럼 간 데이터를 더하거나 나눈 것은 파생변수 생성 방법 중 변수 결합이다.

25 해설 ▶ 히스토그램은 주로 연속형 데이터의 분포를 시각화하는 데 사용한다.

26 해설 ▶

이산확률분포의 종류	
포베이초	포아송 / 베르누이 / 이항분포 / 초기하분포

27 해설 ▶ 최빈수는 주로 이산형 데이터 또는 범주형 데이터에서 사용되며, 이산적인 카테고리나 범주 중에서 어떤 값이 가장 자주 나타나는지를 나타냅니다.

28 해설 ▶ 최빈수는 범주형 데이터에서 가장 빈번하게 나타나는 범주(값)를 나타내기 때문에 혈액형 데이터에 결측값이 있을 경우, 가장 빈번하게 나타나는 혈액형으로 대체하는 것이 적절하다.

29 해설 ▶ 표본의 크기인 n의 크기가 클 경우에($n \geq 30$) 중심 극한 정리에 의하여 표본 분포는 정규 분포를 따르고, n이 작을 때 표본 분포는 자유도가 $n-1$인 T-분포를 따른다.

30 해설 ▶ 산점도의 추세 패턴은 변수 간의 상관 관계를 나타내며, 일변량 데이터에서 이상값을 판별하는 데 직접적으로 사용되지는 않는다.

31 해설 ▶ • 중복 데이터는 의미가 있을 수도 있기 때문에 중복을 무조건 제거하면 안된다.
• 데이터에 구분자가 포함되어 있다면, 데이터를 구분자(쉼표, 공백, 세미콜론 등) 단위로 분리하여 각각의 데이터 요소를 추출하거나 처리한다.
• 데이터베이스 관리 시스템(DBMS; Database Management System)은 데이터를 저장하고 관리하는데 도움을 주지만, 데이터의 처리나 분석을 자동으로 수행하지는 않는다.
• 입력 데이터가 항상 옳다고 가정하는 것은 일반적으로 부적절하다.

32 해설 ▶

레이블 인코딩 (Labeled Encoding)	범주형 변수의 문자열을 수치형으로 변환하는 방식
원-핫 인코딩 (One-Hot Encoding)	표현하고 싶은 단어의 인덱스에 1의 값을 부여하고, 다른 인덱스에는 0을 부여하는 방식
카운트 인코딩 (Count Encoding)	각 범주의 개수를 집계한 뒤 그 값을 인코딩하는 방식
대상 인코딩 (Target Encoding)	범주형 자료의 값들을 훈련 데이터에서 목표에 해당하는 값으로 바꿔주는 방식

33 해설 ▶ • 시간 데이터는 시각이나 시간 간격, 시간의 경과를 기록하는 데 사용되고, 공간 데이터는 위치나 좌표를 나타내는 다차원 데이터로 서로 다른 특성을 가진다.
• 시간 데이터는 공간 데이터와는 다른 특성을 가지며, 둘 사이에 직접적인 변환이 불가능하다.

34 해설 ▶ 중심 극한 정리는 데이터의 크기가 커지면 그 데이터가 어떠한 형태이든 그 데이터 표본의 분포는 최종적으로 정규분포를 따른다는 법칙이다.

35 해설 ▶ 양측 검정일 때 모수 θ (혹은 모수들의 함수)에 대해 표본자료를 바탕으로 모수가 특정 값 θ_0과 통계적으로 같은지 여부를 판단하고, 큰지 작은지 여부를 판단하는 것은 단측 검정이다.

36 해설

분산에 따른 변수 선택	분산이 기준치보다 낮은 변수를 제거하는 방법 예) 남학교에서 성별 변수는 모두 남자이므로 분산이 0이 되어 변수를 제거
단일 변수 선택	각각의 변수를 하나만 사용했을 때의 예측 모델의 성능을 평가하여, 정확도, 상관관계 등이 좋은 변수를 선택하는 방법 예) 몸무게(y)를 예측하기 위한 특성(X)에 키, 나이, 성별이 있다면 키-몸무게, 나이-몸무게, 성별-몸무게를 어떤 특정지표(정확도, 카이제곱값 등)로써 평가하여 가장 좋은 특성을 선별
모델 기반 변수 선택	변수들을 모델에 학습시킨 뒤, 특성 중요도가 기준치보다 높은 변수를 선택하는 방법
반복적 특성 선택	변수들의 모든 조합을 시도해보고 가장 좋은 변수 조합을 찾는 방법 ?? 전후단 그거 같음

37 해설

- 특잇값 분해는 $M \times N$차원의 행렬 데이터에서 특잇값을 추출하고 이를 통해 주어진 데이터 세트를 효과적으로 축약할 수 있는 기법이다.

특잇값 분해 공식	
$U\Sigma V^*$	U: $M \times M$ 크기를 가지는 행렬 Σ: $M \times N$ 크기를 가지며, 대각선상에 있는 원소의 값이 음수가 아니며 나머지 원소의 값이 모두 0인 대각행렬 V^*: $N \times N$ 행렬

- 정방향 행렬은 행의 개수와 열의 개수가 같은 행렬인데, 특잇값 분해는 행의 개수와 열의 개수가 달라도($M \times N$) 가능하다.

38 해설

평균은 10($\mu = 10$), 표준 편차는 60($\sigma = 60$), X가 70($X = 70$)일 때 Z-분포는 다음과 같이 계산한다.

$$Z = \frac{X - \mu}{\sigma} = \frac{70 - 10}{60} = 1$$

39 해설

- 3×3 행렬에서 공분산은 다음과 같다.

$$\Sigma = \begin{bmatrix} Cov(X_1, X_1) & Cov(X_1, X_2) & Cov(X_1, X_3) \\ Cov(X_2, X_1) & Cov(X_2, X_2) & Cov(X_2, X_3) \\ Cov(X_3, X_1) & Cov(X_3, X_2) & Cov(X_3, X_3) \end{bmatrix} = \begin{bmatrix} 4 & -1 & 1 \\ -1 & 5 & 0 \\ 1 & 0 & 1 \end{bmatrix}$$

- X_1의 분산은 $V(X_1) = Cov(X_1, X_1) = 4$, X_2의 분산은 $V(X_2) = Cov(X_2, X_2) = 5$, X_3의 분산은 $V(X_3) = Cov(X_3, X_3) = 1$이다.
- X_1, X_2의 공분산 $Cov(X_1, X_2) = -1$이므로 음의 상관 관계를 가진다.
- X_1, X_3의 상관계수는 $\rho_{X_1, X_3} = \frac{Cov(X_1, X_3)}{\sigma_{X_1} \cdot \sigma_{X_3}}$

$$= \frac{Cov(X_1, X_3)}{\sqrt{V(X_1)} \cdot \sqrt{V(X_3)}} = \frac{1}{\sqrt{4}\sqrt{1}} = \frac{1}{2} = 0.5$$이다.

- X_2, X_3의 상관계수는 $\rho_{X_2, X_3} = \frac{Cov(X_2, X_3)}{\sigma_{X_2} \cdot \sigma_{X_3}}$

$$= \frac{Cov(X_2, X_3)}{\sqrt{V(X_2)} \cdot \sqrt{V(X_3)}} = \frac{0}{\sqrt{5}\sqrt{1}} = 0$$이다.

40 해설

- NA's는 결측값의 개수를 나타내므로 Ozone, Solar.R 변수는 결측값이 존재한다.
- 모든 변수에 최솟값(Min), 1사분위수(1st Qu.), 중위수(Median), 평균(Mean), 3사분위수(3st Qu.), 최댓값(Max)값이 모두 존재하므로 수치형 변수이다.
- Ozone 변수는 3사분위수와 최댓값의 차이가 크므로 오른쪽으로 긴 꼬리를 갖는 분포를 갖는다.
- 최댓값이 가장 큰 값이므로 최댓값보다 더 큰 이상값은 가질 수가 없다.

41 해설

자연어 처리(NLP; Natural Language Processing)는 인간의 언어를 기계가 이해하고 처리할 수 있도록 하는 기술 분야이다.

ELMo (Embeddings from Language Model)	• 언어 모델을 기반으로 한 임베딩 기술 • 사전에 훈련된 언어 모델과 양방향 언어 모델(BiLM) 적용 • 대표적으로 GPT와 BERT가 사용됨
GPT (Generative PretrainedTransformer)	• 자연어처리 분야에서 가장 널리 사용되는 모델 • Transformer 아키텍처를 기반으로 한 대규모 언어 모델
BERT (Bidirectional Encoder Representationsfrom Transformers)	• 양방향으로 문맥을 고려하여 단어를 인코딩하는 모델 • Transformer 아키텍처를 기반으로 함
YOLO (You Only Look Once)	• 딥러닝 모델을 기반으로 특징을 추출한 뒤 이를 이용해서 물체의 종류와 위치를 예측하는 모델

42 해설

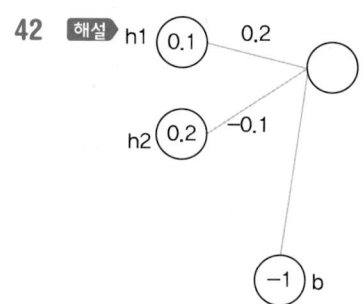

- (0.1 * 0.2) + (0.2 * -0.1) + 0.1 = 0.02 -0.02 - 1 = -1 이 된다.

43 해설
- 간단한 탐색적 분석은 요건 정의 단계에서 수행한다.
- 분석 결과를 운영하는 단계는 적용 단계이다.
- 분석 데이터를 훈련과 평가 데이터로 분리하는 단계는 검증 및 평가 단계이다.

44 해설 정준 상관 분석(Canonical Correlation Analysis)은 2개 이상의 변수로 구성된 종속변수와 2개 이상으로 구성된 독립변수 간의 관계를 살펴보는 기법이다.

45 해설
- 배깅은 훈련 데이터에서 다수의 부트스트랩 자료를 주어진 자료에서 동일한 크기의 표본을 랜덤 복원추출로 뽑은 자료이며, 점 가중치를 주어 표본을 추출하는 기법은 부스팅이다.
- 앙상블 기법은 예측력이 약한 모형을 연결하여 강한 모형으로 만드는 기법이다.

앙상블 기법	주요 알고리즘	설명
배깅	랜덤 포레스트	부트스트랩을 통해 조금씩 다른 훈련 데이터에 대해 훈련된 기초 분류기들을 결합시키는 알고리즘
부스팅	AdaBoost	잘못 예측한 데이터에 가중치를 부여하여 오류를 개선하는 알고리즘
	GBM	경사 하강법(Gradient Descent)을 이용하여 가중치를 업데이트함으로써 최적화된 결과를 얻는 알고리즘

46 해설 ①, ②, ③은 회귀 분석의 사례이고, ④번은 분류 분석의 사례이다.

회귀 분석	독립변수의 조작에 따른 종속변수의 변화를 확인하여 두 변수 간의 관계를 파악할 때 사용
분류 분석	문서를 분류하거나 조직을 그룹으로 나눌 때, 또는 온라인 수강생들을 특성에 따라 분류할 때 사용

47 해설
- 계층적 군집은 군집의 개수를 미리 정하지 않고 유사한 개체를 묶어 나가는 과정을 반복하여 원하는 개수의 군집을 형성하는 방법이다.
- 비계층적 군집인 가우시안 혼합 모델, K-NN, k-평균 군집은 미리 군집의 개수를 지정한다.

가우시안 혼합 모델	전체 데이터의 확률분포가 정규분포의 선형 결합으로 이뤄졌음을 가정하고 군집을 형성하는 방법
K-NN(K-Nearest Neighbor)	새로운 데이터 클래스를 해당 데이터와 가장 가까운 k개의 데이터를 클래스로 분류하는 알고리즘
k-평균 군집	각 군집의 평균을 재계산을 반복하여 최종 군집을 형성하는 방법

48 해설
- 여성을 F, 남성을 M, 키가 180cm 이상을 H로 하는 베이지안 확률로 계산한다.

도시 내 여성일 확률	$P(F) = 0.4$ (40%)
도시 내 남성일 확률	$P(M) = 0.6$
도시 내 여성이면서 키가 180cm 이상인 사람일 확률	$P(F \cap H) = 0.4 \times 0.025 = 0.01$
도시 내 남성이면서 키가 180cm 이상인 사람일 확률	$P(M \cap H) = 0.6 \times 0.15 = 0.09$

- 키가 180cm 이상인 사람이 여성일 확률은 다음과 같다.

$$P(F \mid H) = \frac{P(F \cap H)}{P(F \cap H) + P(M \cap H)}$$
$$= \frac{0.4 \times 0.025}{0.4 \times 0.025 + 0.6 \times 0.15} = \frac{0.01}{0.1} = 0.1$$

49 해설 잘못 분류된 개체들에 가중치를 적용, 새로운 분류 규칙을 만들고, 이 과정을 반복해 최종 모형을 만드는 알고리즘은 부스팅(Boosting)이다.

배깅 (Bagging)	학습 데이터에서 다수의 부트스트랩(Bootstrap) 자료를 생성하고, 각 자료를 모델링한 후 결합하여 최종예측 모형을 만드는 알고리즘
보팅 (Voting)	여러 개의 머신러닝 알고리즘 모델을 학습시킨 후 새로운 데이터에 대해 각 모델의 예측 값을 가지고 다수결 투표를 통해 최종 클래스를 예측하는 기법
가지치기 (Pruning)	의사결정나무 형성과정 중 오차를 크게 할 위험이 크거나 부적절한 추론 규칙을 가지고 있는 가지 또는 불필요한 가지를 제거하는 단계

50 해설

셀프 어텐션 (Self Attention)	각 단어의 중요도를 계산하는 기법
멀티헤드 셀프 어텐션 (Multi Head Self Attention)	각 단어가 다른 단어와 다양한 관계를 고려하여 중요도를 계산하는 기법
포지셔널 인코딩 (Positional Encoding)	각 단어의 위치 정보 고려하여 중요도를 계산하는 기법

51 해설 기존 비용함수에 모든 가중치 w들의 절댓값 합계를 추가하여 값이 최소가 되도록 하는 것은 라쏘(Lasso)이다.

52 해설
- 편미분은 다변수 함수의 특정 변수를 제외한 나머지 변수를 상수로 생각하여 미분하는 방식이다.
- 학습률(Learning Rate)은 갱신하는 양(한 번 학습할 때 학습해야 하는 양)으로 사람이 직접 설정하는 초매개변수이다.

53 해설 Seq2Seq는 한 시퀀스를 다른 시퀀스로 변환하는 작업을 수행하는 딥러닝 모델이다.

인코더(Encoder)	입력된 시퀀스를 고정된 크기의 벡터로 압축
디코더(Decoder)	인코더로부터 받은 압축된 정보를 반환

54 해설
- 가지치기(Pruning)는 트리의 크기를 제어하여 과적합(Overfitting)을 방지하고 모델의 일반화 능력을 향상시키는 기술이다.
- 각 리프 노드에 포함되어야 하는 최소 샘플 수를 지정한다.
- 가지치기를 종료하는 조건은 다음과 같다.

최대 깊이 설정 (Max Depth)	• 트리의 최대 깊이를 지정하여 트리의 성장을 제한 • 트리가 설정된 깊이에 도달하면 가지치기를 중단
노드의 최소 샘플 수 (Min Samples Split)	• 노드를 분할하기 위한 최소한의 샘플 수를 설정 • 만약 노드의 샘플 수가 이 값보다 작으면 더 이상 분할하지 않고 가지치기를 수행
리프 노드의 최소 샘플 수 (Min Samples Leaf)	• 각 리프 노드에 포함되어야 하는 최소 샘플 수를 지정 • 작은 노드들이 생성되는 것을 방지하고 더 일반적인 규칙을 학습
최대 특성 수 (Max Features)	• 각 노드에서 사용할 수 있는 최대 특성의 수를 설정 • 트리가 특정 특성에 지나치게 의존하는 것을 방지하고 다양한 특성을 고려

55 해설
- 연관규칙은 (사과) → (달걀, 오이)로, 거래는 다음과 같다.

(사과, 달걀)
(사과, 당근, 오이)
(사과, 달걀, 당근, 오이)
(사과)
(당근, 오이)

- 향상도는 다음과 같이 계산한다.

P(사과)	총 5건 중 사과는 4번이므로 P(사과) = 4/5
P(달걀, 오이)	총 5건 중 달걀, 오이는 1번이므로 P(달걀, 오이) = 1/5
P(사과 ∩ 달걀, 오이)	P(사과 ∩ 달걀, 오이) = 1/5
Lift(사과 → 달걀, 오이)	$\dfrac{P(\text{사과} \cap \text{달걀, 오이})}{P(\text{사과}) \times P(\text{달걀, 오이})}$ $= \dfrac{1/5}{4/5 \times 1/5} = 1.25$

56 해설

구분	비모수 통계	모수 통계
단일 표본	부호 검정(Sign Test) 윌콕슨 부호 순위 검정 (Wilcoxon Signed Rank Test)	단일 표본 T-검정
두 표본	윌콕슨 순위 합 테스트 (Wilcoxon Rank Sum Test)	독립 표본 T-검정
대응 표본	부호 검정(Sign Test) 윌콕슨 부호 순위 검정 (Wilcoxon Signed Rank Test)	대응 표본 T-검정
분산 분석	크루스칼-왈리스 검정 (Kruscal-Wallis Test)	ANOVA
무작위성	런 검정(Run Test)	없음
상관 분석	스피어만 순위 상관계수 (Spearman's Rank Correlation Coefficient)	피어슨 상관계수 (Pearson's Correlation Coefficient)

57 해설
- 종속변수가 필요한 분석 기법은 지도 학습 기법이고, 종속변수 없이 사용되는 주요 비지도 학습 기법이다.
- 로지스틱 회귀 분석, 의사결정나무, K-NN(K-Nearest Neighbors)은 지도 학습이고 k-평균(Means)은 비지도 학습이다.

58 해설 데이터 분할 과정에서 평가 데이터는 학습 과정에 사용되지 않고 오로지 모형의 평가를 위한 과정에만 사용된다.

59 해설 단순 선형 회귀 분석에서 잔차의 자유도는 표본의 크기에서 -2를 한 값이다.

60 해설
- 맵리듀스는 대용량 데이터 세트를 분산 병렬 컴퓨팅에서 처리하거나 생성하기 위한 목적으로 만들어진 소프트웨어 프레임워크이다.
- 모든 데이터를 키-값(Key-Value) 쌍으로 구성, 데이터를 분류한다.
- 맵(Map) → 셔플(Shuffle) → 리듀스(Reduce) 순서대로 데이터 처리한다.

텍스트마이닝	텍스트 형태로 이루어진 비정형 데이터들을 자연어 처리 방식을 이용해 정보를 추출하는 기법
소셜 네트워크 분석	그룹에 속한 사람들 간의 네트워크 특성과 구조를 분석하고 시각화하는 분석 기법
워드 클라우드 분석	자연어처리를 통해 사람들의 관심사 또는 빈도수를 단순 카운트하여 시각화하는 방법

61 해설 ▶ 산점도에서 시간의 흐름에 따라 데이터를 점으로 표시하여 추세를 알 수 있다.

62 해설 ▶
- 다중공선성은 회귀 분석에서 독립변수들 간에 강한 상관관계가 나타나는 문제를 의미한다.
- 다중공선성은 PCA, 릿지, 변수 제거 등을 통해 제거할 수 있다.
- Box-Cox는 선형회귀모형에서 정규성 가정이 성립한다고 보기 어려울 경우에 종속변수를 정규분포에 가깝게 변환시키기 위하여 사용하는 기법이다.

63 해설 ▶ K-평균 군집화에서 K값을 구하는 방법 중 하나로 엘보우 기법은 클러스터의 수(K)에 따른 변동성을 그래프로 나타내고, 그래프가 팔꿈치처럼 꺾이는 지점을 찾는 방법이다.

64 해설 ▶
- 가지치기는 의사결정나무(Decision Tree)에서 과대적합(Overfitting)을 방지하기 위하여 사용한다.
- 정규화를 도입해서 딥러닝에서 과대 적합 방지가 가능하다.
- 드롭아웃은 은닉층의 뉴런(노드)을 무작위로 삭제하면서 학습하는 방법이다.

65 해설 ▶ 샤피로-윌크, Q-Q Plot, 잔차의 히스토그램은 정규성을 검정할 때 사용한다.

66 해설 ▶
- 비교 시각화에서는 플로팅 바 차트, 히트맵, 체르노프 페이스 등을 활용한다.
- 산점도, 버블 차트는 관계 시각화에 해당한다.

67 해설 ▶ 데이터를 늘려도 반드시 과대 적합 상태가 되지는 않는다.

68 해설 ▶ 인포그래픽의 유형은 다음과 같다.

지도형	특정 국가나 지역의 지도 안에 정보를 담는 방식
도표형	다양한 표와 그래프를 사용해 정보를 담는 방식
스토리텔링형	하나의 사건이나 주제에 대해 이야기를 들려주는 구성방식
타임라인형	주제를 선정하여 관련된 히스토리를 타임라인 형태로 나타내는 방식
비교분석형	두 가지 이상의 제품, 개념을 비교하는 방식
만화형	캐릭터 등의 만화적 요소를 활용한 방식

69 해설 ▶ 고차원의 데이터를 이해하기 쉬운 저차원의 뉴런으로 정렬하여 지도의 형태로 형상화한 기법은 자기조직화 지도이다.

70 해설 ▶ 귀무가설이 기각되더라도 기대도수 합과 전체 도수의 합이 항상 동일하다는 보장은 없다.

71 해설 ▶ 선형 회귀가 과대 적합일때는 편향-분산 트레이드 오프 관계를 확인한다.

72 해설 ▶

정분류율(Accuracy)	$\dfrac{TP+TN}{TP+TN+FP+FN} = \dfrac{3+3}{3+3+1+2} = \dfrac{6}{9} = \dfrac{2}{3}$
민감도(Sensitivity)	$\dfrac{TP}{TP+FN} = \dfrac{3}{5}$
재현율(Recall)	$\dfrac{TP}{TP+FN} = \dfrac{3}{3+2} = \dfrac{3}{5}$
특이도(Specificity)	$\dfrac{TP}{TN+FP} = \dfrac{3}{3+1} = \dfrac{3}{4}$

73 해설 ▶
- K-Fold Cross Validation은 데이터 집합을 무작위로 동일 크기를 갖는 K개의 부분 집합으로 나누고, 그중 1개 집합을 평가용 데이터(Test Set)로, 나머지 (K-1)개 집합을 학습용 데이터(Training Set)로 선정하여 분석 모형을 평가하는 기법이다.
- 모든 데이터를 학습(Training)과 평가(Test)에 사용할 수 있으나 k번 반복 수행하며, K값이 증가하면 수행 시간과 계산량도 많아진다.

74 해설 ▶ ROC의 x축은 1-특이도, y축은 민감도를 의미한다.

75 해설 ▶ MAPE, MAE, MSE는 회귀모델의 평가지표로 활용되고, F1-Score는 분류모델의 평가지표로 활용된다.

MAPE	• 평균 절대 백분율 오차(Mean Absolute Percentage Error) $\text{MAPE} = \dfrac{100}{n}\sum_{i=1}^{n}\left|\dfrac{y_i - \hat{y_i}}{y_i}\right|$
MAE	• 평균 절대 오차(Mean Absolute Error) $\text{MAE} = \dfrac{1}{n}\sum_{i=1}^{n}\left|y_i - \hat{y_i}\right|$

MSE	• 평균 제곱 오차(Mean Squared Error) $MSE = \dfrac{1}{n} \sum_{i=1}^{n} (y_i - \hat{y_i})^2$
F1-Score	• 정밀도와 민감도(재현율)를 하나로 합한 성능평가 지표 $2 \times \dfrac{Precision \times Recall}{Precision + Recall}$

76 해설 ・ 가지치기는 의사결정나무(Decision Tree)에서 과대적합(Overfitting)을 방지하기 위하여 사용한다.
・ 정규화를 도입해서 딥러닝에서 과대적합 방지가 가능하다.
・ 드롭아웃은 은닉층의 뉴런(노드)를 무작위로 삭제하면서 학습하는 방법이다.

77 해설 F1-Score의 공식은 $2 \times \dfrac{정밀도 \times 재현율}{정밀도 + 재현율}$ 이다.

78 해설 레이더 차트는 스타 차트라고도 하며, 각 변수의 표시 지점을 연결선을 통해 그려 별 모양의 도형으로 나타낸 차트이다.

79 해설 k-fold 교차 검증은 전체 데이터 세트를 k개의 부분집합으로 나누고, 각각의 부분집합을 테스트 데이터로 사용하며 나머지 (k-1)개의 부분집합을 학습 데이터로 사용하여 모델을 k번 학습하고 평가한다.

80 해설 Dropout은 인공신경망에서 과대적합(Overfitting)을 방지하기 위해 사용하고, 과대적합을 방지하기 위한 방법은 은닉층 수 감소이다.

찾아보기

ㄱ

가명 정보	1-45
가명처리	1-110, 113
가설	2-148
가설검정	2-149
가설검정 오류	2-153
가우시안 혼합 모델	3-71
가중최소 자승법	3-26
가중치 규제	4-34
가지치기	3-39
감마분포	2-108
감성 분석	3-8
감추기	1-112
강화 학습	3-9
개인정보	1-35
개인정보 자기 결정권	1-37
개인정보보호	1-38
거짓 긍정률	4-6
검정통계량	2-155
검증용 데이터	4-9
결정계수	4-5
경사 하강법	3-50
계단식 그래프	4-57
계절 요인	3-127
계층적 군집	3-67
계통 추출	2-92
계통도	3-67
고가용성	1-102
공간 시각화	4-57
공분산	2-87
공분산 분석	4-14
과대 적합	3-12, 4-33
과대 표집	2-41
과소 적합	3-12
과소 표집	2-40
과적합	2-27
관계 시각화	4-62
교차 검증	4-8
구간 추정	2-136
구글 파일 시스템	1-143
군집 분석	3-62

ㄴ

군집 추출	2-92
군집화 모델	3-5
귀무가설	2-149, 3-107, 4-12
그럽스 T-검정	2-12
그리디 알고리즘	2-29
그림 행렬	2-76
기댓값	2-98
기술 통계	3-2
기울기 소실 문제	3-43
기울기 클리핑	3-133
기준선	1-71
기하 평균	2-81

네스테로프 모멘텀	4-40
네트워크 그래프	4-64
누적 막대그래프	4-56
누적 영역 그래프	4-61
누적 질량 함수	2-104
누적밀도함수	2-109

ㄷ

다변량 데이터	2-75
다변량 분석	3-113
다중 대치법	2-9
다중공선성	3-31
다중선형 회귀 분석	3-29
다차원 척도법	2-32, 3-115
다층 퍼셉트론	3-45
단계적 방법	2-29, 3-32
단순 대치법	2-7
단순 무작위 추출	2-92
단순 확률 대치법	2-7
단순선형 회귀식	3-27
단일표본 T-검정	3-111
단측 검정	2-151
대립가설	2-149
대상 인코딩	2-35
대응표본 T-검정	3-112

대푯값	2-80
데이터 3법	1-44
데이터값 삭제	1-111
데이터 거버넌스	1-13
데이터 결측값	2-5
데이터 댐	1-142
데이터 레이크	1-141
데이터 마스킹	1-112
데이터 마이닝	1-76
데이터 마트	1-141
데이터 분석가	1-13
데이터 비식별화	1-109
데이터 사이언스	1-12
데이터 사이언티스트	1-13
데이터 세분화	2-4
데이터 스토어	1-73
데이터 시각화	4-51
데이터 아키텍트	1-13
데이터 엔지니어	1-13
데이터 이상값	2-10
데이터 전처리	2-2
데이터 정제	2-2
데이터 증강	4-34
데이터 탐색	2-55
데이터 평활화	2-37
데이터 프로파일링	1-119
데이터베이스	1-140
덴드로그램	3-67, 70
도넛 차트	4-60
도트맵	4-58
독립 성분 분석	2-32
독립변수	2-26
독립성 검정	3-108
독립표본 T-검정	3-112
동질성 검정	3-110
동질성 공격	1-47
드롭아웃	4-35
등분산성	4-13
등치 지역도	4-58
등치선도	4-57
디자인 사고	1-66
딕슨의 Q 검정	2-12
딥러닝	1-37, 3-128

ㄹ

라쏘	2-30, 4-34
래퍼 기법	2-29
랜덤 라운딩	1-112
랜덤 포레스트	3-8, 149
러스터	1-145
런 검정	2-148
레이블 인코딩	2-35
로지스틱 회귀	3-8
로지스틱 회귀 분석	3-33
로짓 변환	3-35
릿지	2-30, 4-35

ㅁ

마이 데이터	1-50
마할라노비스 거리	2-12, 3-65
막대그래프	4-55
막대형 그래프	2-62
매개변수	3-11, 4-37
매개변수 최적화	4-37
맨하탄 거리	3-65
맵리듀스	1-35
머하웃	1-35
메타데이터	1-104, 118
명목형	2-57
모멘텀	4-39
모집단	4-3
무작위 결측(MAR)	2-5
무작위성	3-149
민감도	4-6
민코프스키 거리	3-65

ㅂ

박스-콕스 변환	2-36
박스플롯	2-63
반정형 데이터	1-107
배경지식에 의한 공격	1-47

배깅	3-147
백분위수	2-83
버블차트	4-64
버블플롯맵	4-59
버전 관리	1-71
범위	2-85
범위 방법	1-112
범주형 자료 분석	3-105
범주화	1-111
베르누이	2-102
베스트 프랙티스	1-11
베이즈 정리	2-96
변동계수	2-85
변량	2-75
변수	2-26
변수 변환	2-36
변수 선택	2-27
복원 추출	4-11
부스팅	3-147
부트스트랩	3-147, 4-11
부호검정	2-145
분류 모델	3-4
분류기	3-149
분리 기준	3-38
분산	2-83, 99
분산 분석	3-3, 4-13
분석 로드맵	1-64
분석 모형	4-2
분석 모형 리모델링	4-78
분석 준비도	1-14
분위수 정규화	2-38
분포 시각화	4-60
분할분석법	3-5
불규칙 요인	3-127
불균형 데이터 처리 기법	2-40
불순도	2-28
불용어 처리	2-17
불편성	2-134
비 무작위 결측(MNAR)	2-6
비교 시각화	4-64
비닝	2-37
비모수 통계	2-144
비복원 추출	4-8

비용 민감 학습	2-43
비용 함수	4-34
비정형 데이터	1-107
비즈니스 모델 캔버스	1-64
비지도 방식	2-28
비지도 학습	3-8
빅데이터 분석 방법론	1-71

ㅅ

사분위수	2-12, 83
사분편차	2-85
사회 연결망 분석	3-139, 144
사회연결망 분석	1-6
산술 평균	2-80
산점도	2-64, 4-63
산점도 행렬	2-75, 4-63
산포도	2-61, 83
상관 분석	3-3
상관계수	2-89
상관관계 분석	2-59
상대위험도	3-106
상황 인지	1-47
샘플링	2-10
샤피로-윌크 검정	3-24, 4-16
서열 분석	3-58
서포트 벡터 머신	3-8, 53
선 그래프	4-56
섭동	1-113
소프트 스킬	1-12
손실 함수	3-49
수정된 결정계수	4-5
순서형	2-57
순전파	3-48
순환 요인	3-127
스쿱	1-34, 98
스크라이브	1-34, 102
스크래파이	1-100
스키마	1-140
스타 차트	2-77, 4-66
스토리텔링	1-12
스트리밍	1-105

찾아보기

승산 ··· 3-106
승산비 ······································ 3-106
시간 기반 오차역전파 ············· 3-132
시간 시각화 ······························ 4-55
시계열 모형 ···························· 3-123
시계열 분석 ······················ 3-5, 122
시계열 분해 ···························· 3-126
시계열 차트 ······························ 2-13
시공간 데이터 ··························· 2-74
시그모이드 함수 ··············· 3-35, 45
시스템 다이내믹스 ···················· 1-47
신뢰구간 ································· 2-137
신뢰도 ······································ 3-59
신뢰수준 ································· 2-136
실루엣 기법 ······························ 3-70
쏠림 공격 ································· 1-47

ㅇ

아파치 스파크 ··························· 1-35
아파치 카프카 ························· 1-100
아프리오리 알고리즘 ················ 3-60
알고리즈미스트 ························· 1-7
암묵지 ·· 1-4
앙상블 ···································· 3-145
앙상블 기법 ······························ 2-43
얀 ··· 1-35
양측 검정 ······························· 2-150
어간 추출 ································· 2-17
엔트로피 ··································· 2-28
엔트로피 지수 ··························· 3-38
엘라스틱 넷 ····················· 2-30, 4-35
엘보우 기법 ······························ 3-70
역전파 알고리즘 ······················· 3-43
연결 공격 ································· 1-47
연관규칙 모델 ···························· 3-6
연관성 분석 ······························ 3-58
연속형 ······································ 2-58
연속형 변수 거리 ······················ 3-64
연속확률분포 ························· 2-105
영역 차트 ································· 4-56
예측 모델 ··································· 3-5

오즈 ································· 3-34, 106
오즈비 ···································· 3-106
오차 비율 ··································· 4-6
오차역전파 ······························· 3-52
오토인코더 알고리즘 ·············· 3-135
오피니언 마이닝 ············· 3-139, 142
와드연결법 ······························· 3-69
완전 무작위 결측(MCAR) ·········· 2-5
완전 분석법 ······························· 2-7
왜도 ·· 2-87
요인 분석 ························ 2-32, 3-116
우지 ·· 1-36
워드 임베딩 ··························· 3-141
워드 클라우드 ························ 3-140
원-핫 벡터 ······························ 3-142
원-핫 인코딩 ··························· 2-34
웹 마이닝 ······················ 3-139, 143
윌콕슨 부호 순위 검정 ·········· 2-146
윌콕슨 순위 합 검정 ·············· 2-146
유사성 공격 ······························ 1-47
유의 확률 ······························· 2-155
유의수준 ································· 2-136
유클리드 거리 ··························· 3-64
은닉층 ······································ 3-43
응집분석법 ································· 3-5
의사결정나무 ················ 2-14, 3-5, 36
이동평균 모형 ······················· 3-124
이산형 ······································ 2-58
이산확률분포 ························· 2-101
이항분포 ································· 2-102
인공신경망 ······················· 3-5, 8, 43
인공지능의 암흑기 ··················· 1-37
인코딩 ······································ 2-34
인포그래픽 ················· 1-33, 66, 4-67
일반화 ···································· 1-113
일치성 ···································· 2-134
임곗값 ···································· 2-155
임곗값 이동 ······························ 2-42
임베디드 기법 ··························· 2-29
임팔라 ······································ 1-36

ㅈ

자기 정보결정권 ······················· 1-50
자기 조직화 지도 ················ 3-8, 72
자기 회귀 누적 이동평균 모형 ······ 3-125
자기 회귀 모형 ······················· 3-123
자연어 처리 ··························· 3-139
자유도 ···································· 2-107
잔차 ·· 3-127
장기 의존성 문제 ··················· 3-132
장바구니 분석 ··························· 3-58
재현 데이터 ··························· 1-112
재현율 ······································· 4-6
적합도 검정 ···················· 3-107, 4-15
전 확률의 정리 ························ 2-95
전이학습 ··································· 3-9
전진 선택법 ····················· 2-29, 3-32
점 추정 ·································· 2-134
정규분포 ································· 2-106
정규성 검정 ······························ 4-16
정규화 ······································ 2-38
정밀도 ······································· 4-6
정상성 ···································· 3-123
정준 상관 분석 ······················· 3-119
정지 규칙 ································· 3-39
정형 데이터 ··························· 1-106
정확도 ······································· 4-6
제1종 오류 ······························ 2-154
제2종 오류 ······························ 2-154
제어 라운딩 ··························· 1-112
조건부 확률 ······························ 2-94
조화 평균 ································· 2-81
종속변수 ··································· 2-27
주성분 분석 ·············· 2-32, 3-4, 119
주키퍼 ······································ 1-36
준지도 학습 ······························· 3-9
중심 극한 정리 ················ 2-107, 111
중심연결법 ······························· 3-69
중위수 ······································ 2-82
지니 지수 ································· 3-38
지도 방식 ································· 2-28
지도 학습 ··································· 3-7

지수분포 ········· 2-107	콜모고로프-스미르노프 적합성 검정 4-16	프라이버시 보호 모델 ········· 1-47
지수평활법 ········· 3-128	크롤러 ········· 1-33	플럼 ········· 1-34, 101
지지도 ········· 3-58	크롤링 ········· 1-73, 105	플로팅 바 차트 ········· 4-65
	크루스칼 왈리스 검정 ········· 2-147	피그 ········· 1-35
	큰 수의 법칙 ········· 2-111	피처 맵 ········· 3-131

ㅊ

차등 프라이버시 ········· 1-50		
차분 ········· 3-125	### ㅌ	### ㅎ
차원의 저주 ········· 2-27	타조 ········· 1-36	하둡 분산 파일 시스템 ········· 1-144
차원축소 ········· 1-76, 2-31	탐색적 데이터 분석 ········· 2-55	하드 스킬 ········· 1-12
참 긍정률 ········· 4-6	텍스트 마이닝 ········· 1-6, 3-139	하이브 ········· 1-35
참조 무결성 ········· 1-119	텍스트 전처리 ········· 2-16	학습용 데이터 ········· 4-9
척와 ········· 1-34, 103	토큰화 ········· 2-16	합성곱 신경망 ········· 3-130
첨도 ········· 2-86	통계적 유의성 ········· 3-29	향상도 ········· 3-59
청크 ········· 1-104	트랜스포머 ········· 3-137	형식지 ········· 1-4
체르노프 페이스 ········· 4-65	트리 맵 ········· 4-61	혼동 행렬 ········· 4-5
초기하분포 ········· 2-103	특이도 ········· 4-6	혼합 분포 군집 ········· 3-70
초매개변수 ········· 3-11, 4-34	특잇값 분해 ········· 2-32	홀드 아웃 방법 ········· 4-8
초매개변수 최적화 ········· 4-44		확률 ········· 2-93
총계처리 ········· 1-111	### ㅍ	확률 밀도 함수 ········· 2-13
최단연결법 ········· 3-68		확률 질량 함수 ········· 2-104
최빈수 ········· 2-82		확률밀도함수 ········· 2-109
최소제곱법 ········· 3-27	파레토 다이어그램 ········· 2-62	확률변수 ········· 2-97
최소-최대 정규화 ········· 2-38	파생변수 ········· 2-33	확률분포 ········· 2-97
최장연결법 ········· 3-68	파이 차트 ········· 4-60	확률적 경사 하강법 ········· 3-132, 4-38
추론통계 ········· 2-134	판별 분석 ········· 3-4, 114	활성화 함수 ········· 3-44, 46
추세 요인 ········· 3-127	퍼셉트론 ········· 3-44	회귀 대치법 ········· 2-7
추세선 ········· 4-57	페일오버 ········· 1-104	회귀 분석 ········· 3-3, 5, 23
충족성 ········· 2-134	평가용 데이터 ········· 4-9	효율성 ········· 2-134
층화 추출 ········· 2-92	평균 ········· 2-80	후진 소거법 ········· 2-29, 3-32
치환 ········· 1-113	평균 대치법 ········· 2-7	히스토그램 ········· 1-33, 2-13, 4-62
	평균연결법 ········· 3-69	히트맵 ········· 4-65
	평행좌표 그래프 ········· 4-66	히호 ········· 1-34
### ㅋ	포아송 ········· 2-102	
	표본분포 ········· 2-109	### 기타
카운트 인코딩 ········· 2-35	표본추출 ········· 2-92	
카이제곱 검정 ········· 2-12, 3-107	표제어 추출 ········· 2-17	
카이제곱 통계량의 p-값 ········· 3-38	표준오차 ········· 2-135	ACID ········· 1-142
카이제곱분포 ········· 2-107	표준정규분포 ········· 2-106	AdaBoost ········· 3-148
카토그램 ········· 4-59	표준편차 ········· 2-84	AdaGrad ········· 4-41
카파 통계량 ········· 4-7	표준화 거리 ········· 3-65	Adam ········· 4-42
콜모고로프-스미르노프 검정 ········· 3-24	품사 태깅 ········· 2-17	AE ········· 4-4

찾아보기

AIC	3-32
ANCOVA	4-14
ANN	3-5, 8, 43
ANOVA	3-3, 4-13
API 게이트웨이	1-105
AR 모형	3-123
ARIMA 모형	3-125
BERT	3-138
BI	1-33, 74
BIC	3-33
BoW	3-141
CAP 이론	1-149
CCA	3-119
CDC	1-104
CEP	1-104
CNN	3-130
CRISP-DM	1-76
CRM	1-96
CV	2-85
DBSCAN	3-71
DNN	3-129
DSCoE	1-10
EAI	1-33, 104
EDA	2-55
ElMo	3-138
ERP	1-96
ESD	2-11
ETL	1-73, 97
F1 지표	4-7
FP-Growth 알고리즘	3-62
FTP	1-98
F-분포	2-108
GAN	3-136
GBM	3-148
GFS	1-143
GMM	3-71
GPT	3-138
GRU	3-134
HBase	1-35
HDFS	1-34, 144
ICA	2-32
iForest	2-14
IQR	2-85
JDBC	1-97
JSON	1-107, 120
KDD	1-75
K-NN	3-151
K겹 교차 검증	4-9
k-익명성	1-47
k-중앙값 군집	3-70
k-평균 군집	2-13, 3-69
L1 노름 규제	4-34
L2 노름 규제	4-35
LOD	1-96
LoF	2-14
LOOCV	4-10
LpOCV	4-10
LSTM	3-133
l-다양성	1-47
MA 모형	3-124
MAE	4-4
MAPE	4-4
MDS	2-32, 3-115
MLP	3-45
MPE	4-4
MSE	4-4
m-유일성	1-47
n-gram	3-141
NLP	3-139
NoSQL	1-33, 73, 146
ODBC	1-97
ODS	1-105
Open API	1-105
PCA	2-32, 3-4, 119
p-값	2-155
Q-Q Plot	3-24, 4-16
RDBMS	1-33
RDF	1-107
RMSE	4-4
RMSProp	4-42
RNN	3-132
ROC 곡선	4-7
RR	3-106
RSS	1-105
SE	2-135
SEMMA	1-78
Seq2Seq	3-137
SNA	1-6, 3-139, 144
SOM	3-8, 72
SOW	1-72
SSE	4-4
SSR	4-4
SST	4-4
summary 함수	2-58
SVD	2-32
SVM	3-8, 53
TF-IDF	3-142
T-검정	3-111, 4-13
t-근접성	1-47
T-분포	2-107
WBS	1-71
Word2Vec	3-142
XML	1-107, 120
Z-분포	2-106
Z-점수 정규화	2-38
Z-점수 활용	2-12